2026년 4월 4일 시행

JN404938

국가공무원 9급 공개경쟁채용 필기시험

| 일반행정 |

제01일~제25일 정답 및 해설

응시번호

성명

문제책형 ㉮

[시 험 과 목]

제1과목 국어

국가공무원 9급 공개경쟁채용 필기시험 대비 모의고사

응시자 주의사항

1. **시험 시작 전 시험 문제를 열람하는 행위나 시험 종료 후 답안을 작성하는 행위를 한 사람**은 「공무원임용시험령」 제51조에 의거 **부정행위자**로 처리됩니다.
2. **답안지 책형 표기는 시험 시작 전** 감독관의 지시에 따라 **문제책 앞면에 인쇄된 문제책형을 확인**한 후, **답안지 책형란에 해당 책형(1개)**을 **'●'**로 **표기**하여야 합니다.
3. **답안은 문제책 표지의 과목 순서에 따라 답안지에 인쇄된 순서(제1·2·3·4·5과목)에 맞추어 표기**해야 하며, 과목 순서를 바꾸어 표기한 경우에도 **문제책 표지의 과목 순서대로 채점**되므로 유의하시기 바랍니다.
4. 시험이 시작되면 문제를 주의 깊게 읽은 후, **문항의 취지에 가장 적합한 하나의 정답만을 고르며**, 문제 내용에 관한 질문은 할 수 없습니다.
5. 답안지의 모든 기재 및 표기 사항은 **컴퓨터용 검은색 사인펜을 사용하며**, 반드시 〈보기〉의 **올바른 표기 방식**으로 답안을 작성해야 합니다.

   〈보기〉 올바른 표기: ● 잘못된 표기: ✓ ⊗ ◑ ◉ ◍ ◔ ⊙ ◙ ③

6. **답안을 잘못 표기하였을 경우에는 답안지를 교체하여 작성**하거나 **수정할 수 있으며**, 표기한 답안을 수정할 때는 **응시자 본인이 가져온 수정 테이프만을 사용**하여 해당 부분을 완전히 지우고 부착된 수정 테이프가 떨어지지 않도록 눌러 주어야 합니다. (**수정액 또는 수정 스티커 등은 사용 불가**)
   - **불량한 수정 테이프의 사용과 불안전한 수정 처리**로 발생하는 **모든 문제는 응시자 본인에게 책임이 있습니다.**
7. 법령, 고시, 판례 등에 관한 문제는 **2026년 2월 28일 현재 유효한 법령, 고시, 판례 등을 기준**으로 정답을 구해야 합니다. 다만, 개별 과목 또는 문항에서 별도의 기준을 적용하도록 명시한 경우에는 그 기준을 적용하여 정답을 구해야 합니다.
8. **시험 시간 관리의 책임은 응시자 본인에게 있습니다.**
   ※ 문제책은 시험 종료 후 가지고 갈 수 있습니다.

※ 본 안내문은 과년도 실제 시험지를 참조한 예시로서, 금년도 실제 안내문과는 다를 수 있습니다.

임지혜국어

영역별 약점 체크 리스트 01일 - 25일

대분류	중분류	1일	2일	3일	4일	5일	6일	7일	8일	9일	10일
단순독해	내용전개방식	4	16, 17	11, 14, 18	4	2, 20	12		13	12, 13	
	내용일치	3, 15, 19	4, 13	3, 9	5, 8, 12, 13	9, 12, 16	5, 7, 9, 14, 17	4, 5, 8, 12, 20	10, 12	7, 9, 10, 18	7, 11, 13
	주제찾기	8, 17	15, 20		3	8		16	6, 11	5	
추론	순서배열			12	2, 17	11			7, 8		
	빈칸추론	13				14	1, 11		14, 15	8	2, 9, 10, 16
	평가하기(강화, 약화)		7, 12, 14	5	20	10			19		
	내용추론	2, 18	8, 9, 10, 19	2, 4, 10, 19, 20	10, 11, 16, 18	1, 6, 7, 13, 18	2, 6, 8, 10, 18, 20	6, 7, 11, 18, 19	9, 16, 17, 18	14, 15, 16	8, 12, 14, 17, 19
	논리추론	11, 12, 16	2, 11, 18	13, 16, 17		5, 17	4, 15	1, 2	3, 4, 5	3, 4	15, 18, 20
화법	화법	20	6		15	15	13	9, 15		19	6
작문	고쳐쓰기(공공언어포함)	1	1	8, 15	1	19		10, 17		6	1
	개요작성	6							2		
문법독해		5, 7, 10	3	1, 7	19	3, 4	3	14	1	2, 11, 17, 20	3, 4, 5
어휘, 의미		9, 14	5	6	6, 7, 9, 14		16, 19	3, 13	20	1	

대분류	중분류	11일	12일	13일	14일	15일	16일	17일	18일	19일	20일
단순독해	내용전개방식	5, 17	1, 17	10	12, 19	20	13, 19	1, 3, 14, 19	18		20
	내용일치	2, 4, 7, 8	9	8, 11, 14	3, 13, 15, 18	3, 12	2, 3, 12, 17	9, 10, 13	2, 10, 20	4	16
	주제찾기	19	4	1, 20	2	17	9, 10		12, 19	5	15
추론	순서배열	16	2			18				2	
	빈칸추론	9	5, 10, 14	9, 13	4, 7	9	4	15	14	13, 17, 20	
	평가하기(강화, 약화)	11				6, 13				7	4, 13
	내용추론	3, 10, 13, 20	11, 15, 16, 18	15, 17, 18, 19	8, 9, 16, 20	8, 11, 14, 15, 16, 19	6, 7, 8	5, 8, 12, 16	8, 11, 16	6, 10, 19	6, 7, 10, 12, 18, 19
	논리추론	18	3	6, 7, 16	6	2, 5	18, 20	2, 4, 11	1, 13	1, 11, 12	5, 9, 17
화법	화법		6			4	11, 16	17, 20	3, 17		3
작문	고쳐쓰기(공공언어포함)	12	7	5	1	10			4, 5, 7, 9	18	8
	개요작성						14				
문법독해		1	8, 12, 13, 19	2, 3	10, 11	1	1, 5	6, 7, 18		3, 8, 9, 14, 15, 16	1, 2, 11
어휘, 의미		6, 14, 15	20	4, 12	5, 14, 17	7	15		6, 15		14

대분류	중분류	21일	22일	23일	24일	25일
단순독해	내용전개방식		6, 11, 12, 14		17	
	내용일치	4, 5, 12, 16	13, 19	7, 10, 11, 15	4, 5, 9	7, 15
	주제찾기	10		12		
추론	순서배열	17	8		20	
	빈칸추론		16		6, 14	4, 8, 12
	평가하기(강화, 약화)		15	14	19	18, 19
	내용추론	3, 13, 14, 15, 19	4, 5, 7, 20	5, 9, 13, 18, 19, 20	8, 11, 12, 13, 15, 16, 18	1, 3, 6, 9, 11, 16
	논리추론	1, 2, 18	2, 3	1, 3, 6, 17	2, 3, 10	13, 14, 20
화법	화법			4	7	
작문	고쳐쓰기(공공언어포함)		1, 10, 18			2
	개요작성		9			
문법독해		7, 8, 9	17	2	1	5, 17
어휘, 의미		6, 11, 20		8, 16		10

2026 적중의 지혜

제 01 일 적중의 지혜

01	③	02	③	03	③	04	④	05	②
06	④	07	③	08	②	09	④	10	③
11	③	12	②	13	③	14	③	15	③
16	④	17	①	18	④	19	①	20	②

01 정답 ③

'과학적 근거와 실천 가능한 사례'는 연결이 불명확하고 대등한 접속 구조를 이루지 못하고 있다. '과학적 근거를 바탕으로 작성되었으며, 실천 가능한 사례를 포함했습니다'로 수정해야 주어와 서술어가 호응하고, 의미 전달이 명확해진다.

오답해설

① '홍보 자료 제공 안내'를 '홍보 자료 제공'으로 '안내'를 삭제하여 중복 표현을 제거했다.

② '손을 철저히 씻고 기침 예절을 준수하는 방법'은 동일한 동사구로 작성되어 대등한 구조를 이루게 된다.

④ '국민 삶의 질 향상을 목표로'는 목적어인 '~을'이 생략되지 않은 문장으로 적절한 수정이다.

02 정답 ③

전년도 경제동향보고서는 전망치를 예측하는 정보를 찾을 수 없고 다만 전년도 경제결과만을 알려줄 뿐이다.

오답해설

④ 오일머니 하락으로 국제금융이 침체될 수 있으므로 세계경제 성장에 안 좋은 영향을 미칠 수 있으므로 타당한 자료이다.

03 정답 ③

연간 15조 원의 비용은 임금손실액, 교육훈련비 등이 모두 포함된 금액이다. 여성 경력단절 방지를 위해 쓰는 정부 예산은 일부 항목일 뿐이다.

04 정답 ④

동영상 자료가 아닌 '자음 분류표' 같은 시각 자료를 준비하는 것이 적절하다.

오답해설

① 1문단을 보면, 음운 현상의 개념을 설명한 뒤 발표 순서를 제시하고 있다.

② 마지막 문단을 보면, 발표 내용을 요약, 정리하면서 마무리하고 있다.

③ 공식적인 발표의 상황에서 '경어법'을 사용하여 격식을 차리고 있다.

05 정답 ②

3문단에서 네 번째 문장을 보면 파찰음은 가장 가까운 위치인 '혀끝 – 윗잇몸' 위치의 'ㄷ'으로 교체된다고 하였으므로 조음 위치가 다른 'ㄷ'으로 발음되는 것을 알았다는 반응은 적절하다.

오답해설

① 2문단에서 세 번째 문장을 보면, 폐쇄와 지속 단계는 거치지만 개방 단계는 생략이 된다고 하였으므로 '폐쇄 – 지속 – 개방'의 과정으로 발음된다는 반응은 적절하지 않다.

③ 3문단에서 두 번째 문장을 보면, 'ㅅ, ㅆ'은 음절 끝에서 파열음인 음절 끝소리 'ㄷ'으로 교체된다고 하였으므로 동일한 마찰음으로 교체된다는 반응은 적절하지 않다.

④ 4문단에서 세 번째 문장을 보면, 유음 'ㄹ'은 혀의 양옆으로 공기가 흘러나가며 소리가 나고, 비음이 콧길로 소리가 난다고 하였으므로 'ㄹ'이 콧길로 나가면서 발음된다는 반응은 적절하지 않다.

06 정답 ④

'본론1'은 청소년 놀이 문화가 갖는 의의에 대한 내용으로 구성되어 있다. '본론3.나'는 정신적 성장에 도움을 준다는 의의 아래 오락성만 추구하는 경향에 대한 문제점을 개선할 수 있는 방안을 서술해야 하기에 '놀이를 통한 자기 계발의 중요성에 대한 교육'으로 구성해야 적절하다.

07 정답 ③

③은 정도에 의한 반의어이고 나머지는 상보반의어에 해당한다.

08 정답 ②

글 전체에서 성리학이 인간을 본래 도덕적 존재로 보고 마음속의 '리'를 살피는 것을 중시한 반면, 정약용은 '성은 기호다'라고 주장하며 성리학의 인간 본성론을 거부했고, 마음속 '리'를 살피는 것이 아니라 "현실 생활 속에서 '인'을 실천하기 위해 노력해야만" 한다고 강조한 내용이 중심을 이룬다.

오답해설

① 1문단에서 '성리학이 백성이 굶주리고 헐벗는 문제를 소홀히 한 것은 아니지만, 사회적 문제를 근본적으로 해결하기 위해서는 도덕성을 갖춘 인간이 되는 일이 우선이라고 생각했다'고 하여, 성리학은 경제적 문제보다 도덕성 함양을 우선시했음을 알 수 있다.

③ 성리학은 도덕성 함양을 통한 문제 해결을 강조했지만, 정약용은 마음속 천리를 탐구하는 방식이 아니라 현실 생활 속 실천을 강조했다는 점에서 접근 방식이 다르다. 두 사상의 의견이 일치했다고 보기 어렵다.

④ 2문단에서 정약용이 '성은 곧 인간 마음속에 있는 천리다'라는 성리학의 근본 전제를 거부한 것이라고 나타나 있다. 정약용은

성리학의 기본 전제를 계승한 것이 아니라 비판하고 새로운 관점을 제시했다.

09 정답 ④

④ '거부한'은 받아들이지 않고 물리침을 의미한다. '무시하다'는 '사물의 존재 의의나 가치를 알아주지 아니하다.'의 의미를 가진다. 의미는 유사하나 문맥상 '무시하다'로 바뀌어 쓸 수 없다.

오답해설

① '소홀히'는 주의를 기울이지 않고 대충 하는 것을 의미하며, '등한시'는 중요하게 여기지 않고 소홀히 대하는 것을 뜻한다. 따라서 '백성이 굶주리고 헐벗는 문제를 소홀히 한 것은 아니지만'이라는 문맥에서 '등한시'로 바꿔 쓸 수 있다.

② '근본적으로'는 사물의 본질이나 바탕에 관련된 것을 의미하고, '본질적으로'는 사물의 본디 성질에 관련된 것을 뜻한다. '사회적 문제를 근본적으로 해결하기 위해서는'이라는 문맥에서 '본질적으로'로 바꿔 쓸 수 있다.

③ '불과하다' 정도가 보잘것없거나 그것뿐임을 나타내는 말이고, '지나지 않다'는 그것에 한정됨을 나타내는 표현이다. '인간 성품이란 기호에 불과하다'라는 문맥에서 '지나지 않다'로 바꿔 쓸 수 있다.

10 정답 ③

'담다'에 파생적 피동 '담기다'와 통사적 피동 '담기어지다'가 이중으로 붙어 '담겨진'이 된 이중 피동의 오류이다.

오답해설

④ 알려지다: 알-+-리(사동접미사)-+'어지다'의 구성으로 이중 피동이 아니다.
참고로 '이, 히, 리, 기' 접사가 피동인지 사동인지 구분이 되지 않을 때에는 목적어의 유무를 판단하면 쉽게 구분할 수 있다. '~을 알리다'의 사용이므로 이때의 '알리다'는 사동사가 된다.

11 정답 ③

(가)에서 경제는 호황 ∨ 불황 두 경우뿐이다.
호황이면 (나)에 따라 '주가↑ ∧ 실업률↓'가 되고,
불황이면 (다)에 따라 '주가↓ ∧ 실업률↑'가 된다.
따라서 어떤 경우든 주가는 (상승 ∨ 하락) 중 하나가 반드시 성립한다.

오답해설

①, ②, ④는 호황일 때만(또는 불황일 때만) 성립하므로 '반드시 참'이 아니다.

12 정답 ②

제시문의 내용을 도식화하면 다음과 같다.

전제 1	지혜 깨달음○ → 배움○
전제 2	책임 소중함× → 희생 각오×
전제 3	진정한 지도자○ → 희생 각오○
결론	진정한 지도자○ → 배움○

전제 3에 전제 2의 대우를 연결하면 진정한 지도자○ → 책임 소중함○가 도출되는데 이를 전제 3+2라고 하면 전제 3+2에서 결론의 진정한 지도자○의 전건을 도출할 수 있고 전제 1에서 결론의 후건인 배움○가 도출되어 있다. 이를 정리하면 다음과 같다.

전제 3+2	진정한 지도자○ → 희생 각오○ → 책임 소중함○
전제 1	지혜 깨달음○ → 배움○

그런데 결론은 전제 3+2의 전건과 전제 1의 후건이 연결되어 있다. 따라서 우리에게 필요한 전제는 전제 3+2에 있는 개념인 진정한 지도자○, 희생 각오○, 책임 소중함○ 중에 하나로 시작해서 전제 1에 있는 개념인 지혜 깨달음○, 배움○ 중에 하나로 끝나는 것이면 무엇이든 가능하다. 한편 조건명제는 대우를 취해도 같은 명제라는 것을 고려하면 전제 1에 있는 개념이 부정된 지혜 깨달음×, 배움× 중에 하나로 시작해서 전제 3+2에 있는 개념인 진정한 지도자×, 배움× 중에 하나로 시작해서 전제 3+2에 있는 개념인 진정한 지도자×, 희생 각오×, 책임 소중함× 중에 하나로 끝나는 것도 가능하다.
따라서 '책임의 소중함을 느끼는 자는 지혜를 깨달은 자이다.'는 '책임 소중함○'로 시작하고 '지혜 깨달음○'로 끝나고 있으므로 전제 3+2의 전건과 전제 1의 후건을 연결할 수 있는 명제이다.

오답해설

① '지혜를 깨달은 자는 책임의 소중함을 느끼는 자이다.'는 '지혜 깨달음○'로 시작하는 명제이므로 전제 3+2의 전건과 전제 1의 후건을 연결할 수 있는 명제가 아니다.

③ '배움이 있는 자는 책임의 소중함을 느끼는 자이다.'는 '배움○'로 시작하는 명제이므로 전제 3+2의 전건과 전제 1의 후건을 연결할 수 있는 명제가 아니다.

④ '지혜를 깨달은 자는 거래를 위해 희생을 각오한 자이다.'는 '지혜 깨달음○'로 시작하는 명제이므로 전제 3+2의 전건과 전제 1의 후건을 연결할 수 있는 명제가 아니다.

13 정답 ③

( ) 이후에 '검약과 성실, 위험을 감수하는 투자 정신으로 무장된 청교도의 후예들이 영국 자본주의를 낳았다'고 얘기한다.

14 정답 ③

③은 동음이의 관계가 아니라 다의 관계이다. 동음이의어와 다의어의 구분은 '어원의 동일성'을 찾는 것이다. 사전상의 '줄다'의 의미는 다음과 같다.

> [줄다]
> • 물체의 길이나 넓이, 부피 따위가 본디보다 작아지다.
> • 수나 분량이 본디보다 적어지다.
> • 힘이나 세력 따위가 본디보다 못하게 되다.
> • 재주나 능력, 실력 따위가 본디보다 못하게 되다.
> • 시간이나 기간이 짧아지다.

'몸무게가 줄다'의 '줄다'는 '물체의 길이나 넓이, 부피 따위가 본디보다 작아지다.'의 의미이고, '재고가 줄다'의 '줄다'는 '수나 분량이 본디보다 작아지다.'의 의미로 모두 '감하다'와 관련이 있다. 즉 '어원의 동일성'이 있으므로 다의어의 관계이다.

오답해설

① '묻다'의 경우

의미1 : 가루, 풀, 물 따위가 그보다 큰 다른 물체에 들러붙거나 흔적이 남게 되다. 의미2 : ('책임' 따위를 목적어 성분으로 하여) 어떠한 일에 대한 책임을 따지다.

이와 같이 의미1과 2의 어원의 동일성을 찾을 수 없다. 그러므로 동음이의어가 된다.

②, ④ 역시 어원의 동일성을 찾을 수 없으므로 동음이의 관계이다.

짜다1 : 계획이나 일정 따위를 세우다. 시간표를 짜다. 짜다2 : 누르거나 비틀어서 물기나 기름 따위를 빼내다. 기름을 짜다.

뜨다1 : 착 달라붙지 않아 틈이 생기다. 풀칠이 잘못되어 도배지가 뜨다. 뜨다2 : 다른 곳으로 가기 위하여 있던 곳에서 다른 곳으로 떠나다. 자리를 뜨다.

15 정답 ③

"풍자의 가장 기본적인 어법은 "그래 너 잘났다" 하는 것이다. 그러나 "너만 잘난 줄 알고 있는 모양인데, 그렇지 않다, 사실 너는 못난 놈인데 너는 그것을 알지 못하는 멍청이다."라는 속뜻이 진의에 해당한다." → 즉 등장인물의 잘남을 인정하는 것이 아니라, 사실은 못난 인물이라는 것을 드러내는 것이 풍자이므로 옳지 않은 설명이다.

오답해설

① "〈태평천하〉는 우리 전통적 예술 양식의 하나인 판소리를 서술 원리로 수용하면서 전통적인 이야기 방식을 활용한 소설이라는 점이 풍자성을 더욱 두러지게 한다."

② "윤 직원 영감은 일종의 졸부다. 그런 인물이 인력거 삯이나 깎고, 어린 기생을 데리고 판소리 명창대회를 구경 가면서 하는 행동은 좀스럽기 짝이 없다. 이런 지위와 행동 사이의 모순과 불합리가 풍자를 가능하게 하는 바탕이다."

④ "작중인물의 윤리적 파탄은 단지 희화된 인간의 저열하고 천속한 면모를 드러내는 것을 넘어서 그러한 인간이 한 사회에 살아 있다는 점의 역사적 맥락을 고려하게 한다."

16 정답 ④

주어진 조건을 기호화하면 다음과 같다.

A: 미국이 회의에 참석한다 B: 프랑스가 회의에 참석한다 C: 한국이 회의에 참석한다 D: 스페인이 회의에 참석한다

- A → B … 1
- C → ~D … 2
- D → A … 3
- B → C … 4

1, 4에서 A → C이다. … 5
2, 5에서 A → ~D이다. … 6
3에서 ~A → ~D이다. … 7
6, 7에서 A, ~A인 경우에 모두 ~D이므로 항상 ~D이다. … 8
2, 4에서 B → ~D이다. … 9
9에서 ①은 참이고, 5에서 ②도 참이며 8에서 결론이 항상 참이므로 ③도 항상 참이다. ④는 주어진 조건만으로는 항상 참이라고 할 수 없다.

문제해결 Tip A → B가 참이려면 A가 거짓이거나 B가 참이어야 한다. 즉 이는 ~A ∨ B와 동치이다.

17 정답 ①

이 기사는 누리호 발사체의 개발 현황을 3단계 체계개발모델(EM), 인증모델(QM), 비행모델(FM)로 설명하는 글이다.

오답해설

② 누리호의 1단계 과정에만 국한된 내용이다.
③ 현재 진행 중인 누리호와는 별도의 계획이다.
④ 포괄적인 개념으로서 기사의 구체적인 의도라고 할 수는 없다.

18 정답 ④

인터넷 발달로 인해 정보를 빠르고 쉽게 접할 수 있게 되었으므로 꼼꼼히 읽는 묵독 시대로 회귀한다는 설명은 적절하지 못하다.

19 정답 ①

1문장에서 〈용비어천가〉는 한글과 한자를 혼용했다고 설명하고 있다.

20 정답 ②

ㄴ: 지혜와 주안은 문제를 개인적 요인(지혜)과 사회적 요인(주안)으로 다르게 접근하여 대립하고 있다.

오답해설

ㄱ: 지혜와 은표는 문제의 원인을 각각 개인적 요인과 구조적 요인으로 다르게 보기 때문에 주장이 대립하고 있다.

ㄷ: 은표와 주안은 모두 갑질의 원인을 개인이 아닌 사회적 · 구조적 문제에서 찾고 있다. 그러나 주안은 "단순히 개인의 도덕성이나 제도만으로는 해결이 어렵다."라고 주장하며, 은표의 입장(제도 개혁)만으로는 갑질 문제를 해결할 수 없다는 점을 강조한다. 즉 은표는 제도 개선을 해결책으로 삼지만, 주안은 그것만으로는 부족하며 더 근본적인 원인(사회적 불평등 해소)이 필요하다고 본다. 따라서 두 입장은 완전히 같은 맥락을 공유한다고 보기 어렵고, 주안의 주장은 은표의 주장을 부분적으로 부정하는 면이 있으므로 대립하는 것으로 볼 수 있다.

01	③	02	④	03	③	04	④	05	④
06	①	07	①	08	④	09	②	10	②
11	①	12	④	13	③	14	④	15	③
16	④	17	②	18	②	19	①	20	②

01 정답 ③

'귀 부처에서 참석을 요청'이라는 표현은 누가 참석하는 것인지가 불명확한 것으로 필요한 문장 성분을 생략한 결과가 되어 수정이 적절하지 않다.

오답해설

① '안내'와 '알림'은 중복 표현으로, '안내'로 수정하는 것은 적절하다.
② '회의가 개최된다'는 불필요한 피동 표현으로, 지침에 따라 '회의를 개최한다'로 수정하는 것이 바람직하다.
④ '공공서비스 사용 용어 개선 방안'은 명사만 나열한 표현이므로 '공공서비스에서 사용하는 용어의 개선 방안'은 적절한 수정이다.

02 정답 ④

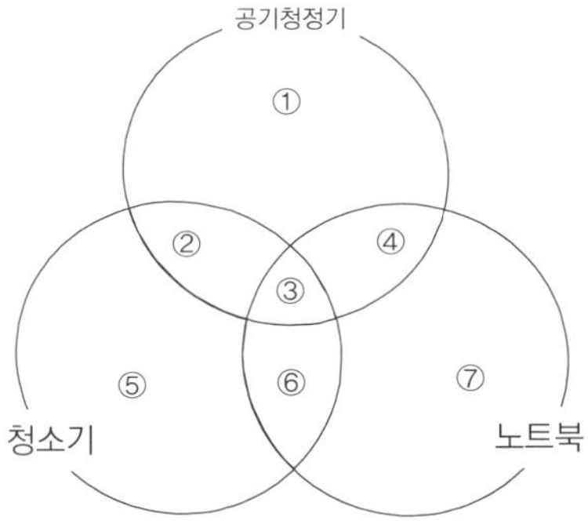

첫 번째 전제인 '공기청정기를 구매한 사람은 청소기도 구매했다.'는 공기청정기를 구매한 사람 중에 청소기를 구매하지 않은 사람은 없다는 의미이므로 ①번 영역과 ④번 영역이 모두 존재하지 않는다는 의미이다. 한편 두 번째 전제인 '노트북을 구매한 사람 중에는 공기청정기를 구매한 사람도 있다.'는 ③번 영역과 ④번 영역 가운데 최소 하나는 존재한다는 의미이다. 그런데 ④번 영역은 존재하지 않으므로 ③번 영역이 확실히 존재한다는 것을 알 수 있다.

이를 그림으로 정리하면 다음과 같다.

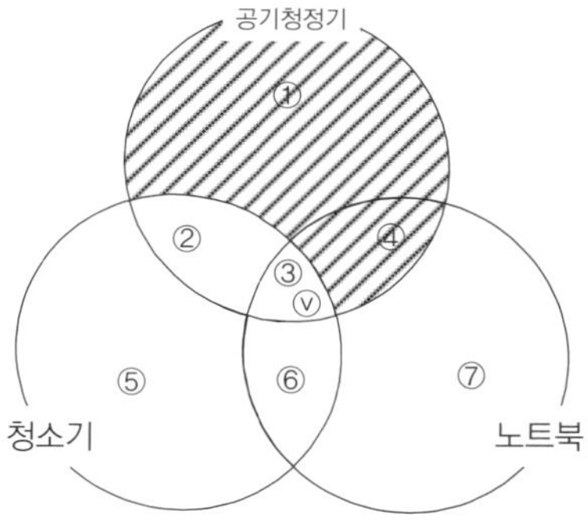

청소기는 구매했지만 공기청정기와 노트북을 구매하지 않은 사람은 5번 영역을 의미하는데 이 영역에는 아무 표시가 없으므로 존재할 수도 있고 그렇지 않을 수도 있다. 그런데 '청소기는 구매했지만 공기청정기와 노트북을 구매하지 않은 사람이 있을 수 있다.'라는 말은 이 영역이 존재할 수도 있다는 의미이므로 옳은 설명이다.

오답해설

① 노트북, 청소기, 공기청정기를 모두 구매한 사람은 3번 영역을 의미하는데 이 영역은 반드시 존재하므로 '노트북, 청소기, 공기청정기를 모두 구매한 사람이 없다.'라는 말은 옳지 않은 설명이다.
② 노트북만 구매한 사람은 7번 영역을 의미하는데 이 영역에는 아무 표시가 없으므로 존재할 수도 있고 그렇지 않을 수도 있다. 그런데 '노트북만 구매한 사람은 있을 수 없다.'라는 말은 이 영역이 존재할 가능성이 없다는 의미이므로 옳지 않은 설명이다.
③ 공기청정기를 구매하지 않고 청소기와 노트북을 구매한 사람은 6번 영역을 의미하는데 이 영역에는 아무 표시가 없으므로 존재할 수도 있고 그렇지 않을 수도 있다. 따라서 '공기청정기를 구매하지 않고 청소기와 노트북을 구매한 사람이 있다.'라는 말은 옳지 않은 설명이다.

03 정답 ③

서술어 '보였다'는 주어와 필수부사어를 요구하는 두 자리 서술어이다. 서술어(동사, 형용사)는 필요로 하는 문장성분의 개수가 다른데, 이를 서술어의 자릿수라고 한다.

오답해설

① '만나다'라는 서술어는 '영이와'라는 부사어를 반드시 필요로 한다.
② '형이 공룡 모형을 만들었다.'라고 해도 문장은 완성되므로 '종이로'는 필수부사어가 아니다.

04 정답 ④

본문에 '만일 전류를 공급해 주는 배터리를 전자칩에 별도로 장착해야 했다면 소형화에 어려움을 겪었을 것이다. 현재의 전자칩은 단말기가 보내주는 전파에 의하여 형성되는 전류만으로도 작동된다'라고 제시되어 있다. 또한 '단말기에서 보내온 자기장에 의하여 태그 주변을 둘러싸고 있는 코일에서 전류가 발생하고 이 전류가 전자칩을 작동시킨다'고 제시되어 있다. 현재의 전자칩은 배터리가 없으며, 단말기가 보내는 자기장에 의해 코일에서 유도된 전류로 작동한다. 그러므로 '배터리에서 공급되는 전류를 이용한다'는 이 선지는 적절하지 않다.

오답해설

① 본문에서 'RFID란 무선주파수를 이용해서 정보를 인식하고 필요한 작업을 수행하는 기술을 말한다'라고 제시되어 있다. RFID의 기본 정의를 그대로 설명한 선지로, 본문의 내용과 정확히 일치한다.
② 본문에서 '태그는 단말기에서 전파의 형태로 무선 신호를 보내오면 그에 반응해 태그 내부에 저장되어 있는 정보를 단말기로 보내는 역할을 담당하는 부분이다'라고 제시하면서 태그의 기능을 정확하게 설명하고 있다. 정보 저장 → 단말기 신호 수신 → 정보 전송의 과정이 본문과 일치한다.
③ 본문에서 '소형화는 반도체 기술의 발전 외에도 배터리 없는 전자칩의 개발로 가능해졌다'고 제시한다. 전자칩 소형화의 두 가지 요인(반도체 기술 발전, 배터리 없는 칩 개발)을 제시하고 있다.

05 정답 ④

'응용하다'는 '이론이나 지식, 기술 따위를 실제 문제나 일에 적용하여 이용하다'는 의미이다. '변형하다'는 '형태나 모양을 바꾸다'는 의미로, 기존의 것을 다른 형태로 바꾼다는 의미이다. '응용'은 기존의 원리나 지식을 그대로 활용하는 것이지만, '변형'은 원래의 형태나 성질을 바꾸는 것이다. 그러므로 '변형한'은 문맥상 적절하지 않다.

오답해설

① '확대되다'는 '범위나 규모가 커지다'는 뜻이고, '넓어지다'도 '범위가 커지다'는 의미로 사용된다.
② '반응하다'는 '어떤 자극이나 영향에 대하여 그에 따른 현상을 일으키다'는 의미이고, '대응하다'는 '어떤 것에 맞추어 응하다'는 의미이다. '그에 대응해 태그 내부에 저장되어 있는 정보를 단말기로 보내는'으로 바꿔도 의미가 통한다.
③ '해독하다'는 '암호나 부호 따위를 풀어서 그 뜻을 알아내다'는 뜻이고, '분석하다'는 '얽혀 있거나 복잡한 것을 풀어서 개별적인 요소나 성질로 나누다'는 의미이다. '받은 정보를 분석해서 컴퓨터로 보낸다'로 바꿔도 정보를 해석하여 처리한다는 의미가 유지된다.

06 정답 ①

(가)에서는 '지민'이 '진수'의 말에 동의하지 않은 채 자신의 의견을 말하고 있고, (나)에서는 '지민'이 '진수'의 말에 동의하면서 자신의 다른 의견을 말하고 있다. (나)처럼 대화에 있어서 상대의 말에 동의한 다음에 자신의 의견을 제시하면 보다 갈등과 대립을 피할 수 있다.

07 정답 ①

ㄱ. ㉠에서는 주어진 속성에 대한 평균값은 그 속성에 대한 집단의 실상을 드러내는 데 한계가 있음을 잘 보여주는 사례를 보이는 것이 가장 적절하다. A지역의 평균 소득은 매우 높지만, 그 지역 사람들 대부분은 빈곤하다는 사례는 평균값이 A지역 소득 실상을 나타내는 데 한계가 있음을 잘 보여주고 있다. 따라서 ㉠의 주장을 강화하는 사례로 적절하다.

오답해설

ㄴ. B지역과 C지역, 즉 서로 다른 집단이다. 따라서 ㉠과는 관련이 없는 내용이기 때문에, ㉠을 강화하는 사례로 적절하지 않다.
ㄷ. 기온과 수영 가능 여부를 비교하고 있다. 따라서 ㉠에는 아무런 영향을 주지 못하기 때문에, ㉠을 강화하는 사례로 적절하지 않다.

08 정답 ④

〈보기 2〉의 지혜에게 부과되는 과태료 항목은 '반려동물 배설물 수거', '반려동물 등록', '외출 시 목줄 착용' 세 가지이며 위반 회차는 항목별로 2차, 1차, 1차이다. 따라서 지혜에게 부과되는 기본 과태료는 '반려동물 배설물 수거 2차' 70,000원, '반려동물 등록 1차' 200,000원, '외출 시 목줄 착용' 200,000원을 합한 470,000원이다. 또한 지혜는 과태료 납부 마감일인 2023년 3월 2일에서 15일이 지난 2023년 3월 17일에 과태료를 납부하려 하므로 470,000원의 15%인 70,500원을 추가로 납부해야 한다. 따라서 지혜가 내야 할 벌금은 총 540,500원이므로 답은 ④이다.

09 정답 ②

면역력이 없는 인구 집단이 주기적으로 등장함에도 불구하고 질병이 창궐하지 않는 이유는 미생물이 인간과 공존하며 살아가기 때문이다.

10 정답 ②

② 〈보기〉의 ㉠~㉣ 중 '인신 공격의 오류'를 범한 것은 ㉠과 ㉢이다.
㉠ '법안(주장)'이 아닌 '김 의원의 과거(사람)'를 비난하며 주장을 반박하려 하므로 오류에 해당한다.
㉢ '이론(주장)'이 아닌 '교수의 옷 스타일(사람)'을 비난하며 주장을 반박하려 하므로 오류에 해당한다.

오답해설

㉡ '베스트셀러'라는 주장과 '가장 많이 팔렸다'는 근거가 사실상 같은 말이므로, 순환 논증의 오류에 해당한다.
㉣ '휴대폰 허용'이 '학교 질서 붕괴'라는 극단적 결과로 이어질 것이라 주장하므로, 미끄러운 경사길의 오류에 해당한다.

11 정답 ①

명제를 도식화하면

• 모든 거짓 → ~사기꾼 = 모든 사기꾼 → ~거짓(대우)

결론: 어떤 양치기 → ~거짓

벤다이어그램 상 '~거짓'은 '사기꾼'을 모두 포함하고 결론적으로 '양치기'와 '~거짓'이 교집합이 생겨야 하므로 '사기꾼'과 '양치기'가 교집합이 생기게 하는 보기가 답이 된다.

• 어떤 사기꾼 → 양치기
• 어떤 양치기 → 사기꾼
• 모든 사기꾼 → 양치기(포함관계도 교집합이 존재하는 것으로 본다.)
• 모든 양치기 → 사기꾼(포함관계도 교집합이 존재하는 것으로 본다.)

모두 답이 된다.

① 어떤 양치기 소년은 사기꾼이다 = 어떤 양치기 → 사기꾼

12 정답 ④

협력적인 생태계에서 여러 기업이 함께 파이를 키우고 공정하게 분배한다면, 창업 기업이 '파이 나누기'에서 승리하지 않아도 생태계 자체에서 이익을 얻을 수 있다. 이는 ㉡의 주장을 약화시키며, 따라서 '강화된다'는 표현은 잘못된 평가이다.

오답해설

① ㉠에서 타깃 고객이 너무 넓으면 가치 제안이 충분한 관심을 끌지 못할 수 있다고 했다. 타깃 고객을 세분화하여 맞춤형 마케팅을 사용하면 각 세분시장에 맞춘 전략을 펼쳐, 가치 제안이 더 효과적으로 전달된다. 따라서 ㉠의 주장은 약화되며, 이 선택지는 적절하다.

② 타깃 고객이 넓어도 각 고객군에 맞는 가치 제안을 제공하지 못하면, ㉠에서 말하는 '가치 제안이 충분한 관심을 끌지 못하는' 상황이 더욱 두드러지게 나타난다. 따라서 ㉠이 강화되며, 이 선택지도 적절하다.

③ ㉡에서 창업 기업은 '파이 만들기와 파이 나누기에서 승리해야 한다'고 했다. 만약 다른 기업들이 세분시장을 선점하고, 창업 기업이 차별화된 가치를 제공하지 못한다면, 창업 기업은 파이를 나누는 과정에서 불리한 위치에 놓인다. 이로 인해 ㉡의 주장이 강화되므로 이 선택지도 적절하다.

13 정답 ③

자유의 침해는 인간의 기본권을 훼손하는 것이지 사회 경제 이익과 연결되는 문제는 아니다. 자유의 침해는 두 번째 비판에 해당하고, 사회 전체의 이익 감소는 첫 번째 비판의 내용이다.

14 정답 ④

이 글은 부의 재분배가 사회 전체 공리를 감소시키고, 세금부과는 자유의 침해로 이어진다고 주장하고 있다. 그러나 ④의 내용은 불평등 지수가 개선된다는 것은 부의 분배가 이루어지고 있으며, 그 결과 전체 공리도 좋아지고 있다는 내용이므로 본문의 주장을 약화시키는 자료 내용이라고 할 수 있다.

오답해설

① 본문의 첫 번째 비판을 강화시켜 주는 내용이다.
② 본문과 관계없는 내용이다.
③ 두 번째 비판, 자유의 침해를 강화시켜 주는 내용이다.

15 정답 ③

두 번째 문단에 '책의 어떤 부분이 좋고 싫은지를 명확히 생각하며 읽는 것이 좋다', 세 번째 문단에 '좋은 문장, 나쁜 문장이라고 생각하는 것이 아니라 철두철미하게 주관적으로 좋은가 싫은가', 마지막 문단에 '좋아하는 문장, 싫어하는 문장을 나누는 방식으로 생각해 보면 자신이 어떤 문장을 목표로 삼고 있는지 작가로서 어떤 자세를 취하고 싶은지 명확해진다.'의 내용을 고려하면 ③ 선택지가 가장 적합하다.

16 정답 ④

이 글은 저작권 침해, 음란물 범람, 바이러스 확산의 문제 제기로 시작하여, 사용자들의 자발적 관심과 문제 해결을 위한 노력이라는 해결 방안을 제시하는 문제-해결 구조로 이루어져 있다.

17 정답 ②

1문단은 손으로 음식을 먹는 문화, 2문단은 동아시아 지역의 숟가락과 젓가락 사용의 역사, 3문단은 전 세계적으로 거의 유일한 우리나라의 숟가락 문화에 대해 설명하는 글이므로, ② 숟가락 문화에 대한 역사적 인식에 따라 논지를 전개한다고 할 수 없다.

18 정답 ②

조건은 다음과 같다.

• 김 대리 → 이 대리 • 이 대리 → 최 대리 • ~최 대리 → ~박 대리

위의 논리식을 모두 결합하면, 다음과 같은 논리를 도출할 수 있다.

• 최 대리가 보고서를 작성하지 않으면, 이 대리도 작성하지 않고, 김 대리도 작성하지 않으며 세 번째 조건에 따라 박 대리도 작성하지 않는다.
: ~최 대리 → ~이 대리 → ~김 대리, ~최 대리 → ~박 대리

따라서 ② "최 대리가 보고서를 작성하지 않으면, 김 대리도 작성하지 않는다"가 반드시 참이 된다.

19 정답 ①

〈세 마리의 아기돼지〉는 캐릭터 구현, 서사 구현에서 이전 작품보다 발전된 양상을 보였으며, 사회적으로 긍정적인 영향을 주었고, 디즈니에서 장편 애니메이션을 제작할 수 있게 해 준 발판이 되었다는 의의가 있음을 제시하고 있으나 이를 단순히 나열하고 있지는 않으며, 끝 부분 "〈세 마리의 아기돼지〉의 큰 성공은 장편 애니메이션이 시작될 수 있는 터전을 조성했다"에서 〈세 마리 아기돼지〉는 장편 애니메이션이 아니었음을 파악할 수 있으므로 적절하지 않은 것은 ①이다.

오답해설

② "월트 디즈니는 아기돼지의 행동을 통해 개성을 부여했다"를 통해 알 수 있다.

③ "이전 작품들은 단순한 선과 악의 이분법으로 인해, 덩치가 크고 험악하게 생긴 악한이~영웅에게 당하고 만다는 간단한 에피소드 중심이었던 데 비해, 〈세 마리의 아기돼지〉에서는~각기 다른 성격의 돼지들이 이리에게서 탈출하는 이야기가 정교하게 조립되어 있었다"에서 〈세 마리의 아기돼지〉 이전의 작품은 선과 악으로 대표되는 전형적 성격의 캐릭터를 제시하고, 선이 악을 징벌하는 단순한 서사 구조로 되어 있었으나, 〈세 마리의 아기돼지〉는 다양한 성격의 캐릭터가 악으로부터 탈출하는 입체적인 서사 구조로 되어 있다는 점을 비교해 설명하고 있으므로 적절하다.

④ "단순히 사운드 트랙으로 삽입된 음악이 아니라, 작품의 주제나 이야기를 명확하게 전달하도록 도와주는 주제가의 히트는 이후 디즈니 애니메이션의 전범(典範)을 창출했다"에서 〈세 마리의 아기돼지〉는 음악으로 착한 아기돼지들이 악한 늑대에게서 탈출하는 이야기를 통해 전달하고자 하는 주제를 효과적으로 전달했음을 알 수 있으므로 적절하다.

20 정답 ②

마지막에서 두 번째 문장 '이러한 폐해를 막기 위해서는 금융 실명제의 개혁이 필요하다.'를 통해 알 수 있다.

가장 빠른 합격의 길

제 03 일 적중의 지혜

01	①	02	④	03	①	04	①	05	②
06	①	07	④	08	③	09	①	10	④
11	①	12	④	13	①	14	④	15	④
16	①	17	②	18	④	19	④	20	④

01 정답 ①

'달+님 → [달림]'은 앞에 오는 자음 'ㄹ'의 조음 방법에 동화되어 뒤에 오는 자음 'ㄴ'이 'ㄹ'로 바뀐 동화 현상이므로 ㉠에 속한다. '작+년 → [장년]'은 뒤에 오는 자음 'ㄴ'의 조음 방법에 동화되어 앞에 오는 자음 'ㄱ'이 'ㅇ'으로 바뀐 동화 현상이므로 ㉡에 속한다.

오답해설

② '국+물 → [궁물]'은 뒤에 오는 자음 'ㅁ'의 조음 방법에 동화되어 앞에 오는 자음 'ㄱ'이 'ㅇ'으로 바뀐 동화 현상이므로 ㉠이 아니라 ㉡에 속한다. '칼+날 → [칼랄]'은 앞에 오는 자음 'ㄹ'의 조음 방법에 동화되어 뒤에 오는 자음 'ㄴ'이 'ㄹ'로 바뀐 동화 현상이므로 ㉡이 아니라 ㉠에 속한다.

③ '달+님 → [달림]'은 ㉠에 속한다. '능+력 → [능녁]'은 앞에 오는 자음 'ㅇ'의 조음 방법에 동화되어 뒤에 오는 자음 'ㄹ'이 'ㄴ'으로 바뀐 동화 현상이므로 ㉡이 아니라 ㉠에 속한다.

④ '국+물 → [궁물]'은 ㉠이 아니라 ㉡에 속한다. '능+력 → [능녁]'은 ㉡이 아니라 ㉠에 속한다.

02 정답 ④

1문단에서 '방언이 지역적 혹은 사회적 요인에 의해 나타나는 언어 변이라면, 화체는 격식의 정도 차이에 따른 언어 변이를 의미한다'고 하여 화체와 방언을 구분하고 있다. 화체의 변이는 격식의 정도 차이, 즉 상황적 요인에 따른 것이지, 지역적이나 사회적 요인에 의한 것이 아니다. 따라서 이 선지는 글의 내용과 맞지 않는 추론이다.

오답해설

① 1문단에서 '피험자가 인터뷰 도중에는 격식적인 화체를 쓰다가 갑자기 방으로 들어 온 아이에게 말할 때나 인터뷰를 하는 사람에게 커피를 건넬 때에 비격식 화체를 쓰는 것을 발견했다'는 내용을 통해, 동일한 사람이 상황에 따라 다른 화체를 사용함을 알 수 있다.

② 1문단의 '조심스러운 화자는 다른 사람들이 어떻게 반응할 것인가를 염두에 두고 화체를 선택하게 된다'와 2문단의 청자 지향적 계획 설명을 통해, 화자가 청자와의 관계나 상황을 고려하여 화체를 선택함을 추론할 수 있다.

③ 1문단에서 라보프가 '피험자에게 감성적인 이야기를 하도록 하여 비격식적인 화체를 이끌어 내었다'고 제시되어 있으므로, 감성적인 이야기를 할 때 비격식적 화체가 나타날 가능성이 높다고 추론할 수 있다.

03 정답 ①

화체는 격식의 정도 차이에 따라 일어나는 언어 변이이다. 화자가 청자에게 맞는 화체를 선택하려는 언어 현상의 일환으로 볼 수 있다. 화자의 '청자 지향적 계획', '조정'의 과정은 결국 화자가 청자를 고려한 말하기이다. 그러므로 언어 변이가 일어나는 궁극적인 이유는 ①에서 확인할 수 있다.

04 정답 ①

'편리 공생'은 두 개체 중 한 개체에게만 이익이 되고, 다른 개체에게는 이익도 손해도 되지 않는 방향으로 공생하는 관계이다. 따라서 '편리 공생'에 해당하는 사례는 한 개체는 다른 개체에게서 이득을 취하지만, 다른 개체는 그 개체에게서 이득을 얻거나 해를 당하지 않는 사례가 되어야 한다. 복도에서 뛰지 않았음에도 복도에서 뛴 무리 사이에 있었다는 이유만으로 혼이 난다면, 우연히 끼어 있던 쪽에는 해가 되지만 원래 복도에서 뛰던 쪽은 이로 인해 이익이나 손해를 입지 않는다. 따라서 이는 '편리 공생'이 아닌 '편해 공생'에 적합한 사례이므로 적절하지 않은 것은 ①이다.

오답해설

②, ③, ④ 모두 '편리 공생'의 사례에 해당한다.

② 짝이 오지 않을 때면 자리를 여유롭게 쓸 수 있는 이익을 취하였으며, 결석한 짝은 이로 인해 이익이나 손해를 입지 않으므로 적절하다.

③ 선생님의 관심을 받는 친구 덕에 따로 노력하지 않아도 선생님의 관심을 받을 수 있는 이익을 얻었으며, 친구는 이로 인해 이익이나 손해를 입지 않으므로 적절하다.

④ 옆자리 교사가 놓아 둔 꽃 화분 덕에 자기 자리에 화분을 가져다 두지 않아도 예쁜 꽃을 볼 수 있는 이익을 취하였으며, 옆자리 교사는 이로 인해 이익이나 손해를 입지 않으므로 적절하다.

05 정답 ②

중세 유럽 회화가 성경 속 인물이나 성인을 주제로 했고, 배경에도 자연 풍경 대신 건축물이나 금색 장식이 주를 이루었다는 사례는 글의 핵심 논지인 '중세의 본격적인 회화 작품에서 풍경화란 전무하다'와 '신성과 반대되는 개념으로 자연성을 바라본 중세 정신 속에서 도저히 자연 풍경이 주제가 될 수는 없었을 것이다'라는 주장을 구체적으로 뒷받침한다. 중세 서양 미술에서 신과 인간이 주제였고 자연이 배제되었음을 실제 사례로 보여주는 것이다.

오답해설

① 동양 산수화의 특징을 설명하는 사례이지만, 글의 핵심 논지는 '서양에서 왜 풍경화가 늦게 출현했는가'이다. 동양의 사례는 대조적 배경일 뿐, 서양 풍경화 출현이 늦어진 이유를 직접적으로 강화하지는 못한다.

③ 레오나르도 다 빈치의 자연 관찰은 과학적 탐구 정신을 보여주지만, 이것이 반드시 풍경화의 출현으로 이어지는 것은 아니다. 오히려 르네상스 시기에도 '미술의 중심 주제는 여전히 인간일 수밖에 없었다'는 글의 논지와 배치될 수 있는 사례이다.
④ 17세기에 풍경화가 독립 장르로 확립되었다는 사례는 결국 서양에서도 풍경화가 발전했음을 보여주는 것으로, 서양에서 풍경화 출현이 늦었다는 논지를 약화시키거나 그 이후의 변화를 보여줄 뿐, 왜 늦게 출현했는가를 강화하는 자료가 되지 못한다.

06 정답 ①

①의 '매우'는 서술어를 수식하는 부사어이다. 따라서 특정 상황에서 어휘적 호응 관계를 형성하지는 않는다.

오답해설

②와 ③은 반드시 부정의 서술어와 함께 사용해야 하며, ④는 당위를 나타내는 서술어와 호응을 이룬다.

07 정답 ④

대명사 '그거'는 뒤에 나오는 '제가 당신을 사랑해 왔다는 거'를 가리킨다. 따라서 ⓔ을 가지고 있다.

오답해설

① 대명사 '저기'는 대화 장면에서 듣는 이가 그 대상을 눈으로 확인하여 찾게 하는 기능, 즉 ㉠을 가지고 있다.
② 관형사 '이'는 대화 장면에서 듣는 이가 그 대상을 눈으로 확인하여 찾게 하는 기능, 즉 ㉠을 가지고 있다.
③ 대명사 '거기'는 대화 장면에서는 찾을 수 없지만 화자와 청자가 공유하는 경험이나 지식을 바탕으로 추론을 통해 해당 대상을 찾게 하는 기능, 즉 ㉡을 가지고 있다. '작년에 갔던 거기'는 현재의 대화 장면에서는 보이지 않는 장소이다.

08 정답 ③

㉢은 지역 축제의 문제점을 언급하면서 문단의 내용이 전환되고 있으므로, 앞 문단에 이어 줄 필요가 없다.

09 정답 ①

관세 보호 조치는 장기적으로는 국내 산업에 좋지 않다고 본문 마지막 네 문장에서 기술하고 있다.

10 정답 ④

단기적으로는 관세로 국내 산업을 보호하지만 장기적으로는 기술 지원 등 품질 향상에 근본적인 대책이 있어야 한다.

11 정답 ①

배우는 진행자의 말의 내용을 일부 수정하고 있지 않다.

오답해설

② 진행자는 공연기획자의 대화를 간단하게 한 문장으로 정리해서 요약해주고 있다.
③ 마지막 진행자의 대화에서 두 번째 문장 '이전까지의 공연은~ 동의합니다.'에서 자신의 의견을 드러내고 있다.
④ 공연기획자의 첫 번째 대화의 마지막 문장과 두 번째 대화의 마지막 문장 모두 긍정적 전망을 나타내고 있다.

12 정답 ④

우선 공리주의의 정의에 대해 이야기하고, 문단 말미에 공리주의의 대표적 학자를 제시하는 (다)가 첫 번째로 와야 한다. 그다음 (다)를 이어 공리주의를 벤담과 밀이 주장한 내용으로 구분하고, 벤담이 주장한 내용을 구체화하는 (나)가 두 번째로 와야 한다. 마지막으로 (나)를 이어 벤담과 밀을 대조하여 설명하는 (가)가 세 번째로 와야 한다. 순서는 (다)-(나)-(가)이다.

13 정답 ①

① 제시된 명제를 기호화하면 다음과 같다.

구분	명제	대우
(가)	클래식 음악 관심 ∧ ~조각상 관심	-
(나)	교양서적 관심 → ~(~조각상 관심)	~조각상 관심 → ~교양서적 관심

(나)와 같은 이중부정의 표현은 긍정 표현과 동일한 의미이므로 이를 기호화하면 '교양서적 관심 → 조각상'이 된다. 결론을 찾을 때에는 (가)와 (나)의 조건절을 동일하게 만들어야 한다. 따라서 (가)와 (나)를 동일하게 만든 것을 정리하면 아래와 같다.

구분	명제
(가)	~조각상 관심 ∧ 클래식 음악 관심
(나)	~조각상 관심 → ~교양서적 관심

(가)와 (나)의 조건절이 동일한 상태에서 결론을 도출하면 '클래식 음악에 관심이 있는 사람 중 일부는 교양서적에 관심이 없다.'가 결론이 된다.

오답해설

② (나)에 의해 교양서적에 관심이 있는 사람은 조각상에 관심이 있는 사람으로 바꿀 수 있지만 조각상에 관심이 있는 사람 중 일부가 클래식 음악에 관심이 없는지는 알 수 없다.
③ (나)에 의해 교양서적에 관심이 있는 사람은 조각상에 관심이 있는 사람으로 바꿀 수 있지만 조각상에 관심이 있는 사람이 모두 클래식 음악에 관심이 없는지는 알 수 없다.
④ 기호화하면, '(조각상 ∧ ~클래식 음악) → ~교양서적'이다. 대우는 '교양서적 → (~조각상 ∨ 클래식 음악)'이다. (나)에 의해 '교양서적 → 조각상'이므로 참이 되려면 '교양서적 → 클래식 음악'이 필요하다. 그러나 이는 알 수 없으므로 결론에 들어갈 말로 적절하지 않다.

14 정답 ④

필자는 바람직한 직업과 그렇지 못한 직업에 대해 개인적, 사회적 차원에서 나누어 제시하고 있다.

오답해설

① 전문가의 견해를 인용한 부분은 없다.
② 인과관계가 드러나 있지 않다.
③ 일반적인 생각을 뒤집는 견해는 없다.

15 정답 ④

㉣ 앞의 내용은 청소년이 리셋 증후군을 겪게 되는 원인을, ㉣ 뒤의 내용은 청소년 리셋 증후군을 방지하기 위한 방법을 다루고 있다. 따라서 앞의 내용이 뒤의 내용의 원인이나 이유가 됨을 나타내는 문장 부사어 '그러므로'가 들어가는 것은 적절하다. 그러나 기존에 사용된 '따라서'도 '그러므로'와 유사한 의미를 나타내는 문장 부사어이므로 수정할 필요가 없다.

오답해설

① ㉠: 서술어 '생겼다'는 '~에', '~에게' 형태의 부사어를 필수적으로 요구하는 동사이다. 따라서 서술어가 요구하는 부사어 '현실에'를 추가하는 것은 수정 방안으로 적절하다.
② ㉡: '유명해지게 되었다'는 형용사 '유명하다'의 어간 '유명하-'에 통사적 피동 표현 '-어지다'와 '게 되다'가 결합한 것이다. 따라서 그중 하나만을 사용하여 '유명해졌다'로 쓰는 것은 수정 방안으로 적절하다.
③ ㉢: ㉢이 포함된 문장이 인용하고 있는 것은 통계 결과이다. 이때, 그 결과의 원문 형식에 따옴표나 작은따옴표를 사용하여 직접 인용하는 것이 아니라 변형하여 간접적으로 인용하고 있으므로 직접 인용 조사 '라고'가 아닌 간접 인용 조사 '고'를 쓰는 것이 적절하다. 따라서 '보낸다라고'를 '보낸다고'로 고쳐 쓰는 것은 수정 방안으로 적절하다.

16 정답 ①

글의 내용을 정리하면 다음과 같다.

전제 1: 젊고 섬세하고 유연한 자는 아름답다. 전제 2: 아테나는 섬세하고 유연하다. 전제 3: 아름다운 자가 모두 훌륭한 것은 아니다. 전제 4: 덕을 가진 자는 훌륭하다. 전제 5: 아테나는 덕을 가졌다. 전제 6: 아름답고 훌륭한 자는 행복하다. 결론: 아테나는 행복하다.

결론부터 거슬러 올라가면서 파악해야 한다. 아테나는 행복하다는 결론이 나오기 위해서는 아테나가 아름답고 훌륭한 자이어야 한다. 또한 아테나가 아름답고 훌륭한 자이기 위해서는 아테나가 젊고 섬세하고 유연한 자이면서 덕을 가진 자이어야 한다. 주어진 전제에서 충족하지 못하고 있는 것은 아테나가 젊다는 것뿐이다. 따라서 ㄱ만 전제로 추가되면 주어진 결론이 도출된다.

오답해설

ㄴ. 전제 4의 전제 5를 통해 아테나는 훌륭하다는 것이 도출되므로, 추가하지 않아도 된다.
ㄷ. 아름다운 자는 행복하다는 전제가 추가되더라도 아테나가 아름다운 자가 되기 위해서는 앞서 말한 대로 아테나는 젊다는 전제가 추가되어야 하므로, 추가해야 할 전제가 아니다.

17 정답 ②

제시된 위촉 조건을 도식화하면 다음과 같다.

명제 1. 갑 O and 을 O → 병 O 명제 2. 병 O → 정 O 명제 3. 정 ×

명제 2의 대우는 '정 × → 병 ×'가 되고, 명제 3에서 정은 위촉되지 않는다고 했으므로, 병도 위촉되지 않는다. 명제 1의 대우는 '병 × → 갑 × or 을 ×'이고, 갑~정 중에서 적어도 한 명을 면접위원으로 위촉한다고 했으므로, 갑 또는 을이 면접위원으로 위촉된다.

ㄷ. 적어도 한 명이 위촉되며, 병이 위촉되지 않으면 갑이 위촉되지 않거나 을이 위촉되지 않으므로, 갑이 위촉되지 않으면 을이 위촉된다. 따라서 반드시 참이다.

오답해설

ㄱ. 정이 위촉되지 않으므로, 병도 위촉되지 않으며, 갑이 위촉될지 을이 위촉될지는 주어진 명제로 확신할 수 없으므로, 반드시 거짓이다.
ㄴ. 정이 위촉되지 않는 것은 참이나 을의 경우 위촉 여부를 확실히 알 수 없으므로, 반드시 참인 것은 아니다.

18 정답 ④

이집트인들이 나일강의 범람을 신의 은총으로 여긴 이유를 수식이 없는 문체를 활용하여 의도한 내용을 독자에게 간결하게 전달하고 있다.

19 정답 ④

3문단에서 물리적, 과학적 방법으로 결합하여 정보 주체를 식별할 수 있게 되더라도 정보 주체의 식별을 위해 불합리할 정도의 시간, 노력, 비용 등이 투입되어야 한다면 그 정보는 식별 가능성이 있다고 보지는 않는다고 설명하고 있다.

20 정답 ④

첫 번째 문단에서 필자는 자본주의의 성립 근거라는 점에서 토지사유제의 정당성을 찾는 학자들이 토지에 대해서도 절대적이고 배타적인 소유권을 인정해야 한다고 주장하는 것에 대해 그들이 토지가 일반 재화나 자본에 비해 지닌 근본적인 차이는 무시한다고 지적하였다. 이를 통해 학자들은 토지 자원의 성격과 일반 재화의 성격이 다르지 않은 것으로 볼 것임을 알 수 있다. 그러나 이 또한 토지사유제를 옹호하는 학자들에 관한 내용으로, 토지사유제에서 토지 자원의 성격과 일반 재화의 성격을 어떻게 보는지에 관한 내용은 제시되지 않았으므로 알 수 없다.

오답해설

① 두 번째 문단에서 토지 공유제를 시행하였거나 토지의 공공성을 인정했음에도, 즉 토지사유제를 시행하지 않았음에도 자본주의의 경제를 모범적으로 발전시킨 사례로 싱가포르, 홍콩, 대만, 핀란드 등을 제시하였으므로 적절하다.

② 네 번째 문단에서 토지사유제 옹호론에 따르면 토지사유제만이 토지의 오용을 막을 수 있으며 나아가 토지 사용의 안정성을 보장할 수 있다고 주장하지만, 필자는 토지 위 시설물에 대한 소유권을 민간이 갖고 토지에 대해서 민간은 배타적 사용권만 가지는 방법으로도 충분히 토지 사용의 안정성을 보장할 수 있다고 하였으므로 적절하다.

③ 세 번째 문단에서 토지사유제는 토지의 사용권, 처분권, 수익권을 모두 민간이 갖는 제도이고, 토지가치공유제는 토지의 사용권과 처분권은 민간이, 수익권은 공공이 갖는 제도라고 하였으므로 적절하다.

제 04 일 적중의 지혜

01	②	02	①	03	③	04	①	05	④
06	④	07	③	08	②	09	④	10	④
11	②	12	④	13	①	14	②	15	①
16	①	17	①	18	④	19	①	20	②

01 정답 ②

'~로 인하다'는 번역 투 표현을 지양해야 하는 공공문서 작성 원칙에 따라 수정이 필요하다. 하지만 "주차난을 위해 외부인의 차량을 통제합니다."로 수정하는 경우 주차난을 발생시키기 위해 차량을 통제하는 것처럼 해석될 수 있어 의미가 모호해진다. 따라서 보다 명확한 표현으로 "주차난 문제를 해결하기 위해 외부인의 차량을 통제합니다."와 같이 수정하는 것이 적절하다.

오답해설

① '목적은'이 주어이므로 서술어는 '한다'가 아닌 '것이다'와 호응을 이룬다. 주어와 서술어 간 호응을 일치시킨 수정으로 적절하다.
③ "부패유발 제도 · 관행의 시정 건의"를 ⓒ에 따라 "부패를 유발하는 제도와 관행을 시정할 것을 건의"로 수정한 것은 명사 나열식 표현을 지양한 것으로 적절하다.
④ '미혼모'는 결혼해야만 자녀를 낳을 수 있다는 인식이 전제되어 있는 차별적 표현으로 ⓔ에 따라 '비혼모'로 수정한 것은 적절하다.

02 정답 ①

본문은 국제무역을 설명하는 글이다. 따라서 (다)가 국제무역을 정의하고, (가)와 (나)가 국제무역이 발생하는 조건들을 예시와 나열을 통해서 설명하고 있으며, (라)를 통해서 상품의 이동을 간접적인 생산요소의 이동이라는 측면으로 내용을 심화하는 순서 배열이 적절하다.

03 정답 ③

본문은 각국의 비교우위 상품을 특화하면서 무역이 발생함을 설명하고 있다.

04 정답 ①

①은 논리적 주장을 펼치는 주장글에 대한 내용이다. 본문은 국제무역에 대한 설명으로 서술되고 있는 것으로, 하나의 주장에 대해 증명하는 글이 아니다.

05 정답 ④

1문단에서 '서양 춤은 몸의 선이 잘 드러나는 옷을 입고 추는데 반해 우리 춤은 옷으로 몸을 가린 채 손만 드러내놓고 춘다'고 했으므로, 서양 춤이 아니라 한국 춤이 몸을 가리는 의상을 입는다. 따라서 이 선지는 내용과 반대로 서술되어 있다.

오답해설

① 1문단에서 '손이 춤을 구성하는 중심축이 되고, 손 이외의 얼굴과 목과 발 등은 손을 보조하며 춤을 완성하는 역할을 한다'고 제시되어 있다.
② 마지막 문단에서 '호흡을 깊이 안으로 들이마실 때에는 힘차게 휘도는 선으로 나타나고, 가볍게 숨을 들이마시고 내쉬는 과정을 반복할 때에는 경쾌하고 자잘한 곡선으로 나타나곤 한다'고 제시하고 있다.
③ 2문단에서 '승무에서 장삼을 휘저으며 그에 맞추어 발을 내딛는 역동적인 움직임도 곡선이요, 살풀이춤에서 수건의 간드러진 선이 만들어 내는 것도 곡선'이라고 제시되어 있다.

06 정답 ④

'점진적인'은 순서를 따라 조금씩 나아가거나 변화하는 것을 의미하는 말로, 느리고 단계적인 변화를 나타낸다. 이는 승무의 장삼을 휘저으며 발을 내딛는 빠르고 힘찬 움직임의 특성과는 거리가 먼 표현이다. 따라서 '역동적인'을 대체할 수 없다.

오답해설

① '활기찬'은 힘차고 생기가 넘치는 모습을 나타내는 말로, '장삼을 휘저으며 그에 맞추어 발을 내딛는' 움직임의 역동성을 표현하기에 적절하다.
② '생동감 있는'은 살아 움직이는 듯한 느낌을 주는 것을 의미하므로, 승무의 힘 있고 활발한 움직임을 나타내는 '역동적인'과 유사한 의미로 사용될 수 있다.
③ '격렬한'은 움직임이나 동작이 세차고 거센 것을 의미하므로, 장삼을 휘저으며 발을 내딛는 강한 움직임의 특성을 표현하는 데 적절하다.

07 정답 ③

〈보기〉의 '마음'은 '사람이 어떤 일에 대하여 가지는 관심'의 의미로 쓰였다. 이와 같은 의미로 ③이 적절하다.

오답해설

① '마음'은 '사람이 다른 사람이나 사물에 대하여 감정이나 의지, 생각 따위를 느끼거나 일으키는 작용이나 태도'의 의미로 쓰였다.
② '마음'은 '사람의 생각, 감정, 기억 따위가 생기거나 자리 잡는 공간이나 위치'의 의미로 쓰였다.
④ '마음'은 '사람이 본래부터 지닌 성격이나 품성'의 의미로 쓰였다.

08 정답 ②

두 번째 문단에서 1519년에 코르테스가 단 600명의 스페인 병사를 이끌고 인구 수천만의 아스텍 제국을 침탈하기 위해 멕시코 해안에 상륙하였다고 하였으므로 1519년에 멕시코 해안에 상륙한 코르테스가 수천만의 병력으로 아스텍 제국에 타격을 입힌 것은 아님을 알 수 있다.

오답해설

① 첫 번째 문단에서 아메리카 전체를 놓고 보았을 때 콜럼버스가 도착한 이후 한두 세기에 걸쳐 원주민 인구가 최대 95% 감소한 것으로 추정된다고 하였으므로 적절하다.
③ 두 번째 문단에서 1520년 스페인령 쿠바에서 감염된 노예와 함께 멕시코에 도착한 천연두가 쿠이틀라우악 아스텍 황제를 포함한 거의 절반에 가까운 아스텍족을 몰살시켰다고 하였으므로 적절하다.
④ 두 번째 문단에서 유럽의 총칼에 의해 전쟁터에서 목숨을 잃은 아메리카 원주민보다 유럽에서 온 전염병에 의해 목숨을 잃은 원주민 수가 훨씬 많았다고 하였으므로 적절하다.

09 정답 ④

지문의 '밟다'는 비유적인 표현으로 '어떤 곳에 도착하다'라는 의미를 갖는다. 이와 동일한 것은 ④이다.

오답해설

①, ② '어떤 일을 위한 순서나 절차를 거쳐 나가다'의 의미이다.
③ '어떤 이의 움직임을 살피며 몰래 뒤를 따라가다.'의 의미이다.

10 정답 ④

복지가 향상되면 대인관계가 좋아진다는 내용은 두 설문조사에서는 파악할 수가 없다.

11 정답 ②

상기 설문조사에서 나타난 부담감의 원인은 직장 동료들과의 대인관계가 좋지 않은 것이 가장 업무에 영향을 준다고 했으므로, 해당 설문과 가장 어울리는 갈등 유형은 ②이다.

12 정답 ④

박영한의 연작소설 〈왕룽일가〉는 소시민들의 질박한 삶의 모습과 변화하는 풍속의 묘사를 통해 1960년대 이후 근대화에 따른 도시화의 세태 풍경을 여실하면서도 흥미롭게 그려 내고 있는 작품이다. ㉣은 개발로 달라진 동네 풍경과는 달리 예전 그대로의 모습을 가지고 있는 것이다.

오답해설

㉠은 개발로 달라진 마을의 집들, ㉡ 다종다양해진 진열품을, ㉢ 물건을 진열하기 위해 제작한 선반을 의미하는 것으로 모두 개발로 인해 달라진 것들이다.

13 정답 ①

3문단 두 번째 문장 '그리스인들은 그리스 전역, 이탈리아 남부와 시실리, 지중해의 다른 해안으로 퍼져 나갔지만'과 세 번째 문장 '어디를 가든 그들은 폴리스를 만들었고~'를 통해 이탈리아 지역에도 폴리스가 있었음을 알 수 있다.

오답해설

② 3문단 마지막 문장 '어느 폴리스도 도시 국가 이상으로 커 나가지 않았다'를 통해 폴리스가 제국으로 성장하는 일은 없었음을 알 수 있다.
③ 3문단 두 번째 문장 '그들은 통일된 정부를 두려 하거나 제국을 만들려 하지 않았다'를 통해 통일된 정부가 없었음을 알 수 있다.
④ 1문단 마지막 문장 '폴리스들은 공통의 언어, 문화, 종교를 바탕으로 서로 동류의식을 가졌지만'을 통해 문화와 종교가 같아 동류의식이 생겼음을 알 수 있다.

14 정답 ②

다른 선지들은 모두 '전체 – 부분'의 관계이다. 또 다른 예로는 '얼굴 – 눈'을 들 수 있다. 그러나 '농기구와 호미'는 전체와 부분의 관계가 아닌 상하의 관계이다. 상위어 '농기구'의 여러 종류들 중 하위어(호미)가 포함된다.

15 정답 ①

"보자 보자 하니~"라고 말한 (나)의 화자는 문제 상황을 글쓴이 '나'에게 돌려 비난함으로써, '나'는 그 말에 모욕감을 느끼고 있다. 따라서 (나)의 화자가 상황을 자신의 탓으로 돌려 말하고 있다는 설명은 적절하지 않다.

16 정답 ①

1문단 세 번째 문장 '데이터의 복잡성이 높으면 다양한 파생 정보를 끌어낼 수 있다'와 2문단 네 번째 문장 '연결된 데이터 세트를 통해 비만도와 대중 교통의 이용 빈도 간의 파생 정보를 추출할 수 있다.'를 통해 빅데이터에서 파생 정보를 얻을 수 있음을 알 수 있다.

오답해설

②, ③ 1문단 첫 번째 문장 '단순히 데이터의 양이 매우 많다는 것뿐 아니라 데이터의 복잡성이 매우 높다는 의미'를 통해 알 수 있다.
④ 1문단 두 번째 문장 '~ 그 항목들의 연결 고리가 함께 수록되어 있다는 것을 의미'를 통해 알 수 있다.

17 정답 ①

우선 파운드리의 정의에 대해 이야기하는 (가)가 첫 번째로 와야 한다. 그다음 파운드리의 유형에 대해 설명하는 (다)가 두 번째로 와야 한다. 마지막으로 (다)의 IDM을 이어서 설명하는 (나)가 세 번째로 와야 한다. 순서는 (가) – (다) – (나)이다.

18 정답 ④

'더늠'은 판소리에서, 명창이 자신의 독특한 방식으로 다듬어 부르는 어떤 마당의 한 대목을 일컫는 말이다. ④는 '바디'에 대한 설명이다. '바디'는 판소리에서, 명창이 스승으로부터 전승하여 한 마당 전부를 음악적으로 절묘하게 다듬어 놓은 소리를 일컫는다.

19 정답 ①

상대방 '너'에게 '약속을 당부'하는 것 외로 중의성이 나타나지 않는다.

오답해설

① 수식의 중의성
② 수량의 중의성
③ 어떤 사람이든 철수를 만나서 싶어 하는지, 철수가 사람들을 만나고 싶어하는지의 중의성

20 정답 ②

ㄷ: 어떤 증거가 주어진 가설을 입증하는 정도가 작더라도 을의 입장에서는 증거 발견 후 가설이 참일 확률이 1/2보다 크다면 그 증거가 해당 가설을 입증할 수 있다.

오답해설

ㄱ: 갑의 입장은 '증거 발견 후 가설의 확률 증가분이 있다면 증거가 가설을 입증한다.'이다. 갑의 입장이 맞다고 해서 이 진술의 부정에 해당하는 '증거 발견 후 가설의 확률 증가분이 없다면 그 증거가 해당 가설을 입증하지 못한다.'가 맞다고 볼 수는 없다. 명제가 참이더라도 명제의 이가 반드시 참은 아니기 때문이다.
ㄴ: 을의 입장은 '증거 발견 후 가설의 확률 증가분이 있고 증거 발견 후 가설이 참일 확률이 1/2보다 크다면 증거가 가설을 입증한다.'이다. 두 가지 전제가 모두 참이어야 결론도 참인 경우이다. 을의 입장이 맞다고 해서 결론과 전제가 역전된 상황이나 증거 획득 이전의 상황까지 판단할 수는 없다.

제 05 일 적중의 지혜

01	④	02	④	03	①	04	①	05	①
06	④	07	②	08	①	09	①	10	③
11	④	12	②	13	④	14	①	15	④
16	②	17	②	18	③	19	②	20	②

01 정답 ④

원금균등 분할상환 방식은 매월 상환부담이 줄어드는 방식이며, 체증식 분할상환은 점차 상환부담을 높여 가는 방식이므로 첫 상환 원리금이 동일하다면 대출 금액 및 금리와 관계없이 두 번째 원리금부터는 원금균등 분할상환보다 체증식 분할상환 방식의 원리금이 더 많을 것임을 알 수 있다.

오답해설

① 첫 번째 문단에서 점증식 분할상환은 아직 국내에 도입된 사례가 없다고 하였으나, 체증식 분할상환은 우리나라에서 통용되는 주택담보대출의 상환방식이라고 소개하고 있다.
② 첫 번째 문단에서 만기 일시상환의 경우 과거에는 주택담보대출에도 많이 선택하는 방법이었으나, 정부에서 갚아 나아가는 대출을 권고함에 따라 중도금대출에서는 이용할 수 없다고 하였다.
③ 세 번째 문단에서 원금균등 분할상환 방식은 매월 갚아 나가는 원금을 같게 설계한 방식으로, 매월 상환부담, 즉 원리금이 줄어드는 형태라고 하였다. 따라서 매월 원리금은 줄어들지만 원금은 같으므로 원리금에서 원금이 차지하는 비중은 높아짐을 알 수 있다.

02 정답 ④

'과정'의 내용 전개방식에 따른 절차나 단계는 사용하지 않았다.

오답해설

② 주택 담보 대출의 상환 방식을 종류별고 분류하여 설명하고 있다. 기준에 따라 하위 개념으로 설명하는 방식을 '구분'이라 한다.
③ 4문단에 제시되어 있다.

03 정답 ①

'읽는'은 자음군 단순화와 비음화, 즉 탈락과 교체가 일어난다. '값도'는 자음군 단순화와 된소리되기, 즉, 탈락과 교체가 일어나면서 음운의 수가 준다는 점이 공통적이다.

오답해설

② '꽃도[꼳또]'는 교체만 일어났으므로 음운의 수는 늘어나지 않았다.
③ '식용유[시굥뉴]'는 'ㄴ 첨가'만 일어났고 비음화는 일어나지 않았다.
④ '정확하게[정화카게]'는 음절 끝소리 규칙이 일어나지 않았다.

04 정답 ①

①의 '분다'는 한 자리 서술어로 쓰였다. 이 문장에서 부사어 '세차게'는 반드시 필요한 필수적 부사어가 아니므로 생략하여도 문장이 성립한다.

오답해설

②, ③, ④의 서술어는 모두 필수적 부사어를 필요로 하는 두 자리 서술어로 쓰였다.

05 정답 ①

A가 D보다 일찍 출장을 가고, E는 A 바로 전에 출장을 가므로 E–A–D 순임을 알 수 있다. 또, C가 E와 B는 자신보다 늦게 출장을 간다고 했으므로 C가 가장 일찍 출장을 간다는 것을 알 수 있다. D는 가장 마지막으로 출장을 가기 때문에 가능한 경우의 수는 (C–B–E–A–D), (C–E–A–B–D)의 2가지이다. 그런데 B가 C 바로 다음에 출장을 가지는 않으므로 (C–E–A–B–D) 순서가 맞으며, 따라서 세 번째로 출장을 가는 사람은 A이다.

06 정답 ④

〈보기〉는 화가로서의 지향점인 어린아이의 그림에 도달하기 위해 50년간 노력했다는 의미이다. 따라서 자신의 목표를 이루기 위해서는 오랜 기간 쉬지 않고 노력해야 한다는 점을 언급하고 있는 ④가 〈보기〉의 내용을 분석한 것으로 가장 적절하다.

오답해설

① 〈보기〉의 '어린애같이 그릴 수 있게 되는 데에'에서 지향점을 어린아이의 그림에 두고 있음을 알 수 있으나 노력에 대한 내용이 포함되어 있지 않으므로 적절하지 않다.
② 〈보기〉의 '50년이 걸렸다'에서 오랜 기간 노력했음을 알 수 있으나, '어린애같이 그릴 수 있게 되는 데에'에서 알 수 있는 목표 달성에 대한 내용은 포함되어 있지 않으므로 적절하지 않다.
③ '목표를 끊임없이 상기하기'는 〈보기〉에 언급되어 있지 않으므로 적절하지 않다.

07 정답 ②

㉠은 '어떤 결과에 도달할 수 있는 기회'를 태어날 때 정해지는 여러 조건에 의해 박탈당하는 사람이 없도록 해야 한다는 관점에서 '평등'을 정의하고 있다. 이를 '학교 교육' 측면에서 활용한다면 모든 학생들에게 학교 교육을 받을 기회를 제공해 주어야 한다는 것을 주장할 수 있으므로 적절한 것은 ②이다.

오답해설

①, ③, ④ '학교에서 시행되는 교육 과정의 수준과 내용을 동일하게 하기', '교육 내용 및 수준을 학생의 능력에 따라 제공하기', '특정 지역의 학생에게 교육적 지원하기'와 같은 주장은 모두 아이들에게 학교 교육을 받을 수 있는 기회가 동등하게 주어졌다는 것을 전제로 하므로 ㉠을 통해 주장할 수 있는 내용이므로 적절하지 않다.

08 정답 ①

경제협력개발기구(OECD)에서 발표한 경제전망을 알리고 있으므로 ①이 가장 적절하다.

09 정답 ①

방역조치로 인한 역성장은 2020년에 해당된다.

10 정답 ③

촉법소년 연령 하향을 찬성하는 입장에서는 범죄 억제 효과를 기대할 수 있다. 전문가의 주장은 촉법소년 연령 하향으로 청소년의 재범을 억제할 수 있다는 것이므로 ㉠을 약화하지 않고 강화한다.

오답해설

① 촉법소년 연령 하향을 찬성하는 입장은 청소년 범죄의 심각성을 이유로, 범죄에 대한 책임을 지게 해야 한다는 주장이다. 범죄율을 낮출 수 있다는 예측 자료는 이 입장을 뒷받침하므로, ㉠을 강화하는 적절한 평가이다.
② 촉법소년 연령 하향을 반대하는 입장은 청소년 범죄가 개인의 문제가 아닌 복합적인 구조적 요인과 관련이 있다고 주장한다. 가정과 사회적 요인에 대한 연구 결과는 이러한 입장을 지지하므로, ㉡을 강화하는 적절한 평가이다.
④ 촉법소년 연령 하향을 반대하는 입장은 청소년 범죄에 대해 처벌보다 재사회화와 교육이 필요하다는 이유를 근거로 가질 수 있다. 따라서 재사회화를 강조하는 사회학자의 의견은 이 입장을 뒷받침하므로, ㉡을 강화하는 적절한 평가이다.

11 정답 ④

(가) 표음문자는 음소적 차원에서 말소리를 적음. → (라) '부부'의 'ㅂ'이 다른 음성을 가지고 있지만 하나의 음소인 'ㅂ'으로 표기하는 것을 예로 들 수 있음. → (다) [p], [b]를 모두 'ㅂ'으로 표기하는 이유는 국어 화자에게는 동일한 음성으로 들리기 때문임. → (나) 가구, 다도의 'ㄱ, ㄷ'도 동일함. 따라서 ④ (가) – (라) – (다) – (나)의 순으로 연결되어야 한다.

12 정답 ②

글 전체적으로 가짜뉴스의 정의, 문제점, 개념 정립 등에 대한 내용이 나오고 있다. 해결방법 또는 처벌 등에 관한 내용은 나오지 않았다.

13 정답 ④

1번째 문단에서 '가짜 뉴스(Fake News)는 거짓된 정보를 토대로 생산된 뉴스를 의미한다. 그러나 이것이 기존의 오보(False Report)나 풍자적 뉴스(Satirical Fake News), 패러디(Parodies), 루머(Rumor) 등과 다른 점은~'라고 했다.
㉣은 오보이고, ㉤은 풍자적 뉴스이므로 제외된다.

마지막 문단 첫 문장에 가짜 뉴스를 정의하는 부분이 나온다. 키워드는 작성 주체의 불명확, 뉴스의 형식, 목적을 가지고 조장 등이다.
㉠, ㉡, ㉢은 이에 해당한다.

14 정답 ①

마지막 문단에서 루키즘의 파급효과가 사회 각 영역에서 상당한 영향력을 보이고 있으며, 일상생활에 외모를 가꾸는 것이 꼭 필요하다는 항목에 78%가 긍정적인 동의를 했다는 점에서 루키즘 현상이 사회적으로 개인의 삶을 결정짓는 데 중요한 요인임을 알 수 있다. 따라서 빈칸에 들어갈 말로 가장 적절한 것은 ①이다.

오답해설

② 두 번째 문단에서 백화점 등을 방문할 때 복장에 따라 자신을 대하는 대접이 달라진다는 것을 알 수 있으므로 외모가 미치는 영향을 미미하게 여기고 있음은 적절하지 않다.
③ 첫 번째 문단에서 외모는 개인 간의 우열을 형성하는 잣대가 되고 있음은 알 수 있지만 절대적인 조건으로 작용하고 있음은 알 수 없으므로 적절하지 않다.
④ 마지막 문단에서 같은 조건일 때 외모가 중요시된다는 것은 알 수 있지만 다른 능력보다 우선시하는 경향으로 볼 수 없으므로 적절하지 않다.

15 정답 ④

㉣에서는 자신의 의도를 완곡하게 표현하여 상대방의 의도를 파악하려는 노력은 하였으나, 화법의 오락적 성격과는 관계가 없다. 즉 청자의 기분을 전환하여 긴장감이나 무료함을 해소하려는 의도가 담겨 있다고 보기 어렵다. ㉣은 CT 촬영의 결과를 통해 환자와 치료 과정을 의논하자는 제안으로 볼 수 있다.

오답해설

① 의사는 고개를 갸우뚱하는 비언어적 표현을 통해 언어적 메시지 이면에 숨겨진 자신의 심리를 노출하고 있다. 이러한 비언어적 표현은 대화에서 언어적 표현을 보완, 대치, 강조하는 역할을 한다.
② 암 발생률이 점점 증가한다는 사회적 상황은 화자의 걱정을 더욱 심화시키고 있어서, 화자의 발화에 영향을 미치는 요소임을 알 수 있다.
③ 화자는 자신의 증상에 대해 묻는 발화를 통해 의사의 전문적인 설명을 듣고 싶다는 의도를 보이고 있다. 일반적인 상황이라면 이에 대해 의사는 정보 전달의 화법으로 설명하는 말을 할 것이다.

16 정답 ②

마스크를 비누에 비유하였으며 비누로 감염된 비말을 제거할 수 있음을 알려 주고 있다.

오답해설

① 유용한 정보를 담고 있지 않다.
③ 참신한 표현을 사용하지 않았다.
④ 주제와 관련성이 없고 참신한 표현도 담지 못했다.

17 정답 ②

조건은 다음과 같다.

(가) 복지 → ~환경 (나) 환경 → 사회

② (가)에 따르면 복지 정책에 관심이 있는 사람은 반드시 환경 문제에는 관심이 없다. 그리고 (나)에 따르면 환경 문제에 관심이 있는 사람은 반드시 사회 문제에도 관심이 있어야 한다. 하지만 복지 정책에 관심이 있는 사람은 환경 문제에 관심이 없으므로, 이들은 (나)의 '환경 문제 → 사회 문제' 관계를 적용받지 않는다. 따라서 복지 정책에 관심이 있는 사람 중 일부는 사회 문제에 관심이 없을 가능성이 존재한다. 결국, '복지 정책에 관심이 있는 사람 중 일부는 사회 문제에 관심이 없다'라는 결론을 도출할 수 있으므로 정답은 ②이다.

오답해설

① 사회 문제에 관심이 있는 사람에 대한 정보는 (나)에서 환경 문제와 연결되어 있지만, 사회 문제에 관심이 있는 사람이 복지 정책에도 관심 있는지에 대한 정보는 제공되지 않았다. 즉, 사회 문제에 관심 있는 사람 중 일부가 복지 정책에도 관심이 있을 수도 있지만, 그 반대일 수도 있으므로 이 선택지를 참이라고 확정할 수 없다. 따라서 ①은 부적절하다.

③ (나)에서 '환경 문제에 관심이 있는 사람은 모두 사회 문제에도 관심이 있다'고 했지만 이는 '환경 문제 → 사회 문제'라는 조건을 나타낼 뿐, 환경 문제에 관심 없는 사람이 사회 문제에도 관심이 없다는 의미는 아니다. 즉, 환경 문제에 관심 없는 사람이 사회 문제에 관심 있을 수도 있고, 없을 수도 있으므로 이 선택지는 필연적으로 참이라고 할 수 없다. 따라서 이 선택지도 부적절하다.

④ (가)에서 복지 정책에 관심이 있는 사람은 반드시 환경 문제에 관심이 없다고 했으므로, '복지 정책에 관심이 있는 사람은 모두 환경 문제에도 관심이 있다'는 주장과 정면으로 충돌한다. 즉, (가)에서 '복지 정책 → 환경 문제 없음'이라는 조건이 명확히 주어졌는데도 ④은 '복지 정책 → 환경 문제 있음'이라고 주장하므로, 이 선택지는 명백히 모순되며 절대 참이 될 수 없다.

18 정답 ③

공기 충전 포장 상품은 부서짐을 방지하기 위한 것이므로 무조건 수효를 줄이는 것은 대안이 될 수 없다.

19 정답 ②

'전화기 고장'과 '이런 서비스'에 대한 진술이 전제되어야 하므로 맨 앞으로 옮길 수 없다.

20 정답 ②

제시문은 두 가지 문제점을 구체적으로 제시하고 있다. 수상 분야에 문제가 있음을 제시하는 문장 ㉢, 수상 대상(죽은 사람에게는 수여하지 않음)을 제한하는 규정에 문제가 있음을 제시하는 문장 ㉤이 바로 구체적으로 상술된 그 문제점에 해당한다. 따라서 '㉢~㉤은 ㉡의 근거'라는 ②는 타당하지 않다. ㉢, ㉤은 대등한 관계에 있으므로 ㉤을 ㉡의 근거(㉡에 종속된 관계)로 볼 수 없기 때문이다.

오답해설

① 제시된 문단의 주제는 '노벨상 선정의 문제점'이다. ㉠은 이를 드러내는 주제문이다.

③ 수학, 천문학, 지구 과학이 노벨상 수상에 있어 지속적으로 불이익을 받았다는 ㉢은 수상 분야의 문제점을 지적하는 ㉡의 상술에 해당한다.

④ 구체적으로 위대한 업적을 세웠으나 노벨상 수상에서 배제된 사람들을 열거하는 ㉣은 ㉡과 ㉢에 대한 예시이다.

제 06 일 적중의 지혜

01	④	02	①	03	②	04	③	05	①
06	③	07	①	08	③	09	③	10	④
11	②	12	①	13	③	14	③	15	③
16	④	17	④	18	③	19	③	20	②

01 정답 ④

㉠은 '불편이 있어 온' 기간을 나타낼 수 있도록 '그간'이라는 명사, ㉡은 앞서 선술된 서비스모델 사례를 가리킬 수 있도록 '이렇듯'이라는 부사, ㉢은 '또한'이라는 부사어로 '드론 특별자유화 구역' 지정과 관리가 국토부의 행위임을 설명해야 한다.

02 정답 ①

세계 드론 시장의 매출 규모는 본 기사와는 맥락이 맞지 않는 내용이다.

03 정답 ②

교수님의 소유물인 '책'을 높여서 간접 높임을 하고 있다.

오답해설

나머지는 모두 주어를 직접 높이고 있다.

04 정답 ③

- [1단계] 지혜 → A기업, 영어 → 업무, ~영어 → ~A기업, (대우) A기업 → 영어
- [2단계] 지혜 → A기업 → 영어 → 업무
- [3단계] 2단계에서 가장 끝과 끝을 연결하여 답을 찾는다. 지혜 → 업무

05 정답 ①

첫 번째 문단에서 과거 모방, 재현주의였던 회화가 현대 회화를 추상으로 이끌었다고 설명한다.

06 정답 ③

㉡세잔과 ㉢입체주의자는 전통적인 원근법에 따라 고정된 시점에서 대상을 표현하는 것을 거부했다.

07 정답 ①

제시문에서는 다양한 매체의 부상으로 인해 사람들이 수동적 사고에 익숙해지고, 읽기 능력과 사고력이 저하된다고 주장하고 있으므로 적절한 이해이다.

오답해설

② 제시문에서는 디지털 매체의 발달로 인해 읽기 능력이 저하된다고 설명하고 있으므로 적절하지 않다.
③ 제시문에서는 과도한 정보 소비가 오히려 인지적 과부하를 유발하고, 복잡한 글을 이해하는 능력을 저하시킨다고 주장하고 있다.
④ 영상 소비는 수동적 사고에 익숙해지게 한다고 글에서 비판하고 있으며, 창의적 사고를 촉진한다는 내용은 없으므로 적절하지 않다.

08 정답 ③

인물 사진의 특징을 통해 장르의 특징을 연결짓고 있다. 인물의 정서는 설명하고 있지 않다.

09 정답 ③

글의 끝부분에서 식량 획득 방법의 차이가 아이를 기르는 관습의 차이로 이어지고 있음을 나타내고 있다.

10 정답 ④

본문은 우리 사회에서 남성과 여성에게 서로 다른 행동을 기대하는 이유(남녀의 행위 방식)가 생존 방식에 따라 결정된다는 설명을 하고 있다.

11 정답 ②

갑과 을의 대화 중 전반부의 내용을 보면 보조금 신청 자격에는 변동이 없음을 알 수 있다. 따라서 '민원인의 농업인 및 농지 등록 여부'는 확인할 필요가 없고 제한 사항만 살펴보면 된다. 을의 두 번째 발화에 따라 보조금을 부정 수령했다고 판정된 경우에는 신청이 제한되므로 '민원인의 부정 수령 판정 여부'를 확인해야 한다. 또한 판정 후에 이의 제기를 할 수 있는데 이의 제기 심의 기간에는 수령인이 부정한 방법으로 수령하지 않은 것으로 보기 때문에 '민원인의 이의 제기 여부'와 함께 '이의 제기 기각 건에 민원인이 제기한 건이 포함되었는지 여부'를 확인해야 한다. 이의 제기 기각 건에 민원인이 제기한 건이 포함되어 있지 않다면 이의 제기가 인용되었거나 심의 절차 진행 중이라는 의미이므로 보조금을 신청할 자격이 되기 때문이다.

12 정답 ①

분단국가라는 비슷한 상황에 기초하여 통일 후의 상황도 같을 것이라 추측하고 있다.

오답해설

②는 귀납, ③은 연역과 인과, ④는 인과의 전개 방식을 사용하였다.

13 정답 ③

학생 3의 발언에서 상대방의 의견을 뒷받침하는 발언은 없다.

14 정답 ③

세 번째 문장, '맛있는 튀김을 만들기 위해서는~튀김 재료로의 열전달률을 높여야 한다'에서 확인할 수 있다.

15 정답 ③

'다'에서 A씨가 자동차를 소유하고 있다는 정보만 있을 뿐이지, A씨의 자동차가 공해차량인지 노후차량인지 저감장치를 달았는지 달 수 있는지에 대한 아무런 정보가 없다. 또한 A씨의 자동차가 어떤 상태이든, 이 둘 중 하나에는 반드시 속하게 된다. 즉 A씨의 자동차가 존재하는 한, ③의 문장은 〈보기〉의 정보와 관계없이 항상 참인 결론이다(항진명제). 따라서 〈보기〉를 바탕으로 추론한 것이 아닌 선택지는 ③이다.

오답해설

① '가'와 '라'의 정보를 근거로 'B의 차는 공해차일 것이다'라고 판단하는 과정이다.
② '나'의 '모든 자동차는 공해차량이 아니다'라는 정보를 직접적으로 이끌어낸 결론이다.
④ '가'와 '마'를 통해 확인할 수 있다.

16 정답 ④

어떤 경우, 사실이나 기준 따위에 의거한다.

오답해설

① 다른 사람이나 동물의 뒤에서, 그가 가는 대로 같이 가다.
② 남이 하는 대로 같이 하다.
③ 어떤 일이 다른 일과 더불어 일어나다.

17 정답 ④

개념의 폭력은 미리 정해둔 개념에 부합하는 개별 대상은 좋은 것으로, 그렇지 못한 개별 대상은 나쁜 것으로 파악하는 것이므로, 처음 보는 동물을 길다는 공통점으로 뱀이라 분류하게 됨으로써 처음 보는 동물의 절대적 다름을 파악하지 못하게 되고, 그럼으로써 대상을 규정하는 폭력이 될 수 있다.

18 정답 ③

마지막 문단에서 '또한 공직자는 시민을 대표하기 때문에 훌륭한 인간상으로 시민의 모범이 되어야 한다는 이유도 들고 있다.'고 되어 있는데 이는 '동등한 사생활 보호의 원칙' 지지자들의 근거가 아니라 동등한 사생활 보호의 원칙을 적용할 수 없다는 '축소된 사생활 보호의 원칙' 지지자들의 근거이므로 옳지 않은 설명이다.

오답해설

① 마지막 문단에서 '공직자는 일반시민보다 우월한 권력을 가지고 있다는 것과 시민을 대표한다는 것 때문에 축소된 사생활 보호의 원칙이 적용되어야 한다는 주장도 있다. 공직자는 일반시민이 아니기 때문에 동등한 사생활 보호의 원칙을 적용할 수 없다는 것이다.'고 되어 있어 축소된 사생활 보호의 원칙은 공직자와 일반시민의 사생활 보장의 정도가 달라야 한다고 보는 것임을 알 수 있으므로 옳은 설명이다.
② 첫 번째 문단에서 '공직자의 사생활은 일반시민의 사생활만큼 보호될 필요가 없다는 것이 그 이유다. 비슷한 맥락에서 일찍이 플라톤은 통치자는 가족과 사유재산을 갖지 말아야 한다고 주장했다.'고 되어 있어 통치자의 사생활에 대한 플라톤의 생각은 동등한 사생활 보호의 원칙보다 축소된 사생활 보호의 원칙에 더 가깝다고 할 수 있으므로 옳은 설명이다.
④ 두 번째 문단의 '동등한 사생활 보호의 원칙은 공직자의 사생활도 일반시민과 동등한 정도로 보호되어야 한다고 본다. 이 원칙의 지지자들은 우선 공직자의 사생활 보호로 공적으로 활용가능한 인재가 증가한다는 점을 강조한다.'는 내용에서 알 수 있으므로 옳은 설명이다.

19 정답 ③

㉡: '이러한 것'은 '개인과 지역, 정부가 상호 간 영향을 미치는 것'을 가리킨다. 즉, 서로 간의 이해 충돌을 일으키는 요소들을 뜻한다.
㉢: '이러한 것'은 ㉡의 이해 충돌을 다시 언급하고 있다. 즉, 개인과 지역, 정부 간의 영향으로 인한 이해 충돌을 말하므로 ㉡과 동일한 대상을 가리킨다.

오답해설

㉠: '이러한 것'은 앞 문장에서 언급된 '사회적 갈등'을 지칭한다.
㉣: '이러한 현상'은 상호 간 갈등의 골이 깊어지고 반목하게 되는 현상을 지칭한다.

20 정답 ②

선발 기업의 자원 방출을 후발 기업이 이용하여 선발 기업을 따라잡을 수 있다고 설명한다. 따라서 선발 기업은 자원 방출에 신중해야 한다.

오답해설

① 세 요소 중 하나일 뿐 필수적이지는 않다.
③ 선발 기업에게 어떤 기회가 오는지에 대한 설명은 없다.
④ 비대칭적 환경 조성과 신기술 활용은 상관관계가 없는 내용이다.

적중의 지혜

01	④	02	③	03	②	04	②	05	②
06	③	07	①	08	②	09	④	10	④
11	③	12	④	13	②	14	③	15	②
16	③	17	③	18	③	19	①	20	④

01 정답 ④

제시된 명제를 기호화하면 다음과 같다.

구분	명제	대우
전제 1	축구 → 운동	~운동 → ~축구
전제 2	한국인 ∧ 축구	-

결론을 찾을 때에는 전제 1과 전제 2의 조건절을 동일하게 만들어야 한다. 따라서 전제 1과 전제 2의 조건절을 동일하게 만든 것을 정리하면 아래와 같다.

구분	명제
전제 1	축구 → 운동
전제 2	축구 ∧ 한국인

전제 1과 전제 2의 조건절이 동일한 상태에서 결론을 도출하면 '운동 ∧ 한국인'이 된다. 이때 교환법칙도 성립하기 때문에 '한국인 ∧ 운동'도 '참'이다. 이를 문장으로 하면 '어떤 한국인은 운동에 관심이 있다.'이므로 ④는 빈칸에 들어갈 결론으로 적절하다.

오답해설

① 전제 2에 따라 축구를 좋아하는 사람 중 한국인이 있으므로 적절하지 않다.
② 기호화하면 '~운동 → ~한국인'이다. 전제 1의 대우를 통해 '~운동 → ~축구'를 알 수 있지만 '~축구 → ~한국인'을 확정할 수 없으므로 적절하지 않다.
③ 한국인 중 운동에 관심이 없는 경우도 있으므로 적절하지 않다.

02 정답 ③

제시된 명제를 기호화하면 다음과 같다.

구분	명제	대우
전제 1	그림 ∧ ~(~미술관) (=미술관 ∧ 그림)	-
전제 2	~휴가 → ~미술관	미술관 → 휴가

이중부정은 긍정과 동일한 의미이다. 그러므로 전제 1은 '그림을 좋아하는 어떤 사람은 미술관을 간다.'와 같은 의미이고 이를 기호화하면 '그림 ∧ 미술관'이 된다. 결론을 찾을 때에는 전제 1과 전제 2의 조건절을 동일하게 만들어야 한다. 따라서 전제 1과 전제 2의 조건절을 동일하게 만든 것을 정리하면 아래와 같다.

구분	명제
전제 1	미술관 ∧ 그림
전제 2	미술관 → 휴가

전제 1과 전제 2의 조건절이 동일한 상태에서 결론을 도출하면 '그림 ∧ 휴가'가 된다. 이를 문장으로 하면 '그림을 좋아하는 어떤 사람은 휴가를 낸다'가 되므로 ③은 빈칸에 들어갈 결론으로 적절하다.

오답해설

① 그림을 좋아하는 사람 중 휴가를 내지 못하는 경우가 있으므로 결론에 들어갈 말로 적절하지 않다.
② 전제 2를 기호화하면, '~휴가 → ~미술관'이다. 이의 역(~미술관 → ~휴가)은 참인지 확정할 수 없으므로 결론에 들어갈 말로 적절하지 않다.
④ 전제 1에 의해 미술관을 가는 사람 중 그림을 좋아하지 않는 경우가 있으므로 결론에 들어갈 말로 적절하지 않다.

03 정답 ②

'가구'가 '책상'을 포함하므로 '가구'는 ㉠ 상의어, '책상'은 ㉡ 하의어이다.

오답해설

① ㉠ 상의어: 학용품, ㉡ 하의어: 물감
③ ㉠ 상의어: 음료, ㉡ 하의어: 커피
④ ㉠ 상의어: 학문, ㉡ 하의어: 철학, 심리학

04 정답 ②

자신감에 대한 내용은 언급되지 않았다.

오답해설

① 1문단 첫 번째 문장을 통해 알 수 있다.
③ 2문단 두 번째 문장을 통해 알 수 있다.
④ 1문단 세 번째 문장을 통해 알 수 있다.

05 정답 ②

오답해설

①은 경고 메시지가 없고, ③은 화재와 관련 없는 오염문제이다.
④ 비유와 경고가 빠져 있다.

06 정답 ③

두 번째 문단에서 3차원 복원 시스템에 이용되는 경험적 요인은 경험에 의한 3차원 착시임을 설명하고 있다.

07 정답 ①

한쪽 눈을 다친 상우는 양안의 초점 조절을 사용할 수 없어 단안 요인의 도움으로 거리감을 느껴 양파를 잡았다.

08 정답 ②

본문에서는 HIV의 개념을 설명함으로써 HIV가 역전사 효소를 가지는 바이러스임을 밝히고 있다.

09 정답 ④

남편은 우산을 가지고 나가기 위해 물어보고 있는 것으로, 문장 종결 표현의 형식이 발화의 의도와 일치한다. 따라서 간접 발화가 아닌 직접 발화에 해당한다.

10 정답 ④

협조 내용은 핵심만 적어서 항목별로 나누는 것이 좋다.

11 정답 ③

협조문은 정확한 정보를 전달하는 것이 목적이므로 육하원칙에 맞게 내용을 전달한다.

12 정답 ④

3문단을 통해 볼 때, 훈차는 한자의 의미를 빌려 쓰는 방식이고, 음차는 한자의 소리를 빌려 쓰는 방식이다. ④는 제시문의 내용과 일치하지 않는다.

오답해설

① 세 번째 문단에서 향가의 차자 표기 방식은 한글 창제 이전의 한문 중심의 표기 체계 내에서 이해되어야 한다고 설명하고 있으므로 적절하다.
② 두 번째 문단에서 향가 연구는 국문으로서의 가치는 완전하게 정립되지 않았으나, 대신 국어학적 및 국문학적 측면에서 다양한 가치가 새롭게 발견되었음이 명시되고 있으므로 적절하다.
③ 일본 연구자들이 처음 향가를 발견했을 때 한문학적 관점에서 차자 표기의 음훈 방식을 정리하고, 한국어 문법적 측면이나 문학적 가치를 충분히 반영하지 못했다고 언급하고 있으므로 적절하다.

13 정답 ②

㉠의 '보여 주다'는 차자 표기가 언어를 표현하는 중요한 수단임을 알 수 있다는 뜻으로 "대상의 상태나 성격을 명확하게 알 수 있게 하다"의 의미로 사용되었다. ②의 '현실 사회의 문제를 잘 보여 준다.'는 표현도 대상의 상태나 성격을 분명히 드러낸다는 뜻에서 제시문의 '보여 주다'와 가장 의미가 가까운 표현이다.

오답해설

① 회의 자료를 참석자에게 제시하거나 제공하는 상황으로, '눈으로 대상의 존재나 특징을 알게 하다.'의 의미로 '보여 주다'가 사용되었다.
③ '선생님은 시험이 끝난 기념으로 영화를 보여 주셨다.'는 '눈으로 대상을 즐기거나 감상하게 하다.'의 의미로 '보여 주다'가 사용되었다.
④ 요리사가 나에게 미리 국물 맛을 보여 준 것은 맛을 시험하거나 확인하게 한다는 의미로, '음식의 맛을 시험 삼아 먹게 하다.'라는 뜻으로 '보여 주다'가 사용되었다.

14 정답 ③

'눈가리개'는 어근(눈)에 '어근+접미사(가리-+-개)'가 결합된 합성어이므로 ㉠의 예가 맞다. '비빔밥'은 '어근+접미사(비비-+-ㅁ)'에 어근(밥)이 결합된 합성어이므로 ㉡의 예가 맞다. '나들이'는 '어근+어근(나-+들-)'에 접미사(-이)가 결합된 파생어이므로 ㉢의 예가 맞다.

오답해설

'바닷물고기'는 어근(바다)과 '어근+어근(물+고기)'이 결합된 합성어이므로 ㉠, ㉡, ㉢ 중 어디에도 속하지 않는다. '찜질'은 '어근+접미사(찌-+-ㅁ)'에 접미사(-질)가 결합된 파생어이므로 ㉠, ㉡, ㉢ 중 어디에도 속하지 않는다.

15 정답 ②

병은 모든 사람들이 절약만 한다면 경제가 침체될 수 있다는 점을 언급하며 을이 말하는 디컨슈머 주장에 대해 우려를 표하고 있다. 하지만 이는 을의 허점을 공격하기보다는 의견을 제시하는 형태이므로 상대 주장의 허점을 공격하여 반대한다는 진술은 적절하지 않다.

오답해설

① 갑은 소비 행태를 비판적으로 바라보며 문제점을 지적하고 있으므로 적절하다.
③ 을은 '디컨슈머'의 정의를 명확히 설명하며, 소비의 필요성과 환경 영향을 고려한 접근을 통해 대화를 효율적으로 이어가고 있으므로 적절하다.
④ 을은 소비와 절약 사이의 균형을 맞추는 것이 중요하다고 강조하며, 정부 차원의 정책적 접근이나 캠페인의 필요성을 제안하고 있으므로 적절하다.

16 정답 ③

이 글은 정당방위의 허용 요건과 조건에 대한 설명이므로 정당방위의 성립 요건을 제시하기 위한 목적으로 쓴 글이다.

17 정답 ③

'재앙'이 바른 표기이다.

18 정답 ③

세계시민에 대한 개념은 이미 근대에서 칸트가 주장한 바 있다.

19 정답 ①

마지막 문단의 마지막 문장에서 '유전자는 나와 완벽하게 동일하더라도 그 유전자들이 발현되는 환경이 나와 다르기 때문에'라는 설명이 있다. 즉, 환경의 영향 때문에 ㉠과 같이 완벽한 테레사 수녀가 복제될 수 없는 것이다.

20 정답 ④

2문단 첫 번째 문장 '한자가 전래되면서~지배계층들은 주로 한문 문학을 향유하고'를 통해 알 수 있다.

오답해설

① 고대에 신분에 따라 향유 방식이 달랐다는 설명은 없다.
② 고대에는 원시 종합 예술의 형태로 분화되지 않았다.
③ 우리 문학은 한자가 전래되기 이전에는 구비 문학의 형태로 향유되었다.

제 08 일 적중의 지혜

01	②	02	④	03	③	04	①	05	④
06	④	07	②	08	④	09	④	10	④
11	④	12	④	13	①	14	①	15	②
16	④	17	④	18	④	19	④	20	④

01 정답 ②

'의논하다'는 주어, 목적어, 필수적 부사어를 요구하는 세 자리 서술어이다. 그런데 '나는 어제 친구와 의논했다.'라는 문장에는 목적어가 생략되어 있다. 그러므로 이 문장을 '나는 어제 친구와 그 일을 의논했다.'로 고쳐 쓴 이유는 문장의 필수 성분이 생략되어 있기 때문이다.

오답해설

① '예상'에 '미리'의 의미가 들어 있어 의미가 중복된다.
③ '나는 눈이 시리도록 파란 하늘을 보았다.'에서 '눈이 시리도록'은 '파란'과 '보았다'를 모두 수식할 수 있어 문장의 의미가 중의적으로 해석된다.
④ '읽혀지다'는 '읽다'에 피동 접미사 '-히-'가 결합된 '읽히다'에 '-어지다'가 다시 결합된 이중피동이다.

02 정답 ④

ⓓ는 '친환경 에너지 개발의 장애 요소'와 내용상 관련성이 없으며 서론인 '친환경 에너지 개념 및 개발 현황'과도 맞지 않다. 따라서 삭제하는 것이 옳다.

03 정답 ③

조건은 아래와 같다.

(가) 의사 → 응급 수술
(나) 의사a ∧ 심장 전문의

의사 중 일부가 심장 전문의이므로, 그들은 의사이면서 동시에 응급 수술을 할 수 있다. 따라서 어떤 심장 전문의가 응급 수술을 할 수 있다는 결론이 타당하다.
따라서 정답은 '③ 어떤 심장 전문의는 응급 수술을 할 수 있다.'이다.

04 정답 ①

주어진 진술을 논리 기호로 정리하면 'P → L'(박 사원 → 이 대리), 'L → ~C'(이 대리 → ~최 사원), '~K → C'(김 과장 → 최 사원)이며 세 번째 진술의 대우는 '~C → K'(최 사원 → 김 과장)이다. 이로써 'P → L → ~C → K'가 성립한다. 즉 박 사원이 보고서를 작성하면, 김 과장은 보고서를 결재한다.
따라서 ①은 반드시 참이다.

오답해설

② 두 번째 진술 'L → ~C'의 대우인 'C → ~L', 즉 "최 사원이 보고서를 수정하면 이 대리는 보고서를 검토하지 않는다."는 결론을 도출할 수 있다. 따라서 ②는 반드시 참이 아니다.
③ 세 번째 진술은 '~K → C'이고, 두 번째 진술의 대우는 'C → ~L', 첫 번째 진술의 대우는 '~L → ~P'이다. 그러므로 '~K → C → ~L → ~P'이다. 즉, "김 과장이 보고서를 결재하지 않으면, 박 사원은 보고서를 작성하지 않는다."가 도출된다. 따라서 ③은 반드시 참이 아니다.
④ 첫 번째 진술에서 'P → L'이므로, 그 대우는 '~L → ~P'이다. "이 대리가 보고서를 검토하지 않으면, 박 사원은 보고서를 작성하지 않는다."는 결론을 도출할 수 있으나 '~L'과 'K'를 도출할 수 있는 논리적 연결고리는 주어진 정보에 존재하지 않는다. 따라서 ④는 반드시 참은 아니다.

05 정답 ④

명제를 도식화하면
• 방어 → ~귤(귤 → ~방어)
• 어떤 귤 → 이목
귤은 ~방어에 포함되며 귤은 이목과 교집합이 있으므로 ~방어와 이목도 교집합이 생긴다. 따라서 어떤 '~방어 → 이목'이 답이 될 수 있다.

06 정답 ④

글의 요지는 서울의 옛 터전이 산과 고개의 지형과 조화를 이루었다는 것을 강조하고 있다.

07 정답 ②

(나)에서 산의 설명을 하고 있으므로 자연스럽게 (나) 다음에 글이 이어져야 한다.

08 정답 ④

언어 현실과 어문 규범과의 괴리에서 발생하는 문제점을 제시하여 이를 해결하기 위한 주장을 펼치는 논지로 글을 구성해야 할 것이다.
㉡: 언어 교육을 받고 있는 상황
㉠: 언어 교육을 받는 이유
㉤: 언어 규범을 지키기 어려운 현실
㉢: 이러한 괴리를 줄이고자 나타나는 노력
㉣: 규범을 지키며 괴리를 해소하고자 하는 노력의 예

문제해결 Tip 순서배열 문제를 해결할 때에는 모든 내용을 이해하여 배열하는 것이 아니라, 정답의 힌트가 될 수 있는 근거를 찾아야 한다. 예를 들어 전체 문장을 읽고나면 ⓒ이 어문 규범을 지키는 것의 어려움을 이야기하고 있으므로, ⓒ 뒤에는 ⓒ이 와야한다는 것을 판단할 수 있다. 그럼 선택지 ③, ④가 정답의 가능성이 높아진다. ⓔ은 해결 방안에 대한 내용이므로 마지막에 와야 한다는 것을 알 수 있다. 그러므로 정답은 ④가 된다. 순서배열 문제는 이렇게 답이 확실하게 될 수 있는 표지 부분을 찾아 선택지를 지우는 방법으로 해결할 수 있다.

09 정답 ④

④는 인위적이거나 의도적인 기법을 거부하는 사진가들이 로빈슨을 비판하는 내용이다.

오답해설

①, ②, ③은 모두 로빈슨의 입장을 옹호하는 내용이다.

10 정답 ④

글쓴이가 강조하고 있는 독서 수행 과정은 그 시대를 먼저 살펴야 한다는 것과 관련된다. 이것은 곧 글의 배경이 되는 사회 문화적 상황을 고려하는 것에 해당한다.

11 정답 ④

제목은 문서의 목적을 담고 있어야 한다. 본 문서는 대금 청구가 주목적이므로 ④가 적절하다.

12 정답 ④

세 번째 문단에서 음식물 – 침 분비는 자극 – 반응 관계 중 '무조건자극 – 반응'에 해당한다고 하였으며, 무조건자극이 새로운 조건자극과 연결되어 반응이 일어나는 과정을 '파블로프의 조건형성'이라고 부른다고 하였으므로 음식물을 보면 침이 분비되는 현상을 파블로프의 조건형성 이론을 통해 설명할 수 있는 것은 아님을 알 수 있다.

오답해설

① 네 번째 문단에서 면역계에서도 학습이 이루어진다는 것은 중추신경계와 면역계가 독립적이지 않으며 어떤 방식으로든 상호 작용한다는 것을 말해준다고 하였으므로 적절하다.

② 두 번째 문단에서 쥐에게 시클로포스파미드를 투여하기 전에 사카린 용액을 먼저 투여하자 그 쥐가 이후 사카린 용액을 회피하는 반응을 일으켰는데, 이를 통해 애더가 쥐에게 시클로포스파미드를 투여하지 않고 사카린 용액만 먹여도 쥐의 혈류 속에서 T세포의 수가 감소된다는 것을 알아내었다고 하였으므로 적절하다.

③ 두 번째 문단에서 시클로포스파미드가 면역세포인 T세포의 수를 감소시켜 쥐의 면역계 기능을 억제한다고 하였으므로 적절하다.

13 정답 ①

조형미에 대한 서양의 레오나르도 다빈치 등의 구체적 사례와 동양의 불국사 등의 구체적 사례를 제시하여 비교하고 있다.

오답해설

② 조형미에 대해 동서양의 인식을 비교하고 있지만 발전해 온 양상을 시간의 흐름에 따라 소개하고 있지 않다.

③ 조형미를 보완할 수 있는 새로운 예술적 인식이나 개념을 제안하고 있지 않다.

④ 조형미에 대한 반론이 제시되어 있지 않고 이에 따른 한계도 제시되고 있지 않다.

14 정답 ①

㉠이 있는 문장 앞에서 논리실증주의자들이나 포퍼가 증거와 가설 간의 관계를 논리적으로 정확하게 판단 가능하고 이를 통해 가설을 정확히 검사할 수 있다고 생각했지만, 증거와 가설의 논리적 관계에 대한 판단을 위해서는 증거가 의미하는 것이 무엇인지 파악하는 게 선행되어야 하기 때문에 증거와 가설이 상충하면 가설이 퇴출된다는 생각은 너무 단순한 것이라고 하였다.

따라서 ㉠에는 발롱엔의 존재를 염두에 두면 과학적 가설과 증거의 논리적 관계를 정확하게 판단할 수 있다는 생각은 잘못된 것이라는 내용이 들어가야 한다.

오답해설

②, ③ 첫 번째 문단에서 과학적 이론이나 가설을 검사하는 과정에는 우리의 감각적 경험을 표현하는, 매우 불명료하고 엄밀하게 정의될 수 없는 일상적 언어인 발롱엔이 사용될 수밖에 없다고 하였으므로 적절하지 않다.

④ 첫 번째 문단에서 과학적 이론이나 가설을 검사하는 과정에는 물리학적 언어 외에 일상적 언어도 사용된다고 하였다는 점에서 적절한 내용이지만, 빈칸 ㉠이 있는 문단의 내용과 관련이 없으므로 적절하지 않다.

15 정답 ②

문화의 발전이 단계적으로 이루어진다는 관점에서는 쇠도끼가 미개사회에 도입된 문명사회의 도구이므로 여요론트 부족의 문화 해체는 사회 발전을 위해 필요한 과도기로 이해될 수 있다.

16 정답 ④

사회적 기업이 '이윤을 사회 또는 지역공동체의 취약 계층에 환원하여 사회 통합에 기여한다.'는 특성을 설명하고 있다. 그러므로 '유료 사업의 수익을 지역사회의 저소득층을 위해 사용'한다는 내용이 본문의 기업과 유사하다고 볼 수 있다.

17 정답 ④

㉠, ㉡, ㉢, ㉣, ㉤을 기호화하면 다음과 같다.

㉠ 윤리적 O → 보편적 O
㉡ 이성적 O → 보편적 O
㉢ 합리적 O → 보편적 O
㉣ 합리적 O → 이성적 O
㉤ 윤리적 O → 합리적 O

ㄴ. ㉡과 ㉣이 참이라면 '합리적 ○ → 이성적 ○ → 보편적 ○'로 연결되므로 '㉢ 합리적 ○ → 보편적 ○'는 참이 되므로 적절하다.

ㄷ. ㉠과 ㉢이 참이라고 하더라도 후건이 같다는 것으로는 두 명제를 연결시킬 수는 없어 ㉤이 도출된다고 할 수는 없으므로 적절하다.

오답해설

ㄱ. ㉠이 받아들일 수 없으려면 윤리적이지만 보편적으로 수용되지 않는 것(윤리적 ○ and 보편적 ×)의 예를 들어야 한다. 그런데 ㉠에서는 윤리적이지만 보편적으로 수용되지 않는 것(윤리적 ○ and 보편적 ×)이 아니라 보편적으로 수용되지만 윤리적이지 않은 것(보편적 ○ and 윤리적 ×)의 예를 들고 있으므로 이 예로는 ㉠을 받아들일 수 없다고 말할 수 없으므로 적절하지 않다.

18 정답 ④

㉠은 공기의 속도가 빠른 곳은 기압이 낮아지고 공기의 속도가 느린 곳은 기압이 높아져, 공기의 힘이 고기압에서 저기압으로 작용해 공기가 이동하는 원리를 보여준다. 경주용 자동차를 만들 때 차의 상부보다 하부로 공기가 빠르게 흐르게 하면, 차의 하부는 저기압이 되고 상부는 고기압이 된다. 이로 인해 공기의 힘은 차의 상부에서 하부로 작용하게 되므로 전복 사고의 위험을 줄일 수 있다.

오답해설

① 바람이 창문에 힘을 가하는 충격력으로 인한 현상이다.
② 작용과 반작용의 원리가 나타나는 사례이다.
③ 공기가 확산되는 것을 이용하여 산불을 진화한 사례이다.

19 정답 ④

(가)는 블록체인 기술의 보안성과 안정성 등 여러 장점을 근거로 들어 기술 도입에 찬성 입장을 나타내고 있다. 그러므로 블록체인 기술의 비용 절감 효과가 입증된 사례가 늘어나고 있다는 주장은 (가)의 입장을 약화하는 것이 아니라 강화하고 있으므로 적절하지 않다.

오답해설

① 블록체인 기술이 더 빠르고 안전한 고객 인증 방식을 제공할 수 있다는 주장은 블록체인 기술의 보안성과 효율성을 찬성하는 (가)의 입장을 강화한다. 고객 인증 과정에서 블록체인 기술을 활용하면 더 빠르고 안전한 처리가 가능해지므로, 이 주장은 (가)를 강화한다.
② 블록체인 기술 도입을 위해서 은행의 기존 시스템과의 호환성 문제를 해결하기 위한 추가적인 기술 개발이 필요하다는 주장은 (나)의 입장을 강화하는 내용이다. (나)는 블록체인 기술의 도입을 반대하는 입장을 취하고 있으며, 기존 시스템과의 호환성 문제를 해결해야 한다는 것은 기술적 복잡성을 강조하면 반대 입장을 강화하므로 적절한 평가이다.
③ 일부 국가가 블록체인 기술 상용화를 위한 새로운 규제 프레임워크를 도입 중이라는 주장은 (나)의 입장을 약화시킨다. (나)는 탈중앙화로 인해 금융 규제가 어려워질 수 있다는 문제를 제기하고 있지만, 새로운 규제 프레임워크가 도입되면 이 문제를 해결할 수 있으므로 (나)를 약화시키는 주장이다.

20 정답 ④

'지적되다'는 '꼭 집어져 가리켜지다.'의 의미로 블록체인 기술의 문제점을 비판한다는 뜻을 전달한다. '지정한다'는 '가리키어 확실하게 정하다.'의 의미로 무엇을 공식적으로 지목할 때 사용하므로 '지정한다'로의 수정은 적절하지 않다.

오답해설

① '상충되다'는 서로 어긋나거나 맞지 않는 상황을 의미하며, '모순되다'는 두 가지 사실이나 의견이 서로 충돌하거나 일관성이 없다는 뜻이다. 두 단어는 의미가 유사하고 문맥상 대체할 수 있기 때문에 적절하다.
② '주목하다'는 사람들이 관심을 가지고 주의 깊게 살핀다는 뜻이고, '관심을 갖다'도 어떤 것에 마음이 끌려 주의를 기울인다는 의미이다. 두 표현은 문맥상 유사하므로 적절하게 바꿔 쓸 수 있다.
③ '구축하다'는 체계나 구조를 세우거나 조직하는 것을 뜻한다. '세우다'는 체계를 올바르게 하거나 짠다는 의미를 지닌다. 따라서 두 단어의 문맥상 의미가 유사하므로 대체할 수 있다.

제 09 일 적중의 지혜

01	①	02	③	03	④	04	④	05	②
06	②	07	④	08	③	09	②	10	④
11	④	12	①	13	③	14	④	15	④
16	①	17	④	18	③	19	③	20	④

01 정답 ①

㉠ '묻다'는 물건을 흙이나 다른 물건 속에 덮어 감춘다는 뜻으로, 반의어는 '파내다'가 적절하다. ㉡ '묻다'는 다른 물체에 들러붙거나 흔적이 남게 된다는 뜻으로, 반의어는 '지다'가 적절하다. ㉢ '끼다'는 착용한다는 뜻으로, 반의어는 '벗다'가 적절하다. ㉣ '끼다'는 서리다는 뜻으로, 반의어는 '걷히다'가 적절하다.

02 정답 ③

③은 사동문이고 ①, ②, ④는 피동문이다.

03 정답 ④

삼단논법을 이용하여,

- ~비서 → 행정처리가 늦어짐
- 행정처리가 늦어짐 → 프로젝트 마감일 지연
- 프로젝트 마감일 지연 → 계약지연 수수료

결론: ~비서 → 계약지연 수수료
대우: ~계약지연 수수료 → 비서

04 정답 ④

명제를 도식화하면

- 모든 취준생 → 열공

결론: 어떤 열공 → ~독서
벤다이어그램 상 '열공'은 '취준생'을 모두 포함하고 결론적으로 '열공'과 '~독서'가 교집합이 생겨야 하므로 '취준생'과 '~독서'가 교집합이 생기게 하는 보기가 답이 된다.

- 어떤 취준생 → ~독서
- 어떤 ~독서 → 취준생
- 모든 취준생 → ~독서(포함관계도 교집합이 존재하는 것으로 본다.)
- 모든 ~독서 → 취준생(포함관계도 교집합이 존재하는 것으로 본다.)

모두 답이 된다.

05 정답 ②

㉡에는 '용어 의미'가 들어가야 한다.

06 정답 ②

'뽑아내다'는 '여럿 가운데서 어떤 것을 가려서 뽑다'라는 의미이므로 '어떤 목적을 달성하고자 사람을 모으거나 물건, 수단, 방법 따위를 집중하다'라는 의미인 '동원하다'와 바꾸어 쓰기에 적절하지 않다.

오답해설

① ㉠의 '기인하다'는 '어떠한 것에 원인을 두다'라는 의미이므로 '어떤 사물이 처음 생기거나 시작하다'라는 의미의 '비롯하다'와 바꾸어 쓸 수 있다.
③ ㉢의 '유발하다'는 '어떤 것이 다른 일을 일어나게 하다'라는 의미이다. '일으키다'는 '생리적이거나 심리적인 현상을 생겨나게 하다'라는 의미이므로 바꾸어 쓰기에 적절하다.
④ ㉣의 '집중하다'는 '한 가지 일에 모든 힘을 쏟아 붓다'라는 의미이다. 따라서 '정성이나 노력 따위를 한 곳으로 모으다'라는 의미의 '기울이다'로 바꾸어 쓸 수 있다.

07 정답 ④

네 번째 문단에 따르면 우리나라는 환경기술 및 환경산업 지원법에 따라 친환경 제품으로 오인할 부당한 표시를 금지할 수 있게 되었지만 아직까지 정부 차원의 구체적인 그린워싱 가이드라인이 필요하다는 주장이 나오는 등 검증을 위한 기준이 부재한 사항이다.

오답해설

① 세 번째 문단에서 프랑스에는 2021년 4월 그린워싱에 대한 벌금을 부과할 수 있는 법안이 통과되어 위반 시 홍보 캠페인 비용의 80%까지 벌금을 납부해야 한다고 하였다.
② 네 번째 문단에서 친환경 인증 마크와 같은 인증 형식은 소비자가 제품 구매 시 기업 자체 인증 마크인지 일일이 구분해야 한다고 하였으므로 인증 마크는 기업에서 자체적으로도 부여함을 알 수 있다.
③ 첫 번째 문단에서 그린워싱은 소비자들을 속임으로써 경제적 이득을 쉽게 취하려는 기업의 행태라고 하였다.

08 정답 ③

주어진 글은 피벗전략에 대해 설명한 글로, 빈칸이 포함된 문단에서는 피벗전략을 효과적으로 이끌기 위해 기업들이 갖춰야 할 조건에 대해 제시하고 있다. 빈칸 앞부분에서 피벗전략을 추구하고자 하는 기업의 영역은 소비자와 아주 밀접한 관련이 있으며, 소비자들은 자신들의 필요성을 가장 먼저 체감하고 새로운 소비자 행동을 만들어 내며, 진화하는 욕구와 니즈를 충족시킬 수 있는 기업을 원한다고 하였다. 이어 PC산업에 대한 예시를 든 후, 다시 한번 기존 산업을 파괴한 주범으로 고객을 제시하고 있으므로 빈칸에는 '고객의 요구는 시간의 흐름에 따라 변화하고 이러한 요구에 발맞추어 전략을 설정해야 한다'는 내용이 들어가는 것이 적절하다.

09 정답 ②

2문단 첫 번째 문장과 두 번째 문장을 보면 나와 있다.

오답해설

① 훔볼트는 언어는 단순한 표현이나 이해의 수단이 아니라 화자의 세계관이 투영되어 있는 대상으로 보아야 한다고 강조했다.
③ 훔볼트는 언어를 '에르곤으로 보는 정적인 언어관과 언어를 에네르게이아로 보는 동적인 언어관을 대비시켰다'라고 하였다.

10 정답 ④

3문단 마지막 문장을 보면, 누벨바그 영화의 감독들이 새로운 기법을 활용하였다는 부분이 나와 있지만, 대표 감독에 대한 언급은 없다.

오답해설

① 1문단, ② 2문단, ③ 3문단을 통해 각각 알 수 있다.

11 정답 ④

국어의 복수는 '-들', '-희', '-네' 등의 접미사를 써서 표시한다. '-들'은 수사를 제외한 명사, 대명사에 두루 쓰일 뿐만 아니라, ①의 부사에, ②의 종결 어미에, ③의 복수 접미사 '-희'에 복수 접미사 '-들'을 다시 붙여 쓸 수 있다. 그러나 ④처럼 복수 접미사 '-네' 뒤에는 붙여 쓸 수 없다.

12 정답 ①

질문을 통해 청중의 배경지식을 확인하며 말하는 부분은 없다.

오답해설

② 각 문단 시작 괄호를 통해 비언어적 표현을 활용한 것을 알 수 있다.
③ 자신의 장래 희망에 빗대어 설명하고 있다.
④ 3문단부터 마지막 문단까지를 보면 공약을 세 가지로 구분하여 제시하였음을 알 수 있다.

13 정답 ③

유추란 같은 종류의 것 또는 비슷한 것에 기초하여 다른 사물을 미루어 추측하는 일을 말한다. 예를 들어 '인생'을 '마라톤'에 빗대어 표현하는 것이다. 주어진 글에서는 유추가 사용되지 않았다.

오답해설

① 두 번째 문단에서 두 전자 회사의 인수합병, 세 번째 문단에서 자동차의 원자재를 공급하는 기업과 자동차를 생산하는 기업의 인수합병, 네 번째 문단에서 한 회사가 전자 회사, 건설 회사, 자동차 회사를 결합하여 하나의 회사를 만드는 경우를 예로 들고 있다.
② 두 번째~네 번째 문단에서 세 가지 종류의 인수합병이 어떤 것인지 각각 정의하고 있다.
④ 두 번째~네 번째 문단에서 세 가지 종류의 인수합병이 지닌 장단점을 설명하고 다섯 번째 문단에서 인수합병 과정에서 생길 수 있는 장단점을 밝히고 있다.

14 정답 ④

오답해설

① 토요일 저녁 8시는 배출시간이 아니다.
② 음식물 쓰레기는 수분을 제거해야 한다.
③ 스티로폼은 별도로 묶어서 배출한다.

15 정답 ④

글은 병아리콩의 작물화 문제를 야생 조상에 근거하여 다루고 있다. 핵심적인 문장은 "그러나 병아리콩의 야생 조상은 터키 동남부에서만 살았다는 사실이 밝혀졌다."라는 문장이다.

오답해설

① 작물화가 가장 많이 나타난 지역을 단순히 알아보고 있지는 않다.
② 전파되는 문제를 초점으로 다루고 있지는 않다.
③ 작물화된 연대를 알아보는 추론만을 진행하고 있지는 않다.

16 정답 ①

'하늘에 제사하는 것은 제후(諸侯)의 일이고 사(士), 서인(庶人)은 다만 조상에게만 제사할 뿐이다.'라고 되어 있으므로 제후와 사(士)는 제사를 지낼 수 있는 대상이 다르다는 것을 알 수 있다.

오답해설

② '천지귀신에게 음식으로써 아첨한다고, 사람에게 화복을 내리겠는가?', '사(士), 서인(庶人)은 다만 조상에게만 제사할 뿐이다. 조금이라도 그 분수를 넘으면 예가 아니다. 예가 아닌 제사는 사람이 아첨하는 것으로 신(神)도 이를 받아들이지 않는다.' 등의 문구에서 사(士)가 천지귀신에게 제사를 지낸다고 해도 복을 받을 수 없을 것임을 알 수 있다.
③ '사(士)와 서인(庶人)이 산천에 제사를 지내는 것은 예(禮)가 아니고, 예(禮)에 해당되지 않는 제사를 지내는 것은 곧 음사(淫祀)다.', '하늘에 제사하는 것은 제후(諸侯)의 일이고 사(士), 서인(庶人)은 다만 조상에게만 제사할 뿐이다.'라고 되어 있으므로 사(士)는 하늘과 산천에 제사를 지낼 수 없을 것임을 알 수 있다.
④ '사(士)와 서인(庶人)이 산천에 제사를 지내는 것은 예(禮)가 아니고, 예(禮)에 해당되지 않는 제사를 지내는 것은 곧 음사(淫祀)다.'라고 되어 있으므로 사(士)와 서인이 산천에 예를 갖추어 제사를 지내는 것은 음사(淫祀)에 해당하게 된다는 것을 알 수 있다.

17 정답 ④

모음의 사전 등재 순서상 'ㅘ → ㅙ → ㅚ → ㅛ'의 순으로 배열되어야 한다. 또한 '왜깍대깍'과 '왜각대각'의 두 번째 음절 자음을 비교해 보았을 때 'ㄱ'이 'ㄲ'보다 앞에 등재되므로, 제시된 단어들을 사전 등재 순으로 배열하면 왕창 – 왜각대각 – 왜깍대깍 – 외곬 – 요이다.

18 정답 ③

〈보기〉의 조건에 모두 부합하는 문구는 ③이다.
독서를 '친구'에 비유하였고, '~는 ~과 같고, ~는 ~과 같다'의 문장 구조를 반복하는 대구가 사용되었다.

오답해설

①, ②, ④ 모두 〈보기〉 중 '의도' 조건에는 부합하나, '표현' 조건에는 완벽하게 부합하지 않는 문구이다.
① '~으면 ~의 이익이 있다'의 문장 구조를 반복하는 대구가 사용되었으나, 비유는 나타나지 않는다.
② '책'을 '진짜 선생'으로 비유하였으나 대구는 나타나지 않는다.
④ '~로 ~를 배양한다'의 문장 구조를 반복하는 대구가 사용되었으나, 비유는 나타나지 않는다.

19 정답 ③

동현은 매뉴얼보다 교육이 더 효과적이라고 말했을 뿐, 미현의 제안이 실효성이 없다고 비판하지는 않았다.

20 정답 ④

(가) '비'의 서술어가 없고, (라) '우리 군'의 서술어가 없다.

오답해설

① (나)는 '훼손하다'의 목적어가 없다.
② (다) 조건을 → 조건으로, 정신력으로 → 정신력을

제 10 일 적중의 지혜

01	④	02	③	03	①	04	③	05	①
06	②	07	①	08	④	09	③	10	④
11	②	12	②	13	④	14	③	15	③
16	②	17	④	18	③	19	②	20	③

01 정답 ④

능동과 피동 관계를 정확하게 사용해야 하지만, "사건은 그의 노력으로 해결되었다."는 여전히 피동형 문장이다. 불필요한 피동 표현을 지양하고 능동문으로 표현하기 위해서는 '사건은'은 '사건을', '그의 노력에 의해'는 '그의 노력으로', '해결되었다'는 '해결하였다'로 수정되어야 한다. 따라서 이 문장은 '그의 노력으로 사건을 해결하였다.'로 수정해야 적절하다.

오답해설

① '앞으로'와 '미래'는 중복된 의미를 가지므로 동일한 의미의 단어를 반복해 쓰지 않기 위해 '앞으로'를 삭제하여 "미래를 대비해야 한다."로 수정한 것은 적절하다.

② 이중 부정 표현을 피하기 위해 "이 문제는 해결하지 않을 수 없을 것이다."를 "해결해야 할 것이다."로 간결하게 수정한 것은 적절하다.

③ 모호한 표현 '많은 사람들'을 구체적인 수치로 '참석자의 90%'으로 바꾼 것은 명확하고 적절한 수정이다.

02 정답 ③

빈칸 앞에서는 갑이 조례의 내용이 학칙과 어긋나는 것에 대한 법적 판단을 묻고 있고, 빈칸 뒤에서는 갑이 법령과 조례를 구분하며 조례로 인해 학교 교육과 운영이 침해되는 것이 아닌지 묻고 있다. 이에 대해 을은 조례가 법령에 포함되며 학칙을 제정할 때도 반드시 지켜야 하는 최소한의 한계를 법령의 범위로 표현한다고 했다. 이어서 〈학생인권조례〉는 이러한 법령의 취지 아래 제정되었다고 했다. 따라서 법령의 범위에 있는 〈학생인권조례〉의 내용에 반하는 학칙은 교육법에서도 저촉된다는 내용이 빈칸에 들어가야 한다.

오답해설

① 이 대화는 법령의 범위 안에서 학칙을 제정하는데 〈학생인권조례〉와 어긋나는 것이 있을 경우에 어떤 판단을 내려야 할지에 대한 논의이다. 학칙 제정 자체가 학교 운영과 학생들의 권리를 제한할 수 있다는 것은 논지에서 벗어난 내용이다.

② 을은 세 번째 발화에서 제8조 제1항에서의 법령에는 조례가 포함된다고 해석하고 있다는 말을 했다. 따라서 법령에 조례가 포함된다고 해석할 여지가 없다는 것은 대화 내용에 어긋난다.

④ 을은 마지막 발화에서 교육법 제18조의4에서 학생의 인권을 보장하도록 규정하고 있으며 〈학생인권조례〉도 이러한 취지에서 제정되었다고 했다. 따라서 〈학생인권조례〉가 교육법에 어긋나는 규정이라는 말은 옳지 않다.

03 정답 ①

'놓이어'를 '놓여'로 줄여 쓴 것은 한글 맞춤법 제36항에 따른 것이지 한글 맞춤법 제35항 [붙임 1]에 따른 것은 아니다. '놓이어'가 '놓-'로 시작되어 한글 맞춤법 제35항 [붙임 1] 규정을 따라야 한다고 생각할지 모르지만, 이 규정은 '놓아'가 '놔'로 줄어들 때에만 적용된다. '놓이어'를 '놓여'로 줄여 쓴 것은 '놓이-'의 'ㅣ' 뒤에 '-어'가 왔기 때문이므로, 'ㅣ' 뒤에 '-어'가 와서 'ㅕ'로 줄 적에는 준 대로 적는다.'라는 한글 맞춤법 제36항에 따른 결과이다.

오답해설

③ '누이니'를 '뉘니'로 쓴 것은 'ㅜ'로 끝난 어간에 '-이-'가 와서 'ㅟ'로 줄 적에는 준 대로 적는다는 한글 맞춤법 제37항에 따른 것이다.

04 정답 ③

'-겠-'은 미래 시제를 나타내는 것 이외에 추측이나 의지, 가능성 등을 표현하기 위해 쓰인다. ㉢처럼 '-겠-'이 과거 시제 선어말 어미인 '-었-'과 결합되면 추측의 의미만 나타낸다.

오답해설

④ '그 목표를 제가 꼭 이루겠습니다.'는 말하는 사람의 의지를 나타내며 말하는 사람과 주어인 '제가'가 일치한다.

05 정답 ①

㉠에서 '가던지 오던지 마음대로 해라.'라는 문장이 어법에 맞지 않는 것은 '-든지'를 써야 할 자리에 '-던지'를 썼기 때문이다. '-든지'와 '-던지'는 동사의 어간과 결합하여 쓰였으므로 어미임을 알 수 있다. ㉠은 어미를 잘못 사용했기 때문에 생긴 오류이다.

오답해설

② 사람을 포함한 유정물에는 조사 '에게'를 쓰며 그 외의 무정물에는 조사 '에'를 쓴다.

06 정답 ②

선아는 자신의 의견을 뒷받침하기 위해 중학교 때의 경험과 지난 봄에 있었던 일에 대해 언급하였다.

07 정답 ①

나눌수록 커진다는 것이 역설, 마법은 비유로 쓰였고, 의문형으로 완곡하게 행동을 유도하고 있기 때문에 ①이 조건을 모두 만족하고 있다.

오답해설

②에는 역설과 비유만, ③은 비유와 완곡만, ④는 비유만 사용되었다.

08 정답 ④

두 번째 문단에서 T세포를 생산하는 흉선의 노화로 암에 걸릴 위험이 커진다고 하였다. 또한 세 번째 문단에 따르면 PLA2G7 단백질의 수치가 낮아지면 흉선은 젊어지고 노화 염증이 감소한다. 따라서 PLA2G7 단백질의 수치가 증가하는 것이 아닌 감소할수록 흉선이 젊어지고 T세포의 기능이 강화될 것임을 알 수 있다.

오답해설

① 두 번째 문단에서 흉선은 다른 신체 기관보다 노화가 빨리 진행되어 40대에 접어들면 본연의 기능을 제대로 수행하지 못한다고 하였다.

② 세 번째 문단에서 칼로리 섭취를 줄이자 PLA2G7 단백질의 수치가 낮아져 노화를 억제하는 효과가 있었다고 하였으므로 반대로 칼로리 섭취를 늘릴 경우 PLA2G7 단백질의 수치가 증가하는 경향을 보일 것임을 추론할 수 있다.

③ 첫 번째 문단에서 제시하고 있는 연구는 소식과 수명의 상관관계를 처음으로 인간을 대상으로 하여 진행한 연구로, 그동안 파리, 벌레, 쥐 등을 통해 소식과 수명의 상관관계에 대한 연구가 진행되어 왔음을 알 수 있다.

09 정답 ③

㉠ 1문단의 내용은 소식을 통해 오래산다는 믿음의 연구에 대한 설명이므로 '줄이도록'이 적절하다.

㉡ 노화의 억제를 위해 유전자 조작을 통해 얻은 효과이므로 노화 염증은 '감소'가 적절하다.

10 정답 ④

세 번째 문단에서 사후적 규제체계에서는 기업의 행위가 반경쟁적인지의 여부를 판단하는 것이 매우 어렵고, 처벌에 이르기까지 상당한 시간이 소요됨을 알 수 있다. 따라서 시장에 대한 지배력이 형성된 경우에는 공정한 거래가 이루어지도록 회복하는 것이 어려울 가능성이 높음을 알 수 있으므로 적절하다.

오답해설

① 첫 번째 문단에서 플랫폼 참여자 간 상호작용의 결과로 생산되는 빅테크는 특성상 기존의 공정경쟁 규제가 효과적이지 않음을 알 수 있으므로 적절하지 않다.

② 두 번째 문단에서 불공정행위로 인한 소비자의 피해가 발생한다는 것은 알 수 있지만 적법한 제재가 불가능하기 때문이 아니므로 적절하지 않다.

③ 첫 번째 문단에서 빅테크는 기존의 공정경쟁 규제가 효과적이지 않다는 비판이 제기되고 있으므로 필요성이 약화된다고 보기 어렵다.

11 정답 ②

마지막 문단에서 독일이 탄소중립의 선두에 서게 된 것은 정부와 독일 철도, 마을 공동체까지 정책에 뜻을 모으고 비용을 분담하는 등 프로젝트에 적극 동참했기 때문이라고 하였다.

오답해설

① 두 번째 문단에서 한국철도는 중장기적으로 철도시설을 친환경 발전소화하는 방안으로 선로와 방음벽에 태양광 전지판을 설치하는 것을 구상하고 있다고 하였다. 따라서 현재 시행하고 있지 않으므로 적절하지 않다.

③ 첫 번째 문단에서 케르펜-호렘역은 태양광과 지열만으로 운영된다는 내용이 있으므로 천연가스를 사용한다고 볼 수 없다.

④ 세 번째 문단에서 독일은 일사량이 적고 한반도보다 위도가 높아서 태양광 자연 자원이 부족하다고 하였다.

12 정답 ②

'과민성 세포 사멸 반응'은 식물이 병원체의 공격을 원천적으로 차단하기 위해서 이루어진다. 이를 위해서 세포는 병원체에 의해 감염된 부위에 있는 자신의 세포를 사멸시키는데, 이를 통해 식물은 감염된 부위를 자신과 분리시킬 수 있다.

13 정답 ④

'책을 읽다가 의문이 생긴다면 다른 책을 찾아서 읽어야 한다.'라고 밝힌 부분은 찾아볼 수 없다.

오답해설

① '그렬진대 독서란 것은 그 공부가 진실로 끝이 없어, 실로 배우는 자가 죽을 때까지 해야 할 사업이다.'에서 확인할 수 있다.

② '독서란 장차 이치를 밝혀서 일에다 펼치려는 것이다.'에서 확인할 수 있다.

③ '한 책을 다 읽고는 자기 일을 이미 마쳤다고 말하며, 함부로 날뛰고 망령된 행동을 하면서도 아무 거리낌이 없다.'에서 확인할 수 있다.

14 정답 ③

세 번째 문단의 내용을 통해 한비자와 순자의 사상은 모두 인간의 본성이 동물과 다를 바가 없다는 것을 전제로 하고 있음을 알 수 있다. 그러나 순자가 인간이 생각할 수 있는 '려'를 가지고 있다고 본 것과 달리 한비자는 인간의 본성은 변할 리가 없다며 교화 가능성을 부정했다. 따라서 ㉡과 달리 ㉠은 인간의 본성이 절대 변하지 않는다고 판단했다는 말은 옳다.

오답해설

① 인간의 본성 안에 들어있는 사사로움을 찾아내어 법으로 엄히 다스려야 한다고 주장한 것은 순자가 아니라 한비자이다. 따라서 ㉠과 달리 ㉡은 인간의 본성 안에 사사로움이 있다고 생각했다는 말은 옳지 않다.

② 순자는 '예'를 통한 인간의 교화 가능성을 인정하였다. 인간의 교화 가능성을 부정한 것은 한비자이다. 따라서 ㉠과 달리 ㉡은 예를 통한 인간의 교화 가능성을 인정하지 않았다는 말은 옳지 않다.

④ 순자와 한비자의 사상은 모두 성악설을 바탕으로 하고 있으며 '예치'를 통치 철학으로 내세운 사람은 순자이다. 따라서 ㉡과 달리 ㉠은 성악설을 바탕으로 한 예치를 통치 철학으로 설정했다는 말은 옳지 않다.

15 정답 ③

ⓒ과 ㉠을 보면 악기를 좋아하는 사람은 책을 좋아하고, 책을 좋아하는 사람은 음악을 좋아함을 알 수 있다.

오답해설

① ㉠에서 책을 좋아하는 사람이 음악을 좋아하는 것은 알 수 있지만, 문학을 좋아하는지 알 수 없다.
② ⓒ과 ㉠에서 악기를 좋아하는 사람은 책을 좋아하고, 책을 좋아하는 사람은 음악을 좋아함을 알 수 있다. 하지만 악기를 좋아하는 사람이 문학을 좋아하는지는 알 수 없다.
④ ㉡에서 문학을 좋아하는 사람이 음악을 좋아하는 것은 알 수 있지만, 문학을 좋아하는 사람이 책을 좋아하는지는 알 수 없다.

> 문제해결 Tip 제시된 명제들의 대우 관계를 살피면서 관계들을 찾아가는 것이 중요하다.

16 정답 ②

빛가이드를 둘러싸고 있는 특수한 광학 필름은 빛가이드 안의 빛을 대부분 반사시켜 원 상태 거의 그대로 빛가이드 안에 머물게 한다고 했다. 따라서 ㉠에 들어갈 말은 '빛의 손실을 줄여'가 적절하다.

오답해설

③ 특수한 광학 필름은 빛가이드 안의 빛의 손상을 막아준다. 그러나 빛의 이동을 조절하는 것은 아니다.

17 정답 ④

앞 문장을 통해 인과관계가 있으면 상관관계가 있음을 알 수 있다. 또한 뒤 문장을 통해 상관관계가 있어도 인과관계가 없는 경우가 있음을 알 수 있다. 그러므로 앞뒤 문맥을 통해 ㉠의 의미를 '인과관계가 있으면 상관관계도 있는 것이지만, 상관관계가 있다고 해서 인과관계가 있는 것은 아니다.'라고 파악할 수 있다.

오답해설

① 상관관계는 두 변수의 변화가 함께 나타나는 통계적인 값에 의해 결정될 뿐이며, 상관관계가 높다고 해서 인과관계인 것은 아니다. 상관관계가 높아도 인과관계가 아닐 수도 있고, 상관관계가 낮아도 인과관계일 수 있다.
② 인과관계가 있으면 상관관계가 있는 것은 맞지만, '상관관계가 명확하게 드러나지 않는다.'는 것은 잘못된 진술이다.
③ 상관관계가 있다고 해서 인과관계가 있는 것은 아니다.

18 정답 ③

전제1에 따르면 A기업 직원 중에는 영어를 못하는 사람이 존재하므로 A기업 직원과 영어를 못하는 사람 사이에 교집합이 존재하고, 결론에 따르면 업무능력이 뛰어나지 않은 사람 중에 A기업 직원이 있으므로 업무 능력이 뛰어나지 않은 사람과 A기업 직원 사이에 교집합이 존재한다. 업무 능력이 뛰어난 사람이 모두 영어를 잘하는 사람이면 영어를 못하는 사람은 모두 업무 능력이 뛰어나지 않은 사람이므로 영어를 못하는 사람과 업무 능력이 뛰어나지 않은 사람의 교집합이 존재하여 업무 능력이 뛰어나지 않은 사람과 A기업 직원 사이에 교집합이 존재하게 되므로 전제2에는 A기업 직원 사이에 교집합이 존재하게 되므로 전제2에는 '업무 능력이 뛰어난 사람은 모두 영어를 잘한다'가 들어가야 한다.

오답해설

①, ④ 다음과 같은 경우에 결론이 성립하지 않는다.

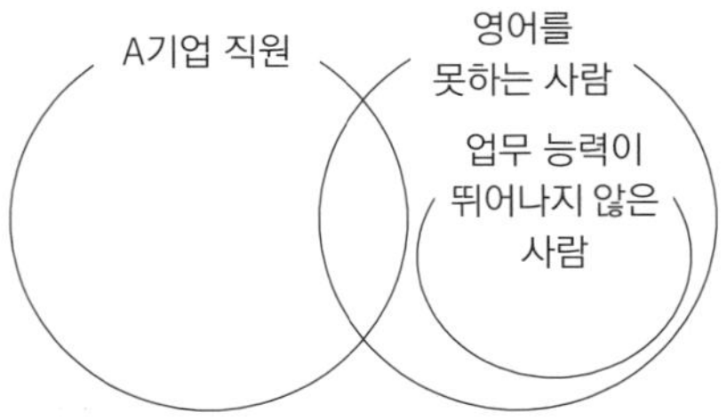

② 다음과 같은 경우에 결론이 성립하지 않는다.

19 정답 ②

㉠은 시장 안에서 특정 기업이 차지하고 있는 비중을 의미하는 수치이며, 상위 3개 기업의 ㉠을 더하면 ㉡의 값을 산출할 수 있으므로 ②가 적절한 진술이다.

오답해설

① ㉠은 ㉡의 이해를 위한 전제이지 ㉡의 불확실성을 보완하는 것은 아니다.
③ ㉡은 시장 구조를 구분하는 기준이 된다.
④ ㉠은 ㉡을 산출하기 위한 도구일 뿐 상위 개념으로 보기 어렵다.

20 정답 ③

거짓을 말한 사람과 지각한 사람 모두 C이다.

오답해설

B와 C의 진술은 동시에 참일 수 없다. 따라서 둘 중 하나가 거짓이므로, 나머지 A, D, E의 진술은 모두 참이다. 이에 따라 A와 D는 지각하지 않았고, A 아니면 C가 지각을 하였는데, A는 지각하지 않았으므로 지각한 사람은 C이다. 따라서 B의 진술이 참이 되고, C의 진술이 거짓이 된다.

가장 빠른 합격의 길

제 11 일 적중의 지혜

01	③	02	③	03	④	04	④	05	①
06	③	07	③	08	④	09	①	10	②
11	①	12	④	13	③	14	③	15	③
16	②	17	③	18	①	19	④	20	③

01 정답 ③

'차가 비싸요'는 차^{2}와 차^{6}의 중의성을 갖는 문장으로, ㉠의 예에 해당한다.

> 차^2: 1. 차나무의 어린잎을 달이거나 우린 물
> 2. 식물의 잎이나 뿌리, 과실 따위를 달이거나 우리거나 하여 만든 마실 것을 통틀어 이르는 말
> 차^6: 1. 바퀴가 굴러서 나아가게 되어 있는, 사람이나 짐을 실어 옮기는 기관. 자동차, 기차, 전차, 우차, 마차 따위를 통틀어 이른다.
> 2. (수량을 나타내는 말 뒤에 쓰여) 화물을 '「1」'에 실어 그 분량을 세는 단위

02 정답 ③

첫 번째 문단에서 사회적 가치들에 반하는 상태를 일탈이라고 하며, 일탈에는 선구자나 혁신자의 경우처럼 긍정적인 방향으로의 일탈도 포함된다는 것 등에서 선구자나 혁신자의 일탈 행위는 사회에 긍정적인 방향으로 적용할 수 있다고 볼 수 있다. 따라서 '사회적 규범을 어기는 행위라도 사회에 긍정적이 방향으로 작용할 수 있다'라는 말은 적절하다.

오답해설

① 네 번째 문단에서 낙인찍힌 사람은 자신을 대하는 일반적인 태도와 기대에 맞추어 나름대로 자신의 역할을 학습해서 행동한다고 하였다. 따라서 일탈자는 자신에 대한 타인의 기대를 의식하여 일탈 행위를 자제한다는 말은 옳지 않다.

② 세 번째 문단에서 일탈적인 행동과 문화에서 자주 접촉하게 됨으로써 개인은 일탈 행동의 동기와 그 행동을 정당화하는 태도, 일탈 행동의 기법 등을 배운다고 하였으므로 일탈자는 일탈 행동의 기법을 배우기 위해 일탈 문화에 자주 접촉하는 것이 아니라 일탈 문화에 접촉하게 됨으로써 일탈 행동의 기법을 배움을 알 수 있다. 따라서 일탈자는 일탈 행동의 기법을 배우기 위해 일탈 문화에서 자주 접촉한다는 말은 옳지 않다.

④ 선구자나 혁신자의 행동이 일탈에 해당하기는 하지만 이들이 기성 규범과 그에 기초한 사회 통제를 부정적으로 평가하는지는 지문에 나와 있지 않다. 따라서 선구자나 혁신자는 기성 규범과 그에 기초한 사회 통제를 부정적으로 평가한다는 말은 옳지 않다.

03 정답 ④

세 번째 문단을 참고할 때 ㉠(사회적 학습 이론)은 차별 교제 이론이 바탕이 되는 이론으로 인간에 대해 자신이 속한 집단의 가치를 내면화하여 행동의 동기를 형성하고 그 행동을 정당화하며 자신에게 필요한 지식과 기법을 배우는 존재로 이해하고 있다. 따라서 인간은 자신이 속한 집단의 가치를 내면화하여 행동의 동기를 형성하고 그 행동을 정당화한다는 말은 옳다.

오답해설

① 타인과의 의사소통이나 교섭과 관련지어 인간의 행동을 이해하는 것은 낙인이론이다. 따라서 인간은 타인과 의사소통하고 교섭하는 데에서 자신의 본질적인 행동을 드러낸다는 말은 옳지 않다.

② 차별 교제 이론에서는 일탈자가 일탈 행동의 기법을 배우는 것도 사회화의 하나로 파악한다는 것일 뿐 일탈자가 성공적인 사회화를 이루기 위해 의도적으로 일탈 행동의 지식과 기법을 배운다는 내용은 사회적 학습 이론과 무관하다.

③ 세 번째 문단에서 개인이 일상적인 삶의 중심이 되는 집단의 지배적 가치가 일탈적일 때 일탈자가 됨을 알 수 있다. 따라서 일탈자는 성공적인 사회화를 이루기 위해 의도적으로 도덕적 규범 및 사회적 가치를 배운다는 말은 옳지 않다.

04 정답 ④

자료를 통해 발전업계가 온실가스 배출이 가장 많은 부분임을 알 수 있으므로 적절하지 않다.

오답해설

① 첫 번째와 두 번째 문단을 통해 경제단체들은 정부의 탄소중립 계획 발표에 대한 불만을 갖고 있고, 이는 현장의 상황이 제대로 반영되지 않았다며 반발했음을 알 수 있으므로 적절하다.

② 첫 번째 문단과 자료를 통해 반도체 등의 업종은 온실가스 배출 비중이 낮은 산업 부분이지만 2050년까지 배출량 대부분을 줄여야 함을 알 수 있으므로 적절하다.

③ 세 번째 문단에서 석유화학업계는 온실가스를 줄이기 위한 기술 개발 계획의 상용화가 불투명하기 때문에 정부가 수립한 목표치 달성이 쉽지 않은 상황임을 알 수 있으므로 적절하다.

05 정답 ①

여정을 서술하고 있지 않다.

오답해설

② 2문단 세 번째 문장과 마지막 문단 마지막 문장 등을 통해 알 수 있다.

③ 1문단 시작에 독자를 '당신'으로 표현하고 있다.

④ 2문단 두 번째 문장, 마지막 문단 세 번째 문장과 네 번째 문장을 통해 알 수 있다.

06 정답 ③

㉢은 《자산어보》를 지칭하고 있다. 나머지는 필자 자신의 책을 지칭하고 있다.

07 정답 ③

지식 경영의 장단점에 대한 언급은 없다.

오답해설

① 1문단 두 번째 문장을 통해 알 수 있다.
② 마지막 문단을 통해 알 수 있다.
④ 3문단 두 번째 문장과 세 번째 문장을 통해 알 수 있다.

08 정답 ④

여덟 번째 문장 '우리는 자신과 자신의 일상을 잊고 자책을 읽어서도 안 된다.'를 보아 ④가 적절하지 않다.

오답해설

① 다섯 번째 문장, ②, ③ 여섯 번째 문장을 통해 알 수 있다.

09 정답 ①

각각의 괄호 뒤에 나온 설명이 답의 근거이다.
㉠ 뒤에는 개인마다 달라 개인을 식별할 수 있어야 한다고 했으므로 '유일성'이 들어가야 한다.
㉡ 뒤에는 추출하기 용이한 정보여야 한다고 했으므로 '획득성'이 들어가야 한다.
㉢ 뒤에는 위조가 어려운 정보여야 한다고 했으므로 '보안성'이 들어가야 한다.

10 정답 ②

2문단에서 '청일 전쟁은 이미 당시 조선 내에서도 수구파와 개화파에 따라 달리 평가되었고, 오늘날 각 나라의 입장에 따라 다르게 해석된다.'라는 것을 통해 ②가 알맞다.

오답해설

① 콜링우드는 '역사는 사실이 아니라 사유라는 것이다'라고 하였다.
③, ④는 랑케의 견해이다.

11 정답 ①

용어가 화이트 와인, 레드 와인이라도 그것에 영향을 받지 않는 사례이므로 '언어가 우리의 사고를 결정한다'는 주장을 약화시키는 논거로 적합하다.

12 정답 ④

㉣의 앞뒤 문장은 같은 내용을 병렬적으로 서술하고 있으므로, 접속어 '또'로 고치는 것이 적절하다. '도리어'는 '예상이나 기대 또는 일반적인 생각과는 반대되거나 다르게'라는 의미이다.

13 정답 ③

모든 금속이 대칭적인 원자들과 달리 급랭하면 쉽게 유리로 변할 수 있다는 내용은 제시문과 다르다. 2문단에 따르면 금속이나 대칭적인 모습의 원자들은 모두 결정으로 변하는 경향이 강해, 극단적인 냉각 속도가 아니면 유리를 만들기 힘들다고 설명하고 있다. 따라서 이 선택지는 부적절하다.

오답해설

① 물질을 구성하는 원자나 분자가 규칙적으로 결합되고 배열되면 고체, 특히 결정 구조를 이룬다는 내용은 제시문의 1문단에서 제시되었다. 따라서 적절한 선택지이다.
② 급랭에 의해 액체가 유리가 될 때, 원자나 분자의 불규칙한 배열이 그대로 고정된다는 설명은 2문단에 나와 있으며, 액체의 무질서한 구조가 동결되는 과정이 묘사되었다. 따라서 적절한 선택지이다.
④ 일부 금속이 초당 백만도 이상의 극단적인 냉각률을 확보해야 겨우 유리 상태가 될 수 있다는 내용은 제시문의 마지막에 나와 있다. 따라서 적절한 선택지이다.

14 정답 ③

'구성하는'은 무언가를 이루거나 형성하는 것을 의미하는 반면, '함의하는'은 어떤 의미나 내용을 내포하거나 포함하는 것을 의미한다. 또한 '물질을 함의하는 원자'라는 표현은 부자연스럽다. 따라서 두 표현은 바꾸어 쓸 수 없다.

오답해설

① 해당 문맥에서는 '온도를 섭씨 0도 이하로 낮춘다'는 의미로써, '내리면'과 '떨어뜨리면'은 서로 바꾸어 쓸 수 있다.
② '일정한 규칙을 바탕으로'의 의미로, ㉡은 선택지의 표현으로 바꾸어 쓸 수 있다.
④ '박제시키다'는 한 곳에 두어 움직이지 못하게 하는 것을 의미하므로, 이는 '고정시키다'와 바꾸어 쓸 수 있다.

15 정답 ③

'징수(徵收)'는 '나라, 공공 단체, 지주 등이 돈, 곡식, 물품 따위를 거두어들임'을 의미하고, '납세(納稅)'는 '세금을 냄'을 의미하므로 두 단어는 반의어 관계에 있다. 따라서 '앞날을 헤아려 내다봄 또는 내다보이는 장래의 상황'의 의미를 가는 '전망(展望)'과 '지나간 일을 돌이켜 생각함'의 의미를 갖는 '회고(回顧)'의 관계와 같다.

오답해설

① 비호(庇護), 두둔(斗頓): 편들어서 감싸주고 보호함 → 유의어 관계
② 협잡(挾雜), 사기(詐欺): 옳지 아니한 방법으로 남을 속임 → 유의어 관계
④ 노년(老年), 만년(晚年): 나이가 들어 늙은 때, 늙은 나이 → 유의어 관계

16 정답 ②

(가) 시장에 나온 상품의 자립성 → (다) 주체가 된 상품 → (라) 시장 법칙에 지배를 받는 상품 → (나) 인간을 지배하게 된 상품

17 정답 ③

㉢의 '그러나' 앞뒤로 내용을 나눠서 볼 수 있다. ㉠과 ㉡은 글쓴이가 말하고자 하는 바와 반대되는 내용으로, ㉠, ㉡을 먼저 제시하고 ㉢, ㉣로 이를 반박한 후 결론인 ㉤을 이끌어 내고 있다.

18 정답 ①

미정이는 상훈보다 점수가 높고, 지선이와 상훈이의 점수는 같으므로 미정이는 지선이보다 점수가 높다.

19 정답 ④

제시된 글 중후반부의 "그러나 공리주의가 모든 경우에 항상 올바른 대답을 줄 수 있는 것은 아니다.", "다수의 생명을 구하기 위해 한 사람의 목숨을 희생한 행위가 정당했다고 주장하겠는가?"의 내용으로 미루어보아 알 수 있다.

20 정답 ③

지문은 무엇인가를 판단할 때 다른 사람의 판단을 일차적으로 고려하는 것에 대한 내용이다.

③ 순이 자신이 발품을 팔아 얻은 정보를 이용하여 값이 싼 곳에서 물건을 사는 것은 자신의 판단을 기준으로 하는 것이다.

제 12 일 적중의 지혜

01	②	02	②	03	①	04	③	05	①
06	④	07	④	08	④	09	④	10	④
11	④	12	②	13	②	14	②	15	④
16	①	17	②	18	④	19	④	20	①

01 정답 ②

이 글은 '문화의 다양성'을 말하고 있다. 따라서 개를 식용으로 하는 우리나라와 그렇지 않은 나라의 차이점을 언급하는 ㉡이 두 부분으로 나누는 지점이라고 볼 수 있다.

02 정답 ②

㉡ '조사, 문서 작성'을 선택한 이유에 대한 설명
㉣ 모든 것을 문서화하고 있음에 주목
㉢ 분명하게 전달되기 위한 정보의 필요성
㉠ 조사하고 글을 쓰기 위한 현장교육의 필요성

03 정답 ①

① 제시된 명제를 기호화하면 다음과 같다.

구분	명제	대우
(가)	문학 관심 ∧ ~체육 관심	-
(나)	육아 관심 → 체육 관심	~체육 관심 → ~육아 관심

결론을 찾을 때에는 (가)와 (나)의 조건절을 동일하게 만들어야 한다. 따라서 (가)와 (나)를 동일하게 만든 것을 정리하면 아래와 같다.

구분	명제
(가)	~체육 관심 ∧ 문학 관심
(나)	~체육 관심 → ~육아 관심

(가)와 (나)의 조건절이 동일한 상태에서 결론을 도출하면 '문학에 관심이 있는 사람 중 일부는 육아에 관심이 없다.'가 결론이 된다.

오답해설

② (나)의 역(체육 관심 → 육아 관심)이 참인지 알 수 없으므로 적절하지 않다.
③ (나)에 의해 육아에 관심이 있는 사람은 체육에 관심이 있는 사람으로 바꿀 수 있지만 체육에 관심이 있는 사람이 모두 문학에 관심이 없는지는 알 수 없다.
④ 기호화하면, '(체육 ∧ ~문학) → ~육아'이다. 대우는 '육아 → (~체육 ∨ 문학)'이다. (나)에 의해 '육아 → 체육'이므로 참이 되려면 '육아 → 문학'이 필요하지만 이는 알 수 없으므로 결론에 들어갈 말로 적절하지 않다.

04 정답 ③

제시된 글은 헤르만 헤세의 말을 인용하여 유명하다거나 그것을 모르면 수치스럽다는 이유로 무리하게 독서를 하는 것은 그릇된 일이며, 자기에게 자연스러운 면에 따라 행동하라고 언급하고 있다. 이는 남들의 기준이 아닌 자신의 기준에 따라 독서가 좋은 독서라고 주장하는 것이라고 볼 수 있다.

05 정답 ①

지문은 세균과 바이러스의 차이점을 설명하고 있다. 세균의 대처법을 설명하기 전 바이러스의 대처법에서 '백신을 통해, 몸이 바이러스 정보를 기억하고 대항하는 힘을 만든다'라고 설명하고 있으므로 이와 동일한 ②, ④를 제외한 ①이 들어가는 것이 가장 적절하다.

06 정답 ④

빨간색보다는 검은색이 낫다는 서우의 말은 자신의 생각을 돌려서 말하는 것이 아니라 직설적으로 표현하는 것에 해당한다.

오답해설

① 은채는 빨간색 원피스가 마음에 들어서 만족스러운 표정을 짓고 있으므로, ㉠은 친구들의 판단을 묻는 것이라기보다는 친구들의 공감을 얻기 위한 것이라고 볼 수 있다.
② 민서는 빨간색 옷을 입은 은채를 보며 당황하지만, 빨간색도 괜찮지만 검은색은 어떠냐며 조심스럽게 말을 하고 있다.
③ 은채가 미소를 지으며 대답하는 것으로 보아 검은색 옷도 입어보라는 민서의 권유를 수용하고 있음을 알 수 있다.

07 정답 ④

㉣이 포함된 문장의 주어는 '최형주 씨는'이다. 만약 ㉣을 '매력이다'라고 고친다면, '최형주 씨는~매력이다'가 되어 문장의 뜻이 어색해진다. 이는 주어와 서술어가 호응하지 않기 때문에 발생하는 현상이므로, 본문 그대로 '매력이라고 하였다'라고 하는 것이 적절하다.

오답해설

② 많은 환자들을 돌보게 되기 때문에 역할 분담을 하는 것이므로, 앞문장과 뒷문장이 인과 관계에 해당한다. 그러므로 ㉡은 '그래서'라는 접속어로 바꾸는 것이 적절하다.

08 정답 ④

문항에서 예로 들고 있는 문장은 모두 비격식체의 해체에 해당하는 의문형 종결 어미이다. 이를 바르게 연결한 것은 ④인데, "올해 수능 시험이 며칠이야?"는 ㉠과 같이 단순히 새로운 정보를 얻고자 묻는 말이며, "수능 시험은 왜 11월에 보는 거야?"는 ㉡과 같이 어떤 사실을 주어진 것으로 치고 그에 대한 의문을 나타낼 때 사용되고 있다. "올해 수능 시험이 11월 16일이야?"는 ⓒ과 같이 이미 주어진 정보에 대해 확인하고자 할 때 사용된 경우라고 할 수 있다.

오답해설

① ㉠과 ⓒ이 잘못 연결되었다.
② ㉠과 ⓛ이 잘못 연결되었다.
③ ⓛ과 ⓒ이 잘못 연결되었다.

09 정답 ④

마지막 문단에서 자본 조달 순서 이론에 따르면 기업은 투자가 필요할 경우 내부 여유 자금을 우선적으로 쓴다고 나와 있다. 부채는 기업의 필요한 자금이 부족한 경우 주식의 발행보다 선호할 뿐이지 우선적으로 사용하는 자금은 아니다.

오답해설

① 첫 번째 문단에서 모딜리아니 – 밀러 이론은 현실적으로 타당한 이론을 제시한 것은 아니라고 나와 있다.
②, ③ 세 번째 문단에서 상충 이론에서 부채의 사용은 기업의 가치를 증가시키기도 하지만 감소시키기도 한다. 그래서 이를 바탕으로 기업의 가치를 가장 크게 하는 최적 부채 비율을 결정한다고 하였다.

10 정답 ④

글의 세 번째 문단에 앱 개발 시 공공 데이터 활용의 두 가지 장점이 제시되어 있다. ④에서는 '공공 데이터는 앱 개발에 필요한 실생활 관련 정보를 담고 있으며 앱 개발 비용의 부담을 줄여 준다'라고 두 가지 장점을 요약적으로 진술하였다. 또한 '앱 개발 시 공공 데이터 이용이 활성화되면 실생활에 편의를 제공하는 다양한 앱이 개발될 것이다.'를 통해 공공 데이터가 앱 개발에 미칠 영향을 제시하고 있다. 따라서 공공 데이터 장점 이후에 나올 내용으로 가장 적절하다.

오답해설

① 공공 데이터가 국민 생활에 편의를 제공한다는 장점을 가진 것은 맞으나, 활성화로 인해 국민의 삶의 질이 향상되는지는 알 수 없으므로 적절하지 않다.
② 공공 데이터를 활용해 앱 개발을 하면 비용에 대한 부담이 적다는 장점을 제시하고 있지만, 이를 통해 경제에 큰 도움이 된다는 것은 지나친 비약이므로 적절하지 않다.
③ 공공 데이터가 앱 개발에 미칠 영향만 언급했을 뿐 공공 데이터 활용의 장점에 대한 내용을 언급하지 않았으므로 적절하지 않다.

11 정답 ④

㉠은 '본성 대 양육'이라는 논쟁에서 환경을 중시하는 '양육론자'에 해당한다. 따라서 이에 대한 반박으로는 '본성'이 중요하다는 '본성론자'의 견해를 제시해야 한다. 그런데 ④ 인간이 태어날 때 아무것도 적혀 있지 않고 다양한 영향, 즉 환경의 영향을 받는다는 견해를 드러내고 있어 ㉠의 근거 또는 ㉠을 강화하는 내용에 해당하므로 ㉠의 반박 견해로 적절하지 않다.

오답해설

①의 '변화 불가능하다', ②의 '지능의 차이는 개인이 가진 본질적 차이의 결과', ③의 '특수한 개인들의 뇌 속에 위치한 성질들'에 대한 내용을 담고 있다. 즉, 환경에 따라 변화하는 것이 아니라 태어날 때부터 유전적으로 정해진 것에 따라 인간을 판단할 수 있다는 것이므로 환경에 따라 변화할 수 있다는 ㉠에 대한 반박 견해로 적절하다.

12 정답 ②

'소개하다'는 주어, 목적어, 부사어를 필요로 하는 세 자리 서술어이므로, 해당 문장에서 '부모님께'는 생략될 수 없다.

오답해설

① '것'은 의존 명사이므로, 해당 문장에서 '작은'은 생략될 수 없다.
③ '생기다'는 주어, 부사어를 필요로 하는 두 자리 서술어이므로, 해당 문장에서 '예쁘게'는 생략될 수 없다.
④ '자다'는 주어만을 필요로 하는 한 자리 서술어이므로, 해당 문장에서 '예쁘게'는 생략될 수 있다.

13 정답 ②

이 문항은 중심적 의미를 지니고 있던 어휘가 특정 문맥에서의 쓰임으로 인해 주변적 의미도 지니게 되어 다의어의 성격을 보이게 되는 현상을 이해하고, 이를 신체 부위와 관련된 어휘에 적용해 중심적 의미와 주변적 의미를 구분할 수 있는지 묻고 있다. ②의 '어깨'는 ㉠과 ⓛ 모두 신체 부위를 가리키는 중심적 의미로 쓰인 것이다.

오답해설

① ㉠의 '눈'은 신체 부위를 가리키는 중심적 의미로 쓰인 것이다. ⓛ의 '눈'은 '사람이나 사물을 보고 판단하는 힘.'을 뜻하며, 이는 주변적 의미로 쓰인 것이라 할 수 있다.
③ ㉠의 '목'은 신체 부위를 가리키는 중심적 의미로 쓰인 것이다. ⓛ의 '목'은 '자리가 좋아 장사가 잘 되는 곳이나 길 따위.'의 뜻으로, 이는 주변적 의미로 쓰인 것이라 할 수 있다.
④ ㉠은 '손'은 신체 부위를 가리키는 중심적 의미로 쓰인 것이다. ⓛ의 '손'은 '어떤 사람의 영향력이나 권한이 미치는 범위.'의 뜻으로, 이는 주변적 의미로 쓰인 것이라 할 수 있다.

14 정답 ②

㉠ 성인의 '나'가 어린 시절의 '나'를 회상하며 서술되는, 즉 성인인 '나'의 이야기 안에 어린 시절 '나'의 이야기가 삽입되어 있는 형태이므로 '액자식' 구성이다. 여러 이야기가 묶여서 제시되는 옴니버스식 구성에 대한 근거는 전혀 제시되지 않았다.
ⓛ "자신을 '보여지는 나'와 '바라보는 나'로 분리시켜 자기 자신에 대해서도 냉철한 시선을 거두지 않는 주인공의 열두 살 때부터의 버릇은, ~" 부분을 통해, 즉 '나'의 냉철한 시선은 '스스로'에게도 적용되는 것임을 알 수 있다.
ⓒ '부모의 부재', '일찍 철이 든' 등의 표현을 통해 ⓒ은 '상처'임을 짐작할 수 있다. 뒤 문장에 "'나'의 내면에 숨겨진 깊은 상처의 실체는 ~"이라고 하여 '상처'가 직접 제시되기도 하였다.

15 정답 ④

재생탑에서는 고온의 열처리가 이루어진다. 열처리를 통해 이산화탄소가 열에너지를 받으면 흡수제의 기공 밖으로 빠져나오게 되면서 흡수제가 재생되어 흡수탑 상단으로 이동한다. 이때 흡수제가 이산화탄소의 열을 흡수하는 것이 아니라 열처리 과정에서 흡수되어 있던 이산화탄소를 분리하는 것이다.

오답해설

① 흡수탑에서는 흡수제에 유입된 이산화탄소가 화학반응을 일으키면서 달라붙게 된다.
② 배기가스에는 물, 질소, 이산화탄소가 포함되어 있다. 흡수제는 이 중에서 이산화탄소만을 선택적으로 포집하는 것이기 때문에 물과 질소는 굴뚝을 통해 그대로 배출된다.
③ 흡수 포화점에 다다른 흡수제는 재생탑 상단으로 이동되어 재생 공정을 거치게 된다. 따라서 공정도에 나타난 연결관은 흡수 포화점에 다다른 흡수제가 재생탑으로 이동하는 통로이다.

16 정답 ①

단청 기법 중 보색대비는 더운 색과 차가운 색의 층을 조성하여 색의 조화를 이끌어내는 기법으로 이러한 색의 조화를 통해서 시각적 장식 효과를 높이는 효과를 얻을 수 있는 기법이다. 따라서 ①의 시각적 장식 효과를 얻는다는 설명은 적절하다.

오답해설

②, ③, ④는 보색대비와 관련이 없는 설명으로 지문을 통해 확인할 수 없다.

17 정답 ②

지문은 크게 두 부분으로 나뉘어 있다. 첫째, 둘째, 셋째 단락에서는 유추의 일반적인 특성을 객관적으로 설명하고 있다. 즉 '유추란 무엇이고 어떤 방법으로 하는가'에 관한 내용인 것이다. 그런 다음에 '유추의 한계와 극복 방법', '유추의 필요성' 등을 밝히고 있는데, 이런 내용을 통해 그 유용성을 강조하려는 의도를 보이고 있다.

오답해설

①에서 '유추의 활용 사례'는 언급되어 있으나, '유추의 유형'을 설명하고 있지 않으므로 옳지 않다.
③은 지문에 전혀 언급된 내용이 아니므로 적절하지 않다.
④의 '유추의 문제점 지적'은 언급은 있으나, '새로운 사고 방법의 필요성'은 지문과는 관련이 없다.

18 정답 ④

루소가 말한 '사회 계약'의 의미를 현실에 적용한 사례는 평범한 사람들이 모두 도와 서로에게 이익이 되는 행복한 사회를 만드는 것이다.

19 정답 ④

④의 '주책'은 '일정한 생각이나 줏대'를 뜻하는 말이어서, '자꾸 이랬다 저랬다 하여 도무지 요량이 없다'는 뜻으로 사용하려면 '주책없다'를 써야 함에도 불구하고, 뒤에 오는 '없다'를 떼어버리고 '주책'만으로 '주책없다'의 의미와 동일하게 사용함으로써 두 낱말의 의미가 충돌을 일으켜 언어 사용에 혼란을 주므로 본문에서 설명하고 있는 언어 현상의 예로 적절하다.

20 정답 ①

①의 '양반'은 '높은 신분'이라 하여 특정 사람을 가리키는 말에서 '점잖고 예의 바른 사람'의 뜻으로 일반 사람을 가리키게 되었으므로 의미의 사용 범위가 넓어진 의미 확대에 해당한다.

오답해설

②의 '얼굴'은 옛날에는 '몸 전체'의 의미로 사용되다가 지금은 '안면'을 의미하므로 의미의 사용 범위가 좁아진 의미 축소이다.
③의 '왕'은 '한 나라의 우두머리'라는 뜻에서 '한 분야의 최고'를 의미로 바뀌었으므로 사용 범위가 넓어진 의미 확대이다.
④에서 '어리다'는 옛날에는 '어리석다'에서 지금은 '나이가 어리다'로 전혀 다른 의미 영역으로 바뀌었으므로 의미 이동이다.

제 13일 적중의 지혜

01	④	02	④	03	④	04	②	05	④
06	①	07	①	08	④	09	④	10	④
11	④	12	④	13	①	14	④	15	③
16	③	17	②	18	④	19	④	20	①

01 정답 ④

제시문의 중심내용은 사유의 중요성을 강조하는 것으로, 아이히만의 사례를 통해 맹목적인 복종이 얼마나 위험할 수 있는지 경고하고 있다.

오답해설

① 아이히만이 명령에 따른 행동을 번영으로 삼았다는 점은 언급되지만, 이 선택지는 중심내용과는 동떨어져 있다. 글의 초점은 생각하지 않는 행위의 위험성에 있다.
② 아이히만이 평범한 인물이었다는 사실은 언급되지만, 그를 괴물로 보는 시각이 지나치다는 것이 중심내용은 아니다. 글의 핵심은 생각의 무능으로 인해 범죄를 저질렀다는 점이다.
③ 법에 대한 무조건적인 복종을 강조하는 것이 아니라, 법에 맹목적으로 따르는 것이 오히려 문제를 일으킨다는 점이 글의 핵심이다.

02 정답 ④

'형이~연습장을 꺼냈다.'에서 '꺼냈다'의 절대 시제는 과거이고, '형이~(연습장을) 구입한'에서 '구입한'의 상대 시제는 '꺼냈다'보다 과거이므로 상대 시제도 과거이다. 따라서 정답은 ④이다.

오답해설

① '그가~말을 보았다.'에서 '보았다'의 절대 시제는 과거이므로 '달리는'도 과거인데, '보았다'의 시점에서 '달리는'은 현재 시제이므로 '달리는'의 절대 시제는 과거이고 상대 시제는 현재이다.
② '~사람이 많다.'에서 '많다'의 절대 시제는 현재이므로, '휴가를 떠나는'의 '떠나는'은 절대 시제로 현재이고, 상대 시제로도 현재이다.
③ '~이유는 날씨가 좋아서이다.'에서 '좋아서이다'의 절대 시제는 현재이므로, '기분이 좋은'에서 '좋은'의 절대 시제는 현재이고, 상대 시제로도 현재이다.

03 정답 ④

〈보기〉에서 근대 국어는 중세 국어의 8종성법이 이어지다가 'ㄷ'으로 표기되었던 종성만 'ㅅ'으로 표기되었다고 하였다. 그러므로 표음적 표기는 그대로 유지되었다고 추정할 수 있다.

오답해설

① '곶'에 쓰인 'ㅈ'은 8종성에 해당하지 않고, 기본 형태와 표기가 일치한다면 이는 표의적 표기를 따른 것이라고 볼 수 있다. 또 〈보기〉에서 중세 국어의 일부 문헌에서 표의적 표기가 나타나기도 했다고 하였다.
② 중세 국어에서 '벋'으로 표기되던 종성이 근대 국어에서부터 '벗'으로 표기된 것은 'ㄷ'과 'ㅅ'의 발음이 구별되지 않게 되어 나타난 7종성법의 영향이라고 할 수 있다.
③ '잎'의 중세 국어 기본 형태인 '닢'이 '닙'으로 표기된 것은 'ㅍ'이 8종성에 해당하지 않으므로 기본 형태를 밝혀 적지 않은 것이며 이는 표음적 표기를 따른 것이다.

04 정답 ②

㉡ '영수'와 '영수의 여동생' 중 누가 마음이 착한지 정확히 알 수 없다.

05 정답 ④

㉣ '인간은 자연에 복종하기도 하지만 지배하기도 하는 존재이다.' → 문장 성분 중 '목적어'가 빠져 있으므로, '인간은 자연에 복종하기도 하지만 자연을 지배하기도 하는 존재이다.'로 고쳐야 한다.

06 정답 ①

조건을 정리하면 다음과 같다.

- 수학 잘함 → 문제 해결 능력 뛰어남
- 문제 해결 능력 뛰어남 ∧ 창의적임
- 결론: 창의적임 ∧ 수학 잘함

삼단 논법에서 매개념은 적어도 한 번은 주연되어야 결론이 성립할 수 있다. 여기서 매개념은 '문제 해결 능력이 뛰어남'인데, 이 개념이 두 전제에서 모두 주연되지 않았다. 따라서 '문제 해결 능력이 뛰어난 사람은 모두 수학을 잘하는 사람'이라는 추가 전제가 필요하다.

07 정답 ①

조건을 정리하면 다음과 같다.

> (가) 책을 좋아하는 사람 중 일부 → 영화에 관심이 없는 사람(책 좋아하는 사람∧~영화 관심)
> (나) 미술에 관심이 있는 사람 → 영화에 관심이 있는 사람(미술 관심 → 영화 관심

- (가)에 따르면 영화에 관심이 없는 사람이 존재한다. 이 중 일부는 책을 좋아하는 사람이다. 즉, '책을 좋아하는 사람 중 일부는 영화에 관심이 없다.'
- (나)에 따르면 미술에 관심이 있는 사람은 모두 영화에 관심이 있다. 따라서 영화에 관심이 없는 사람은 미술에 관심이 없을 수밖에 없다.

따라서 '책을 좋아하는 사람 중 일부는 미술에 관심이 없다'라는 결론을 도출할 수 있다.

08 정답 ④

본문에 "역사란 인류 사회의 '아'와 '비아'의 투쟁이 공간적, 시간적으로 확대 발전하는 심적 활동 상태의 기록이다. 어떤 부분에서든지 본위인 '아'가 있으면 '아'와 대치되는 '비아'가 있으며 심지어 '아'의 내부에도 '아'와 '비아'가 있다. 이를 통해 우리는 '비아' 안에도 '아'와 '비아'가 있음을 알 수 있다"고 하였다. 따라서 '아'와 '비아' 사이에 투쟁이 일어나는 것은 자연스러운 현상이라고 이해할 수 있다.

오답해설

① 나의 그룹, 또는 나와 관계된 것은 '아', 그와 대립에 있는 것을 '비아'라고 정리할 수 있다. 그러므로 ①에서 말하는 것은 기준을 무엇으로 두느냐에 따라 달라진다.
② '아'의 움직임이 맹렬해지면 '비아'의 움직이도 맹렬하게 싸운다고 본문의 마지막 3번째 문장에서 설명하고 있다.
③ 개인과 개인 사이 뿐만 아니라, 나라와 나라 사이에서도, 집단과 집단 사이에서도 발생한다.

09 정답 ④

주어진 글은 국가에서 만드는 디지털 화폐와 암호 화폐의 차이점을 설명하고 있다. 국가에서 만드는 디지털 화폐의 경우는 화폐의 기능은 하지만 투자의 기능은 못 하고, 암호 화폐는 반대로 화폐의 기능은 못 하지만 투자의 기능은 한다. 따라서 이 둘은 개념이 다른 것이므로 한국은행이 블록체인을 활용해 디지털 화폐를 만들든 말든 암호 화폐의 가격과는 아무 상관없는 일이다.

10 정답 ④

첫 번째 문단에서 관세의 개념을 설명하고 두 번째~네 번째 문단에서 관세로 인해 발생하는 경제 현상을 설명하고 있으므로 적절하다.

오답해설

① 두 번째, 세 번째 문단에서 관세와 관련한 경제 현상에 대해 소개하고 있지만 장점들을 열거한 것이 아니므로 적절하지 않다.
② 두 번째, 세 번째 문단에서 경제 현상에 대한 설명을 소개하고 네 번째 문단에서 다른 관점을 제시하고 있지만 이러한 관점들을 절충하고 있지 않으므로 적절하지 않다.
③ 첫 번째 문단에서 관세의 개념을 밝히고 있지만 다른 상황에 빗대어 설명하고 있지 않으므로 적절하지 않다.

11 정답 ④

"이렇듯 가을 풍경 속에서 모든 것이 상실되는 가운데 한 덩이 구름마저 없어질까 아쉬워하는 시적 화자의 심정이 잘 표현되어 있다." → 즉 아쉬움이 드러나기는 하나, 쓸쓸함, 허전함 등 다른 정서도 함께 드러나므로 아쉬움이 '가장 중심적인 정서인지' 여부는 알 수 없다.

오답해설

① "〈추일서정〉은 가을날의 풍경을 회화적 구도로 제시하고 있지만 실상은 의도적으로 창조한 시인의 정신적 내면의 모습을 보여주고 있다. 독일의 폴란드 침공에 의한 제2차 세계대전의 발발이라는 역사적 비극과 우리 민족이 일제 식민지 치하에 억압받던 현실이 은연중에 오버랩되면서 황량한 공간적 배경이 가을의 쓸쓸함을 더해 준다." → 즉 이 작품은 가을날의 풍경 + 2차 세계대전과 일제강점기+시인의 심리까지 모두 함께 드러내는 작품이다.
② "잎이 떨어져 앙상하게 줄기를 드러낸 나무, 허옇게 흉한 모습을 보이는, 뜯겨나간 공장의 지붕, 망가져 구부러진 철책은 더욱 황폐하고 쓸쓸한 느낌을 준다." → 자연의 아름다움에 대해서는 제시문 상 근거를 찾을 수 없다.
③ 멀리 햇빛 속에 비치는 길이 넥타이처럼 풀어져 사라지며 한낮의 적막 속에 모든 것이 사라지고 마는 상실과 소멸의 정서를 그려낸다.

> 문제해결 Tip 이 문제가 어려운 이유는 선지가 까다롭다기보다는 작품의 특성상 제시문에 중심 내용이 또렷하게 없고 회화적 묘사가 주를 이루기 때문이다. 그럼에도 문제를 푸는 메커니즘은 기존과 동일하니 겁먹지 말고 선지의 근거를 정확하게 찾도록 노력해야 한다.

12 정답 ④

'위에서 아래로 내려지다.'라는 의미이다.

오답해설

① '어떤 상태나 처지에 빠지다.'라는 의미이다.
② '진지나 성 따위가 적에게 넘어가게 되다.'라는 의미이다.
③ '정이 없어지거나 멀어지다.'라는 의미이다.

13 정답 ①

〈보기〉는 잊혀질 권리에 대한 정의와 가까운 내용이다. 정의라는 점에서 글의 앞부분에 위치하는 것이 옳으며 정의가 나오고 이 단어가 언제 등장하였는지 나오는 부분이 가장 매끄럽기에 (가) 부분에 위치하는 것이 가장 적절하다.

14 정답 ④

법 권력을 소유한 집단은 잊혀질 권리를 이용하여 불편한 진실에 대한 접근성을 제한할 가능성이 높아진다고 하였으므로 잊혀질 권리를 통해 법 권력을 소유한 사람들을 견제할 수 있다는 것은 잘못된 내용이다.

오답해설

① 잊혀질 권리라는 개념은 2012년 유럽 일반정보보호규정에서 처음 나왔다는 내용을 통해 옳은 내용임을 알 수 있다.
② EU는 1995년 정보보호법을 제정해 검색 사업자를 데이터 수집 업체로 규정하고 규제대상으로 삼아 왔다는 내용을 통해 옳은 내용임을 알 수 있다.
③ 검색엔진은 문서뿐 아니라 이미지, 영상까지 검색 결과로 내놓고 있으며 이런 정보가 인터넷에 계속 남아있다는 내용을 통해 옳은 내용임을 알 수 있다.

15 정답 ③

〈보기〉를 기준으로 글의 내용을 정리하면 다음과 같다.

명제 1.	머신러닝의 사례 가운데 샤펠식 과정에 해당하면서 의사결정트리 방식을 따르지 않는 경우는 없다.
명제 2.	머신러닝은 지도학습과 비지도학습이라는 배타적 유형으로 나뉘고, 모든 머신러닝의 사례는 이 두 유형 중 하나에 속한다.
명제 3.	샤펠식 과정은 모두 지도학습에 속한다.
명제 4.	강화학습을 활용하는 모든 경우는 비지도학습에 속한다.
명제 5.	의사결정트리 방식을 적용한 사례들 가운데 강화학습을 활용하는 머신러닝의 사례도 있다.

ㄱ. 명제 5를 보면 의사결정트리 방식을 적용한 사례 중 강화학습을 활용하는 사례도 있음을 알 수 있고, 명제 4에 의하면, 강화학습을 활용하는 모든 경우는 비지도학습에 속하므로, 해당 내용은 반드시 거짓이다.
ㄴ. 명제 3에서 샤펠식 과정은 모두 지도학습에 속한다고 했으며, 명제 5에서는 의사결정트리 방식에서 강화학습을 활용하는 사례도 있다고 했으므로, 강화학습을 활용하는 경우 샤펠식 과정의 적용 사례가 아니면서 의사결정트리 방식을 적용한 경우가 된다. 따라서 반드시 참이다.

오답해설

ㄷ. 명제 5에 따르면 의사결정트리 방식을 적용한 사례 가운데 강화학습을 활용하는 머신러닝의 사례도 있다고 하고 있지만, 강화학습을 활용하는 머신러닝 사례들이 모두 의사결정트리 방식을 적용했다는 것은 주어진 명제들로는 알 수 없다. 따라서 참인지 거짓인지 알 수 없다.

16 정답 ③

㉠ 무게가 무겁지 않은 노트북은 두께가 두껍지 않다.
㉡ 화질이 좋은 노트북은 사람들에게 인기가 많다.
㉢ 사람들에게 인기가 많은 노트북은 무게가 무겁지 않다.

따라서 주어진 대우명제를 연결하면, 화질이 좋은 노트북은 사람들에게 인기가 많고, 사람들에게 인기가 많은 노트북은 무게가 무겁지 않음을 알 수 있다. 즉, 화질이 좋은 노트북은 무게가 무겁지 않다는 결론이 도출된다.

오답해설

① 사람들에게 인기가 많지 않은 노트북은 화질이 좋지 않다는 것만 판단할 수 있다.
② ㉠의 역은 옳고 그름을 판단할 수 없는 명제이다.
④ 사람들에게 인기가 많은 노트북은 무게가 무겁지 않고, 무게가 무겁지 않은 노트북은 두께가 두껍지 않다.

17 정답 ②

암을 치료하기 위한 구체적인 방법은 언급하고 있지 않다.

오답해설

① 1문단 첫 번째 문장에 나와 있다.
③ 2문단에서 설명하고 있다.
④ 3문단에서 설명하고 있다.

18 정답 ④

제시문의 마지막 부분을 통해, '50그릇에 대한 수요 인구가 분포하는 범위(최소 요구치 범위)'는 '배달권(재화 도달 범위)' 내에 있어야 '중국집(중심지)'이 유지될 수 있다는 것을 추론할 수 있다.

19 정답 ④

살풀이의 과정이 절정에 올랐을 때 신인융합이 된다는 것은 성스러운 세계와 인간 세계가 결합한다는 의미이다. 따라서 영매인 무당이 살풀이 과정에서 보여주는 초인적인 능력은 신을 받아 신령스러운 말과 행동을 한다는 것을 가리킨다.

20 정답 ①

제시문은 추상회화가 대상의 사실적 표현보다는 회화의 조형 요소를 강조한 그림이며, 이러한 조형 요소를 통해 화가의 내면에서 일어나는 느낌을 표현한 그림이라고 설명하고 있다. 이로 보았을 때 이 글의 중심 내용은 '20세기 들어 새롭게 등장한 추상회화의 특성'이라고 할 수 있다.

제 14 일 적중의 지혜

01	②	02	②	03	④	04	④	05	③
06	③	07	④	08	②	09	③	10	④
11	④	12	④	13	④	14	①	15	④
16	④	17	①	18	②	19	③	20	③

01 정답 ②

앞부분에 기업회계와 세무회계로 계산한 과세금액의 차이가 발생한다고 서술되어 있는데, 이러한 차이는 손금과 비용 등을 결정하는 방법이 같을 경우 발생하지 않을 것이다. 따라서 결정하는 방법이 다르다는 내용으로 수정되어야 한다.

오답해설

① 과세금액이 서로 같다면 그 차이를 처리하는 회계상의 항목이 불필요할 것이다. 따라서 수정할 필요가 없다.
③ 이연법인세대는 이연법인세차와 반대된다는 서술이 있으므로, 자신이 아닌 부채로 기재할 것이다. 따라서 수정할 필요가 없다.
④ "~ 비상장 중소기업이나 비등록 기업에는 적용하지 않고 법인세법상 기업이 부담해야 할 법인세액을 손익계산서에 나타내도 무방하도록 하고 있다." → 즉 정식 방법이 아닌 약식 방법을 활용할 수 있도록 조치한 것인데, 이는 정식 방법이 복잡하기 때문일 것이다(단순할 경우 굳이 약식 방법을 쓸 이유가 없으므로). 따라서 수정할 필요가 없다.

02 정답 ②

개요의 주요 내용을 모두 포괄하는 것을 찾으면 된다.

오답해설

①, ③ 제시된 개요로는 알 수 없다.
④ Ⅱ에 한정되는 내용으로 전체 개요를 포괄하지 못한다.

03 정답 ④

처음에 '이러한 특성'이라는 말이 나오는데, 이는 '평소에는 꺼져 있다가도 일부분만 켜서'와 '창문 일부처럼 있다가 필요할 때만'을 보았을 때 Ⅱ. 5.의 '부분 켜짐/꺼짐(On/Off)이 가능해야' 하는 기능에 해당함을 알 수 있다.

04 정답 ④

1문단에서 기독교적 전통에 속하지 않는 이들에게 부과한 비정상성을 구체적인 형상을 통해 재현함으로써 그들이 전통 바깥의 존재라는 사실을 명확히 했다고 하였다. 이를 구체적으로 설명한 것이 2~4문단이고, 5문단에서 이를 다시 한번 정리하고 있으므로 본 선지의 내용이 빈칸에 들어갈 말로 가장 적절하다.

오답해설

① 서구사회의 기독교적 전통에 속하는 이들이 그것에 속하지 않는 이들을 어떻게 구분 지었는지에 대한 내용이지, 그 역할을 한 종교인과 예술가들에 주목하고 있지는 않다.
② 서구의 기독교인들이 자신들보다 강한 존재를 추악하게 묘사한 것이 아니라, 기독교적 전통에 속하지 않는 이들을 비정상적이고 추악한 존재로 묘사한 것이다.
③ 제시된 지문은 서구의 기독교에 대해서만 언급하고 있을 뿐, 동서양을 모두 아울러 말하고 있지는 않다.

05 정답 ③

'소년 : 소녀'는 중간이 없는 상보 반의어이다. 그러므로 ③ '참 : 거짓'과 유사한 관계를 지닌다.

오답해설

① '쉽다 : 어렵다'와 ④ '크다 : 작다는 정도 반의어, ② '오른쪽 : 왼쪽'은 방향 반의어이다.

06 정답 ③

주어진 조건을 기호화하면 다음과 같다.

A: 갑이 거짓말을 한다
B: 을이 화를 낸다
C: 먹을 것이 풍족하다
D: 회의가 개최된다

- A → ~B … 1
- ~C → B … 2
- D → A … 3

2에서 ~B → C이다. (대우) … 4
1, 4에서 A → C이다. … 5
3, 5에서 D → C이다.
즉, '회의가 개최되면, 먹을 것이 풍족하다.'는 항상 참이다.

07 정답 ④

심리적 성향에 따른 행위는 도덕적 차원의 문제가 아닐 뿐이므로 좋고 나쁨을 판단하지 않는다는 내용이 되어야 하므로, 빈칸에는 '인정하지 않는'이 들어가는 것이 적절하다.

오답해설

① 빈칸이 포함된 문단은 인간이 동물과 달리 이성을 가지고 욕구와 감정에 맞서는 행동을 한다는 내용이므로 ㉠에 '본능적 욕구'가 들어가는 것이 적절하다.
② 이어지는 문장에서 이성의 명령, 즉 도덕적 명령에 따른 것이 아닐 경우 의무에서 나온 행위가 아니라고 하였으므로 ㉡에는 '의무에서 비롯된 행위'가 들어가야 한다.
③ 이어지는 내용에서 심리적 성향에 따라 행동한 것은 도덕적 행위일 수 없다고 하였으므로 ㉢에 '도덕성과 무관하다'는 내용이 들어가는 것이 적절하다.

08 정답 ②

당대의 글쓰기 관습이나 독서 문화를 이해하는 것과 동시대의 사회 구성원들이 지식과 정보는 공유하는 것은 거리가 멀다.

09 정답 ③

이 글에서는 정치의 일차적인 목적이 인민을 먹여 살리는 데에 있다고 하며, 인민을 먹여 살리지 못하는 왕조는 교체됨을 말하고 있다. 그러므로 이 글에서 전제하는 것은 '국가(권력)가 백성을 위해 존재한다.'는 것이다.

10 정답 ④

'윗동네 사는 누구'에서 '누구'는 그 대상이 정해져 있으나 그것의 정체를 굳이 밝히지 않을 때 사용하는 미지칭이다. '그 가게는 언제 가도 줄이 길더라.'에서 '언제'는 때가 특별히 정해지지 않았음을 나타내는 말로, 부정칭이다. 따라서 미지칭 ⓐ와 부정칭 ⓑ를 바르게 짝지은 ④가 정답이다.

오답해설

① '밖에 누가 온 것 같습니다.'의 '누가'는 대상이 정해져 있으나 그 정체를 알지 못할 때 사용하는 미지칭으로 ⓐ에 해당한다. '어디 사는 누구세요?'의 '누구'는 대상이 정해져 있으나 그 정체를 알지 못할 때 사용하는 미지칭으로 ⓑ에 해당하지 않고 ⓐ에 해당한다.
② '사람은 누구나 죽기 마련이다.'의 '누구나'는 특정한 사람이 아니라 막연한 사람을 가리키는 부정칭으로, ⓐ에 해당하지 않고 ⓑ에 해당한다. '누구도 그에 대해서 잘 안다고 할 수 없어.'의 '누구도'는 특정한 대상이 정해져 있지 않을 때 사용되는 부정칭으로, ⓑ에 해당한다.
③ '무엇이든 감사히 받을게.'의 '무엇'은 대상이 정해져 있지 않을 때 사용되는 부정칭으로, ⓐ에 해당하지 않고 ⓑ에 해당한다. '나간 김에 뭐 좀 사올래?'의 '뭐'는 대상이 정해져 있지 않을 때 사용하는 부정칭으로, ⓑ에 해당한다.

11 정답 ④

원래 '우리'가 자기와 듣는 이를 포함한 여러 사람을 가리키는 1인칭 대명사인 것은 맞다. 하지만 〈보기〉에서는 '영희'를 비롯하여 영희네 가족 모두를 이르는 말로 '우리'를 사용하였으므로 듣는 이를 포함하고 있는 것은 아니다.

오답해설

① ㉠ '그거(그것)'는 지시 대명사이며, 지시 대명사를 비롯한 대명사들은 관형사의 수식을 받을 수 없고 용언의 관형사형의 수식을 받을 수 있다.
② ㉡ '자기'는 앞에 나온 체언인 '영희'를 다시 지칭하는 재귀칭 대명사이다. '자기' 외에 '저', '당신' 등의 재귀칭 대명사도 있다.
③ ㉢ '이거(이것)'뿐만 아니라 모든 대명사는 명사와는 달리 문맥에 따라 다른 의미로 파악되기도 하는 '문맥 의존적' 특성을 가진다.

12 정답 ④

의로운 거위에 대한 예찬적 태도를 보이고 있다. 이를 통해 사람들에게 의로움에 대하여 교훈을 전달하는 글이다.

13 정답 ④

(나)의 주장에 대한 근거는 '원본 인간과 클론의 공통점이라고는 DNA에 담겨 있는 유전 정보뿐이다.'를 제시하고 있고, '원본 인간과 클론은 자라 온 시기도 다르고 영향을 받는 문화도 다르다'는 것은 근거에 대한 부가 설명이다.

14 정답 ①

'빠지다'는 '무엇에 정신이 아주 쏠리어 헤어나지 못하다.'의 의미로 사용된 것으로 가장 적절한 것은 ①이다.

오답해설

②, ④ 그럴듯한 말이나 꾐에 속아 넘어가다.
③ 잠이나 혼수상태에 들게 되다.

15 정답 ④

④는 형사사건에서 실종이 갖는 법적 절차에 대한 내용이므로 논리적으로 어울리지 않는다.

오답해설

①~③는 맨 처음 문단에서 나온 것처럼 실종에 관한 법적 선의와 악의에 대한 내용에 해당한다.

16 정답 ④

리프킨이 엔트로피 법칙을 물리 시스템 외 다양한 분야에 적용했다는 내용이 1문단에 명확히 언급되었기 때문에, 이 선택지는 적절하다.

오답해설

① 제시문의 2문단에서 질서 있는 상태에서 무질서한 상태로 진행되는 특성이 항상 성립하는가라는 반론을 제시하고 있으므로 이 선택지는 부적절하다.
② 제시문에서 자유 에너지의 감소는 엔트로피 증가와 관련된다는 내용이 제시되었으므로 이 선택지는 부적절하다.
③ 제시문의 3문단에서는 모든 현상은 자유 에너지가 감소하는 쪽으로 진행되며, 외부 에너지가 없이는 이를 역행하는 과정이 불가능하다고 언급되었으므로, 이 선택지는 부적절하다.

17 정답 ①

㉠ '이것'은 문장 앞에서 설명된 엔트로피 법칙을 가리킨다.
㉡ '이것'은 리프킨이 엔트로피 법칙을 다양한 분야에 적용시켰다는 내용으로 바로 앞에서 언급된 엔트로피 법칙을 의미한다.

오답해설

㉢ '이것'은 바로 앞에서 언급된 엔트로피 법칙이 아닌 작용 현상을 가리킨다. '이것을 명확히 관찰할 수 있는 열역학 함수'라는 표현에서 추론해 볼 수 있다.
㉣ '이것'은 자유 에너지 감소를 의미한다. '자유 에너지가 감소하는 쪽으로 모든 현상이 진행'된다는 내용이 앞에 있기 때문이다.

18 정답 ②

1970년대 석유파동에 의해 생산비용이 올라가 생산이 줄고 실업이 늘어나면서 동시에 물가가 올라가는 스태그플레이션이 발생하게 되었다. 이는 케인즈학파가 주장하던 인플레이션과 실업 사이의 음의 관계가 사라지는 위기 상황이 발생하였고 이때 프리드먼을 중심으로 한 '통화론자'들의 이론이 주목을 받게 된다는 내용을 통해 케인즈학파가 이론의 적절성을 인정받았다는 내용은 본문과 일치하지 않음을 알 수 있다.

오답해설

① 두 번째 문단의 '물가상승(인플레이션)을 희생하면 얼마든지 경기적 실업을 줄일 수 있고 실업을 희생하면 인플레이션을 줄일 수 있다는 것', '케인즈학파가 주장하던 인플레이션과 실업 사이의 음의 관계'라는 내용을 통해 물가상승률과 실업률은 반비례 관계임을 알 수 있다.
③ 세 번째 문단에서 프리드먼은 격심한 인플레이션이나 대공황과 같은 심각한 경제교란은 대부분 통화교란 때문에 발생한다고 했으므로 일치하는 내용임을 알 수 있다.
④ 네 번째 문단에서 프리드먼은 정부의 팽창정책을 통해 통화량을 늘리거나 정부지출을 늘리는 정책이 장기적으로는 전혀 효과가 없다고 주장했으므로 일치하는 내용임을 알 수 있다.

19 정답 ③

이 글은 '문제 제기 – 문제의 본질 분석 – 주장'의 단계에 따라 서술하는 글이므로 사회적 통념에 대한 문제가 발생하게 된 과정에 대한 설명은 없다.

20 정답 ③

1문단에서 적당한 당은 인간에게 뛰어난 진정 효과가 있다고 하였다.

오답해설

① 2문단에서 '아난다마이드는 뇌 속의 신경 전달 물질로 스트레스가 존재하는 동안 소량이 분비되어 진정 및 진통 효과를 발휘한다'라고 하였다.
② 마지막 문단에서 '이 물질들은 아난다마이드의 파괴 효소들을 차단해 자연적으로 생성하는 아난다마이드의 효과를 증가시킨다'라고 하였다.
④ 마지막 문단에서 '초콜릿에도 소량의 아난다마이드가 들어 있지만, 뇌의 회로를 정상 이상으로 활성화할 만큼 많은 양은 아니다'라고 하였다.

01	①	02	④	03	②	04	④	05	④
06	③	07	③	08	②	09	②	10	③
11	①	12	①	13	③	14	④	15	②
16	④	17	④	18	④	19	③	20	④

01 정답 ①

①의 '닳지[달치]'는 '닳지 → [달치]'와 같은 음운 변동을 겪는다. 이에 해당하는 음운 변동은 '거센소리되기'로, 이는 'ㅎ'이 인접한 'ㅂ, ㄷ, ㄱ, ㅈ'과 결합하여 'ㅍ, ㅌ, ㅋ, ㅊ'으로 바뀌는 현상을 말한다. '거센소리되기'는 '축약'의 일종이다. '축약'은 두 음운이 합쳐져서 제삼의 음운으로 바뀌는 현상을 말한다.

오답해설

② '밥만[밤만]'은 '밥만 → [밤만]'과 같은 음운 변동을 겪는다. 이는 'ㄱ, ㄷ, ㅂ'이 비음 앞에서 각각 비음인 'ㅇ, ㄴ, ㅁ'으로 바뀌는 비음화 현상에 해당한다.

③ '감고[감꼬]'는 '감고 → [감꼬]'와 같은 음운 변동을 겪는다. 이는 예사소리가 된소리로 바뀌는 된소리되기 현상에 해당한다.

④ '깎는[깡는]'은 '깎는 → /깍는/ → [깡는]'과 같은 음운 변동을 겪는다. 먼저 '깎-'의 'ㄲ'이 'ㄱ'으로 교체되고, 'ㄱ'이 비음화를 겪어 'ㅇ'으로 교체된다.

02 정답 ④

Ⓒ의 대우에서 그림 그리기를 더 좋아하지 않는 사람은 뉴스를 좋아하지 않음을 알 수 있고, Ⓓ에서 철수는 음악 듣기를 더 좋아함을 알 수 있다. 이에 따라 철수는 뉴스를 좋아하지 않음을 알 수 있다.

㉣의 대우에서 음악 듣기보다 그림 그리기를 더 좋아하는 사람은 드라마를 좋아하지 않음을 알 수 있고, Ⓓ에서 영이는 그림 그리기를 더 좋아함을 알 수 있다. 이에 따라 영이는 드라마를 좋아하지 않음을 알 수 있다.

따라서 철수는 뉴스를 좋아하지 않고, 영이는 드라마를 좋아하지 않는다.

오답해설

①, ② Ⓓ을 통해 영이가 그림 그리기를 더 좋아함을 알 수 있고, ㉣의 대우에서 그림 그리기를 더 좋아하는 사람은 드라마를 좋아하지 않음은 알 수 있지만, 영화와 뉴스를 모두 좋아하는지 또는 뉴스를 좋아하는지는 알 수 없다.

③, ④ Ⓓ을 통해 철수가 음악 듣기를 더 좋아함을 알 수 있고, Ⓒ의 대우에서 그림 그리기를 더 좋아하지 않는 사람은 뉴스를 좋아하지 않음을 알 수 있다. 그러나 철수가 드라마 또는 영화를 좋아하는지는 알 수 없다.

03 정답 ②

마라톤이 건강에 도움이 된다는 내용이 '건강한 삶의 첫걸음'이라는 비유적 표현을 통해 제시되었으며, '함께 달립시다.'라는 청유형 문장을 통해 마라톤 대회의 참여를 권유하고 있다.

오답해설

① '달리면 건강해집니다.'를 통해 마라톤이 건강에 도움이 된다는 내용을 제시하였으나 비유적 표현을 활용하지 않았으며, 마라톤 대회의 참여를 권유하는 청유형 문장을 활용하지 않았다.

③ '삶에 활력을 제공하는 유익한 마라톤'을 통해 마라톤이 건강에 도움이 된다는 내용을 제시하였으나 비유적 표현을 활용하지 않았으며, 마라톤 대회의 참여를 권유하는 청유형 문장을 활용하지 않았다.

④ 'ㅇㅇ시 시민 마라톤 대회의 문은 활짝 열려 있습니다.'를 통해 마라톤 대회의 참여를 권유하고 있으나 청유형 문장을 활용하지 않았으며, 마라톤이 건강에 도움이 된다는 비유적 표현 또한 활용하지 않았다.

04 정답 ④

공손성의 원리는 상대방의 부담을 최소화하고 자신에게 책임을 가중하는 것이다.

④ '네가 수업에 집중을 안 해서 이해하기 어렵다'는 표현은 상대방에게 부담이 되는 표현으로 공손성의 원리에 위배된다.

05 정답 ④

제시된 내용을 정리하면 다음과 같다.

> 기획 ○ → 안경 ○ … ⓐ
> 책 × → 균형 ○ … ⓑ
> 안경 ○ → 균형 × … ⓒ

주어진 명제들로 안경○로 시작하는 명제를 만들 수 있고 책○로 끝나는 명제도 만들 수 있으며, ⓑ의 대우와 ⓒ를 연결할 수 있으므로 '안경을 쓰는 사람은 책을 좋아하는 사람이다.'는 반드시 참인 결론이다.

06 정답 ③

ㄱ: 로또 복권의 모든 가능한 숫자의 조합을 모조리 샀다는 것은 가능한 모든 결과들의 목록을 완전하게 작성한 것과 같다. 그 결과들 중 하나는 반드시 당첨될 것이므로 이를 (가)로 설명할 수 있다는 판단은 적절하다.

ㄴ: 어떤 특정한 한 사람이 교통사고를 당할 확률은 매우 낮지만 대한민국에서 교통사고가 거의 매일 발생한다는 것은, 충분히 많은 사람에게는 그 사건이 일어날 확률이 매우 높다는 설명과 일치하므로 이를 (나)로 설명할 수 있다는 판단은 적절하다.

오답해설

ㄷ: 주사위를 수십 번 던졌을 때 1이 연속으로 나올 확률은 매우 낮지만 던지는 횟수를 충분히 늘려 수십만 번 던진다면 그 확률은 높을 수 있다. 이는 (나)로 설명할 수 있으므로 ㄷ은 적절하지 않다.

07 정답 ③

㉢은 치다^2(2)의 예이고, ㉣은 치다^2(4)의 예이므로 다의 관계가 맞다.

오답해설

① ㉠은 치다^7(3)의 예이고, ㉡은 치다^2(3)의 예이므로, 서로 동음이의 관계이다.
② ㉡은 치다^2(3)의 예이고, ㉢은 치다^2(2)의 예이므로 다의 관계이다.
④ ㉣은 치다^2(4)의 예이다.

08 정답 ②

최근 5만 원권 환수율이 작년보다 낮아진 것은 확인할 수 있지만 5만 원권 발행 이래로 가장 낮은지는 주어진 글만으로는 추론하기 어렵다.

오답해설

① 세 번째 문단을 보면, 예금이자가 낮은 경우 사람들이 은행에 예금하지 않고 지폐를 그냥 집에 보관하는 경우가 많다고 했다. 5만 원권의 수요가 늘었으나 환수율이 낮아졌다고 하였는데, 이는 최근의 예금이자가 낮아 사람들이 5만 원권을 예금하기보다 집에 보관하는 경우가 늘었기 때문이라고 추론할 수 있다.
③, ④ 두 번째 문단을 보면, 5만 원권의 환수율이 낮은 것은 시장의 수요가 늘어나 잘 사용되고 있다는 의미일 수 있고 5만 원권이 지하경제에서 잠자고 있다는 것을 의미할 수도 있다고 했다. 즉 5만 원권의 환수율 통제로는 5만 원권 지폐가 시중에서 잘 돌고 있는지 알 수 없다.

09 정답 ②

제시된 글은 이상에 대한 기존의 문학 연구가 이상의 작품과 그의 삶을 그대로 일치시켜 그의 내면 의식과 관련한 해명은 아직 이루어지지 못하고 있다는 점을 설명하고 있다. 특히, 마지막 부분에서 그의 소설적 여러 기법들이 그의 내면 세계와 관련해서 아직 이해되지 못하고 있다고 하였다. 따라서 이상 문학의 연구는 ②처럼 작품과 관련된 내면 의식부터 규명되어야 한다는 점을 추리할 수 있다.

오답해설

① 제시된 글에는 일제 강점기 상황에 관련된 내용은 나타나 있지 않다.
③ 제시문은 당대 지식인의 삶의 모습이나 가치관에 대해 설명한 글이 아니다.
④ 제시문은 작가가 문단에 미친 영향이나 문학사적 의의 등을 설명한 글이 아니다.

10 정답 ③

'닦여진 도로'의 '닦여진'은 '이'와 '어지다'가 결합한 이중 피동으로, '닦인'이나 '닦아진'으로 고쳐 쓰는 것이 적절하다.

오답해설

① '탑재하다'는 '배, 비행기, 차 따위에 물건을 싣다'의 의미로 이를 '올린'으로 수정하는 것이 쉽고 명확한 표현이므로 적절하다.
② '3톤 정도의 쌀 자루'는 '3톤'이 '쌀'을 수식하는지, '자루'를 수식하는지 분명하지 않다. 그러므로 '쌀 3톤 정도의 자루'로 수정한 것은 수식어와 피수식어의 관계를 명확하게 표현한 것으로 적절하다.
④ '합격자 발표 및 등록'을 '합격자 및 등록 방법'으로 수정한 것은 목적어와 서술어의 호응을 고려한 것으로 적절하다.

11 정답 ①

밑줄 친 부분 뒤의 내용을 통해 알 수 있다. 구글이나 페이스북, 아마존 같은 회사들은 인류 문화를 기록하는 것이 핵심 사업이기 때문에 인터넷에서 사용자들이 자신을 드러내고 서로 교류할 수 있는 도구를 만들어 이윤을 창출하고 있다.

오답해설

② 오늘날의 기업들에게 핵심 사업이므로 부정적인 태도를 보이고 있다는 것은 적절하지 않다.
③ 기업들 간의 교류와 협력에 대해서는 언급하지 않았다.
④ 사업을 하는 과정에서 생겨난 단순한 부산물이 아니라고 하였다.

12 정답 ①

첫 문단에서 문제를 해결해야 하는 필자의 최우선 관심사는 정확한 표현과 세련된 문체로 작성된 완성된 글이 아니라, 글쓰기의 목적이라고 하였다.

13 정답 ③

글쓴이는 한자어로 이루어진 공고한 학문 체계를 구축하고 있는 현실을 무시해서는 안 된다고 주장하고 있다. 이에 대한 반론으로 적절한 것은 ③으로, 학문 체계가 한자어로 이루어진 현실을 무시할 수 없다는 글쓴이의 견해에 서구의 언어나 한자어의 틀 속에서는 우리 사상이 깃들 수 없다고 반박할 수 있을 것이다.

오답해설

① 이 글을 통해서는 '언어는 언중들의 합의에 의해서 바꿀 수 있다'는 것에 대한 글쓴이의 견해가 어떠한지 알 수 없다.
② 글쓴이의 견해에 부합하는 내용이다.
④ 한자어를 옹호하는 진술에 해당하는 것으로, 이 글의 반론으로는 적절하지 않다.

14 정답 ④

지문은 사회 공동의 이익을 보호하기 위해 신호등을 무시하고 횡단보도를 무단으로 건넜을 때 범칙금을 물린다는 내용이다. '신호등을 무시', '무단횡단' 등의 전제가 들어가 있으므로 이를 통해 추론할 수 있는 내용으로 적절한 것은 '기본권은 공익이 명백하게 침해될 때 일부 제한될 수 있다.'이다.

15 정답 ②

감의 타닌(Tannin) 성분은 떫은맛을 가지고 있으며, 곶감의 단맛은 타닌의 성질이 바뀌어 우리 혀가 타닌 맛을 감지하지 못하게 되어 단맛을 느끼게 되는 것이다.

16 정답 ④

이 작품은 기형도 〈바람의 집 – 겨울판화1〉으로 화자가 느끼는 겨울밤의 불안과 공포를 감각적으로 형상화하였다.

17 정답 ④

문단의 화제는 '방글라데시'로, 문단의 내용은 '방글라데시는 가난하고 정치도 비민주적이며 교육 수준이 낮고 평균 수명도 낮다. 게다가 태풍과 홍수로 고통을 겪는다. 하지만 국민 행복도 조사에서 1위를 차지했다.'는 것이다. 그런데 가난은 경제적 문제이며, 정치, 교육, 수명에 관한 내용은 사회적 문제이다. 또한, 태풍과 홍수는 자연적 문제이다. 그러므로 이를 모두 포괄하여 정리한 것은 ④라고 할 수 있다.

18 정답 ④

(가) 기업들이 인터넷을 통해 기업 운영 → (라) 그래서 인터넷이 단절되면 타격 입음. → (다) 인터넷이 단절되는 예로 '서비스 거부 공격'이 있음. → (나) '서비스 거부 공격'으로는 DDoS 공격 같은 것이 있음.

19 정답 ③

부를 사적(私的) 측면에서만 이해한다면 사회적으로 존경받지 못한다는 내용이다. 하지만 우리나라가 그렇다는 사실을 단정적으로 진술한 것이 아니라, '만약 존경받지 못한다면'이라고 가정하고 있으므로, ③은 적절한 추리라고 할 수 없다.

오답해설

① 부를 어떤 시각으로 보느냐 하는 문제는 부를 가진 사람이 존재한다는 것이고, 이는 부를 가지지 못한 사람들도 존재한다는 사실을 내포한다.
② 부를 사적 측면으로만 이해하는 것의 문제점을 지적하고 있으므로, 공적 측면도 있음을 추리할 수 있다.
④ 부의 사적 측면을 경계하면서 돈을 버는 방법 이외에도 쓰는 방법을 언급하고 있으므로, 돈을 벌고 쓰는 행위에도 사회적 측면이 있다고 추리할 수 있다.

20 정답 ④

공정 여행의 개념을 풀어서 설명하고 있으므로 세부 내용 전개 방법은 정의이다. 정의는 어떤 대상 또는 사물의 범위를 규정하거나 그것의 본질을 구체적으로 드러내는 방법이다.

오답해설

① 어떤 대상을 눈으로 보듯 생생하게 머릿속에 떠올릴 수 있도록 표현하는 것이다.
② 사물이나 개념을 하나하나의 작은 구성 요소로 나누어 서술하는 방법이다.
③ 어떤 대상이나 개념을 공통적인 특성에 근거하여 구분하는 방법이다.

제 16 일 적중의 지혜

01	④	02	③	03	④	04	②	05	①
06	③	07	④	08	①	09	③	10	②
11	④	12	②	13	④	14	③	15	④
16	③	17	①	18	②	19	④	20	②

01 정답 ④

'땀받이'는 앞말의 끝소리인 'ㄷ'이 연음되어 뒷말의 가운뎃소리 'ㅣ'와 만나면서(ⓒ), 앞의 음운인 'ㄷ'이 '[ㅈ]으로 변하는(ⓐ) 음운 교체(구개음화)'가 일어난다.

02 정답 ③

과학 기술의 발전으로 인해 인류 문명에게 닥친 문제점의 위험성을 경고하고 있는 글이다. 그 위험은 국가의 경계를 허물고 전지구적인 문제이므로 ①, ② 누구에게나 미칠 수 있는 위험이다. 그러므로 ④ 시민 전체가 참여하여 해결할 수 있어야 한다. ③과 같이 일부 전문가에게 맡겨두어서는 안된다.

03 정답 ④

방탄 섬유의 장단점에 대해 설명하고 있는 글이다. 각각의 장단점이 있으므로 ④가 적절한 설명이다.

04 정답 ②

경장갑은 가볍고 착용감이 좋으나 강한 위력을 가진 총탄에는 뚫린다. 중장갑은 이와 반대의 상황이다. 즉, 효과와 착용감은 반비례 관계에 있다.

05 정답 ①

'촛불'은 뒤의 예사소리가 된소리로 변하여 [초뿔/촏뿔]로 발음되고, '물약'은 'ㄴ'이 첨가되어 '[물냑] → [물략]'으로 발음된다.

오답해설

② '논둑[논뚝]', ③ 돌담[돌:담], ④ 뱃사공[배싸공, 밷싸공]으로 ㄴ 첨가가 되지 않는다.

06 정답 ③

3문단 끝부분을 통해 스티브 잡스가 말한 '모방'은 타인의 아이디어를 훔치는 행위와 본질적으로 다른 것임을 알 수 있다.

오답해설

① 1문단 "그(스티브 잡스)는 '훌륭한 예술가는 모방하고, 위대한 예술가는 훔쳐온다'는 피카소의 말을 인용했다."에서 스티브 잡스가 피카소의 말을 인용한 것으로 보아 피카소의 예술론에 동의한다고 추론할 수 있다.

② 1문단 '1973년 출시된 초기의 개인 컴퓨터 매킨토시의 운영체제도 제록스의 알토 컴퓨터를 모방한 것이다.'를 통해 매킨토시의 운영체제는 타사의 운영체제를 모방한 것임을 알 수 있을 뿐이며, 초창기 컴퓨터 업계에 미친 영향은 제시문을 통해 확인할 수 없다.

④ 1문단 첫 문장과 3문단 "'남들이 보기에 모방처럼 보이지만 이건 모방이 아니라 창조다'라는 이야기이다."를 통해 스티브 잡스는 기존의 것을 활용하여 새로운 상품을 만드는 것도 창조라고 생각했음을 알 수 있다.

07 정답 ④

(나)는 과거 제도의 개혁에 대한 글쓴이의 주장이 제시된 글로써 인재를 뽑는 현재의 과거 제도는 인재를 선발하는 데 장애가 된다는 것이 이 글의 요지이다.

08 정답 ①

마지막 단락에서 '우리가 새로운 정보를 얻거나 외부 세계와 의사소통을 하려고 할 때는 오히려 이들보다는 약한 연결들이 결정적인 역할을 한다'는 내용에서 '그저 알고 지내는 사람들로부터' 정보를 얻었을 것이다. 따라서 ①은 적절한 추론이 된다.

오답해설

② 작은 부족은 강한 연결로 자주 접촉하는 긴밀한 관계를 유지하고 있으므로 에이즈는 집단 내에서 급속히 퍼져 나갈 것이다. 따라서 전염 범위가 넓어질 것이라고 추론한 것은 적절하지 않다.

③ 첫 번째 단락에 나오는 것처럼, '이 사람들은 또한 각자 그저 알고 지내는 사람들을 더 많이 갖고 있는데, 이들은 상호 간에 잘 모르는 경우가 많다'에서 서로 알 확률이 거의 없을 것이라고 유추할 수 있다. 따라서 알 확률이 서로 모를 확률과 비슷할 것이라고 추론한 것은 적절하지 않다.

④ 처음 만난 사람들은 약한 연결인 정보를 공유할 수 있는 관계가 아니다. 첫 번째 단락에 의하면 새로 개점한 식당에 관한 소문은 약한 사회적 연결이 중요한 역할을 한다고 했으므로 ④은 적절한 추론이 아니다.

09 정답 ③

우리나라 고유의 온방법을 과학적인 접근과 이를 통한 효율성에 주목하여 서술하고 있다. 특히 그 주제와 관련하여 소제목에서 언급하고 있다.

10 정답 ②

제시된 내용은 '근로자가 어떠어떠한 건강상의 문제가 있다고 간주될 것'으로 요약될 수 있다. 이 내용은 '어떠어떠한 문제가 있으면 업무상 질병으로 판단할 수 있다.'는 글로 자연스럽게 연결될 수 있다. 따라서 글의 제목은 '업무상 질병의 판단 요건'이 된다.

11 정답 ④

'사원 3'은 이번에 공연하는 작품이 의미 있는 작품임을 알려 많은 주민들이 관심을 갖고 공연을 관람할 수 있도록 하자고 말하고 있는데, 이는 이번 공연에는 예년과 다르게 너무 익숙한 작품이 아닌 새로운 작품으로 기획한 의도를 고려했기 때문이다.

12 정답 ②

'인위적 노력으로 자연을 가공할 때 자연은 발전하고 더욱 아름다워진다. 따라서 인위적 가공이 이루어진 그림은 그림의 소재인 자연보다 아름다운 것이다.'에서, 헤겔은 자연을 그린 그림을 자연보다 더 아름다운 것으로 보았음을 언급하고 있을 뿐이지, 그림을 비롯한 예술 작품 자체를 완성된 것으로 보았다는 것은 나타나지 않으며 추론할 수도 없다. 만약 인위적 노력의 결과물인 예술 작품을 그 자체로 완성된 것으로 여겼다면 인간의 노동을 기반으로 하는 문명이 변화 · 발전한다는 주장과 논리적으로 상충하게 된다.

오답해설

① 2단락의 '인위적 노력으로 자연을 가공할 때 자연은 발전하고 더욱 아름다워진다. 따라서 인위적 행위가 개입된 그림은 그림의 소재인 자연보다 아름다운 것이다.'와 3단락의 '인위적 행위, 즉 노동을 통해 인간의 역사가 이루어졌고, 점진적인 문명의 진보가 가능하다고 본 것이다.'에서, 헤겔은 그림을 비롯한 예술 작품 자체보다는 그것에 들어간 인간의 노력, 즉 인위적 행위에 더 큰 비중을 두었다는 것을 알 수 있다. 이와 달리 1단락의 '아무리 뛰어난 화가라도 현실, 즉 자연을 그대로 모방할 수 없으므로 그림은 언제나 불완전한 상태이다.'와 3단락의 '인간 세계의 진보를 인정하지 않고'에서 플라톤은 그림을 그리는 데 투입된 인위적 행위에는 주목하지 않았음을 알 수 있다.

③ 1단락의 '아무리 뛰어난 화가라도 현실, 즉 자연을 그대로 모방할 수는 없으므로 그림은 언제나 불완전한 상태이다.'와 2단락의 '표현 수단의 한계로 자연 형상을 그대로 모사(模寫)하는 것도 불가능하다고 보았다.'에서, 플라톤과 헤겔 모두 그림이 자연을 완전하게 모방하는 것은 불가능하다고 여겼음을 알 수 있다.

④ 1단락의 '그림은 언제나 불완전한 상태이다. 그래서 플라톤은 예술이 진리 인식에 기여하지 못한다고 보았다.'와 3단락의 '인간 세계의 진보를 인정하지 않고 불변하는 절대적 진리를 추구하였다.'에서, 플라톤은 그림을 인간이 추구해야 할 방향에서 멀어진 것으로 여겼음을 알 수 있다. 이와 달리 2단락의 '인위적 행위가 개입된 그림은 그림의 소재인 자연보다 아름다운 것이다.'와 3단락의 '헤겔은 현실 세계의 발전을 긍정하고 추구해야 한다고 보았다.'에서, 헤겔은 인위적 노력을 통해 본래 자연보다 아름답게 된 그림은 인간이 추구해야 할 방향에서 벗어난 것이 아니라고 보았다는 것을 추론할 수 있다.

13 정답 ④

이 글은 '공정 거래'를 표방하였으나 실패로 끝난 M 초콜릿의 구체적 사례를 중심으로, 명목상의 공정 무역과 실제 무역 현실 간의 괴리에 대한 글쓴이의 주장의 타당성을 제시하고 있다.

14 정답 ③

'Ⅱ-1-나'는 '체육 교사들의 무관심과 아이들의 소극적인 태도'에 대한 내용이므로, 이를 해결하는 방안으로 '개인 체육 지도사의 고용 확대'를 제시하는 것은 적절하지 않다. 'Ⅱ-1-나'의 해결 방안으로는 '체육 교사들의 관련 연수 확대와 아이들이 흥미를 가질 체육 콘텐츠의 확대' 등을 들 수 있다.

오답해설

① 한국 체육 교육의 현황은 현재 상황과 체육 교육의 문제점 관련 사례를 통해 그 내용을 구체화할 수 있다.

② '체육관 신설과 체육 수업 재정 확대'는 체육 수업의 장소가 미흡하고 관련 지원금이 부족한 점을 해결하기 위한 방안에 해당한다. 체육에 관한 무관심은 제시된 해결 방안과 관련이 없으므로 문제점을 더 구체화하여 '학교의 체육 교육 관련 재정적 지원 및 교실의 부족'으로 수정하는 것이 적절하다.

④ 게임과 협동 플레이를 통한 흥미로운 콘텐츠 활용은 다양한 체육 수업 콘텐츠 개발에 포함된 항목으로 'Ⅱ-2-다'의 하위 항목으로 변경하는 것은 옳다.

15 정답 ④

직원들이 부장님을 보고 싶어 한다는 명확한 문장이다.

오답해설

① 어머니가 가지고 계신 그림 / 어머니를 그린 그림

② 나는 형과 함께 아우를 찾아다님. / 내가 찾아다닌 사람은 형과 아우

③ 동생은 잠자는 것을 '나' 자신보다 더 좋아함. / 동생은 내가 잠자는 것보다 더 잠자는 것을 좋아함.

16 정답 ③

ⓔ '거기'가 가리키는 곳은 혜정이 어제 영화를 본 영화관이다. 그러나 ⓔ '거기'가 혜정과 영진 중 어느 한 사람 쪽에 가까이 있음을 뜻하지는 않는다.

17 정답 ①

'지배 계급은 자신의 아비투스를 발현함으로써 자신의 계급적 이해관계를 실현하며, 민중 계급은 바로 자신에게 익숙한 아비투스로 인해 지배 논리를 벗어나지 못한다.'라고 하였다. 따라서 소비가 사회적 차이를 완화하는 것이 아니라 오히려 강화함을 알 수 있다.

오답해설

② '동일한 지배 계층이라고 하더라도 경제 자본이 풍부한 경우와 상대적으로 문화 자본이 풍부한 경우에도 아비투스가 발현되는 양식에 차이가 있다.'고 하였으므로 경제력과 문화 모두 소비에 영향을 미친다고 볼 수 있다.

③ '상위 계층일수록 실용성, 편리성 등의 측면에 대한 욕망은 감소'한다고 하였으므로 기능적 측면에 대한 욕망이 감소함을 알 수 있다.

④ '교육과 같은 문화 자본은 사람들을 어떤 사회 집단에 참여시키거나 구분짓는 중요한 역할을 한다.'고 하였으므로 교육이 계층별 아비투스를 재생산하는 기능을 한다고 할 수 있다.

18 정답 ②

② '말재주가 좋다'를 A, '말이 많다'를 B, '입이 크다'를 C라고 하면, (가)는 '모든 A → B'이고, (나)는 '어떤 A → C'가 된다. 따라서 이는 유형 2, 즉 '어-모-어' 유형이다.

	전제 1	전제 2	결론
유형 1.	모든 A는 B이다.	모든 A는 C이다.	어떤 C는 B이다. (=어떤 B는 C이다.)
유형 2.	어떤 A는 B이다.	모든 A는 C이다.	어떤 C는 B이다. (=어떤 B는 C이다.)

따라서 결론 자리에 들어갈 말은 '어떤 B는 C이다.' 또는 '어떤 C는 B이다.'여야 한다. 그러므로 빈칸에는 '입이 큰 어떤 사람은 말이 많다.'가 들어가야 한다.

19 정답 ④

에너지 자립형 주택이 우리나라에서도 성공적으로 뿌리내려 주변에서 많이 볼 수 있기를 바란다고 하며 발표를 마무리했다. 그러나 청자들이 행동하기를 촉구하는 당부의 말은 반영되었다고 보기 어렵다.

20 정답 ②

② 제시된 진술과 그 대우를 기호로 나타내면 다음과 같다.

	명제	대우
진술 1	독서 → ~쇼핑	쇼핑 → ~독서
진술 2	가족 여행 → 독서	~독서 → ~가족 여행
진술 3	쇼핑 → 그림	~그림 → ~쇼핑
진술 4	테니스 → ~가족 여행	가족 여행 → ~테니스
진술 5	그림 → 테니스	~테니스 → ~그림

진술 3 '쇼핑 → 그림', 진술 5 '그림 → 테니스', 진술 4 '테니스 → ~가족 여행'을 연결하면, '쇼핑 → 그림 → 테니스 → ~가족 여행'의 관계를 확인할 수 있다. 따라서 '쇼핑을 좋아하는 사람은 가족 여행을 싫어한다.'는 반드시 참이다.

오답해설

① 진술 4 '테니스 → ~가족 여행' 이후 '~가족 여행'으로 시작하는 명제는 주어진 조건만으로는 만들 수 없다.
③ 진술 3 '쇼핑 → 그림'을 볼 때, '쇼핑을 싫어하는 사람은 그림 그리기를 좋아한다.'는 참이 될 수 없다.
④ 진술 5 '그림 → 테니스'와 진술 4 '테니스 → ~가족 여행'을 연결하면, '그림 → 테니스 → ~가족 여행'이다. 따라서 '그림 그리기를 좋아하는 사람은 가족 여행을 좋아한다.'는 참이 될 수 없다.

01	②	02	③	03	①	04	①	05	④
06	④	07	④	08	②	09	②	10	③
11	①	12	①	13	④	14	③	15	④
16	④	17	②	18	①	19	①	20	④

01 정답 ②

다양성이 크게 줄어든 자연 생태계의 사례를 우리 사회에 빗대어 설명하고 있다. 유추의 전개 방식이 쓰였음을 알 수 있다.

02 정답 ③

ㄷ. '내 여자 친구'에서 '나의'라는 한정적 기술에 의해 "나에게 여자 친구가 있다."는 전제가 유발된다.

03 정답 ①

에밀 졸라는 청자가 드레퓌스가 무죄라는 사실을 받아들이게 하기 위해 자신의 생명과 명예, 권위 등을 내세워 감정에 호소하고 있다.

04 정답 ①

① '영어 수업을 듣다.'를 A, '국어 수업을 듣다'를 B, '체육 수업을 듣다.'를 C라고 하면, (가)는 '모든 A는 B이다.'이고, (나)는 '모든 A는 C이다.'이다. 이는 '유형 1', 즉 '모-모-어' 유형에 속한다.

	전제 1	전제 2	결론
유형 1.	모든 A는 B이다.	모든 A는 C이다.	어떤 C는 B이다. (=어떤 B는 C이다.)
유형 2.	어떤 A는 B이다.	모든 A는 C이다.	어떤 C는 B이다. (=어떤 B는 C이다.)

따라서 결론에는 '어떤 B는 C이다.' 또는 '어떤 C는 B이다.'가 들어가야 하므로, '국어 수업을 듣는 어떤 학생은 체육 수업을 듣는다.'가 들어가야 한다.

05 정답 ④

1문장에서 화석 연료의 고갈로 인한 대체 에너지로 수소를 사용하는 것인데 '화석 연료로 생산한 수소'는 당연히 목적에서 벗어났으므로 낙제점일 수밖에 없다.

06 정답 ④

㉠ '접미사가 결합한 명사'는 품사가 명사인 것을 고르라는 것이다.
④ 용언 어간 '자-'에 명사 파생 접사 '-ㅁ'이 붙어 서술성이 없어진 명사가 되었다.

오답해설

①, ②, ③은 용언 어간에 명사형 어미가 결합한 활용형으로 서술성이 있으므로, 품사가 변하지 않는다.

07 정답 ④

홑이불은 '홑+이불'이 결합한 합성어로, 합성어에서 받침 'ㄷ, ㅌ'이 '이'로 시작하는 단어와 결합하였을 때에는 구개음화가 일어나지 않아 [혼니불]로 발음한다.

08 정답 ②

'휴리스틱은 우리가 의식하지 않아도 어떤 판단을 내려야 할 때 거의 무의식적으로 적용한다. 그리고 순식간에 수많은 대안 중에서 단 한가지 혹은 몇 가지의 대안만을 남겨 판단을 용이하게 해 준다.'라는 설명에서, ㉠은 어떤 판단을 내리기 위한 사고를 할 때 인지적 노력을 최소화하려는 경향이 있음을 의미한다는 것을 알 수 있다.

오답해설

① '과거 경험을 바탕으로 어림짐작을 하는 경우가 많은데, 이를 휴리스틱이라고 한다.'와 '(휴리스틱은) 순식간에 수많은 대안 중에서 단 한가지 혹은 몇 가지의 대안만을 남겨 판단을 용이하게 해 준다.'라는 설명에서, 사람은 경험이 쌓임에 따라 판단을 내리는 속도가 점차 빨라질 것이라는 추론은 할 수 있지만 그 판단이 합리적이라는 것은 적절하지 않다.
③ '휴리스틱은 우리가 의식하지 않아도 어떤 판단을 내려야 할 때 거의 무의식적으로 작용한다.'에서, 의도적으로 휴리스틱을 사용할 수 있는 것은 아님을 알 수 있다.
④ '인간은 결정을 내릴 시간이 많지 않다는 가정을 본능적으로 한다. 이 때문에 휴리스틱은 우리가 의식하지 않아도 어떤 판단을 내려야 할 때 거의 무의식적으로 작용한다.'에서 심리적으로 조급함을 느낄 때 비합리적인 판단이나 추론을 하는 경향이 있다는 것은 충분히 이끌어 낼 수 있다. 그러나 ㉠이 이런 내용을 의미하는 것은 아니다. ㉠은 판단의 합리성 여부와 무관하게 신속한 판단으로 판단을 내릴 때 드는 수고를 줄이려 한다는 것을 의미한다.

09 정답 ②

'-한다'라는 긍정 평서문으로 제시되었고, '폐지'에 대한 찬성과 반대의 대립이 분명하게 나타난다. 또한 '연대 보증 제도의 폐지 여부'라는 쟁점 하나만 제시되었고, 어느 한 편에 유리하게 작용하는 표현이 사용되지 않았다. 따라서 제시된 조건에 모두 잘 맞는 토론 논제는 ②이다.

오답해설

① 긍정 평서문이 아닌 의문문 형태이므로 조건에 맞지 않는 논제이다.
③ 어느 한 편에 유리하게 작용할 수 있는 '무분별한'이라는 표현이 쓰였으므로 조건에 맞지 않는 논제이다.
④ 두 가지 쟁점이 제시되었으므로 조건에 맞지 않는 논제이다.
- 쟁점1: 출퇴근 제도의 개선 여부
- 쟁점2: 사내 복지 규정의 개선 여부

10 정답 ③

2단락의 '개인들은 각자의 목표를 달성하기 위해 저마다의 지식을 활용해 합리적이고 자유롭게 자신의 행동을 결정하며, 이 과정을 통해 사회는 점차 진보해 간다.'에서 글쓴이는 사회의 진보가 공동선을 향한 노력이 아니라 개인들이 각자 합리적으로 자신의 이익을 극대화하려고 노력하는 과정을 통해 점차적으로 이루어진다고 생각하는 것을 알 수 있다.

오답해설

① 3단락의 '간섭은 명령권자가 의도한 특정 결과를 달성하기 위한 행위로서, 그대로 두었더라면 성취되지 않았을 방향이나 속도를 강제하는 것이다.'에서 이끌어 낼 수 있는 내용이다.
② 3단락의 '예외적으로 정부의 개입이 정당화되는 것은 개인의 사적 영역을 타인의 침해로부터 지키기 위해서 필요한 경우에 한한다.'에서 이끌어 낼 수 있는 내용이다.
④ 2단락의 '사회의 질서는 누군가 의도적으로 설계한 것이 아니라 복잡하고 불확실한 상황에 개인들이 적응하는 과정에서 자생적으로 형성되어 온 것이다.'와 3단락의 '오랜 시간 시행착오를 거쳐 형성된 자생적 질서만이 보편적이고 일관된 원칙들의 체계를 점진적으로 만들어 갈 수 있는 것이다.'에서 이끌어 낼 수 있는 내용이다.

11 정답 ①

주어진 결론이 반드시 참이 되기 위해 필요한 전제는 다음과 같다.

- 주어진 전제 1: 현재 수학을 싫어하는 이과생이 적어도 한 명 존재한다.
- 결론: 과학을 좋아하는 사람 중에 수학을 싫어하는 사람이 적어도 한 명 존재한다.

결론이 참이 되려면, 전제 1에서 언급된 '수학을 싫어하는 이과생'이 '과학을 좋아하는 사람' 그룹 안에 반드시 포함되어야 한다.

① '과학을 좋아하는 사람만 이과생이다'라는 말은 '모든 이과생은 과학을 좋아한다'와 같은 뜻이다. 이 전제가 추가되면, 처음에 존재한다고 했던 '수학을 싫어하는 이과생'은 자동으로 '과학을 좋아하는 사람' 그룹에 속하게 된다. 즉 수학을 싫어하는 이과생이 곧 과학을 좋아하는 사람이 되므로, '과학을 좋아하는 사람 중에 수학을 싫어하는 사람이 있다'는 결론은 반드시 참이 된다.

따라서 두 사실을 필연적으로 연결해주는 전제는 '모든 이과생은 과학을 좋아한다'와 같은 의미인 ① '과학을 좋아하는 사람만 이과생이다'이다.

12 정답 ①

희생제의에서 뿌려진 피는 보남팍의 벽화와 관련되어 있다.

오답해설

3문단 첫 번째 문장에서 '깃털 달린 뱀인 켓살코아틀', 두 번째 문장에서 '인간에게 도구와 공예 기술을 주었고', 마지막 문단 두 번째 문장에서 '그가 이 세계에 가지고 온 자유는 교육의 빛이었다.'와 세 번째 문장에서 '톨텍의 문화적 유산을 계승하고'를 통해 ②, ③, ④는 알 수 있는 내용이다.

13 정답 ④

마지막 문단에 '극중극은 틀 극의 진행 과정에서 흥겨운 볼거리를 제공할 수 있고, 틀 극의 상황을 다양하게 전개하는 도구로 쓸 수 있다'라고 나와 있으므로 극중극은 틀 극의 상황을 다양하게 하는데 사용된다.

오답해설

① 내용적 측면이 아니라, 구조적 측면으로 분류한 기준이라고 첫 번째 문장에서 확인할 수 있다.
② 틀 극의 종류 중 하나인, 해체된 삽입 구조는 병렬식 구조와 달리, 해설자나 무대 위 관객의 개입으로 극중극이 중단되는 형식이라고 3문단에서 확인할 수 있다.
③ 5문단의 세 번째 문장을 보면, '극중극이 인위적이고 연극이라는 느낌이 강하게 들수록 관객이 틀 극을 사실처럼 받아들이는 효과'가 있다고 설명하고 있다. 즉, 극이 인위적일수록 관객은 연극이라기보다 사실로 받아들인다는 것이다.

14 정답 ③

서양 음악과 동양 음악에 대한 차이점을 대조적으로 설명하고 있다.

오답해설

① 나열 구조는 서로 대등한 관계에 있는 정보를 늘어놓는 내용 조직 방법으로 일반적으로 첫째 둘째 셋째와 같이 정보를 나열하거나 중요 개념을 하나씩 살필 때 사용한다.
② 순서 구조는 설명 대상의 과정이나 순서에 따라 내용을 조직하는 방법으로 설명 대상을 시간적 흐름이나 그것이 만들어지는 과정 등에 따라 설명할 때 사용한다.
④ 인과 구조는 어떤 현상의 원인과 결과를 중심으로 내용을 조직하는 방법으로, 보통 원인을 먼저 제시하고 결과를 나중에 제시하지만 결과를 먼저 제시하고 이에 대한 원인을 밝힐 수도 있다.

15 정답 ④

4문단 첫 번째 문장이 '반면에'로 시작하면서 이전 문단과 이후 문단이 서로 대조적인 구조임을 알 수 있다. 마지막 문단 마지막 문장에서 '음악 보존, 계승 면에서는 유리하다'라고 하였으므로 ㉠에 들어갈 내용은 이와 대조적인 ④ '음악의 보존, 계승 면에서는 불리하다'가 가장 적절하다.

16 정답 ④

3문단 마지막 문장인 "정의적 측면을 강조하여 유의미한 인간적 경험, 예를 들면 무엇을 배운 결과 삶의 보람을 느낀 것을 학습이라 보기도 한다."에서 본문 내용을 잘못 파악했음을 알 수 있다.

오답해설

① 1문단 전체에서 알 수 있다.
② 1문단 둘째 문장인 "성숙에 의한 변화는 대체로 신체적, 성적 발달에 국한되는 경우가 많다."에서 알 수 있다.
③ 2문단 둘째 문장과 마지막 문단에서 알 수 있다.

17 정답 ②

甲은 유권자들의 투표율을 높이기 위해 결선 투표제를 도입하자는 입장이며, 乙은 결선 투표제는 시간과 비용의 측면에서 비효율적이므로 기존의 단순 다수제를 유지해야 한다는 입장이다. 따라서 甲과 乙의 주장을 도출할 수 있는 질문으로 ②가 가장 적절하다.

18 정답 ①

①의 '아무'는 특정한 사람을 가리키지 않고 있으므로 부정칭 대명사이다.

오답해설

②, ④ 지시 대명사로 쓰였다.
③ 재귀대명사(= 3인칭)이다.

19 정답 ①

㉠은 주장, ㉡은 근거, ㉢은 결과이다. 따라서 ①만 바르다.

20 정답 ④

제시문에서 '나 – 전달법'의 메시지는 '사건, 감정, 기대'로 구성할 수 있다고 하였으므로 '네가 나한테 말도 안 하고 내 옷을 빌려 입어서(사건) 화가 났어(감정). 앞으로는 입고 싶은 옷이 있으면 나한테 먼저 얘기해 줄래?(기대)'와 같이 세 요소를 모두 포함한 ④가 가장 적절하다.

오답해설

② '사건'과 '감정'은 드러나 있으나 '기대'하는 바가 제시되어 있지 않으므로 적절하지 않다.

제 18 일 적중의 지혜

01	②	02	③	03	④	04	②	05	④
06	③	07	④	08	③	09	②	10	③
11	④	12	③	13	④	14	①	15	④
16	①	17	④	18	①	19	④	20	④

01 정답 ②

② '정리정돈을 잘한다.'를 A, '집중력이 좋다.'를 B, '주변이 조용하다.'를 C, '깔끔하다.'를 D, '성과 효율이 높다.'를 E라고 할 때, 제시된 진술과 그 대우를 기호로 나타내면 다음과 같다.

	명제	대우
진술 1	A → B	~B → ~A
진술 2	C → B	~B → ~C
진술 3	D → A	~A → ~D
진술 4	B → E	~E → ~B

'깔끔한 사람은 주변이 조용하다.'를 기호로 나타내면 'D → C'이다. '깔끔한 사람(D)'에 관해서는 'D → A → B → E'의 관계밖에 확인할 수 없다. 따라서 'D → C', 즉 '깔끔한 사람은 주변이 조용하다.'는 제시된 명제들로는 추론할 수 없는 내용이다.

오답해설

① '깔끔한 사람은 집중력이 좋다.'를 기호로 나타내면 'D → B'이다. '깔끔한 사람(D)'에 관해서 '**D** → A → **B**'의 관계를 확인할 수 있기 때문에, 적절한 추론이다.

③ '주변이 조용할수록 성과 효율이 높다.'를 기호로 나타내면 'C → E'이다. '주변이 조용하다(C)'에 관해서 '**C** → B → **E**'의 관계를 확인할 수 있기 때문에, 적절한 추론이다.

④ '성과 효율이 높지 않은 사람은 주변이 조용하지 않다.'를 기호로 나타내면 '~E → ~C'이다. '성과 효율이 높지 않은 사람(~E)'에 관해서 '**~E** → ~B → **~C**'의 관계를 확인할 수 있기 때문에, 적절한 추론이다.

02 정답 ③

2문단을 통해 독일 학생들은 '발달'이라는 개념과 관련된 여러 학자들의 이론을 자신의 기준에 맞춰 정리하여 학습한다는 것을 알 수 있으나, 이는 우리나라 학생과 독일 학생의 학습 방법에 대한 차이를 설명하기 위한 예시일 뿐이다. 제시문에서 우리나라 학생들이 발달에 대한 이해가 제대로 선행되지 않은 채로 공부를 한다는 점은 알 수 없다. 따라서 답은 ③이다.

관련 부분 '발달'이라는 개념과 관련된 프로이트, 피아제, 비고츠키, 융의 이론을 자기 기준에 따라 다시 정리한다.

오답해설

① 2문단을 통해 알 수 있는 내용이다.

관련 부분

- 독일 학생들은 모은 카드를 자기의 생각에 따라 다시 편집한다.
- 자신이 설정한 '내적 일관성'을 가지고 카드를 편집하는 것이다.

② 3문단을 통해 알 수 있는 내용이다.

④ 1문단 끝부분과 2문단 1번째 줄, 그리고 3문단 끝부분을 통해 알 수 있는 내용이다.

관련 부분

- 한국 학생들이 따라갈 수 없는 결정적 차이가 있었다. / 자기 생각이다.
- (우리나라 학생들은) 그저 남의 이론을 익히고 외울 뿐이다. 그러나 독일 학생들은 ~ 자신의 이론을 만들어간다.

03 정답 ④

④ 제시된 대담에서는 찬반의 입장이 드러나지 않는다. 사회자는 '자율주행차'의 장단점을 들은 후, 단점으로 인해 발생할 수 있는 문제 상황에 대한 대비책이 필요함을 언급하며 대담을 마무리하고 있다.

오답해설

① 교수는 사회자의 질문(차 스스로 운전을 한다면~위험하지는 않을까요?)에 대하여 대답하고 있다.

② 교수는 소개 대상인 '자율주행차'에 대한 장단점을 이야기하고 있다.

③ 사회자는 '차 스스로 운전을 한다면~위험하지는 않을까요?', '자율주행차가 장점만을 갖고 있지는 않을 것 같습니다'라고 말함으로써 교수가 특정한 내용(자율주행차의 장단점)에 대하여 설명할 것을 유도하고 있다.

04 정답 ②

일반적인 여행의 더 심각한 문제점이 이어지고 있으므로 '더구나'가 적절한 접속 표현이다.

오답해설

① '설레다'가 기본형이므로 어법에 맞는 표현은 '설레게'이다.

③ '훼손하다'는 '헐거나 깨뜨려 못 쓰게 만들다'의 의미이다.

④ 일반적인 여행의 문제점이라기보다 일부 사람들에 대한 글쓴이의 느낌을 서술하여 글의 자연스러운 흐름을 해친다.

05 정답 ④

해당 선택지의 '론칭' 또한 외국어이므로, ㉣에 따라 '출시' 등의 우리말로 수정해야 한다.

오답해설

① '나는'이라는 주어를 추가하여 행동의 주체를 명확히 제시했으므로 올바른 수정이다.

② '철수는 어제 민수가 만난 사람을 보았다'라는 문장은 '철수가 본 사람은 민수가 어제 만난 사람이다' 또는 '어제 철수가 민수가 만난 사람을 보았다'의 두 가지로 해석할 수 있다. 따라서 해당 문장을 '철수는 민수가 어제 만난 사람을 보았다'로 수정하면 전자의 의미를 명확히 전달할 수 있게 되므로, 올바른 수정이다.

③ '~에 의해 번역되었다'는 피동형 표현으로, 해당 선택지는 ⓒ에 따라 '~가 ~했다'의 능동형 표현으로 올바르게 수정되었다.

06 정답 ③

〈보기〉의 '빠지다'는 "어느 정도 이익이 남다"를 뜻한다. 따라서 ③ 답지의 주식 투자를 통해 여행 경비 정도의 이익을 남긴다는 맥락에서 사용된 '빠지다'와 의미가 같으므로, 정답은 ③이다.

오답해설

① '빠지다'는 "그릇이나 신발 따위의 밑바닥이 떨어져 나가다"의 의미로 사용되었다.
② '빠지다'는 "원래 있어야 할 것에서 모자라다"의 의미로 사용되었다.
④ '빠지다'는 "곤란한 처지에 놓이다"의 의미로 사용되었다.

07 정답 ④

ⓔ은 색상에 대한 긍정적인 효과의 사례로서 글의 전체적인 흐름에 부합하는 문장이다.

08 정답 ③

이 글의 글쓴이는 '사이버 세계 규제에 찬성하는 입장'을 보이고 있으므로 ③이 적절한 근거라고 할 수 있다.

09 정답 ②

ⓛ 설 연휴 기간 동안에 여행을 가는 사람이 많다.
→ 설 연휴 동안에 여행을 가는 사람이 많다.
ⓒ 순찰을 돌다가 낯선 사람이 머뭇거리는 것을 발견했다.
→ 순찰하다가 낯선 사람이 머뭇거리는 것을 발견했다.
ⓔ 의병들은 왜병들이 잠들 때를 기다렸다가 진지를 불시에 급습했다.
→ 의병들은 왜병들이 잠들 때를 기다렸다가 진지를 급습했다.

10 정답 ③

이 글에서는 얼룩말의 줄무늬는 군대의 훈련복 디자인과 비슷한 원리인 간단한 패턴의 위장무늬가 된다고 말하고 있다.

11 정답 ④

ⓒ은 무허가 사육 시설에서의 대량 생산 과정에서 발생하는 비윤리적인 사육 과정에 대한 문제 제기 내용이고, ⓔ은 비매매 입양을 장려하기 위한 지자체의 노력을 제시하고 있다. 하지만 ④에서는 이 자료들을 활용하여 무허가 사육 시설의 합법적 시설 전환을 통한 수익성 제고를 언급하고 있으므로 적절하지 않다.

오답해설

① ㉠은 정부 기관의 통계 자료를 통해 입양 방식 중 매매 입양의 비중을 보여주는 내용이다. 이를 통해 입양의 다양한 방식들 중에서 매매 입양의 비중을 알 수 있으므로 ①번은 활용 방안으로 적절하다.
② ⓛ은 매매의 경우 생명 경시 풍조를 조장할 수 있다는 내용이다. 이를 통해 동물에 대한 사람들의 인식에 악영향을 끼친다는 ②번은 활용 방안으로 적절하다.
③ ⓒ은 매매되는 반려동물의 경우 무허가 사육 시설에서 비윤리적인 방법으로 대량 생산되고 있다는 내용이다. 이를 통해 무허가 사육 시설에 대한 실효성 있는 법적 규제가 적용되지 않고 있다는 문제점을 드러낸다는 ③번은 활용 방안으로 적절하다.

12 정답 ③

글쓴이는 이 글을 통해 인공지능 시대에 인간과 기계가 공존하고 공생하는 방법을 모색하고 있다.

오답해설

④ 글쓴이는 인공지능에 의존하는 것이 아니라 인간만의 특성을 통해 공존, 공생해 나가는 길을 찾고 있다.

13 정답 ④

- 전제 1: ~적극 → ~사랑고백
- 전제 2: 모임 → ~부족 (대우) 부족 → ~모임
- [ ]

결론: 부족 → ~고백

결론은 '부족하다'에서 시작하여 '고백을 하지 못한다'로 끝나야 한다. 현재 전제 1과 전제 2의 대우를 사용하면 다음과 같은 연결고리가 완성된다.

1. 부족 → ~모임
2. (~모임 → ~적극)
3. ~적극 → ~사랑고백

따라서 우리가 필요로 하는 빈 명제는 '~모임 → ~적극'이 되고, 이는 ④ '적극 → 모임'과 동치이다.

14 정답 ①

완곡어법은 상대의 감정이 상할까 염려하여 자신의 생각을 에둘러 표현하는 것이다. ①은 직설적인 표현에 해당한다.

15 정답 ④

ⓛ에는 말을 함부로 하지 말라거나 상황과 관련하여 적절하게 표현해야 한다는 내용의 속담이 들어갈 수 있다. ④는 '마땅히 할 말은 해야 한다는 말'로 ⓛ에 들어가기에는 적절하지 않다.

오답해설

① '말은 비록 발이 없지만 천 리 밖까지도 순식간에 퍼진다는 뜻으로, 말을 삼가야 함을 비유적으로 이르는 말'이다.
② '자기가 남에게 말이나 행동을 좋게 하여야 남도 자기에게 좋게 한다는 말'이다.
③ '말이란 같은 내용이라도 표현하는 데 따라서 아주 다르게 들린다는 말'이다.

16 정답 ①

(가)에서 사회 복지 정책이 개인의 자유를 침해한다는 주장을 소개한 다음, (나)에서 이에 대한 반대 근거를 마련하려 반론을 펼치고 있다.

17 정답 ④

사회자는 발명가가 앞서 말한 정보를 이용하여 다음 내용을 예측하고 있다.

오답해설

① 상대방의 말을 재진술한 것은 맞으나, 자신이 이해한 바를 확인하는 것은 적절하지 않다.
② 물건을 개선할 아이디어를 창출한 것에 대해 말하고 있기에 과학적 지식을 제시했다는 것은 적절하지 않다.
③ 물음의 형식을 활용한 것은 맞으나, 상대방의 말을 보충한 것은 적절하지 않다. 예를 들어 설명해줄 것을 요구하고 있는 것이다.

18 정답 ①

2문단~4문단에서는 여러 차례 스스로 묻고 답하는 방식으로 자연스럽게 논지를 전개하고 있다.

19 정답 ④

지문은 지능이란 창조성과 다르다는 문제의식에서 출발하여 창조성 검사를 도입하였으나 검사에 따른 문제가 있다는 점을 다루고 있다.

오답해설

① 지능과 창조성의 관계가 아니라 지능검사가 창조성을 담지 못한다는 점에 글의 문제의식이 놓여 있다.
② 이는 글의 일부 요소에 불과하다.
③ 구체적 방안이 예시되어 있기는 하나 이러한 점이 글의 주요 초점은 아니다.

20 정답 ④

지문에 따르면 종이 시험 형태의 창조성 검사가 한계가 있다.

오답해설

① 교육의 결과도 지적되어 있다.
② 반드시 비례한다고 볼 수 없다.
③ 다양한 지능검사의 도입이 지능검사 신뢰도를 저하시켰다는 기술은 없다.

적중의 지혜

01	④	02	③	03	①	04	②	05	④
06	③	07	①	08	④	09	②	10	④
11	④	12	③	13	①	14	④	15	④
16	①	17	①	18	④	19	④	20	①

01 정답 ④

제시된 내용을 기호화하여 정리하면 다음과 같다.

a. 갑 ○ → 병 ○
b. 을 × → 정 ×
c. 을 ○ → 병 ○

c의 대우와 b를 차례대로 연결하면 '병이 출근하지 않는 날은 정도 출근하지 않는다.'는 결론의 도출이 가능하다.

02 정답 ③

우선 워크아웃의 정의에 대해 이야기하는 (다)가 첫 번째로 와야 한다. 그 다음 워크아웃의 목적을 설명하는 (가)가 두 번째로 와야 한다. (나)가 두 번째로 올 경우 '따라서'가 (다)와 연결되지 않는다. 마지막으로 (가)의 부채 상환 유예, 자금 지원 등을 이어서 설명하는 (나)가 세 번째로 와야 한다. 순서는 (다) – (가) – (나)이다.

03 정답 ①

'잡아라, 먹어라'의 '–아라/–어라'는 앞말이 양성 모음일 때는 '–아라'를 쓰고, 앞말이 음성 모음일 때는 '–어라'를 쓰므로 음운론적 이형태에 해당한다고 볼 수 있다.

04 정답 ②

남녀 응답자 수는 각 300명씩이다. 그래프를 보면 모든 분야에 200명 이상이 응답을 하였으므로, '모든 분야에서 남녀 모두 긍정 응답자 수가 절반을 넘었다'는 올바르다.

오답해설

① 긍정 응답자 수는 여성보다 남성이 더 많다.
③ 남성은 교육 분야에서 긍정 응답자 수가 가장 많았다.
④ 남성은 교육, 문화 및 의식, 가족생활 순으로 긍정 응답자가 많았고, 여성은 교육, 문화 및 의식, 경제활동 순으로 긍정 응답자 수가 많았다.

05 정답 ④

이 글의 마지막 문장 '자연환경에 엄청난 부담을 초래하는 조력 발전을 친환경적이라 포장하고, 심지어 댐 건설을 부추기는 현재의 정책은 결코 용인될 수 없다'가 글쓴이가 이야기하고자 하는 핵심 부분으로 볼 수 있다.

오답해설

① 이 글에서 중요 핵심은 '비용'이 아니므로 적절하지 않다.
② 이 글에서 재생에너지 비율에 대한 언급은 없다.

06 정답 ③

자료를 통해 거주자는 자동차등록증, 주민등록초본을 제출해야 하고, 상근자는 자동차등록증, 재직증명서를 제출해야 함을 알 수 있다. 상근자는 주민등록초본을 제출하지 않으므로 적절하지 않다.

오답해설

① 접수방법에는 방문, 인터넷, FAX 등이 있음을 알 수 있다.
② 2020년 하반기 사용자분들 중에 차량변경 등의 사유가 있을 경우에는 별도 신청해야 함을 알 수 있다.
④ 16인 이상의 승합차량은 신청제외대상자임을 알 수 있다.

07 정답 ①

이 글에서 문제점으로 부각된 것은 '정보의 격차'이다. ①은 본문에서 문제점으로 부각시킨 정보 격차에 대해 동조하는 입장이다.

오답해설

나머지 ②, ③, ④는 이에 대한 반대 의견을 제시한 것으로 정보 접근이 용이하다는 점과 정보나 지식에 대한 격차가 완화될 수 있다는 내용이다.

08 정답 ④

④의 '옷걸이'에 쓰인 '–이'는 '~에 쓰는 도구'의 의미를 가지고 있는 접미사이다.

오답해설

① '구두닦이'의 '–이'는 '~하는 사람'의 의미를 나타내는 명사 파생 접미사이다.
② '털갈이'의 '–이'는 '~하는 일 또는 행위'의 의미를 나타내는 명사 파생 접미사이다.
③ '꽃놀이'의 '–이'는 '~하는 일 또는 행위'의 의미를 나타내는 명사 파생 접미사이다.

09 정답 ②

ㄱ. '엄마는 웃음을 지었다.'에서 '웃음'은 어근 '웃–'에 명사 파생 접미사 '–음'이 결합하여 만들어진 파생 명사이다. 따라서 '웃음'은 사전에 표제어로 올라가 있다. ㄱ은 옳은 진술이다.
ㄷ. '약속 시간에 늦지 않도록 서둘러 출발했다.'에서 '–도록'은 사태의 목적이나 결과를 나타내는 어미에 해당한다. ㄷ은 옳은 진술이다.

ㄹ. '밝기, 굵기, 크기'의 '-기'는 형용사 어간에 결합하여 명사를 만드는 접미사인데, '-기'는 '밝-, 굵-, 크-'와 같이 양(+)의 의미를 가진 어근에만 결합하고 '어둡-, 가늘-, 작-'과 같은 음(-)의 의미를 가진 어근에는 결합하지 못하는 제약이 있다. 이는 윗글에서 언급된 '길이, 높이'의 '-이'에도 나타나는 제약에 해당한다. ㄹ은 옳은 진술이다.

오답해설

ㄴ. '높다랗다'의 '-다랗-'은 형용사 어근에 결합하여 형용사를 만드는 파생 접미사에 해당한다. ㄴ은 틀린 진술이다.

ㅁ. '영어 단어를 외우기가 어렵다.'에서 '-기'는 어미로 절인 '영어 단어를 외우-'에 결합한 것으로 볼 수 있다. ㅁ은 틀린 진술이다.

10 정답 ④

지자체에서 인구감소지역대응기본계획 및 시행계획을 수립하거나 변경하려면 그 주요 내용을 14일 이상 관할 지역의 주민이 열람할 수 있도록 인터넷 누리집 등에 공고해야 한다고 하였다.

오답해설

① 지방교육재정교부금 교부 시 인구감소지역의 재정수요는 교육감이 아닌 교육부장관이 반영한다.

② 관광을 목적으로 거주지가 아닌 지역에 머물고 있는 사람은 체류하는 자로서 생활인구에 포함된다.

③ 인구감소지역대응센터는 한국지방행정연구원에서 설치할 수 있도록 하였다.

11 정답 ④

A와 C가 거짓을 말하고, E가 범인이다.

A와 D의 진술은 동시에 참일 수 없다. 따라서 D의 진술이 참이라면 A의 진술을 거짓, D의 진술이 거짓이라면 A의 진술은 참을 말한다.

- D의 진술이 참인 경우
  A의 진술은 거짓이므로 D는 범인이 아니다. 한편 B의 진술이 거짓이라면 E의 진술도 거짓이고, E의 진술이 거짓이라면 B의 진술도 거짓인데, 거짓을 말하는 사람은 2명이므로 B와 E의 진술이 모두 거짓일 수는 없다. 이에 따라 B와 E의 진술은 모두 참이고 C의 진술이 거짓이다. 따라서 E가 범인이다.
- D의 진술이 거짓인 경우
  A의 진술은 참이므로 D가 범인이다. 이에 따라 B, C, E의 진술이 모두 참이 되는데, 거짓을 말하는 사람은 2명이라는 조건과 모순된다.

12 정답 ③

③ 제시된 진술과 그 대우를 기호로 나타내면 다음과 같다.

	명제	대우
진술 1	1반 → 국어	~국어 → ~1반
진술 2	~1반 → ~영어	영어 → 1반
진술 3	~국어 → ~수학	수학 → 국어

진술 2의 대우 '영어 → 1반'과 진술 1 '1반 → 국어'를 연결하면, '영어 → 1반 → 국어' 관계를 확인할 수 있다. 따라서 '영어 성적이 좋은 학생들은 국어 성적이 좋다.'는 항상 참이다.

오답해설

① '1반 학생들은 영어 성적이 좋다.'를 기호로 나타내면 '1반 → 영어'이다. 진술 2의 대우는 '영어 → 1반'이므로, '1반 → 영어'는 '영어 → 1반'의 '역'이다. '역'은 참, 거짓을 보장하지 않기 때문에 반드시 참이 될 수 없다.

② 제시된 정보만으로는 '수학 성적이 좋은 학생들'과 '1반 학생들' 사이의 관계를 확인할 수 없다.

④ 제시된 정보만으로는 '영어 성적'과 '수학 성적' 사이의 관계를 확인할 수 없다.

13 정답 ①

첫 번째 문단과 두 번째 문단에서 상대주의자들은 자신들의 문화 기준을 바탕으로 해당 사상과 이론을 주장하고 있음을 알 수 있지만, 세 번째 문단에서는 다른 문화나 세계관의 주장이 갖는 기준이 잘 만족된다고 느끼면 이를 받아들인다는 내용이다. 따라서 자신들의 문화나 세계관의 특정 사상이나 이론을 고집하는 것이 아니라는 내용이 적절하다.

오답해설

② 두 번째 문단에서 상대주의자들은 문화마다 다른 기준은 자신의 문화에서 만들어진 이론만 수용하도록 만든다는 것을 알 수 있고, 이를 논리적인 논증으로 수용하지 않는 것은 다른 기준을 받아들이지 않는다는 의미이므로 적절하지 않다.

③ 첫 번째 문단에서 상대주의자들은 다른 문화권의 과학자들과 이론적 합의에 합리적으로 이를 수 없다고 주장함을 알 수 있고, 세 번째 문단에서 이와 다르게 수용할 수 있는 내용을 다루고 있으므로 적절하지 않다.

④ 상대주의자들이 자신들의 문화 기준을 바탕으로 다른 문화 기준을 가진 사람들과 타협하지 않는 것은 알 수 있지만, 특정 문화의 세계관이 달라질 것을 기대하는 마음으로 기준을 세우지는 알 수 없으므로 적절하지 않다.

14 정답 ④

ⓓ는 '믿다'에 '-어지다'가 결합한 통사적 피동문이다. 그런데 타동사 '믿다'에 대해서는 어간 '믿-'에는 피동 접미사 '-기-'가 결합한 피동사 '믿기다'가 쓰일 수 있다. 따라서 ⓓ에 '-어지다'가 결합한 이유가 '믿다'에 피동 접미사가 결합한 파생어가 쓰일 수 없기 때문이라는 진술은 적절하지 않다.

오답해설

① ⓐ를 능동문으로 바꾸면 '뱀이 개구리를 먹었다.'가 된다. 이때 ⓐ에서 부사어였던 '뱀에게'는 대응하는 능동문에서 주어로 나타나게 된다.

② ⓑ는 타동사 어간 '듣-'에 피동 접미사 '-리-'가 결합하여 형성된 피동사 '들리다'가 쓰인 파생적 피동문에 해당한다.

③ ⓒ의 서술어 '없어지다'는 형용사 '없다'에 '-어지다'가 결합한 것이다. 형용사에 '-어지다'가 결합하면 상태의 변화를 의미하게 되는데, 이는 피동의 의미를 나타내는 피동문으로 볼 수 없다.

15 정답 ④

'그가 범인으로 몰렸다.'에는 '몰다'라는 행위의 주체가 드러나 있지 않지만, '(사람들이) 그를 범인으로 몰았다.'와 같이 대응하는 능동문을 상정할 수 있다. ④는 ㉠에 해당하는 예로 볼 수 없는 문장이다.

오답해설

①의 '(날씨가) 풀리다', ②의 '(더위가) 꺾이다', ③의 '(눈병에) 걸리다'는 모두 행위의 주체를 설정하기 어려워 대응하는 능동문을 상정할 수 없다. 따라서 ①, ②, ③ 모두 피동의 의미를 나타내기는 하지만 대응하는 능동문을 상정하기 어려운 예로 볼 수 있다.

16 정답 ①

'죄를 지으면 누구나 벌을 받는다.'에서 '누구'는 '죄를 지은 사람 모두'를 가리키므로 특정한 대상을 가리키지 않는 부정칭 대명사에 해당한다.

17 정답 ①

지문의 전반부에서 전통은 기억과 다르며, 이어서 그 근거가 전통의 절차와 기능이 거론되며 제시되고 있다. 이에 정체성이 지적되고, 괄호 뒤에서는 그 뜻을 배제한다는 점으로 언급되고 있다. 즉 '포괄'이 아니라 특정한 정체성을 지닌 내용으로만 '묶어내는' 일이라는 의미가 진술되어야 한다.

오답해설

② 전통의 기능이 다양하다는 것이 초점은 아니다.
③ 이어지는 문장과 호응하지 않는다.
④ 문맥의 흐름으로 보아 적절하지 않다.

18 정답 ④

④에서 '많다'의 주어는 '영양'이지 '맛'은 아니다. 따라서 '맛도 좋고 영양도 많다'라고 표현해야 올바르다.

오답해설

①은 지나친 이중피동('열리지'가 맞음)으로 인한 오류이다.
②는 높임법의 잘못된 적용('있겠습니다'가 맞음)의 문제이다.
③은 의미의 중의적 표현이다.

19 정답 ④

이 글은 베블런의 주장을 통해 전근대적 계급에 기원을 두는 상류층의 사치품 사용 금기를 소개하고, 이와 달리 현대의 상류층은 소득 수준이 높아지고 물자가 넘치는 현대 대중사회에서 뽐냄이 아니라 남의 눈에 띄지 않는 겸손한 태도와 검소함으로 자신을 한층 더 드러낸다고 주장하고 있으므로 이 글의 논지로 가장 적절한 것은 ④이다.

오답해설

①, ③ 세 번째 문단에서 현대의 상류층은 차별화해야 할 아래 계층이 없거나 경쟁 상대인 다른 상류층 사이에 있을 때 낭비적 소비를 한다고 하였으므로 적절하지 않다.

② 현대의 서민들이 상류층을 따라 겸손한 태도로 자신을 한층 더 드러내는 소비행태를 보이는지에 대해서는 다루고 있지 않으므로 적절하지 않다.

20 정답 ①

㉠ 1문단은 상류층의 과시적 소비행태에 대한 설명이다. 그러나 2문단은 이와 다르게 서민들도 사치품을 쓸 수 있다고 설명하므로 '역접'의 관계(그러나, 하지만)가 들어가야 한다.

㉡ 2문단에서 서민들의 사치품 사용으로 오히려 상류층은 내려가는 소비를 한다고 설명한다. 3문단에서는 이를 정리하여 상류층은 과시보다 소민들처럼 소박한 생활을 한다는 것을 과시한다고 정리해주므로 '이와 같이, 즉'이 들어갈 수 있다.

㉢ 상류층의 소박한 소비에 대한 설명 후 이것이 오히려 극단적 위세라 했으므로 '그러나'가 적절하다.

제 20 일 적중의 지혜

01	③	02	④	03	④	04	③	05	②
06	④	07	①	08	④	09	③	10	③
11	④	12	④	13	④	14	④	15	④
16	④	17	①	18	③	19	④	20	④

01 정답 ③

예문에는 2인칭 대명사 '자네'가 쓰이고 있다 '자네', '당신', '그대' 등은 현대 국어에서 쓰임이 축소되었을 뿐 여전히 2인칭 대명사로 분류되는 것에는 변함이 없다.

오답해설

① 예문의 '그'는 바로 뒤에 조사 '는'이 붙어 있고, 의미상 사람을 가리키므로 관형사 등 다른 단어로 오인할 여지가 없는 단수의 3인칭 대명사이다.
② 예문의 '우리'는 청자를 포함하므로 '저희'로 바꿔 쓸 수 없다. 이에 대해서는 지문의 2문단의 마지막 부분에서 언급하고 있다.
④ 예문의 '이분들'은 복수의 3인칭 대명사인데, 단수와 복수가 엄격히 구별되는 인칭 대명사의 특성상 문장의 의미를 보존하면서 단수형의 꼴로 바꿔 쓸 수는 없다. '모두'라는 부사를 단수일 때 사용하는 것은 부적절하기 때문이다.

02 정답 ④

'당신'은 2인칭으로도 쓰이고 재귀적 의미의 3인칭으로도 쓰이는 대명사인데, "이번에는 당신의 의견을 들을 테니 말씀해 보세요."에서는 2인칭으로 쓰였고, "할아버지는 당신께서 겪은 전쟁 이야기를 자주 하셨다."에서는 재귀적 의미의 3인칭으로 쓰였다. 두 번째 예문의 '당신'을 2인칭으로 볼 수 없는 이유를 문법적으로 설명하자면, '당신' 바로 뒤에 '께서'라는 높임의 조사가 왔음에도 불구하고, 해요체나 하십시오체가 아닌 해라체의 종결어미가 쓰였기 때문이다.

오답해설

① 첫 번째 예문과 두 번째 예문 모두 '그이'는 단수의 3인칭 대명사로 쓰였다
② 첫 번째 예문과 두 번째 예문 모두 '저'가 단수의 1인칭 대명사로 쓰였다.
③ 첫 번째 예문과 두 번째 예문 모두 '그대'가 단수의 2인칭 대명사로 쓰였다.

03 정답 ④

ㄴ. 을은 예술교육보다 다른 실질적인 지원이 더 중요하다고 주장하지만, 병은 무조건적인 예술교육 지원보다는 필요에 맞춘 지원이 더 바람직하다고 말한다. 병의 주장은 을의 입장을 일정 부분 수용하면서 절충점을 찾으려는 것이므로, 대립하지 않는다. 따라서 ㄴ은 적절한 분석이다.
ㄷ. 갑은 예술교육을 보편적으로 지원해야 한다는 입장이다. 병은 예술교육이 필요할 수 있지만, 자원의 한계를 고려하여 맞춤형 지원이 필요하다고 주장한다. 갑과 병의 주장은 '지원'이라는 측면에서 같으므로, 서로의 주장이 상호 보완적이다. 따라서 ㄷ은 적절한 분석이다.

오답해설

ㄱ. 갑은 예술교육이 빈곤층에게 필요하며 국가의 지원이 필수적이라고 주장한다. 반면, 을은 예술교육의 우선순위가 낮고, 직업교육이나 생계 지원이 더 실질적이라고 말한다. 두 주장은 분명히 대립되므로, ㄱ은 오답이다.

04 정답 ③

기술 발전에 의한 실업 증가는 마르크스 경제이론과 일치하는 현상이다. 마르크스는 기술 발전이 잉여가치를 극대화하고, 그로 인해 노동자가 불필요해져 실업이 증가한다고 주장했다. 그러므로 기술 발전이 실업을 늘린다면 마르크스 이론이 약화되는 것이 아니라 오히려 강화된다. 따라서 이 선택지는 부적절하다.

오답해설

① 마르크스의 잉여가치론은 노동자가 자신이 받는 임금 이상의 가치를 생산하다고 주장하며, 이 차이가 자본가의 이윤을 만든다는 것이다. 노동자가 임금보다 높은 가치를 생산한다면 잉여가치론은 강화된다. 따라서 이 선택지는 올바른 평가다.
② 마르크스는 경쟁이 이윤율을 하락시키고, 결국 공황으로 이어진다고 주장했다. 공황이 반복적으로 발생한다면, 이는 마르크스의 공황이론을 뒷받침하므로 이 선택지는 역시 올바른 평가이다.
④ 마르크스는 이윤율이 장기적으로 하락한다고 보았다. 만약 기술 발전과 경쟁적인 투자가 이윤율을 증가시킨다면, 이는 그의 이윤율 하락 이론을 반박하는 근거가 되므로 이 선택지는 올바른 평가다.

05 정답 ②

- [1단계] 재미 → 인기, 친구 → 재미, 인기 → 연애, 연애 → 일
- [2단계] 친구 → 재미 → 인기 → 연애 → 일
- [3단계] 틀린 것을 찾는 문제이므로 역방향을 찾는다.

② 일 → 연애(일로 시작했으므로 무조건 틀린 명제가 된다.)

06 정답 ④

세 번째 문단에서 A효과를 극대화할 수 있는 방법은 얼마나 오랫동안 후발주자가 진입하지 못하도록 할 수 있는가에 달려 있다고 하였으므로 A효과를 극대화하려면 시장의 진입장벽을 낮춰 후발 기업들의 참여를 높여야 하는 것은 아님을 알 수 있다.

오답해설

① 두 번째 문단에서 후발진입기업의 모방 비용은 최초진입기업이 신제품 개발에 투자한 비용 대비 65% 수준이라고 하였으므로 적절하다.

② 첫 번째 문단에서 B효과는 후발진입기업이 최초진입기업과 동등한 수준의 기술 및 제품을 보다 낮은 비용으로 개발할 수 있을 때만 가능하다고 하였으므로 적절하다.

③ 첫 번째 문단에서 A효과란 기업이 시장에 최초로 진입하여 무형 및 유형의 이익을 얻는 것을 의미한다고 하였으며, 세 번째 문단에서 규모의 경제 달성으로 인한 비용상의 이점이 최초진입기업이 누릴 수 있는 강점이라고 하였다는 점에서 최초진입기업이 규모의 경제 달성으로 비용상 이점을 얻는 것은 A효과에 해당함을 추론할 수 있으므로 적절하다.

07 정답 ①

세 번째 문단에서 종교, 문화적 자유가 인정된 종교 자치구인 밀레트 중 하나인 정교회 교구는 콘스탄티노플의 대주교를 총대주교로 하며, 총대주교는 정교회의 행동에 대한 모든 책임까지 져야 하는 행정 관리라고 하였으므로 적절하다.

오답해설

② 세 번째 문단에서 오스만 제국의 정복 지역에서 여러 민족들이 서로를 차별하는 현상이 빈번하다고 하였으나, 밀레트가 종교 자치구로 민족끼리의 상호 차별을 예방하기 위한 것인지에 대해서는 제시되지 않았으므로 알 수 없다.

③ 네 번째 문단에서 데브쉬르메 제도는 남자 어린이를 징용하여 중심도시에서 교육시킨 후 다시 그들이 차출된 지역으로 파견하거나 중앙관리로 영입하는 인사 제도라고 하였으나, 데브쉬르메 제도가 징용된 어린이를 볼모로 삼아 정복 지역의 반란을 예방하는 수단이 되었는지는 제시되지 않았으므로 알 수 없다.

④ 두 번째 문단에 따르면 티마르는 술탄이 정복지 토착 귀족이나 토후에게 하사했던 토지로, 이 영지를 분배받은 이들은 그로부터 세금을 거둘 권리는 갖지만 사법권을 가지지 못했다는 점에서 중세 유럽의 봉건 영지와는 다르다고 하였으므로 적절하지 않다.

08 정답 ④

④은 '설명회에 참석할 때에는 대중교통을 이용해 주시기 바랍니다. 그리고 교육은 공단 실무 책임자가 직접 진행할 예정입니다.'로 수정해야 한다.

나머지 문장은 모두 적절한 문장이다.

09 정답 ③

③ (가)와 (나), 그리고 그 대우를 기호로 나타내면 다음과 같다.

	명제	대우
(가)	드라마 → 빙수	~빙수 → ~드라마
(나)	~떡볶이 → ~빙수	빙수 → 떡볶이

(가) '드라마 → 빙수'와 (나)의 대우 '빙수 → 떡볶이'를 연결하면 '**드라마** → 빙수 → **떡볶이**'의 관계를 확인할 수 있다. 따라서 결론에 '드라마를 좋아하면 떡볶이를 즐겨 먹는다.'가 들어가는 것이 적절하다.

오답해설

① '빙수를 좋아하면 드라마를 좋아한다.'를 기호로 나타내면 '빙수 → 드라마'이다. 이는 (가) '드라마 → 빙수'의 '역'에 해당한다. 명제의 '역'에 대한 참과 거짓은 알 수 없다.

② '떡볶이를 즐겨 먹으면 빙수를 좋아한다.'를 기호로 나타내면 '떡볶이 → 빙수'이다. 이는 (나)의 '이'에 해당한다. 명제의 '이'에 대한 참과 거짓은 알 수 없다.

④ (가) '드라마 → 빙수'와 (나)의 대우 '빙수 → 떡볶이'를 연결하면 '드라마 → 빙수 → 떡볶이'의 관계를 확인할 수 있다. 따라서 드라마를 좋아하면, 떡볶이를 '즐겨 먹는다.'고 해야 옳은 진술이다.

10 정답 ③

부정 수령 판정에 대한 이의 제기가 받아들여지면 부정 수령이 아닌 것으로 판단이 되므로 A 보조금과 B 보조금의 수령 자격이 동일하므로 B 보조금을 받을 수 있다. 이의 제기 신청 기간이 만료되는 것은 부정 수령에 대한 이의 제기를 하는 것이 불가능하다는 것을 의미한다.

오답해설

① A 보조금과 B 보조금의 신청 자격이 동일하기 때문에 부정한 방법으로 수령한 것이 아니라면 신청 자격에 해당한다고 볼 수 있다.

② 대상자 및 토지 요건을 모두 충족하더라도 전년도에 A 보조금을 부정한 방법으로 수령했다고 판정된 경우에는 B 보조금을 신청할 수 없음을 알 수 있다.

④ 민원인이 부정한 방법으로 수령했다고 판정받은 것에 대해 이의 제기를 하지 않으면 부정한 방법으로 수령한 것이 되므로 B 보조금을 신청할 수 없다.

11 정답 ④

'그는 그녀에게 끝까지 진실을 숨겼다.'를 주동문으로 바꿔 보면 '진실이 끝까지 숨었다.'가 되는데 이러한 주동문은 억지로 만들어 보아도 매우 어색하며 오히려 '진실이'를 주어로 하려면 '진실은 끝까지 숨겨졌다.'와 같이 피동이 되어야 자연스럽고 어색함이 사라진다. 그러므로 주동문을 상정하기 어려운 경우에 해당한다고 볼 수 있다.

오답해설

① '어머니가 아이의 머리를 감겼다.'를 주동문으로 바꿔 보면 '아이가 머리를 감았다.'가 되므로 이 문장은 주동문을 상정할 수 있다.

② '사장님이 직원에게 일을 맡겼다.'를 주동문으로 바꿔보면 '직원이 일을 맡았다.'가 되므로 이 문장은 주동문을 상정할 수 있다.

③ '동생이 학교에서 친구를 울렸다.'를 주동문으로 바꿔 보면 '학교에서 친구가 울었다.'가 되므로 이 문장은 주동문을 상정할 수 있다.

12 정답 ④

네 번째 문단에서 친사회적 침묵은 조직이나 다른 구성원의 이익을 보호하려는 목적을 가진 것으로, 본인의 사회적 관계를 위한 경우에는 해당되지 않고 철저하게 '나'를 배제한 판단 아래에서 이뤄지는 행위라고 하였으나, 발언자에 대한 익명성의 보장이 조직의 친사회적 침묵에 어떠한 영향을 주는지는 제시되지 않았으므로 추론할 수 없다.

오답해설

① 두 번째 문단에서 묵종적 침묵은 발언을 해도 소용이 없을 것이라는 조직에 대한 불신으로부터 나오는 행위라고 하였다는 점에서 구성원들의 발언이 조직의 의사결정에 반영되는 정도가 커질수록 묵종적 침묵은 감소할 것임을 추론할 수 있으므로 적절하다.
② 세 번째 문단에서 방어적 침묵은 외부 위협으로부터 자신을 보호하거나 자신을 향한 보복을 당하지 않기 위해 조직과 관련된 부정적인 정보나 의견을 억누르는 적극적인 성격의 행위라고 하였으므로 적절하다.
③ 두 번째 문단에서 묵종적 침묵은 발언을 해도 소용이 없을 것이라는, 즉 실효성이 낮을 것으로 판단하여 침묵하는 경우에 해당한다고 하였으므로 적절하다.

13 정답 ④

고려 건국의 성공 요소가 태조 왕건이 갖춘 뛰어난 리더십이 아니라 다른 인물들의 노력과 역할이었다는 주장은 영웅의 업적 뒤에 수많은 관계자들의 노력이 존재한다는 구조 사관의 관점이다. 따라서 (가)를 강화는 것이 아니라 (나)를 강화하고 있으므로 적절하지 않다.

오답해설

① 나폴레옹의 리더십이 유럽의 정치 지형을 변화시켰다는 연구는 나폴레옹이라는 개인의 영향력을 강조하므로 영웅 사관을 지지하는 입장을 강화한다.
② 신라의 삼국 통일이 사회적, 경제적, 정치적 요인들이 복합적으로 작용한 결과라고 주장하는 것은 구조 사관을 지지하는 입장을 강화한다.
③ 이순신의 승리가 조선 수군의 집단적 협력과 준비된 시스템 덕분이라는 분석은 개인의 리더십보다 집단적 노력을 강조하는 구조 사관을 지지하는 입장을 강화한다.

14 정답 ④

㉣은 '영웅의 업적 뒤에는 수많은 관계자들의 노력과 사회적, 경제적, 정치적 구조가 존재함'을 가리킨다. ㉠, ㉡, ㉢은 영웅사관을 가리킨다. 따라서 ㉣은 ㉠, ㉡, ㉢과 가리키는 것이 다르다.

15 정답 ④

이 글은 첫 문단에서 핵심 주장을 제시하는 두괄식 구성을 보여주고 있다. 특히 '그러나' 이후에 핵심 내용이 집약되어 있다.

16 정답 ④

제80조 제3항에 따르면 정직처분을 받은 자는 그 기간 중 공무원의 신분은 보유하나 직무에 종사하지 못한다. 따라서 파산선고를 받고 복권된 후 공무원으로 임용되었으나 정직처분을 받아 다음 달까지 정직 중에 있는 사람은 공무원 신분으로 간주되므로 옳다.

오답해설

① 제33조 제1항 제2호에 따르면 금고 이상의 실형을 선고받고 그 집행이 종료되거나 집행을 받지 아니하기로 확정된 후 5년이 지나지 아니한 자는 공무원으로 임용될 수 없다. 따라서 금고형의 실형을 선고받고 집행을 받지 않기로 확정된 후 4년이 지난 사람은 공무원이 될 수 없으므로 옳지 않다.
② 제74조 제1항에 따르면 공무원의 정년은 60세이며, 제74조 제2항에 따르면 공무원은 그 정년에 이른 날이 1월부터 6월 사이에 있으면 6월 30일에 당연히 퇴직된다. 따라서 공무원 중 결격 사유 없이 2021년 3월 14일 기준 60세가 된 사람은 2021년 6월 30일에 퇴직되어 공무원 신분을 유지할 수 없으므로 옳지 않다.
③ 제33조 제1항 제3호에 따르면 금고 이상의 형을 선고받고 그 집행유예 기간이 끝난 날부터 2년이 지나지 아니한 자는 공무원으로 임용될 수 없다. 따라서 금고형을 선고받고 집행유예 기간이 끝나는 해에 공무원으로 임용될 수 없으므로 옳지 않다.

17 정답 ①

조건은 다음과 같다.

- 고양이 → 독립적이다
- 고양이 ∧ 털이 짧다
- 털이 짧은 고양이 ∧ 독립적이다

이 문제를 풀기 위해 논리적으로 연결되는 조건을 보면, 모든 고양이가 독립적이므로 털이 짧은 고양이도 당연히 독립적이어야 한다. 따라서 결론은 '털이 짧은 고양이는 모두 독립적이다'가 적절하다.

18 정답 ③

2문단에서 '훌륭한 제품도 제품을 전달하는 통로가 부족하면 판매가 정상적으로 안된다'는 문장을 통해 해당 지문은 틀린 것을 알 수 있다.

오답해설

① 집중적 유통전략과 관련한 내용은 2문단의 '집중적 유통전략은~유통시키는 전략으로'에서 확인할 수 있다.
② 선택적 유통전략과 관련한 내용은 2문단의 '선택적 유통전략은~제품에 사용된다'에서 확인할 수 있다.
④ 배타적 유통전략에 관한 설명은 2문단의 배타적 유통전략은~사용된다'에서 확인할 수 있다.

19 정답 ④

은행에서 지폐를 세는 기계가 만 원권의 개수를 세어 총액을 나타내는 것은 이전 상태의 출력값과 현재의 값을 논리 연산하여 출력하는 것이다. 왜냐하면 다음 상태로 변화할 때까지 현 상태를 기억하는 기능이 필요하기 때문이다. 따라서 이 경우는 순차 논리 회로와 출력을 결정하는 방법이 같다.

오답해설

①, ②, ③은 모두 조합 논리 회로와 출력을 결정하는 방법이 같다. 현재의 입력값(자동차의 문이 열리면, 현관에 사람이 들어올 때, 안전띠를 착용하지 않아)들만 이용하여 출력값(경고음이 울리는, 전등이 켜지는, 운행되지 않는 놀이 기구)을 결정하기 때문이다.

20 정답 ④

글쓴이는 유명한 철학자의 말을 소개하고, 그 어원과 의미를 밝힘으로써, 그 말을 어떤 상황에서 쓸 수 있는지, 또는 어떤 상황에서 활용하면 좋은지를 설명하고 있다. 그 과정에서 철학자의 말에 대한 잘못된 해석을 제시하여 독자의 궁금증을 유발한 뒤, 그 말의 본질적 의미를 밝힘으로써 독자의 궁금증을 해소시키고 있다. 그러므로 ④ 소개한 말의 의미를 해석하는 상반된 관점을 제시하고 그에 대한 독자의 판단을 유도한 것은 아니다.

01	④	02	④	03	③	04	③	05	④
06	④	07	②	08	②	09	②	10	②
11	④	12	②	13	③	14	④	15	③
16	①	17	④	18	②	19	③	20	④

01 정답 ④

조건 명제가 참인 경우 그 대우는 항상 참이다. 따라서 '도서관이 없는 대학에는 책방이 없다.'의 대우인 '책방이 있는 대학에는 도서관이 있다.'가 항상 참인 결론이다.

02 정답 ④

제시된 내용을 벤다이어그램으로 나타내면 다음과 같다.

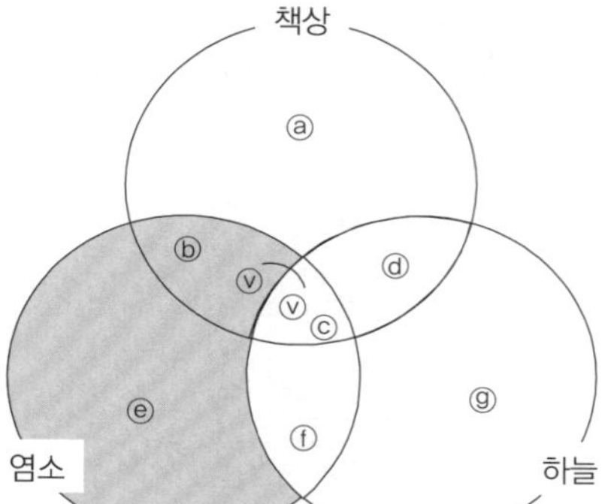

'어떤 책상은 하늘이다.'는 ⓒ, ⓓ 영역 중에 최소 한 군데가 존재한다는 의미인데 위 그림에서 ⓒ 영역이 존재하므로 반드시 참인 결론이다.

오답해설

① '모든 책상은 하늘이 아니다.'는 ⓒ, ⓓ 영역이 모두 존재하지 않는다는 의미인데 위 그림에서 ⓒ 영역이 존재하므로 참인 결론이 될 수 없다.
② '어떤 책상은 하늘이 아니다.'는 ⓐ, ⓑ 영역 중에 최소 한 군데가 존재한다는 의미인데 위 그림에서는 ⓑ 영역은 존재하지 않고 ⓐ 영역은 존재 여부가 불분명하므로 참인 결론이 될 수 없다.
③ '모든 책상은 하늘이다.'는 ⓐ, ⓑ 영역이 모두 존재하지 않는다는 의미인데 위 그림에서 ⓐ 영역의 존재 여부가 불분명하므로 참인 결론이 될 수 없다.

03 정답 ③

뇌물죄의 요건에 관해 설명하고 있으며 각 요건의 해당 여부를 묻는 문제이다. 중요한 요건을 추려서 살펴보면, 먼저 직무와 관련이 있어야 하고 직무에 대한 대가이어야 하며 불법한 보수이어야 하고 '수수'해야 한다. 중소기업협동조합중앙회 회장 丙이 외국인 산업연수생에 대한 국내관리업체로 선정되도록 해 달라는 요구가 있었고 이것이 경찰청 형사과 소속 경찰관 甲의 직무인지가 문제 되는데, 위 선정업무는 甲의 지위인 경찰관리 업무와는 거리가 있으므로 '직무에 관하여' 불법한 보수를 받은 것이라고 할 수 없으므로 뇌물죄가 성립하지 않는다.

오답해설

① X 은행장이 추진 중이던 업무 전반에 대하여 선처해 달라는 요구가 있었고 이 요구는 대통령 경제수석비서관의 직무와 관련된 행위이다. 따라서 뇌물죄가 성립한다.
② 乙이 건축 허가에 관한 요구가 있었고 이는 담당 공무원 乙의 직무와 관련된 행위이다. 다만 술의 접대나 윤락여성의 성관계가 보수인가가 문제 되지만 그 종류, 성질, 액수, 유형, 무형을 불문한다고 했으므로 '보수'라고 할 수 있다. 따라서 뇌물죄가 성립한다.
④ 건설업자 乙이 공사 도급을 받게 해 달라는 요구가 있었고 이는 자치단체장 甲의 직무에 해당한다. 다만, 이렇게 받은 돈을 개인적인 용도가 아닌 부하직원의 식대, 휴가비, 자지단체의 홍보비로 소비한 것이 뇌물의 수수인가가 문제 되지만 수수란 자기뿐 아니라 제3자의 소유로 할 목적으로 남의 재물을 취득해도 무방하므로 이 경우에도 뇌물죄가 성립한다.

04 정답 ③

노론과 남인의 입장을 정리하면 다음과 같다.

- 노론의 입장
  → 서원 건립에 찬성
- 남인의 입장
  → 서원 건립을 반대하며 서원을 훼파

영조는 서원 건립 자체에 대해서도 감사파직의 조치를 취했고, 훼원 유생들의 엄벌은 주동자에 국한했으며, 서원개건의 문제를 묵살했으므로 반드시 노론의 주장을 더 받아들였다고 볼 수는 없다.

오답해설

① '반면, 소론인 박문수는…김상헌 서원의 건립이 잘못된 것이라 했다.…서원건립을 추진했기에…분쟁이 일어나지 않을 수 없으므로…'라고 제시되어 있으므로 박문수는 서원 창건 자체가 지닌 문제에 중점을 두고 의견을 펼쳤다.
② '노론의 온건파를 대표하던 박사수는…전말을 소상하게 보고하면서…난민으로 훼원유생을 규정하고 이러한 난민의 무리를 엄벌해야 한다고 했다.'라고 제시되어 있으므로 박사수는 유생들의 훼원행위 자체에 초점을 두어 남인출신 훼원 유생에 대한 처벌을 주장했다.
④ 훼원의 사태를 향전(鄕戰)이라고 표현한 것을 보아 조선 후기에 향전이라는 것이 존재하고 있었음을 알 수 있다. 또한 제시문과 같이 노론과 남인이 주도하는 것을 보아 향전이라는 것이 이 경우와 같이 꼭 노론과 남인 간은 아니더라도 어떤 정파와 관련되었을 것임을 짐작할 수 있으므로 정치색을 띠고 있었음을 알 수 있다.

05 정답 ④

퍼퓸은 향이 12시간 정도 지속된다고 하였으므로 향이 아침부터 밤까지 지속되게 하려면 퍼퓸을 구입하면 된다.

오답해설

① 향수의 원액 농도와 가격의 관계에 대해서는 지문을 통해 알 수 없다.
② 라스트 노트가 6시간 지속되는 향수가 가장 좋은 향수라고 나와 있다.
③ 마지막 문장을 보면 '귀 뒤나 손목, 팔꿈치 안쪽 등 맥박이 뛰는 부분'에 향수를 뿌리면 향력이 더 좋아진다고 하였으나 목에 대해서는 언급하지 않아 알 수 없다.

06 정답 ④

제시된 문장의 '맡기다'는 어떤 일에 대한 책임을 지고 담당하게 한다는 뜻이다. '주선하다'는 일이 잘되도록 여러 가지 방법으로 힘쓴다는 뜻으로, '맡기다'의 의미와 뜻에서 다소 차이가 있다.

오답해설

① 일임하다: 모두 다 맡기다.
② 내맡기다: 아주 맡겨 버리다.
③ 기탁하다: 어떤 일을 부탁하여 맡겨 두다.

07 정답 ②

지문은 화자가 떠드는 사람(청자)에게 단독으로 행동 수행을 제안한다는 의미가 나타나므로, ㉢의 예시에 더 적절하다. ㉡의 예시로는, '(밥 먹는데 말을 시키는 사람에게) 거, 밥 좀 먹읍시다.'가 있다.

08 정답 ②

'가다가'는 용언의 어간 '가-'에 어미 '-다가'가 결합한 것으로, 동일 모음 탈락이 적용된 사례로 적절하지 않다.

오답해설

① '자도'는 '자-+-아도'
③ '떠나야'는 '떠나-+-아야'
④ '서서'는 '서-+-어서'

09 정답 ②

(가) '오래된'은 용언의 관형사형이, (나) '어머니의'는 체언에 관형격 조사가 결합하여, (라) '가을'은 체언이 그대로 관형어가 된 형태이다.

오답해설

(다) '모두가'는 '주어이다.
(마) '먹으러'는 부사어이다.

10 정답 ②

제시된 글에서는 상품과 경제 법칙은 그것을 만든 인간의 손을 떠나는 순간 자립성을 띠게 되며, 인간이 오히려 이러한 상품과 경제 법칙에 지배받기 시작하면서 인간 소외 현상이 나타난다고 하였다.

11 정답 ④

화폐를 얻기 위해 상품을 내놓고, 건강을 얻기 위해 운동을 한다.

12 정답 ②

욜로 라이프는 현재의 삶이 행복해야 미래의 삶도 행복하다는 개념이 반영된 현상이지만 미래를 위한 투자에까지 중점을 둔다는 것은 아니다. 욜로족은 한 번뿐인 삶을 보다 즐겁고 아름답게 만들고자 현재의 여가와 건강, 자기계발 등에 투자하는 소비 경향을 보인다.

13 정답 ③

3문단에서 '여러 향리 가운데 신씨가 중심이 되어'라 했고, '처음에는 죽은 향리의 자손들이 힘을 모아 사적으로 세웠다'고 설명하고 있다. 향리 집단 '공동의 노력'이 아니다.

오답해설

① 1문단에서 확인할 수 있다.
② 2문단에서 확인할 수 있다.
④ 4문단에서 확인할 수 있다.

14 정답 ④

두 번째 문장 '자료의 정확성에 집착하여 객관적인 주장만을 지나치게 강조함으로써, 역사학의 폭과 깊이를 축소시키는 부정적 측면을 드러내었으며'를 통해 ④가 적절하다는 것을 알 수 있다.

오답해설

① 프랑스 아날학파는 역사를 개인보다는 집단을 기준으로 서술하므로, 미시사 연구와는 다르다.
② 실증주의 역사학은 계량적인 접근이 아닌 객관적인 입장에서 역사를 서술하는 것을 중시하므로, 아날학파와는 다르다.
③ 미시사 연구는 작은 규모와 척도를 관찰함으로써 삶에 대한 서술을 시도하기에 아날학파와는 다르다.

15 정답 ③

2문단 마지막 문장에서 '발레는 이성적인 것을 추구하는 반면, 현대 무용은 내적 에너지의 흐름을 강조하고 자연스러운 움직임을 추구한다'고 하였으므로, ③은 적절하지 않다.

오답해설

① 1문단 두 번째 문장을 통해 알 수 있다.
② 2문단 마지막 문장을 통해 알 수 있다.
④ 1문단 마지막 문장과 4문단 마지막 문장을 통해 알 수 있다.

16 정답 ①

①의 내용은 지문에서 확인할 수 없는 내용이다.

17 정답 ④

제시된 글의 앞부분에는 언어가 사고 능력을 결정한다는 언어결정론자들의 주장과 그 근거가, 뒷부분에는 그에 대한 반박과 그 근거가 제시되고 있다. 〈보기〉의 문장은 언어가 사고 능력을 결정하지 않는다는 근거로, 글의 흐름상 언어결정론자들의 주장을 반박하고 있는 부분인 (나) 이후의 위치에 놓여야 한다. 즉, (다)나 (라)에 들어가야 하는데, (다) 뒤의 문장은 그 앞의 문장을 부연 설명하는 문장이므로 다른 내용을 담은 문장이 중간에 끼어들 수 없다. 따라서 〈보기〉의 문장은 언어가 사고 능력을 결정하지 않는다는 두 번째 근거로 제시될 수 있도록 (라)에 들어가는 것이 적절하다.

18 정답 ②

- P: A 거래처에 발주
- Q: B 거래처에 발주
- R: C 거래처에 발주
- S: D 거래처에 발주

위와 같이 가정했을 때, 제시된 세 가지 명제를 순서대로 정리해 보면 P → ~Q, ~R → S, S → Q이다. ②는 ~Q → ~R로 나타낼 수 있는데, 제시된 명제와 그 대우를 통해 ~Q → ~S → R이 참이므로 ②는 거짓임을 알 수 있다.

오답해설

① 첫 번째 조건에 의해 P → ~Q가, 세 번째 조건의 대우에 의해 ~Q → ~S가 참이다. 두 번째 조건의 대우인 ~S → R도 참이므로 P → R은 참이다.

③ 두 번째 조건에 의해 ~R → S가, 세 번째 조건에 의해 S → Q가 참이다. 첫 번째 조건의 대우인 Q → ~P도 참이므로 ~R → ~P는 참이다.

④ 세 번째 조건에 의해 S → Q가, 첫 번째 조건의 대우에 의해 Q → ~P가 참이므로 S → ~P는 참이다.

19 정답 ③

에피쿠로스는 고통과 불안의 부재, 즉 아타락시아를 통해 마음의 평온을 얻고 궁극적으로 행복에 이를 수 있다고 주장하였으므로, 이 선택지가 적절하다.

오답해설

① 에피쿠로스는 종교나 신에 대한 두려움을 마음의 동요로 보고, 이를 극복하기 위해 철학적 탐구와 자연적 이해를 강조했으므로, 종교적 신념을 통한 평온을 지향하지 않는다.

② 에피쿠로스는 육체적 쾌락보다 정신적 쾌락을 더 중요하게 여기며, 특히 고통과 불안의 부재를 통한 평온을 중시했으므로, 이 선택지는 틀렸다.

④ 에피쿠로스가 자연주의적으로 인간 사회의 출현을 설명하는 것은 맞지만 물질적 풍요나 사회적 발전보다는 소박한 삶과 최소한의 욕구 충족을 통한 자족을 중요하게 여겼으므로, 이 선택지는 부적절하다.

20 정답 ④

'자족하다'는 '스스로 넉넉함을 느끼다'를 의미하며, 이는 '간절히 바라며 구하다'를 뜻하는 '갈구하다'와 반의어 관계이다. 따라서 답은 ④이다.

오답해설

① '배제'와 '제거'는 '어떤 것을 없애거나 포함되지 않도록 함'을 의미하므로, 둘은 서로 바꾸어 사용할 수 있다.

② '원초적'과 '근원적'은 모두 '어떤 것이 처음부터 근본적으로 존재함'을 의미하므로, 둘은 서로 바꾸어 사용할 수 있다.

③ '동요'와 '흔들림'은 모두 '마음이나 상태가 흔들리거나 불안정함'을 의미하므로, 둘은 서로 바꾸어 사용할 수 있다.

01	③	02	④	03	④	04	④	05	①
06	④	07	④	08	③	09	④	10	③
11	③	12	③	13	④	14	③	15	④
16	②	17	②	18	④	19	①	20	②

01 정답 ③

'숙지'는 '잘 알아서 기억함'의 의미이고, '파악'은 '확실하게 이해하여 앎'의 의미이다. 위의 내용은 안전 매뉴얼을 잘 알아서 기억해야 하는 맥락으로 파악되기에 '숙지'가 적절하다.

02 정답 ④

흐리지 않다면 날이 맑거나 비가 오는 경우이다. 이때 첫 번째, 세 번째 조건을 통해 흐리지 않은 날의 다음 날은 흐리거나 맑음을 알 수 있다. 따라서 흐리지 않으면 다음 날은 비가 오지 않는다.

오답해설

① 비가 오지 않는다면 날이 흐리거나 맑은 경우이므로 두 번째, 세 번째 조건을 통해 다음 날은 비가 오거나 흐리게 됨을 알 수 있다. 따라서 비가 오지 않은 다음 날에는 비가 올 수도, 흐릴 수도 있다.
② 첫 번째, 세 번째 조건을 보면 비가 오거나 맑은 경우 다음 날은 흐리게 되므로 오늘 날이 흐렸다면 어제는 날씨가 맑았을 수도, 비가 왔을 수도 있다.
③ 날이 맑지 않으면 비가 오거나 흐린 경우이므로 첫 번째, 두 번째 조건을 통해 다음 날은 흐릴 수도, 맑을 수도, 비가 올 수도 있다.

03 정답 ④

아래와 같이 영역을 설정한 후 각 전제가 의미하는 바를 정리해 보면 다음과 같다.

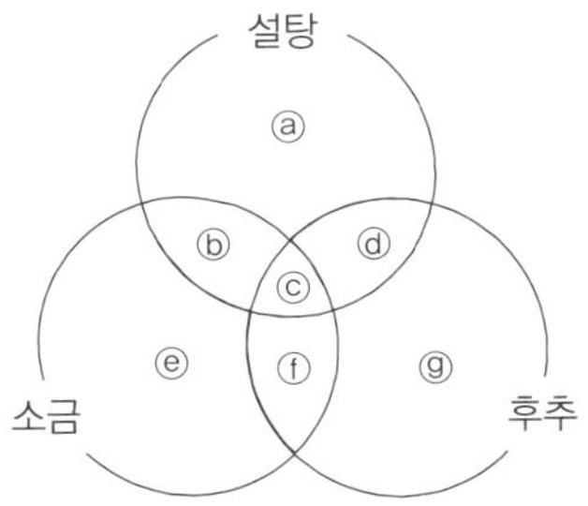

첫 번째 전제인 '설탕을 좋아하는 사람은 소금을 좋아한다.'는 설탕을 좋아하는 사람 중에 소금을 좋아하지 않는 사람은 없다는 의미이므로 ⓐ와 ⓓ가 모두 존재하지 않는다는 의미이다. 한편 두 번째 전제인 '소금을 좋아하는 사람 중에 후추를 좋아하는 사람이 있다.'는 ⓒ와 ⓕ 가운데 최소 하나는 존재한다는 의미이다. 이를 그림으로 정리하면 다음과 같다.

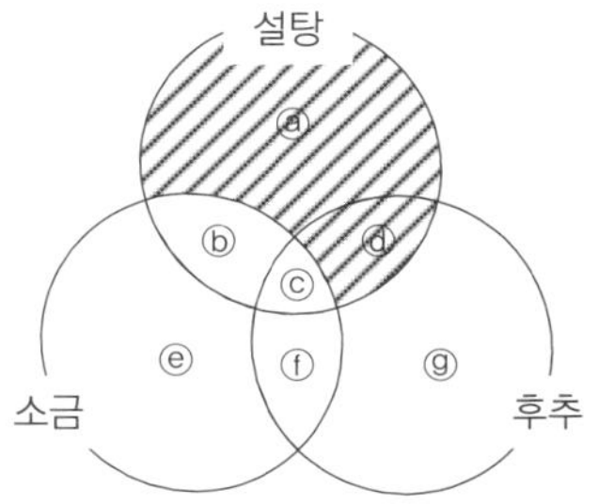

설탕, 소금, 후추를 모두 좋아하는 사람은 ⓒ를 의미하는데 ⓒ는 존재 여부를 알 수 없다. 존재 여부를 알 수 없다는 것은 있을 가능성도 없을 가능성도 있다는 의미이므로 '설탕, 소금, 후추를 모두 좋아하는 사람이 있을 수 있다.'는 도출이 가능하다.

오답해설

① 설탕과 후추를 모두 좋아하지만 소금을 좋아하지 않는 사람은 ⓓ를 의미하는데 ⓓ는 존재하지 않으므로 '설탕과 후추를 모두 좋아하지만 소금을 좋아하지 않는 사람은 있을 수 있다.'는 도출이 불가능하다.
② 소금과 설탕을 모두 좋아하지만 후추를 좋아하지 않는 사람은 ⓑ를 의미하는데 ⓑ는 존재 여부를 알 수 없기 때문에 해당 부분이 있다고 확정할 수 없으므로 '소금과 설탕을 모두 좋아하지만 후추를 좋아하지 않는 사람이 있다.'는 명확한 도출이 불가능하다.
③ 설탕을 좋아하지 않지만 소금과 후추를 모두 좋아하는 사람은 ⓕ를 의미하는데 ⓕ는 존재 여부를 알 수 없기 때문에 해당 부분이 있다고 확정할 수 없으므로 '설탕을 좋아하지 않지만 소금과 후추를 모두 좋아하는 사람이 있다.'는 명확한 도출이 불가능하다.

04 정답 ④

신입사원들의 업무 능력과 실무 능력 향상을 위해 진행하는 업무로, 신입사원 평가에 반영되기 때문에 선배 및 지인의 도움을 받지 않고 신입사원 본인들의 역량을 기반으로 끝까지 최선을 다해 완성해야 하며, 결과물에 대한 긍정적 혹은 부정적 피드백을 적극 수용해 반영하는 것 또한 필요하다.

05 정답 ①

법적 구속력이 없는 자치 기구가 개인에게 재산상 불이익을 주는 일이 가능할지는 합리적으로 따져 봐야 할 일이다.

06 정답 ④

행복 점수와 관련된 심리학적 주제를 '메달'에 적용하여 독자들이 이해하기 쉽도록 구성된 글이다.

오답해설

① 이 글은 논설문이 아니라 설명문이다.
② 구체적인 사례는 있으나, 전통적 심리학의 한계는 나타나지 않는다.
③ 실험을 바탕으로 결과의 원인을 분석해 내는 구조는 귀납적 구조이다.

07 정답 ④

ㄱ. 지문 첫 번째 문단의 첫 번째 문장에서 수원 화성은 '국방요새'로 활용하기 위해 축성하였음을 알 수 있고, 두 번째 문단의 두세 번째 줄에서 '종래의 중화 문명권에서는 찾아볼 수 없는 형태였다.'고 하고 있으므로 올바른 추론이다.
ㄴ. 지문 두 번째 문단 아홉 번째 줄에서 화성에 은구 2개의 시설물이 있었으나, 이후 2개 모두 소멸되었음을 알 수 있으므로 올바른 추론이다.
ㄷ. 지문 마지막 문장에서 돌과 벽돌을 섞어서 쌓은 점은 화성만의 특징이라고 하고 있으므로 올바른 추론이다.

오답해설

ㄹ. 지문 첫 번째 문단 셋~넷째 줄에서 동서양의 기술서를 참고하여 만든 《성화주략》이 화성 축성의 지침서가 되었다고 하고 있으나, 첫 번째 문단 마지막 문장에서 《화성성역의궤》는 축성계획, 제도, 법식, 인력 등 축성에 관한 전체적인 사항을 기록하였으므로, 기술적인 세부 사항은 《성화주략》에 보다 잘 기술되어 있을 것임을 추론할 수 있다.

08 정답 ③

제시된 (가)~(라)는 인터넷에서 쓰이는 이른바 통신언어가 한글을 파괴할 수 있다는 내용으로 요약할 수 있다. 따라서 설문조사 결과를 통하여 화두를 제시하는 (다)가 가장 먼저 등장하는 것이 적절하며, 화두를 제시한 후 짧은 말과 기호가 등장하게 된 간단한 원인을 언급한 (가)가 뒤이어 연결되는 것이 자연스럽다. 또한 (가)와 같은 현상이 나타나게 된 구체적이고 직접적인 이유를 언급한 (라)가 이어지고, 통신언어의 사용으로 한글이 파괴되고 있다는 문제를 제기하는 (나)가 마지막으로 등장하는 것이 전체적인 문맥의 흐름에 가장 부합하는 순서이다.

09 정답 ④

공유경제의 통시적 흐름과 그 의의에 관련된 내용은 반영되어 있지 않다.

오답해설

① 1문단의 두 번째 문장에서는 공유경제의 출현에 대해서, 세 번째 문장에서는 공유경제의 확산 배경에 대해 언급하고 있다.
② 2문단의 첫 번째 문장에서 공유경제는 '공유와 협력을 통해 물건에 대한 접근권을 확보함으로써 공동의 이익을 창출하는 데 있다.'라며 공유경제의 목적을 밝히고 있다.
③ 3문단에서 공유경제는 우선 공유할 물건이 있어야 하며, 그다음으로 공유할 물건을 필요로 하는 사람들을 연결해야 하며, SNS나 업체에 의해 연결한 사람들끼리 비용이 합의되면 공유가 이루어진다고 하였다.

10 정답 ③

㉢ '새로운 환경을 수용하며'는 맥락상 부적절하다. 이민자들은 새로운 환경을 단순히 받아들이는 것이 아니라 '적응'하는 과정에 중점을 두고 있다. 따라서 이 부분은 '새로운 환경에 적응하며'로 수정하는 것이 적절하다.

오답해설

① ㉠ '연쇄적인 경험'은 맥락상 적절하지 않은 표현이다. 이주는 단순한 사건의 연속이 아니라 다면적이고 복합적인 경험을 의미하므로, '연쇄적인'이라는 표현은 이주의 복잡성을 제대로 반영하지 못한다. 따라서 이 부분은 '필수적'인 경험이 아닌 '복합적인 경험'으로 고치는 것이 적절하다. '복합적인 경험'은 이주로 인해 사람들의 정체성과 의식에 일어나는 다양한 변화를 더 정확하게 설명할 수 있다.
② ㉡ '도외시하는'은 안중에 두지 않고 무시한다는 뜻이므로 맥락상 잘못된 표현이다. 트랜스내셔널 인문학은 변화된 시대를 반영하는 새로운 학문적 접근으로 설명하는 것이 적절하다. '숭상'은 높여 소중히 여기다는 뜻으로 변화된 시대를 높이는 학문적 접근이라는 표현도 어색하다. 따라서 '도외시하는'은 '반영하는'으로 수정하는 것이 적절하다.
④ 제시문에서는 이민자의 적응과정의 어려움과 과거에 대한 그리움을 중심으로 설명하고 있으므로, '원망'을 자신의 마음을 반성하고 살피는 '성찰'이라고 수정하는 것은 적절하지 않다. 과거를 원망하거나 성찰하는 것이 아닌, '과거에 대한 향수'로 수정하는 것이 적절하다.

11 정답 ③

세대 간의 인식 차이를 짚어 주는 대화 소재는 오히려 공감과 합의를 유도하는 데 방해가 되는 요인이다.
반대 의견을 제시할 때는 의견을 제시할 시간과 장소를 미리 고려하여 직원이 많은 장소나 바쁜 업무를 처리하는 시간 등은 피하는 것이 좋다. 상사에게 비판적 어조나 강한 어투로 말하면 긍정적인 반응을 얻기 어려우므로 "이렇게 하면 어떻습니까?" 등으로 제안하는 방식이 유용할 수 있다. 또한 "아, 그래서 그렇게 생각하셨군요.", "전 미처 그 생각은 못 했습니다." 등 긍정적인 말을 먼저 꺼내면 부드럽게 대화를 이어 갈 수 있다. 그러나 의견을 나누었다 할지라도 최종 결정은 상사의 몫인 경우가 많으므로 팀장의 의견이 다소 불합리하게 여겨지더라도 결정된 사항에 대해서는 존중하는 태도가 필요하다.

12 정답 ③

제시문은 철도 발달로 인한 세계 표준시 정립의 필요성, 세계 표준시 정립에 기여한 샌퍼드 플레밍과 본초자오선 회의 등의 언급을 통해 세계 표준시가 등장하게 된 배경을 구체적으로 소개하고 있으므로 서술상의 특징으로 ③이 적절하다.

13 정답 ④

우리나라에 세계 표준시가 도입된 대한제국 때는 동경 127.5도 기준으로 세계 표준시의 기준인 영국보다 127.5÷15=8.5=8시간 30분 빨랐다. 그러나 현재 우리나라의 표준시는 동경 135도 기준으로 변경되었기 때문에 영국보다 135÷15=9시간이 빠르다. 따라서 현재 우리나라의 시간은 대한제국 때 지정한 시각보다 30분 빠르다.

14 정답 ③

강연을 마무리하며 강연자는 청중의 관심을 촉구하고 일상에서의 실천을 당부하고 있을 뿐, 청중에게 강연 내용의 이해 정도를 확인하는 질문은 하고 있지 않다.

오답해설

① 강연의 주된 내용은 야생 조류가 유리창에 잘 부딪치는 이유와 그것을 방지하는 방법에 대한 것으로, 그 과정에서 다양한 용어를 제시하여 청중의 이해를 돕고 있다.
② 2문단, 4문단에서 질문을 하고 청중의 반응을 확인하여 상호 작용하는 것으로 보아 적절한 선지이다.
④ 강연의 앞부분에서는 강연자를 소개하고 강연의 화제인 야생 조류의 유리창 충돌에 관한 청중의 경험을 확인하고 있다.

15 정답 ④

ㄴ. 제시된 글은 고대사회를 생계경제로 규정짓는 것에 반대하는 입장이다. 자연재해나 전쟁으로 인해 사회가 불안정한 상황에 놓이는 것은 생계경제의 한 측면이다. 따라서 자연재해나 전쟁으로 인해 고대사회는 항상 불안정한 상황에 처해 있었다는 사실은 논지를 '약화'한다.
ㄷ. 제시된 글은 고대사회를 생계경제로 규정짓는 것에 반대하는 입장이다. 따라서 글의 입장을 강화하기 위해서는 생계경제 상태가 아니었다는 내용이 필요하다. 고대사회에서 존재하였던 축제는 경제적인 잉여를 해소하는 기제로 작용했다는 사실은 이와 연결되는 내용이므로, 논지를 '강화'한다.

오답해설

ㄱ. 제시된 글은 고대 남아메리카의 예를 들면서 고대에도 경제적 잉여가 발생했다는 입장이다. 그런데 ㄱ은 산업사회에 들어와서야 경제적 빈곤 상태에서 벗어났다는 내용이다. 따라서 ㄱ은 글의 논지를 '강화'하는 게 아니라 '약화'한다고 볼 수 있다.

16 정답 ②

제시문의 문맥상 ㉠~㉢에 들어갈 어휘는 다음과 같다.

㉠ 보완(補完): 모자라거나 부족한 것을 보충하여 완전하게 함.
㉡ 계획(計劃/計畫): 앞으로 할 일의 절차 · 방법 · 규모 따위를 미리 헤아려 작정함 또는 그 내용.
㉢ 재고(再考)[1]: 어떤 일이나 문제 따위에 대하여 다시 생각함.
재고(再顧)[2]: 다시 되돌아봄.

오답해설

• 복원(復元/復原): 원래대로 회복함.
• 진행(進行): 앞으로 향하여 나아감 또는 일 따위를 처리하여 나감.
• 제고(提高): 수준이나 정도 따위를 끌어올림.

17 정답 ②

'강조해야 한다'를 '강조해야 한다는 것이다'로 고쳐야 주어인 '내가~점은'과 호응하게 된다. 따라서 이 예문은 비문법적인 문장이다.

오답해설

① '여간'은 일반적으로 부정어 '안, 못'이나 '않다, 못하다' 등의 말과 호응하는 말이므로, '여간 어려워서'를 '여간 어렵지 않아서'와 같이 써야 문법적이게 된다.
③ '지원서 서식'은 서술어 '내려받다'의 목적어인데, 문장 어디에 있든 간에 역시 목적어로서 '내려받으세요'와 잘 호응한다.
④ '모름지기'는 일반적으로 '-어야 한다'와 같은 의무나 당위를 나타내는 표현과 호응한다. 그러므로 예문의 서술어 '알아야 한다'와 잘 호응한다.

18 정답 ④

'여간'은 주로 부정의 의미를 나타내는 말과 함께 쓰이므로, 수정 전인 '여간 힘든 게 아니다.'로 쓰여야 올바르다.

오답해설

① 목적어와 서술어의 호응이 제대로 되지 않았으므로, '음악을 듣고, 책을 읽는다'로 고쳐주어야 한다.
② '결코'는 '아니다', '없다', '못하다' 따위의 부정어와 함께 쓰인다.
③ 이중 피동 표현이므로 '믿기지'로 고쳐야 한다.

19 정답 ①

이 글의 필자는 '동서양 화가들은 자화상으로 자신의 인생을 표현하고자 했다.'라고 했다. 이로 보아 '필자는 작품을 감상할 때 작가의 삶과 긴밀하게 연관 지어 감상한다'는 진술은 적절하다.

20 정답 ②

2문단에서 '경험을 통하지 않은 어떠한 인식도 인정하지 않았다'는 부분을 통해 최한기는 선천적 본성이 아닌 감각적 경험을 통한 인식을 중요시하였다는 설명이 가장 적절하다.

제 23 일 적중의 지혜

01	②	02	③	03	④	04	③	05	③
06	①	07	④	08	④	09	④	10	②
11	②	12	④	13	④	14	②	15	④
16	②	17	③	18	②	19	④	20	①

01 정답 ②

아래와 같이 영역을 설정한 후 각 전제가 의미하는 바를 정리해 보면 다음과 같다.

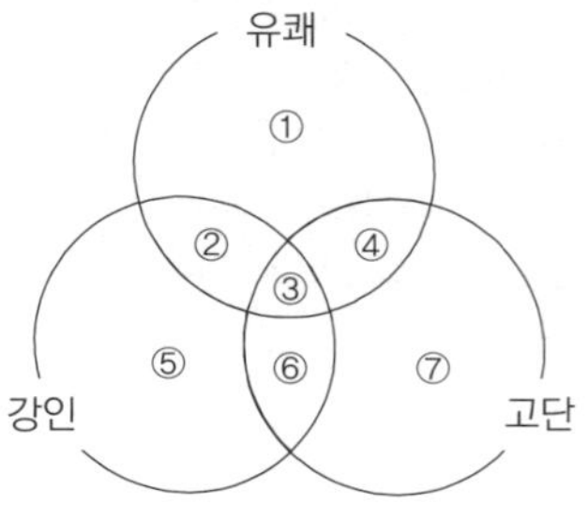

첫 번째 전제인 '유쾌한 사람 중에는 강인한 사람도 있다.'는 유쾌한 사람 중에 강인한 사람인 2, 3번 영역 가운데 최소 하나 존재한다는 의미이다. 한편 두 번째 전제인 '고단하면서 유쾌한 사람은 없다.'는 고단한 사람 중에 유쾌한 사람인 3, 4번 영역은 존재하지 않는다는 의미이다. 이를 그림으로 정리하면 다음과 같다.

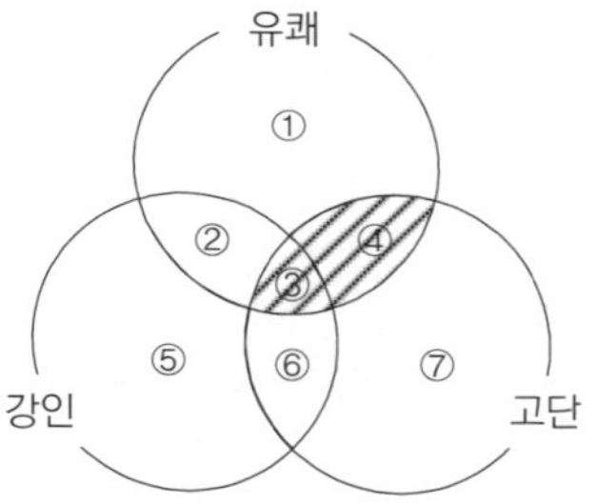

'고단하지 않은 어떤 사람은 강인한 사람이다.'는 고단하지 않은 사람 중에 강인한 사람이 있다는 의미이고 그림에서 2, 5번 영역 가운데 최소 한군데는 존재한다는 의미인데 주어진 그림에서는 2번 영역이 존재하므로 도출이 가능하다.

오답해설

① '강인하면서 고단한 사람이 있다.'는 것은 3, 6번 영역 가운데 최소 한군데가 존재한다는 의미인데 주어진 그림에서는 3번 영역은 존재하지 않고 6번 영역은 존재하는지 여부가 불분명하므로 도출이 불가능하다.

③ '강인한 사람은 모두 고단하다.'는 것은 강인한 사람 중에 고단하지 않은 사람이 없다는 의미이므로 2, 5번 영역이 존재하지 않는다는 의미인데 2번 영역이 존재하고 있으므로 도출이 불가능하다.

④ '유쾌하지 않으면서 강인한 사람이 있다.'는 것은 5, 6번 영역 가운데 최소 한군데가 존재한다는 의미인데 주어진 그림에서는 5, 6번 영역 모두 존재하는지 여부가 불분명하므로 도출이 불가능하다.

02 정답 ③

㉠ 'ㅂ' 불규칙, ㉡ 'ㄷ' 불규칙, ㉢ '러' 불규칙, ㉣ 'ㅎ' 불규칙, ㉤ 'ㅅ' 불규칙이다. 〈보기〉의 ⓐ는 'ㅎ' 불규칙 용언에 해당되고, ⓑ는 'ㅅ, ㅂ, ㄷ, 르, 우' 불규칙에 해당되고, ⓒ는 '여, 러' 불규칙에 해당된다. 따라서 ③이 적절하다.

03 정답 ④

제시된 내용을 기호화하여 정리하면 다음과 같다.

a. 월요일 O → 화요일 O
b. 월요일 O → 수요일 O
c. 화요일 O → 목요일 O
d. 화요일 O → 금요일 O
e. 수요일 O → 금요일 O

c의 대우와 a의 대우를 차례대로 연결하면 '목요일에 근무하지 않으면 월요일에 근무하지 않는다.'는 결론의 도출이 가능하다.

오답해설

① 월요일 ×로 시작하는 명제를 만들 수 없으므로 도출이 불가능하다.
② 금요일 ×로 끝나는 명제를 만들 수 없으므로 도출이 불가능하다.
③ 월요일 ○로 끝나는 명제를 만들 수 없으므로 도출이 불가능하다.

04 정답 ③

ㄷ. 갑은 드론 택시의 긍정적인 효율성과 혁신성을 강조하는 반면, 병은 비용, 소음, 인프라 문제 등 부정적인 측면을 지적하고 있다. 따라서 두 주장은 대립적이다.

오답해설

ㄱ. 갑은 드론 택시의 효율성과 교통 체증 해결에 대해 긍정적인 입장을 제시하고 있으며, 을은 드론 택시의 안전성과 혼잡 문제를 우려하고 있다. 두 주장은 상호 보완적이지 않고 대립적이다.

ㄴ. 을과 병은 모두 드론 택시에 부정적인 입장이다. 을은 기술의 안전성과 혼잡 문제의 유지를 지적하고, 병은 비용, 소음, 인프라 문제를 언급하고 있다. 이들은 드론 택시의 문제를 강조하고 있기 때문에 서로 대립적이지 않고, 상호 보완적이다.

05 정답 ③

헌법이라는 용어는 문맥에 따라 Constitution의 구성체(공동체)나 Constitutional law의 구성체를 규율하는 최고의 법규범 가운데 하나를 지칭하기도 하고 둘을 같이 지칭하기도 하므로 옳은 설명이다.

오답해설

① 근대입헌주의 헌법은 개인의 자유와 권리를 보장하고 권력분립에 의하여 국가권력의 남용을 억제하는 것을 내용으로 하는 헌법을 말한다고 했으므로 개인의 자유를 보장하지 않는 헌법은 근대입헌주의 헌법이라고 할 수 없다. 따라서 옳지 않은 설명이다.

② 고려사에 기록된 국제라는 용어는 법령을 통칭하는 용어였을 뿐 오늘날 통용되는 헌법의 의미라고 보기는 힘들다. 오히려 오늘날 통용되는 헌법의 의미는 한성순보에 실린 '구미입헌정체'라는 글에서 사용되었으므로 옳지 않은 설명이다.

④ 근대입헌주의 헌법은 개인의 자유와 권리를 보장하고 권력 분립에 의하여 국가권력의 남용을 억제하는 것을 내용으로 하는 헌법을 말한다고 했으므로 국가권력의 조직, 구성보다는 제한에 그 초점을 두는 것은 근대 입헌주의 헌법이다. 따라서 옳지 않은 설명이다.

06 정답 ①

첫 번째 명제 '피자를 좋아하는 모든 사람이 콜라를 좋아하는 것은 아니다'는 피자 좋아하는 사람 중에 콜라 좋아하지 않는 사람이 '존재'한다는 것이다. 따라서 첫 번째 전제는

• 어떤 피자 → ~콜라

결론: 어떤 피자 → ~햄버거

벤다이어그램 상 '피자'와 '~콜라'는 교집합이 있고 결론적으로 '피자'와 '~햄버거'가 교집합이 생겨야 하므로 '~햄버거'가 '~콜라'를 포함하면 된다.

• 모든 ~콜라 → ~햄버거
• 모든 햄버거 → 콜라(대우)가 답이 된다.

07 정답 ④

본문에는 '북조가 강대국이긴 하였으나 어느 나라도 국제 정세를 일방적으로 주도하지는 못했다'라고 제시되어 있는데 이는 당시 주요 국가들이 세력 균형을 유지했다고 볼 수 있다. 따라서 '일방적으로'라고 서술한 ④는 적절하지 않다.

오답해설

① '고구려는 자국을 천하의 중심으로 인식하고, 주변 국가를 신하의 나라로 간주하였다. 이러한 인식은 광개토대왕릉비의 기록에서 확인할 수 있다'라고 제시되어 있다.

② '고구려가 조공국에 군사적 지원을 하기도 했는데, 이는 군사적으로 그 나라의 안전을 보장해 주는 대신, 그 나라에 일정한 정치적 영향력을 행사하여 고구려를 중심으로 한 국제 질서를 유지하기 위한 것이었다'라고 제시되어 있다.

③ '고구려가 생각하는 천하는 중국이 생각하는 천하와 달라 고구려 왕의 지배력이 실질적으로 미치고 있거나 미쳐야 한다고 판단하는 범위의 지역이었다'라고 제시되어 있다.

08 정답 ④

'간주하다'는 '어떤 것을 이러하다고 여기거나 생각하다'의 뜻이다. ④ '여겼다'는 '생각하거나 판단하다'의 의미로, '간주하다'와 의미가 가장 가깝다.

오답해설

① '생각하다'는 '간주하다'와 의미가 비슷하지만, '간주하다'는 판단하여 규정하는 의미가 더 강하다. '생각하다'는 단순한 느낌이나 의견 표명에 가까워 문맥상 적절하지 않다.

② '헤아리다'는 사정을 깊이 생각하거나 양을 어림잡는다는 뜻으로, '간주하다'의 의미와 다르다.

③ '치부하다'는 '어떤 것을 덧붙여 말하거나 언급하다' 또는 '업신여겨 예사로 보거나 다루다' 뜻이기에, '간주하다'의 의미와 다르다.

09 정답 ④

4문단에서 '피카소와 브라크는 모두 콜라주 기법을 사용했지만, 방법적으로는 차이를 보인다.'라고 하였으므로 ④는 추론할 수 없는 내용이다.

오답해설

① 1문단에서 모든 이미지는 기호이므로 지시성을 갖는다고 하였는데, 그림이 지나치게 추상적이면 기호로서의 기능이 약해진다고 하였으므로 추론할 수 있는 내용이다.

② 2문단에서 피카소와 브라크가 다중적 시점으로 새로운 공간을 창조했다고 했으므로 추론할 수 있는 내용이다.

③ 2문단에서 피카소와 브라크는 그림 속 이미지의 기호적 기능을 보완하기 위해서 콜라주 기법을 생각해 냈다고 하였으므로 추론할 수 있는 내용이다.

10 정답 ②

4문단 첫 번째 문장에 따르면, 연구팀은 사람이 아닌 쥐의 유전자를 조사한 결과 'Gadd45b' 유전자가 우울증의 개인차를 부르는 요소임을 발견했다.

오답해설

① 1문단 마지막 문장에서 알 수 있는 내용이다.
③ 2문단 마지막 문장에서 알 수 있는 내용이다.
④ 4문단 끝에서 세 번째 줄에서 알 수 있는 내용이다.

11 정답 ②

이 글은 시대에 따른 독서 문화의 변화 과정을 보여 주고 있다. '음독(音讀)'은 글을 소리 내어 읽는 방법이고, '묵독(黙讀)'은 소리를 내지 않고 속으로 글을 읽는 방법이다. 근대 이전에는 음독이 흔한 독서법이었으나, 20세기에 들어와서는 집에서 혼자 눈으로 읽는 독서 방식이 보편화되었다. 따라서 ②는 적절하지 않다.

12 정답 ④

이 글은 기존에 존재하던 박테리아의 새로운 전기 전도 방법의 발견에 대한 글이다. 기존의 연구 결과와 다르게 새롭게 발견된 연구 결과에 대한 내용이므로 ④가 글의 주제로 가장 적절하다.

13 정답 ④

과학자들은 기존 연구를 통해 지오박터 설퍼레두신스가 선모라 불리는 부속물을 통해 전기를 전달한다고 알고 있었으나, 새로운 연구를 통해 완벽하게 정렬된 단백질 섬유를 통하여 전기를 전달한다는 것을 밝혀냈다.

14 정답 ②

첫 번째 문단의 '제로섬(Zero-sum)적인 요소를 지니는 경제 문제'와 두 번째 문단의 '우리 자신의 수입을 보호하기 위해 경제적 변화가 일어나는 것을 막거나 혹은 사회가 우리에게 손해를 입히는 공공정책을 강제로 시행하는 것을 막기 위해 싸울 것'이라는 것이 글의 핵심 주장이므로 이에 부합하는 논지는 '사회경제적인 총합이 많아지는 정책'에 대한 비판이라고 할 수 있다.

15 정답 ④

제시문에 따르면, 방언사전은 방언의 다양한 언어적 변이를 기록하고 연구하는 데 중점을 두며, 규범성을 확립하는 것이 주요 목적이 아니다. 방언사전은 현장 조사와 발화에서 나타나는 모든 언어 형식의 분석을 기반으로 한다는 점에서 국어사전과는 차이가 있다고 하였다. 문어 말뭉치를 분석하여 편찬되며 규범을 따르는 것은 국어사전이다. 그러므로 제시문의 내용과 일치하지 않는다.

오답해설

① 방언사전이 국어의 역사적 연구뿐만 아니라 분화 등의 연구에 기여한다고 설명하고 있으므로 제시문의 내용과 일치한다.
② 방언사전은 방언의 다양한 언어 형식을 현장 조사와 발화를 통해 조사하고 편찬한다고 설명하고 있으므로 제시문의 내용과 일치한다.
③ 방언사전은 방언의 다양한 언어 형식을 조사하고 분석하여 편찬된다고 설명하고 있으므로 제시문의 내용과 일치한다.

16 정답 ②

㉡은 '방언사전'을 가리키며 ㉢과 지시 대상이 동일하다.

오답해설

① ㉠, ㉡: ㉠은 '방언의 존재'를, ㉡은 '방언사전'을 가리키므로 지시 대상이 다르다.
③ ㉡, ㉣: ㉡은 '방언사전', ㉣은 '방언'을 가리킨다. 이는 서로 다른 개념이므로 지시 대상이 일치하지 않는다.
④ ㉢, ㉣: ㉢은 '방언사전', ㉣은 '방언'을 가리킨다. 방언사전과 방언은 관련이 깊지만, 지시 대상이 다르다.

17 정답 ③

수영을 좋아하는 사람 P, 등산을 좋아하는 사람 Q, 달리기를 좋아하는 사람 R, 줄넘기를 좋아하는 사람 S와 같이 명제를 기호로 간략히 표시한 다음 주어진 명제와 그 대우를 간략히 정리하면 다음과 같다.

- P → Q, ~Q → ~P
- R → Q, ~Q → ~R
- S → P, ~P → ~S

위에서 간략히 정리한 명제와 대우 간의 관계를 삼단논법을 활용하여 정리해보면 다음과 같다.

1) S → P → Q
2) ~Q → ~P → ~S

따라서 줄넘기를 좋아하는 사람(S)은 등산을 좋아한다(Q)는 명제가 항상 참이므로 정답은 ③이다.

오답해설

'① P → R, ② S → R, ④ ~P → ~Q'는 참 · 거짓을 판단할 수 없다.

18 정답 ②

㉠ 1문단 세 번째 문장 '물체가 복사하는 적외선은~침입 감지에 적당하다'라고 나와 있다. ㉡ 2문단 세 번째 문장 '~투광기에서 나온 적외선을 수신한다'라고 나와 있다.

오답해설

① 2문단 첫 번째 문장을 통해, ㉠ 실내 ㉡ 실외라는 것을 알 수 있다.
③ ㉠ 1문단 네 번째 문장을 통해 '사용함'을 알 수 있고, ㉡ 언급이 없다.
④ ㉠ 1문단 두 번째 문장을 통해 '이용함'을 알 수 있고, ㉡ 언급이 없다.

19 정답 ④

공고문에서는 해당 사업을 추진하는 법적인 근거로 〈실내 공기질 관리법〉 제11조의4를 제시하고 있으며, 환경부와의 협조를 통해 사업을 추진한다고 하고 있으므로 해당 글에 대한 적절한 설명은 ④이다.

오답해설

① 해당 문서는 사업 계획서이므로 적절하지 않다.
② 라돈 농도의 권고 기준은 148Bq/㎥, 해당 지역의 라돈 농도는 110.1Bq/㎥, 전국 평균은 72.4Bq/㎥으로 해당 지역이 권고 기준보다 높지 않기 때문에 적절하지 않다.
③ 사업으로 달성하고자 하는 목표치는 전국 평균 72.4Bq/㎥보다 높은 80.0Bq/㎥이기 때문에 적절하지 않다.

20 정답 ①

실내 환경 관리 센터는 실내 오염 물질로 인한 예방 · 관리 등을 위한 조사 · 연구 및 기술 개발 등의 업무를 수행하기 위해 환경부에서 지정한 국 · 공립 연구 기관, 대학교, 환경 관련 비영리 법인 또는 단체로 행정 복지 센터는 이에 해당하지 않는다. 따라서 정답은 ①이다.

오답해설

② 제시된 공고문에서 라돈 안전 건축물 인증을 주요 계획으로 삼고 있으므로 적절한 설명이다.
③ 제시된 공고문에서 취약 계층 라돈 저감 시설 지원을 주요 계획으로 삼고 있으므로 적절한 설명이다.
④ 제시된 공고문에서 교육 프로그램 운영을 주요 계획으로 삼고 있으므로 적절한 설명이다.

01	①	02	③	03	④	04	①	05	②
06	④	07	④	08	④	09	③	10	③
11	④	12	③	13	③	14	②	15	②
16	①	17	④	18	②	19	③	20	③

01 정답 ①

㉠의 '꽃잎'은 [꼳닙](제29항) → [꼰닙](제18항)으로, ㉡의 '색연필'은 [색년필](제29항)→ [생년필](제18항)로 음운이 바뀌어 발음된다. 따라서 〈보기 1〉의 두 조항이 모두 적용되었다.

오답해설

㉢의 '식용유'는 [시공뉴]로 발음되므로 제29항과 연음이 적용된 사례이고, ㉣의 '직행열차'는 [지캥녈차]로 발음되므로 제29항과 거센소리되기가 적용된 사례이다. 따라서 ㉢과 ㉣에는 제18항이 적용되지 않았다.

02 정답 ③

첫 번째 전제인 '인사팀장은 도시락을 가지고 다닌다.'는 인사팀장 중에 도시락을 가지고 다니지 않는 사람은 없다는 의미이므로 아래와 같이 영역을 설정한 후 첫 번째 전제가 의미하는 바를 정리해보면 다음과 같다.

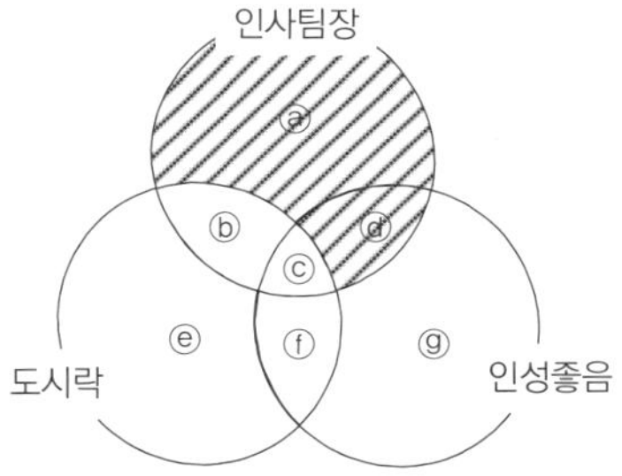

한편 결론인 '인성이 좋은 사람은 인사팀장이 아니다.'는 인성이 좋은 사람 중에 인사팀장은 없다는 의미인데 이는 그림에서 ⓒ와 ⓓ가 존재하지 않는다는 것이다. 그런데 현재 ⓓ는 첫 번째 전제로 인해 지워져 있으므로 추가되는 전제는 ⓒ를 지워줄 수 있는 내용이 필요하다.

'인성이 좋으면서 도시락을 가지고 다니는 사람은 없다.'는 그림에서 ⓒ와 ⓕ가 존재하지 않는다는 의미인데 이 그림이 추가되면 ⓒ가 지워지므로 결론 도출이 가능한 전제가 될 수 있다.

오답해설

① '인성이 좋으면서 도시락을 가지고 다니는 사람이 있다.'는 ⓒ와 ⓕ 중에 최소 한 군데가 존재한다는 의미인데 이 그림이 추가되더라도 ⓒ가 여전히 지워지지 않으므로 결론 도출이 가능한 전제가 될 수 없다.

② '인성이 좋은 사람은 도시락을 가지고 다닌다.'는 인성이 좋은 사람 중에 도시락을 가지고 다니지 않는 사람은 없다는 의미이고 그림에서는 ⓓ와 ⓖ가 존재하지 않는다는 의미이다. 그런데 이 그림이 추가되더라도 ⓒ가 여전히 지워지지 않으므로 결론 도출이 가능한 전제가 될 수 없다.

④ '도시락을 가지고 다니는 사람은 인성이 좋다.'는 도시락을 가지고 다니는 사람 중에 인성이 좋지 않은 사람은 없다는 의미이고 그림에서는 ⓑ와 ⓔ가 존재하지 않는다는 의미이다. 그런데 이 그림이 추가되더라도 ⓒ가 여전히 지워지지 않으므로 결론 도출이 가능한 전제가 될 수 없다.

03 정답 ④

아래와 같이 영역을 설정한 후 각 전제가 의미하는 바를 정리해 보면 다음과 같다.

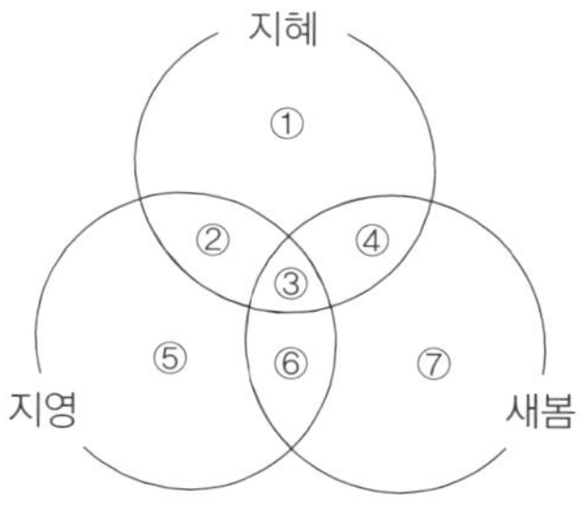

첫 번째 전제인 '지혜가 좋아하지 않는 것 중에 지영이가 좋아하는 것은 없다.'는 것은 5, 6번 영역이 모두 존재하지 않는다는 의미이고 두 번째 전제인 '새봄이 좋아하는 것 중에 지혜가 좋아하는 것은 없다.'는 것은 3, 4번 영역이 모두 존재하지 않는다는 의미이다. 이를 그림으로 정리하면 다음과 같다.

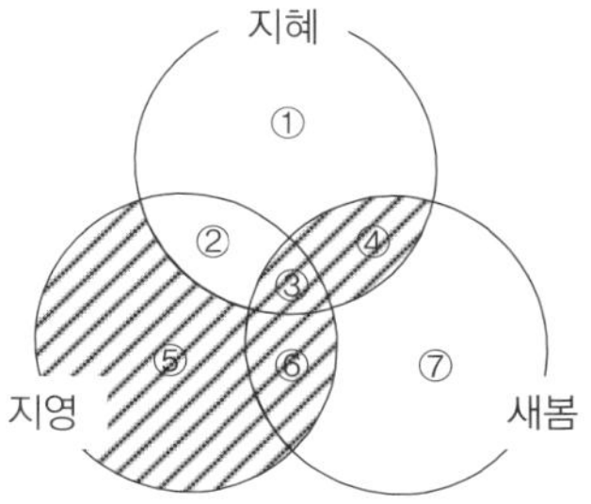

이때 지영이가 좋아하는 것이라는 개념을 보면 2, 3, 5, 6번 영역 중에 3, 5, 6번이 지워지고 2번 영역만 남아 있게 된다. 그런데 명제에서 언급된 개념은 반드시 존재해야 하기 때문에 지영이가 좋아하는 것이라는 개념은 반드시 존재해야 하고 2번 영역에 대해서는 그림에서 아무런 표시가 없다고 하더라도 존재 여부를 알 수 없다고 해서는 안 되며, 반드시 존재한다고 해석해야 한다. 7번 영역도 마찬가지로 원리가 적용된다.

지혜와 지영이는 좋아하지만 새봄이는 좋아하지 않는 것은 2번 영역이 존재한다는 의미인데 그림에서 2번 영역이 존재하고 있으므로 도출이 가능하다.

오답해설

① 지영이가 좋아하는 것 중에 새봄이가 좋아하는 것은 3, 6번 영역인데 두 영역 모두 존재하지 않으므로 도출이 불가능하다.
② '새봄이가 좋아하는 것은 지영이도 좋아한다.'는 것은 새봄이가 좋아하는 것 중에 지영이가 좋아하지 않는 것은 없다는 의미이므로 4, 7번 영역이 존재하지 않는다는 의미이다. 그런데 그림에서 4번 영역은 존재하지 않지만 7번 영역이 반드시 존재하므로 도출이 불가능하다.
③ '지영이와 새봄이는 좋아하지 않지만 지혜만 좋아하는 것이 있다.'는 것은 1번 영역이 존재한다는 의미인데 그림에서 1번 영역은 존재하는지 여부가 불분명하므로 도출이 불가능하다.

04 정답 ①

아이디어 보험상품이 국내나 해외에서 판매되는지에 대해서는 글에서는 알 수가 없다.

05 정답 ②

2번째 문단 마지막 부분에 '그러므로 서비스 일자리가 창출되려면 규제를 완화하고 경쟁을 촉진하여 가격 인하를 유도하는 것이 중요하다.'라고 하였다.

06 정답 ④

〈보기〉는 수열에너지에 기반을 두어 융·복합 클러스터 조성사업(K-Cloud Park)을 시행했을 때 기대효과를 말하고 있다. 따라서 융·복합 클러스터 조성사업(K-Cloud Park)을 소개하고 있는 문장과 사례를 소개하고 있는 문장 사이인 (D)에 위치해야 한다.

07 정답 ④

말하기의 불안에 대처하기 위한 방안을 평가하는 문제이다. 아빠와 딸의 대화 내용을 보면, 은희의 친구 민지는 평소 친구들 앞에서 얘기를 잘하는 활달한 성격의 소유자임을 알 수 있다. 그런데 민지가 다른 학교 학생들 앞에서 발표를 잘 못했다고 했으므로, 이는 낯선 청중이나 환경과 관련이 있다. 이러한 경우에 위로해 줄 수 있는 말은 ④가 적절하다.

08 정답 ④

'환원주의'는 통섭의 전제로 인문학이 자연과학으로 포섭이 가능하다는 주장을 이끌어 낸다. 곧 인간을 포함한 모든 존재는 자연과학의 대상이 될 수 있다는 것으로, 자연과학의 입장에서 현상을 이해하려는 태도라 할 수 있다.

오답해설

① 환원주의는 자연과학의 입장에서 인문학을 이해하려는 것으로 인문학적 속성과는 무관하다.
② 복잡한 대상을 구성하는 근본적 요소를 밝히려는 것으로, 이는 본질의 변화와는 무관하다.
③ 관찰과 실험을 통해 객관적 본질을 파악하고자 한다.

09 정답 ③

제시문의 레비스트로스는 신화 자체의 사유 방식이나 특성을 특정 시대의 것으로 한정하는 오류를 범하고 있다고 언급하였다. 과거 신화 시대에 생겨난 신화적 사유는, 신화가 재현되고 재생되는 한 여전히 시간과 공간을 뛰어넘어 현재화되고 있다.

10 정답 ③

문제에서 제시된 내용을 정리해보면 다음과 같다.

1) 심리학을 수강한 학생 중 몇 명은 한국사를 수강
2) 경제학을 수강한 학생은 모두 정치학을 수강
3) 경제학을 수강하지 않은 학생은 아무도 한국사를 수강하지 않음 → (대우) 한국사를 수강한 학생은 모두 경제학을 수강

이를 종합하면 심리학을 수강한 학생 중 몇 명은 한국사를 수강하였고, 한국사를 수강한 학생은 모두 경제학을 수강하였으며, 경제학을 수강한 학생은 모두 정치학을 수강했다는 것을 알 수 있다.

11 정답 ④

우주가 팽창하는 것은 공을 공중으로 던져 올리는 상황과 유사하며, 중력에 의해 팽창 속도가 줄어드는 것은 공중으로 던져 올린 공의 속도가 점점 감소하는 것과 유사하고, 우주가 수축하는 것은 공이 다시 땅으로 떨어지는 것과 유사하다.

12 정답 ③

근대 계몽주의는 이성과 합리성을 위해 이를 극복했다고 서술하였다.

13 정답 ③

목차를 통해 전체적인 내용을 살핀 후 세부적인 내용을 읽어야 한다는 내용은 이 글에 언급되지 않았다.

오답해설

① '일과를 정하는 것보다 좋은 것은 없고'를 통해 적절한 반응임을 알 수 있다.
② '모르는 부분이 있다면 반복해서 생각해야지 그냥 지나쳐서는 안 된다'를 통해 적절한 반응임을 알 수 있다.
④ '훈고를 따져 보며 세밀하게 주석과 풀이를 훑어보아 그 차이를 분별하고 그 음과 뜻을 깨우친다'를 통해 적절한 반응임을 알 수 있다.

14 정답 ②

형식적 법치주의의 한계를 극복할 수 있는 방향에 대한 단서는 마지막 단락에 나와 있다. 형식적 법치주의의 한계를 넘어서기 위해서는 법의 목적과 내용이 인간 존엄과 정의를 지향해야 함을 밝히고 있으므로 ②가 가장 적절하다.

오답해설

① 형식적 법치주의자의 주장이다.
③ 관습법을 중시하는 태도로 형식적 법치주의 극복과는 거리가 멀다.
④ 형식적 법치주의자도 주장할 수 있는 내용이기 때문에 극복 방안이 되기 어렵다.

15 정답 ②

'정부의 마중물 효과'는 경제 불황을 극복하기 위한 정부의 재정 정책을 말한다. 정부는 일시적으로 재정 지출을 확대하거나 재정 수입을 감소하는 등의 자극을 주어 경제 활동을 활성화시키고 침체된 경기를 회복시킨다. 신차 구매 시 등록세를 감면해 주는 것은 재정 수입을 감소하는 자극을 주어 경제 활동을 활성화시키는 마중물 효과에 해당한다.

16 정답 ①

쿠르베의 관점은 시대를 살아가는 평범한 사람들의 삶을 드러내는 것이 진정한 예술이라고 보았다. 유치진의 '토막'은 서민의 모습을 있는 그대로 보여주므로 관점이 같다.

오답해설

② 꿈의 세계를 그림의 소재로 하였으므로 사실주의 관점과 거리가 멀다.
③ 환상의 세계를 표현하였으므로 사실주의 관점과 거리가 멀다.
④ 현실을 과장되고 실험적인 방법으로 표현하였으므로 사실주의 관점과 거리가 멀다.

17 정답 ④

제시문에서는 언어도 물과 공기, 빛과 소리처럼 오염 물질을 지니고 있다는 언어생태학자인 드와잇 볼링거의 주장을 제시하면서 내용을 전개하고 있다. 글쓴이는 드와잇 볼링거의 주장을 바탕으로 문명의 발달로 언어가 오염되고 있으며, 이러한 언어 오염이 인간의 정신을 황폐하게 만든다고 주장하고 있다.

오답해설

③ 말이나 글을 전보문이나 쇼핑 목록, 엑스레이로 찍은 사진 등으로 비유하는 방식을 사용하고 있으나, 이는 독자의 이해를 돕기 위해 사용한 것으로 상대방의 논리를 지지하기 위해 사용한 것으로는 볼 수 없다. 또한 언어 오염과 언어 재앙을 환경 오염과 환경 재앙으로 비유하고 있으나, 이 역시 상대방의 논리를 지지하는 것이 아니라 오히려 이를 통해 다른 학자의 주장을 반박하고 있다.

18 정답 ②

② '부패(腐敗)하다'에는 '정치, 사상, 의식 따위가 타락하다.'라는 의미와 '미생물에 의하여 불완전 분해를 하여 악취가 나고 유독성 물질이 생기다.'라는 의미가 있다. 그런데 ②의 경우에 이 두 가지 의미를 동일한 의미로 이해하여 첫 번째 문장에서는 두 번째 의미(미생물 분해)로, 두 번째 문장에서는 첫 번째 의미(타락하다)로 사용하여 언어적 오류가 발생했으므로 애매하게 사용하여 발생한 '애매어의 오류' 사례로 적절하다.

오답해설

① 해당 사례는 논리적 오류를 범한 사례로 적절하지 않다. 이는 '연역적 추론(정언적 삼단 논법)'에 의해 바르게 논리를 전개한 것이다.
③ 선수단이라는 '집단'의 기량이 뛰어나다는 전제로부터, 개별 선수들 역시 기량이 뛰어날 것이라는 결론을 도출하고 있으므로 ㉣'분해의 오류'의 사례에 해당한다.
④ 답안의 문장 하나하나가 뛰어나다는 '개별적' 전제로부터, 그 문장이 결합한 답안 전체의 내용 역시 뛰어날 것이라는 결론을 도출하고 있으므로 ㉢'결합의 오류' 사례에 해당한다.

19 정답 ③

㉠ 1시간 이상 게임을 하는 경우 게임을 더 오래 하는 아이들의 성적이 더 낮아야 한다. 그러나 아이들의 게임 시간을 하루 1시간 이상으로 늘려도 성적에 변화가 없었다는 것은 이와는 상반되는 내용이다. 따라서 결론을 '약화'하게 된다.
㉡ 하루에 1시간 이상 게임을 하는 경우 게임을 더 오래 하는 아이들의 성적이 더 낮다고 하였다. 그런데 평균 이하의 성적을 보이는 아이들이 대부분 하루에 3시간 이상씩 게임을 하였다면 이 결론을 논리적으로 지지하는 것이 되므로 결론을 '강화'하게 된다.
㉢ 책 읽는 시간은 제시된 논증과 무관하다. 따라서 게임을 하는 시간보다 책 읽는 시간이 더 많은 아이들이 그렇지 않은 아이들보다 성적이 더 높았다는 진술이 추가된다고 해도 결론이 '강화'되거나 '약화'되지 않는다.

20 정답 ③

'정부에서 고창 갯벌을 습지보호지역으로 지정 고시한 사실을 알리는 (나) → 고창 갯벌의 상황을 밝히는 (가) → 습지보호지역으로 지정 고시된 이후에 달라진 내용을 언급하는 (라) → 앞으로의 계획을 밝히는 (다)' 순서가 적절하다.

가장 빠른 합격의 길

제 25 일 적중의 지혜

01	②	02	①	03	④	04	④	05	③
06	②	④	④	08	③	09	①	10	④
11	①	12	③	13	④	14	①	15	①
16	②	17	③	18	④	19	①	20	④

01 정답 ②

3문단에 따르면 선호순위가 높은 후보사업은 국민참여예산사업으로 결정되고, 8월에 재정정책자문회의의 논의를 거쳐 국무회의에서 정부예산안에 반영되며, 정부예산안이 국회에 제출되면 국회의 심의 · 의결을 거쳐 12월까지 예산안을 확정한다. 따라서 국민참여예산사업은 국회 심의 · 의결 전에 국무회의에서 정부예산안에 반영됨을 알 수 있다.

오답해설

① 2문단에서 국민제안제도가 국민들이 제안한 사항에 대해 관계부처가 채택 여부를 결정하는 방식이라면, 국민참여예산제도는 국민의 제안 이후 사업심사와 우선순위 결정과정에도 국민의 참여를 가능하게 한다고 하였으므로 국민제안제도가 우선순위를 정하는 것은 아님을 알 수 있다.
③ 1문단에서 국민참여예산제도는 정부의 예산편성권과 국회의 예산심의 · 의결권 틀 내에서 운영됨을 알 수 있다.
④ 3문단에서 선호순위가 높은 후보사업은 국민참여예산사업으로 결정된 후에 8월에 재정정책자문회의의 논의를 거친다고 하였으므로 참여예산 후보사업이 재정정책자문회의의 논의를 거쳐 제안되는 것은 아님을 알 수 있다.

02 정답 ①

'널따란'이 한글 맞춤법 규정에 맞는 표기이며, '넓다란'은 잘못된 표기이므로 적절하지 않다.

오답해설

② '프로젝트 타임라인'을 ⓒ에 따라 '업무 일정 계획'으로 수정한 것은 외국어 사용을 지양해야 하는 감수 기준에 따라 우리말로 바꿔 쓴 것이므로 수정이 적절하다.
③ '오늘날 우리의 자유는'을 '오늘날 우리가 자유를 누릴 수 있는 것은'으로 수정한 것은 주어와 서술어의 호응을 맞춘 것으로 적절하다.
④ 목적어 '육아를'과 서술어 '돌보다' 간의 호응이 적절하지 않으므로 서술어를 '맡아 주다'로 수정한 것은 ⓔ의 기준에 따른 적절한 수정이다.

03 정답 ④

지문의 내용은 대중에 호소하는 오류이다. ①, ②, ③은 대중에 호소하는 오류로, 광고에서 자주 이용되는 전략이다. 이는 많은 사람들이 동의하기 때문에 관점이 옳다는 오류인데, ④와는 관계가 없다.

04 정답 ④

글은 "기준으로부터의 적절한 편차(변화)"를 멋의 핵심으로 보며, 이 편차는 "기준에 의해서만 존재"한다고 마무리한다. 이는 '개인적인 변화 시도'와 '사회적 수용 기준'이 만나는 지점에서 멋이 탄생한다는 의미이다.
따라서 '나'는 '일상의 압박에서 해방되려는 나의 노력(변화/편차)'를, '남의 눈/사회적 공간'은 '혐오감을 불러일으킬 정도는 안 되는 사회적 기준'을 그리고 '부딪치는'은 나의 편차와 남의 기준이 서로 충돌하고 균형을 이루는 상호작용의 장을 의미하는 ④가 최종 결론에 부합한다.

오답해설

② 사회적 수용(기준)의 측면만 반영하고, 멋의 가장 중요한 본질은 '일상으로부터의 해방'과 '변화'의 요소를 충분히 담아내지 못했기 때문에 적절한 결론이 될 수 없다.

05 정답 ③

한글 맞춤법 총칙 제1항 한글 맞춤법은 표준어를 소리대로 적되 어법에 맞도록 함을 원칙으로 한다.
③ (가)는 어미가 무엇이든지 어간을 하나로 고정해서 적고 있으므로 어간의 원형을 밝혀 적은 것이고, (나)는 어미에 따라 어간의 표기가 달라지고 있으므로 어간의 원형을 밝혀 적지 않은 것이다.

오답해설

① (가)는 소리대로 적지 않았고, (나)는 어법에 맞게 적지 않았다. 즉 (나)는 소리대로 적었다.
② (가)와 (나) 모두 본말이다.
④ (가)와 (나) 모두 연음을 반영해 적지 않고 어간과 어미를 분리하여 적었다.

06 정답 ②

해수에 비브리오패혈증균이 있을 수 있으니 해수로 씻으면 안 된다.

오답해설

① 간 질환자의 경우 고위험군에 해당하므로 충분히 가열 후 먹는 것이 좋다.
③ 급성 발열과 오한, 복통, 구토, 설사 등은 비브리오패혈증의 증상이다.
④ 어패류를 요리한 도마, 칼 등은 소독 후 사용해야 한다.

07 정답 ④

개인의 '외로움'에 유전자가 미치는 영향은 유대감을 더 필요로 하거나 유대감이 없는 상황에 더욱 민감하게 반응한다는 정도일 뿐이라고 지문에 제시되어 있으므로 유전자는 외로움을 느낄 수 있는 상황에 대한 개인의 민감도에 영향을 미친다는 ④가 적절한 설명이다.

오답해설

① 환경이 행동의 자유를 허용한다는 내용은 지문에 나와 있지 않으므로 적절하지 않다.
② 환경이 유전자의 규제 장치로 작용한다는 내용은 지문에 나와 있지 않으므로 적절하지 않다.
③ 개인이 외로움을 느끼는지 여부는 개인이 처한 사회적 환경에 좌우되므로 적절하지 않다.

08 정답 ③

글의 문맥을 살펴보면, 유전자와 환경 모두 성격 형성에 기여하는 중요한 요소라는 점이 주된 내용이다. 하지만 유전자와 환경이 특정한 순서에 따라 성격 형성에 기여한다는 것은 추론해낼 수 없으므로 두 요소가 작용하는 순서가 다르기 때문이라는 ⓒ의 설명은 적절하지 않다. 따라서 정답은 ③이다.

오답해설

①, ④ 유전자와 환경 모두가 성격 형성에 기여하는 중요한 요소이기 때문에 ①, ④번의 내용은 적절하다.
② 개인의 성격을 결정하는 데 있어 유전자와 환경이 기계적으로 결합되는 것이 아니라 상호작용을 한다는 점에서 ②의 내용은 적절하다.

09 정답 ①

골딩은 제2차 세계대전에서 전쟁의 참혹함을 목격하고 인간 본성에 대한 회의감을 느꼈으며, 이를 깊이 탐구하여 문명과 윤리가 붕괴될 때 발생하는 혼란과 파괴를 경고하였다. 이는 〈파리 대왕〉에서 문명과 규칙이 사라졌을 때 소년들이 점차 야만적으로 변해가는 과정을 통해 잘 드러나고 있으므로 적절한 추론이다.

오답해설

② 〈파리 대왕〉에서 소년들이 문명과 규칙을 잃게 된 것은 개인의 자유의지로 선택한 것이라고 볼 수 없다. 개인의 선택이라기보다는 무인도에 표류한 극한 상황 속에서 문명이라는 억제력이 사라지며 자연스럽게 야만적 본성이 표출된 결과로 볼 수 있으므로 적절한 추론이 아니다.
③ 골딩은 〈파리 대왕〉을 통해 문명과 규칙은 단지 인간 본성을 일시적으로 억제하는 것이라서 상황에 따라 인간의 어두운 본성은 결국 드러나고, 문명과 규칙이 무너지고 혼란과 파괴가 온다고 강조하고 있다. 따라서 적절한 추론이 아니다.
④ 〈파리 대왕〉은 극한 상황에서 소년들이 점차 문명과 규칙을 상실하고 폭력적, 야만적으로 변해가는 과정을 통해 인간 본성에 내재된 악을 보여 주고 있으므로 적절한 추론이 아니다.

10 정답 ④

'회귀'는 제자리로 돌아간다는 의미이며, '복구'는 손상된 것을 원래의 상태로 회복하는 것을 뜻한다. '악으로 회귀하다'라는 표현은 본래의 악한 상태로 돌아간다는 의미인데, '복구'는 이러한 맥락에서 적절하지 않다. 따라서 '회귀'와 '복구'는 문맥상 대체할 수 없으므로 적절하지 않다.

오답해설

① '회의감'은 어떤 것에 대해 의심하거나 신뢰를 잃은 상태를 의미하며, '의구심'은 믿지 못하고 두려워하는 마음을 의미한다. 공통적으로 무언가에 대한 불신을 뜻하므로 '회의감'을 '의구심'으로 바꿔 써도 문맥상 자연스럽다.
② '야만적'은 문명화되지 않은 상태나 폭력적인 상태를 의미하며, '미개하다'도 사회가 발전되지 않고 문화 수준이 낮은 상태를 뜻하므로 문명과 규칙을 상실한 인물들의 모습을 표현하기에 적합하여 문맥상 대체할 수 있다.
③ '전달'은 상대에게 전하여 이르게 하다는 것을 의미하고, '전파'는 널리 퍼뜨린다는 의미이므로 골딩이 작품을 통해 자신이 알리고자 하는 정보(메시지)를 널리 전한다는 뜻으로 문맥상 대체가 가능하다.

11 정답 ①

①의 경우 계획적이고 순차적으로 업무를 수행하므로 효율적인 업무 수행을 하고 있다.

오답해설

② 다른 사람의 업무에 지나칠 정도로 책임감을 느끼며 괴로워하는 B대리는 '배려적 일중독자'에 해당한다.
③ 음식을 과다 섭취하는 폭식처럼 일을 한 번에 몰아서 하는 C주임은 '폭식적 일중독자'에 해당한다.
④ 휴일이나 주말에도 일을 놓지 못하는 D사원은 '지속적인 일중독자'에 해당한다.

12 정답 ③

두 번째 문단에서 전통의 유지와 변화에 대한 견해 차이는 보수주의와 진보주의의 차이로 이해될 성질의 것이 아니며, 한국 사회의 근대화는 앞으로도 계속되어야 할 광범하고 심대한 '사회 구조적 변동'이라고 하였다. 또한, 마지막 문단에서 '근대화라고 하는 사회 구조적 변동이 문화 변화를 결정지을 것이기 때문'이라고 하였으므로 전통문화의 변화 문제를 '사회 변동의 시각'에서 다루는 것이 적절하다.

13 정답 ④

제시된 내용을 기호화하여 정리하면 다음과 같다.

- 요리 ○ → 달리기 ○ … ⓐ
- 운전 ○ → 달리기 ○ … ⓑ
- 청소 ○ → 정리 ○ … ⓒ
- 청소 × → 달리기 × … ⓓ
- 요리 ○ → 운전 ○ … ⓔ

'달리기를 잘하면 청소를 잘하고 요리를 잘한다.'가 참이 되기 위해서는 '달리기를 잘하면 청소를 잘한다.'와 '달리기를 잘하면 요리를 잘한다.'가 모두 참이어야 한다. 그런데 '달리기를 잘하면 청소를 잘한다.'는 ⓓ의 대우로 도출이 가능하지만 '달리기를 잘하면 요리를 잘한다.'는 요리○로 끝나는 명제를 만들 수 없으므로 도출이 불가능하다.

따라서 '달리기를 잘하면 청소를 잘하고 요리를 잘한다.'는 도출이 불가능하다.

오답해설

① ⓒ의 대우와 ⓓ를 연결하면 도출이 가능하다.
② ⓑ와 ⓓ의 대우를 연결하면 도출이 가능하다.
③ ⓐ의 대우로 도출이 가능하다.

14 정답 ①

첫 번째 전제인 '용기 있는 사람 중에는 행동하는 사람이 있다.'를 영역을 설정하여 표시하면 다음과 같다.

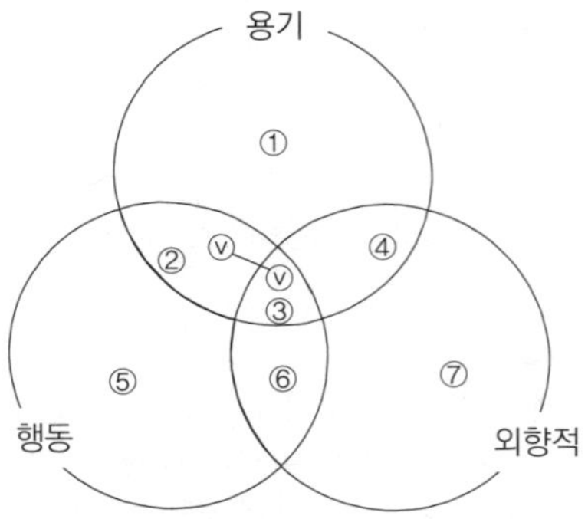

한편, 결론인 '모든 행동하는 사람이 외향적인 것은 아니다.'는 행동하는 사람 중에 외향적이지 않은 사람이 존재한다는 의미이고 이는 2, 5번 중에 최소 한 군데가 존재한다는 의미인데 현재 2, 5번 영역 중에 반드시 존재하는 곳은 존재하지 않으므로 추가되는 전제는 2번이나 5번 영역 중에 최소 한 군데가 존재하게 할 수 있는 내용이 필요하다.
'외향적이면서 용기 있는 사람은 없다.'는 3, 4번 영역이 존재하지 않는다는 의미가 되므로 이를 그림으로 나타내면 다음과 같다.

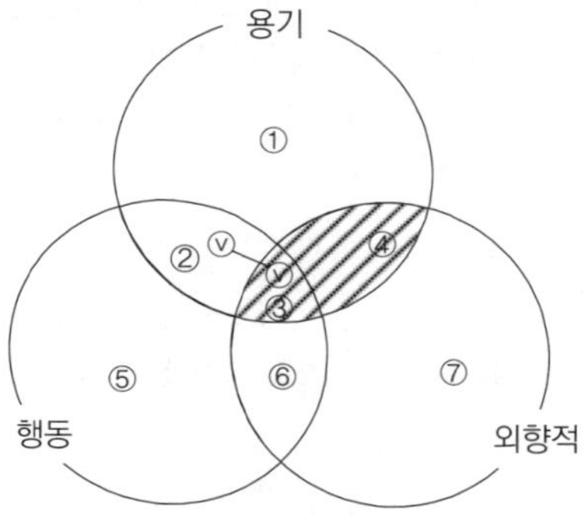

이에 의하면 2번 영역이 반드시 존재하게 되므로 결론이 올바르게 도출된다.

오답해설

② '외향적인 사람 중에 용기 있는 사람이 있다.'는 것은 3, 4번 영역 중에 최소 한 군데가 존재한다는 의미인데 이를 그림으로 나타내면 다음과 같다.

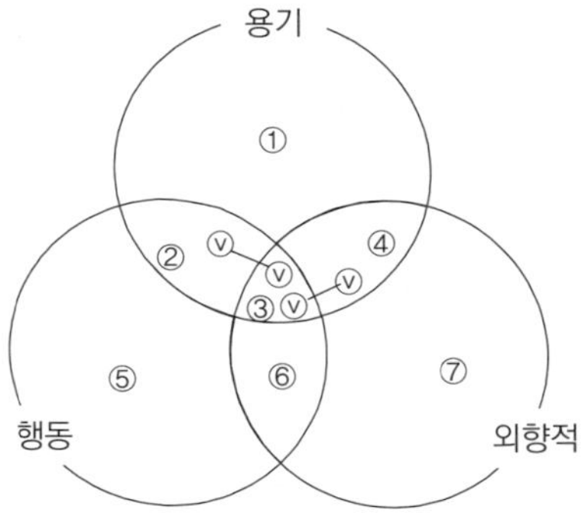

이에 의하더라도 2번 영역이나 5번 영역 중에 최소 한 군데 존재한다는 정보는 얻을 수 없다.
따라서 결론을 도출하는 전제가 될 수 없다.

③ '외향적이지 않지만 용기 있는 사람이 있다.'는 것은 1, 2번 영역 중에 최소 한 군데가 존재한다는 의미인데 이를 그림으로 나타내면 다음과 같다.

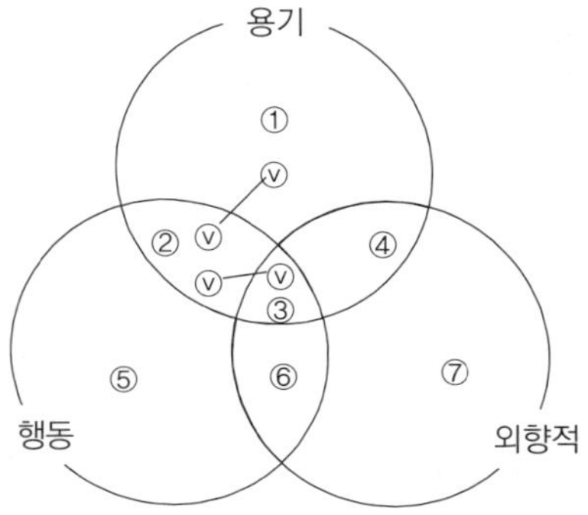

이에 의하더라도 2번 영역이나 5번 영역 중에 최소 한 군데 존재한다는 정보는 얻을 수 없다.
따라서 결론을 도출하는 전제가 될 수 없다.

④ '용기 있는 사람은 모두 외향적이다.'라는 것은 용기 있는 사람 중에 외향적이지 않은 사람이 없다는 의미이므로 1, 2번 영역이 존재하지 않는다는 의미이다. 이를 그림으로 나타내면 다음과 같다.

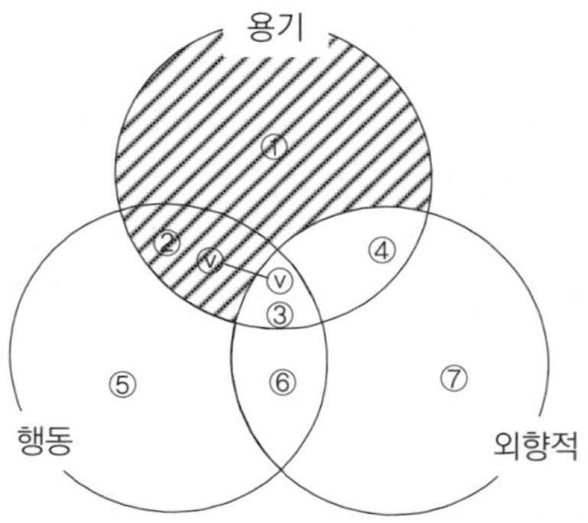

이에 의하면 3번 영역이 확실히 존재하기는 하지만 여전히 2번 영역이나 5번 영역 중에 최소 한 군데 존재한다는 정보는 얻을 수 없으므로 결론을 도출하는 전제가 될 수 없다.

15 정답 ①

2문단 마지막 문장인 "책 읽기에는 상당량의 정신 에너지와 훈련이 요구되며, 독서의 즐거움을 경험하는 습관 또한 요구된다."라는 내용과 정반대의 내용이다.

오답해설

② 1문단 세 번째 문장인 "인간의 뇌는 애초부터 책을 읽으라고 설계된 것이 아니기 때문이다."에서 알 수 있다.
③ 1문단 첫 번째 문장인 "책은 인간이 가진 그 독특한 네 가지 능력의 유지, 심화, 계발에 도움을 주는 유효한 매체이다."에서 알 수 있다.
④ 2문단 세 번째 문장인 "책을 읽는 문화와 책을 읽지 않는 문화는 기억, 사유, 상상, 표현의 층위에서 상당한 질적 차이를 가진 사회적 주체들을 생산한다."에서 알 수 있다.

16 정답 ②

연민을 느낄 수 있는 상황으로 보기 어렵다.

오답해설

① 연민이 생기는 첫째 이유와 관련이 있다.
③, ④ 연민이 생기는 셋째 이유와 관련이 있다.

17 정답 ③

'마소'는 '말'과 '소'가 결합하여 만들어진 단어로 말과 소를 아울러 이르는 말이다.

오답해설

① '팔다리'는 ㉣에 해당한다.
② '스무고개'는 ㉠에 해당한다.
④ '바늘방석'은 ㉡에 해당한다.

18 정답 ④

ㄱ. 회사 A의 직원들의 설문조사 결과가 실제보다 축소된 것이라면 실제는 회사 A의 청렴도가 더 낮다는 것을 의미한다. 또한 회사 A는 M시의 대표적인 기업이므로 이와 같은 사실은 M시의 청렴도가 낮다는 결론을 '강화'할 것이다.
ㄴ. 회사 A뿐만 아니라 회사 B에서도 동일한 설문 결과가 나왔다면 주어진 결론을 보다 더 일반화할 수 있으므로 결론을 '강화'할 것이다.
ㄷ. 'M시에 있는 대부분의 회사들에 비해 회사 A의 직원들이 회사 물품을 사적으로 사용한 정도가 심했던 것으로 밝혀졌다는 사실'은 결국 회사 A의 결과가 예외적인 현상이라는 것을 의미한다. 이는 결국 이에 근거하여 결론처럼 일반화하는 것은 무리가 있다는 것을 의미한다. 따라서 논증의 결론을 '약화'할 것이다.

19 정답 ①

ㄱ. 제시된 글에서는 "커피에 들어있는 카페인은 수면장애를 일으키고, 특히 정신질환자의 우울증이나 공황장애를 악화시킨다고 볼 수 있다."라고 하였다. 그런데 만약에 수면장애로 병원을 찾은 사람들이 커피를 마시지 않는다는 사실이 밝혀진다면, "커피에 들어있는 카페인은 수면장애를 일으키고"라는 논증을 약화시킬 것이다. 따라서 수면장애로 병원을 찾은 사람들이 커피를 마시지 않는다는 사실이 밝혀질 경우, 결론이 강화되지 않는다는 평가는 적절하다.

오답해설

ㄴ. 제시된 글의 "카페인은 ~ 우울증 ~ 악화시킨다고 볼 수 있다." 부분을 볼 때, 논증에서는 카페인이 우울증을 악화시킨다고 하였다. 따라서 무카페인 음료를 많이 섭취하는 것이 우울증의 원인이라는 사실이 밝혀진다면 이는 논증을 강화시키지는 않는다. 따라서 결론이 '강화'된다는 평가는 적절하지 않다.
ㄷ. 3문단에서 "공황장애 환자는 심장이 빨리 뛰면 극도의 공포감을 느끼기 쉬운데, 이로 인해 발작 현상이 나타난다. 카페인은 심장을 자극하여 심박수를 증가시킨다."라고 하였다. 즉 공황장애 환자는 심장이 빨리 뛰면 극도의 공포감을 느끼기 쉬운데, 이로 인해 발작 현상이 일어난다고 하였다. 이를 통해 카페인이 공황장애를 악화시킨다고 하였다. 그런데 발작 현상과 공포감이 무관하다면 논증의 전체가 흔들리게 되는 것이므로 논증을 약화시킨다고 볼 수 있다. 따라서 결론이 '강화'된다는 평가는 적절하지 않다.

20 정답 ④

제시된 명제를 기호화하면 다음과 같다.

구분	명제
전제 1	노란색 → 파란색
추가	
결론	~빨간색 → 파란색

추가해야 하는 전제를 찾기 위해서는 결론의 앞쪽이나 뒤쪽과 동일하게 명제를 만들어야 한다. 전제와 결론에 공통적으로 제시된 단어는 뒷부분인 '파란색'이기 때문에 '뒷부분을 동일하게 만들어서 추론하는 방식'을 사용해야 한다. 제시된 전제와 결론에서 공통적으로 포함된 '파란색'은 삭제한 이후, '노란색'과 '~빨간색'의 관계를 전제에 추가하면 되는데, 전제와 결론이 '모두'로 동일한 경우 '모두'를 포함한 전제가 추가되며, 결론에서 전제에 제시된 단어 순서(~빨간색 → 노란색)로 추가되는 전제가 배치되면 된다. 이를 말로 풀이하면 '빨간색을 좋아하지 않는 사람은 모두 노란색을 좋아한다.'가 되기 때문에 답은 ④이다.

2026

적중의 지혜

2026 적중의 지혜

2026년도 임지혜 국어 적중의 지혜 12월호 필기시험 답안지

컴퓨터용 흑색사인펜만 사용

책 형
㉮ ㉯ ㉰ ㉱ ㉲

【필적감정용 기재】
* 아래 예시문을 옮겨 적으시오.

본인은 ○○○(응시자성명)임을 확인함

기 재 란

성 명	
자필성명	본인 성명 기재
응시직렬	
응시지역	
시험장소	

응 시 번 호							
⓪	⓪	⓪	⓪	⓪	⓪	⓪	⓪
	①	①	①	①	①	①	①
	②	②	②	②	②	②	②
	③	③	③	③	③	③	③
	④	④	④	④	④	④	④
	⑤	⑤	⑤	⑤	⑤	⑤	⑤
⑥	⑥	⑥	⑥	⑥	⑥	⑥	⑥
⑦	⑦	⑦	⑦	⑦	⑦	⑦	⑦
	⑧	⑧	⑧	⑧	⑧	⑧	⑧
	⑨	⑨	⑨	⑨	⑨	⑨	⑨

생 년 월 일					
⓪	⓪	⓪	⓪	⓪	⓪
	①	①	①	①	①
	②		②	②	②
	③		③	③	③
	④		④		④
⑤	⑤		⑤		⑤
⑥	⑥		⑥		⑥
⑦	⑦		⑦		⑦
⑧	⑧		⑧		⑧
⑨	⑨		⑨		⑨

※시험감독관 서명
(성명을 정자로 기재할 것)

적색 볼펜만 사용

문번	제 회차
1	① ② ③ ④
2	① ② ③ ④
3	① ② ③ ④
4	① ② ③ ④
5	① ② ③ ④
6	① ② ③ ④
7	① ② ③ ④
8	① ② ③ ④
9	① ② ③ ④
10	① ② ③ ④
11	① ② ③ ④
12	① ② ③ ④
13	① ② ③ ④
14	① ② ③ ④
15	① ② ③ ④
16	① ② ③ ④
17	① ② ③ ④
18	① ② ③ ④
19	① ② ③ ④
20	① ② ③ ④

문번	제 회차
1	① ② ③ ④
2	① ② ③ ④
3	① ② ③ ④
4	① ② ③ ④
5	① ② ③ ④
6	① ② ③ ④
7	① ② ③ ④
8	① ② ③ ④
9	① ② ③ ④
10	① ② ③ ④
11	① ② ③ ④
12	① ② ③ ④
13	① ② ③ ④
14	① ② ③ ④
15	① ② ③ ④
16	① ② ③ ④
17	① ② ③ ④
18	① ② ③ ④
19	① ② ③ ④
20	① ② ③ ④

문번	제 회차
1	① ② ③ ④
2	① ② ③ ④
3	① ② ③ ④
4	① ② ③ ④
5	① ② ③ ④
6	① ② ③ ④
7	① ② ③ ④
8	① ② ③ ④
9	① ② ③ ④
10	① ② ③ ④
11	① ② ③ ④
12	① ② ③ ④
13	① ② ③ ④
14	① ② ③ ④
15	① ② ③ ④
16	① ② ③ ④
17	① ② ③ ④
18	① ② ③ ④
19	① ② ③ ④
20	① ② ③ ④

문번	제 회차
1	① ② ③ ④
2	① ② ③ ④
3	① ② ③ ④
4	① ② ③ ④
5	① ② ③ ④
6	① ② ③ ④
7	① ② ③ ④
8	① ② ③ ④
9	① ② ③ ④
10	① ② ③ ④
11	① ② ③ ④
12	① ② ③ ④
13	① ② ③ ④
14	① ② ③ ④
15	① ② ③ ④
16	① ② ③ ④
17	① ② ③ ④
18	① ② ③ ④
19	① ② ③ ④
20	① ② ③ ④

문번	제 회차
1	① ② ③ ④
2	① ② ③ ④
3	① ② ③ ④
4	① ② ③ ④
5	① ② ③ ④
6	① ② ③ ④
7	① ② ③ ④
8	① ② ③ ④
9	① ② ③ ④
10	① ② ③ ④
11	① ② ③ ④
12	① ② ③ ④
13	① ② ③ ④
14	① ② ③ ④
15	① ② ③ ④
16	① ② ③ ④
17	① ② ③ ④
18	① ② ③ ④
19	① ② ③ ④
20	① ② ③ ④

2026년도 임지혜 국어 적중의 지혜 12월호 필기시험 답안지

컴퓨터용 흑색사인펜만 사용

책 형
㉮ ㉯ ㉰ ㉱ ㉲

【필적감정용 기재】
* 아래 예시문을 옮겨 적으시오.
본인은 ○○○(응시자성명)임을 확인함
기 재 란

성 명	
자필성명	본인 성명 기재
응시직렬	
응시지역	
시험장소	

응 시 번 호							
⓪	⓪	⓪	⓪	⓪	⓪	⓪	⓪
	①	①	①	①	①	①	①
	②	②	②	②	②	②	②
	③	③	③	③	③	③	③
	④	④	④	④	④	④	④
	⑤	⑤	⑤	⑤	⑤	⑤	⑤
⑥	⑥	⑥	⑥	⑥	⑥	⑥	⑥
⑦	⑦	⑦	⑦	⑦	⑦	⑦	⑦
	⑧	⑧	⑧	⑧	⑧	⑧	⑧
	⑨	⑨	⑨	⑨	⑨	⑨	⑨

생 년 월 일					
⓪	⓪	⓪	⓪	⓪	⓪
	①	①	①	①	①
	②		②	②	②
	③		③	③	③
	④		④		④
⑤	⑤		⑤		⑤
⑥	⑥		⑥		⑥
⑦	⑦		⑦		⑦
⑧	⑧		⑧		⑧
⑨	⑨		⑨		⑨

※시험감독관 서명 (성명을 정자로 기재할 것)
적색 볼펜만 사용

문번	제 회차
1	① ② ③ ④
2	① ② ③ ④
3	① ② ③ ④
4	① ② ③ ④
5	① ② ③ ④
6	① ② ③ ④
7	① ② ③ ④
8	① ② ③ ④
9	① ② ③ ④
10	① ② ③ ④
11	① ② ③ ④
12	① ② ③ ④
13	① ② ③ ④
14	① ② ③ ④
15	① ② ③ ④
16	① ② ③ ④
17	① ② ③ ④
18	① ② ③ ④
19	① ② ③ ④
20	① ② ③ ④

문번	제 회차
1	① ② ③ ④
2	① ② ③ ④
3	① ② ③ ④
4	① ② ③ ④
5	① ② ③ ④
6	① ② ③ ④
7	① ② ③ ④
8	① ② ③ ④
9	① ② ③ ④
10	① ② ③ ④
11	① ② ③ ④
12	① ② ③ ④
13	① ② ③ ④
14	① ② ③ ④
15	① ② ③ ④
16	① ② ③ ④
17	① ② ③ ④
18	① ② ③ ④
19	① ② ③ ④
20	① ② ③ ④

문번	제 회차
1	① ② ③ ④
2	① ② ③ ④
3	① ② ③ ④
4	① ② ③ ④
5	① ② ③ ④
6	① ② ③ ④
7	① ② ③ ④
8	① ② ③ ④
9	① ② ③ ④
10	① ② ③ ④
11	① ② ③ ④
12	① ② ③ ④
13	① ② ③ ④
14	① ② ③ ④
15	① ② ③ ④
16	① ② ③ ④
17	① ② ③ ④
18	① ② ③ ④
19	① ② ③ ④
20	① ② ③ ④

문번	제 회차
1	① ② ③ ④
2	① ② ③ ④
3	① ② ③ ④
4	① ② ③ ④
5	① ② ③ ④
6	① ② ③ ④
7	① ② ③ ④
8	① ② ③ ④
9	① ② ③ ④
10	① ② ③ ④
11	① ② ③ ④
12	① ② ③ ④
13	① ② ③ ④
14	① ② ③ ④
15	① ② ③ ④
16	① ② ③ ④
17	① ② ③ ④
18	① ② ③ ④
19	① ② ③ ④
20	① ② ③ ④

문번	제 회차
1	① ② ③ ④
2	① ② ③ ④
3	① ② ③ ④
4	① ② ③ ④
5	① ② ③ ④
6	① ② ③ ④
7	① ② ③ ④
8	① ② ③ ④
9	① ② ③ ④
10	① ② ③ ④
11	① ② ③ ④
12	① ② ③ ④
13	① ② ③ ④
14	① ② ③ ④
15	① ② ③ ④
16	① ② ③ ④
17	① ② ③ ④
18	① ② ③ ④
19	① ② ③ ④
20	① ② ③ ④

2026년도 임지혜 국어 적중의 지혜 12월호 필기시험 답안지

컴퓨터용 흑색사인펜만 사용

책 형
㉮ ㉯ ㉰ ㉱ ㉲

【필적감정용 기재】
* 아래 예시문을 옮겨 적으시오.

본인은 ○○○(응시자성명)임을 확인함

기 재 란

성 명	
자필성명	본인 성명 기재
응시직렬	
응시지역	
시험장소	

응 시 번 호

⓪	⓪	⓪	⓪	⓪	⓪	⓪	⓪
	①	①	①	①	①	①	①
	②	②	②	②	②	②	②
	③	③	③	③	③	③	③
	④	④	④	④	④	④	④
	⑤	⑤	⑤	⑤	⑤	⑤	⑤
⑥	⑥	⑥	⑥	⑥	⑥	⑥	⑥
⑦	⑦	⑦	⑦	⑦	⑦	⑦	⑦
	⑧	⑧	⑧	⑧	⑧	⑧	⑧
	⑨	⑨	⑨	⑨	⑨	⑨	⑨

생 년 월 일

⓪	⓪	⓪	⓪	⓪	⓪
	①	①	①	①	①
	②		②	②	②
	③		③	③	③
	④		④		④
⑤	⑤		⑤		⑤
⑥	⑥		⑥		⑥
⑦	⑦		⑦		⑦
⑧	⑧		⑧		⑧
⑨	⑨		⑨		⑨

※시험감독관 서명
(성명을 정자로 기재할 것)

적색 볼펜만 사용

문번	제 회차
1	① ② ③ ④
2	① ② ③ ④
3	① ② ③ ④
4	① ② ③ ④
5	① ② ③ ④
6	① ② ③ ④
7	① ② ③ ④
8	① ② ③ ④
9	① ② ③ ④
10	① ② ③ ④
11	① ② ③ ④
12	① ② ③ ④
13	① ② ③ ④
14	① ② ③ ④
15	① ② ③ ④
16	① ② ③ ④
17	① ② ③ ④
18	① ② ③ ④
19	① ② ③ ④
20	① ② ③ ④

문번	제 회차
1	① ② ③ ④
2	① ② ③ ④
3	① ② ③ ④
4	① ② ③ ④
5	① ② ③ ④
6	① ② ③ ④
7	① ② ③ ④
8	① ② ③ ④
9	① ② ③ ④
10	① ② ③ ④
11	① ② ③ ④
12	① ② ③ ④
13	① ② ③ ④
14	① ② ③ ④
15	① ② ③ ④
16	① ② ③ ④
17	① ② ③ ④
18	① ② ③ ④
19	① ② ③ ④
20	① ② ③ ④

문번	제 회차
1	① ② ③ ④
2	① ② ③ ④
3	① ② ③ ④
4	① ② ③ ④
5	① ② ③ ④
6	① ② ③ ④
7	① ② ③ ④
8	① ② ③ ④
9	① ② ③ ④
10	① ② ③ ④
11	① ② ③ ④
12	① ② ③ ④
13	① ② ③ ④
14	① ② ③ ④
15	① ② ③ ④
16	① ② ③ ④
17	① ② ③ ④
18	① ② ③ ④
19	① ② ③ ④
20	① ② ③ ④

문번	제 회차
1	① ② ③ ④
2	① ② ③ ④
3	① ② ③ ④
4	① ② ③ ④
5	① ② ③ ④
6	① ② ③ ④
7	① ② ③ ④
8	① ② ③ ④
9	① ② ③ ④
10	① ② ③ ④
11	① ② ③ ④
12	① ② ③ ④
13	① ② ③ ④
14	① ② ③ ④
15	① ② ③ ④
16	① ② ③ ④
17	① ② ③ ④
18	① ② ③ ④
19	① ② ③ ④
20	① ② ③ ④

문번	제 회차
1	① ② ③ ④
2	① ② ③ ④
3	① ② ③ ④
4	① ② ③ ④
5	① ② ③ ④
6	① ② ③ ④
7	① ② ③ ④
8	① ② ③ ④
9	① ② ③ ④
10	① ② ③ ④
11	① ② ③ ④
12	① ② ③ ④
13	① ② ③ ④
14	① ② ③ ④
15	① ② ③ ④
16	① ② ③ ④
17	① ② ③ ④
18	① ② ③ ④
19	① ② ③ ④
20	① ② ③ ④

2026년도 임지혜 국어 적중의 지혜 12월호 필기시험 답안지

컴퓨터용 흑색사인펜만 사용

책 형
㉮ ㉯ ㉰ ㉱ ㉲

【필적감정용 기재】
* 아래 예시문을 옮겨 적으시오.
본인은 ○○○(응시자성명)임을 확인함
기 재 란

성 명	
자필성명	본인 성명 기재
응시직렬	
응시지역	
시험장소	

응 시 번 호							
⓪	⓪	⓪	⓪	⓪	⓪	⓪	⓪
	①	①	①	①	①	①	①
	②	②	②	②	②	②	②
	③	③	③	③	③	③	③
	④	④	④	④	④	④	④
	⑤	⑤	⑤	⑤	⑤	⑤	⑤
⑥	⑥	⑥	⑥	⑥	⑥	⑥	⑥
⑦	⑦	⑦	⑦	⑦	⑦	⑦	⑦
	⑧	⑧	⑧	⑧	⑧	⑧	⑧
	⑨	⑨	⑨	⑨	⑨	⑨	⑨

생 년 월 일					
⓪	⓪	⓪	⓪	⓪	⓪
	①	①	①	①	①
	②		②	②	②
	③		③	③	③
	④		④		④
⑤	⑤		⑤		⑤
⑥	⑥		⑥		⑥
⑦	⑦		⑦		⑦
⑧	⑧		⑧		⑧
⑨	⑨		⑨		⑨

※시험감독관 서명 (성명을 정자로 기재할 것)
적색 볼펜만 사용

문번	제 회차	문번	제 회차	문번	제 회차	문번	제 회차	문번	제 회차
1	① ② ③ ④	1	① ② ③ ④	1	① ② ③ ④	1	① ② ③ ④	1	① ② ③ ④
2	① ② ③ ④	2	① ② ③ ④	2	① ② ③ ④	2	① ② ③ ④	2	① ② ③ ④
3	① ② ③ ④	3	① ② ③ ④	3	① ② ③ ④	3	① ② ③ ④	3	① ② ③ ④
4	① ② ③ ④	4	① ② ③ ④	4	① ② ③ ④	4	① ② ③ ④	4	① ② ③ ④
5	① ② ③ ④	5	① ② ③ ④	5	① ② ③ ④	5	① ② ③ ④	5	① ② ③ ④
6	① ② ③ ④	6	① ② ③ ④	6	① ② ③ ④	6	① ② ③ ④	6	① ② ③ ④
7	① ② ③ ④	7	① ② ③ ④	7	① ② ③ ④	7	① ② ③ ④	7	① ② ③ ④
8	① ② ③ ④	8	① ② ③ ④	8	① ② ③ ④	8	① ② ③ ④	8	① ② ③ ④
9	① ② ③ ④	9	① ② ③ ④	9	① ② ③ ④	9	① ② ③ ④	9	① ② ③ ④
10	① ② ③ ④	10	① ② ③ ④	10	① ② ③ ④	10	① ② ③ ④	10	① ② ③ ④
11	① ② ③ ④	11	① ② ③ ④	11	① ② ③ ④	11	① ② ③ ④	11	① ② ③ ④
12	① ② ③ ④	12	① ② ③ ④	12	① ② ③ ④	12	① ② ③ ④	12	① ② ③ ④
13	① ② ③ ④	13	① ② ③ ④	13	① ② ③ ④	13	① ② ③ ④	13	① ② ③ ④
14	① ② ③ ④	14	① ② ③ ④	14	① ② ③ ④	14	① ② ③ ④	14	① ② ③ ④
15	① ② ③ ④	15	① ② ③ ④	15	① ② ③ ④	15	① ② ③ ④	15	① ② ③ ④
16	① ② ③ ④	16	① ② ③ ④	16	① ② ③ ④	16	① ② ③ ④	16	① ② ③ ④
17	① ② ③ ④	17	① ② ③ ④	17	① ② ③ ④	17	① ② ③ ④	17	① ② ③ ④
18	① ② ③ ④	18	① ② ③ ④	18	① ② ③ ④	18	① ② ③ ④	18	① ② ③ ④
19	① ② ③ ④	19	① ② ③ ④	19	① ② ③ ④	19	① ② ③ ④	19	① ② ③ ④
20	① ② ③ ④	20	① ② ③ ④	20	① ② ③ ④	20	① ② ③ ④	20	① ② ③ ④

2026년도 임지혜 국어 적중의 지혜 12월호 필기시험 답안지

컴퓨터용 흑색사인펜만 사용

책 형
㉮ ㉯ ㉰ ㉱ ㉲

【필적감정용 기재】
* 아래 예시문을 옮겨 적으시오.

본인은 ○○○(응시자성명)임을 확인함

기 재 란

성 명	
자필성명	본인 성명 기재
응시직렬	
응시지역	
시험장소	

응 시 번 호						
⓪	⓪	⓪	⓪	⓪	⓪	⓪
	①	①	①	①	①	①
	②	②	②	②	②	②
	③	③	③	③	③	③
	④	④	④	④	④	④
	⑤	⑤	⑤	⑤	⑤	⑤
⑥	⑥	⑥	⑥	⑥	⑥	⑥
⑦	⑦	⑦	⑦	⑦	⑦	⑦
	⑧	⑧	⑧	⑧	⑧	⑧
	⑨	⑨	⑨	⑨	⑨	⑨

생 년 월 일					
⓪	⓪	⓪	⓪	⓪	⓪
	①	①	①	①	①
	②		②	②	②
	③		③	③	③
	④		④		④
⑤	⑤		⑤		⑤
⑥	⑥		⑥		⑥
⑦	⑦		⑦		⑦
⑧	⑧		⑧		⑧
⑨	⑨		⑨		⑨

※시험감독관 서명 (성명을 정자로 기재할 것)
적색 볼펜만 사용

문번	제 회차
1	① ② ③ ④
2	① ② ③ ④
3	① ② ③ ④
4	① ② ③ ④
5	① ② ③ ④
6	① ② ③ ④
7	① ② ③ ④
8	① ② ③ ④
9	① ② ③ ④
10	① ② ③ ④
11	① ② ③ ④
12	① ② ③ ④
13	① ② ③ ④
14	① ② ③ ④
15	① ② ③ ④
16	① ② ③ ④
17	① ② ③ ④
18	① ② ③ ④
19	① ② ③ ④
20	① ② ③ ④

문번	제 회차
1	① ② ③ ④
2	① ② ③ ④
3	① ② ③ ④
4	① ② ③ ④
5	① ② ③ ④
6	① ② ③ ④
7	① ② ③ ④
8	① ② ③ ④
9	① ② ③ ④
10	① ② ③ ④
11	① ② ③ ④
12	① ② ③ ④
13	① ② ③ ④
14	① ② ③ ④
15	① ② ③ ④
16	① ② ③ ④
17	① ② ③ ④
18	① ② ③ ④
19	① ② ③ ④
20	① ② ③ ④

문번	제 회차
1	① ② ③ ④
2	① ② ③ ④
3	① ② ③ ④
4	① ② ③ ④
5	① ② ③ ④
6	① ② ③ ④
7	① ② ③ ④
8	① ② ③ ④
9	① ② ③ ④
10	① ② ③ ④
11	① ② ③ ④
12	① ② ③ ④
13	① ② ③ ④
14	① ② ③ ④
15	① ② ③ ④
16	① ② ③ ④
17	① ② ③ ④
18	① ② ③ ④
19	① ② ③ ④
20	① ② ③ ④

문번	제 회차
1	① ② ③ ④
2	① ② ③ ④
3	① ② ③ ④
4	① ② ③ ④
5	① ② ③ ④
6	① ② ③ ④
7	① ② ③ ④
8	① ② ③ ④
9	① ② ③ ④
10	① ② ③ ④
11	① ② ③ ④
12	① ② ③ ④
13	① ② ③ ④
14	① ② ③ ④
15	① ② ③ ④
16	① ② ③ ④
17	① ② ③ ④
18	① ② ③ ④
19	① ② ③ ④
20	① ② ③ ④

문번	제 회차
1	① ② ③ ④
2	① ② ③ ④
3	① ② ③ ④
4	① ② ③ ④
5	① ② ③ ④
6	① ② ③ ④
7	① ② ③ ④
8	① ② ③ ④
9	① ② ③ ④
10	① ② ③ ④
11	① ② ③ ④
12	① ② ③ ④
13	① ② ③ ④
14	① ② ③ ④
15	① ② ③ ④
16	① ② ③ ④
17	① ② ③ ④
18	① ② ③ ④
19	① ② ③ ④
20	① ② ③ ④

2026년 4월 4일 시행

국가공무원 9급 공개경쟁채용 필기시험

| 일반행정 |

제01일~제10일

응시번호	
성명	

문제책형 ㉮

[시 험 과 목]

제1과목 국어

국가공무원 9급 공개경쟁채용 필기시험 대비 모의고사

응시자 주의사항

1. **시험 시작 전 시험 문제를 열람하는 행위나 시험 종료 후 답안을 작성하는 행위를 한 사람**은 「공무원임용시험령」 제51조에 의거 **부정행위자**로 처리됩니다.
2. **답안지 책형 표기는 시험 시작 전** 감독관의 지시에 따라 **문제책 앞면에 인쇄된 문제책형을 확인**한 후, **답안지 책형란에 해당 책형(1개)**을 '●'로 **표기**하여야 합니다.
3. **답안은 문제책 표지의 과목 순서에 따라 답안지에 인쇄된 순서(제1·2·3·4·5과목)에 맞추어 표기**해야 하며, 과목 순서를 바꾸어 표기한 경우에도 **문제책 표지의 과목 순서대로 채점**되므로 유의하시기 바랍니다.
4. 시험이 시작되면 문제를 주의 깊게 읽은 후, **문항의 취지에 가장 적합한 하나의 정답만을 고르며,** 문제 내용에 관한 질문은 할 수 없습니다.
5. 답안지의 모든 기재 및 표기 사항은 **컴퓨터용 검은색 사인펜을 사용하며,** 반드시 〈보기〉의 **올바른 표기 방식**으로 답안을 작성해야 합니다.

   〈보기〉 올바른 표기: ● 잘못된 표기: ✓ ⊗ ◑ ◉ ◍ ◔ ⊙ ◕ ③

6. **답안을 잘못 표기하였을 경우에는 답안지를 교체하여 작성**하거나 **수정할 수 있으며,** 표기한 답안을 수정할 때는 **응시자 본인이 가져온 수정 테이프만을 사용**하여 해당 부분을 완전히 지우고 부착된 수정 테이프가 떨어지지 않도록 눌러 주어야 합니다. (**수정액 또는 수정 스티커 등은 사용 불가**)
   - **불량한 수정 테이프의 사용과 불안전한 수정 처리**로 발생하는 **모든 문제는 응시자 본인에게 책임이 있습니다.**
7. 법령, 고시, 판례 등에 관한 문제는 **2026년 2월 28일 현재 유효한 법령, 고시, 판례 등을 기준**으로 정답을 구해야 합니다. 다만, 개별 과목 또는 문항에서 별도의 기준을 적용하도록 명시한 경우에는 그 기준을 적용하여 정답을 구해야 합니다.
8. **시험 시간 관리의 책임은 응시자 본인에게 있습니다.**
   ※ 문제책은 시험 종료 후 가지고 갈 수 있습니다.

※ 본 안내문은 과년도 실제 시험지를 참조한 예시로서, 금년도 실제 안내문과는 다를 수 있습니다.

임지혜국어

제 01 일 적중의 지혜

01 〈공공언어 바로 쓰기 원칙〉에 따라 〈공문서〉의 ㉠~㉣을 수정한 것으로 적절하지 않은 것은?

공공언어 바로 쓰기 원칙

- 중복되는 표현을 삼갈 것
- 대등한 것끼리 접속할 때는 구조가 같은 표현을 사용할 것
- 주어와 서술어가 호응하도록 할 것
- 필요한 문장 성분이 생략되지 않도록 할 것

공문서

보건복지부

수신 국립보건원
(경유)
제목 감염병 예방 ㉠ 홍보 자료 제공 안내

1. 본 홍보 자료는 감염병 예방을 위해 ㉡ 철저한 손 씻기와 기침을 준수하는 방법을 안내하고 있습니다.
2. 내용은 모든 국민이 이해할 수 있도록 ㉢ 과학적 근거를 바탕으로 작성하며, 생활 속에서 적용 가능한 사례를 포함했습니다.
3. 귀 기관과 협력하여 ㉣ 감염병 예방과 국민 삶의 질 목표로 하고자 합니다.

① ㉠: 홍보 자료 제공
② ㉡: 손을 철저히 씻고 기침 예절을 준수하는 방법을 안내하고 있습니다.
③ ㉢: 과학적 근거와 실천 가능한 사례를 바탕으로 작성했습니다.
④ ㉣: 감염병 예방과 국민 삶의 질 향상을 목표로 하고자 합니다.

02 다음 글의 주장을 뒷받침할 자료로 적절하지 않은 것은?

올해 들어 유가가 6개월 만에 30% 떨어지는 등 원자재 가격이 갑자기 하락세를 보이고 있다. 원유와 구리 등 핵심 원자재가격이 최근 폭락세를 보이는 것은 세계 경제성장이 상당폭 둔화되는 사이클에 이미 빠져들었음을 보여 주는 신호이다.

① 기간별 국제유가거래 차트
② 산업통산부 원자재가격정보표
③ 경제연구소의 전년도 경제동향보고서
④ 경제신문의 국제금융시장의 경색 우려 기사

03 다음 글에 어울리지 않는 문장 개요는?

한국은 빠른 속도로 저출산, 고령화 사회에 진입했고 더욱 가속화되는 중이다. 이로 인해 2020년대부터는 본격적인 노동력 부족 문제가 나타날 것으로 전문가들은 예측하고 있다. 무엇보다 인적 자원이 가장 강력한 자원인 21세기에 노동력 부족은 경제 성장을 위협하는 가장 큰 요소 중 하나이다. 이에 필자는 '여성인력의 활용' 대책이야말로 가장 효과적이고 최선책이라고 생각한다. 지금 한국 사회는 여성이 지속적으로 일할 수 있는 여건을 만들어야 하고 그러기 위해 정부가 나서서 역량을 집중해야 한다.

2000년 초반부터 현재까지 약 195조 원, 연간 15조 원, 여성이 임신, 출산, 육아 등의 이유로 경제활동을 포기한 데 따른 사회적 비용의 손실액이다. 한국여성정책연구원의 '여성 경력 단절의 사회적 비용 조사' 보고서에 따르면 이는 여성이 직장을 퇴사하고 잠시 쉬었다가 임금이 더 낮은 직장에 취업한 데 따른 임금손실액, 재취업을 위한 교육훈련비, 정부가 여성 경력 단절 방지를 위해 쓰는 예산 등의 비용을 추산한 비용이다.

정부는 이러한 여성의 경력단절을 막는 대책보다는 재취업을 돕는 데 집중하고 있다. 여성인력개발센터 새로 일하기 등의 정책사업이 대표적인 예이다. 그러나 법으로 명시된 제도와 현실 간의 괴리가 크기 때문에 이러한 제도 자체가 유명무실하다는 지적이 나온다. 경제활동을 하는 여성들은 '출산휴가, 육아휴직만 제대로 보장된다면 경력단절을 막을 수 있다'라고 주장한다. 이러한 현실이 의미하는 바는 제도를 만드는 것에 그치지 말고, 실제로 현장에서 어떻게 적용되는지 점검하고 실효성을 강화하는 보완대책이 뒤따라야 한다는 것이다. 보완대책이 마련되어야 이러한 제도가 여성의 당연한 권리라는 사회적 인식이 자리잡을 수 있을 것이다.

① 한국은 빠른 저출산, 고령화로 노동력 부족 문제가 나타날 것이다.
② 여성 인력의 활용이 노동력 부족 현상을 대비할 수 있는 최선이다.
③ 정부가 여성 경력단절 방지를 위해 쓰는 예산이 연간 15조 원이다.
④ 여성의 경제활동을 위해서는 기존 제도의 실효성을 강화해야 한다.

※ 다음은 학생의 발표 내용이다. 물음에 답하시오. [04-05]

> 저는 오늘 음절 끝소리 규칙을 발표하려 합니다. 이는 우리말의 음절 끝에는 'ㄱ, ㄴ, ㄷ, ㄹ, ㅁ, ㅂ, ㅇ' 일곱 개의 자음만 위치하기에 음절 끝에 이 외의 자음이 오면 이들 중 하나로 바뀌게 되는 음운 현상입니다. (큰 소리로) 그럼 파열음, 마찰음, 파찰음, 울림소리의 순서로 설명하겠습니다.
>
> 파열음인 '파[파]'의 'ㅍ'은 두 입술을 닫고 극히 짧은 동안 그 상태를 유지하다가 모음 'ㅏ'를 발음하기 위해 입을 여는 순간, 막혔던 공기가 터져 나가면서 소리가 납니다. 하지만 (실제 발음을 하며) 음절 '앞[압]'의 'ㅍ'은 입술을 다물어 폐쇄를 유지한 상태로 조음 과정이 끝납니다. 즉 우리말의 음절 끝에서는 파열음의 조음 과정이 폐쇄와 지속 단계는 거치지만 개방 단계가 생략됩니다. 이때 음절 끝소리 'ㅍ'은 음절 끝소리 'ㅂ'과 소릿값이 같아져 음절 '앞'이 [압]으로 발음되는데, 이는 우리말의 예사소리, 된소리, 거센소리의 구별이 개방 단계에서 결정되기 때문입니다.
>
> 마찰음인 'ㅅ, ㅆ'도 음절 끝에서 개방되지 않고 조음됩니다. (힘을 주어) 따라서 조음 위치인 '혀끝－윗잇몸'에서 공깃길이 닫혀 이 위치의 파열음인 음절 끝소리 'ㄷ'과 소릿값이 같아집니다. 그리고 'ㅎ' 역시 음절 끝에서 'ㄷ'으로 바뀌는 것으로 처리합니다. (자음 분류표를 보며) 파찰음인 'ㅈ, ㅉ, ㅊ'은 조음 위치인 '앞 혓바닥－센입천장'에서 닫혀서 발음되면 이 위치에서 조음되는 파열음의 소릿값이 같아져야겠지만, 이러한 소리는 우리말에 없기 때문에 가장 가까운 위치인 '혀끝－윗잇몸' 위치의 음절 끝소리 'ㄷ'으로 교체됩니다.
>
> 울림소리인 'ㄴ, ㄹ, ㅁ, ㅇ'도 위의 과정을 겪습니다. 다만 이들은 음절 끝에서 개방 단계를 거치지 않아도 공기의 흐름이 완전히 차단되지 않는다는 점이 다른 자음들과 다릅니다. 음절 끝 유음 'ㄹ'은 혀끝이 공깃길의 중앙부를 막지만 혀의 양 옆으로는 여전히 공기가 흘러 나가며 소리가 나고, (자음 분류표를 보며) 음절 끝 비음 'ㄴ, ㅁ, ㅇ'은 입길이 막혀도 콧길로 공기가 흘러 나갑니다.
>
> 지금까지 우리말의 음절 끝에 마찰음, 파찰음이 오거나 파열음의 된소리, 거센소리가 오는 경우 모두 파열음의 예사소리로 교체되는 현상에 대해 알아보았습니다. (큰 소리로) 결국 우리말의 음절 끝소리에는 'ㄱ, ㄴ, ㄷ, ㄹ, ㅁ, ㅂ, ㅇ' 일곱 개 자음만 위치한다는 것을 알 수 있었습니다. 이상 저의 발표를 마치겠습니다.

04 위 학생의 발표 전략으로 적절하지 <u>않은</u> 것은?

① 설명의 대상에 대한 개념을 정의하고 발표 순서를 제시해야 한다.
② 청자를 위해 발표 주제와 내용을 요약, 정리하면서 마무리해야 한다.
③ 공식적인 수업의 발표이므로 격식을 차리는 문체를 사용해야 한다.
④ 청자의 내용 이해도를 높이기 위해 동영상 자료를 준비해야 한다.

05 위 발표를 들은 청자의 반응으로 가장 적절한 것은?

① 음절 끝 파열음이 '폐쇄－지속－개방'의 과정으로 발음되는 것을 알았어.
② 음절 끝 파찰음이 조음 위치가 다른 'ㄷ'으로 발음되는 것을 알았어.
③ 음절 끝 'ㅅ, ㅆ'이 조음 위치가 동일한 마찰음으로 교체되는 것을 알았어.
④ 음절 끝 'ㄹ'이 입길에서 막혔던 공기가 콧길로 나가면서 발음되는 것을 알았어.

06 〈개요〉의 ㉠, ㉡에 들어갈 내용으로 적절한 것은?

개요

- 주제문: 청소년 놀이 문화를 개선하여 청소년의 건강한 삶을 도모해야 한다.

서론: 청소년 놀이 문화의 현황

본론: 1. [㉠]
　　가. 사회성을 향상시킴
　　나. 정신적 성장에 도움을 줌
　2. 청소년 놀이 문화의 문제점
　　가. 개인 중심적이고 폐쇄적임
　　나. 오락성만 추구하는 경향이 강함
　3. 청소년 놀이 문화의 개선 방안
　　가. 공동체 놀이 문화의 개발과 보급
　　나. [㉡]

결론: 청소년 놀이 문화의 개선을 통한 건강한 삶 도모

① ㉠: 청소년 놀이 문화의 기원
　㉡: 가족 놀이 문화의 개발과 보급
② ㉠: 청소년 놀이 문화의 유래
　㉡: 언론을 통한 건전한 놀이 문화의 보급
③ ㉠: 청소년 놀이 문화의 의의
　㉡: 놀이 문화를 향유할 수 있는 공간의 확보
④ ㉠: 청소년 놀이 문화의 의의
　㉡: 놀이를 통한 자기 계발의 중요성에 대한 교육

07 다음 중 반의 관계의 성격이 <u>다른</u> 것은?

> 반의관계는 언어에서 의미가 서로 대조적이거나 상반되는 단어들 간의 관계를 설명하는 개념이다. 반의어는 크게 정도반의어, 상보반의어, 방향반의어로 나눌 수 있다. 정도반의어는 서로 다른 정도의 의미를 가진 단어들로, 예를 들어 '높다'와 '낮다'가 이에 해당한다. 상보반의어는 한 단어의 존재가 다른 단어의 부재를 의미하는 관계로, '죽다'와 '살다'가 대표적인 예이다. 마지막으로 방향반의어는 서로 반대 방향의 의미를 담고 있는 단어들로, '앞'과 '뒤'가 이에 해당한다. 이러한 반의관계는 언어적 표현의 다양성을 높이고, 의미를 더 명확하게 전달하는 데 중요한 역할을 한다.

① 남성－여성　② 살다－죽다
③ 덥다－춥다　④ 참－거짓

※ 다음 글을 읽고, 물음에 답하시오. [08-09]

> 성리학에서는 인간을 어떻게 보고 있는가? 성리학에서는 인간이 본래 도덕적이고 착하다고 보았다. 물론 성리학이 백성이 굶주리고 헐벗는 문제를 ㉠ <u>소홀히</u> 한 것은 아니지만, 사회적 문제를 ㉡ <u>근본적으로</u> 해결하기 위해서는 도덕성을 갖춘 인간이 되는 일이 우선이라고 생각했다. 그래서 잘 먹고 잘 살기 위한 현실적 방안보다는 선한 마음을 기르는 방법에 대해 더 많이 고민했고, 사회를 운영하는 근본적인 힘은 법과 제도가 아니라 사람이라는 생각이 자리하고 있었다.
>
> 정약용은 성리학에서 믿어 의심치 않았던 여러 생각을 찬찬히 다시 생각하게 되었다. 그는 먼저 '인간은 도덕적이기만 한 것인가?'라는 물음을 던졌다. 이에 정약용은 인간 본성은 이미 하늘의 이치가 마음속에 자리 잡고 있는 것이라는 생각에 동의하지 않았다. 인간 성품이란, 어떤 사람은 커피를 좋아하고 어떤 사람은 뚱뚱한 사람을 좋아하는 것처럼 기호(嗜好)에 ㉢ <u>불과하다</u>는 것이다. 무엇을 좋아하느냐는 결국 선택의 문제일 뿐이다. 그래서 정약용은 기호를 버리고 인간의 성품을 말하는 것은 의미가 없다고 보았다. 그러니까 '성(性)은 기호다.'라고 주장해 '성은 곧 인간 마음속에 있는 천리다.'라는 성리학의 근본 전제를 ㉣ <u>거부한</u> 것이다. 당시 조선 사회가 성리학을 정치 이념으로 삼아 성리학적 사회를 만들려고 했던 점을 생각한다면, 정약용은 성리학에 대해서 품은 의심은 엄청난 주장이 아닐 수 없다. 즉, 정약용은 인의(仁義) 등의 성이 본래부터 갖추어져 있는 '리(理)'라고 생각하는 것은 잘못이라고 보았다. 인(仁)은 사람이 서로 관계 맺는 그 생생한 삶 속에서 이루어지는 것이지 마음속에 있지 않다고 했다. 그렇다면 성리학처럼 자기 마음속 '리(理)'를 열심히 살필 것이 아니라 현실 생활 속에서 '인'을 실천하기 위해 노력해야만 '인의'라는 결과를 얻을 수 있다는 것이다.

08 윗글의 중심 내용으로 가장 적절한 것은?

① 성리학은 백성의 경제적 문제 해결을 최우선 과제로 삼았다.
② 정약용은 인간 본성에 대한 성리학의 관점을 비판하며 실천을 강조했다.
③ 성리학과 정약용은 도덕성 함양이 사회 문제 해결의 핵심이라는 데 의견이 일치했다.
④ 정약용은 성리학의 기본 전제를 계승하여 조선 사회의 발전 방향을 제시했다.

09 윗글의 ㉠~㉣과 바꿔쓸 수 있는 유사한 표현으로 적절하지 <u>않은</u> 것은?

① ㉠: 등한시
② ㉡: 본질적으로
③ ㉢: 지나지 않다
④ ㉣: 무시한

10 다음 중 이중 피동의 오류 유형이 나타나는 문장은?

> 일반적으로 피동 표현은 동사의 어간에 특정한 접미사를 붙여 형성되며, 주어가 동작을 받는 역할을 하게 된다. 예를 들어, '사람이 책을 읽는다'라는 능동문은 '책이 사람에게 읽힌다'로 바꾸면 피동문이 된다. 이렇게 피동 접미사 '-이, 히, 리, 기-'에 의해 이루어지는 피동은 파생적 피동이라 한다. 또한 피동 표현은 '-어지다, 게 되다'와 같이 통사적 방법에 의해 이루어질 수도 있다. 그러나 이 두 피동 표현을 과도하게 사용하면 이중 피동의 오류가 되므로 올바른 사용이 필요하다.

① 이번 사건의 실마리가 잡히지 않는다.
② 한번 개에 물린 사람은 개를 무서워한다.
③ 편지에 담겨진 진실을 철저히 파헤쳐 보아야 한다.
④ 새롭게 알려진 사실에 의하면 그간의 소문은 모두 사실이었다.

11 (가)~(다)를 전제로 할 때 빈칸에 들어갈 결론으로 가장 적절한 것은?

(가) 경제가 호황이거나 불황이다.
(나) 경제가 호황이면, 주가는 상승하고 실업률은 하락한다.
(다) 경제가 불황이면, 주가는 하락하고 실업률은 상승한다.

따라서 [　　　　　　　　　　]

① 주가가 상승한다.
② 실업률은 하락한다.
③ 주가가 상승하거나 하락한다.
④ 실업률은 하락하고 주가는 상승한다.

12 다음의 논증이 타당하기 위해서 보충되어야 할 전제는?

지혜를 깨달은 자는 배움이 있는 자이다. 책임의 소중함을 느끼는 자가 아니라면 겨레를 위해 희생을 각오한 자가 아니다. 진정한 지도자는 겨레를 위해 희생을 각오한 자이다. 그러므로 진정한 지도자는 배움이 있는 자이다.

① 지혜를 깨달은 자는 책임의 소중함을 느끼는 자이다.
② 책임의 소중함을 느끼는 자는 지혜를 깨달은 자이다.
③ 배움이 있는 자는 책임의 소중함을 느끼는 자이다.
④ 지혜를 깨달은 자는 겨레를 위해 희생을 각오한 자이다.

13 다음 빈칸에 들어갈 내용으로 적절한 것은?

사회주의가 실패했다고 해서 더 나은 세상을 원하는 인간의 바람이 죽은 것은 아니다. 마르크스가 지적한 환경이 사라지지 않는 한 마르크스는 죽지 않는다. 극소수의 귀족이 다수의 농민과 노동자를 압제했던 러시아가 바로 그랬다. 그러나 마르크스의 이론을 무르익게 한 현장인 영국에서는 그의 예견과 달리 사회주의 혁명이 일어나지 않았다. 그 주된 이유는 (　　　　　　　　　　) 막스 베버를 검약과 성실, 위험을 감수하는 투자 정신으로 무장된 청교도의 후예들이 영국 자본주의를 낳았다고 분석한다. 존 웨슬리의 감리교 운동에 영감을 받은 신자들은 자신의 재산을 털어 학교와 병원을 짓고 약자를 돌봤다.

인간은 다른 사람이 보여 주는 좋은 본과 그들의 희생을 통해 배운다. 문제는 한국에선 그런 본과 희생을 찾기 어렵다는 점이다. 예전에는 삶이 너무 고됐기 때문에 그랬다고 할 수 있다. 그러나 지금은 오로지 더 가지고자 하는 욕심이 우리 사회를 지배해서 그렇다. 세계가치관조사 결과를 보면 한국은 세계에서 물질주의가 가장 높은 나라 중 하나다. 이익을 위해 때로는 법을 살짝 어기거나, 때로는 그 촘촘한 법망을 요리조리 잘 피하는 현란한 스킬의 사람들로 청문회장은 늘 소란하다. 국민은 본이 되는 사람을 찾고 싶은데 정치는 그 기회를 주지 않는다. 보수 정부에서 찢겨졌던 마음이 진보 정부에서도 무너진다.

① 당시 러시아와 영국의 사회적 배경이 달랐기 때문이다.
② 영국에서는 마르크스가 예언한 사회적 배경이 형성되지 않았기 때문이다.
③ 높은 윤리의식으로 사회적 책무를 감당한 사람이 많았기 때문이다.
④ 혁명이란 이념을 통해서가 아니라 행동을 통해서 일어나기 때문이다.

14 두 말의 의미 관계가 동음이의어가 아닌 것은?

동음이의어는 발음이 동일하지만 서로 다른 의미를 지닌 단어를 말한다. 예를 들어, '눈'은 하늘에서 내리는 눈과 시각 기관인 눈이라는 두 가지 뜻을 가진다. 이러한 단어들은 문맥에 따라 의미가 달라지기 때문에 올바른 해석을 위해 문장을 전체적으로 파악하는 것이 중요하다.

① 잉크가 묻다. / 책임을 묻다.
② 시간표를 짜다. / 기름을 짜다.
③ 몸무게가 줄다. / 재고가 줄다.
④ 도배지가 뜨다. / 자리를 뜨다.

15 다음 글을 이해한 내용으로 적절하지 않은 것은?

> 풍자의 가장 기본적인 어법은 "그래 너 잘났다" 하는 것이다. 그러나 "너만 잘난 알고 있는 모양인데, 그렇지 않다. 사실 너는 못난 놈인데 너는 그것을 알지 못하는 멍청이다"라는 속뜻이 진의에 해당한다. 풍자적 정신이 있는 사람은, 그와 더불어 한결 높은 안목과 비판적 의식을 지니고 있어야 한다. 풍자는 세계를 바라보는 방식, 세계를 해석하는 방법이며, 세계에 대한 비판의 시각이라는 점에서 윤리성을 띠고 정치적 힘을 갖게 된다.
>
> 〈태평천하〉는 우리 전통적 예술 양식의 하나인 판소리를 서술 원리로 수용하면서 전통적인 이야기 방식을 활용한 소설이라는 점이 풍자성을 더욱 두드러지게 한다. 이 작품은 주인공의 윤리가 파탄에 이른 것을 보여준다. 작중 인물의 윤리적 파탄은 단지 희화된 인간의 저열하고 천속한 면모를 드러내는 것을 넘어서 그러한 인간이 한 사회에 살아 있다는 점의 역사적 맥락을 고려하게 한다. 윤 직원 영감은 일종의 졸부다. 그런 인물이 인력거 삯이나 깎고, 어린 기생을 데리고 판소리 명창대회를 구경 가면서 하는 행동은 좀스럽기 짝이 없다. 이런 지위와 행동 사이의 모순과 불합리가 풍자를 가능하게 하는 바탕이다.

① 〈태평천하〉의 풍자성은 소설의 서술 기법과 관련이 있다.
② 윤 직원 영감이 인력거 삯을 깎는 것은 그의 부유함과 모순된다는 측면에서 풍자적 효과를 강화한다.
③ 풍자는 작중 인물의 잘남을 인정하면서도, 해당 인물보다 훨씬 잘난 인물들이 많으므로 겸손함을 배워야 한다는 것을 기본 전제로 한다.
④ 〈태평천하〉 속 주인공의 윤리적 파탄은 개인적 측면뿐만 아니라 사회적, 역사적 측면에서도 고려되어야 한다.

16 다음 진술이 모두 참일 때 반드시 참이 아닌 것은?

> • 미국이 회의에 참석하면, 프랑스도 회의에 참석한다.
> • 한국이 회의에 참석하면, 스페인은 회의에 참석하지 않는다.
> • 스페인이 회의에 참석하면, 미국도 회의에 참석한다.
> • 프랑스가 회의에 참석하면, 한국도 회의에 참석한다.

① 프랑스가 회의에 참석하면, 스페인은 회의에 참석하지 않는다.
② 미국이 회의에 참석하면, 한국도 회의에 참석한다.
③ 미국이 회의에 참석하지 않으면, 스페인도 회의에 참석하지 않는다.
④ 프랑스가 회의에 참석하면, 미국도 회의에 참석한다.

17 다음 글의 주제로 가장 알맞은 것은?

> 내년 발사 예정인 한국형발사체(KSLV-2) '누리호'의 개발이 순항 중이다. 75t 엔진은 총 150회 이상의 연소 시험을 수행했고, 누적 시간도 15,000초를 넘어섰다. 모든 과정이 순조롭게 진행되면 내년 2월 한국이 처음으로 독자 개발한 발사체가 우주로 날아오르게 된다.
>
> 한국항공우주연구원은 3일 열린 제1회 항공우주 사이언스 미디어아카데미에서 누리호 개발 현황에 대해 밝혔다. 누리호는 600~800㎞ 지구 저궤도에 1.5t급 실용위성을 쏘아 올릴 수 있는 3단형 발사체다. 한 번에 우주로 갈 수 있는 로켓을 '뚝딱' 만드는 게 아니다. '체계개발모델(EM) → 인증모델(QM) → 비행모델(FM)'의 순의 개발 단계를 밟는다.
>
> 첫단추인 체계개발모델은 엔진 없이 연료와 산화제를 주입하는 '수류시험'을 하기 위한 용도로 제작된다. 점검이 끝나면 엔진을 붙여 지상 연소시험과 발사대 시험까지 진행하는 인증모델을 만든다. 이후 비행용 엔진을 붙여 최종적으로 만드는 게 실제로 발사하는 비행 모델이다.
>
> 항우연에 따르면 현재는 1단 체계개발모델을 이용해 수류시험을 하고 있다. 이 작업이 8월까지 완료되면 1단 인증모델에 75톤 엔진 4개를 붙여 올해 하반기에 시험할 예정이다. 누리호를 우주로 보낼 발사대에 대한 검증 시험도 준비 중이다. 각 단별로 인증모델을 만들어 모두 조립해 하나의 발사체로 만든 다음, 발사대에 세워 최종 점검하는 과정이다.
>
> 2018년 발표된 '3차 우주개발진흥기본계획'에 따른 한국형발사체 고도화 사업에 대해서도 현재 예비타당성 조사가 진행 중이다. 항우연은 누리호 첫 발사 이후에도 지속적인 발사를 통해 신뢰도를 확보하고, 성능 개량을 이어 나갈 계획이다. 2030년까지 830㎏급 달 탐사선 발사 성능을 확보하는 게 목표다.

① 한국형발사체 누리호의 개발 과정
② 누리호의 체계개발모델 설명
③ 3차 우주개발진흥기본계획
④ 한국항공우주의 미래

18 다음 글을 읽고 나타날 반응으로 적절하지 않은 것은?

> 20세기 후반부터 급격히 보급된 인터넷 기술 덕택에 가히 혁명이라 할 만한 새로운 독서 방식이 등장했다. 검색형 독서라고 불리는 이 방식은, 하이퍼텍스트 문서나 전자책의 등장으로 책의 개념이 바뀌고 정보의 저장과 검색이 놀라우리만치 쉬워진 환경에서 가능해졌다. 독자는 그야말로 사용자로서, 필요한 부분만 골라 읽을 수 있을 뿐 아니라 읽고 있는 텍스트의 일부를 잘라 내거나 읽던 텍스트에 다른 텍스트를 추가할 수도 있다. 독서가 거대한 정보의 바다에서 길을 잃지 않고 항해하는 것에 비유될 정도로 정보 처리적 읽기나 비판적 읽기가 중요하게 되었다.

① 텍스트를 잘라 붙이는 행위를 통해 원전의 개념이 모호해지고 읽기와 쓰기의 경계는 점차 허물어지겠군.
② 원저자의 허락 없이 함부로 정보를 복사하여 사용하다 보면 다른 사람의 글을 표절하는 경우도 생길 수 있겠군.
③ 기존의 종이 책을 전자 문서로 전환함으로써 지식의 검색과 활용의 범주가 확장되었겠군.
④ 표정 등의 비언어적 메시지를 표시하는 이모티콘, 동영상 텍스트의 출현은 꼼꼼히 읽는 묵독 시대로 회귀하는 현상으로 이해되는군.

19 다음 글을 통해 알 수 있는 내용으로 적절하지 못한 것은?

> 〈용비어천가〉는 '海東六龍이 ᄂᆞᄅᆞ샤'에서와 같이 한글과 한자를 혼용하였다. 이것은 한자와 한문을 많이 아는 사람을 주요 독자층으로 상정했기 때문이다. 이와 달리 〈월인천강지곡〉은 '솅世존尊'에서처럼 해당 한자음에 한자를 병행하여 적었고, 〈석보상절〉은 '世솅尊존'에서처럼 해당 한자에 한자음을 병행하여 적었다. 〈월인천강지곡〉과 〈석보상절〉에는 공통적으로 동국정운식 한자음이 사용되었다. 하지만 이것은 당시 우리나라에서 발음되지 않는 한자음을 표기하려 했기 때문에 현실적으로 수용되지 않았다. 〈월인천강지곡〉과 〈석보상절〉은 한자를 아는 사람뿐만 아니라 한자를 모르는 사람들까지도 독자층으로 상정하였다는 점에서는 같지만 누구를 주된 독자층으로 상정하느냐에 따라 구체적인 표기 방식이 달랐다. 〈월인천강지곡〉은 한자를 잘 모르는 독자, 즉 한글 창제를 통해 새로 확보하게 될 독자들을 우선적으로 고려한 방식으로 간행된 것이다.

① 〈용비어천가〉는 한자음을 한글로 밝혀 적는 방식을 채택했다.
② 〈석보상절〉은 서로 다른 부류의 예상 독자를 고려하여 표기했다.
③ 〈월인천강지곡〉은 확대될 독자층을 우선적으로 고려한 표기 방식을 채택했다.
④ 〈월인천강지곡〉과 〈석보상절〉에는 당시 우리나라에서 발음되지 않는 한자음을 표기했다.

20 다음의 내용을 분석한 것으로 적절한 것을 〈보기〉에서 모두 고르면?

> 지혜: 갑질은 개인의 도덕적 결핍과 성격적인 문제에서 비롯된다고 생각해. 권력을 가진 사람이 상대방을 존중하지 않고 자신만의 욕구를 충족시키려는 태도가 갑질로 이어지는 거야. 결국 도덕적 기준을 내재화하지 못한 개인의 문제라고 볼 수 있어. 강력한 처벌과 함께 도덕성을 높이는 캠페인이 필요하다고 생각해.
>
> 은표: 갑질의 원인은 구조적이고 제도적인 문제야. 회사나 조직에서 위계질서가 과도하게 강조되고, 권력의 집중이 허용되는 환경이 갑질을 키우는 주요 원인이지. 아무리 개인이 도덕적이어도 그런 구조 속에서는 권력을 남용하게 되기 쉬워. 갑질 문제를 해결하려면 개인이 아니라 조직의 문화를 바꾸고, 권력 남용을 견제하는 제도를 만들어야 해.
>
> 주안: 갑질의 핵심 원인은 사회적 불평등에 있어. 경제적 격차와 노동 시장의 불안정성은 상하 관계를 심화시키고, 약자가 강자의 횡포를 감내해야 하는 구조를 만들게 돼. 갑질을 근본적으로 없애려면 불평등을 완화하고 노동자의 권리를 강화해야 해. 단순히 개인의 도덕성이나 제도만으로는 해결이 어렵다고 봐.

보기

ㄱ. 지혜의 주장과 은표의 주장은 대립하지 않는다.
ㄴ. 지혜의 주장과 주안의 주장은 대립한다.
ㄷ. 은표의 주장과 주안의 주장은 대립하지 않는다.

① ㄱ　　② ㄴ
③ ㄷ　　④ ㄱ, ㄴ

제 02 일 적중의 지혜

01 〈공공언어 바로 쓰기 원칙〉에 따라 〈공문서〉의 ㉠~㉣을 수정한 것으로 적절하지 않은 것은?

공공언어 바로 쓰기 원칙

- 중복되는 표현을 삼갈 것
- 불필요한 피동형 사용을 지양할 것
- 주어와 서술어를 호응시킬 것
- 명사만 나열한 표현을 지양할 것

공문서

국립국어원

수신 서울특별시 시민건강국 식품정책과
(경유)
제목 공공언어 바로 쓰기 회의 참석 ㉠ 안내 알림

1. 귀 부처의 무궁한 발전을 기원합니다.
2. 우리 원은 공공기관에서 사용하는 언어를 국민이 쉽게 이해할 수 있도록 개선하기 위한 공공언어 바로 쓰기 ㉡ 회의가 다음과 같이 개최됩니다. 이에 따라 ㉢ 귀 부처에서 관련 부서 담당자의 참석을 요청드리오니 협조 부탁드립니다.
3. ㉣ 회의에서는 공공문서와 공공서비스 사용 용어 개선 방안, 정확하고 쉬운 언어 사용에 대한 지침 마련 등을 논의할 예정입니다. 회의 참석 가능 여부를 ○○월 ○○일(요일)까지 회신 부탁드립니다.

① ㉠ 안내
② ㉡ 회의를 다음과 같이 개최합니다
③ ㉢ 귀 부처에서 참석을 요청
④ ㉣ 회의에서는 공공문서와 공공서비스에서 사용하는 용어의 개선 방안, 정확하고 쉬운 언어 사용에 대한 지침 마련 등을 논의할 예정입니다.

02 다음 전제를 읽고 반드시 참인 결론은?

- 공기청정기를 구매한 사람은 청소기도 구매했다.
- 노트북을 구매한 사람 중에는 공기청정기를 구매한 사람도 있다.
- ______________________

① 노트북, 청소기, 공기청정기를 모두 구매한 사람은 없다.
② 노트북만 구매한 사람은 있을 수 없다.
③ 공기청정기를 구매하지 않고 청소기와 노트북을 구매한 사람이 있다.
④ 청소기는 구매했지만 공기청정기와 노트북을 구매하지 않은 사람이 있을 수 있다.

03 다음을 읽고 분석한 것으로 적절하지 않은 것은?

국어에서 부사어는 주로 서술어를 수식하여 그 의미를 보충하는 역할을 한다. '부사어'는 반드시 필요한 성분은 아니지만, '필수부사어'는 예외적으로 문장의 의미를 완전하게 만드는 데 필수적이다. 예를 들어, "그는 이국적으로 생겼다."에서 '이국적으로'는 부사어이지만, '생기다'라는 동사가 의미를 완전하게 전달하기 위해서는 반드시 필요한 성분이다.
A: 철수는 영이와 극장에서 만났다.
B: 형이 종이로 공룡 모형을 만들었다.
C: 그 아이가 불쌍하게 보였다.
D: 그들은 황무지를 녹지로 만들었다.

① A의 '영이와'는 필수부사어이다.
② B의 '종이로'는 필수부사어가 아니다.
③ C의 '보였다'는 필수부사어를 요구하는 한 자리 서술어이다.
④ D에서는 의미 변화 없이 목적어와 부사어의 순서를 바꿀 수 없다.

※ 다음 글을 읽고, 물음에 답하시오. [04-05]

하루가 다르게 새로운 기술이 우리의 생활을 변화시키고 있다. 바코드가 널리 사용되더니, 최근에는 RFID가 등장해 생활에 변화를 가져오고 있다. RFID란 무선주파수를 이용해서 정보를 인식하고 필요한 작업을 수행하는 기술을 말한다. 카드를 단말기에 대면 카드로부터 정보가 단말기로 전달되어 신분이 확인되고 출입문이 열리고 닫히는 것이 RFID가 적용된 예이다. 이 외에도 RFID는 교통 요금의 징수, 상품의 재고 관리 등에 활용되고 있는데, 앞으로 그 범위가 지속적으로 ㉠ <u>확대될</u> 전망이다.

RFID는 정보를 저장하고 있는 태그와 정보를 인식하는 단말기, 정보를 처리하는 컴퓨터 등의 장치에 의해 실현된다. 태그는 단말기에서 전파의 형태로 무선 신호를 보내오면 그에 ㉡ <u>반응해</u> 태그 내부에 저장되어 있는 정보를 단말기로 보내는 역할을 담당하는 부분이다. 이러한 기능은 태그에 있는 전자칩에 의해서 수행되는데, 전자칩은 반도체를 이용해서 만든 전자 회로이다. 단말기는 태그로부터 받은 정보를 ㉢ <u>해독해서</u> 컴퓨터로 보낸다. 그러면 컴퓨터는 자신의 데이터베이스에서 그 정보에 해당하는 자료를 찾아내 필요한 명령을 내리고 교통 요금 지불, 출입문 개폐 등의 작업이 수행되도록 한다.

RFID의 실용적 가치가 높아진 것은 전자칩의 소형화와 관련이 있다. 소형화는 반도체 기술의 발전 외에도 배터리 없는 전자칩의 개발로 가능해졌다. 만일 전류를 공급해 주는 배터리를 전자칩에 별도로 장착해야 했다면 소형화에 어려움을 겪었을 것이다. 현재의 전자칩은 단말기가 보내주는 전파에 의하여 형성되는 전류만으로도 작동된다. 이는 코일 주변에 자석을 갖다 대면 자기장에 의하여 전류가 유도되는 현상을 ㉣ <u>응용한</u> 것이다. 단말기에서 보내온 자기장에 의하여 태그 주변을 둘러싸고 있는 코일에서 전류가 발생하고 이 전류가 전자칩을 작동시킨다.

04 윗글을 이해한 내용으로 적절하지 <u>않은</u> 것은?

① RFID 기술은 무선주파수를 이용하여 정보를 인식하고 작업을 수행한다.
② RFID 시스템에서 태그는 정보를 저장하고 있다가 단말기의 신호에 반응하여 정보를 전송한다.
③ 전자칩의 소형화는 배터리 없는 전자칩의 개발과 반도체 기술의 발전으로 가능해졌다.
④ 태그의 전자칩은 배터리에서 공급되는 전류를 이용하여 작동한다.

05 윗글의 ㉠~㉣과 바꿔 쓸 수 있는 유사한 표현으로 적절하지 <u>않은</u> 것은?

① ㉠: 넓어질
② ㉡: 대응해
③ ㉢: 분석해서
④ ㉣: 변형한

06 〈보기〉에서 (나)의 대화가 (가)의 대화보다 더 원활하게 진행되는 이유로 가장 적절한 것은?

보기

(가)
진수: 광수 생일 선물로 시계가 어떨까?
지민: 난 시계는 별로야. 광수가 전부터 읽고 싶어 했던 책을 사 주자.

(나)
진수: 광수 생일 선물로 시계가 어떨까?
지민: 그거 좋은 생각이다. 하지만 시계는 조금 비쌀 것 같아. 광수가 평소 읽고 싶어 했던 책을 선물하는 건 어떨까?

① 상대의 말에 동의하면서 말하고 있기 때문이다.
② 상대가 부담을 느끼지 않도록 말하고 있기 때문이다.
③ 자신의 의견을 직설적이고 솔직하게 말하고 있기 때문이다.
④ 상대방의 말에 끼어들지 않거 순서를 지켜 말하고 있기 때문이다.

07 ㉠을 강화하는 사례를 모두 고른 것은?

어떤 집단의 특성을 드러내고, 집단들 사이의 특성을 비교하기 위해 흔히 사용되고 있는 것이 평균값이다. 이는 우리가 일상적으로 '평균 연령', '평균 신장', '평균 점수' 등의 용어를 자주 사용하고 있는 데에서 잘 드러난다. 예를 들어 우리는 어떤 지역 사람들의 평균 수명이 다른 지역 사람들의 평균 수명보다 월등하게 높다는 것을 이유로 '장수마을'이라는 명칭을 붙이기도 하고, 이 지역 사람들은 대체로 오래 살 것이라 생각한다. 이렇게 평균값을 사용하여 어떤 집단의 특성을 드러내는 것은 편리하고 유용한 방식이라고 할 수 있다. 그러나 ㉠ <u>어떤 속성에 대한 평균값만으로 그 속성에 관한 집단의 실상을 드러내는 데에는 한계가 있다</u>.

보기

ㄱ. A지역의 평균 소득은 매우 높지만, 그 지역 사람들 대부분은 빈곤하다.
ㄴ. B지역 사람들의 평균 수명은 짧지만, C지역 사람들의 평균 수명은 그렇지 않다.
ㄷ. D지역의 평균 기온은 25도 내외지만, 그 지역 사람들 대부분은 수영을 하지 못한다.

① ㄱ　② ㄱ, ㄴ
③ ㄴ, ㄷ　④ ㄱ, ㄴ, ㄷ

08 〈보기 1〉의 내용을 참고할 때, 〈보기 2〉의 지혜가 내야 하는 벌금으로 올바른 것은?

보기 1

ㅇㅇ시에서 과태료를 부과하고 있는 반려동물 정책 관련 정보를 안내해 드립니다.

구분	대상	위반 회차	과태료(원)
반려동물 배설물 수거	외출 시 반려동물의 배설물을 수거하지 않은 자	1차	50,000
		2차	70,000
		3차	100,000
반려동물 등록	반려견의 정보(소유자의 전화번호, 주소, 동물 실종·되찾음 등)를 등록하지 않거나 정보 변경 신고를 하지 않은 자	1차	200,000
		2차	400,000
		3차	600,000
외출 시 목줄 착용	반려견 동반 외출 시, 반려견에게 목줄(또는 가슴줄)을 착용시키지 않은 자	1차	200,000
		2차	300,000
		3차	500,000

※ 과태료 연체 시 아래와 같이 연체료를 추가 부과함
- 납부 마감일~7일 경과: 5%
- 8일 경과~14일 경과: 10%
- 15일 경과~21일 경과: 15%
- 22일 경과~28일 경과: 20%

보기 2

지혜는 반려동물 정책 위반으로 2023년 3월 2일까지 과태료를 납부하라는 고지서를 전달받았으나, 이를 뒤늦게 확인하여 2023년 3월 17일에 과태료를 납부하려고 한다. 지혜는 3개월 전 반려견을 입양하였으나 아직 자신의 주소와 전화번호를 관련 기관에 등록하지 않았고, 가슴줄을 채우지 않은 반려견을 안고 공원을 산책하였으며 공원에서 반려견의 배설물을 치우지 못하였다. 지혜는 작년에도 한 번 배설물을 수거하지 않아 과태료를 낸 적이 있다.

① 470,000원　　② 490,000원
③ 513,500원　　④ 540,500원

09 ㉠에 대한 대답으로 가장 적절한 것은?

세상에 존재하는 미생물의 종류는 매우 많다. 그 많은 미생물 중 어느 것이 체내에 유입되어 질병을 일으킬지 알 수 없기 때문에 우리 몸에 항체를 모두 준비해 둘 수는 없다. 따라서 우리 몸의 면역계는 유전의 방법이 아니라, 외부에서 미생물이 침입했을 때 이를 정확하게 인식하고 그에 맞는 항체를 만들어 내는 과정을 통해 면역력을 획득한다. 면역력이 유전되지 않는다는 것은 사람을 노리는 미생물에게는 20~30년을 주기로 항체를 갖추지 못한 신천지가 새로 제공된다는 것을 뜻한다. 이것만 고려한다면 인간 집단은 주기적으로 급감하는 추세를 보여야 한다. 하지만 다행스럽게도 실제로 그런 일이 나타난 경우는 많지 않다. ㉠ <u>왜 그럴까?</u> 이는 인간과 인간에 기생해야만 살아갈 수 있는 미생물 사이에 모종의 공존 계약이 맺어졌기 때문이다. 실제로 한 지역에서 오랜 세월 동안 질병을 일으키는 미생물과 숙주가 공존하는 경우, 초기에는 매우 강력한 독성을 지니던 전염병이었을지라도 나중에는 주로 면역력이 약한 어린아이에게만 감염되는 풍토성 질병으로 변하곤 한다. 학자들은 이를 숙주에 기생하는 미생물과 기생생물을 퇴치하려는 인간 사이에 일어나는 진화적 적응의 결과로 보고 있다.

① 면역력이 유전되지 않기 때문이다.
② 어떤 미생물은 인간에게 기생해야 생존할 수 있기 때문이다.
③ 미생물이 체내에 유입되어 질병을 일으킬지 알 수 없기 때문이다.
④ 매우 강력한 독성을 지니는 전염병은 면역력이 강한 체내에 유입될 수 있기 때문이다.

10 다음 글에서 설명하고 있는 오류의 사례를 모두 고른 것은?

인신 공격의 오류는 상대방의 주장을 논리적으로 반박하는 것이 아니라, 그 주장을 하는 사람의 인격, 배경, 직업, 또는 과거 행적 등을 비난함으로써 그 주장이 틀렸다고 결론 내리는 오류이다.

보기

㉠: 김 의원이 발의한 그 법안은 엉터리임이 틀림없다. 그는 과거에 음주 운전 경력이 있는 사람이 아닌가.
㉡: 그 책은 베스트셀러다. 왜냐하면 우리나라에서 가장 많이 팔린 책이기 때문이다.
㉢: 저 교수의 새로운 물리학 이론은 들을 필요도 없어. 그는 평소에 옷 입는 스타일이 괴팍하기로 유명해.
㉣: 우리가 지금 학생들의 휴대폰 사용을 허용한다면, 그들은 곧 수업 시간에 게임을 할 것이고, 결국 학교 질서가 완전히 무너질 것이다.

① ㉠, ㉡　　② ㉠, ㉢
③ ㉠, ㉢, ㉣　　④ ㉡, ㉢, ㉣

11 다음 결론이 반드시 참이기 위해 추가되어야 할 전제는?

> • 모든 거짓말쟁이는 사기꾼이 아니다.
> • [ ]
>
> 결론: 어떤 양치기소년은 거짓말쟁이가 아니다.

① 어떤 양치기소년은 사기꾼이다.
② 모든 양치기소년은 사기꾼이 아니다.
③ 모든 양치기소년은 거짓말쟁이다.
④ 사기꾼 중에 양치기소년인 사람은 없다.

12 다음 글의 ㉠과 ㉡에 대한 평가로 적절하지 않은 것은?

> 창업 성공을 위해서는 몇 가지 조건을 고려해야 한다. 먼저 창업가들은 타깃 고객을 명확히 선정하고, 자신들의 혁신 제품이 가진 가치를 새롭게 정의해 제안해야 한다. ㉠ 타깃 고객이 너무 넓으면 가치 제안이 충분한 관심을 끌지 못하고, 타깃 고객이 너무 좁으면 매출의 확장성에 한계가 있다. 또 창업기업은 자신이 속한 세분시장에서 경쟁자들보다 유리한 위치를 확보해야 한다. 즉, ㉡ 창업 기업은 파이 만들기와 파이 나누기에서 승리해야 한다. 즉 가치 창출로 세분시장을 창출하고, 이 세분시장이 가진 파이를 얼마나 확보하는가는 다른 기업이 갖지 못한 차별화된 가치를 제공하는 능력에 달렸다.

① 타깃 고객을 세분화하여 맞춤형 마케팅 전략을 사용한다면 ㉠은 약화된다.
② 타깃 고객이 넓으나 각 고객군에 맞는 독특한 가치 제안을 제공하지 못한다면 ㉠은 강화된다.
③ 다른 기업들이 이미 세분시장을 선점하고 있고, 창업 기업이 차별화된 가치를 제공하지 못한다면 ㉡은 강화된다.
④ 협력적인 생태계를 구축하여 여러 기업과 함께 파이를 키우고 공정하게 배분한다면 ㉡은 강화된다.

※ 다음 글을 읽고 물음에 답하시오. [13-14]

> 경제 불평등은 어떻게 해결할 수 있을까? 로빈후드 각본이라고 불리는 방법은 막대한 부를 소유한 사람에게 세금을 통해 돈을 걷어 가난한 사람에게 나눠 주는 것을 말한다. 가령 수조 원대의 자산가에게 10억 원을 받아 형편이 어려운 100명에게 천만 원씩 나눠 준다고 가정해 보자. 그 자산가에게 10억 원이라는 돈은 크게 아쉽지 않지만, 형편이 어려운 사람들에게 천만 원이라는 돈은 무척 소중하다. 따라서 이런 재분배 방식을 통해 사회 전체의 공리는 상승하여 최대화되는 것이다. 이런 로빈후드 각본은 두 가지 방식으로 비판 받을 수 있다. 첫 번째는 자산가들에게 많은 세금을 부과해 재분배하는 방식이 자산가의 일과 투자에 대한 의욕을 꺾어 생산성의 감소로 이어질 수 있다는 것이다. 이렇게 생산성이 감소한다면, 사회 전체의 경제 이익이 줄어 전체 공리도 감소할 것이다. 따라서 로빈후드 각본은 사회 전체의 공리를 최대화하는 데 적합하지 않다. 두 번째는 부자에게 세금을 부과해 가난한 사람들을 돕는 행위가 기본권을 침해할 수 있다는 것이다. 자산가가 동의하지 않은 상태에서 그의 돈을 가져가는 행위는 자산가의 자유를 침해하는 강압 행위이다. 자유는 조금도 침해 될 수 없는 절대적 가치이며 다수를 위해 소수의 희생을 강요하는 것은 절대 불가하다. 따라서 로빈후드 각본에 의한 부의 재분배는 인간의 기본권을 훼손하는 것이다.

13 윗글을 잘못 이해한 것은?

① 사회 전체 공리가 감소한다는 것이 첫 번째 비판의 핵심이다.
② 로빈후드의 각본은 경제 불평등을 해결하려는 의도였다.
③ 자유의 침해는 사회 전체의 이익을 감소시키므로 절대 불가하다.
④ 로빈후드 각본은 생산성 감소를 고려하지 않은 이론이다.

14 윗글의 주장을 약화시킬 자료로 옳은 것은?

① 최근 세금 감면 정책으로 당해 연도 실업률이 줄어들었다.
② 출산 장려 정책은 여성 인권 보호 강화와 병행해야 한다.
③ 국가의 시장 개입 확대는 기업가 정신을 훼손한다.
④ 경제 불평등 지수가 개선될수록 성장률이 올라간다.

15 다음 글에서 필자가 문장력을 기르기 위해서 권장하는 방식은?

> ‘손에 잡히는 대로 책을 읽어라’라는 말이 있다. 여기서 말하는 ‘손에 잡히는 대로’는 단순히 독서량을 늘리라는 말이 아니다. 손에 잡히는 대로 읽는다는 것은 ‘좋고 싫고를 가리지 말고, 다양한 장르의 다양한 책을 읽어라. 이것이 문장을 통달하는 제일 빠른 길이다’라는 의미이다. 이는 독자로서의 자신을 다시 발견하는 계기도 된다. 다만 한 가지 조건이 있다. 독자로서 좋고 싫음에 사로잡히는 부분을 경계해야 한다는 것이다.
>
> 먼저 책을 선택할 때 그동안 읽지 않은 장르나 읽지 않은 작가의 책을 손에 잡히는 대로 읽는 것이 좋다. 다만, 책을 읽을 때는 한 명의 독자로서 책의 어떤 부분이 좋고 싫은지를 명확히 생각하며 읽는 것이 좋다. 즉 ‘이 문장은 좋네’라든가 ‘이렇게 돌려 말하는 방식은 싫어’라는 자신의 감정을 소중하게 여기는 것이다.
>
> 이때 중요한 점은 좋은 문장, 나쁜 문장이라고 생각하는 것이 아니라 철두철미하게 주관적으로 좋은가 싫은가를 따져야 된다는 것이다. 이렇게 좋고 싫음을 확실하게 하면서 ‘작가로서의 자신’을 발견할 수 있다. 자신이 어떤 문장을 쓰고 싶어 하는지 그 경향이 명확해지기 때문이다.
>
> 좋은 문장, 나쁜 문장이라는 틀에 사로잡혀 있으면 아무래도 ‘공부’라는 의식이 강해진다. 개인적으로 좋아하지 않는 문장에 대해서도 ‘이전 문호가 쓴 훌륭한 문장이니까 참고로 삼아야 한다’고 생각하게 된다. 미술을 예로 들면 알기 쉬울 것이다. ‘교과서에서 본 적이 있어’라든가 ‘이름을 들어 본 적이 있으니까 좋은 작품이다’라고 생각하는 사람이 많다. 이는 자신이 좋고 싫음을 판단하기보다 세간의 평가를 우선하는 것이다.
>
> 같은 방식으로 문장을 접하면 어떻게 될까? 어느새 ‘나는 어떤 문장을 쓰고 싶은가’라는 내적 욕구보다 ‘나는 어떤 문장을 써야 하는가’라는 외적 요청에 따르게 된다. 그렇게 되면 쓰면서도 재미있지 않고 공부도 오래 이어지지 못하게 된다.
>
> 한편 좋아하는 문장, 싫어하는 문장을 나누는 방식으로 생각해 보면 자신이 어떤 문장을 목표로 삼고 있는지 작가로서 어떤 자세를 취하고 싶은지 명확해진다.

① 글쓰기의 전문가가 쓴 책을 최대한 많이 읽는다.
② 유명한 작가가 쓴 문장을 많이 외울수록 좋다.
③ 책을 읽으면서 자신이 좋아하는 문장과 싫어하는 문장을 가려 본다.
④ 문장의 좋고 나쁨을 판단하면서 글을 읽는다.

16 다음 글의 논지 전개 방식에 대한 설명으로 가장 적절한 것은?

> P2P(peer to peer)란 인터넷에서 이루어지는 파일 공유 기술 및 행위를 말한다. P2P의 편리성에도 불구하고 각종 P2P 서비스가 보편화되면서 참으로 풀기 어려운 문제도 속속 등장하고 있다. P2P가 음악, 영화 등 디지털 저작물과 각종 음란물의 불법 복제 및 불법 유통의 통로이고, 이로 인한 저작권 침해와 각종 음란물의 범람, 바이러스의 확산 등의 문제가 불거진 것은 어제오늘의 이야기가 아니지만 근본적인 해결점을 찾기란 어려워 보인다. P2P는 그 자체로 딜레마가 아닐 수 없다. 개인과 개인의 자유로운 정보 공유라는 인터넷의 기본 정신에 가장 부합하는 인터넷 서비스가 P2P이지만 이를 무제한으로 허용할 경우 인터넷 세상은 보다 혼탁해지고 네트워크는 접속의 체증 현상으로 더욱 몸살을 앓게 될 것이기 때문이다. 따라서 일각에서는 P2P에 대한 규제가 필요하다는 의견이 나오고 있다. 파일의 기호화나 온라인 등록제 등의 기술적 대응으로 저작권을 보호하고, 인터넷 종량제 실시로 P2P로 인한 네트워크 병목 현상을 해소하자는 의견 등이 바로 그것이다. 그러나 이러한 방안들은 근본적 한계가 있는 만큼 P2P 사용자들의 자발적인 관심과 문제 해결을 위한 노력이 무엇보다도 중요하다.

① 중심 화제에 대한 공통점과 차이점을 균등하게 배분하여 제시하고 있다.
② 낯선 중심 화제에 대해 설명하기 위해 독자들이 친숙해 하는 다른 예시를 바탕으로 연결지어 설명하고 있다.
③ 중심 화제에 대한 개념 설명을 바탕으로 중심 화제와 관련된 예시를 제시하여 독자들의 이해를 높이는 구조로 이루어져 있다.
④ 중심 화제에 대한 문제를 먼저 제시하여 독자들에게 문제의 심각성을 알리고, 이에 대해 해결 방안을 제시하는 구조로 이루어져 있다.

17 다음 글에 대한 설명으로 적절하지 <u>않은</u> 것은?

> 오늘날 전 세계적으로 맨손으로 음식을 먹는 인구가 약 4할, 나이프와 포크로 먹는 인구가 약 3할, 젓가락을 사용하는 인구가 약 3할이라 한다. 그러나 처음에는 어느 민족이나 모두 음식을 손으로 집어 먹었다. 포크가 전 유럽에 보편화된 것은 18세기에 이르러서였다. 16세기 사상가 몽테뉴가 너무 급하게 먹다가 종종 손가락을 깨물었다는 기록으로도 당시에 손가락이 사용되었음을 알 수 있다.
>
> 그러나 동아시아 지역에서는 손으로 음식을 먹는 일이 서양보다 훨씬 일찍 사라졌다. 손 대신에 숟가락을 쓰기 시작했고, 이어서 젓가락을 만들어 숟가락과 함께 썼던 것이다. 그러다가 우리나라 고려 후기를 즈음해서 중국과 일본에서는 숟가락을 쓰지 않고 젓가락만 쓰기 시작했다. 선조 때의 윤국형은 임진왜란 때 조선에 온 중국인들이 상하를 막론하고 숟가락을 쓰지 않는 것을 보고 기이하게 생각하였고, 일본에 다녀온 신숙주도 일본에는 젓가락만 있고 숟가락이 없는 것을 특별히 기록으로 남겨 놓았다.
>
> 우리는 지금도 숟가락을 밥상 위에 내려놓는 것으로 식사를 마쳤음을 나타낼 정도로 숟가락은 식사 자체를 의미하였다. 유독 우리나라에서만 숟가락이 사라지지 않은 것은 음식에 물기가 많고 또 언제나 밥상에 오르는 국이 있었기 때문인 듯하다. 우리의 국은 국물을 마시는 것도 있으나 대개는 건더기가 많고 밥을 말아 먹는 국이다. 고려 후기에는 고기를 물에 넣고 삶아 그 우러난 국물과 고기를 함께 먹는 지금의 설렁탕, 곰탕이 생겨났다. 특히 국밥은 애초부터 밥을 국에 말아 놓은 것인데 이런 식생활 풍습은 전 세계에 유일한 것이라고 한다. 그래서 우리는 젓가락과 숟가락을 모두 사용하여 식사를 하는 유일한 민족이 되었다.

① 핵심 소재가 되는 용어를 반복적으로 사용하고 있다.
② 숟가락 문화에 대한 역사적 인식에 따라 논지를 전개하고 있다.
③ 손가락을 사용한 음식 문화의 예시를 제시하여 이해를 돕고 있다.
④ '그, 이런, 그래서' 등의 응집성을 높이는 표현을 통해 하나의 일관된 주제를 나타내고 있다.

18 다음 진술이 모두 참일 때, 반드시 참인 것은?

> • 김 대리가 보고서를 작성하면, 이 대리도 작성한다.
> • 이 대리가 보고서를 작성하면, 최 대리도 작성한다.
> • 최 대리가 보고서를 작성하지 않으면, 박 대리도 작성하지 않는다.

① 이 대리가 보고서를 작성하면, 김 대리도 작성한다.
② 최 대리가 보고서를 작성하지 않으면, 김 대리도 작성하지 않는다.
③ 김 대리가 보고서를 작성하지 않으면, 박 대리도 작성하지 않는다.
④ 김 대리가 보고서를 작성하면, 박 대리도 작성한다.

19 다음 글에 대한 평가로 적절하지 <u>않은</u> 것은?

> 월트 디즈니는 아기돼지의 행동을 통해 개성을 부여했다. 이전 작품들은 단순한 선과 악의 이분법으로 인해, 덩치가 크고 험악하게 생긴 악한이 작고 귀여운 영웅을 괴롭히다 영웅에게 당하고 만다는 간단한 에피소드 중심이었던 데 비해, 〈세 마리의 아기돼지〉에서는 돼지를 잡아먹으려는 이리의 음흉함, 그리고 각기 다른 성격의 돼지들이 이리에게서 탈출하는 이야기가 정교하게 조립되어 있었다. 게다가 단순히 사운드 트랙으로 삽입된 음악이 아니라, 작품의 주제나 이야기를 명확하게 전달하도록 도와주는 주제가의 히트는 이후 디즈니 애니메이션의 전범(典範)을 창출했다. 세 마리의 아기돼지가 부른 노래 '누가 악한 늑대를 두려워할까?(Who's afraid of the Big Bad Wolf?)'는 대공황을 벗어나려는 루즈벨트의 뉴딜 정책과 맞물려 미국인들의 희망찬 분위기를 암시하는 노래로 미국 전역에 울려 퍼졌다. 〈세 마리의 아기돼지〉의 큰 성공은 장편 애니메이션이 시작될 수 있는 터전을 조성했다.

① 장편 애니메이션으로서 〈세 마리의 아기돼지〉가 지닌 의의를 나열하고 있다.
② 〈세 마리의 아기돼지〉에서 아기돼지들의 개성을 구현한 방식을 제시하고 있다.
③ 〈세 마리의 아기돼지〉 이전의 디즈니 작품과 〈세 마리의 아기돼지〉의 서사 구조를 비교하고 있다.
④ 〈세 마리의 아기돼지〉에서 음악과 작품의 주제 사이의 연관성을 설명하고 있다.

20 다음 글의 중심 주제로 가장 적절한 것은?

> 금융 실명제란 본인의 이름으로 예금이나 주식을 거래하고 이에 발생하는 소득에 대해서 종합 과세를 하자는 제도이다. 이 제도의 취지는 건전한 금융 질서를 정착시켜 공정한 경제 풍토를 이루고, 종합 과세를 실시하여 조세 부담의 형평성을 높이자는 데 있다. 하지만 지난 1993년 도입된 이래 이 금융 실명제는 무기명과 가명 계좌의 사용을 금지하고 있을 뿐 타인과 합의 시 차명 계좌를 사실상 허용하고 있어 반쪽짜리 제도에 불과하다는 비판을 받아왔다. 더욱이 차명 거래를 한 경우에도 예금의 실질 소유자나 명의 대여자에 대한 제재 규정이 전혀 없어 실효성에 의문이 제기되고 있는 상황이다. 사정이 이렇다 보니 차명 계좌는 그동안 각종 비자금 조성과 편법 상속 · 증여, 범죄 자금 은닉의 검은 온상으로 지목되어 왔다. 이에 따라 고소득자들의 불법 자금 사용처로 활용되는 등 부작용이 이어지면서 제도 개혁에 나서야 한다는 지적이 꾸준히 제기되고 있다. 이러한 폐해를 막기 위해서는 금융 실명제의 개혁이 필요하다. 제도 변화를 위해서는 무엇보다 기득권자들의 반대를 설득해 나가는 과정과 국민적 공감대를 모으는 일이 절실히 요구된다.

① 금융 실명제 시행은 당위성을 갖고 있고, 시대적인 요청을 받고 있다.
② 금융 실명제는 폐단이 있으며 제도 개혁이 필요하다.
③ 금융 실명제 개혁의 실효성을 모색하고 기대 효과를 검토해야 한다.
④ 금융 실명제는 실행에 대한 재검토가 필요하다.

01 다음 〈보기〉의 ㉠, ㉡의 예가 모두 올바르게 짝지어진 것은?

보기

자음과 자음이 결합하면 음운 변동이 잘 일어난다. 이때 흔히 일어나는 음운 변동으로 자음 동화를 들 수 있다. 자음 동화는 한 자음이 인접한 자음의 특성에 닮아 가는 음운 변동이다. 자음 동화는 ㉠ 앞 자음의 특성에 뒤 자음이 닮는 것과 ㉡ 뒤 자음의 특성에 앞 자음이 닮는 것으로 나눌 수 있다.

	㉠	㉡
①	달+님 → [달림]	작+년 → [장년]
②	국+물 → [궁물]	칼+날 → [칼랄]
③	달+님 → [달림]	능+력 → [능녁]
④	국+물 → [궁물]	능+력 → [능녁]

※ 다음 글을 읽고, 물음에 답하시오. [02-03]

방언이 지역적 혹은 사회적 요인에 의해 나타나는 언어 변이라면, 화체(話體 · style)는 격식의 정도 차이에 따른 ㉠ 언어 변이를 의미한다. 사람들은 말을 할 때에 때로는 매우 편하게, 때로는 매우 조심스럽게 말하기도 한다. 그러므로 조심스러운 화자는 다른 사람들이 어떻게 반응할 것인가를 염두에 두고 화체를 선택하게 된다. 라보프(Labov)는 피험자(조사를 받는 사람)가 인터뷰 도중에는 격식적인 화체를 쓰다가 갑자기 방으로 들어 온 아이에게 말할 때나 인터뷰를 하는 사람에게 커피를 건넬 때에 비격식 화체를 쓰는 것을 발견했다. 또한, 그는 피험자로 하여금 일정한 양의 글이나 일련의 어휘들을 읽게 함으로써 읽기 전보다 격식적인 화체를 이끌어 내었다. 그리고 피험자에게 감성적인 이야기를 하도록 하여 비격식적인 화체를 이끌어 내었다. 이렇게 하여 그는 화체가 3~4단계로 변하는 것을 알게 되었다.

이러한 화체적 변이는 청자 지향적 계획(audience design)과 조정(accommodation)으로 설명할 수 있다. 한 가지 이상의 변이형을 사용할 줄 아는 화자는 청자에게 맞추어 말의 단계를 선택한다. 이를 청자 지향적 계획이라고 한다. 가령, 라디오 아나운서는 자신의 화체를 청중에게 맞추어 선택하게 되며, 동일한 아나운서라도 뉴스를 말할 때와 대중 음악 방송에서 노래를 소개할 때는 각각 다른 화체를 선택하게 된다. 특정한 청중에게 맞는 화체를 선택함으로써 그 아나운서는 자신과 청중을 하나로 만들거나 동일한 집단에 속한다는 의식을 나타내는 것이다.

02 윗글에서 추론한 내용으로 적절하지 않은 것은?

① 같은 사람이라도 상황에 따라 서로 다른 화체를 사용할 수 있다.
② 화자는 청자와의 관계나 상황을 고려하여 화체를 선택한다.
③ 감성적인 이야기를 할 때는 격식적인 화체보다 비격식적인 화체가 나타날 가능성이 높다.
④ 화체의 변이는 지역적 요인보다는 사회적 요인에 의해서만 발생한다.

03 윗글의 내용으로 보아 ㉠이 일어나는 이유로 가장 적절한 것은?

① 화자가 청자를 고려하여 말을 하기 때문이다.
② 시간의 흐름에 따라 세대 차이가 발생하기 때문이다.
③ 특정한 공간에서 사용하는 특수어가 생겨나기 때문이다.
④ 새로운 사물들이 생겨나 새로운 어휘가 필요하기 때문이다.

04 다음 글의 ㉠에 해당하지 않는 사례는?

생물학에서 공생이란 일반적으로 종류가 다른 생물이 같은 곳에서 살며 서로에게 이익을 주며 함께 사는 일을 의미하지만, 공생의 종류 중에는 한 개체가 일방적으로 피해를 보는 경우도 있다. 공생은 영향을 주고받아 형성하는 이해(利害)관계를 기준으로 상리 공생, 편리 공생, 편해 공생으로 나눌 수 있다. 먼저, 상리 공생은 천적에게서 서로를 보호하는 말미잘과 흰동가리의 관계처럼 개체 A와 개체 B가 서로 이익을 얻는 공생 관계이다. 다음으로, ㉠ 편리 공생은 고래의 몸에 붙어 서식하기 편한 환경으로 이동하는 따개비처럼 개체 B만 개체 A에게서 이익을 얻고 개체 A는 개체 B에게서 이익이나 손해 무엇도 받지 않는 공생 관계이다. 마지막으로, 편해 공생은 편리 공생과 반대로 개체 B만 개체 A에게서 피해 또는 손해를 입고 개체 A는 개체 B에게서 이익이나 손해를 입지 않는 공생 관계이다. 진딧물이 초식 동물에게 먹히거나, 먹이를 빼앗기는 피해를 입는 것과 달리 초식 동물은 진딧물에게서 어떤 이익이나 해도 입지 못하는 상황 등이 여기에 속한다.

① 복도에서 뛰는 아이들 틈에 있던 탓에 다 같이 벌을 받게 되었다.
② 짝이 자주 결석하는 탓에 짝의 자리까지 독차지하여 자리를 넓게 쓰는 날이 많았다.
③ 선생님께 관심을 많이 받는 친구 덕에 덩달아 관심을 받아 기분이 좋았다.
④ 옆자리 교사가 책상에 꽃 화분을 여러 개 두어 매일 예쁜 꽃을 구경할 수 있었다.

※ 다음 글을 읽고, 물음에 답하시오. [05-06]

서양에서는 왜 동양에 비해 약 1,200년이나 지난 뒤에야 풍경화가 그려진 것일까? 이것은 결코 우연한 결과가 아니다. 동양과 같은 전원적(全元的) 일원론*의 우주관이 결여되었던 서양에서는 풍경화가 애초부터 중요시될 수 없었다. 그들 문화권에서 자연성이란 신성(神性)과 반대 개념으로 이해되었고, 인간과 자연도 대립 관계로 생각되었다. 또한 신과 인간도 합치될 수 없는 분리 개념으로 이해되었다. 이 때문에 서양 정신은 그 오랜 세월 동안 이원론적 대립과 분리의 한계를 넘어설 수가 없었다.

이와 같은 사유 형태는 미술에도 절대적인 영향을 끼쳐 풍경화가 정당한 가치를 인정받으며 출현할 수 없는 문화 배경으로 작용하였다. 그리하여 중세와 르네상스의 미술은 거의 모두가 신과 인간을 주제로 한 것들이다. 특히 중세의 본격적인 회화 작품에서 풍경화란 전무하다. 신성과 반대되는 개념으로 자연성을 바라본 중세 정신 속에서 ㉠ 도저히 자연 풍경이 주제가 될 수는 없었을 것이다. 그러다가 르네상스로 넘어오면서부터 극히 예외적으로 작품의 주제를 살리기 위해 자연 풍경을 배경으로 도입하고 있는 작품을 몇몇 볼 수 있다. 이는 16세기에 종전의 신(神) 중심적 권위가 인간의 세속적 권위로 서서히 바뀌면서 자연에 대한 태도 역시 중세와 같은 폐쇄적인 생각이 사라지고 점차 열린 생각이 대두되었기 때문이다. 그러나 인간 중심적, 자아 중심적 세계관이 지배하고 있던 서양에서 미술의 중심 주제는 여전히 인간일 수밖에 없었다.

* 전원적(全元的) 일원론: 우주와 인간과의 합일성을 주장하면서, 실체와 현상의 이분을 허용치 않는 관점

05 다음 글의 논지를 강화하는 것으로 가장 적절한 것은?

① 동양의 산수화에서는 인물이 자연 속에 작게 그려지며, 이는 인간을 자연과 일체로 보는 사상을 반영한 것이다.
② 중세 유럽의 회화는 대부분 성경 속 인물이나 성인(聖人)을 주제로 했으며, 배경에도 건축물이나 금색 장식이 주를 이루었다.
③ 르네상스 시대의 레오나르도 다 빈치는 자연을 정밀하게 관찰하고 기록했으며, 이는 과학적 탐구 정신이 발달했음을 보여준다.
④ 17세기 네덜란드에서는 풍경화가 독립된 장르로 확립되었으며, 상인 계층이 이러한 그림의 주요 구매자였다.

06 다음 글을 참고할 때, 윗글의 ㉠과 유사한 사례로 적절하지 않은 것은?

어떤 낱말 다음에는 의미적으로 반드시 그 낱말과 보조를 같이하는 낱말이 와야 하는데, 이를 어휘적 호응이라고 한다.

① 그 문제는 풀기가 매우 어렵다.
② 현민이는 게으름을 절대로 피우지 않는다.
③ 민정의 소식에 대해 도무지 들은 바가 없다.
④ 우리는 모름지기 정의 실현을 위해 힘써야 한다.

07 〈보기〉의 ㉠~㉢을 뒷받침할 수 있는 대화의 예를 제시한 것으로 적절하지 않은 것은?

보기

국어에서는 '이, 그, 저' 혹은 '이, 그, 저'가 결합된 합성어가 자주 쓰인다. 이들의 기능은 대략 세 가지로 나눌 수 있다.

첫째, ㉠ 대화의 장면에서 듣는 이가 그 대상을 눈으로 확인하여 찾게 하는 기능이다. 둘째, ㉡ 대화 장면에서는 찾을 수 없지만 화자와 청자가 공유하는 경험이나 지식을 바탕으로 추론을 통해 해당 대상을 찾게 하는 기능이다. 셋째, ㉢ 앞에서 말해졌거나 뒤에서 말해질 내용에서 그 대상을 찾게 하는 기능이다. ㉠, ㉡을 가진 말은 지시 표현이라고 하고, ㉢을 가진 말은 대용 표현이라고 한다.

① ㉠ A: 모레 우리 어디서 만나면 좋을까요?
B: 저기서 만나요. 조용하고 편안할 것 같아요.

② ㉠ A: 우리 이 영화 보자. 보고 온 친구가 정말 재미있대.
B: 좋아. 나도 인터넷 찾아봤는데, 평이 좋더라.

③ ㉡ A: 올해 학생 수련회 어디로 갈까?
B: 작년에 갔던 거기가 괜찮았으니까 또 가자.

④ ㉡ A: 그거 알아요? 제가 당신을 사랑해 왔다는 거.
B: 고마워요. 저도 사실은 당신을 사랑해 왔어요.

08 〈보기〉의 ㉠~㉣을 고쳐 쓰기 위한 방안으로 적절하지 않은 것은?

보기

지역 축제 문화 이대로 좋은가?

지역 축제는 지역의 특색을 홍보하고 지역주민의 결속을 ㉠ 다지면 경제적 효과도 거둘 수 있는 일종의 문화 산업이라고 할 수 있다. 이런 까닭으로 자치 단체들은 앞다투어 다양한 축제를 개최하고 있다. ㉡ 최근 다양한 형태의 지역 축제가 새롭게 등장하고 있으며, 자치 단체에서는 지역의 특색을 살리려고 애쓰고 있다. 특산물 홍보를 위한 축제, 문화재를 활용한 축제, 지역 산업 활성화를 위한 영상 문화 축제 등이 그것이다.

㉢ 문제는 이러한 지역 축제가 무분별하게 치러지고 있다는 점이다. 치밀한 준비 과정 없이 일단 ㉣ 벌리고 보자는 식으로 시행하다 보니 외지인의 호응도 적고 지역주민의 참여도 저조하다.

지역 축제를 활성화하고 정착시키기 위해서는 주제가 중복되는 축제를 줄이고, 지역 주민이 적극적으로 참여하는 축제 문화로 만들어가야 한다.

① ㉠은 문맥상 어색하므로 '다질 뿐만 아니라'로 수정한다.
② ㉡은 앞의 내용을 반복하고 있으므로 생략한다.
③ ㉢은 앞 문장의 내용을 뒷받침하고 있으므로 앞 문단에 이어 준다.
④ ㉣은 '일을 펼치다'의 뜻이 담긴 어휘가 되어야 하므로 '벌이고'로 고친다.

※ 다음 글을 읽고 물음에 답하시오. [09-10]

보호무역주의는 국가가 자국의 산업이 다른 국가들에 의한 불공정 경쟁으로 피해를 입고 있다고 생각하는 경우에 사용된다. 보호무역주의는 방어적 조치이며, 대개 정치적인 동기를 가지고 있다. 그것은 단기적으로는 종종 효과를 볼 수 있으나 장기적으로는 대개 의도하는 바와 정반대의 효과를 낳는다. 그 국가와 그 국가가 보호하고자 하는 산업이 국제 시장에서 경쟁력이 떨어지도록 만들 수 있다는 점에서 그러하다. 국가는 자국의 무역을 보호하기 위한 다양한 방법들을 사용한다. 그중 한 가지 방법은 관세를 법으로 정하여, 수입품에 세금을 부과하는 것이다. 이로 인해 수입된 제품은 가격이 즉시 오르게 되어 국내에서 생산된 제품과 비교할 때 경쟁력이 떨어지게 된다. 이것은 많은 제품을 수입하는 미국과 같은 국가에서 특히 좋은 효과를 거둔다. 가장 잘 알려진 사례는 1930년에 만들어진 스무트－할리 관세법이다. 처음에 그것은 제1차 세계대전의 파괴 후에 농업을 강화하고 있던 유럽산 수입 농산품으로부터 농민들을 보호하려는 목적이었다. 그러나 법안이 의회를 통과했을 때는 이미 더 많은 수입품에 관세가 부과되었다. 관세를 부과하는 경우 흔히 일어나듯이, 다른 국가들이 보복을 했다. 이러한 관세 전쟁은 세계 무역을 제한하였으며, 대공황이 가혹하게 오래 지속된 이유 가운데 하나로 작용하였다.

09 윗글을 잘못 이해한 것은?

① 관세 전쟁은 단기적으로는 자국에 나쁜 효과가 있지만 장기적으로는 국내에 산업 경쟁력을 강화시킬 것이다.
② 스무트－할리 관세법은 보호무역을 상징하는 법안이다.
③ 대공항의 지속은 결국 보호무역주의가 큰 원인이 되었다.
④ 관세로 인해 국내 산업은 경쟁력이 떨어질 수 있다.

10 윗글에 나타난 문제점을 극복하기 위한 방안으로 가장 올바른 것은?

① 자국의 경쟁력을 높이기 위해서는 일체 관세를 부과하면 안 된다.
② 취약하나 산업분야에는 장기적으로 관세를 계속 부과해야 한다.
③ 수입 자체를 제한하는 정책을 다각도로 세워야 한다.
④ 취약한 산업분야에는 기술 지원 등을 병행하면서 관세를 조절해야 한다.

11 다음 중 진행자와 좌담 참석자에 대한 설명으로 적절하지 않은 것은?

진행자: 오늘은 올해로 17년째 공연되고 있는 한글춤에 대해 얘기를 나눠보도록 하겠습니다. 먼저 공연 기획자께 여쭙고 싶습니다. 한글이라는 콘텐츠를 춤과 결합시킨 한글춤 공연을 오랫동안 이끌어오고 계시는데요, 그동안의 공연을 통해 얻은 것은 무엇일까요?

공연기획자: 이 공연을 통해 평소 춤 공연에 관심이 없는 일반인들, 또 한글 학자라든지 기타 여러 문화계의 인사들도 우리의 관객층이자 지원자가 되었습니다. 그래서 춤 공연의 저변을 넓혔다고 할 수 있습니다.

진행자: 한글을 춤으로 표현한다는 측면에서 많은 이들이 공연에 관심을 갖고 좋은 평가를 내리고 있는 것 같은데요, 기획자가 보시기엔 어떤가요?

공연기획자: 최근 보람을 느끼는 것은 한글의 독창성에 대한 국내외의 관심이 고조되어 가면서 이 공연이 단순히 춤 예술의 이슈가 되는 것이 아니라 일종의 사회적 이슈로 받아들여지는 것입니다. '춤과 한글의 만남'이라는 이색적 소재에 대한 관심, 그 이상을 보여주는 것이지요. 그런 의미에서 우리의 춤 작업은 의미 있었고 선구적이었다고 봅니다. 이 공연으로 서울무용제에서 대상을 타기도 했지만, 여기에 안주하지 않고 공연으로서의 완성도를 계속 높여가고 있습니다. 좋은 콘텐츠에 새로운 시도까지 더해지면 앞으로 더 좋은 공연이 나올 거라 생각합니다.

진행자: 한글춤 공연의 선구적인 시도가 사회적 이슈로서 조명되고 있다는 점을 지적해주셨습니다. 이전까지의 공연은 한글의 존재를 알리기 위한 이벤트적 성격이 강했는데 최근의 공연에서는 그간의 모든 노력과 시도가 응축되어 세련된 느낌을 주고 있다는 점에서 기획자의 말씀에 동의합니다. 춤 테크닉의 측면에서는 반복을 줄이면서 한층 간결해졌구요. 그동안 한글춤 공연을 거치면서 공연의 미학적 변화가 있었으리라 생각됩니다. 이 공연을 해 오신 주연 배우께 이 부분에 대한 설명을 듣고 싶습니다.

배 우: 안녕하세요. 저는 지난 1990년대 초반부터 주역으로 이 공연에 참여했습니다. 그래서 우리 공연을 지속적으로 관찰해 왔는데요, 초반에는 주로 '한글의 형상화' 작업에 주력했습니다. 그러나 90년대 중반 이후부터는 그러한 것을 나름대로 무대 언어로 기호화시키는 작업을 해 보았습니다. 그리고 2000년을 전후해서는 컴퓨터를 이용한 애니메이션 이미지 등을 활용해 일종의 멀티미디어화에 도전했습니다. 이제는 단순한 이벤트성 공연이 아니라 형식미와 대중적 공감대를 갖춘 브랜드로서의 한글춤으로 가고 있다고 생각합니다.

① 배우는 진행자의 말의 내용을 일부 수정하고 있다.
② 진행자는 상대의 말을 요약하여 듣는 이들의 이해를 돕고 있다.
③ 진행자는 좌담 참석자의 말에 대한 자신의 의견을 드러내고 있다.
④ 공연기획자는 중심 화제에 대해 긍정적 전망을 하고 있다.

12 (가)~(다)를 맥락에 맞추어 가장 적절하게 나열한 것은?

(가) 하지만 밀은 쾌락의 질적인 차이를 주장하며 벤담의 사상을 수정하였다. 그는 인간이 동물적인 본성 이상의 능력을 가지고 있으므로 질적으로 높고 고상한 쾌락을 추구한다고 보았다. 그리고 양심의 내부적인 제재로서 인간이 가지는 인류애를 중시하였다.

(나) 공리주의는 쾌락의 계량가능성을 주장한 벤담의 '양적 공리주의'와 쾌락의 질적 차이를 인정하는 밀의 '질적 공리주의'로 나뉜다. 벤담은 쾌락을 추구하고 고통을 피하려는 인간의 자연성에 따라 행동하는 것이 개인은 물론 개인의 집합체인 사회에도 최대의 행복을 가져다준다고 보았다. 그는 쾌락의 질적인 차이를 인정하지 않고 계량 가능한 것으로 파악했으며, '최대 다수의 최대 행복'을 도덕과 입법의 원리로 제시하였다.

(다) 공리주의는 공리성을 가치 판단의 기준으로 하는 사상이다. 곧 어떤 행위의 옳고 그름은 그 행위가 인간의 이익과 행복을 늘리는 데 얼마나 기여하는가라는 유용성과 결과에 따라 결정한다고 본다. 넓은 의미에서 공리주의는 19세기 영국에서 벤담, 제임스 밀, 존 스튜어트 밀 등을 중심으로 전개된 사회사상을 가리킨다.

① (가) – (다) – (나)
② (나) – (가) – (다)
③ (나) – (다) – (가)
④ (다) – (나) – (가)

13 (가)와 (나)를 전제로 할 때 빈칸에 들어갈 결론으로 가장 적절한 것은?

(가) 클래식 음악에 관심이 있는 사람 중 일부는 조각상에 관심이 없다.

(나) 교양서적에 관심이 있는 사람 중 조각상에 관심이 없는 사람은 없다.

따라서 [　　　　　　　　　　]

① 클래식 음악에 관심이 있는 사람 중 일부는 교양서적에 관심이 없다.
② 교양서적에 관심이 있는 사람 중 일부는 클래식 음악에 관심이 있는 것은 아니다.
③ 교양서적에 관심이 있는 사람은 모두 클래식 음악에 관심이 있는 것은 아니다.
④ 조각상에 관심이 있지만 클래식 음악에 관심이 없는 사람은 모두 교양서적에 관심이 있는 것은 아니다.

14 다음 글에서 필자가 사용한 글쓰기 전략으로 가장 적절한 것은?

천한 직업이란 바람직하지 못한 직업이며, 귀한 직업이란 바람직한 직업을 말한다. 그렇다면 바람직한 직업이란 무엇인가. 여기에는 두 가지 길이 있다. 하나는 사회에 보다 유익한 직업이고, 다른 하나는 개인으로서 자기에게 바람직한 직업이다. 〈중략〉 직업은 개인적으로 보아 바람직한 직업이 있고 그렇지 못한 직업이 있으며, 그래서 사람에게 노력이 생긴다고 했다. 그렇다면 보다 바람직한 직업을 갖기 위해 개인으로서 노력하는 것은 당연한 일이며, 사회적으로도 바람직하지 못한 일을 바람직한 것으로 만들기 위한 연구 – 기계화를 위한 노력을 하는 것이 당연한 것이다. 따라서 직업에 귀천이 없다고 하는 말은 다소 주석이 필요한 명제일 것이다. 사회적으로 보면 직업의 귀천은 더욱 뚜렷해진다. 직업이란 바꾸어 말하면 일종의 생업이다. 먹고 살기 위한 한 방법이다. 따라서 사회는 그 구성원에 속하는 개인의 이러한 살기 위한 노력 그 자체를 존중하여야 하고, 또 존중할 줄 알아야 한다.

① 전문가의 견해를 인용하고 있다.
② 특정 현상과 그 원인을 분석하고 있다.
③ 일반적인 통념과 상반되는 견해를 제시하고 있다.
④ 개인적 차원과 사회적인 차원으로 나누어 제시하고 있다.

15 ㉠~㉣을 수정하기 위한 방안으로 적절하지 않은 것은?

'리셋 증후군[reset syndrome]'은 컴퓨터에 문제가 생겼을 때 컴퓨터를 재시동하여 문제를 해결하듯, 힘든 일이나 해결하기 어려운 문제가 ㉠ 생겼을 때에도 현실 그 자체를 초기화하여 문제를 해결할 수 있으리라 착각하는 심리적 현상을 의미하는 말이다. 일본에서 1990년부터 사용된 이 말은, 1997년 일본 초등학생의 살인 사건으로 인해 ㉡ 유명해지게 되었다. 더불어 당시 그 학생이 컴퓨터 게임에 중독되어 있었다는 사실에 주목해 리셋 증후군을 대표적인 인터넷 중독 현상으로 파악한다.

리셋 증후군은 인터넷을 과하게 사용하는 사람들에게 모두 나타날 수 있으나, 성인보다 현실과 가상 세계를 혼동할 위험이 높은 미성년자는 더욱 주의해야 한다. 특히나 우리나라 청소년은 인간관계가 좁고, 일상에서 다양한 활동을 하지 못하는데다 가족과 시간을 충분히 보낼 여건이 되지도 않아 온라인 활동으로 이를 보상하려는 경향이 강하다. 통계 자료에 따르면 우리나라 중고생의 99% 이상이 하루에 2시간 정도 인터넷을 사용하고, 그중 56.4%가 온라인 게임을, 17.4%가 채팅을 하며 시간을 ㉢ 보낸다라고 응답했다.

문제는 채팅이나 온라인 게임 등 가상 세계가 맺은 인간관계는 현실의 인간관계와 달리 그 사이에서 갈등이 발생했을 때 갈등 해소를 위해 적극적으로 노력하지 않아도 된다는 것이다. 예를 들어, 게임을 하다 게임을 같이 하던 가상 세계의 친구와 싸우게 되었다면 청소년은 게임을 끄거나 그 친구와의 친구 관계를 끝냄으로써 간편하게 갈등을 해소할 수 있다. 이런 일이 반복되고 익숙해지다 보면 결국 현실 속 문제 상황이나 갈등 상황에서 책임감 있게 문제를 해결하려고 하거나, 인간관계를 유지하려고 하는 노력을 쉽게 포기하게 되는 전형적인 리셋 증후군 현상이 나타나게 된다.

그렇다면 온라인 활동을 하고, 가상 세계에서 오랜 시간을 보내는 청소년들이 리셋 증후군을 겪지 않을 방법은 없을까? 앞에서 청소년이 온라인 활동에 몰두하는 계기가 현실의 인간관계가 넓지 못하고, 다양한 활동을 하지 못하며, 가족과 보내는 시간이 부족하기 때문이라고 했다. ㉣ 따라서 이를 반대로 생각하기만 하면 된다. 컴퓨터를 하기보다 가족과 함께 즐거운 활동을 하도록 유도한다든가, 하루에 컴퓨터를 사용할 수 있는 시간을 제한한다든가, 현실에서 다양한 인간관계를 경험하고 오락이나 휴식 목적으로 인터넷 대신 다른 활동을 할 수 있도록 유도한다든가 하는 방법으로 말이다. 또한 게임을 비롯한 여러 요소에 중독되어 있거나, 그런 전적이 있거나, 자존심이 낮은 사람이 리셋 증후군에 취약하다는 연구 결과가 있으므로 이런 유형에 속하는 청소년에게는 특히 주의가 필요하다. 리셋 증후군이 사회적 문제 현상으로 떠오른 지금, 이를 예방하기 위해 우리는 사소한 노력부터 시작해야 할 것이다.

① ㉠: 서술어에 필요한 부사어가 생략되어 있으므로 '현실에'와 같은 부사어를 추가한다.
② ㉡: 이중 피동 표현이 쓰였으므로 '유명해졌다'와 같이 수정한다.
③ ㉢: 조사의 쓰임이 적절하지 않으므로 '보낸다고'로 고쳐 쓴다.
④ ㉣: 앞뒤 내용을 고려하여 문장 부사어를 '그러므로'로 수정한다.

16 다음 글의 결론을 이끌어내기 위해 추가해야 할 전제만을 〈보기〉에서 모두 고르면?

젊고 섬세하고 유연한 자는 아름답다. 아테나는 섬세하고 유연하다. 아름다운 자가 모두 훌륭한 것은 아니다. 덕을 가진 자는 훌륭하다. 아테나는 덕을 가졌다. 아름답고 훌륭한 자는 행복하다. 따라서 아테나는 행복하다.

보기
ㄱ. 아테나는 젊다.
ㄴ. 아테나는 훌륭하다.
ㄷ. 아름다운 자는 행복하다.

① ㄱ
② ㄷ
③ ㄱ, ㄴ
④ ㄴ, ㄷ

17 다음 글의 내용이 참일 때, 반드시 참인 것만을 〈보기〉에서 모두 고르면?

교수 갑~정 중에서 적어도 한 명을 국가공무원 5급 및 7급 민간경력자 일괄채용 면접위원으로 위촉한다. 위촉 조건은 아래와 같다.

- 갑과 을 모두 위촉되면, 병도 위촉된다.
- 병이 위촉되면, 정도 위촉된다.
- 정은 위촉되지 않는다.

보기
ㄱ. 갑과 병 모두 위촉된다.
ㄴ. 정과 을 누구도 위촉되지 않는다.
ㄷ. 갑이 위촉되지 않으면, 을이 위촉된다.

① ㄱ
② ㄷ
③ ㄱ, ㄴ
④ ㄴ, ㄷ

18 다음 글에 대한 설명으로 가장 적절한 것은?

> 이집트인들은 댐이나 제방을 쌓지 않았다. 그들은 그저 물이 빠지기만을 묵묵히 기다렸다. 한 해도 거르지 않고 매년 반복되는 이 재앙을 싫어하지 않았다. 오히려 신의 축복이라 생각했다. 범람은 에티오피아와 수단의 고원을 지나오면서 엄청나게 많은 양분이 들어 있는 진흙까지 쓸어 와서 이집트 땅에 뿌려 주었기 때문이다. 나일강이 실어 온 진흙은 따로 비료를 뿌려 주지 않아도 되었다. 인공 비료를 전혀 쓰지 않아도 그저 씨를 뿌려 놓으면 풍년이 들었다. 대부분의 문명에서는 강의 범람을 신의 저주라고 생각하고 몹시 두려워했다. 그러나 이집트인들에게는 예외였다. 강의 범람은 그들에게 오히려 신의 은총이었다.

① 반복, 부연, 설명 등을 통해 문장을 장황하게 표현하고 있다.
② 나일강의 범람을 차분하고 부드러우며 온화하게 표현하고 있다.
③ 여러 가지 표현 기법을 활용하여 대상을 화려하게 묘사하고 있다.
④ 수식이 없는 문체를 활용하여 의도한 내용을 독자에게 간결하게 전달하고 있다.

19 다음 글을 통해 추론한 내용으로 적절하지 <u>못한</u> 것은?

> 우리나라는 '개인 정보 보호법'에서 '개인 정보'를 살아 있는 개인에 관한 정보로서 성명, 주민 등록 번호 및 영상 등을 통해 개인을 알아볼 수 있는 정보로 규정하고, 정보 주체의 동의 없이 무단으로 개인 정보를 제3자에게 제공하거나 개인 정보를 목적 외 이용 혹은 제공할 경우 법에 따라 처벌하고 있다. 개인 정보 보호법에서는 '정보의 임의성', '정보의 식별 가능성' 등을 개인 정보의 성립 요건으로 제시하고 있다.
>
> 첫째, 정보의 임의성이란, 개인과의 직접적인 관련성이 낮더라도 개인을 알아볼 수 있는 정보에 해당하는 모든 종류 및 형태의 임의의 정보를 개인 정보로 간주한다는 것이다. 이는 제3자의 의견이나 평가와 같은 주관적 정보 역시 개인 정보에 해당됨을 뜻한다.
>
> 둘째, 정보의 식별 가능성이란, 특정 개인을 다른 사람과 고유하게 구별할 수 있게 하여 알아볼 수 있는 정보를 개인 정보로 간주한다는 의미이다. 이때 그 고유의 정도가 완벽하게 동일하지는 않더라도 다른 정보와 쉽게 결합하여 알아볼 수 있는 것도 개인 정보로 간주한다. 그러나 어떤 정보를 물리적, 과학적 방법으로 결합하여 정보 주체를 식별할 수 있게 되더라도, 정보 주체의 식별을 위해 불합리할 정도의 시간, 노력, 비용 등이 투입되어야 한다면 그 정보는 식별 가능성이 있다고 보지는 않는다.
>
> 앞에서 언급했듯이 개인 정보 보호법에서는 살아 있는 개인에 관한 정보만을 그 보호 대상으로 하고 있다. 따라서 이미 사망한 자에 대한 정보는 개인 정보에 해당하지 않는다. 다만, 사망한 자의 정보가 사망자와 유족과의 관계를 나타내는 정보이거나 유족의 사생활을 침해하는 등의 경우에는 사망한 자의 정보인 동시에 관계되는 유족의 정보이기도 하므로 보호법에 따른 보호 대상이 될 수 있다.

① 출생 전 태아에 국한된 정보는 우리나라 개인 정보 보호법의 보호 대상이 될 수 없다.
② 사망한 자에 대한 정보가 유족을 식별할 수 있게 한다면 개인 정보로 볼 수 있다.
③ 제3자의 주관적 정보를 통해 개인을 알아볼 수 있다면 그 내용은 개인 정보로 볼 수 있다.
④ 물리적, 과학적 방법을 동원하여 개인을 식별할 수 있는 모든 정보는 개인 정보로 볼 수 있다.

20 다음 글에서 알 수 없는 것을 고르면?

> 사유 재산 제도와 시장 경제가 자본주의의 양대 축을 이루기 때문에 토지 또한 민간의 소유이어야만 한다고 하는 이들이 많다. 토지사유제의 정당성을 그것이 자본주의의 성립 근거라는 점에서 찾고자 하는 학자도 있다. 토지에 대해서는 절대적이고 배타적인 소유권을 인정할 수 없다고 하면 이들은 신성불가침 영역에 대한 도발이라며 이에 반발한다. 토지가 일반 재화나 자본에 비해 지닌 근본적인 차이는 무시하고 말이다. 과연 자본주의 경제는 토지사유제 없이 성립할 수 없는 것일까?
>
> 싱가포르, 홍콩, 대만, 핀란드 등의 사례는 위의 물음에 직접적인 답변을 제시한다. 이들은 토지공유제를 시행하였거나 토지의 공공성을 인정했음에도 불구하고 자본주의의 경제를 모범적으로 발전시켜온 사례이다. 물론 토지사유제를 당연하게 여기는 사람들이 이런 사례들을 토지 공공성을 인정해야만 하는 당위의 근거로서 받아들이는 것은 아니다. 그들은 오히려 토지의 공공성 강조가 사회주의적 발상이라고 비판한다. 하지만 이와 같은 비판은 토지와 관련된 권리 제도에 대한 무지에 기인한다.
>
> 토지 소유권은 사용권, 처분권, 수익권의 세 가지 권리로 구성된다. 각각의 권리를 누가 갖느냐에 따라 토지 제도는 다음과 같이 분류된다. 세 권리 모두 민간이 갖는 토지사유제, 세 권리 모두 공공이 갖는 사회주의적 토지공유제, 그리고 사용권은 민간이 갖고 수익권은 공공이 갖는 토지가치공유제이다. 한편, 토지가치공유제는 처분권을 누가 갖느냐에 따라 두 가지 제도로 분류된다. 처분권을 완전히 민간이 갖는 토지가치세제와 공공이 처분권을 갖지만 사용권을 가진 자에게 한시적으로 처분권을 맡기는 토지공공임대제이다. 토지 소유권을 구성하는 세 가지 권리를 민간과 공공이 적당히 나누어 갖는 경우가 많으므로 실제의 토지 제도는 이 분류보다 훨씬 더 다양하다.
>
> 이 중 자본주의 경제와 결합될 수 없는 토지 제도는 사회주의적 토지공유제뿐이다. 물론 어느 토지 제도가 더 나은 경제적 성과를 보이는가는 그 이후의 문제이다. 토지사유제 옹호론에 따르면, 토지 자원의 효율적 배분이 가능하기 위해 토지에 대한 절대적, 배타적 소유권을 인정해야만 한다. 토지사유제만이 토지의 오용을 막을 수 있으며, 나아가 토지 사용의 안정성을 보장할 수 있다는 것이다. 하지만 토지 자원의 효율적 배분을 위해 토지의 사용권, 처분권, 수익권 모두를 민간이 가져야 할 필요는 없다. 토지 위 시설물에 대한 소유권을 민간이 갖고, 토지에 대해서 민간은 배타적 사용권만 가지면 충분하다.

① 토지사유제는 자본주의 성립을 위한 필수 조건이 아니다.
② 토지사유제를 보장하지 않아도 토지 사용의 안정성을 이룰 수 있다.
③ 토지사유제와 토지가치세제에서는 토지 사용권을 모두 민간이 갖는다.
④ 토지사유제에서는 토지 자원의 성격과 일반 재화의 성격이 서로 다른 것으로 인정된다.

제 04 일 적중의 지혜

01 〈공공언어 바로 쓰기 원칙〉에 따라 수정한 문장으로 옳지 않은 것은?

공공언어 바로 쓰기 원칙

㉠ 문장의 성분 간에 호응을 일치시켜야 한다.
㉡ 번역 투 표현을 지양한다.
㉢ 명사 나열식 표현을 지양한다.
㉣ 차별적 표현을 사용하지 않는다.

① "이 보고서의 주된 목적은 제품 경쟁력을 높이려고 한다."를 ㉠에 따라 "이 보고서의 주된 목적은 제품 경쟁력을 높이는 것이다."로 수정한다.
② "주차난으로 인하여 외부인의 차량을 통제합니다."를 ㉡에 따라 "주차난을 위해 외부인의 차량을 통제합니다."로 수정한다.
③ "부패유발 제도 · 관행의 시정 건의"를 ㉢에 따라 "부패를 유발하는 제도와 관행을 시정할 것을 건의"로 수정한다.
④ "한눈에 보는 미혼모 지원 제도 안내"를 ㉣에 따라 "한눈에 보는 비혼모 지원 제도 안내"로 수정한다.

※ 다음 글을 읽고 물음에 답하시오. [02-04]

(가) 각국의 특수한 상품은 다음의 조건에 의해 탄생하는데, 첫째 천연자원의 상이함, 둘째 서로 다른 기후와 환경 특성에 따라 농산물의 자원이 다르다. 또한 셋째, 각 나라마다 인간의 기술력이 다르고 교육적 자질이 다르면서 타국과 차별성이 생겨난다. 넷째, 역사적으로 계승된 넓은 의미의 국민적 유산의 차이가 있다. 생산설비, 철도 기타의 방대한 자본재를 이어받거나 혹은 특수한 미술, 공예적 · 문화적 지식 등 유용한 무형재가 전래되어 있는 나라와 그렇지 못한 나라가 있는 사실로부터 각국 나름의 경제적 특성이 생기는 것이다.

(나) 또한 이상과 같은 생산조건의 차이뿐만 아니라 각국에 있어서의 수요와 공급의 상관관계를 고려해야 한다. 아르헨티나와 같은 경우에는 비옥하며 광대한 면적의 토지를 영유하고 있는 관계로 목축업이 번성하여 특히 양모 수출국으로 되어 있지만, 만약 인구가 많아 그 양모가 국내 수요만을 충당할 수 있는 양에 불과한 경우라면 그것은 결코 그 나라의 특산품이라고는 할 수 없다. 따라서 가장 유리하게 생산할 수 있는 비교우위 상품을 특화하여 국제무역을 성립하게 한다.

(다) 국제무역은 각 국가들이 무역을 통해서 이익을 얻기 위함이다. 개인이 유리하게 생산할 수 있는 재화와 용역으로 상대방과 교환 행위를 통하여 효용을 증대시키는 것과 마찬가지로 국제간의 상품교환도 이와 같은 맥락에서 이루어진다. 즉 각 국가들이 각자 그 특수한 환경에 가장 적합한 상품을 만드는 데 전념하고, 그것을 무역을 통해서 서로 교환하는 것이 곧 국제분업이다.

(라) 그런데 현실적으로 국제간에 있어서 상품의 이동은 각국의 외환시세에 따라 일어나며, 노동이나 자본 등의 생산요소의 이동도 마찬가지로 그 가격인 임금, 이자의 차이에 의해서 이루어진다. 그러나 생산요소는 자국을 떠나기가 용이하지 않으므로 상품이동으로만 대치되고 있다. 따라서 상품무역은 간접적인 생산요소 이동이라고 생각할 수 있다. 예를 들면, 한국이 외국으로부터 원면을 공급받아 이를 가공해서 섬유제품으로 외국에 수출하는 것은 보통 가공비를 벌기 위해서라고 하지만, 이는 실제에 있어서는 간접적 노동이동과 다름없다.

02 윗글의 순서를 맞게 배열한 것은?

① (다) – (가) – (나) – (라)
② (가) – (나) – (다) – (라)
③ (나) – (가) – (라) – (다)
④ (다) – (라) – (가) – (나)

03 윗글의 논지로 적절한 것은?

① 천연자원의 풍부함이 국제무역을 성립시킨다.
② 모든 생산요소는 편리하게 이동한다.
③ 국제무역은 비교우위 상품을 특화하면서 발생한다.
④ 상품 무역은 직접적인 생산요소 이동이다.

04 윗글의 서술 방식이 아닌 것은?

① 하나의 주장에 대해 그것이 타당한 이유를 증명하고 있다.
② 개념에 대해 알기 쉽게 의미를 밝히고 있다.
③ 주로 예시를 통해서 설명하고 있다.
④ 설명할 개념을 점차로 심화하고 있다.

※ 다음 글을 읽고, 물음에 답하시오. [05-06]

흔히 우리 춤을 손으로 추는 선(線)의 예술이라 한다. 서양 춤은 몸의 선이 잘 드러나는 옷을 입고 추는데 반해 우리 춤은 옷으로 몸을 가린 채 손만 드러내놓고 추는 경우가 많기 때문이다. 한마디로 말해서 손이 춤을 구성하는 중심축이 되고, 손 이외의 얼굴과 목과 발 등은 손을 보조하며 춤을 완성하는 역할을 한다.

손이 중심이 되어 만들어 내는 우리 춤의 선은 내내 곡선을 유지한다. 예컨대 승무에서 장삼을 휘저으며 그에 맞추어 발을 내딛는 ㉠ 역동적인 움직임도 곡선이요, 살풀이춤에서 수건의 간드러진 선이 만들어 내는 것도 곡선이다. 해서 지방의 탈춤과 처용무에서도 S자형의 곡선이 연속적으로 이어지면서 춤을 완성해 낸다.

물론 우리 춤에 등장하는 곡선이 다 같은 곡선은 아니다. 힘있는 선과 유연한 선, 동적인 선과 정적인 선, 무거운 선과 가벼운 선 등 그 형태가 다양하고, 길이로 볼 때도 긴 곡선이 있는가 하면 짧은 곡선도 있다. 이렇게 다양한 선들은 춤을 추는 이가 호흡을 깊이 안으로 들이마실 때에는 힘차게 휘도는 선으로 나타나고, 가볍게 숨을 들이마시고 내쉬는 과정을 반복할 때에는 경쾌하고 자잘한 곡선으로 나타나곤 한다.

05 윗글을 이해한 내용으로 적절하지 않은 것은

① 한국 춤은 손을 중심으로 구성되며, 얼굴과 목, 발 등은 보조적 역할을 한다.
② 한국 춤에서 나타나는 곡선은 호흡의 방식에 따라 다양한 형태로 표현된다.
③ 승무와 살풀이춤은 모두 곡선의 움직임을 기본으로 하는 춤이다.
④ 서양 춤은 몸의 선을 가리는 의상을 입기 때문에 손의 움직임이 강조된다.

06 윗글의 ㉠과 바꿔 쓸 수 있는 유사한 표현으로 적절하지 않은 것은?

① 활기찬
② 생동감 있는
③ 격렬한
④ 점진적인

07 〈보기〉의 밑줄 친 단어의 의미와 가장 가까운 것은?

보기
하루 종일 백화점을 돌아다녀도 마음에 드는 옷을 고르지 못했다.

① 몸은 늙었지만 마음은 아직 청춘이다.
② 안 좋은 일을 마음에 담아 두면 병이 된다.
③ 아이가 공부에는 마음이 없고 노는 데만 정신이 팔렸다.
④ 많이 아는 사람보다는 마음이 어진 사람을 사귀어야 한다.

※ 다음을 읽고 물음에 답하시오. [08-09]

내가 어렸을 때만 하더라도 원래 북아메리카에는 100만 명 가량의 원주민밖에 없었다고 배웠다. 이렇게 적은 수라면 거의 빈 대륙이라고 할 수 있으므로 백인들의 아메리카 침략은 정당해 보였다. 그러나 고고학 발굴과 미국의 해안지방을 처음 ㉠ 밟은 유럽 탐험가들의 기록을 자세히 검토한 결과 원주민들이 처음에는 수천만 명에 달했다는 것을 알게 되었다. 아메리카 전체를 놓고 보았을 때 콜럼버스가 도착한 이후 한두 세기에 걸쳐 원주민 인구는 최대 95%가 감소한 것으로 추정된다.

그런데 유럽의 총칼에 의해 전쟁터에서 목숨을 잃은 아메리카 원주민보다 유럽에서 온 전염병에 의해 목숨을 잃은 원주민 수가 훨씬 많았다. 이 전염병은 대부분의 원주민들과 그 지도자들을 죽이고 생존자들의 사기를 떨어뜨림으로써 그들의 저항을 약화시켰다. 예를 들자면 1519년에 코르테스는 인구 수천만의 아스텍 제국을 침탈하기 위해 멕시코 해안에 상륙했다. 코르테스는 단 600명의 스페인 병사를 이끌고 아스텍의 수도인 테노치티틀란을 무모하게 공격했지만 병력의 3분의 2만 잃고 무사히 퇴각할 수 있었다. 여기에는 스페인의 군사적 강점과 아스텍족의 어리숙함이 함께 작용했다. 코르테스가 다시 쳐들어왔을 때 아스텍인들은 더 이상 그렇게 어리숙하지 않았고 몹시 격렬한 싸움을 벌였다. 그런데도 스페인이 우위를 점할 수 있었던 것은 바로 천연두 때문이었다. 이 병은 1520년에 스페인령 쿠바에서 감염된 한 노예와 더불어 멕시코에 도착했다. 그때부터 시작된 유행병은 거의 절반에 가까운 아스텍족을 몰살시켰으며 거기에는 쿠이틀라우악 아스텍 황제도 포함되어 있었다. 이 수수께끼의 질병은 마치 스페인인들이 무적임을 알리려는 듯 스페인인은 내버려두고 원주민만 골라 죽였다. 그리하여 처음에는 약 2,000만에 달했던 멕시코 원주민 인구가 1618년에는 약 160만으로 곤두박질치고 말았다.

08 위 글의 내용과 일치하지 않는 것을 고르면?

① 콜럼버스가 아메리카 대륙에 도착한 후로 100~200년에 걸쳐 원주민의 인구가 최대 95% 줄어든 것으로 분석된다.
② 1519년에 멕시코 해안에 상륙한 코르테스는 수천만의 병력으로 아스텍 제국에 타격을 입혔다.
③ 쿠이틀라우악 아스텍 황제는 상당수의 아스텍족과 마찬가지로 천연두로 사망하였다.
④ 아메리카 원주민 중 유럽에서 유래된 전염병으로 사망한 인구가 유럽과의 전쟁으로 사망한 인구보다 많다.

09 ㉠과 동일한 의미로 사용된 어휘는?

① 박사 과정을 처음 밟다.
② 여권 수속을 처음 밟아 봤다.
③ 용의자의 뒤를 처음 밟다.
④ 제주를 처음 밟게 되었다.

※ 다음 직장인 〈설문조사 1, 2〉를 읽고 물음에 답하시오. [10-11]

〈설문조사 1〉 회사 내에서 느끼는 심리적 부담감의 원인

응답 내용	응답 비율
체력이 부족하여 매일 피곤함을 느낄 때	5.3%
자신의 능력을 벗어난 과도한 업무량	12.1%
회사의 미래에 대한 불확실성	11.7%
회사 내에서 자신의 입지가 불안정하다 느낄 때	18.9%
회사의 복지가 부족하다 느낄 때	20.7%
주변 동료들과의 관계가 좋지 않을 때	23.3%
기타	8%

〈설문조사 2〉 대인관계가 업무 내용에 미치는 영향

응답 내용	응답 비율
전혀 영향이 없다.	2.3%
영향이 없다.	5.8%
보통이다.	20.7%
영향이 있다.	45.8%
매우 영향이 있다.	25.4%

10 설문을 보고 판단한 내용 중 적절하지 않은 것은?

① 만약 신입 사원이 업무에 적응하지 못한다면 대인 관계가 원인일 수 있다.
② 복지에 대한 부담감이 과도한 업무량의 부담감보다 훨씬 크다.
③ 업무 내용에 영향을 가장 많이 주는 것은 원만하지 못한 대인관계 부담감이다.
④ 회사의 복지를 향상시키면 대인관계는 원만해질 것이다.

11 위와 같은 설문조사에서 나타나는 갈등 중 가장 큰 갈등 유형은?

① 상위부서가 하위부서를 지나치게 통제하는 상황
② 동일한 조직계층, 부서, 동료 간의 문제
③ 집단 간에 지향하는 가치가 상이함에 따르는 어려움
④ 서로 양립할 수 없는 다른 역할들이 한 직위에 주어질 때 생기는 어려움

12 다음 글에서 밑줄 친 ㉠~㉣ 중 성격이 다른 것은?

> 우리네 삼거리엔 명물이 몇 군데 있다……. 삼거리의 오랜 명물 '까치상회'는 애초에 우리가 이사올 때까지만 하더라도 꾀죄죄한 시골 구멍가게에 불과했으나 ㉠ 연립과 단독 양옥들이 우후죽순 격으로 들어선 뒤부터 날로 번창하여 지금은 제법 신수가 훤해졌다. 신수가 훤해졌다고는 하나 요란스럽게 덜컹거리기만 했지 잘 열리지도 않는 그 구중중한 새시문은 예전 그대로이고 물건을 늘어 놓는 장소 역시 어수선하고 비좁기는 예와 하나도 다를 것이 없다. 달라졌다는 건 매상이 몇 배로 뛰어오르고 ㉡ 물건이 다종다양해진데다 ㉢ 앵글로 끼워 맞춘 진열대를 새로 들여놓았달 뿐, 그놈의 그 괴상한 간판만은 예전 그대로여서 지나치는 외부사람들의 고개를 갸우뚱거리게 하기는 변함이 없다. 그 집 간판이란 진녹색 바탕칠에다 ㉣ 하얀 페인트를 입힌 나무토막 글씨를 올려다 붙인 것인데, '상'자의 동그라미 받침이 떨어져나가 버려서 누구에게든 '까치사회'로 읽히게 마련이다. 하긴 그 집에 말 많은 아래윗동네 사람들이 떼거리로 모여 까악까악 시도때도 없이 우짖기 일쑤니만큼 상회보다 사회라고 하는 쪽이 더 어울릴지도 모른다. 그러나 그 집 상호가 해학적이라고 해서 집주인마저 그렇달 순 없다. 주인은 안팎으로 둘 다 말수가 적고 비둘기같이 양순한 사람들이다.

① ㉠
② ㉡
③ ㉢
④ ㉣

13 다음에 대한 이해로 가장 적절한 것은?

고대 그리스는 폴리스라는 도시 국가들로 이루어져 있었다. 폴리스는 그 중심지에는 도시가 있고 주변에는 식량을 공급해 주는 들판이 있는 작은 자치 공화국의 형태였다. 폴리스들은 공통의 언어, 문화, 종교를 바탕으로 서로 동류의식을 가졌지만 정치적 통일을 이루지는 못했다.

강성한 폴리스였던 아테네에는 중앙에 신전과 군사 시설 등이 있는 아크로폴리스, 그리고 시장이나 공공 모임 장소로 이용하던 아고라가 있었는데, 시민들은 아고라 광장에 모두 모여 공적인 문제에 대해 투표하였다. 개인이 세습하여 나라를 통치하는 군주정과 달리 아테네와 같은 공화정에서는 국가를 통치하는 지도자를 시민이 선출한다. 그러나 여기서는 인구의 일부만이 시민이었으며 아무런 권리가 없는 노예들도 매우 많았고 여자들도 정치적 권리가 없었다.

아테네의 직접 민주주의는 이처럼 적은 인구의 작은 도시 국가였기에 가능하였다. 그리스인들은 그리스 전역, 이탈리아 남부와 시실리, 지중해의 다른 해안으로 퍼져 나갔지만 그들은 통일된 정부를 두려 하거나 제국을 만들려 하지 않았다. 어디를 가든 그들은 도시 국가 형태의 폴리스를 만들었고, 어느 폴리스도 도시 국가 이상으로 커 나가지 않았다.

① 이탈리아 지역에도 폴리스가 있었다.
② 강성한 폴리스가 제국으로 성장하는 일도 있었다.
③ 고대 그리스에는 모든 폴리스를 아우르는 통일된 정부가 있었다.
④ 폴리스들은 문화와 종교가 서로 달라서 상호 간에 동류의식이 생기지 않았다.

14 두 낱말의 관계가 나머지와 다른 것은?

① 시계 : 초침
② 농기구 : 호미
③ 망원경 : 렌즈
④ 선풍기 : 날개

15 다음 글에 대한 설명으로 적절하지 않은 것은?

(가) "넌 내가 할머니인 걸 어떻게 알았어?" "이렇게 주름이 많으니까." "그래 맞았어. 오래 살면 남들이 할머니라는 걸 알아보라고 주름이 생긴 거야. 아줌마나 언니들하고 헷갈리지 말라고." 아이는 쉽게 고개를 끄덕이고는 그다음에는 손등에 푸르게 내비치는 힘줄에 대해서 물었다.

(나) "보자 보자 하니 나잇살이나 먹어 가지고……." 다음 말은 알아듣지 못했다. 나잇살이나 처먹어 가지고, 였는지도 모르겠다. 나는 모욕감 때문에 더는 듣고 싶지 않았다.

① (가)와 달리 (나)의 화자는 자신의 탓으로 돌려 말하고 있다.
② (가)와 달리 (나)의 화자는 상대방을 배려하지 않고 있다.
③ (나)와 달리 (가)의 화자는 상대방의 눈높이에 맞춰 말하고 있다.
④ (나)와 달리 (가)의 화자는 순서교대의 원리에 충실히 따르고 있다.

16 빅데이터에 대한 이해로 적절하지 않은 것은?

빅데이터는 그 규모가 매우 큰 데이터를 말하는데, 이는 단순히 데이터의 양이 매우 많다는 것뿐 아니라 데이터의 복잡성이 매우 높다는 의미도 내포되어 있다. 데이터의 복잡성이 높다는 말은 데이터의 구성 항목이 많고 그 항목들의 연결 고리가 함께 수록되어 있다는 것을 의미한다. 데이터의 복잡성이 높으면 다양한 파생 정보를 끌어낼 수 있다. 데이터로부터 정보를 추출할 때에는, 구성 항목을 독립적으로 이용하기도 하고, 두 개 이상의 항목들의 연관성을 이용하기도 한다. 일반적으로 구성 항목이 많은 데이터는 한 번에 얻기 어렵다. 이런 경우에는, 따로 수집되었지만 연결 고리가 있는 여러 종류의 데이터들을 연결하여 사용한다.

가령 한 집단의 구성원의 몸무게와 키의 데이터가 있다면, 각 항목에 대한 구성원의 평균 몸무게, 평균 키 등의 정보뿐만 아니라 몸무게와 키의 관계를 이용해 평균 비만도 같은 파생 정보도 얻을 수 있다. 이때는 반드시 몸무게와 키의 값이 동일인의 것이어야 하는 연결 고리가 있어야 한다. 여기에다 구성원들의 교통 카드 이용 데이터를 따로 얻을 수 있다면, 이것을 교통 카드의 사용자 정보를 이용해 사용자의 몸무게와 키의 데이터를 연결할 수 있다. 이렇게 연결된 데이터 세트를 통해 비만도와 대중 교통의 이용 빈도 간의 파생 정보를 추출할 수 있다. 연결할 수 있는 데이터가 많을수록 얻을 수 있는 파생 정보도 늘어난다.

① 빅데이터에서는 파생 정보를 얻을 수 없다.
② 빅데이터를 구성하는 데이터의 양은 매우 많다.
③ 빅데이터를 구성하는 데이터의 복잡성은 매우 높다.
④ 빅데이터에는 구성 항목들 간의 연결 고리가 함께 포함되어 있다.

17 (가)~(다)를 맥락에 맞추어 가장 적절하게 나열한 것은?

(가) 파운드리는 반도체의 설계 디자인을 전문으로 하는 기업으로부터 제조를 위탁받아 반도체를 생산하는 기업을 의미한다. 파운드리의 원래 의미는 짜여진 주형에 맞게 금속제품을 생산하는 공장을 의미하였는데, 1980년대 중반 생산설비는 없으나 뛰어난 반도체 설계 기술을 가진 기업들이 등장하면서 반도체 생산을 전문으로 하는 기업에 대한 수요가 증가하였고 파운드리의 개념이 반도체 산업에 적용되어 쓰이기 시작하였다.

(나) IDM 중 일부는 자사의 반도체뿐 아니라 다른 기업의 반도체를 생산하는 파운드리 기능을 함께 수행하기도 하는데, 우리나라에는 삼성전자, SK하이닉스 등이 IDM이면서 파운드리 기능을 함께 수행하고 있다. IDM이 수행하는 파운드리와 구분하기 위해 설계 능력이 없는 기업들이 수행하는 파운드리를 '퓨어 플레이 파운드리'라 부르기도 한다.

(다) 반도체 산업을 영위하는 기업들은 크게 IDM, 팹리스, 파운드리, OSAT 네 가지로 구분된다. IDM은 설계부터 최종 완제품 생산까지 자체적으로 수행하는 기업이며, 팹리스는 반도체 설계만을 전담하는 기업이다. OSAT는 파운드리가 생산한 반도체의 패키징 및 검사를 수행한다.

① (가) – (다) – (나)
② (나) – (가) – (다)
③ (다) – (가) – (나)
④ (다) – (나) – (가)

18 다음의 밑줄 친 ㉠에 대한 설명으로 옳지 않은 것은?

판소리는 호남의 음악과 결합되면서 그 정체성을 획득할 수 있었다. 그러나 그 기본적인 토대는 호남의 무악이었지만, 다른 지역의 음악이라 하여 배제하지 않았다. 경기 지역의 것을 받아들이니 '경(京)드름'이고, 흥부 아내는 경상도와 가까운 곳에 살아 '메나리 목청'으로 박 타는 사설을 매겼다.

또한 판소리는 '아니리 광대'라는 말이 있는 것처럼 이야기를 그 본질로 하여 이루어진 형태이다. 그래서 〈춘향가〉는 노래[歌]이면서 동시에 '춘향의 이야기'이다. 그러나 판소리는 이렇게 장편의 노래로만 이루어져 있지 않다. '본사가(本事歌)'의 앞에 불리는 단가(短歌) 또한 판소리의 하위 영역일 뿐, 그것을 판소리 아닌 다른 어떤 것으로 부르지 않는다. 또 본사가의 어떤 한 대목, 이른바 오페라의 아리아라고 할 수 있는 ㉠ <u>더늠</u>만을 불러도 그것은 훌륭한 판소리로 인정된다. 심지어는 일상적 말투로 이루어진 아니리만을 불러도 우리는 그것을 판소리로 인식한다.

판소리라는 말의 광의(廣義) 속에는 이렇게 많은 영역이 포함될 수 있는 것이다. 판소리는 상엿소리나 시조를 그 속에 들여올 수 있고, 필요하다면 유행가인 잡가도 마음대로 끌어 쓸 수 있다. 거지들의 품바 타령도 판소리 속에서는 얼마든지 자유롭다. 다른 계층의 것이라 하여, 그리고 장르나 세계관, 또는 지역적 기반이 다르다 하여 배척하지 않고 어느 것이나 다 수용한다. 한없이 넓은 포용력을 지니고 있어, 이것이 과연 하나의 구조물인가 하는 의심이 들 정도로 그 내연이 한없이 넓어 보인다.

① 명창의 장기로 인정되고, 또 다른 창자들에 의해 널리 연행되어 후대에 전승된 것이다.
② 독창적이면서 예술적으로 뛰어나고 주로 음악적인 측면에서 구현되어야 한다.
③ 명창 개인의 이름이 붙게 되고, 명창이 자신의 독특한 방식으로 다듬어 부르는 어떤 마당의 한 대목을 말한다.
④ 명창이 한 마당 전부를 다듬어 놓은 소리를 말한다.

19 다음 중 하나의 의미로만 해석되는 문장은?

① 너는 절대로 약속을 어겨서는 안 된다.
② 부지런한 그의 형이 제일 먼저 일어났다.
③ 영이 어머니께서 배와 감 두 개를 주셨다.
④ 철수는 어떤 사람이든지 만나고 싶어 한다.

20 다음 논쟁에 대한 분석으로 적절한 것만을 〈보기〉에서 모두 고르면?

갑: 입증은 증거와 가설 사이의 관계에 대한 것이다. 내가 받아들이는 입증에 대한 입장은 다음과 같다. 증거 발견 후 가설의 확률 증가분이 있다면, 증거가 가설을 입증한다. 즉 증거 발견 후 가설이 참일 확률에서 증거 발견 전 가설이 참일 확률을 뺀 값이 0보다 크다면, 증거가 가설을 입증한다. 예를 들어보자. 사건 현장에서 용의자 X의 것과 유사한 발자국이 발견되었다. 그럼 발자국이 발견되기 전보다 X가 해당 사건의 범인일 확률은 높아질 것이다. 그렇다면 발자국 증거는 X가 범인이라는 가설을 입증한다. 그리고 증거 발견 후 가설의 확률 증가분이 클수록, 증거가 가설을 입증하는 정도가 더 커진다.

을: 증거가 가설이 참일 확률을 높인다고 하더라도, 그 증거가 해당 가설을 입증하지 못할 수 있다. 가령, X에게 강력한 알리바이가 있다고 해보자. 사건이 일어난 시간에 사건 현장과 멀리 떨어져 있는 X의 모습이 CCTV에 포착된 것이다. 그러면 발자국 증거가 X가 범인일 확률을 높인다고 하더라도, 그가 범인일 확률은 여전히 높지 않을 것이다. 그럼에도 불구하고 갑의 입장은 이러한 상황에서 발자국 증거가 X가 범인이라는 가설을 입증한다고 보게 만드는 문제가 있다. 이 문제는 내가 받아들이는 입증에 대한 다음 입장을 통해 해결될 수 있다. 증거 발견 후 가설의 확률 증가분이 있고 증거 발견 후 가설이 참일 확률이 1/2보다 크다면, 그리고 그런 경우에만 증거가 가설을 입증한다. 가령, 발자국 증거가 X가 범인일 확률을 높이더라도 증거 획득 후 확률이 1/2보다 작다면 발자국 증거는 X가 범인이라는 가설을 입증하지 못한다.

보기

ㄱ. 갑의 입장에서, 증거 발견 후 가설의 확률 증가분이 없다면 그 증거가 해당 가설을 입증하지 못한다.
ㄴ. 을의 입장에서, 어떤 증거가 주어진 가설을 입증할 경우 그 증거 획득 이전 해당 가설이 참일 확률은 1/2보다 크다.
ㄷ. 갑의 입장에서 어떤 증거가 주어진 가설을 입증하는 정도가 작더라도, 을의 입장에서 그 증거가 해당 가설을 입증할 수 있다.

① ㄴ　② ㄷ
③ ㄱ, ㄴ　④ ㄱ, ㄷ

제 05 일 적중의 지혜

※ 다음을 읽고 물음에 답하시오. [01-02]

우리나라에서 통용되는 주택담보대출의 상환방식은 크게 원리금균등 분할상환, 원금균등 분할상환, 체증식 분할상환의 세 가지이다. 이 외에도 만기 일시상환, 점증식 분할상환 등의 상환방식이 있으나, 만기 일시상환은 전세대출이나 신용대출 등을 제외하고 일반적인 주택담보대출에는 적용되지 않고 있으며, 점증식 분할상환은 아직 국내에 도입된 사례가 없다. 만기 일시상환의 경우 과거에는 주택담보대출에도 많이 선택하는 방법이었으나, 정부에서 갚아 나가는 대출을 권고함에 따라 중도금대출 등 일부를 제외하고는 현재 주택대출에서는 이용할 수 없다.

상환방식별로 그 개념을 살펴보면 먼저 원리금균등 분할상환은 매월 내는 원리금(원금+이자)을 같도록 설계한 방식으로, 초기에는 원리금 중 이자가 차지하는 부분이 많지만, 전체 원금을 조금씩 상환함에 따라 이자가 점점 줄어드는 구조를 갖고 있다. 이와 같은 방식은 안정적이며 계획적으로 대출 상환계획을 세울 수 있다는 장점이 있어 우리나라에서 가장 일반적인 상환방법으로 많이 활용되고 있다.

두 번째로 원금균등 분할상환 방식은 매월 갚아 나가는 원금을 같게 설계한 방식이다. 다른 방식에 비해 상환 초기의 부담이 높을 수 있으나 매월 상환부담, 즉 원리금이 줄어드는 장점이 있다. 또한 만기까지 부담해야 할 총이자가 다른 두 방식에 비해 가장 적은 대출이기도 하다.

마지막으로 체증식 분할상환은 원금균등 방식과 반대로 초기의 원리금 부담을 줄이고 점차 상환부담을 높여 가는 방식이다. 따라서 향후 소득이 늘어날 가능성이 높아 원리금을 높여 나가도 감당할 수 있는 청년층에 상대적으로 적합하지만, 반면 부담해야 하는 총이자도 함께 늘어나게 되므로 앞의 두 방식에 비해 많은 단점이 있다.

앞서 살펴본 바와 같이 똑같은 자금을 빌리더라도 어떤 상환방식을 선택하느냐에 따라 월상환액과 총 이자액이 달라질 수 있다. 따라서 본인의 자금사정에 맞는 상환방식을 결정하고, 대출기간 등 대출의 세부조건도 꼼꼼히 살펴보는 자세가 필요하다. 예를 들어 초기의 높은 월상환액을 부담하는 것이 가능하다면, 또는 향후 상환능력이 줄어들 가능성이 있다면 원금균등 분할상환방식을 선택하여 전체 원금을 빨리 갚아 나가는 것이 좋다.

01 위 글을 읽고 추론한 내용으로 적절한 것을 고르면?

① 점증식 및 체증식 분할상환 방식은 현재 국내에서는 사용되지 않는 상황방식이다.
② 현재 중도금대출이 아닌 주택대출을 받고자 하는 사람은 만기 일시상환 방식을 선택할 수 있다.
③ 원금균등 분할상환 방식에서는 시간이 갈수록 원리금에서 원금이 차지하는 비중이 낮아진다.
④ 첫 상환 원리금이 동일하다면 두 번째 원리금은 대출 금액 및 금리와 관계없이 원금균등 분할상환보다 체증식 분할상환 방식에서 더 많을 것이다.

02 위 글에 사용된 설명방식에 해당하지 않는 것은?

① 예시를 들어 이해를 돕고 있다.
② 구분을 통해 대상을 설명하고 있다.
③ 대상의 장점과 단점을 고루 제시하고 있다.
④ 시간의 경과에 따른 절차와 단계를 제시하고 있다.

03 〈보기〉를 읽고 탐구한 내용으로 가장 적절한 것은?

보기

음운 변동은 일반적으로 교체, 탈락, 첨가, 축약으로 나누어진다. 교체는 한 음운이 다른 음운으로 바뀌는 현상이므로 변동 전후에 음운의 수에 차이가 없다. 이에 반해 탈락, 첨가, 축약은 변동 전후에 음운의 수가 다르다. 탈락과 축약의 경우에는 변동으로 음운의 수가 하나 줄어들고, 첨가의 경우에는 변동으로 음운의 수가 하나 늘어난다.

① '읽는[잉는]'은 음운의 탈락과 교체를 거쳐 음운의 수가 준다는 점에서 '값도[갑또]'와 같다.
② '꽃도[꼳또]'는 음운의 첨가로 음운의 수가 늘어난다는 점에서 '담요[담:뇨]'와 같다.
③ '색연필[생년필]'과 '식용유[시굥뉴]'는 모두 ㄴ첨가와 비음화를 거쳐 음운의 수가 늘어난다.
④ '숱한[수탄]'과 '정확하게[정화카게]'는 모두 음절 끝소리 규칙과 거센소리되기를 거쳐 음운의 수가 줄어든다.

04 〈보기〉를 참고할 때, 서술어의 성격이 나머지와 다른 것은?

보기

서술어가 필수적으로 요구하는 문장 성분의 수를 '서술어 자릿수'라고 한다. 주어 하나만 요구하는 서술어를 '한 자리 서술어'라 하고, 주어 이외에 필수적 부사어나 목적어 또는 보어 중 하나를 더 요구하는 것은 '두 자리 서술어'라고 한다. 또한 주어와 필수적 부사어, 그리고 목적어를 요구하는 서술어를 '세 자리 서술어'라고 한다.

① 바람이 세차게 분다.
② 이 땅은 농사에 적합하다.
③ 나도 그 모임에 참석하였다.
④ 영수는 재희와 매일 싸운다.

05 A, B, C, D, E 5명의 직원이 출장에 대한 대화를 하고 있다. 세 번째로 출장을 간 사람은 누구인가?

A: 나는 D보다 일찍 출장을 가.
B: 나는 C 바로 다음에 출장을 가지는 않아.
C: E와 B는 나보다 늦게 출장을 가는구나.
D: 가장 마지막으로 출장을 가는 사람은 나네.
E: 나는 A 바로 전에 출장을 가기로 했어.

① A　② B
③ C　④ D

※ '달리기'를 '평등'에 적용하려고 한다. 다음을 읽고 물음에 답하시오. [06-07]

'평등하다'라는 말은 '기회'와 '조건'이라는 관점에서 설명할 수 있다. ㉠ 기회의 평등은 태어날 때 정해지는 가정 환경, 성별, 인종 등을 막론하고 누구에게나 어떤 결과에 도달할 수 있는 기회가 주어져야 한다는 측면에서의 평등을 의미한다. 따라서 동일한 기회가 주어졌을 때 개인의 역량 차이로 발생하는 결과의 차이는 마땅한 것으로 받아들여진다. 반면 조건의 평등은 기회가 동등하게 주어진다고 해도 개인이 처한 사회적 환경이 이를 가로막을 수 있다는 점을 고려한다. 즉, 거주 지역, 소득, 사회적 지위로 인해 발생할 수 있는 기회의 포기나 불평등을 방지하기 위해 이런 환경적 차이를 동등하게 만들어 주어야 경쟁 상황에서 모든 사람이 자신의 능력을 십분 발휘하기 위해 노력할 수 있다는 것이다. 이것이 만족되면 조건의 평등 측면에서도 결과의 차이는 개인의 역량의 차이라고 간주된다. 이런 기회의 평등과 조건의 평등은 달리기 상황에 빗대어 볼 수 있다.

06 〈보기〉의 내용을 분석한 것으로 가장 적절한 것은?

보기

나는 어린애같이 그릴 수 있게 되는 데에 50년이 걸렸다.
– 파블로 피카소(1881~1973)

① 어린아이의 그림이 예술의 지향점임을 이야기하고 있다.
② 평생 노력한 자만이 성공할 수 있음을 이야기하고 있다.
③ 자신이 추구하는 목표를 끊임없이 상기해야 함을 이야기하고 있다.
④ 목표한 바를 이루기 위해 노력을 멈추지 말아야 함을 이야기하고 있다.

07 '학교 교육' 측면에서 ㉠을 활용해 주장할 수 있는 내용으로 가장 적절한 것은?

① 모든 학교의 교육 과정은 동일한 수준과 내용으로 이루어져야 한다.
② 취학 연령에 속하는 아이들은 의무 교육을 받을 수 있게 해야 한다.
③ 학생들 간의 능력을 파악하여 수준에 따른 맞춤형 교육을 실시해야 한다.
④ 도서 벽지나 농어촌 지역의 학생들에게는 국가에서 교육비를 많이 투자해 주어야 한다.

※ 다음 보도자료를 읽고 물음에 답하시오. [08-09]

기획재정부 보도자료

1. 보도일시: ○○○○. 12. 01. (화) 19:00
2. 배포일시: ○○○○. 12. 01. (화) 18:30
3. 담당 국장: 홍길동
4. 제목: ______㉠______
   1) 20년 한국 성장률 전망 회원국 1위, 주요 20개국(G20) 2위
   OECD는 12.1일(화) 프랑스 시간 11:00(한국시간 19:00)에 「OECD 경제전망(OECD Economic Out-look)」*을 발표

* OECD 경제전망: 매년 2회(5~6월, 11~12월), 세계경제 + 회원국 + G20 국가 대상
OECD 중간 경제전망: 매년 2회(3월, 9월), 세계경제 + G20국가만 대상

   2) 22년 한국경제는 위기 전 수준을 가장 크게 회복할 전망
   OECD는 '20년 크게 위축된 세계경제가 백신 · 치료제 개발 가시화* 등에 힘입어 점진적으로 회복**할 것으로 전망

* OECD는 '21년 말에는 백신 · 치료제가 광범위하게 보급될 것'을 전제
** 세계경제 성장률 전망(%): ('20)△4.2 ('21)4.2 ('22)3.7

   3) 백신 가시화로 세계경제 여건 희망적이나 높은 불확실성 지속

5. 포함 문장
   1) '20년 세계경제는 코로나19 확산과 그에 따른 방역조치 등 영향으로 4.2% 역성장할 것으로 전망
   2) 세계경제는 각국 정부의 적극적 정책대응으로 빠르게 회복해 왔으나, 대면서비스업 등은 여전히 취약한 것으로 평가
   4) 한편, 최근 코로나19 재확산으로 인한 유럽 등 회복세 약화*

* 유럽 주요국은 봉쇄조치 강화 등으로 '20.4/4분기 성장률이 다시 (-)기록 예상

   5) 향후 국지적 재확산 가능성 등을 감안하여 21년 세계경제 성장률 전망을 비교적 큰 폭 하향 조정(9월 5.0% → 금번 4.2%)

08 ㉠에 들어갈 제목으로 가장 적절한 것은?

① 경제협력개발기구(OECD) 「경제전망」 발표
② 세계경제 성장률 전망
③ 코로나19 재확산
④ 한국의 경제 침체

09 위 보도자료를 잘못 이해한 것은?

① 2021년 방역조치로 역성장을 하겠다는 보도 내용이다.
② OECD 측은 백신과 치료제 개발로 인한 경제 성장의 회복제를 예측하고 있다.
③ OECD는 경제 전망을 4차례에 걸쳐 발표하고 있다.
④ 2021년 성장률이 2022년보다 높게 나왔다.

10 다음 글의 ㉠과 ㉡에 대한 평가로 적절하지 않은 것은?

2022년 대선을 전후로 보수 대권 후보자들이 촉법소년 연령 하향 공약을 제기하여 이에 대한 사회적 관심이 집중되었다. ㉠ 촉법소년 연령 하향을 찬성하는 입장은 청소년 범죄의 심각성을 강조하며, 범죄에 대한 책임을 물을 수 있는 연령을 낮춰야 한다는 주장을 내세운다. 이에 반해, ㉡ 촉법소년 연령 하향을 반대하는 입장은 청소년 범죄를 단순히 법적 책임으로 해결하는 것은 부족하다고 지적하고 청소년 보호와 교육이 함께 이루어져야 한다는 점을 강조한다.

① 촉법소년 연령 하향이 청소년 범죄율을 낮출 수 있다는 예측 자료는 ㉠을 강화한다.
② 청소년 범죄의 원인이 가정 환경과 사회적 요인에 있다는 연구 결과는 ㉡을 강화한다.
③ 촉법소년 연령 하향이 청소년의 재범을 억제할 수 있다는 전문가의 주장은 ㉠을 약화한다.
④ 형사처벌 강화보다는 재사회화를 강조해야 한다는 사회학자의 의견은 ㉡을 강화한다.

11 글의 흐름상 가장 자연스럽게 연결한 것은?

(가) 일반적으로 표음 문자는 언어의 음성적 차원이 아닌 음소적 차원에서 말소리를 적는다.
(나) '가구'의 'ㄱ', '다도'의 'ㄷ'도 마찬가지이다. 이처럼 한글의 표음성은 국어 화자들의 '예민한 귀'보다는 '지혜로운 머리'에 맞춰진 합리성을 보여준다.
(다) 이것은 출현 환경이 다른, 어두의 [p]와 모음 사이의 [b]가 국어 화자들에게는 동일한 말소리로 인식되기 때문이다.
(라) 이를테면 '부부[pubu]'의 경우 음성적 차원에서 무성음 [p]와 유성음 [b]로 발음하는 것을 음소적 차원에서는 모두 'ㅂ'으로 표시한다.

① (가) – (나) – (다) – (라)
② (가) – (나) – (라) – (다)
③ (가) – (다) – (나) – (라)
④ (가) – (라) – (다) – (나)

※ 다음 글을 읽고 이어지는 질문에 답하시오. [12-13]

소셜미디어에서 가짜 뉴스는 큰 논란거리가 되고 있다. 인터넷과 모바일이 발달하고 다양한 정보들이 생산되면서 불거진 해프닝만은 아니다. 가짜 뉴스(Fake News)는 거짓된 정보를 토대로 생산된 뉴스를 의미한다. 그러나 이것이 기존의 오보(False Report)나 풍자적 뉴스(Satirical Fake News), 패러디(Parodies), 루머(Rumor) 등과 다른 점은 '의도'를 가지고 거짓 정보(Hoax)를 퍼뜨린다는 점이다. 단순히 개인이나 언론사가 사전에 사실과 다른 가짜 정보임을 인지하지 못한 상태로 관련 뉴스를 제작하고 확산시키는 형태와는 차이점이 있다. 가짜 뉴스는 의도를 가지고 있는 만큼 특정한 목적을 가지고 그 영향력을 극대화 시키려는 속성도 있기 때문이다. 따라서 가짜 뉴스의 이면에는 특정한 이익을 노리는 세력이 존재할 가능성이 있고 반대로 이러한 세력에 의해 큰 피해를 입는 쪽이 나타날 수도 있다. 사실과 다른 정보임을 인지하지 못한 상태로 뉴스가 생산되는 경우에 추후 해당 뉴스가 사실과 다르다는 점이 밝혀지면 뉴스 생산 주체는 스스로 나서서 실수를 인정하는 절차를 거친다. 또한 사실과 다른 정보임을 인지한 상태로 의도적인 풍자나 패러디를 목적으로 하는 뉴스의 경우에는 뉴스에 포함된 정보가 거짓 정보임이 이미 서두에 전제로 제시된다. 그러나 가짜 뉴스는 다르다. 가짜 뉴스의 생산 과정에서는 이런 잘못된 정보에 대한 실수를 인정하지 않겠다는 의지가 엿보이며 대놓고 거짓 정보임을 퍼뜨리면서도 이것이 가짜일 가능성을 알리는 어떠한 장치도 없다.

가짜 뉴스는 너무 많은 정보 속에서 작성 주체와 원본 내용의 불명확성을 무기로 제목과 간략한 내용을 통해 이용자의 이목을 끄는 방식으로 진화해 현재와 같은 문제를 발생시키고 있다. 가짜 뉴스가 기존 뉴스 기사의 형식을 갖출 경우 전체 내용을 확인하기 전에는 진위 여부를 판단할 수 없다. 또한 교묘하게 조작된 가짜 뉴스의 경우에는 내용을 보더라도 그 진위 여부를 판단하는 것이 쉽지 않다.

이렇듯 가짜 뉴스는 '콘텐츠 생산이 급격히 증가하는 환경에서 원본과 작성 주체의 불명확성이라는 특성을 감안해 이용자가 믿을 수 있는 뉴스의 형식을 갖춰 신뢰를 얻은 후, 정파적 혹은 경제적 목적으로 내용을 의도적으로 교묘히 조작하여 한눈에 전체 내용을 파악할 수 없는 소셜미디어, 모바일 메신저 등 콘텐츠 유통 플랫폼을 통해 콘텐츠 확산을 의도한 뉴스'라고 정의할 수 있다. 이는 가짜 뉴스를 디지털 환경의 관점에서 정의한 것으로 좀 더 세밀한 개념 정립이 필요하다. 앞서 말했듯이 가짜 뉴스는 과거부터 있어 왔고 환경의 변화에 따라 그 개념을 달리하여 존재하기 때문이다. 다만 현재의 디지털 환경의 특성이 가짜 뉴스가 미치는 부정적 영향의 크기와 확산 속도를 증가시킨 것이다.

12 윗글에 대한 이해로 적절하지 <u>않은</u> 것은?

① 가짜 뉴스는 단순히 인터넷이나 모바일 등 통신 기술의 발달로 나타난 것이 아니다.

② 가짜 뉴스는 이로 인한 피해자가 발생할 수 있는 문제이므로 이에 대한 처벌을 강화해야 한다.

③ 기존의 뉴스와는 달리 가짜 뉴스는 작성 주체가 불명확하기 때문에 조작된 뉴스 기사의 진위 여부를 판단할 수 없다는 문제가 있다.

④ 대량으로 신속하게 생산되는 정보의 홍수 때문에 수용자는 진위 여부를 판단할 수 없게 됐으며 가짜 뉴스는 이 지점을 파고 들었다.

13 윗글을 참고할 때, 다음 중 가짜 뉴스는 몇 개인가?

㉠ 신원미상인 사람이 블로그를 통해 배포한 기사 형식의 글
㉡ 기사형식을 갖춘 채 속칭 '찌라시'의 정보를 보고한 글
㉢ 모바일 메신저, 문자 메시지 등의 수단을 이용해 퍼지는 기사 형식의 글
㉣ 언론사가 정상적인 보도를 했지만 향후 오보로 판명된 글
㉤ 사실이 아닌 것을 사실처럼 다루어 현 세태를 풍자한 글

① 0개 ② 1개
③ 2개 ④ 3개

14 다음 글의 빈칸에 들어갈 말로 가장 적절한 것을 고르면?

> 루키즘이란 말은 뉴욕타임스의 칼럼리스트 윌리엄 새파이어가 자신의 칼럼을 통해 만들어 낸 말로 외모지상주의, 외모차별주의를 의미한다. 윌리엄은 칼럼에서 인종, 성, 종교, 이념에 이어 외모가 개인 간의 우열을 형성하는 잣대가 되고 있다고 하였다. 실제로 외국의 한 조사결과에 의하면 아름다운 여성이나 잘생긴 남성은 법정에서 유죄판결을 받는 확률이 그렇지 못한 사람에 비해 적은 것으로 나타나고 있다. 이것은 배심원들이 외모가 뛰어난 사람들에게 동정심을 더 많이 갖기 때문이다.
>
> 이런 현상은 비단 외국뿐만이 아니다. 우리나라에서도 백화점이나 고급 식당, 미용실 등을 갔을 때 정장차림을 하고 방문을 할 경우에는 점원들의 환대와 관심을 받을 수 있는 반면에 허름한 복장으로 가거나 화장을 하지 않고 방문했을 때는 그다지 친절하지 못한 대접을 받는 것을 쉽게 느낄 수 있다. 사회적으로 이런 현상은 편안한 일요일이나 공휴일, 여러 가지 이유로 외출을 해야 될 경우, 본인의 의사와는 무관하게 자신을 꾸며야 한다는 부담스러운 의무감을 갖게 만드는 것이다. 옛 속담의 "보기 좋은 떡이 먹기도 좋다", "이왕이면 다홍치마" 등의 의미를 통해 과거에도 지금처럼 외모를 중요시하였음을 알 수 있다. 물론 조건이 같을 경우 이왕이면 예쁘고 잘생긴 사람이 마음에 와 닿는 것을 부인하자는 것은 아니다.
>
> 다만 급속하게 번지고 있는 루키즘의 파급효과가 사회 각 영역에서 상당한 영향력을 보이고 있다는 점에서 우려가 있는 것은 사실이다. 외모가 일상생활에 주는 영향을 묻는 각종 항목 중에서 외모를 가꾸는 것이 꼭 필요하기 때문이라는 항목에 78%가 긍정적인 동의를 했다는 점에서, [   ].

① 루키즘 현상이 사회적으로 개인의 삶을 결정짓는 데 중요한 요인임을 알 수 있다
② 자신의 능력을 평가받을 때 외모가 미치는 영향을 미미하게 여기고 있음을 알 수 있다
③ 외모가 개인 간의 우열을 형성하는 잣대로서 절대적인 조건으로 작용하고 있음을 알 수 있다
④ 일상생활에서 외모를 중시함으로써 다른 능력보다 우선시하는 경향이 생겨났음을 알 수 있다

15 ㉠~㉣에서 알 수 있는 내용으로 적절하지 않은 것은?

> **환자**: (걱정스런 표정을 지으며) 의사 선생님, 아까 명치 부분을 누르실 때 콕콕 쑤시던데, 심각한 건 아닌가요? 무슨 병인가요?
>
> **의사**: (㉠ 고개를 갸우뚱하며) 혹시 명치 위쪽이 불편하지 않으세요? 숨을 크게 들이마시고 가만히 계세요. (진료 차트를 보며 심각한 표정을 짓고 있다. 한참을 말없이 살펴보며) 어디 다른 곳부터 먼저 봅시다.
>
> **환자**: (답답해하며) 의사 선생님, 명치 부분에서 속이 쓰리고 신물이 넘어오는 것이 제일 불편합니다. 어젯밤부터 잠을 못 잤거든요. 분명 십이지장 궤양인데 이것이 암으로 악화될 수도 있나요? ㉡ 최근 한국인의 암 발생률이 점점 증가한다면서요.
>
> **의사**: 가족 중에 암으로 고생하셨던 분이 계세요? 병명은 정확한 검사를 해 봐야 알 것 같습니다. 또 다른 불편한 곳은 없나요?
>
> **환자**: 의사 선생님, ㉢ 평소에 왼쪽 다리만 자꾸 쥐가 나는데요. 무슨 이유가 있나요?
>
> **의사**: 쥐가 나는 것은 근육 경련 현상인데, 그것은 디하이드레이션이나 유산 축적, 국소 순환 장애, 또는 근섬유의 부분 파열로 일어날 수 있습니다. 환자분의 경우는 가슴과 복부 CT 촬영부터 하고 나서 다음 치료 과정을 ㉣ 의논해 보는 것이 어떨까요?
>
> **환자**: 그거 괜히 불필요하게 비싼 검사를 하는 거 아닌가요?
>
> **의사**: 불필요한 검사를 일부러 하지는 않습니다. 여러 가지가 의심되는 상황이니 서둘러 검사부터 하는 것이 좋을 것 같습니다.

① ㉠에서 비언어적인 표현이 화자의 심리 상태를 효과적으로 전달하는 요소임을 알 수 있다.
② ㉡에서 사회적 상황이 화자의 발화에 영향을 미치는 요소임을 알 수 있다.
③ ㉢에서 화자의 발화 의도를 고려하면 다음에 이어질 대화가 정보 전달적 화법에 해당함을 짐작할 수 있다.
④ ㉣에서는 자신의 의도를 완곡하게 표현함으로써 상대방의 감정을 고려한 화법의 오락적 성격을 엿볼 수 있다.

16 코로나19의 예방을 위한 공익 광고를 만들고자 한다. 다음 〈보기〉의 요구에 가장 부합하는 광고 문구는?

보기

- 참신한 표현으로 독자의 시선을 끌어당겨야 한다.
- 유용한 정보가 들어가 있어야 한다.

① 마스크 착용은 선택이 아닙니다. 우리 모두의 의무입니다.
② 마스크는 당신을 지켜 줍니다. 또 다른 마스크는 비누입니다.
③ 거리두기 생활화로 자신의 건강을 지킵시다.
④ 공공장소에서는 되도록 큰소리로 말하지 맙시다.

17 (가)와 (나)를 전제로 할 때 빈칸에 들어갈 결론으로 가장 적절한 것은?

(가) 복지 정책에 관심이 있는 사람은 모두 환경 문제에 관심이 없는 사람이다.
(나) 환경 문제에 관심이 있는 사람은 모두 사회 문제에도 관심이 있는 사람이다.

따라서 [ ]

① 사회 문제에 관심이 있는 사람 중 일부는 복지 정책에 관심이 있다.
② 복지 정책에 관심이 있는 사람 중 일부는 사회 문제에 관심이 없다.
③ 환경 문제에 관심이 없는 사람은 모두 사회 문제에도 관심이 없다.
④ 복지 정책에 관심이 있는 사람은 모두 환경 문제에도 관심이 있다.

18 A 제과사는 제품의 과대포장 문제를 해결하려고 한다. 〈보기〉의 내용을 참고하여 도출한 전략으로 알맞지 않은 것은?

보기

적정 수준을 넘어선 과대포장은 포장 폐기물로 인한 환경오염 심화, 과다한 포장 비용으로 인한 제품 가격상승 및 자원낭비, 품질이 아닌 과장되고 화려한 포장으로 제품 선택을 유도함으로써 합리적인 소비자 선택 방해 등 환경적, 경제적, 소비자보호 측면에서 여러 가지 문제점을 내포하고 있다.

① 낱개 포장 후 재포장 상품 대상 기준을 개선한다.
② 포장 공간 비율을 합리적인 규격으로 통일한다.
③ 공기 충전 포장 상품의 수효를 줄인다.
④ 품목별 포장 횟수가 법적 규제 여부에 부합하는지 점검한다.

19 소비자 보호 기관 홈페이지에 올리기 위한 글의 초고이다. 고쳐 쓰려는 내용으로 적절하지 않은 것은?

물품명	휴대전화	모델명	JGN-2016
하자 및 불만 사항	구입한 지 1년도 안 된 전화기를 두 번이나 수리를 받았는데 또 같은 고장이 나고 말았습니다. 다시 서비스 센터에 찾아가서 제대로 고쳐지지 않았다고 ㉠ 항의했지만, 그제야 본사로 보내 부품을 교체하겠다더군요. 전화기를 맡긴 뒤, 약속한 날이 되어 찾으러 갔더니 아직 도착하지 않았다며 며칠 뒤에나 다시 오랍니다. ㉡ 전화기 고장 자체도 문제이지만, 이런 성의 없는 서비스 태도야말로 더 큰 문제라고 생각합니다. 소비자로서 이와 같은 처사에 ㉢ 어케열받지 않겠습니까?		
요구 사항	㉣ 어제는 제 친구도 같은 문제로 불편을 겪고 있다는 얘기를 들었습니다. 해당 업체가 신속히 제품을 수리하거나 교환해 주도록 조치해 주시기 바랍니다. 또 한 달여 동안 낭비한 시간과 엉뚱하게 들인 수리비도 보상받고 싶습니다.		

① ㉠은 앞뒤 문맥을 고려해 '항의했더니'로 고친다.
② ㉡은 전체를 개괄하는 진술이므로 글의 맨 앞으로 옮긴다.
③ ㉢은 비속어이므로 '어찌 화가 나지'로 바꿔 쓴다.
④ ㉣은 요구 사항이 아니므로 생략한다.

20 ㉠~㉤의 관계에 대한 설명이 적절하지 않은 것은?

㉠ 20세기 후반에 들어오면서 제정 당시의 상황과는 상당히 달라진 과학 연구 방식에 따라 노벨상의 선정에 있어서 문제점들이 드러나기 시작했다. ㉡ 우선, 수상 분야에 문제가 있다. ㉢ 수학 분야가 빠진 것은 말할 것도 없고, 물리학과 화학 분야가 명시되는 바람에 지구 과학과 천문학은 계속 수상에 있어서 불이익을 받았다. ㉣ 이런 이유로 현대 수학의 공리적 기초를 세운 힐베르트, 저장 프로그램, 전자 컴퓨터의 발달에 기여한 폰 노이만, 사이버네틱스를 창시한 위너가 노벨상과는 상관없는 인물이 되었고, 에딩턴이나 허블 같은 유명한 천문학자도 수상에서 제외되었다. ㉤ 죽은 사람에게는 수여하지 않는다는 규정도 문제라고 할 수 있다.

① ㉠은 문단의 주제문이다.
② ㉢~㉤은 ㉡의 근거이다.
③ ㉢은 ㉡의 상술이다.
④ ㉣은 ㉡와 ㉢의 예시이다.

제 06 일 적중의 지혜

※ 다음 글을 읽고 물음에 답하시오. [01-02]

국토교통부는 제주도 등 전국 15개 지자체의 33개 구역을 「드론법」에 따른 드론 전용 규제특구인 '드론 특별자유화구역'으로 지정한다고 밝혔다.

[㉠] 국토부는 드론 산업의 발전을 위해 '드론 실증도시' 등 실증지원 사업을 통해 새로운 드론 서비스를 발굴하고 실증하는 데 집중해왔으나, 실제 실증에 이르기까지 거쳐야 하는 많은 규제로 인해 기업들에게 많은 불편이 있어 온 것이 사실이다.

'드론 특별자유화구역'에서는 드론 기체의 안전성을 사전에 검증하는 특별감항증명과 안전성 인증, 드론 비행 시 적용되는 사전 비행 승인 등 규제를 면제하거나 완화하여 5개월 이상의 실증기간이 단축될 것으로 기대된다. 지난해 7월 최초로 시행한 '드론 특별자유화구역'의 공모에는 총 33개 지자체에서 참여했으며, 국방부 · 군부대와의 공역협의와 현지실사, 민간전문가 평가, 드론산업실무협의체 심의 등 7개월간의 절차를 거쳐 최종 15개 지자체의 33개 구역이 선정되었다.

서비스모델 사례로는 강원도 원주시의 경우 치악산 등 등산객 부상 시 의료 장비 및 의료품 등 긴급 구호 물품을 배송하고, 열감지기를 결합하여 가축 전염병 방역체계를 구축하는 데 사용할 계획이다.

[㉡] '드론 특별자유화구역'은 각 지역의 특성에 알맞은 최적화된 드론 모델을 실증할 것이다. [㉢] 국토부는 드론 특별자유화구역에서 비행 관련 규제가 면제 · 완화되더라도, 항공안전기술원의 관리 · 감독과 지자체의 철저한 현장 감독뿐만 아니라 군 · 소방 · 의료기관 등 유관기관과 사고 대응 협력체계도 구축하여 안전하게 관리할 방침이다.

국토교통부는 "드론 특별자유화구역 제도를 처음으로 운영하는 만큼, 추가적으로 개선할 규제는 없는지, 정부에서 지원해야 할 부분이 무엇인지 현장의 목소리를 적극적으로 듣겠다"라면서, "향후 거대 시장으로 성장이 예상되는 글로벌 드론 시장으로 우리 드론기업이 진출할 수 있도록 역할을 다하겠다"라고 밝혔다. 이 같은 기계적 재현기술은 처음부터 자연을 더 정확히 나타낼 수 있었기 때문이 아니라, 인간의 행위나 주관성을 상당 정도 제거할 수 있다는 점에서 당시의 학자에게 선호되었던 것이다.

이처럼 '기계적 객관성'이라는 덕목이 생겨나 자연과학분야에서 한동안 우위를 점했지만, 20세기에 이르자 또 다른 덕목이 등장한다. 20세기 전반기에 과학자는 과학 활동에서 연구자의 주관을 완전히 배제한다는 것은 불가능하며, 설사 가능하더라도 과학적 자료를 제시하는 것만으로는 어떠한 목적도 달성하기 힘들다는 점을 깨닫기 시작하였다. 그래서 오늘날 과학자에게는 연구 목적에 맞게 자료를 다듬고 분류할 수 있는 '훈련된 판단력'이 요구된다. 이제 자연과학적 사실을 재현할 책임은 실험 장비가 아니라 판단을 내릴 수 있는 인간에게 다시 부과되기 시작하였다.

01 윗글의 ㉠~㉢에 들어갈 낱말로 가장 적절한 것은?

	㉠	㉡	㉢
①	그러므로	한편	실제로
②	결국	따라서	그러므로
③	오직	더구나	그런데
④	그간	이렇듯	또한

02 윗글에 대한 예상 독자의 반응으로 적절하지 않은 것은?

① 향후 세계 드론 시장의 매출 규모는 어느 정도가 될까?
② 15개 지자체가 어느 곳인지 궁금하군.
③ 새로운 드론법에 따르면 드론 승인이 총 몇 개월 걸리지?
④ 드론 산업을 활성화하는 데 기여할 것 같군.

03 다음 〈보기〉의 높임 표현 설명과 일치하는 문장은?

보기

간접 높임은 높임의 대상인 주체의 신체 일부, 소유물, 가족 등을 높임으로써 주체를 간접적으로 높인 것이다.

① 아버지께서 요리를 하셨다.
② 교수님께서는 책이 많으시다.
③ 어머니께서는 음악회에 가셨다.
④ 선생님께서는 우리의 이름을 부르신다.

04 다음 제시된 글을 근거로 할 때, 항상 참이 되는 것은?

• 지혜는 A기업에 다닌다.
• 영어를 잘하면 업무능력이 뛰어난 것이다.
• 영어를 잘하지 못하면 A기업에 다니지 않는다.

① 지혜는 영어를 잘하지 못한다.
② A기업에 다니는 사람들은 업무능력이 뛰어나지 못하다.
③ 지혜는 업무능력이 뛰어나다.
④ 업무능력이 뛰어난 사람은 A기업에 다니는 사람이 아니다.

※ 다음 글을 읽고 물음에 답하시오. [05-06]

> 19세기 이후 현대 회화의 특징은 이전의 예술이 추구했던 모방 및 재현의 전통에서 벗어나 예술의 자율성을 추구하는 것이라 할 수 있다. 현대 회화는 인상주의의 한계를 극복하고자 한 후기 인상주의를 기점으로 추상의 세계로 나아갔다. 후기 인상주의를 대표하는 세잔은 현대 회화를 추상으로 이끈 출발점이 되었다.
>
> ㉠ 인상파 화가들은 빛과 함께 시시각각으로 움직이는 색채의 미묘한 변화 속에서 자연을 묘사하고자 했다. 즉 그들의 주요 관심은 짧은 순간에 화가가 시각적으로 지각한 사물을 재현하는 것이다. 그러나 ㉡ 세잔은 빛의 조건에 따른 표면의 색이나 형태가 아니라 대상의 본질적이고 견고한 형태를 담아내고자 했다. 그는 삼각형과 사각형, 또는 원형 같은 가장 기본적인 형상들에서 모든 외양이 분열되어 나온다고 생각했다. 이 때문에 세잔은 자연을 구형, 원통형, 원추형의 기하학적 형태로 단순화하여 자연의 모습을 작가의 감각으로 재구성하려 했다. 기하학적 조형 원리를 통해 사물에 대한 이해와 인식을 투영하려는 이러한 시도는 눈에만 의존하던 기존의 미술과는 전혀 다른 것이었다. 즉 그는 자연을 눈에 보이는 그대로 그리는 대신 화가의 눈과 감성, 구성력을 통해 화면에 '재창조된 자연'을 담아내고자 했다. 또한 그는 전통적인 원근법을 버리고 여러 방향에서 바라본 사물들을 화폭에 그려 냈다. 예를 들어 정물화에서는 눈높이에서 바라본 바구니, 위에서 내려다본 항아리 등 '다시점(多視點)'에서 바라본 사물들의 모습을 한 화면에 담았다.
>
> 자연의 모습을 작가의 감각으로 재구성하려는 세잔의 회화적 경향은 피카소와 브라크로 대표되는 ㉢ 입체주의에 영향을 미쳤다. 이들은 물체를 완전한 형태로 표현해 내기를 원했는데, 그들에게 완전한 형태란 사방에서 본 것들을 하나로 종합하여 표현하는 것이었다. 이때 이들이 가장 주목한 것은 세잔의 기하학적 조형이었다. 그들은 형태를 면으로 단순화했으며 세잔의 조형에서 한 걸음 더 나아가 자연을 더욱 단순화, 추상화했고, 마침내 자연을 육면체의 입체로 바꾸어 표현했다. 마티스는 1908년 전시회에서 브라크의 그림을 보고 '입방체(Cube)로 만들어진 그림'이라고 했고, 이를 계기로 입체파, 즉 큐비즘(Cubism)이란 용어가 생겨나게 되었다. 또한 입체파는 시점을 고정시켜 한 방향에서만 봐서는 사물의 본질을 알 수 없다고 생각했다. 그래서 그들은 세잔과 마찬가지로 다양한 각도에서 바라본 모습을 한 화면에 담아내는 다시점의 방식을 활용하여 삼차원의 대상을 이차원의 평면 회화로 표현하였다.

05 윗글의 내용과 일치하지 않는 것은?

① 재현과 추상은 사실상 같은 직업이다.
② 인상파는 사물을 지각한 그대로 재현하려고 했다.
③ 세잔은 전통적인 원근법을 버렸다.
④ 세잔은 자연의 모습을 작가의 감각으로 새롭게 표현하려고 했다.

06 ㉠~㉢에 대한 이해로 적절하지 않은 것은?

① ㉠이 대상의 순간에 주목했다면 ㉡은 대상의 본질에 주목했다고 할 수 있군.
② ㉡을 기점으로 ㉠의 한계를 극복하면서 현대 회화는 추상으로 나아갔군.
③ ㉡과 ㉢은 전통적인 원근법에 따라 고정된 시점에서 대상을 표현하려 했군.
④ ㉡과 ㉢은 모두 모방과 재현의 전통에서 벗어나 예술의 자율성을 추구했군.

07 다음 글을 이해한 내용으로 가장 적절한 것은?

> 실질적 문맹의 증가 원인으로는 다양한 매체의 부상을 들 수 있다. 사람들은 다양한 매체의 등장으로 동영상과 인터넷 검색을 통한 정보 습득 방식에 익숙해지고 있다. 책 대신 정보를 집약해 가공한 영상 매체를 주로 소비하면 수동적 사고에 익숙해지고 글을 읽고 스스로 정보를 이해하고 활용할 능력을 기르기 어렵다는 것이다.
>
> 정보의 양도 문제다. 한 사람이 매일 다양한 기기를 통해 소비하는 정보의 양은 평균 34GB에 육박하는데 이는 영어 단어 10만 개에 가까운 양이다. 정보 기술의 발달로 수많은 정보에 대한 접근이 가능해지면서 디지털 시대의 과잉 정보에 노출된 인간의 뇌는 인지적 과부하를 피하기 위해 '물어보기'를 선택한다. 이 경우 전체적인 글의 흐름이나 논리 구조를 파악하기 어렵고 긴 문장보다 더 짧고 단순한 문장만 찾게 되는 악순환이 발생한다. 이처럼 뇌의 읽기 회로가 디지털 매체에 적응한다면 종이책이나 인쇄물을 읽을 때도 건너뛰면서 읽게 되는 것이다.

① 다양한 매체의 부상과 과도한 정보 소비는 읽기 능력과 사고력을 저하시킨다.
② 디지털 매체의 발달은 정보 접근성을 높여 읽기 능력을 향상시킨다.
③ 사람들이 매일 소비하는 정보의 양이 많아질수록 더 복잡한 글을 이해하는 능력이 발달한다.
④ 책을 읽는 대신 영상을 소비하는 것은 창의적 사고를 촉진하는 데 도움이 된다.

08 강연자가 ㉠~㉢을 활용한 방식에 대한 설명이 부적절한 것은?

> 안녕하세요. 강연을 맡은 ○○○입니다. 오늘은 영화 포스터의 디자인을 구성하는 글자, 이미지, 색에 대해 말씀 드리고자 합니다. 먼저 영화 포스터에서 글자는 서체와 기울기로 표현되는데요, 서체부터 살펴볼까요? (㉠ 자료 제시) 여기 역동적인 액션 장르의 포스터와 가족 이야기를 다룬 드라마 장르의 포스터가 있습니다. 액션 장르 포스터에 쓰인 고딕체는 굵은 직선으로 되어 있어 격렬한 액션 장르의 강인함을 부각합니다. 반면 드라마 장르 포스터에 쓰인 손 글씨체는 부드러운 곡선으로 되어 있어 드라마 장르의 감성적인 특징을 시각적으로 나타내지요. 또한 액션 장르 포스터의 글자가 15도 정도 기울어져 있는 게 보이실 텐데요, 일반적으로 글자를 기울여 쓰면 역동성을 표현할 수 있어 박력 있는 내용의 활극인 액션 장르에서는 포스터의 글자를 기울여 쓰는 경우가 많습니다. 다음으로 이미지를 살펴봅시다. 영화 포스터에서 이미지는 사진과 그림으로 표현되는데요, 사진을 활용하면 대상을 사실적으로 표현할 수 있고 그림을 활용하면 대상을 인상적으로 강조할 수 있습니다. (㉡ 자료 제시) 여기 두 포스터를 보시죠. 코미디 장르에서는 인물의 얼굴은 사진으로, 몸은 그림으로 표현하고 있어요. 이때 그림으로 대상의 몸을 크게 그려 과장되게 표현한 것은 웃음을 자아내는 코미디 장르의 특징을 효과적으로 드러내고 있지요. 반면 액션 장르에서는 인물이 뛰고 있는 모습의 사진을 활용해 긴박한 상황에 처한 인물을 사실적으로 드러내고 있습니다. 마지막으로 색은 영화 포스터의 전체적인 분위기를 좌우하는 요소입니다. (㉢ 자료 제시) 왼쪽에 제시된 공포 장르에서는 검은색과 선명한 빨간색이 대비를 이뤄 영화의 섬뜩한 분위기를 표현하고 있습니다. 이에 비해 오른쪽에 제시된 드라마 장르에서는 명도와 채도가 낮은 색들이 어우러져 잔잔한 분위기를 연출하고 있어요.

① ㉠: 장르별로 포스터에 사용된 서체의 특징과 그에 따른 효과를 제시하고 있다.
② ㉠: 포스터에 사용된 글자의 기울기 수치를 밝히며 기울기를 활용하는 특정 장르의 특징을 언급하고 있다.
③ ㉡: 장르별로 포스터에 사용된 인물 사진의 특징과 그에 따라 서로 다르게 나타나는 인물의 정서를 언급하고 있다.
④ ㉢: 장르별로 포스터에 색이 사용된 방식과 그에 따라 연출되는 분위기를 언급하고 있다.

※ 다음 글을 읽고 물음에 답하시오. [09-10]

> 오늘날 우리 사회에서 남성과 여성에게 서로 다른 행동을 기대하는 이유는 무엇인가? 남성과 여성에게는 생물학적 혹은 심리학적으로 타고난 차이가 있으므로 생물학이나 심리학이 남녀의 행위 방식의 차이를 설명할 수 있다는 것이 일반적 대답이었다. 하지만 이런 생각은 논란의 여지가 있다. 마가렛 미드(Margaret Mead)는 뉴기니아의 원시 종족들과 그들 사회에 대한 연구를 통해 중요한 ㉠ 시사점을 제공하였다.
>
> 뉴기니아에는 많은 종족들이 살고 있지만 오랫동안 서로 교류가 별로 없었다. 그래서 멀지 않은 거리에 있는 종족들도 서로 다른 행위 방식들을 보여 준다. 아라페쉬족은 남녀의 행위 방식을 구별하지 않는다. 심지어 여성이 아이를 가져야만 한다는 사실조차 경시된다. 그리고 아라페쉬족 남성은 아기가 태어나자마자 부인과 같이 누워, 남성과 여성이 한 몸이라는 자기 암시를 통해, 여성이 출산 과정에서 겪는 피로를 대부분 물려받아 여성의 고통을 덜어 준다. 또한 우리 사회에서 흔히 남성의 속성으로 여겨지는 공격성은 아라페쉬족에서는 남녀 모두에게 나타나지 않는다. 이 종족은 아이들의 젖을 늦게 떼고 특정 아이를 특정 어머니가 기르는데, 이처럼 아이를 잘 돌보는 양육방식이 공격성의 약화와 관련이 있다고 미드는 설명한다.
>
> 한편 멀지 않은 곳에 최근에 와서 식인 풍습을 버린 문두가머족이 산다. 이 종족은 남녀 모두 비슷한 정도의 공격성을 보여 준다. 그래서 미드는 문두가머족 남녀 사이의 성행위를 서로 멍들고 다치는 싸움이라고 묘사하기도 한다. 또한 문두가머족은 극도의 무관심 속에서 아이를 기르기 때문에 많은 아이들이 어릴 때 물에 빠져 죽는다. 미드는 두 종족의 공격성에 관한 차이와 아이를 기르는 관습의 차이가 그들의 생계와 직결된 식량 획득 방법에서 비롯되었다고 본다. 아라페쉬족은 토지를 경작하여 식량을 얻는 반면, 문두가머족은 전통적으로 다른 인접 사회의 사람들을 살해하여 식량을 획득해 왔기 때문에 이런 차이가 생겼다는 것이다.

09 윗글의 내용과 일치하는 것은?

① 아라페쉬족은 남녀의 성 역할이 분명하게 구분되어 있다.
② 문두가미족 남녀의 공격성이 비슷한 것은 지리적 영향 때문이다.
③ 두 부족 사이의 양육방식 차이는 식량 획득 방법의 차이에서 온 것이다.
④ 두 부족 사이의 공격성에서 차이를 빚는 결정적 요인은 양육방식이다.

10 ㉠의 내용으로 가장 적절한 것은?

① 인간의 공격성 정도는 양육 방식에 의해 결정된다.
② 남녀의 행위 방식은 기본적으로 생물학적 차이에 근거한다.
③ 남녀의 공격성 여부가 그 사회적 성격을 규정하는 핵심 요소이다.
④ 남녀의 행위 방식은 그 사회의 생존 방식을 통해 설명할 수 있다.

11 다음 대화의 빈칸에 들어갈 내용으로 가장 적절한 것은?

> 갑: 2022년에 A 보조금이 B 보조금으로 개편되었다고 들었습니다. 2021년에 A 보조금을 수령한 민원인이 B 보조금의 신청과 관련하여 문의하였습니다. 민원인이 중앙부처로 바로 연락하였다는데 B 보조금 신청 자격을 알 수 있을까요?
>
> 을: B 보조금 신청 자격은 A 보조금과 같습니다. 해당 지자체에 농업경영정보를 등록한 농업인이어야 하고 지급 대상 토지도 해당 지자체에 등록된 농지 또는 초지여야 합니다.
>
> 갑: 네. 민원인의 자격 요건에 변동 사항은 없다는 것을 확인했습니다. 그 외에 다른 제한 사항은 없을까요?
>
> 을: 대상자 및 토지 요건을 모두 충족하더라도 전년도에 A 보조금을 부정한 방법으로 수령했다고 판정된 경우에는 B 보조금을 신청할 수가 없어요. 다만 부정한 방법으로 수령했다고 해당 지자체에서 판정하더라도 수령인은 일정 기간 동안 중앙부처에 이의를 제기할 수 있습니다. 이의 제기 심의 기간에는 수령인이 부정한 방법으로 수령하지 않은 것으로 봅니다.
>
> 갑: 우리 중앙부처의 2021년 A 보조금 부정 수령 판정 현황이 어떻게 되죠?
>
> 을: 2021년 A 보조금 부정 수령 판정 이의 제기 신청 기간은 만료되었습니다. 부정 수령 판정이 총 15건이 있었는데, 그중 11건에 대한 이의 제기 신청이 들어왔고 1건은 심의 후 이의 제기가 받아들여져 인용되었습니다. 9건은 이의 제기가 받아들여지지 않아 기각되었고 나머지 1건은 아직 이의 제기 심의 절차가 진행 중입니다.
>
> 갑: 그렇다면 제가 추가로 [ ]만 확인하고 나면 다른 사유를 확인하지 않고서도 민원인이 현재 B 보조금 신청 자격이 되는지를 바로 알 수 있겠네요.

① 민원인의 부정 수령 판정 여부, 민원인의 이의 제기 여부, 이의 제기 심의 절차 진행 중인 건이 민원인이 제기한 건인지 여부
② 민원인의 부정 수령 판정 여부, 민원인의 이의 제기 여부, 이의 제기 기각 건에 민원인이 제기한 건이 포함되었는지 여부
③ 민원인의 농업인 및 농지 등록 여부, 민원인의 이의 제기 여부, 이의 제기 심의 절차 진행 중인 건의 심의 완료 여부
④ 민원인의 부정 수령 판정 여부, 민원인의 이의 제기 여부, 이의 제기 인용 건이 민원인이 제기한 건인지 여부

12 다음에서 제시한 글의 전개 방식의 예로 가장 적절한 것은?

> '유추'는 같은, 혹은 비슷한 것에 기초하여 다른 것을 미루어 추측하는 일을 말한다.

① 통일된 베트남과 독일이 그러하듯, 우리나라도 통일이 되면 지역감정이 심화될 것이다.
② 한국의 까마귀는 까맣다. 일본도, 중국도 미국의 까마귀도 까맣다. 그러므로 세상의 모든 까마귀는 까만색이다.
③ 오늘 할 일을 하지 않는다면, 그 일이 내일까지 이어져 내일의 부담이 커질 것이다. 그러므로 할 일을 미룰 수 없다.
④ 하루의 에너지가 없는 이유는 아침을 먹지 않아서이고, 아침을 먹지 않은 것은 늦잠을 잤기 때문이며, 늦잠은 전날의 피로 때문이다.

13 '학생 3'의 말하기 방식에 대한 설명이 잘못된 것은?

학생 1: 〈토끼전〉의 인물들에 대한 평가는 다양하다고 해. 그런데 나는 인물들에 대한 평가가 어떻게 달라질 수 있는지 잘 모르겠어서, 이 주제로 이야기 나눠 보고 싶어.
학생 2: 그럼 나부터 할게. 나는 용왕의 명령을 따르고자 하는 충성스러운 자라는 긍정적이지만, 자신의 목숨을 위해 타인의 희생을 초래할 명령을 내린 용왕은 부정적이라고 생각해. 어떻게 자기 살겠다고 토끼의 간을 빼앗을 생각을 할 수 있지?
학생 3: 타인의 생명을 존중하지 않는 용왕의 이기적인 태도가 문제라는 거지? (학생 2의 반응을 보고, 고개를 끄덕이며) 나도 그렇게 생각했어. 반면에 토끼는 긍정적인 인물이라고 생각해. 위기에 처했는데도 삶을 포기하지 않고 기지를 발휘하잖아. 나도 토끼처럼 어떤 상황에서도 지혜를 발휘할 수 있는 사람이 되고 싶어.
학생 1: 토끼는 헛된 욕심 때문에 위기에 빠진 게 아닐까? 또 부귀영화를 기대하며 삶의 터전을 버리고 쉽게 수궁으로 간 것을 보면 토끼의 경솔함도 긍정적으로 보긴 어려울 것 같아. 그에 비하면 변치 않는 충성심으로 볼 때, 자라는 신의 있는 인물 같아. 그래서 나는 자라가 배울 점이 많은 인물이라고 생각해.
학생 3: 음, 나는 오히려 자라를 부정적으로 봤어. 임무 수행을 위해 거짓말까지 한 자라의 행동은 윤리적으로 비판받아 마땅해.
학생 1: 그래도 그 거짓말은 용왕을 살려야 한다는 대의를 위한 선의의 거짓말로 봐야 해.
학생 3: 핑계 없는 무덤이 어딨어. 자라는 용왕을 위해 거짓말을 한 거라고 스스로를 합리화하겠지만, 피해는 토끼가 보고 있잖아. 결국 자라의 거짓말은 다른 이를 위기로 몰아넣는 나쁜 거짓말일 뿐이야. 더 나아가 자라의 맹목적인 충성심도 비판받아야 한다고 생각해. 명령이 잘못되었는데도 옳고 그름은 따져 보지 않고 임무를 완수할 방법만 궁리한 거잖아. 큰 죄를 저지르고도 상급자의 명령이니까 따랐을 뿐이라고 말하는 사람들과 다르지 않아.

① 상대방의 의견에 대한 자기 이해가 맞는지 확인한다.
② 상대 의견에 공감하면서 자연스럽게 화제를 전환한다.
③ 상대방 의견을 뒷받침할 수 있는 추가 사례를 제시한다.
④ 상대방 의견이 맞지 않은 이유를 들며 반박하고 있다.

14 다음 글을 이해한 것으로 가장 적절한 것은?

튀김의 조리 과정을 푸리에의 열전도 법칙으로 설명하면 다음과 같다. 식용유의 움직임을 고려하지 않는다면, 튀김의 조리 과정은 주로 식용유와 튀김 재료 간의 전도로 파악될 수 있다. 맛있는 튀김을 만들기 위해서는 냄비를 가열하여 식용유의 온도를 충분히 높여 식용유로부터 튀김 재료로의 열전달률을 높여야 한다. 그리고 튀김 재료를 식용유에 넣으면 재료 표면에 수많은 기포들이 형성된다. 이 기포들은 식용유에서 튀김 재료로의 높은 열전달률로 인해 순간적으로 많은 열이 전달되어 생겨난 것인데 재료 표면의 수분이 수증기로 변해 식용유 속에서 기포의 형태가 된 것이다. 이 기포들은 식용유 표면으로 올라가 공기 중으로 빠져나가고 이때 지글지글 소리가 난다.

① 재료의 수분이 수증기로 변한 후 재료 내부로 스며든다.
② 식용유가 달궈지기 전에는 냄비에서 식용유로 열이 전달된다.
③ 맛있는 튀김을 만들기 위해서는 튀김 재료로의 열전달률이 높아야 한다.
④ 지글지글 소리가 많이 나고 반복되면 재료의 수분이 증가한다.

15 다음 〈보기〉가 바탕이 된 추론으로 잘못된 것은?

〈보기〉
가. 어떤 자동차는 공해차량이므로 매연저감장치를 달아야 한다.
나. 모든 자동차가 공해차량은 아니다.
다. A씨는 자동차를 소유하고 있다.
라. B씨는 자동차에 매연저감장치를 달았다.
마. 어떤 자동차는 노후된 차량이라서 매연저감장치를 달 수가 없다.

① B씨는 공해차량이었다.
② 어떤 자동차는 공해차량이 아니다.
③ A씨의 자동차는 저감장치를 달 수 있거나 달지 못할 것이다.
④ 어떤 자동차는 저감장치를 달 수 없지만 공해차량이다.

16 문장의 밑줄 친 부분의 쓰임과 같은 것은?

플레밍의 왼손 법칙에 따르면 도선 내의 전기에너지는 자기장 속에서 운동에너지의 형태로 전환될 수 있다.

① 동생은 어머니를 따라 전통 시장에 갔다.
② 학생들이 모두 선생님의 동작에 따라 춤을 췄다.
③ 수출이 증가함에 따라 경제도 서서히 회복되어 갔다.
④ 그들은 자율적으로 정한 규칙에 따라 일을 진행했다.

17 다음 글에 대한 이해로 적절한 것은?

> 일반적으로 차이란 서로 같지 않고 다르다는 의미로 쓰이지만 들뢰즈는 차이를 '개념적 차이'와 '차이 자체'로 구분하여 자신이 말하고자 하는 차이의 의미를 명확히 했다. 이때 개념적 차이란 개념적 종차를 통해 파악될 수 있는, 어떤 대상과 다른 대상의 상대적 다름을 의미하며, 차이 자체란 개념으로 드러낼 수 없는 대상 자체의 절대적 다름을 의미한다. 예를 들어 소금의 보편적 특성은 짠맛이나 흰색 등으로 볼 수 있는데 이러한 특성은 소금과 설탕의 맛을 비교하거나, 소금과 숯의 색깔을 비교함으로써 파악될 수 있다. 즉 소금과 다른 대상들과의 상대적인 비교를 통해 소금의 개념적 차이가 형성되는 것이다. 그런데 소금이라는 개념으로 동일하게 분류되는 각각의 입자들은 그 입자마다의 염도와 빛깔 등이 다를 수밖에 없다. 어떤 소금 입자들은 다른 소금 입자보다 조금 더 짤 수도 있고, 흰색이 조금 더 밝을 수도 있다. 이때 각 소금 입자가 가지는 염도, 빛깔의 고유한 정도 차이에 해당하는 특성이 바로 개별 소금 입자의 차이 자체인 것이다.
>
> 들뢰즈는 개념적 차이로는 대상만의 고유한 가치나 절대적 다름이 파악될 수 없다고 하였다. 왜냐하면 개념적 차이는 다른 대상과의 비교를 통해 파악된 결과로 다른 대상에 의존하는 방식이어서, 그 과정에서 개별 대상의 고유한 특성이 무시되기 때문이다. 또한 들뢰즈는 개념이 개별 대상들을 규정함으로써 개별 대상을 개념에 포섭시키는 상황이나, 개념에 맞추어 세상을 파악함으로써 세상을 오로지 개념의 틀에 가두는 상황을 우려했다. 왜냐하면 이와 같은 상황에서는 미리 정해둔 개념에 부합하는 개별 대상은 좋은 것으로, 그렇지 못한 개별 대상은 나쁜 것으로 규정되는 개념의 폭력이 발생할 수 있기 때문이다.

① 들뢰즈에게 차이란 '다름' 그뿐이다.
② 소금마다 다른 염도와 빛깔은 개념적 차이에 해당한다.
③ 절대적 다름에 의해 대상의 고유한 특성이 무시될 수 있다.
④ 처음 보는 동물을 길다는 이유로 뱀이라고 분류하는 것은 개념의 폭력이 될 수 있다.

18 다음 글을 근거로 판단할 때 옳지 <u>않은</u> 것은?

> 최근 공직자의 재산상태와 같은 세세한 사생활 정보까지 공개하라는 요구가 높아지고 있다. 공직자의 사생활은 일반시민의 사생활만큼 보호될 필요가 없다는 것이 그 이유다. 비슷한 맥락에서 일찍이 플라톤은 통치자는 가족과 사유재산을 갖지 말아야 한다고 주장했다.
>
> 공직자의 사생활 보호에 대한 논의는 '동등한 사생활 보호의 원칙'과 '축소된 사생활 보호의 원칙'으로 구분된다. 동등한 사생활 보호의 원칙은 공직자의 사생활도 일반시민과 동등한 정도로 보호되어야 한다고 본다. 이 원칙의 지지자들은 우선 공직자의 사생활 보호로 공적으로 활용가능한 인재가 증가한다는 점을 강조한다. 사생활이 보장되지 않으면 공직 희망자가 적어져 인재 활용이 제한되고 다양성도 줄어들게 된다는 것이다. 또한 이들은 선정적인 사생활 폭로가 난무하여 공공정책에 대한 실질적 토론과 민주적 숙고가 사라져 버릴 위험성에 대해서도 경고한다.
>
> 반면, 공직자는 일반시민보다 우월한 권력을 가지고 있다는 것과 시민을 대표한다는 것 때문에 축소된 사생활 보호의 원칙이 적용되어야 한다는 주장도 있다. 공직자는 일반시민이 아니기 때문에 동등한 사생활 보호의 원칙을 적용할 수 없다는 것이다. 이 원칙의 지지자들은 공직자들이 시민 생활에 영향을 미치는 결정을 내리기 때문에, 사적 목적을 위해 권력을 남용하지 않고 부당한 압력에 굴복하지 않으며 시민이 기대하는 정책을 추구할 가능성이 높은 사람이어야 한다고 주장한다. 즉 이러한 공직자가 행사하는 권력에 대해 책임을 묻기 위해서는 사생활 중 관련된 내용은 공개되어야 한다는 것이다. 또한 공직자는 시민을 대표하기 때문에 훌륭한 인간상으로 시민의 모범이 되어야 한다는 이유도 들고 있다.

① 축소된 사생활 보호의 원칙은 공지자와 일반시민의 사생활 보장의 정도가 달라야 한다고 본다.
② 통치자의 사생활에 대한 플라톤의 생각은 동등한 사생활 보호의 원칙보다 축소된 사생활 보호의 원칙에 더 가깝다.
③ 동등한 사생활 보호의 원칙을 지지하는 이유 중 하나는 공직자가 시민을 대표하는 훌륭한 인간상이어야 하기 때문이다.
④ 동등한 사생활 보호의 원칙을 지지하는 이유 중 하나는 사생활이 보장되지 않으면 공직 희망자가 적어질 수 있다고 보기 때문이다.

19 문맥상 ㉠~㉣ 중 지시 대상이 같은 것만으로 묶인 것은?

> 어느 사회나 사회적 갈등은 있을 수 있다. 구성원들은 ㉠ 이러한 것들을 해결하기 위해 노력해야 한다. 우리 사회는 개인과 지역, 정부가 상호 간 영향을 미치고, ㉡ 이러한 것들로 인해 충돌이 발생하기도 한다.
>
> ㉢ 이러한 것에 의한 이해 충돌이 때로는 갈등으로 표출되기도 한다. 이해 충돌 발생은 상호 간 생각의 다름에서 출발한다. 갈등 해소를 위해서는 서로 다른 생각들을 조정하고 접점을 찾아가는 과정이 반드시 필요하다. 조정과 화합의 과정이 잘 이루어지지 않는다면, 상호 간 갈등의 골은 깊어지고 서로의 주장에 귀를 닫아 버리게 된다. 그러면서 서로에게 상처를 입고 상처를 입히기도 하며 반목하게 된다. ㉣ 이러한 현상이 많아진다면 사회 구성원들의 고통은 가중될 것이다.

① ㉠, ㉡ ② ㉠, ㉣
③ ㉡, ㉢ ④ ㉡, ㉣

20 다음 글을 읽고 이해한 것으로 적절한 것은?

> 산업의 주도권 이동과 관련하여 기업에는 세 가지 기회의 창이 열릴 수 있다. 첫 번째는 새로운 기술의 등장이다. 기존에 없었던 새로운 기술이 등장하는 경우에 선발 기업과 후발 기업은 비교적 동등한 출발점에 서게 된다. 선발 기업이 자신들의 기존 기술을 최대한 활용하고 싶은 미련을 버리지 못해 새로운 기술의 도입을 주저할 때 후발 기업이 새로운 기술을 도입한다면 선발 기업보다 유리한 상황에 놓일 수 있다. 두 번째는 시장의 갑작스러운 변화이다. 경기 순환 또는 새로운 소비자층의 등장과 같은 변화가 여기에 속하는데, 이는 새로운 기술의 등장과 마찬가지로 반복해서 발생한다. 특히 불황기에 일부 선발 기업은 적자로 인해 자원을 방출하기도 하는데, 이때 후발 기업은 이런 자원을 적은 비용으로 이용할 수 있다. 또 불황기에는 기술 이전과 지식 획득이 쉬워지고 비용도 저렴해질 수 있는데, 이 역시 후발 기업에게 이득이 될 수 있다. 세 번째는 정부의 규제 혹은 직접적인 지원이다. 이를 통해 선발 기업과 후발 기업의 비대칭적인 환경이 조성될 때 선발 기업은 시장에서 불리한 위치에 놓이게 된다. 이때 비대칭적인 환경의 의미는 정부가 산업 진입 허가 또는 보조금 등을 통해 선발 기업을 자국 시장에서 불리한 위치에 놓이게 한다는 것이다. 이는 후발 기업이 시장에 진입하면서 생기는 불리함을 상쇄할 수 있는 계기로 작용한다.

① 후발 기업이 선발 기업을 따라잡기 위해서는 정부의 지원이 반드시 있어야 한다.
② 선발 기업이 후발 기업에 역전당하지 않기 위해서는 자원 방출에 신중해야 한다.
③ 불황기에는 선발 기업과 후발 기업에게 모두 기회의 창이 열린다.
④ 선발 기업과 후발 기업의 비대칭적인 환경 조성은 후발 기업의 신기술 활용을 가능하게 한다.

제 07 일 적중의 지혜

01 다음 전제가 모두 참일 때, 빈칸에 들어갈 결론은?

> • 축구를 좋아하는 모든 사람은 운동에 관심이 있다.
> • 어떤 한국인들은 축구를 좋아한다.
>
> 따라서 [ ]

① 축구를 좋아하는 사람은 모두 한국인이 아니다.
② 운동에 관심이 있지 않은 사람은 한국인이 아니다.
③ 한국인이면 운동에 관심이 있다.
④ 어떤 한국인은 운동에 관심이 있다.

02 다음 전제가 모두 참일 때, 반드시 참인 결론인 것은?

> • 그림을 좋아하는 어떤 사람은 미술관을 가지 않는 것은 아니다.
> • 휴가를 내지 못한 모든 사람은 미술관을 가지 않는다.
>
> 따라서 [ ]

① 그림을 좋아하는 사람은 휴가를 낸다.
② 미술관을 가지 않는 사람은 반드시 휴가를 내지 못한다.
③ 그림을 좋아하는 어떤 사람은 휴가를 낸다.
④ 미술관을 가는 사람은 반드시 그림을 좋아한다.

03 밑줄 친 ㉠과 ㉡에 대응하는 것을 알맞게 묶은 것은?

> 어휘의 상하 관계란 한 단어의 의미가 다른 단어의 의미를 포함하는 관계이다. 이때 포함하는 단어를 ㉠ 상의어 포함되는 단어를 ㉡ 하의어라고 한다.

	㉠	㉡
①	물감	학용품
②	가구	책상
③	커피	음료
④	철학	심리학

04 다음 글에 나타난 스마트폰의 순기능과 역기능으로 적절하지 않은 것은?

> 흔히들 인터넷을 기반으로 한 스마트폰은 정보 교환의 폭을 넓히며 소통에 기여한다고 한다. 하지만 현실 속의 스마트폰은 오히려 부작용을 낳고 있다. 스마트폰 속에서 시도 때도 없이 이야기를 나누느라 가족들과의 대화에 소홀하기 일쑤이며, 습관적으로 온갖 정보를 검색하느라 시간을 허비한다. 수많은 이야기를 올리고 또 그렇게 오른 정보를 찾아보는 데 정신이 팔려있다. 소통의 매개라는 스마트폰이 오히려 소중한 이들과의 대화를 훼방 놓고 이웃과의 단절을 불러 오는 것은 아이러니가 아닐 수 없다.
>
> 문제는 이러한 부작용에서 나아가 스마트폰 중독이란 사회적 증후군까지 우려해야 한다는 점이다. 단 하루라도 네트워크에 접속하지 못하면 불안, 초조해지고 심지어는 금단 증상이나 우울증을 겪는 이들이 늘어나고 있다. 20대를 대상으로 스마트폰을 사용하지 못하게 했더니 심리적 불안감으로 성대 진동과 음성 에너지가 변하는 모습을 보인 연구 결과도 나왔다.

① 순기능 – 제대로 사용하면 정보교환의 폭을 넓힐 수 있다.
② 순기능 – 스마트폰을 통해 자신감을 높일 수 있다.
③ 역기능 – 지나치게 사용하면 금단 증상이나 우울증을 겪을 수 있다.
④ 역기능 – 가족이나 이웃과의 소통이 단절될 수 있다.

05 '불조심'과 관련된 공익 광고 문구를 작성할 때 〈보기〉의 조건에 맞게 완성한 것은?

> 보기
> • 경고의 메시지를 담을 것
> • 비유적인 표현을 사용할 것
> • 불조심을 홍보하는 내용을 분명히 담을 것

① 나의 작은 주의로 화재 없는 천국 같은 겨울을 보낼 수 있습니다.
② 당신이 버린 작은 담뱃불이 당신의 전부를 태울 수 있습니다.
③ 지구가 몸살을 앓고 있습니다. 당신의 솔선수범으로 지구를 깨끗하게.
④ 가을 산은 특히 건조하므로 산불 예방에 힘써야 합니다.

※ 다음 지문을 읽고 질문에 답하시오. [06-07]

일반적으로 사람의 눈과 눈 사이는 약 6.5㎝ 정도 떨어져 있어 각각의 눈에서는 서로 다른 2차원 영상을 보게 된다. 각각의 망막에 맺힌 좌우 영상은 뇌로 전달되는데 뇌로 전달되는 좌우 영상은 각각 2차원 정보이다. 이를 3차원 정보로 다시 복원하기 위해 뇌는 경험적 요인과 생리적 요인으로 대별되는 ⓐ 3차원 복원 시스템을 이용하여 두 영상을 서로 융합시켜 본래의 3차원 장면을 재구성하고 이로부터 실제감과 거리감을 느끼게 된다.

경험적 요인은 ㉠ 양안의 초점 조절에 의해서가 아니라 한쪽 눈으로도 3차원 정보를 느낄 수 있다는 의미로 단안 요인이라고도 한다. 인간은 지금까지 경험에 의해 축적해 온 여러 요인의 도움으로 거리감을 느끼는 것이다. 엄밀히 말하면 이것은 3차원 영상 정보가 아니라 경험에 의한 ㉡ 3차원 착시라고 할 수 있다. 경험적 요인에는 ㉢ 같은 간격의 선들이 거리가 멀어지면 좁아 보이게 되는 직선 원근, 가까이에 있는 물체는 빨리 움직이고 멀리 있는 물체일수록 천천히 움직이는 운동 시차, ㉣ 물체의 상대적 크기나 조밀도에 따른 거리감, 멀리 있을수록 흐리게 보이는 대기에 의한 원근 등이 있다. 이들은 모두 한쪽 눈만으로도 심도를 느끼게 한다.

06 윗글을 통해 파악되는 ⓐ와 관련된 설명으로 적절한 것은?

① 경험적 요인이 생리적 요인보다 더 중요하다.
② 2차원적 영상 정보를 융합해도 실제감과 거리감을 느낄 수는 없다.
③ 경험적 요인으로 느끼는 3차원 영상 정보는 일종의 착시이다.
④ 좌우 망막에 비친 평면적 영상은 입체 영상으로 복원될 수 없다.

07 윗글의 ㉠~㉣ 중, 다음 〈보기〉의 상우가 안대를 하고 있는 동안 사용할 수 없는 것은?

보기

상우는 어느 날 친구들과 야구를 하다가 공을 맞아 왼쪽 눈을 다쳤다. 그래서 안과에서 치료를 받고 왼쪽 눈에 안대를 하게 되었다. 그날 저녁 어머니께서는 상우에게 식탁에 있는 양파를 집어 달라고 하셨다. 상우는 손을 뻗어 양파를 집으면서, 양파의 위치에 대해 평소와 조금 다른 느낌을 받았다.

① ㉠　　② ㉡
③ ㉢　　④ ㉣

08 다음에 대한 설명으로 적절한 것은?

HIV란 '인간 면역 결핍 바이러스(HIV, human immunodeficiency virus)'를 말한다. HIV는 인체에 침투하자마자 인체 내 면역 세포인 CD4 세포를 대량으로 파괴하고, 인체는 이 세포들을 다시 채우려고 노력한다. 이 치열한 전투는 몇 년간 계속된다. 하지만 CD4 세포가 혈액 1㎖에 200개 이하로 떨어지는 순간 HIV는 폭발적으로 증가하기 시작한다. 이렇게 CD4 세포의 숫자가 줄어들면 면역력이 떨어지게 되고 각종 감염성 질환과 종양이 발생하여 사망에 이르게 되는데 이러한 증상을 에이즈 또는 후천성 면역 결핍증이라고 한다. 과학자들은 이 HIV가 역전사(逆轉寫) 바이러스라는 것을 발견하였다. 일반적으로 DNA에 담긴 유전 정보는 RNA로 전달되는 전사(轉寫, transcription)를 거쳐 단백질이 합성되는 번역(translation)의 과정을 거쳐서 전달된다. 하지만 역전사는 DNA를 주형으로 RNA로 유전 정보가 전달되는 전사와는 반대로 RNA를 주형으로 하여 DNA로 유전 정보가 전달되는 과정을 거치는 것을 말한다. 즉 HIV는 자신의 RNA를 숙주의 DNA에 끼워 넣는 역전사 효소를 가지고 있는 바이러스인 것이다.

① HIV 치료제의 효능을 설명하고 있다.
② 후천성 면역 결핍증의 개념을 설명하고 있다.
③ HIV 치료제의 개발 가능성을 설명하고 있다.
④ HIV 치료제의 부작용을 설명하고 있다.

09 〈보기〉의 예로 적절하지 않은 것은?

> 보기
>
> 간접 발화란 문장 종결 표현의 형식이 발화의 의도와 일치하지 않는 표현을 말한다.

① (취침 시간이 지났는데도 게임하는 아들에게)
너, 내일 일찍 학교에 가야 되지?
② (어울리지 않는 옷을 입은 연예인을 보고 친구에게)
아니, 요즘 누가 저런 스타일의 옷을 입어?
③ (전원 스위치 옆에 앉은 직원에게)
사무실이 좀 어둡지 않아요?
④ (외출하려고 하는 남편이 아내에게)
밖에 비가 오는데 우산이 어디에 있어요?

※ 다음 글을 읽고 물음에 답하시오. [10-11]

> 협조문
>
> 귀사의 무궁한 발전과 건승을 기원합니다.
>
> 환경협회에서는 플라스틱 제품의 오염 실태에 대한 심각성을 널리 알리기 위하여 다음과 같이 공개 학술 세미나를 개최합니다.
>
> 이번 세미나가 차질 없이 진행될 수 있도록 관련 홍보담당자님께서는 각 부서에 세미나 공문을 발송해 주시기 바랍니다. 세미나가 차질 없이 진행될 수 있도록 협조를 부탁드립니다.

10 윗글의 수정 방안으로 적절하지 않은 것은?

① 제목을 학술 세미나 협조문으로 고친다.
② 발신 단체와 수신 단체를 기재한다.
③ 협조기한을 밝혀 적는다.
④ 협조 내용은 항목별로 작성하기보다 서술형으로 쓴다.

11 위와 같은 문서의 작성 방법으로 가장 적절한 것은?

① 예시를 들어서 자세하게 설명한다.
② 참여를 유도하는 감각적 문체를 사용한다.
③ 핵심 내용을 육하원칙으로 작성한다.
④ 창의적인 내용으로 구성한다.

※ 다음 글을 읽고 물음에 답하시오. [12-13]

> 향가는 국문학사에서 특별한 위상을 지닌다. 해방 이후, 향가를 해독하는 과정은 고대 국어를 탐구하는 작업으로 평가받았다.
>
> 일본 연구자들이 향가를 처음 발견하고 향가 원문을 한문학적 관점에서 해석하며 차자 표기의 음훈 방식을 정리하였다. 하지만 한국어 문법 반영에는 한계를 보였고, 문학적 가치 부여에도 소극적이었다. 이에 조선 연구자들은 그들의 해석을 비판하며 '국문'으로서의 향가를 발견하려 노력했으나, 결국 남아 있는 향가 25수로는 국문학적 가치의 완전한 발견에 이르지 못했다. 향가 연구가 진행될수록 국문으로서의 가치는 여전히 미완의 상태로 남았고, 대신 국어학 및 국문학 연구에서 다양한 가치가 발견되었다.
>
> 향가의 借字(차자)는 우리말을 표기하는 방식이 없었을 당시, 한자의 훈이나 음으로 표기하는 방식이다. 水(물 수)자를 예로 들어 보면 의미는 '물'이고 소리는 '수'이다. 水(물 수)를 훈차하면 '물'이 되고, 음차를 하면 '수'가 되는 것이다. 이를 '국문'으로 보려면 차자 표기 너머의 한국어 음성을 상상해야 한다.
>
> 차자 표기는 의미만으로는 전달할 수 없는 운율과 뉘앙스를 나타내기 위한 특수한 방식이었으며, 한글 창제 이후에도 공문서에서 차자 표기가 사용되었다는 점은, 문자가 단순히 음성의 외피가 아니라 언어 규범과 가치를 표현하는 중요한 수단임을 ㉠ <u>보여 준다</u>.

12 윗글을 이해한 내용으로 적절하지 않은 것은?

① 향가의 차자 표기 방식은 한글 창제 이전의 한문 중심의 위계 속에서 이해되어야 한다.
② 향가 연구는 진행될수록 국문으로서의 가치가 미완으로 남았지만, 국어학 및 국문학적 가치는 새롭게 발견되었다.
③ 일본 연구자들은 향가를 국문보다는 한문학적 관점에서 분석하였다.
④ 훈차는 한자의 소리를 빌려 쓰는 방식이고, 음차는 의미를 빌려 쓰는 방식이다.

13 밑줄 친 표현이 문맥상 ㉠의 의미와 가장 가까운 것은?

① 회의 자료를 참석자들에게 <u>보여 주었다</u>.
② 그 영화는 현실 사회의 문제를 잘 <u>보여 준다</u>.
③ 선생님은 시험이 끝난 기념으로 영화를 <u>보여 주셨다</u>.
④ 요리사가 나에게 미리 국물 맛을 <u>보여 주었다</u>.

14 다음 ㉠~㉢에 해당하는 예가 모두 올바르게 짝지어진 것은?

> 합성어나 파생어는 어근과 접사의 결합 방식에 따라 좀 더 다양한 구조를 가질 수 있다. 어근과 접사가 셋 이상 결합하여 합성어나 파생어를 이룰 때 그러하다. 가령 합성어는 '어근'과 '어근+어근'이 결합된 것, ㉠ '어근'과 '어근+접미사'가 결합된 것, ㉡ '어근+접미사'와 '어근'이 결합된 것 등이 있을 수 있다. 또한 파생어도 ㉢ '어근+어근'에 '접미사'가 결합된 것, '접두사+어근'에 '접미사'가 결합된 것 등이 있을 수 있다.

	㉠	㉡	㉢
①	비빔밥	바닷물고기	찜질
②	바닷물고기	찜질	눈가리개
③	눈가리개	비빔밥	나들이
④	찜질	나들이	비빔밥

15 다음 대화를 분석한 내용으로 적절하지 않은 것은?

> 갑: 요즘 사람들은 너무 과소비를 많이 해. 불필요한 물건들에 돈을 너무 많이 쓰는 것 같아.
> 을: 맞아, 그래서 디컨슈머 운동이라는 것도 있대.
> 병: 디컨슈머? 그게 뭐야?
> 을: 디컨슈머는 소비를 최소화하거나 지속 가능한 소비로 전환하자는 움직임이야. 단순히 소비를 줄이는 게 아니라, 꼭 필요한 것만 사고 환경에 미치는 영향을 최소화하려는 거지.
> 병: 경제를 생각하면 어느 정도 소비가 필요하지 않을까? 만약 모든 사람들이 절약만 한다면 경제가 침체될 수도 있어.
> 갑: 그렇긴 하지만, 무분별한 소비는 환경 문제를 일으키고, 개인의 재정에도 악영향을 미칠 수 있잖아. 그래서 개인적인 절약이 중요한 것 같아.
> 을: 맞아. 하지만 병의 말처럼 소비가 전혀 없으면 경제가 돌아가지 않으니까, 소비와 절약의 균형을 맞추는 게 필요하지. 정부 차원의 정책이나 캠페인으로 소비를 촉진하면서도, 낭비를 줄이는 방향을 제시하면 좋을 것 같아.

① 사람들의 행동을 비판적으로 분석하는 사람이 있다.
② 상대방 주장의 허점을 공격하면서 상대 의견에 반대하는 사람이 있다.
③ 용어에 대한 명확한 정의를 통해 대화를 효율적으로 이어가는 사람이 있다.
④ 양쪽 의견 사이의 균형을 강조하며 정책적 접근을 제안하는 사람이 있다.

16 글쓴이의 집필 목적으로 가장 적절한 것은?

> 정당 방위에는 자기 보존의 사상과 법이 무엇인가를 확충시켜 주어야 한다는 사상을 밑에 깔고 있다. 자기 자신을 위법 부당한 공격으로부터 방어하는 자는 이로써 법 질서 전체의 효력까지도 방어하는 것이다. 이 사상을 옛날부터 '부정(不正) 대 정(正)의 원칙'이라고 불러 왔다. 즉 법은 불법에 양보해서는 안 되며, 정당한 것이 부당한 것에 길을 비켜 줄 필요는 없는 것이다. 이처럼 법 질서 전체의 효력을 확보하기 위한 정당 방위의 옳음에 대한 신봉(信奉) 때문에 정당 방위는 가차 없는 방어 수단을 들이대도 허용한다는 결론이 나온다. 따라서 침해 받은 이익이 재산적 가치밖에 없는 것인데도 방어 수단으로는 그 공격자의 인명에 손해를 가해도 허용된다.
>
> 그렇다고 해서 이러한 정당 방위가 무제한 허용되는 것은 아니다. 먼저 방어 행위는 사실상 방어의 필요성을 갖춘 것이어야 한다. 방어자는 위법한 공격에 대해 불안전한 방어 수단만을 사용할 필요는 없다. 주먹으로 방어해도 될 일에 무기를 사용했다 해서 언제나 정당 방위가 성립하지 않는다고 말할 수는 없다. 그러나 방어자는 공격을 확실하고 위험 없이 막기 위하여 많은 수단을 선택할 수 있다면 그 중 가장 경미(輕微)한 것으로도 중한 것과 동일한 효과를 낼 수 있는 수단을 선택해야 한다.
>
> 더 나아가 방어 행위는 규범적으로 요구된 행위여야 한다. 법 질서 전체의 입장에서 요구되지 않은 방어 행위는 정당 방위가 아니라 권리 남용에 해당한다. 요구된 행위이기 위해서는 목적과 수단의 상당성(相當性)이 있어야 한다. 방어 행위에 의해 야기(惹起)된 손해가 공격 위험에 비해 극단적인 불균형을 이룰 때 정당 방위의 자기 보전 근거가 탈락된다. 만약 이 같은 극단적 불균형이 존재함에도 방어 행위를 실행한다면 그것은 권리 남용일 뿐 정당 방위는 아니다.

① 정당 방위의 한계점을 강조하기 위해서
② 정당 방위의 기본 사상을 소개하기 위해서
③ 정당 방위의 성립 요건을 제시하기 위해서
④ 정당 방위의 사상적 배경을 규명하기 위해서

※ 다음 글을 읽고 물음에 답하시오. [17-18]

근대국가의 형성 과정에서 시민권은 민주주의와 자본주의의 자유시장 체제의 발전과 함께 크게 신장되었다. 개인의 권리와 정치 참여의 자유는 시민권의 주요 개념을 형성한다. 나아가 시민권은 현대 사회의 민족국가라는 이데올로기를 뒷받침하는 근거가 되었다. 하지만 현대 사회는 민족국가 단위만으로는 처리할 수 없는 범세계적 문제가 발생하고 있으며 이는 민족국가로서의 시민권에서 '세계시민'이라는 개념으로 확장되기에 이르렀다. 국민 국가로서의 시민권은 국가의 ㉠ 일채감과 권리의 부여, 나아가 자유민주주의 공동체를 이루는 중요한 근거가 되고 있다. 정치적 일체감은 곧바로 민주주의 수호로 이어지며 이는 경제 공동체인 자본주의의 유지와 발전으로 이어지고 있다. 그러나 시민권은 국내의 일체감을 형성하는 데는 ㉡ 유요하지만 점차 글로벌화되어 가는 시대에 새로운 문제를 해결하는 데 한계점을 보이고 있다. 먼저 지구적인 ㉢ 재앙으로 번져 가는 지구온난화 문제와 국제 테러, 점차 얽혀 가는 국제 무역 등은 민족국가 혼자서는 해결할 수 없는 문제들이며 점차 국내 영역을 벗어나 세계 시민의 필요성을 느끼게 되었다.

사실 세계시민의 개념은 최근에 불거져 나온 문제는 아니다. 이미 칸트가 일찍이 국제법과 세계시민법을 주장하면서 국제적 문제의 해결 방안을 모색했으며 그 이래로 여러 학자들이 국제 문제를 다루어 왔다. 그러나 당시의 주장은 세계시민의 개념이 필요하다는 것을 명시하였을 뿐 오늘날처럼 국제적인 이슈가 ㉣ 첨애하지는 않았기에 세계시민권의 문제가 절박한 쟁점은 아니었다. 오늘날 세계의 문제는 더는 국가적 차원에서 해결할 수 없기에 세계정부의 필요성까지 언급하고 있는 상태이다.

나아가 싱어는 다음과 같이 주장하기에 이르렀다.

"국가가 오늘날 신자유주의적 경제를 통제하는 것은 불가능하며, 그래서 단일한 세계에 적합한 정부를 개발해야 한다."

세계시민주의를 주장하는 싱어의 의견이 현대 세계의 문제 해결에 접근하고 있지만 여기에는 반대 의견도 많이 있다. 세계를 한 시민의 통합하려는 움직임에는 여러 가지 쟁점이 도사리고 있다.

17 다음 ㉠~㉣의 낱말을 잘못 고쳐 쓴 것은?

① 일채감 → 일체감
② 유요 → 유효
③ 재앙 → 제앙
④ 첨애 → 첨예

18 윗글을 잘못 이해한 독자의 반응은?

① 시민권은 현대 자본주의 발달과 함께 크게 성장했다.
② 세계시민에 대한 관심은 세계적인 문제 발생 때문이다.
③ 세계시민에 대한 개념은 현대에 들어와서 생긴 개념이다.
④ 만약 세계정부가 수립된다면 많은 문제점을 가지고 있겠다.

19 글쓴이가 ㉠처럼 판단한 근거로 가장 적절한 것은?

우리는 이제 우리 자신을 복제할 수 있는 시대에 살고 있다. 기술적으로는 이 일이 어렵지 않게 되었다. 과학이 삶의 질을 높인다는 점도 맞지만, 점점 더 거대한 공포의 대상으로 우리를 엄습하고 있는 것도 사실이다.

그러나 과학에 대한 좀 더 명확한 이해가 필요할 것 같다. 지금 우리가 하고 있는 일은 어디까지나 유전자 복제이지 생명체 복제가 아니다. ㉠ 평생을 타인을 위해 헌신했던 테레사 수녀를 복제한다고 해도 복제로 태어난 그녀가 제2의 테레사로 성장할 가능성은 거의 없다. 테레사 수녀의 온화한 성격은 타고날 수 있지만 세상이 완전히 딴판으로 바뀐 오늘날 복제된 그녀가 동일한 테레사가 될 확률은 거의 없다.

유전자 복제 인간은 시간 격차가 있는 쌍둥이에 불과하다. 만일 내가 지금의 나를 복제한다면, 그 복제 인간은 몇 십 년의 차이를 두고 태어난 쌍둥이 동생이라고 보면 된다. 몇 초 간격으로 태어난 일란성 쌍둥이가 결코 똑같은 사람으로 자라지 않는 것처럼 나를 복제한 쌍둥이 동생도 나와 같은 인간이 될 리는 절대 없다. 유전자는 나와 완벽하게 동일하더라도 그 유전자들이 발현되는 환경이 나와 다르기 때문에 전혀 다른 인간으로 성장하게 될 것이다.

① 인간의 성장에는 환경이 영향을 미친다.
② 유전자 조작의 위험은 아직 밝혀지지 않았다.
③ 복제는 유전자가 아니라 생명체를 대상으로 한다.
④ 유전자 복제는 생명에 지장이 있을 때에 허용된다.

20 〈보기〉를 참고하여 한국 문학에 대해 이해한 것으로 알맞은 것은?

보기

고대의 문학은 본래 음악 · 무용과 분리되지 않은 원시 종합 예술 형태로 향유되다가 점차 분화되었을 것으로 짐작된다. 문자가 없었던 고대에는 문학이 구비 문학(口碑文學)의 형태로 향유되었다. 오랜 시간에 걸쳐 구비 전승되다 보니 그 실체를 온전히 파악하기는 어렵지만 구비 문학은 기록 문학 이전의 우리 문학의 모습을 이해하는 데 중요한 역할을 하고 있다.

한자가 전래되면서 노래나 이야기가 문자로 기록되기 시작하여, 한문에 능숙한 지배 계층들은 주로 한문 문학을 향유하고 서민 계층은 주로 구비 문학을 향유하는 이원적인 구도가 형성되었다.

① 고대에서부터 신분에 따라 문학의 향유 방식이 달라지는 이원화 경향이 나타났다.
② 고대에는 원시 종합 예술과 문학이 각각 독립적으로 발달하여 이원적인 구도를 형성하였다.
③ 한자가 전래되면서 비로소 우리 문학이 창작되기 시작하였다.
④ 고려 시대 지배 계층에서 한문 문학을 향유할 수 있었던 것은 문자 문화를 누릴 수 있었기 때문이다.

제 08 일 적중의 지혜

01 ㉠~㉣의 문장을 고쳐 쓴 이유로 적절하지 않은 것은?

	잘못된 문장	고쳐 쓴 문장
㉠	이는 미리 예상했던 일이다.	이는 예상했던 일이다.
㉡	나는 어제 친구와 의논했다.	나는 어제 친구와 그 일을 의논했다.
㉢	나는 눈이 시리도록 파란 하늘을 보았다.	나는 파란 하늘을 눈이 시리도록 보았다.
㉣	이 책은 쉽게 읽혀진다.	이 책은 쉽게 읽힌다.

① ㉠: 비슷한 의미의 단어가 중복되어 사용되었다.
② ㉡: 주어와 서술어의 호응이 적절하지 않다.
③ ㉢: 문장의 의미가 중의적으로 해석된다.
④ ㉣: 이중피동이 사용되었다.

02 〈보기〉와 같이 '친환경 에너지 개발'에 대한 글을 쓰기 위해 개요를 작성하였다. 수정, 보완으로 적절하지 않은 것은?

보기

주제문: 친환경 에너지 개발의 필요성을 인식하자 ……… ⓐ

Ⅰ. 서론: 친환경 에너지의 개념 및 개발 현황 ……………… ⓑ

Ⅱ. 본론
1. 친환경 에너지 개발의 필요성
① 이산화탄소 배출에 대한 국제적 규제
② 친환경 에너지 개발을 위한 국제적 경쟁 추세
③ 태양열에 치우친 친환경 에너지 수급 ………… ⓒ
2. 친환경 에너지 개발의 장애 요소
① 친환경 에너지의 중요성에 대한 인식 부족
② 친환경 에너지 개발에 대한 정책 미비
③ 친환경 에너지 개발에 대한 기업의 투자 부족
④ 친환경 에너지 개발 비용의 조달 방안 모색 … ⓓ
3. 친환경 에너지 개발을 위한 노력
① 친환경 에너지의 중요성 홍보
② 친환경 에너지 개발을 위한 정책 마련
③ 친환경 에너지 개발을 위한 기업의 투자 유도

Ⅲ. 결론: 친환경 에너지 개발을 위한 사회적 관심 촉구

① ⓐ 전체 내용을 포괄하지 못하므로 '친환경 에너지 개발의 중요성을 인식하고 이에 관심을 가져야 한다.'로 수정한다.
② ⓑ 문제점을 부각시키기 위해 친환경 에너지 개발 현황을 통계 수치고 제시한다.
③ ⓒ 상위 항목의 내용과 맞지 않으므로 삭제한다.
④ ⓓ 'Ⅰ'로 옮겨 서론의 내용을 뒷받침 하도록 한다.

03 (가)와 (나)를 전제로 결론을 이끌어 낼 때, 빈칸에 들어갈 말로 가장 적절한 것은?

(가) 모든 의사는 응급 수술을 할 수 있다.
(나) 어떤 의사는 심장 전문의이다.
따라서 [ ]

① 모든 심장 전문의는 응급 수술을 할 수 있다.
② 어떤 심장 전문의는 응급 수술을 할 수 없다.
③ 어떤 심장 전문의는 응급 수술을 할 수 있다.
④ 모든 의사는 심장 전문의이다.

04 다음 진술이 모두 참이라고 할 때, 반드시 참인 것은?

• 박사원이 보고서를 작성하면, 이 대리가 보고서를 검토한다.
• 이 대리가 보고서를 검토하면, 최 사원이 보고서를 수정하지 않는다.
• 김 과장이 보고서를 결재하지 않으면, 최 사원이 보고서를 수정한다.

① 박사원이 보고서를 작성하면, 김 과장은 보고서를 결재한다.
② 최 사원이 보고서를 수정하면, 이 대리는 보고서를 검토한다.
③ 김 과장이 보고서를 결재하지 않으면, 박 사원은 보고서를 작성한다.
④ 이 대리가 보고서를 검토하지 않으면, 김 과장은 보고서를 결재한다.

05 다음 제시된 글을 근거로 할 때 반드시 참인 것은?

• 방어를 좋아하면 귤은 싫어한다.
• 어떤 귤을 좋아하는 사람은 이목구비가 또렷하다.

결론: [ ]

① 이목구비가 또렷하지 않은 어떤 사람은 방어를 좋아하지 않는다.
② 방어를 좋아하는 모든 사람은 이목구비가 또렷하다.
③ 방어를 좋아하는 어떤 사람은 이목구비가 또렷하지 않다.
④ 방어를 좋아하지 않는 사람 중에 이목구비가 또렷한 사람이 있다.

※ 다음 글을 읽고 물음에 답하시오. [06-07]

(가) 서울의 산과 고개는 서울 고유의 생활터전을 형성하였으며 생활양식의 가치관과 풍습에도 많은 영향을 주었다. 무엇보다 서울은 자연환경과 조화를 이루며 도시가 이루어졌다는 점이 우리 민족의 자연관을 잘 나타내고 있다.

(나) 서울의 산은 백두대간을 지선으로 해서 크게 내사산과 외사산으로 구분할 수 있는데, 내사산은 서울 성곽을 잇는 4개의 산으로서, 낙산, 인왕산, 남산, 북악산이고 외사산은 서울의 외곽을 둘러싸는 4개의 산, 용마산, 덕양산, 관악산, 북한산으로 이루어져 있다.

(다) 한국은 유난히 산이 많은 지형으로 이루어져 있어 산과 산을 잇는 고개가 많으며 이 고개가 길이 되어 사람들의 통행에 도움이 주었다. 그래서 한국 문화에는 고개와 관련된 이야기가 유난히 많다.

(라) 서울에도 주 통행로로서 유명한 고개가 많이 있는데, 대표적으로 황토마루, 붉은재, 배오개, 무역재가 있으며 미아리 고개는 17세기 병자호란 때 청군의 침입로였으며 6 · 25전쟁의 애환이 서린 곳이기도 하다.
무엇보다 고개는 서울의 상인들이 넘나드는 상업활동의 주 통행로로써 곳곳에 장승들을 세워 복을 기원하고 안녕을 염원하는 건축물을 세우기도 하였다.

(마) 서울의 자연환경인 산과 고개는 서울 사람들의 생활에 절대적인 영향을 주었으며 산을 배경으로 하는 독특한 민족 문화를 발달시켜왔다. 하지만 현대의 개발로 인해 예전에 자연을 이용하기보다는 보존하며 조화를 이루려는 정신은 점차 쇠락해 가고 있는 실정이다.

06 윗글의 주제로 적절한 것은?

① 서울의 산은 크게 내사산과 외사산으로 구분한다.
② 한국은 유난히 산이 많은 지형으로 이루어져 있다.
③ 한국의 고개는 상인들의 주 통행로였다.
④ 서울의 옛 생활터전은 자연환경과 조화를 이루었다.

07 다음 〈보기〉의 글이 들어가야 할 적절한 문단은?

보기

이들 산은 도시 구조 결정의 요인으로서 서울의 형세는 주로 이들 산과 고개를 따라 건축물이 지어졌다. 무엇보다 궁궐 건설에 있어서 산세를 이용한 창덕궁과 북악산을 병풍으로 해서 세워진 경복궁이 대표적인 예이다. 현대에도 역시 청와대가 북악산 산자락의 품에 안겨 그 자연과 건축물의 조화를 이루고 있다.

① (가)와 (나) 사이 ② (나)와 (다) 사이
③ (다)와 (라) 사이 ④ (라)와 (마) 사이

08 다음 글의 전개 순서로 가장 자연스러운 것은?

㉠ 어문 규범은 언중들의 원활한 의사소통을 위해 만든 공통된 기준이며 사회적으로 정한 약속이기 때문이다.
㉡ 우리는 학교에서 한글 맞춤법이나 표준어 규정과 같은 어문 규범을 교육받고 학습한다.
㉢ 이러한 언어 현실과 어문 규범과의 괴리를 줄이고자 하는 여러 주장과 노력이 우리 사회에서 나타나고 있다.
㉣ 그래서 어문 규범을 유지하면서 일상생활에서 널리 쓰이는 비표준어를 복수 표준어로 인정하여 언어 현실과 어문 규범의 괴리를 해소하고자 노력하려 한다.
㉤ 그러나 문제는 급변하는 환경에 따라 변화하는 언어 현실에서 언중들이 이와 같은 어문 규범을 철저하게 지키며 언어생활을 하기란 쉽지 않다는 것이다.

① ㉠-㉢-㉤-㉣-㉡
② ㉡-㉣-㉢-㉠-㉤
③ ㉠-㉡-㉤-㉣-㉢
④ ㉡-㉠-㉤-㉢-㉣

09 다음 글을 비판적으로 보는 의견은?

로빈슨의 대표작으로 손꼽히는 〈집에 찾아온 봄〉은 총 아홉 장의 사진 원판을 조합하여 인화한 것이다. 이는 로빈슨이 낭만주의 시인이었던 스펜서의 시에서 영감을 얻어 제작한 것으로, 봄을 맞이하는 사람들의 다양한 모습을 담고 있다. 이 작품을 위해 로빈슨은 사진을 구성할 각 장면의 밑그림을 미리 그린 후, 전체 배경에서 각각의 사진이 들어가야 할 위치와 비율을 정했다. 그리고 봄을 느끼는 사진들의 감정이 드러나도록 인물의 표정과 포즈를 미리 계산하여 각각 촬영하였다. 그는 이렇게 촬영한 사진 원판들을 자신이 의도한 위치에 맞게 조합하여 최종 인화하였다. 이와 같이 로빈슨은 장면을 사전에 치밀하게 구성하여 작품을 완성함으로써 자신의 의도를 보여줬다.

① 회화의 기법을 사용하지 않으면 사진의 고유한 예술성을 살릴 수 없다.
② 사진에 회화적 기법을 사용해야 사진에 대한 뿌리 깊은 편견을 없앨 수 있다.
③ 사진을 의도적으로 조작하지 않으면 작가의 의도를 효과적으로 드러내기 어렵다.
④ 사진의 예술성은 인위적인 기법에서 나타나는 것이 아니라 자연스러움을 추구할 때 나타나는 것이다.

10 다음의 글쓴이가 강조하고 있는 독서 수행 과정과 가장 관련이 깊은 것은?

> 공자께서 말씀하셨다. "종일 배불리 먹고서도 마음 쓰는 곳이 없다면 딱한 노릇이다. 장기나 바둑이 있지 않은가? 이것이라도 하는 것이 아무것도 않는 것보단 낫다." 선유(先儒)* 가 말했다. "성인께서 사람들에게 장기나 바둑을 가르치신 게 아니다. 다만 마음 쏟는 바가 없는 것이 해로움을 강조해서 말씀하신 것일 뿐이다." 내 생각은 이렇다. 성인께서 말씀하시는 것은 바르고 공평해서 폐단이 없다. 하지만 이 말을 바둑이나 장기 두는 무리에게 듣게 한다면 어찌 핑계거리가 되기에 충분치 않겠는가? 대저 공자의 시대에는 후세와 같은 도박의 풍조는 없었다. 학문의 길은 방심(放心)을 구제하는 것보다 중요한 것이 없다. 바둑이나 장기는 마음을 쏟고 뜻을 다하지 않고는 이길 방법이 없다. 이 또한 방심을 구제하는 한 가지 방법이다. 옛날에 이른바 노름이란 것도 이제 와서 고증할 길은 없지만, 내 생각에 또한 마땅히 법도와 형상이 담긴 바가 있어서 오늘날처럼 떠들썩하게 다투며 빼앗느라 위의(威儀)를 상실하는 데까지 이르지는 않았을 것이다. 만약 춘추시대에 지금의 마작 같은 것이 있었다면 성인께서 어찌 이런 가르침을 내리셨겠는가? 그래서 나는 말한다. 책을 읽어 뜻을 풀이할 때에는 그 시대를 먼저 살피지 않을 수 없다고.
>
> * 선유: 앞 시대의 유학자

① 새로 알게 된 지식이나 정보를 독자 자신의 삶에 활용한다.
② 글에서 자신과 사회의 문제를 해결할 수 있는 방법을 찾는다.
③ 지식과 경험, 표지, 문맥 등을 이용하여 생략된 내용을 추론한다.
④ 글의 배경이 되는 사회 문화적 상황을 고려하여 의미를 파악한다.

11 다음 Ⓐ에 들어갈 대금 청구서의 제목으로 알맞은 것은?

> 대금 청구서
>
> 수신: 호두회사
> 참조: 총무부장
> 제목: [Ⓐ]
>
> 귀사의 번영과 발전을 기원합니다.
> 지난 ○○○○년 ○○월 ○○일에 납품해 드린 품목의 금액 5,000,000원을 ○○○○년 ○○월 ○○일에 지급하기로 약정하였으나 지급일보다 20일이 경과된 현재까지 아직 결재가 이루어지지 않았습니다.
> 따라서 이를 확인하시고 ○○○○년 ○○월 ○○일까지 지급하여 주시기 바랍니다.
>
> ○○○○년 ○○월 ○○일
> ○○주식회사
> 대표 홍길동

① 지급일 재설정의 건
② 납품 대기 만기 안내의 건
③ 납품 대금 지급 예정의 건
④ 납품 대금 청구의 건

12 다음 글의 내용과 일치하지 않는 것을 고르면?

> 현대 심신의학의 기초를 수립한 연구는 1974년 심리학자 애더에 의해 이루어졌다. 애더는 쥐의 면역계에서 학습이 가능하다는 주장을 발표하였는데, 그것은 면역계에서는 학습이 이루어지지 않는다고 믿었던 당시의 과학적 견해를 뒤엎는 발표였다. 당시까지는 학습이란 뇌와 같은 중추신경계에서만 일어날 수 있을 뿐 면역계에서는 일어날 수 없다고 생각했다.
> 애더는 시클로포스파미드가 면역세포인 T세포의 수를 감소시켜 쥐의 면역계 기능을 억제한다는 사실을 알고 있었다. 어느 날 그는 구토를 야기하는 시클로포스파미드를 투여하기 전 사카린 용액을 먼저 쥐에게 투여했다. 그러자 그 쥐는 이후 사카린 용액을 회피하는 반응을 일으켰다. 그 원인을 찾던 애더는 쥐에게 시클로포스파미드는 투여하지 않고 단지 사카린 용액만 먹여도 쥐의 혈류 속에서 T세포의 수가 감소된다는 것을 알아내었다. 이것은 사카린 용액이라는 조건자극이 T세포 수의 감소라는 반응을 일으킨 것을 의미한다.
> 심리학자들은 자극－반응 관계 중 우리가 태어날 때부터 가지고 있는 것을 '무조건자극－반응'이라고 부른다. '음식물－침 분비'를 예로 들 수 있고, 애더의 실험에서는 '시클로포스파미드－T세포 수의 감소'가 그 예이다. 반면에 무조건자극이 새로운 조건자극과 연결되어 반응이 일어나는 과정을 '파블로프의 조건형성'이라고 부른다. 애더의 실험에서 쥐는 조건형성 때문에 사카린 용액만 먹여도 시클로포스파미드를 투여 받았을 때처럼 T세포 수의 감소반응을 일으킨 것이다. 이런 조건형성 과정은 경험을 통한 행동의 변화라는 의미에서 학습과정이라 할 수 있다.
> 이 연구 결과는 몇 가지 점에서 중요하다고 할 수 있다. 심리적 학습은 중추신경계의 작용으로 이루어진다. 그런데 면역계에서도 학습이 이루어진다는 것은 중추신경계와 면역계가 독립적이지 않으며 어떤 방식으로든 상호 작용한다는 것을 말해준다. 이 발견으로 연구자들은 마음의 작용이나 정서 상태에 의해 중추신경계의 뇌 세포에서 분비된 신경전달물질이나 호르몬이 우리의 신체 상태에 어떠한 영향을 끼치게 되는지를 더 면밀히 탐구하게 되었다.

① 면역계에서 학습이 가능하다는 사실은 인간의 중추신경계와 면역계가 독립적이지 않다는 것을 증명한다.
② 시클로포스파미드를 투여하기 전에 사카린 용액을 먹인 쥐는 이후에 사카린 용액만 먹여도 T세포의 수가 줄어든다.
③ T세포가 감소하면 면역계의 기능이 억제된다.
④ 음식물을 보면 침이 분비되는 현상은 파블로프의 조건형성 이론을 통해 설명 가능하다.

13 다음 글의 서술 방식으로 가장 적절한 것을 고르면?

> 서양 사람들은 옛날부터 신이 자연 속에 진리를 감추어 놓았다고 믿고 그 진리를 찾기 위해 노력했다. 그들은 숨겨진 진리가 바로 수학이며 자연물 속에 비례의 형태로 숨어 있다고 생각했다. 또한 신이 자연물에 숨겨 놓은 수많은 진리 중에서도 인체 비례야말로 가장 아름다운 진리의 정수로 여겼다. 그래서 서양 사람들은 예로부터 이러한 신의 진리를 드러내기 위해서 완벽한 인체를 구현하는 데 몰두했다. 레오나르도 다빈치의 《인체 비례도》를 보면, 원과 정사각형을 배치하여 사람의 몸을 표현하고 있다. 가장 기본적인 기하 도형이 인체 비례와 관련 있다는 점에 착안하였던 것이다. 르네상스 시대 건축가들은 이러한 기본 기하 도형으로 건축물을 디자인하면 인체 비례에 숨겨진 신의 진리를 구현한 위대한 건물을 지을 수 있다고 생각했다.
>
> 건축에서 미적 표준으로 인체 비례를 활용하는 조형적 안목은 서양뿐 아니라 동양에서도 찾을 수 있다. 고대부터 중국이나 우리나라에서도 인체 비례를 건축물 축조에 활용하였다. 불국사의 청운교와 백운교는 3 : 4 : 5 비례의 직각삼각형으로 이루어져 있다. 이와 같은 비례로 건축하는 것을 '구고현(勾股弦)법'이라 한다. 뒤꿈치를 바닥에 대고 무릎을 직각으로 구부린 채 누우면 바닥과 다리 사이에 삼각형이 이루어지는데, 이것이 구고현법의 삼각형이다. 짧은 변인 구(勾)는 넓적다리에, 긴 변인 고(股)는 장딴지에 대응하고, 빗변인 현(弦)은 바닥의 선에 대응한다. 이 삼각형은 고대 서양에서 신성불가침의 삼각형이라 불렀던 것과 동일한 비례를 가지고 있다. 동일한 비례를 아름다움의 기준으로 삼았다는 점에서 조형미에 대한 동서양의 안목이 유사하였다는 것을 알 수 있다.

① 특정 개념에 대한 구체적인 사례를 제시하여 비교하고 있다.
② 특정 개념이 발전해 온 양상을 시간의 흐름에 따라 소개하고 있다.
③ 특정 개념을 보완할 수 있는 대안과 새로운 개념을 제안하고 있다.
④ 특정 개념에 대한 반론을 중심으로 그 개념의 한계를 제시하고 있다.

14 다음 글의 빈칸 ㉠에 들어갈 말로 가장 적절한 것을 고르면?

> 흔히들 과학적 이론이나 가설을 표현하는 엄밀한 물리학적 언어만을 과학의 언어라고 생각한다. 그러나 과학적 이론이나 가설을 검사하는 과정에는 이러한 물리학적 언어 외에 우리의 감각적 경험을 표현하는 일상적 언어도 사용될 수밖에 없다. 그런데 우리의 감각적 경험을 표현하는 일상적 언어에는 과학적 이론이나 가설을 표현하는 물리학적 언어와는 달리 매우 불명료하고 엄밀하게 정의될 수 없는 용어들이 포함되어 있다. 어떤 학자는 이러한 용어들을 '발룽엔'이라고 부른다.
>
> 이제 과학적 이론이나 가설을 검사하는 과정에 발룽엔이 개입된다고 해보자. 이 경우 우리는 증거와 가설 사이의 논리적 관계가 무엇인지 결정할 수 없게 될 것이다. 즉, 증거가 가설을 논리적으로 뒷받침하고 있는지 아니면 논리적으로 반박하고 있는지에 관해 미결정적일 수밖에 없다는 것이다.
>
> 그 이유는 증거를 표현할 때 포함될 수밖에 없는 발룽엔을 어떻게 해석할 것인지에 따라 증거와 가설 사이의 논리적 관계에 대한 다양한 해석이 나오게 될 것이기 때문이다. 발룽엔의 의미는 본질적으로 불명료할 수밖에 없다. 즉, 발룽엔을 아무리 상세하게 정의하더라도 그것의 의미를 정확하고 엄밀하게 규정할 수는 없다는 것이다.
>
> 논리실증주의자들이나 포퍼는 증거와 가설 사이의 관계를 논리적으로 정확하게 판단할 수 있고 이를 통해 가설을 정확히 검사할 수 있다고 생각했다. 그러나 증거와 가설이 상충하면 가설이 퇴출된다는 식의 생각은 너무 단순한 것이다. 증거와 가설의 논리적 관계에 대한 판단을 위해서는 증거가 의미하는 것이 무엇인지 파악하는 것이 선행되어야 하기 때문이다. 따라서 우리가 발룽엔의 존재를 염두에 둔다면, '[㉠]' 라고 결론지을 수 있다.

① 과학적 가설과 증거의 논리적 관계를 정확하게 판단할 수 있다는 생각은 잘못된 것이다.
② 과학적 가설을 표현할 때에는 논리적으로 명확한 언어만 사용될 수 있다.
③ 과학적 가설과 증거를 검사하기 위해서는 감각적 경험이 불필요하다.
④ 과학적 증거의 표현은 물리학적 언어로만 구성할 수는 없다.

15 글의 흐름을 고려할 때 빈칸에 들어갈 내용으로 가장 적절한 것은?

> 돌도끼는 성인 남성만이 소유할 수 있는 가장 중요한 도구였다. 돌도끼의 제작과 소유는 남녀의 역할 구분, 사회의 위계 질서 유지, 부족 경제의 활성화에 큰 영향을 미쳤다. 그런데 백인 신부들이 여성과 아이에게 선교를 위해 선물한 쇠도끼는 성(性) 역할, 연령에 따른 위계와 권위, 부족간의 교역에 혼란을 초래하였다. 이로 인해 여요론트 부족사회는 엄청난 문화 해체를 겪게 되었다.
> 쇠도끼로 인한 여요론트 부족사회의 문화 해체 현상은 인간 생활의 모든 측면이 서로 밀접한 관계가 있음을 잘 보여준다. 만약 문화의 발전이 단계적으로 이루어진다는 관점에서 본다면 쇠도끼의 유입은 미개사회에 도입된 문명사회의 도구이며, 문화해체는 [   ]

① 문화 발전을 퇴보시키는 원인으로 이해할 것이다.
② 사회 발전을 위해 필요한 과도기로 이해할 것이다.
③ 사회 질서를 유지하기 위한 과정으로 이해할 것이다.
④ 사회가 혼란해져 문화 발전이 지연되는 단계로 이해할 것이다.

16 다음 기업의 모습과 유사한 것은?

> 이러한 사회적 기업은 이윤을 사회 또는 지역공동체의 취약 계층에 되돌려 사회 통합에 기여한다. 악기 연주가 가능한 미취업 장애인들을 고용해서 정기 연주회를 열어 얻은 수익을 장애인 복지 사업에 기부하는 기업이 있다. 이 기업은 미취업 장애인 고용을 통해 취약 계층의 실업 문제를 해결하고 기업 활동에서 창출한 이윤을 장애인 복지 사업에 기부하여 복지 서비스 확대에 기여했다. 이는 취약 계층이 느끼는 사회적 소외감을 줄여 사회 통합에 보탬이 된 것이라 할 수 있다.

① 기업의 구성원들에게 수익을 투명하게 공개하여 기업의 신뢰성을 높인다.
② 기업 구성원의 인권 보호와 기본 생활의 유지를 위해 기업 내의 복지 체제를 마련한다.
③ 간병을 희망하는 사람들의 다양한 의견을 수렴하여 간병 서비스의 질적 수준을 높인다.
④ 유료 사업을 통해 얻은 수익을 지역사회의 저소득층 환자들을 위한 무료 간병 서비스에 사용한다.

17 다음 논증에 대한 평가로 적절한 것만을 〈보기〉에서 모두 고르면?

> 합리적 판단과 윤리적 판단의 관계는 무엇인가? 나는 합리적 판단만이 윤리적 판단이라고 생각한다. 즉, 어떤 판단이 합리적인 것이 아닐 경우 그 판단은 윤리적인 것도 아니라는 것이다. 그 이유는 다음과 같다. 일단 ㉠ <u>보편적으로 수용될 수 있는 판단만이 윤리적 판단이다</u>. 즉 개인이나 사회의 특성에 따라 수용 여부에서 차이가 나는 판단은 윤리적 판단이 아니라는 것이다. 그리고 ㉡ <u>모든 이성적 판단은 보편적으로 수용될 수 있는 판단이다</u>. 예를 들어, "모든 사람은 죽는다."와 "소크라테스는 사람이다."라는 전제들로부터 "소크라테스는 죽는다."라는 결론으로 나아가는 이성적인 판단은 보편적으로 수용될 수 있는 것이다. 이러한 판단이 나에게는 타당하면서, 너에게 타당하지 않을 수는 없다. 이것은 이성적 판단이 갖는 일반적 특징이다. 따라서 ㉢ <u>보편적으로 수용될 수 있는 판단만이 합리적 판단이다</u>. ㉣ <u>모든 합리적 판단은 이성적 판단이다</u>라는 것은 부정할 수 없기 때문이다. 결국 우리는 ㉤ <u>합리적 판단만이 윤리적 판단이다</u>라는 결론에 도달할 수 있다.

〈보기〉

ㄱ. ㉠은 받아들일 수 없는 것이다. '1+1=2'와 같은 수학적 판단은 보편적으로 수용될 수 있는 것이지만, 수학적 판단이 윤리적 판단은 아니기 때문이다.
ㄴ. ㉡과 ㉣이 참일 경우 ㉢은 반드시 참이 된다.
ㄷ. ㉠과 ㉢이 참이라고 할지라도 ㉤이 반드시 참이 되는 것은 아니다.

① ㄱ　② ㄴ
③ ㄱ, ㄷ　④ ㄴ, ㄷ

18 ㉠의 사례로 가장 적절한 것은?

> 날개 없는 선풍기는 날개가 없는데 바람이 어떻게 생기는 것일까? 고리 몸통 단면의 형태는 비행기 날개의 단면을 뒤집어 놓은 것과 비슷한 구조이다. 이런 구조로 만든 이유는 고리 몸통 안쪽과 바깥쪽의 기압 차이를 만들어 고리 몸통 주변의 공기를 이동시키기 위한 것이다. 비행기 날개의 경우, 윗면이 아랫면보다 불룩하다. 공기는 비행기의 평평한 아랫면보다 불룩한 윗면을 지나갈 때 속도가 더 빨라지게 되는데, 공기의 속도가 빠른 윗면은 기압이 낮아지고 속도가 느린 아랫면의 기압은 상대적으로 높아지게 된다. 공기는 고기압에서 저기압으로 힘이 작용해 이동하므로, 기압이 높은 날개의 아래쪽에서 기압이 낮은 날개의 위쪽으로 힘이 작용해 공기가 이동하면서 비행기가 뜨는 것이다. 날개 없는 선풍기의 고리 몸통 단면에도 ㉠의 원리가 반영되어 있다.

① 태풍이 불면 강한 바람으로 인해 해안가 주변 집들의 창문이 깨지기도 한다.
② 풍선을 불었다가 놓으면, 풍선에서 빠져나오는 바람으로 인해 풍선이 공중으로 날아간다.
③ 산불이 발생했을 때, 바람이 부는 방향을 등지고 소화기를 사용하여 산불을 효과적으로 진압한다.
④ 경주용 자동차를 만들 때에는 차의 상부보다 하부로 공기가 빠르게 흐르도록 하여 전복 사고의 위험을 줄인다.

※ 다음 글을 읽고 물음에 답하시오. [19-20]

> 블록체인 기술은 데이터를 '블록'이라는 단위로 묶어 체인 형태로 연결한 것을 여러 대의 컴퓨터에 중복 저장하는 기술이다. 새롭게 생성된 블록은 여러 노드에 전파되고, 노드들은 블록의 내용이 기존 블록들과 ㉠ <u>상충되거나</u> 중복되지 않는지 검증한다. 모든 노드가 참여하는 이 승인 과정은 블록의 무결성과 신뢰성을 보장하는 핵심 절차이다. 이러한 승인 과정에서는 합의 알고리즘이 사용되며, 대표적인 합의 알고리즘의 예로는 '작업증명'이 있다.
>
> 블록체인 기술은 활용도가 높은데 특히 은행에서 그 가능성에 ㉡ <u>주목하고</u> 있다. (가) <u>블록체인 기술 도입을 찬성하는 입장</u>에서는 블록체인이 거래 내역을 여러 노드에 분산 저장하므로, 보안성과 투명성이 크게 향상된다고 본다. 블록체인은 데이터 위변조가 어렵기 때문에 금융 거래의 안전성을 높이고, 고객들이 자신의 거래 내역을 실시간으로 확인할 수 있는 시스템을 ㉢ <u>구축</u>할 수 있다. 또한, 중개 기관이 필요 없기 때문에 거래 수수료가 감소하고, 송금 및 결제와 같은 금융 거래가 훨씬 빠르게 처리될 수 있는 장점이 있다.
>
> 반면, (나) <u>블록체인 기술 도입을 반대하는 입장</u>에서는 기술적 복잡성 및 초기 도입 비용을 문제로 ㉣ <u>지적한다</u>. 또한, 블록체인의 특성 때문에 금융 거래에 대한 정부 규제나 법적 감시가 어려워질 수 있다. 더불어 '작업증명' 방식은 많은 에너지를 소비하기 때문에 환경 문제와 운영 비용의 증가로 이어질 수 있다.

19 윗글의 (가)과 (나)에 대한 평가로 적절하지 <u>않은</u> 것은?

① 블록체인 기술이 더 빠르고 안전한 고객 인증 방식을 제공할 수 있다는 연구는 (가)를 강화한다.
② 블록체인 기술의 도입을 위해서는 은행의 기존 시스템과의 호환성 문제를 해결하기 위한 추가적인 기술 개발이 필요하다는 주장은 (나)를 강화한다.
③ 일부 국가가 블록체인 기술 상용화를 위한 새로운 규제 프레임워크를 도입 중이라는 주장은 (나)를 약화한다.
④ 블록체인 기술의 비용 절감 효과가 입증된 사례가 늘어나고 있다는 연구는 (가)를 약화한다.

20 다음 ㉠~㉣과 바꿔 쓸 수 있는 단어로 적절하지 <u>않은</u> 것은?

① ㉠: 모순되거나
② ㉡: 관심을 갖고
③ ㉢: 세울
④ ㉣: 지정한다

01 〈보기〉는 동음이의어에 대한 설명이다. ㉠~㉣에 해당하는 반의어를 바르게 짝지은 것은?

보기

동음이의어란 음은 같지만 뜻이 다른 단어를 말한다. 따라서 단어 간의 의미 관계는 서로 관련이 없으므로 반의어도 달라질 수 있다.

⇓

(예문)

• 어머니를 도와 김장독을 ㉠ 묻다 보니 옷에 때가 ㉡ 묻었다.
• 목욕탕에서 안경을 ㉢ 꼈더니 렌즈에 김이 잔뜩 ㉣ 끼었다.

	㉠	㉡	㉢	㉣
①	파내다	지다	벗다	걷히다
②	들추다	비다	빼다	걷히다
③	캐내다	파다	벗다	빠지다
④	파내다	지다	빼다	빠지다

02 〈보기〉를 참고할 때 문장의 종류가 다른 것은?

보기

문장에는 주어가 남에게 '행동을 하게 함'을 나타내는 사동문, 그리고 주어가 어떤 '동작을 입었음'을 나타내는 피동문이 있다.

① 토끼가 사냥꾼에게 잡혔다.
② 참새가 지저귀는 소리가 나에게 들렸다.
③ 선생님이 철수에게 책을 읽힌다.
④ 바람이 불자 창문이 저절로 닫혔다.

03 다음 명제가 모두 참이라고 할 때, 반드시 참인 명제는?

• 비서가 사무실을 비우면 행정처리가 늦어진다.
• 행정처리가 늦어지면 프로젝트 마감일이 지연된다.
• 프로젝트 마감일이 지연되면 계약지연 수수료를 낸다.

① 계약지연 수수료를 내면 행정처리가 늦어진다.
② 계약지연 수수료를 내면 프로젝트 마감이 지연된다.
③ 프로젝트 마감이 지연되면 비서가 사무실을 비운 것이다.
④ 계약지연 수수료를 내지 않는 것은 비서가 사무실에 있다는 것이다.

04 다음 결론이 반드시 참이기 위한 비어있는 명제를 고르시오.

• 모든 취업준비생은 열심히 공부하는 사람이다.
• [   ]

결론: 어떤 열심히 공부하는 사람은 독서를 좋아하지 않는다.

① 독서를 좋아하지 않는 취업준비생은 없다.
② 어떤 취업준비생은 독서를 좋아한다.
③ 독서를 좋아하는 사람은 모두 취업준비생이다.
④ 어떤 취업준비생은 독서를 좋아하지 않는다.

05 다음의 ㉠~㉣에 들어갈 말로 적절하지 않은 것은?

전자금융거래 기본약관

제1조 (㉠)
이 약관은 지혜교육(전자상거래 사업자)이 운영하는 영진교육 사이버 몰(이하 "몰"이라 한다)에서 제공하는 인터넷 관련 서비스(이하 "서비스"이라 한다)를 이용함에 있어 사이버 몰과 이용자의 권리 및 책임사항을 규정함을 목적으로 합니다.

제2조 (㉡)
① "몰"이란 지혜교육이 재화 또는 용역을 이용자에게 제공하기 위하여 컴퓨터 등 정보통신 설비를 이용하여 재화 등을 거래할 수 있도록 설정한 가상의 영업장을 말하며, 아울러 사이버몰을 운영하는 사업자의 의미로도 사용합니다.
② "이용자"란 "몰"에 접속하여 이 약관에 따라 "몰"이 제공하는 서비스를 받는 회원 및 비회원을 말합니다.

〈중략〉

제5조 (㉢)
① "몰"은 컴퓨터 등 정보통신설비의 보수점검, 교체 및 고장, 통신의 두절 등의 사유가 발생한 경우에는 서비스의 제공을 일시적으로 중단할 수 있습니다.

〈중략〉

제9조 (㉣)
"몰"이용자는 "몰"상에서 다음 또는 이와 유사한 방법에 의하여 구매를 신청하며, "몰"은 이용자가 구매신청을 함에 있어서 다음의 각 내용을 알기 쉽게 제공하여야 합니다. 단, 회원인 경우 제2호 내지 제4호의 적용을 제외할 수 있습니다.

① ㉠ 목적
② ㉡ 이용자 약관
③ ㉢ 서비스 중단
④ ㉣ 구매신청

06 다음 글의 밑줄 친 ㉠~㉣ 중 문맥상 바꾸어 쓰기에 적절하지 않은 것을 고르면?

> 정서 예측이란 사람들이 자신의 적응 능력을 과소평가하여 긍정적, 부정적 사건의 여파가 실제보다 오래갈 것이라고 착각하는 것을 말한다. 공포 영화의 대가인 앨프리드 히치콕 감독은 "폭탄이 터지는 것에는 공포가 없다. 공포는 오직 폭발이 일어나리라는 예감에 존재한다."라고 했다. 우리가 두렵게 생각하는 모든 일에 대한 공포는 실제로 일어나는 일보다는 그런 일이 일어날 것이라는 예감에서 ㉠ 기인한다. 이러한 예감 때문에 실제로 겪게 될 공포보다 더 큰 공포를 느끼는 정서 예측이 일어난다. 하지만 미국의 심리학자 팀 윌슨과 대니얼 길버트는 좋은 일이든 나쁜 일이든 실제 일어나는 사건들의 여파는 그리 오래가지 않는다고 하였다. 사람들은 나쁜 일이 생긴 직후에 불행을 느끼지만 많은 심리적 기제들을 ㉡ 동원하여 길지 않은 시간 안에 평소의 감정 상태로 되돌아오며, 좋은 일을 겪어 새로움이 사라지면 그것이 더 이상 행복감을 ㉢ 유발하지 않는다는 것이다.
>
> 정서 예측과 관련된 인지 편향으로는 '영향력 편향', '초점주의', '감정 이입 격차' 등이 있다. 영향력 편향은 정서적 사건이 미치는 영향력이 실제보다 강하고 오래갈 것이라고 과대평가하는 것이다. 대니얼 길버트의 연구에 따르면, 사람들은 성공, 사랑, 여행 등에서 느끼는 행복이 대단할 것이라 예상했지만 그런 긍정적 사건에 대한 감정은 예상보다 변화 폭이 좁고 지속 시간이 짧은 것으로 나타났다. 실패, 낙선, 가족의 죽음 등 부정적 사건에 의한 감정의 변화 폭과 지속 시간 역시 마찬가지였다. 이런 영향력 편향이 생기는 이유는 정보 집중의 문제 때문이다. 특정 미래 시간에만 생각을 ㉣ 집중하고 다른 사건이 어떻게 될지 고려하지 않기 때문에 특정 사건의 영향력만을 과대평가하게 되는 것이다.

① ㉠: 비롯한다
② ㉡: 뽑아내어
③ ㉢: 일으키지
④ ㉣: 기울이고

07 다음 글의 내용과 일치하지 않는 것을 고르면?

> 국내에서도 다수의 기업들이 친환경 중심의 경영을 통해 그린슈머의 '선택'을 받으려 고심 중이다. 실제 국내 음료 업계가 출시한 무라벨 생수는 비닐 폐기물을 줄일 수 있다는 점에서 소비자들의 호응을 얻었다. 하지만 기업의 친환경 전략이 매출로 이어지면서 부작용도 발생했다. 최근 소비자 사이에서 환경의 핵심 이슈로 떠오른 '그린워싱'이다. 그린워싱은 'Green'과 'White Washing'의 합성어로 소비자들을 속임으로써 경제적 이득을 쉽게 취하려는 기업의 행태를 말한다.
>
> 그린워싱 사례는 국내외 안팎에서 다양하게 나타난다. 해외 유명 B기업은 세정제를 담은 병을 '100% 해양 수거 플라스틱을 재활용'해 만들었다고 광고하며 세정제가 담긴 병에 친환경 인증 로고까지 붙이며 제품을 홍보했다. 하지만 해당 로고는 기업이 자체적으로 만든 자사의 로고였으며 허위 광고 혐의로 집단 소송을 당했다. 국내 화장품 C기업은 종이를 활용한 포장용기라는 문구를 제품 겉면에 붙여 판매했다. 한 구매자가 이 제품의 겉면을 뜯어보니 플라스틱 용기가 나왔다고 문제를 제기하면서 그린워싱 논란에 불을 지폈다. 실상은 플라스틱 사용을 절감해 만든 용기였고, 제품 뒷면에도 이를 명시했으나 C기업의 제품 홍보 문구는 소비자들에게 '100% 친환경 종이 용기'라는 오해를 야기했다.
>
> 이 같은 기업의 그린워싱은 친환경 제품에 대한 소비자의 불신을 키우는 데다 시장의 공정한 경쟁 구도 형성에도 악영향을 미치게 된다. 이 때문에 해외에서는 그린워싱과 관련한 규제 방안을 시행 중이다. 자본시장 연구원에 따르면 영국 공정거래위원회는 올해 소비자법에 근거한 6가지 원칙을 담은 '그린 클레임코드(Green Claims Code)'를 발표하고 상품의 구성 성분에 대한 명확한 공개를 촉구하고 있다. 유럽은 ESG 관련 공시를 의무화하는 SFDR(Sustainable Finance Disclosure Regulation)을 시행해 그린워싱 여부를 검증하고 있고, 특히 프랑스에서는 2021년 4월 그린워싱에 대한 벌금을 부과할 수 있는 법안이 통과되면서 위반 시엔 홍보 캠페인 비용의 80%까지 벌금을 납부해야 한다.
>
> 우리나라의 경우에는 아직까지 정부 차원의 구체적인 그린워싱 가이드라인은 없는 상황이다. 환경기술 및 환경산업 지원법에는 환경부 장관령으로 친환경 제품으로 오인할 부당한 표시를 금지할 수 있게 되어 있지만 해외의 사례처럼 벌금 부과 등의 조치는 없기 때문에 강제성이 떨어진다는 지적이 제기된다. 대신 환경부는 환경 표지 제도를 통해 정부 차원에서 소비자들에게 친환경 제품에 대한 정보를 제공하고 있다. 환경부는 환경 제품의 생산부터 폐기까지 전 과정에서 자원을 절약할 수 있거나 환경오염 영향이 적은 제품을 대상으로 친환경 인증 마크를 부여한다. 하지만 이런 인증 형식의 경우에는 소비자가 직접 제품 구매 시 인증 마크와 기업의 자체 인증 마크를 일일이 구분해야 하기 때문에, 구매자의 편리성을 담보하고 기업의 허위·과장 광고를 금지할 수 있는 구체적인 가이드라인과 현실성 있는 처분이 필요하다는 주장이 나온다.

① 프랑스에는 그린워싱 관련 법안을 위반한 기업에 벌금을 부과하고 있다.
② 친환경적이라는 의미의 인증 마크는 기업에서 자체적으로 제품에 부여하기도 한다.
③ 그린워싱은 실제로는 친환경적이지 않지만 마치 친환경적인 것처럼 홍보하는 기업의 행태를 말한다.
④ 우리나라는 환경기술 및 환경산업 지원법에 따라 그린워싱 여부를 검증하고 있다.

08 다음 글의 빈칸에 들어갈 내용으로 가장 적절한 것을 고르면?

코로나19 이후 비대면 비즈니스와 온라인 서비스가 확산 및 가속화되면서 디지털 경제가 촉진되었다. 특히 디지털 기반의 온라인 유통, 디지털 콘텐츠 산업, AR 및 VR을 활용한 스마트 헬스케어 산업, 에듀테크 및 화상회의 관련 산업이 신사업으로 부상하고 있다. 이러한 변화로 세계 경제 · 경영 환경이 급변하면서, 기업들도 기존에 추진하던 전략의 축을 바꾸기 위해 노력하고 있는데, '피벗'은 그 대표적인 전략 중 하나다. 피벗은 농구, 테니스 등의 구기(球技)에서 한 발을 축으로 하여 방향을 바꾸는 행동을 의미한다. 즉, '축을 옮긴다'라는 뜻으로 피벗전략이란 급변하는 경영환경에서 기업이 제품, 프로세스, 목표고객과 경쟁방법 등의 사업전략에 대한 새로운 가설을 세우고, 실험 및 검증함으로써 시장변화에 민첩하게 대응할 방법을 찾는 것을 말한다.

피벗전략은 크게 시장 피벗과 제품 피벗, 그리고 전략 피벗으로 범주화하기도 한다. 시장 피벗은 주요 목표 시장에 변화가 생기는 경우를 의미하며, 다른 피벗에 비해 보다 본질적인 변화가 이루어지거나, 많고, 넓은 범위의 외부 요인에 얽혀 있는 경우도 있다. 시장 피벗은 고객 요구, 고객 세분화, 채널 조정을 통해 이루어지는데, 한 예로 캐나다의 에어노스 항공은 코로나19로 항공 여행이 축소되자 기내식을 일반 소비자들에게 배달하는 서비스를 시작하여 여행 욕구와 냉동 음식을 집에 간편하게 비축하려는 소비자들의 니즈를 충족시켰다. 제품 피벗은 기업의 핵심 제품이나 서비스를 바꾸는 경우로, 제품의 특정 기능에 집중해 제품 개편을 진행하는 방식 등이 이에 해당한다. 우리에게 잘 알려진 '유튜브'는 본래 온라인 비디오 데이트 사이트로 시작하였으나 사업 실패로 유저들이 원하는 동영상 업로드 플랫폼으로 피벗하여 인기를 끌게 되었다. 마지막으로 전략 피벗은 기업의 수익모델이나 성장 전략을 수정 및 보완하는 경우로 가치 창출, 사업 설계, 성장 엔진 피벗 등이 이에 해당한다. 대표적으로 글로벌 복사기 제조업체인 '제록스'가 초반에 복사기를 제조하여 판매하는 방식으로 수익모델을 설정하였으나, 높은 복사기 가격으로 판매가 저조하여 파산 위기를 맞았을 때 수익모델을 렌탈서비스로 변환한 것을 예로 들 수 있다.

그렇다면 피벗전략을 효과적으로 이끌기 위해 기업들이 갖춰야 할 조건은 무엇일까? 먼저 소비자의 관점에서 추진되어야 한다. 많은 기업들이 피벗전략을 추구하고자 하는 영역은 소비자와 아주 밀접한 관련이 있기 때문이다. 소비자는 누구보다 변화의 필요성을 제일 먼저 체감하고 그에 따르는 새로운 소비자 행동을 만들어 내며, 진화하는 욕구와 니즈를 충족시킬 수 있는 기업을 선호한다. 가령 PC산업에서 기존 시장이 파괴된 것을 스마트폰, 태블릿PC와 같은 모바일 기기의 등장 때문이라고 분석하는 기업들이 있다. 하지만 면밀히 그 이면을 살펴보면 한 산업을 파괴하는 주범은 바로 고객이다. 즉 [   ]는 것이 피벗전략의 본질이다. 또한 피벗전략을 선택하기에 앞서 기업이 정말 긴급한 상황에 놓여 있는지 냉철하게 판단해야 한다. 피벗전략은 기업의 핵심 가치와 목표를 크게 수정하고, 기업의 근간을 뒤흔드는 행동으로 반전을 기대하는 전략적 선택이기 때문이다.

① 새롭게 등장하는 제품이나 서비스, 기술 등에 빠르게 반응해야 한다
② 경영 전략을 바꾸기보다는 기존 사업에 더해 디지털 기반의 신사업을 개척해야 한다
③ 고객의 요구는 시간의 흐름에 따라 변화하고 이러한 요구에 발맞추어 전략을 설정해야 한다
④ 제품의 특정 기능에 무엇보다 집중하여 시장을 공략하는 것으로 위기를 벗어날 수 있다

09 다음 글의 내용과 일치하는 것은?

> 서양 철학에서는 언어의 본질에 대해 끊임없이 문제를 제기해왔다. 그렇지만 언어에 대한 대부분의 연구는 언어의 본질을 의사소통의 수단이나 도구로만 간주하려는 경향이 강했다. 이와 같은 도구적 언어관에서 탈피하고 언어 연구의 새로운 토대를 마련한 사람이 바로 훔볼트이다.
>
> 훔볼트는 언어를 이미 만들어진 산물인 '에르곤'이 아니라 생산 활동, 즉 '에네르게이아'로 보아야 한다고 주장했다. 여기서 에네르게이는 아리스토텔레스가 사용한 철학적 개념으로 '무엇인가를 실현하는 활동'이라는 의미이다. 언어는 매 순간 끊임없이 생산되고 사라지는 것이므로 문자를 통해 언어를 보존하는 것은 불완전할 뿐만 아니라, 그것은 생명력을 잃은 미라에 지나지 않는다. 그러므로 언어는 문법과 어휘 목록 속에 수록되어 있는 정적인 체계가 아니라, 세계를 내적인 정신 활동을 통해 사상의 표현으로 바꾸어 놓는 동적인 활동인 것이다. 그는 언어를 에르곤으로 보는 정적인 언어관과 언어를 에네르게이아로 보는 동적인 언어관을 대비시켰다. 그리고 언어의 고유한 본질은 실제적인 언어 생산 활동에 있음을 강조했다. 이를 통해 언어를 죽어 있는 산물로 간주하는 정적인 언어관을 극복하고, 언어를 끊임없는 생산 활동으로 간주하는 동적인 언어관을 철저하게 부각했다.
>
> 훔볼트의 언어 이론에는 '세계관'이라는 용어가 자주 등장하는데, 이는 언어적 세계관을 일컫는 말이다. 훔볼트는 "언어의 차이는 소리나 기호의 차이가 아니라 세계관 자체의 차이이다."라고 주장한다. 즉 언어가 다르다는 것은 사물을 표시하는 기호로서의 언어가 다르다는 것을 의미하는 것이 아니라, 언어를 통해 세상을 바라보는 관점, 즉 언어적 세계관이 다르다는 것을 의미하는 것이다. 따라서 새로운 언어를 습득한다는 것은 그 언어가 지니는 세계관을 새롭게 획득한다는 것과 동일한 의미일 수 있다. 이와 같은 관점에서 훔볼트는 언어의 차이를 단지 표현상의 차이로만 간주하는 기존의 견해는 언어 연구의 장애가 된다고 비판하면서, 언어는 단순한 표현이나 이해의 수단이 아니라 화자의 세계관이 투영되어 있는 대상으로 보아야 한다고 강조했다.
>
> 훔볼트는 어린아이가 언어를 습득하는 과정에서 언어에 담긴 세계관도 무의식적으로 습득된다고 보았다. 즉 어린아이는 모국어를 습득할 때, 단어나 문법 구조만을 습득하는 것이 아니라 부지불식간에 언어를 통해 중재된 세계관도 함께 습득하게 된다.

① 훔볼트는 의사소통의 수단으로서의 언어의 기능을 강조했다.
② 훔볼트에게 언어는 무언가를 실현하는 활동으로서의 의미가 있다.
③ 에르곤은 동적인 언어관, 에네르게이아는 정적인 언어관과 관련이 있다.
④ 언어는 정신 활동의 결과를 문법과 어휘를 통해 확정지어 보여주는 매개이다.

10 다음 글에서 알 수 있는 내용이 아닌 것은?

> 1930년대 프랑스 영화의 황금기를 구현한 영화들은 '시적 리얼리즘 영화'들이었다. 시적 리얼리즘 영화는 통속적인 문학 작품을 각색하여 만든 영화로 전쟁 전 유럽의 우울한 분위기를 반영하듯 주인공의 몰락으로 귀결되는 비관적인 분위기의 내러티브를 보여주었다. 영화사가 많은 제작비를 동원하여 인기 있는 연극배우를 출연시켰고, 인공적이고 화려한 실내 스튜디오에서 촬영하는 것을 중시했다. 또한 시나리오 작가, 무대 감독, 조명 전문가, 작곡가 등과 동등한 지위에서 감독이 영화 제작의 일원이자 공동 제작자로서 영화에 참여하는 양상을 보였다.
>
> 시적 리얼리즘 영화는 제2차 세계 대전 이후 '누벨바그 영화' 운동이 시작되면서 비판에 직면하게 된다. '누벨바그'는 '새로운 물결'이라는 뜻으로 '누벨바그 영화'를 표방하는 감독들은 시적 리얼리즘 영화들이 문학 작품에 의존하여 전혀 새로움이 없고, 지나치게 많은 비용을 들이며, 기존의 영화적 관습에 고착되어 영화의 예술성을 제한한다고 비판했다. 누벨바그 영화 감독들의 이러한 생각은 영화 잡지 '카이에 뒤 시네마'의 발행인이었던 비평가 앙드레 바쟁이 그의 영화 비평에서 주창했던 바를 추종하는 것이었다. 누벨바그 영화는 1953년 이후 프랑스 정부가 사전 제작 지원금을 제공하여 무명의 젊고 재능 있는 감독들이 저예산 영화를 제작할 수 있게 되면서 더욱 활성화되었다. 또한 필름, 카메라, 녹음 기계 등 발달된 영화 제작 기술을 활용하여 야외 촬영과 즉흥 연출이 가능하게 되면서 20세기 영화사에서 가장 획기적인 발전을 이루게 되었다.
>
> 누벨바그 영화는 동시대의 카뮈, 사르트르 등의 실존주의 철학의 영향을 받아 영화 제작에서 감독의 주체성을 중시하였다. 그래서 기존 영화에서 영화의 공동 제작자에 머물러 있던 감독이 자신의 상상력과 잠재력을 담아내면서 영화 제작의 중심에 서게 되었다. 누벨바그 영화의 감독들은 사건 전개나 기법 면에서 감독의 개성을 드러낼 수 있는 파격적인 면모를 보여주었는데, 처음과 중간과 끝이 구별되지 않는 구성, 극적 동기가 없는 사건, 완결되지 않는 내러티브 등의 새로운 기법들을 활용하였다.

① 프랑스 시적 리얼리즘 영화의 특징
② 누벨바그 영화 운동의 출현 배경과 형성 과정
③ 누벨바그 영화에서 감독의 위상과 역할 변화
④ 누벨바그 영화의 주요 촬영 기법과 대표 감독

11 다음 글을 바탕으로 ㄱ~ㄹ을 설명하였을 때, 적절하지 않은 것은?

> 우리말에서 복수를 표시하는 접미사에는 '-들', '-희', '-네'가 있다.
> • -들: 여러 품사 뒤에 붙어서 복수 표시를 한다.
> • -희: '저'와 '너' 뒤에 붙어서 두 대명사를 복수형으로 만든다.
> • -네: 일부 명사 뒤에 붙어서 무리나 집안, 가족을 나타낸다.

> ㄱ. 어서들 오너라.
> ㄴ. 그럼 즐겁게 놀게들.
> ㄷ. 너희도 그 안건에 동의했다.
> ㄹ. 어제 영희네에서 소식이 왔어요.

① ㄱ처럼 '-들'을 부사에 붙여 쓸 수 있어.
② ㄴ처럼 '-들'이 문장 종결 어미에 놓일 수 있어.
③ ㄷ의 '너희'를 '너희들'로 바꾸어 쓸 수도 있어.
④ ㄹ의 '영희네' 뒤에 다시 '-들'을 붙여 쓸 수 있어.

12 강연자의 말하기 방식에 대한 평가로 적절하지 않은 것은?

> 여러분, 반갑습니다. 학생회장 후보 ○○○입니다. 후보 등록 후 짧은 선거 운동 기간에 많은 학우들을 만나지 못해 이 자리에 서면 여러분이 어떤 반응을 보일까 걱정했었습니다. 그런데 이렇게 큰 박수를 듣게 되니 정말 가슴이 벅찹니다. 영화제에서 주연상을 받는다면 아마 이런 기분이 들지 않을까요? 하지만 저는 주연상보다는 음향상에 관심이 더 많습니다. 저의 장래 희망이 세계적으로 인정받는 음향 감독이 되는 것이기 때문입니다.
> (다시 진지한 표정으로) 제가 제 꿈을 말씀드리는 이유는, 제가 생각하는 학생회장의 역할이 주인공보다는 음향 감독과 비슷하기 때문입니다. 우리는 영화나 드라마의 주인공은 기억하지만 그들의 소리를 담아낸 음향 감독은 알지 못합니다. 저는 학생회장이 자신의 소리를 내고 자신에게 집중하게 만드는 것이 아니라 주인공인 여러분의 소리를 잘 담아내는 역할을 해야 한다고 생각합니다. 제가 학생회장이 된다면 여러분 한 사람 한 사람의 소리에 집중하겠습니다. 그러기 위해 저는 세 가지 약속을 제시합니다.
> (손가락으로 하나를 표시하며) 첫째, 여러분이 자유롭게 의견을 제시할 수 있도록 건의함을 설치하겠습니다. 초등학교나 중학교 때 건의함을 보신 적이 있을 겁니다. 하지만 건의함에 넣은 의견이 어떻게 반영되는지는 알 수 없는 경우가 많습니다. 저는 건의함을 설치하는 것에만 그치지 않고 여러분이 제시한 의견이 어떤 것인지, 그리고 어떻게 처리되는지 학생회 게시판과 교내 방송을 활용하여 정기적으로 공개하겠습니다.
> (손가락으로 둘을 표시하며) 둘째, 학교 축제를 개선하겠습니다. 그동안 우리 학교 축제가 몇몇 동아리들만의 행사인 것에 불만스러워하는 친구들이 많았습니다. 이제 모두가 참여하는 축제가 되도록 하겠습니다.
> (손가락으로 셋을 표시하며) 셋째, 여러분의 끼를 펼칠 수 있는 장을 만들겠습니다. 제가 학생회장이 된다면 매주 수요일 점심시간에 강당 앞 야외 복도를 우리의 버스킹 무대로 만들겠습니다. 음악 공연이나, 춤, 시 낭송 등 형태를 제한하지 않고 여러분의 솜씨와 생각을 마음껏 펼칠 수 있는 기회가 되도록 하겠습니다.

① 질문을 통해 청중의 배경지식을 확인하며 말하고 있다.
② 표정이나 제스처 등 비언어적 표현을 잘 활용하고 있다.
③ 다른 것에 빗대어 말하고자 하는 바를 설명하고 있다.
④ 청중의 이해를 위해 내용을 몇 가지로 구분하여 제시했다.

13 다음 글의 서술 방식에 대한 설명으로 적절하지 않은 것을 고르면?

> 기업들은 이익의 극대화를 위해 끝없이 경쟁한다. 이러한 경쟁의 전략 중 하나로 한 기업이 다른 기업을 인수하거나 다른 기업과 합치는 방법이 있는데 이를 '기업인수합병'이라고 한다. 기업인수합병은 기업 간의 결합 형태에 따라 수평적, 수직적, 다각적 인수합병으로 나눌 수 있다.
>
> 먼저 수평적 인수합병은 같은 업종 간에 이루어지는 인수합병이다. 예를 들면 두 전자 회사가 결합하여 하나의 전자 회사가 되는 경우이다. 일반적으로 수평적 인수합병이 이루어지면 경쟁 관계에 있던 회사가 결합하여 불필요한 경쟁이 줄고 이전보다 큰 규모에서 생산이 이루어지게 되므로 인수합병한 기업은 생산량을 늘릴 수 있게 된다. 이러한 과정에서 규모의 경제가 실현되면 생산 단가가 낮아져 가격 경쟁력이 증가하고 이를 통해 제품의 시장점유율이 높아질 수 있다. 그러나 수평적 인수합병 이후에 독과점으로 인한 폐해가 일어날 경우, 이는 규제의 대상이 되기도 한다.
>
> 다음으로 수직적 인수합병은 동일한 분야에 있으나 생산 활동 단계가 다른 업종 간에 이루어지는 인수합병이다. 이러한 수직적 인수합병은 통합의 방향에 따라 전방 통합과 후방 통합으로 나눌 수 있다. 예를 들어 자동차의 원자재를 공급하는 기업과 자동차를 생산하는 기업이 인수합병하는 경우, 자동차를 생산하는 기업이 자동차의 원자재를 공급하는 기업을 통합하면 후방 통합이고, 자동차의 원자재를 공급하는 기업이 자동차를 생산하는 기업을 통합하면 전방 통합이 된다. 이렇게 수직적 인수합병이 이루어지면 생산 단계의 효율성이 증가하여 거래비용이 감소하고, 원자재를 안정적으로 공급할 수 있다는 장점이 있지만, 인수합병한 기업 중 특정 기업에 문제가 발생할 경우, 기업 전체가 위험해질 수 있다는 단점도 있다.
>
> 마지막으로 다각적 인수합병은 서로 관련성이 적은 기업 간의 결합이다. 예를 들면 한 회사가 전자 회사, 건설 회사, 자동차 회사를 결합하여 하나의 회사를 만드는 경우이다. 이러한 경우 만약 건설 회사의 수익성이 낮더라도 상대적으로 높은 수익성이 기대되는 다른 회사를 통해 위험을 분산시킨다면 기업의 안정된 수익성을 유지할 수 있다는 장점이 있다. 그러나 기업이 외형적으로만 비대해질 경우, 시장에서 높은 수익을 내기에는 한계가 있을 수도 있다.
>
> 기업은 인수합병을 통해 사업의 규모를 확대할 수 있다. 그러나 경우에 따라서는 인수합병을 통한 외적인 성장에만 치우쳐 신기술 연구 등과 같은 내적 성장을 위한 투자에 소홀할 수 있다. 또한 인수합병 과정에서 많은 직원이 해직되거나 전직될 수도 있고 이로 인해 조직의 인간관계가 깨지는 등 여러 문제가 발생할 수 있기에 인수합병은 신중하게 이루어져야 한다.

① 예를 들어 대상을 설명하고 있다.
② 정의를 통해 대상을 설명하고 있다.
③ 유추를 통해 대상을 설명하고 있다.
④ 대상이 가지고 있는 장단점을 설명하고 있다.

14 다음 〈쓰레기 분리배출 규정〉을 준수한 것은?

> 〈쓰레기 분리배출 규정〉
>
> • 배출 시간: 수거 전날 저녁 7시~수거 당일 새벽 3시까지 (월~토요일에만 수거함)
> • 배출 장소: 내 집 앞, 내 점포 앞
> • 쓰레기별 분리배출 방법
> – 일반 쓰레기: 쓰레기 종량제 봉투에 담아 배출
> – 음식물 쓰레기: 단독주택의 경우 수분 제거 후 음식물 쓰레기 종량제 봉투에 담아서, 공동주택의 경우 음식물 전용용기에 담아서 배출
> – 재활용 쓰레기: 종류별로 분리하여 투명 비닐봉투에 담아 묶어서 배출
> ① 1종(병류)
> ② 2종(캔, 플라스틱, 페트병 등)
> ③ 3종(폐비닐류, 과자 봉지, 1회용 봉투 등)
> ※ 1종과 2종의 경우 뚜껑을 제거하고 내용물을 비운 후 배출
> ※ 종이류/박스/스티로폼은 각각 별도로 묶어서 배출
> – 폐가전 · 폐가구: 폐기물 스티커를 부착하여 배출
> • 종량제 봉투 및 폐기물 스티커 구입: 봉투판매소

① 지혜는 토요일 저녁 8시에 일반 쓰레기를 쓰레기 종량제 봉투에 담아 자신의 집 앞에 배출하였다.
② 공동주택에 사는 민영이는 먹다 남은 찌개를 그대로 음식물 쓰레기 종량제 봉투에 담아 주택 앞에 배출하였다.
③ 현진이는 투명 비닐봉투에 캔과 스티로폼을 함께 담아 자신의 집 앞에 배출하였다.
④ 정재는 집에서 쓰던 냉장고를 버리기 위해 폐기물 스티커를 구입 후 부착하여 월요일 저녁 9시에 자신의 집 앞에 배출하였다.

15 '병아리콩의 작물화'라는 화제로 한 다음 글이 전개하는 추론방식을 가장 적절하게 이해한 것은?

> 병아리콩은 전통적인 농경민들에 의해 지중해와 에티오피아에서부터 동쪽 인도에 이르기까지 널리 재배되었다. 특히 인도는 오늘날 병아리콩의 세계 생산량에서 80%를 점유하고 있다. 그러므로 병아리콩은 인도에서 작물화되었다고 착각하기 쉽다. 그러나 병아리콩의 야생 조상은 터키 동남부에서만 살았다는 사실이 밝혀졌다. 따라서 병아리콩은 실제로 그곳에서 작물화되었다고 판단할 수 있는데, 이러한 판단은 신석기 시대의 유적에서 발견한, 작물화된 병아리콩일 가능성이 높은 잔해 중에서 가장 오래된 것들이 바로 B.C. 8000년경의 터키 동남부와 그 근처의 시리아 북부에서 나왔다는 사실로도 뒷받침되고 있다. 인도 지역에서 병아리콩의 고고학적 증거가 나타난 것은 그보다 5000년이 더 지나서였다.

① 작물화가 가장 많이 나타난 지역을 알아보고자 한다.
② 병아리콩이 작물화되어 다른 지역으로 어떻게 전파되는지를 알아보고자 한다.
③ 고대의 작물화된 식물의 잔해를 식별하고 연대를 측정하여 최초로 작물화된 지역을 알아보고자 한다.
④ 병아리콩의 야생 조상에 관한 지리적 분포도를 검토하여 작물화는 그 야생 조상이 있었던 지역을 알아보고자 한다.

16 다음 제시문의 내용과 부합하는 것은?

> 천지는 사사로움이 없고, 귀신은 은밀히 움직이므로 복(福)·선(善)·화(禍)·음(淫)은 오로지 공정할 뿐이다. 사람 중에 악한 자가 있어 거짓으로 섬겨서 복을 구한다면, 그것으로 복되다고 할 수 있겠는가? 사람 중에 선한 자가 있어서 사설(邪說)에 미혹되지 않고 거짓으로 제사를 지내는 것이 아니라면, 그것이 화가 될 수 있겠는가? 일찍이 말하기를 천지귀신에게 음식으로써 아첨한다고, 사람에게 화복을 내리겠는가? 만세에 이런 이치는 없다. 사(士)와 서인(庶人)이 산천에 제사를 지내는 것은 예(禮)가 아니고, 예(禮)에 해당되지 않는 제사를 지내는 것은 곧 음사(淫祀)다. 음사로써 복을 얻은 자를 나는 아직 보지 못하였다. 너의 사람들은 귀신을 아주 좋아하여 산택천수(山澤川藪)에 모두 신사(神祠)를 만들었다. 광양당(廣陽堂)에서는 아침저녁을 공경히 제사를 지내어 지극하지 않은 바가 없으며, 그것으로 바다를 건널 때에는 마땅히 표류하여 침몰하는 우환이 없도록 한다. 그러나 오늘 어떤 배가 표류하고 내일 어떤 배가 침몰하여, 표류하고 침몰하는 배가 서로 끊이지 않으니, 이것으로 과연 신(神)에게 영험함이 있다고 하겠는가? 제사로 복을 받을 수 있다고 하겠는가? 이 배의 표류는 오로지 행장(行裝)이 뒤바뀐 것과 바람을 기다리지 않았기 때문이다. 하늘에 제사하는 것은 제후(諸侯)의 일이고 사(士), 서인(庶人)은 다만 조상에게만 제사할 뿐이다. 조금이라도 그 분수를 넘으면 예가 아니다. 예가 아닌 제사는 사람이 아첨하는 것이므로 신(神)도 이를 받아들이지 않는다.

① 제후와 사(士)는 제사를 지낼 수 있는 대상이 다르다.
② 사(士)는 천지귀신에게 제사를 지내 복을 받을 수 있다.
③ 하늘과 산천에 제사를 지낼 수 있는 자격은 제후와 사(士)의 신분이라야 한다.
④ 사(士)와 서인이 산천에 예를 갖추어 제사를 지내는 것은 음사(淫祀)에 해당하지 않는다

17 다음의 글을 읽고 〈보기〉의 단어들을 사전 등재 순으로 배열한 것은?

한글 맞춤법에서 설명하는 국어사전의 한글 자음의 순서는 다음과 같다. 'ㄱ, ㄲ, ㄴ, ㄷ, ㄸ, ㄹ, ㅁ, ㅂ, ㅃ, ㅅ, ㅆ, ㅇ, ㅈ, ㅉ, ㅊ, ㅋ, ㅌ, ㅍ, ㅎ'의 순이다. 첫 글자의 자음이 동일한 경우에는 두 번째 글자의 모음을 비교하여 순서를 결정한다.
모음의 기본 순서는 '아, 야, 어, 여, 오, 요, 우, 유, 으, 이'로 배열된다. 이때 이중모음도 포함하여 정리해야 한다. 이중모음은 'ㅐ, ㅔ, ㅚ, ㅟ, ㅢ, ㅑ, ㅠ, ㅘ, ㅙ, ㅞ' 등으로, 이중모음은 단일 모음보다 뒤에 위치한다. 예를 들어, '가'와 '개'를 비교할 때, '가'의 모음 'ㅏ'와 '개'의 모음 'ㅐ'를 비교하여 '개'가 뒤로 간다.

보기

왕창 / 왜깍대깍 / 왜각대각 / 외곬 / 요

① 왕창 – 왜깍대깍 – 왜각대각 – 외곬 – 요
② 왕창 – 외곬 – 요 – 왜각대각 – 왜깍대깍
③ 왕창 – 요 – 왜깍대깍 – 왜각대각 – 외곬
④ 왕창 – 왜각대각 – 왜깍대깍 – 외곬 – 요

18 도서관 휴게실에 독서를 권장하는 글을 써 붙이려고 한다. 〈보기〉의 조건에 따라 작성한 문구로 가장 적절한 것은?

보기

- **의도:** 독서의 가치를 일깨워 줌.
- **표현:** 비유와 대구를 활용함.

① 책을 한 권 읽으면 한 권의 이익이 있고, 책을 하루 읽으면 하루의 이익이 있다.
② 책은 꿈꾸는 것을 가르쳐 주는 진짜 선생이다.
③ 좋은 책을 처음 읽을 때는 새 벗을 얻는 것과 같고, 전에 정독한 책을 다시 읽을 때는 옛 친구를 만나는 것과 같다.
④ 사람은 음식물로 체력을 배양하고, 독서로 정신력을 배양한다.

19 다음 대화를 분석한 내용으로 적절하지 <u>않은</u> 것은?

실장: 고객 서비스 개선 방안에 대해 이야기해 봅시다.
미현: 고객 응대 매뉴얼을 만들어 직원들이 일관된 서비스를 제공하게 해야 합니다.
동현: 매뉴얼보다는 정기적인 서비스 교육이 더 효과적입니다. 상황별 대처 능력을 키워야 합니다.
서연: 고객 만족도 조사를 정기적으로 실시해서 문제점을 파악하는 게 우선입니다.
실장: 세 가지 모두 필요한 것 같습니다. 미현 씨가 매뉴얼을 만들고, 동현 씨가 교육을 담당하고, 서연 씨가 만족도 조사를 진행하면 되겠습니다.

① 고객 서비스 품질 향상을 위한 방안을 논의하고 있다.
② 미현은 서비스 표준화를 위한 매뉴얼 작성을 제안하고 있다.
③ 동현은 미현의 제안이 실효성이 없다고 비판하고 있다.
④ 실장은 모든 구성원의 의견을 종합하여 역할을 분담하고 있다.

20 〈보기〉를 참고할 때, 〈자료〉의 (가)~(라) 중 잘못된 성분이 동일한 것으로만 묶인 것은?

보기

문장은 화자의 의미를 청자에게 전달하는 최소의 언어 단위이다. 문장에는 주어, 서술어, 목적어, 보어 등과 같이 문장 안에서 일정한 문법적 기능을 하는 문장 성분이 있다. 상대방에게 의미를 명확하게 전달하기 위해서는 문장 성분이 제대로 갖추어져야 한다.

자료

(가) 기상청의 일기 예보에 의하면 내일부터 비와 바람이 많이 불겠다고 합니다.
(나) 그림에 손을 대거나 훼손하는 행위는 엄벌에 처합니다.
(다) 김 감독은 마무리 투수의 제일 조건을 강인한 정신력으로 꼽았다.
(라) 이 전쟁에서 우리 군과 첨단 무기들이 얼마나 성능을 발휘할지 모르겠다.

① (가), (나) ② (나), (다)
③ (다), (라) ④ (가), (라)

제 10 일 적중의 지혜

01 〈공공언어 바로 쓰기 원칙〉에 따라 수정한 것으로 적절하지 <u>않은</u> 것은?

공공언어 바로 쓰기 원칙

- 중복 표현 삼가기
  - ㉠ 동일한 의미의 단어를 반복해 쓰지 않도록 함.
- 이중 부정 표현 지양
  - ㉡ 이중 부정 표현 대신 간결한 표현을 사용함.
- 모호한 표현 지양
  - ㉢ 모호한 표현 대신 구체적 수치, 방법을 제시함.
- 불필요한 피동 표현 지양
  - ㉣ 능동과 피동의 관계를 정확하게 사용함.

① "앞으로의 미래를 대비해야 한다."라는 문장을 ㉠에 따라 "미래를 대비해야 한다."로 수정한다.

② "이 문제는 해결하지 않을 수 없을 것이다."라는 문장을 ㉡에 따라 "이 문제는 해결해야 할 것이다."로 수정한다.

③ "많은 참석자들이 이 프로젝트에 관심을 보이고 있다."라는 문장을 ㉢에 따라 "참석자의 90%가 이 프로젝트에 관심을 보이고 있다."수정한다.

④ "사건은 그의 노력에 의해 해결되었다."라는 문장을 ㉣에 따라 "사건은 그의 노력으로 해결되었다."로 수정한다.

02 다음 대화의 빈칸에 들어갈 내용으로 가장 적절한 것은?

갑: 안녕하십니까? 저는 공립학교인 A 고등학교 교감입니다. 우리 학교의 교육 방침을 명확히 밝히는 조항을 학교 규칙(이하 '학칙')에 새로 추가하려고 합니다. 이때 준수해야 할 것이 무엇입니까?

을: 네. 학교에서 학칙을 제정하고자 할 때에는 〈초 · 중등교육법〉(이하 '교육법')에 어긋나지 않는 범위에서 제정이 이루어져야 합니다.

갑: 그렇군요. 그래서 교육법 제8조 제1항의 학교의 장은 '법령'의 범위에서 학칙을 제정할 수 있다는 규정에 근거해서 학칙을 만들고 있습니다. 그런데 최근 우리 도(道) 의회에서 제정한 〈학생인권조례〉의 내용을 보니, 우리 학교에서 만들고 있는 학칙과 어긋나는 것이 있습니다. 이러한 경우에 법적 판단은 어떻게 됩니까?

을: [   ]

갑: 교육법 제8조 제1항에서는 '법령'이라는 용어를 사용하고, 제10조 제2항에서는 '조례'라는 용어를 사용하고 있으니 교육법에서는 법령과 조례를 구분하는 것으로 보입니다.

을: 그것은 다른 문제입니다. 교육법 제10조 제2항의 조례는 법령의 위임을 받아 제정되는 위임 입법입니다. 제8조 제1항에서의 법령에는 조례가 포함된다고 해석하고 있으며, 이 경우에 제10조 제2항의 조례와는 그 성격이 다르다고 할 수 있습니다.

갑: 교육법 제8조 제1항은 초 · 중등학교 운영의 자율과 책임을 위한 것인데 이러한 조례로 인해서 오히려 학교 교육과 운영이 침해당하는 것 아닙니까?

을: 교육법 제8조 제1항의 목적은 학교의 자율과 책임을 당연히 존중하는 것입니다. 다만 학칙을 제정할 때에도 국가나 지자체에서 반드시 지킬 것을 요구하는 최소한의 한계를 법령의 범위라는 말로 표현한 것입니다. 더욱이 학생들의 학습권, 개성을 실현할 권리 등은 헌법에서 보장된 기본권에서 나오고 교육법 제18조의4에서도 학생의 인권을 보장하도록 규정하고 있습니다. 최근 〈학생인권조례〉도 이러한 취지에서 제정되었습니다.

① 학칙의 제정을 통하여 학교 운영의 자율과 책임뿐 아니라 학생들의 학습권과 개성을 실현할 권리가 제한될 수 있습니다.

② 법령에 조례가 포함된다고 해석할 여지는 없지만 교육법의 체계상 〈학생인권조례〉를 따라야 합니다.

③ 법령의 범위에 있는 〈학생인권조례〉의 내용에 반하는 학칙은 교육법에 저촉됩니다.

④ 〈학생인권조례〉에는 교육법에 어긋나는 규정이 있지만 학칙은 이 조례를 따라야 합니다.

03 〈보기〉의 규정을 잘못 적용한 것은?

보기

〈한글 맞춤법〉

제35항 모음 'ㅗ, ㅜ'로 끝난 어간에 '-아 / -어, -았- / -었-'이 어울려 'ㅘ / ㅝ, 왔 / 웠'으로 될 적에는 준 대로 적는다.

[붙임 1] '놓아'가 '놔'로 줄 적에는 준 대로 적는다.

[붙임 2] 'ㅚ' 뒤에 '-어, -었-'이 어울려 'ㅙ, 왰'으로 될 적에도 준 대로 적는다.

제36항 'ㅣ' 뒤에 '-어'가 와서 'ㅕ'로 줄 적에는 준 대로 적는다.

제37항 'ㅏ, ㅕ, ㅗ, ㅜ, ㅡ'로 끝난 어간에 '-이-'가 와서 각각 'ㅐ, ㅔ, ㅚ, ㅟ, ㅢ'로 줄 적에는 준 대로 적는다.

① '놓이어'를 '놓여'로 쓴 것은 제35항 [붙임 1]에 따른 것이다.
② '꾸었다'를 '꿨다'로 쓴 것은 제35항에 따른 것이다.
③ '누이니'를 '뉘니'로 쓴 것은 제37항에 따른 것이다.
④ '참되어'를 '참돼'로 쓴 것은 제35항 [붙임 2]에 따른 것이다.

04 다음은 선어말 어미 '-겠-'에 대해 탐구 활동을 하기 위한 자료이다. 탐구한 내용으로 적절하지 않은 것은?

㉠ 구름이 낀 걸 보니 내일은 비가 오겠다.
㉡ 서울에는 지금쯤 눈이 내리겠다.
㉢ 설악산에는 벌써 단풍이 들었겠다.
㉣ 그 목표를 (제가 / *형이) 꼭 이루겠습니다.

*는 비문 표시임.

① ㉠을 통해 '-겠-'이 미래뿐만 아니라 말하는 사람의 추측을 나타낸다는 것을 알 수 있다.
② ㉡을 통해 '-겠-'이 현재의 사실에 대해 말하는 사람의 추측을 나타낸다는 것을 알 수 있다.
③ ㉢을 통해 '-겠-'이 의지를 나타내는 문장에서 '-었-'과 함께 쓰일 수 있다는 것을 알 수 있다.
④ ㉣을 통해 '-겠-'이 의지를 나타내는 문장에서는 말하는 사람과 주어가 일치해야 한다는 것을 알 수 있다.

05 다음 문장을 고친 이유가 적절하지 않은 것은?

	어법에 맞지 않는 문장		고친 문장
㉠	가던지 오던지 마음대로 해라.	➡	가든지 오든지 마음대로 해라.
㉡	재해 지역 선포를 대통령에 요구했다.	➡	재해 지역 선포를 대통령에게 요구했다.
㉢	그는 하루도 쉬지 않고 열심히 하고 있다.	➡	그는 하루도 쉬지 않고 운동을 열심히 하고 있다.
㉣	하시는 모든 일이 좋은 결실을 맺기를 기원합니다.	➡	하시는 모든 일이 좋은 결실을 거두기를 기원합니다.

① ㉠: 시간 표현이 잘못되었다.
② ㉡: 조사를 잘못 사용했다.
③ ㉢: 필요한 문장 성분이 누락되었다.
④ ㉣: 의미가 중복되었다.

06 다음 선아의 말하기 방식으로 가장 적절한 것은?

부장: 지난달부터 옆 반에서는 자기 반 학생들끼리 책을 돌려 읽는 윤독 운동을 전개하고 있는데, 반응이 아주 좋아서 우리도 하려고 하는데 선아하고 현수, 너희들은 어떻게 생각해?

선아: 나는 윤독할 책을 각자 집에서 한 권씩 가져오는 것이 좋다고 생각해. 중학교 때도 그렇게 했는데 친구들의 호응도 좋았어. 따로 비용도 들지 않고 쉽고 편하게 책을 준비할 수 있잖아.

현수: 그렇긴 한데 만약에 아이들이 읽고 싶지도 않은 책만 잔뜩 가져다 놓으면 어떻게 해? 그러니 우리 반 친구들이 읽고 싶어 하는 책을 먼저 조사해 보고, 그 결과대로 책을 구입하여 돌려 읽는 것이 좋을 것 같아.

선아: 그런데 누군가의 집에 있는 책을 또 사게 되면 낭비잖아. 나도 지난봄에 읽고 싶어서 사긴 했지만 안 읽고 놔둔 책이 있거든. 그러니 무조건 다 사지 말고 아이들이 읽고 싶어 하는 책을 조사하자. 그리고 그중에서 각자 집에 그 책이 있는지 알아보는 것이 좋겠어. 그 방법으로 구할 수 없는 책만 구입하는 것이 가장 경제적이고 효율적인 방법이 아닐까?

① 개념을 정리하며 의견을 제시하고 있다.
② 과거의 경험을 활용하여 의견을 뒷받침하고 있다.
③ 다른 사람의 말을 인용하여 의견을 강화하고 있다.
④ 구체적 수치를 제시하여 의견의 타당성을 높이고 있다.

07 〈보기〉의 조건에 따라 봉사 활동을 장려하는 짧은 글을 쓰려고 할 때, 가장 적절한 것은?

보기

• 비유와 역설을 사용할 것
• 완곡하게 독자의 행동을 유도할 것

① 봉사 활동은 나눌수록 커지는 마법입니다. 지금 사랑 나눔의 마법사가 되어 세상 모두를 풍성하게 만들어 보지 않으실래요?
② 남을 위한 봉사 활동은 나를 위한 활동입니다. 남을 통해 내 마음이 천사같이 아름다워지는 봉사 활동에 동참하세요.
③ 자녀에게 전해줄 수 있는 가장 값진 보물은 무엇일까요? 아마도 자녀와 손잡고 봉사 활동에 참여하여 땀 흘리는 것보다 더 값진 보물은 없을 것입니다.
④ '오른손이 한 일을 왼손이 모르게 하라.'는 격언을 아시죠? 보이지 않는 곳에서 소금처럼 세상을 살맛 나게 하는 봉사 활동에 참여하시는 것은 어떠세요?

※ 다음을 읽고 물음에 답하시오. [08-09]

최근 예일대학교 연구팀이 26세에서 47세 중 비만이 아닌 성인 238명을 모집하여 한 연구를 진행하였다. 연구는 그들에게 칼로리 섭취량을 권장량보다 [㉠] 요청한 후 2년 동안 관찰하는 것이었다. 이들은 칼로리 섭취량을 12~22% 줄였으며 평균 약 14% 감소했다. 이는 남성을 기준으로 300㎉ 정도의 열량에 해당한다. 이번 연구는 소식하면 오래 산다는 오랜 믿음을 처음으로 인간을 실험 대상으로 삼아 검증해 본 연구다.

연구진은 칼로리를 줄이는 것이 흉선을 강화함으로써 파리, 벌레, 쥐의 수명을 늘릴 수 있다는 수십 년간의 연구 성과에 주목했다. 심장 주변에 위치한 흉선은 질병과 싸우는 백혈구의 일종인 T세포를 생산하는 기관으로 신체의 다른 부위보다 더 빨리 노화한다. 40대에 접어들면 흉선의 절반 이상이 지방에 쌓여 T세포 생산이라는 본연의 기능을 제대로 수행하지 못한다. 이 때문에 몸속 T세포 농도가 낮아지면 암세포를 상대하는 T세포의 부재로 인해 암에 걸릴 위험이 커지고 병균에 의한 질병의 공격에 취약해진다. 소식을 하면 흉선의 노화 속도를 늦추고 질병에 대한 대항력을 키울 수 있으리라 기대한 연구팀은 2년 후 소식한 사람들의 흉선에는 상대적으로 지방이 덜 쌓였음을 실제로 확인할 수 있었다. 연구진은 흉선의 무게 및 주변을 둘러싼 지방의 무게와 T세포 수치를 측정했고, 흉선이 실험 시작 시보다 적게 먹은 2년 후에 더 많은 T세포를 생산한다는 것을 확인했다.

의외의 발견도 이어졌다. 소식은 실험 참가자의 지방 조직을 변화시켰다. 지방 조직은 지방과 함께 대식세포를 포함한 여러 종류의 면역 세포를 포함하는데 소식 후 1년이 지나자 지방 조직의 유전자 중 혈소판 활성을 관장하는 PLA2G7 단백질의 유전자에 유의미한 변화가 일어났다. 당뇨병, 심혈관 질환 및 일부 암을 포함한 대사 및 면역 질환에 관여하는 것으로 알려진 이 단백질은 대식세포에 의해 생성되며 노화와 관련한 염증을 일으킨다. 연구팀은 칼로리 섭취를 줄이자 PLA2G7 단백질의 수치가 낮아져 노화를 억제하는 효과가 나타나는 것을 발견했다. 흥미로운 점은 소식이 아닌 다른 방법을 써서 PLA2G7 단백질 양을 줄여도 같은 효과가 나타난다는 점이다. 연구진은 생쥐를 대상으로 PLA2G7 단백질의 유전자를 조작하면 흉선은 젊어지고 노화 염증은 [㉡]한다는 사실을 밝혀냈다. 이는 약물 등의 방법을 통해 PLA2G7 단백질의 수치를 조절하면 소식을 하지 않고도 장수 효과를 누릴 수 있는 가능성을 보여 준다.

08 위 글을 읽고 난 후 보일 수 있는 반응으로 적절하지 않은 것을 고르면?

① "20대보다 40대에서 T세포의 기능이 저하된 경향을 보이겠군."
② "먹는 양이 늘어날수록 PLA2G7 단백질 수치가 증가하는 경향을 보이겠군."
③ "소식과 수명의 상관관계에 대한 연구는 이전부터 진행되어 왔군."
④ "PLA2G7 단백질의 수치가 증가할수록 T세포의 기능은 강화되겠군."

09 ㉠, ㉡ 빈칸에 차례대로 들어갈 말로 적절한 것은?

① 늘리도록, 감소
② 늘리도록, 증가
③ 줄이도록, 감소
④ 줄이도록, 증가

10 다음 글의 빈칸에 들어갈 말로 가장 적절한 것을 고르면?

디지털 플랫폼을 보유하고 운영하는 대형 기술 기업을 의미하는 빅테크(Bigtech)의 금융산업 진출이 활발해짐에 따라 금융산업에서도 빅테크와 관련된 공정경쟁 이슈의 중요성이 점차 부각되고 있다. 플랫폼 참여자 간 상호작용의 결과로 생산되는 데이터, 그리고 플랫폼의 네트워크 효과에 경쟁력의 원천을 두고 있는 빅테크의 특성상 기존의 공정경쟁 규제는 효과적이지 않다는 비판이 제기되면서, 다양한 규제를 도입하고 있다. 또한 빅테크와 같은 대형 플랫폼 사업자에 의한 데이터의 독점적 사용 방지가 규제의 또 다른 핵심축을 이루고 있다.

디지털 플랫폼을 운영하는 빅테크와 관련된 반경쟁 또는 불공정행위는 크게 다음과 같은 세 가지 측면에서 나타날 수 있다. 첫째는 양면시장인 플랫폼에서 한쪽 면의 참여자인 소비자와 빅테크 간에 나타나는 불공정행위와 소비자 피해 문제이다. 둘째로 플랫폼의 다른 한쪽 면의 참여자인 이용업체와 빅테크 간에 발생하는 불공정행위의 문제이다. 빅테크는 이용업체들이 의존할 수밖에 없는 플랫폼의 운영자로서 지배력을 행사하는 동시에, 이용업체와 동일한 비즈니스에서 경쟁하는 기업인 경우도 있다. 이것은 온라인 쇼핑 오픈마켓과 같은 플랫폼에서 이른바 '갑－을 관계'의 양상으로 나타나는 매우 중요한 공정경쟁 이슈이다. 셋째는 플랫폼 사업자 간 또는 플랫폼 사업자와 타 기업 간 경쟁에서 경쟁우위 요소를 활용하여 경쟁사업자를 시장에서 배제한 뒤, 타 플랫폼 사업자 또는 기업의 영역으로 지배력을 확대할 가능성에 관한 문제이다.

미국 연방거래위원회(FTC)의 위원장은 약탈적 가격설정과 수직적 통합이 빅테크의 성장 전략의 핵심이며, 기존의 소비자 후생과 가격 중심의 사후적 규제체계에서는 디지털 플랫폼 기업의 경우 시장의 획정이 어렵고, 기업의 행위가 반경쟁적인지의 여부를 판단하는 것도 매우 어렵다고 주장한다. 따라서 사후적 규제는 불공정 행위가 발생한 후 처벌에 이르기까지 상당한 시간이 소요되며, [ ]

① 플랫폼 참여자 간의 상호 작용에 의한 공정한 거래의 운용이 원활해진다.
② 불공정행위에 대한 적법한 제재가 불가능하여 소비자의 피해가 커질 우려가 있다.
③ 기존의 공정경쟁 규제가 효과적으로 운용되고 있는지 비판적으로 검토해야 할 필요성이 약화된다.
④ 시장에 대한 지배력이 형성된 후에는 공정한 거래가 이루어지도록 회복하는 것이 어려울 가능성이 높다.

11 다음 글의 내용과 일치하는 것을 고르면?

세계가 기후 위기 대응과 저탄소 시대의 필요성을 절감하고 있다. 유럽을 중심으로 2050년까지 화석연료의 의존도를 줄이는 정책이 단계적으로 마련되는 가운데 독일의 모범적 사례가 눈에 띈다. 독일은 2020년 탄소 총배출량을 1990년 대비 42% 감축하며 목표치를 2% 초과 달성했다. 팬데믹의 여파에도 기후 정책을 마련하고 입법화한 독일 연방정부와 시민사회의 노력이 빛을 발했다는 평가다. 베를린 중앙역과 정부청사 같은 관공서 건물에도 태양 전지판이 지붕을 덮고 있다. 유럽 최초의 '탄소중립 기차역'인 케르펜－호렘역은 태양광과 지열만으로 운영한다. 형광등부터 에스컬레이터까지 실내 깊숙이 자연광이 비추는 설계부터 빗물 재사용장치 등 재생에너지만을 이용해 매년 24톤의 이산화탄소를 감축하고 있다.

우리 정부가 제시한 '한국판 뉴딜 계획'의 한 축인 '그린뉴딜'은 독일의 탄소중립 정책과 맥을 같이한다. 그린뉴딜은 에너지 산업 구조를 전면 조정해 신재생에너지로 바꾸는 것이다. 한국철도는 태양광사업 등 철도의 자원을 활용한 그린뉴딜에 적극 동참하려 한다. 탄소중립을 위해 신재생에너지 사업을 확대하고 저탄소 친환경 철도를 구현하는 그린뉴딜 사업으로 미래 철도의 성장 동력을 확보할 계획이다. 또한 철도 건물 옥상 등 주요 역사와 유휴부지 8곳, 14만여 m²에 태양광발전 시범사업을 추진하고 관련 법률과 제도를 마련해 친환경에너지 사업의 포석을 다지고 있다. 중장기적으로는 선로와 방음벽 등에 태양광 전지판을 설치해 철도시설을 '친환경 발전소화'하는 방안을 구상하고 있다. 2030년까지 최소 25만 톤의 이산화탄소 감축을 목표로 하고 있다.

독일 국토는 일사량이 풍부하지 않다. 한반도보다 위도가 높아 태양광 자연 자원이 우리나라보다 부족하다. 그럼에도 탄소중립의 선두에 서게 된 것은 어려운 여건에도 정부와 독일, 철도, 마을 공동체까지 정책에 뜻을 모으고 비용까지 분담하는 등 프로젝트에 적극 동참했기 때문이다. 철도가 그린뉴딜의 견인차로 주목받고 있다. 탄소 중립을 통한 기후 위기 대응은 더 이상 목표가 아니다. 미래를 위한 의무이자 약속이다. 한국철도는 모든 이해관계자와 힘을 모아 탄소중립을 향한 철도의 길을 만들어 갈 것이다.

① 한국철도는 선로에 태양광 전지판을 설치하여 전기를 생산하고 있다.
② 독일의 성공은 정부뿐 아니라 이해관계자의 적극적인 참여에서 기인한다.
③ 케르펜－호렘역의 일부 시설은 천연가스를 사용하여 운영되고 있다.
④ 독일은 한반도보다 위도가 높아서 일사량이 풍족하여 태양광 정책을 펴기 쉬웠다.

12 ㉠에 대한 설명으로 적절한 것은?

한편 식물은 ㉠ <u>'과민성 세포 사멸 반응'</u>을 통해 병원체의 공격을 원천적으로 차단하기도 한다. 예를 들어 식물의 잎이 병원체에 의해 감염되면, 식물은 감염된 부위 주변의 세포를 죽여서 양분의 통로를 봉쇄하여 병원체가 더 이상 퍼지는 것을 막아 낸다. 즉 과민성 세포 사멸 반응은 침입한 병원체뿐만 아니라 감염된 부위 주변의 세포까지 다른 부위로부터 격리시키는 방법이라고 할 수 있다.

이 밖에도 식물은 종에 따라 다양한 저항 방법을 가지고 있으며, 이러한 저항 방법은 병원체의 특성에 따라 식물 스스로가 결정한다. 이처럼 식물은 자신만의 독특한 방어 체계를 가지고 외부의 병원체로부터 자신을 지켜나가고 있다.

① 양분의 통로를 확보하기 위한 식물의 반응이다.
② 자기 세포의 파괴를 수반하는 식물의 반응이다.
③ 병원체로부터 효소가 분리되는 것을 막기 위한 식물의 반응이다.
④ 외부의 공격으로 손상된 세포를 재생하기 위한 식물의 반응이다.

13 다음에서 글쓴이가 독서에 대해 갖고 있는 생각으로 적절하지 <u>않은</u> 것은?

독서란 장차 이치를 밝혀서 일에다 펼치려는 것이다. 진실로 정밀하게 읽고, 익숙하게 강(講)*하며, 적실(的實)*하게 보고, 진실되게 얻는다면, 저 책이란 것은 아무짝에 쓸데없는 낡은 종이일 뿐이니, 이를 묶어 다락에 올려두어도 괜찮다. 오직 정밀하고 익숙하며, 적실하고 참된 것은 비록 성인이라 해도 오히려 부족하게 여기는 바가 있다. 그럴진대 독서란 것은 그 공부가 진실로 끝이 없어, 실로 배우는 자가 죽을 때까지 해야 할 사업이다.

지금 우리의 독서란 대충대충 섭렵하여 읽다 말다하는 것이다. 이미 정밀하지도 익숙지도 않은데 어찌 적실하고 진실됨을 논하겠는가? 독서가 이런 지경인데도 또 한 책을 다 읽고는 자기 일을 이미 마쳤다고 말하며, 함부로 날뛰고 망령된 행동을 하면서도 아무 거리낌이 없다. 책을 다 읽은 뒤에는 문득 가서 이를 실행하는 큰 일이 남아 있음을 알지 못한다. 어떤 사람이 먼 길을 가려 하는 것에 비유해 보자. 책이란 한 부의 노정기(路程記)*이고, 행함이란 말에게 꼴을 먹이고 수레에 기름칠을 해서 노정기에 따라 몰고 또 달리는 것이다. 다만 말에 고삐를 씌우고 수레를 손질해 두고는 몰지도 않고 달리지도 않으면서, 오직 열심히 노정기만 강론한다면, 먼 길을 가려는 계획은 끝내 무너져 이루어질 날이 없다.

* 강: 배운 글을 선생이나 시관(試官) 또는 웃어른 앞에서 욈.
* 적실: 틀림이 없이
* 노정기: 여행할 길의 거리 · 경로를 적은 기록

① 독서는 끝이 있는 것이 아니니 평생 하는 일이다.
② 독서는 이치를 밝혀서 일에다 펼치기 위한 것이다.
③ 한 권의 책을 다 읽었다고 해서 자기 할 일을 끝냈다고 생각해서는 안 된다.
④ 책을 읽다가 의문이 생긴다면 주저하지 말고 반드시 다른 책을 찾아서 읽어야 한다.

14 다음 글의 ㉠, ㉡을 비교한 것으로 적절한 것을 고르면?

한비자는 전국 시대 한나라 사람으로 중국 철학사에서 법가의 집대성자로 알려져 있다. 전국 시대 말 진나라는 한나라를 공격했는데 이로 인해 한나라가 겪어야 했던 전쟁은 매우 비참했다. 이런 상황에서 한비자는 전국 시대 국가들 사이의 세력 균형을 통한 평화가 아니라 통일에 의한 평화를 기대했다. 그는 하나의 강력한 국가가 탄생한다면 더 이상 전쟁이 일어나지 않을 것이고 강력한 국가가 되려면 강력한 전제 군주가 필요하다고 생각했다. 나아가 전제 군주가 국가를 운영하기 위해서는 '법(法)', '세(勢)', '술(術)'이 필요하다고 주장했다.

'법'이란 군주가 신하를 포함한 백성을 통제하는 공개적이고 구체적인 규칙으로 형법적 측면이 강하며 군주로부터 권위를 부여받은 신하가 집행한다. '법'은 '세'를 바탕으로 군주를 제외한 어느 누구에게도 예외 없이 적용되어야 한다. 이때 '세'란 군주라는 자리가 가진 절대적 권위를 의미한다. 그리고 '술'이란 군주가 신하들을 지배하는 방법으로 평소 신하들의 언행에 대한 정보를 수집하여 가슴속에 넣어 두고 활용하는 것이다. '술'이 효과를 거두기 위해서는 신하들이 '술'을 눈치채지 못하게 하는 것이 중요하다. 한비자는 군주가 '법', '세', '술'의 세 가지로 다스려야 국가가 부강해진다고 보았다.

㉠ 한비자의 이러한 통치 철학은 스승인 순자가 주장한 성악설의 영향으로 받은 것이다. ㉡ 순자는 인간의 본성은 동물과 다를 바가 없지만, 인간은 생각할 수 있는 '려(慮)'를 가지고 있다고 보았다. 그래서 '예(禮)'를 주입하면 선한 행동을 할 수 있다며 '예치(禮治)'를 주장했다. 한비자도 인간의 본성에 대해서는 순자와 동일하게 생각했지만 인간의 본성은 변할 리가 없다며 '교화' 가능성을 부정했다. 그 때문에 인간의 본성 안에 들어 있는 사사로움을 찾아내어 '법'으로 엄하게 다스려야 한다고 주장했다.

① ㉠과 달리 ㉡은 인간의 본성 안에 사사로움이 있다고 생각했다.
② ㉠과 달리 ㉡은 예를 통한 인간의 교화 가능성을 인정하지 않았다.
③ ㉡과 달리 ㉠은 인간의 본성이 절대 변하지 않는다고 판단했다.
④ ㉡과 달리 ㉠은 성악설을 바탕으로 한 예치를 통치 철학으로 설정했다.

15 다음 〈보기〉의 명제가 모두 참일 때, 도출할 수 있는 결론으로 적절한 것을 고르면?

보기

㉠ 책을 좋아하는 사람은 음악을 좋아한다.
㉡ 문학을 좋아하는 사람은 음악을 좋아한다.
㉢ 악기를 좋아하는 사람은 책을 좋아한다.

① 책을 좋아하는 사람은 문학을 좋아한다.
② 악기를 좋아하는 사람은 문학을 좋아한다.
③ 악기를 좋아하는 사람은 음악을 좋아한다.
④ 문학을 좋아하는 사람은 책을 좋아한다.

16 ㉠에 들어갈 내용을 바르게 추리한 것은?

최근에는 환경 문제에 관심이 높아지는 가운데 빛가이드를 연결하여 건물에 빛을 전달하는 조명 장치가 사용되고 있다.

빛가이드는 건물 내부에 설치된 빛의 이동 통로로 속이 텅 비어 있으며, 건물 내부를 수직으로 관통하며 설치된 수직빛가이드와 각 층을 수평으로 관통하며 설치된 수평빛가이드가 있다. 이 안의 빛은 처음 들어온 원 상태 거의 그대로 이동하는데, 빛가이드 둘레를 특수한 광학 필름이 둘러싸고 있기 때문이다. 이 필름은 빛가이드 안의 빛을 굴절시켜 밖으로 내보내기도 하지만 대부분의 빛을 반사시켜 빛가이드 안에 머물게 한다. 이러한 방식으로 빛가이드의 필름은 [㉠], 빛을 필요한 곳까지 전달할 수 있다.

① 빛의 굴절을 도와
② 빛의 손실을 줄여
③ 빛의 이동을 조절하여
④ 빛의 반사를 방해하여

17 ㉠을 이해한 것으로 가장 적절한 것은?

A가 증가할 때 B가 증가하거나, A가 증가할 때 B가 감소하는 것과 같이 두 변수의 변화가 함께 나타나는 빈도가 통계적으로 의미 있는 값을 보일 때 '상관관계가 있다.'고 한다. 예를 들어 키가 큰 사람들은 대체로 체중이 많이 나가기 때문에 사람들의 체중과 신장 사이에는 상관관계가 있다고 할 수 있다.

상관관계가 있는 A와 B 중, 하나가 원인이 되고 다른 것이 그에 따른 결과가 되면 '인과관계가 있다.'고 한다. ㉠ 상관관계는 변수들의 사이가 밀접하다는 것만을 나타내며 인과관계가 성립하는지는 말해 주지 않는다. 두 개의 변수들이 통계적으로 상관관계를 나타내지만 우연일 뿐 서로 인과관계가 없는 경우도 많다. 그러나 사람들은 이런 경우 종종 상관관계가 곧 인과관계를 나타낸다고 착각한다.

① 상관관계에 있는 두 변수는 밀접한 정도에 따라 인과관계가 결정된다.
② 인과관계가 있으면 상관관계도 있는 것이지만, 상관관계가 명확하게 드러나지는 않는다.
③ 상관관계가 있으면 인과관계도 있는 것이지만, 어느 쪽이 원인이고 어느 쪽이 결과인지는 알 수 없다.
④ 인과관계가 있으면 상관관계도 있는 것이지만, 상관관계가 있다고 해서 인과관계가 있는 것은 아니다.

18 다음 전제를 바탕으로 결론이 반드시 참이 된다고 할 때, 전제2 가장 적절한 것을 고르면?

전제1	A기업 직원 중에는 영어를 못하는 사람이 존재한다.
전제2	
결론	업무 능력이 뛰어나지 않은 사람 중에 A기업 직원이 있다.

① 영어를 잘하는 어떤 사람은 업무 능력이 뛰어나다.
② 영어를 잘하는 어떤 사람은 업무 능력이 뛰어나지 않다.
③ 업무 능력이 뛰어난 사람은 모두 영어를 잘한다.
④ 영어를 잘하는 사람은 모두 업무 능력이 뛰어나다.

19 ㉠과 ㉡에 대한 설명으로 가장 적절한 것은?

시장집중률을 이해하기 위해서는 먼저 '시장점유율'에 대한 이해가 있어야 한다. ㉠ 시장점유율이란 시장 안에서 특정 기업이 차지하고 있는 비중을 의미하는데, 생산량, 매출액 등을 기준으로 측정할 수 있다. Y 기업의 시장점유율을 생산량 기준으로 측정한다면 '(Y 기업의 생산량/시장 내 모든 기업의 생산량의 총합)×100'으로 나타낼 수 있다.

시장점유율이 시장 내 한 기업의 비중을 나타내 주는 수치라면, ㉡ 시장집중률은 시장 내 일정 수의 상위 기업들이 차지하는 비중을 나타내 주는 수치, 즉 일정 수의 상위 기업의 시장점유율을 합한 값이다. 몇 개의 상위 기업을 기준으로 삼느냐는 나라마다 자율적으로 결정하고 있는데, 우리나라에서는 상위 3대 기업의 시장점유율을 합한 값을, 미국에서는 상위 4대 기업의 시장점유율을 합한 값을 시장집중률로 채택하여 사용하고 있다. 이렇게 산출된 시장집중률을 통해 시장 구조를 구분해 볼 수 있는데, 시장집중률이 높으면 그 시장은 공급이 소수의 기업에 집중되어 있는 독점시장으로 구분하고, 시장집중률이 낮으면 공급이 다수의 기업에 의해 분산되어 있는 경쟁시장으로 구분한다.

① ㉠을 통해 ㉡의 불확실성이 보완된다.
② ㉠은 ㉡을 산출하기 위해 필요하다.
③ ㉠은 ㉡을 분류하는 기준이 된다.
④ ㉠은 ㉡의 상위 개념이 된다.

20 A~E 5명의 직원 중 1명이 지각을 하였다. 5명 중 1명은 거짓을 말하고 나머지 4명은 모두 참을 말할 때, 다음 〈조건〉을 바탕으로 지각한 사람을 고르면?

조건
- A: 난 지각하지 않았어.
- B: C가 지각을 했어.
- C: A 아니면 B가 지각을 했어.
- D: A 아니면 C가 지각을 했어.
- E: D는 지각하지 않았어.

① A ② B
③ C ④ D

2026

적중의 지혜

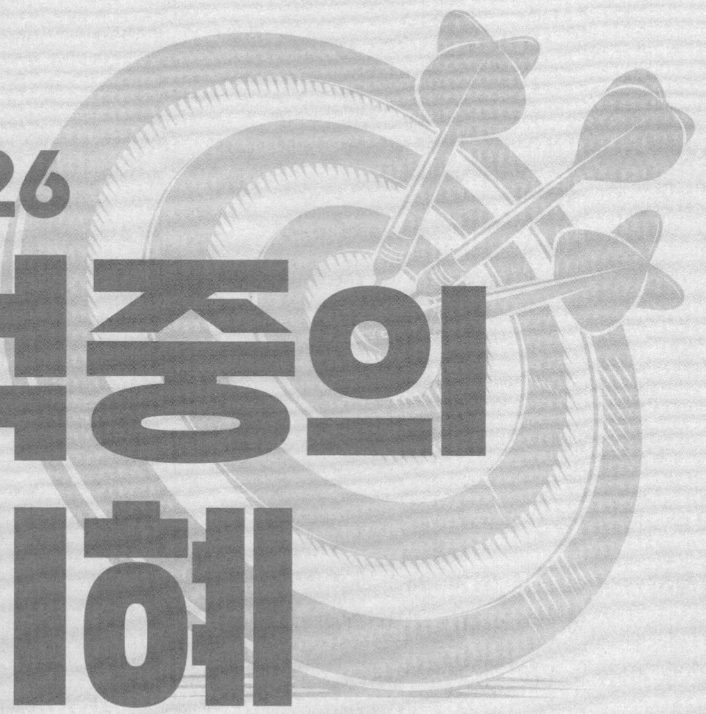

2026
적중의 지혜

2026년 4월 4일 시행

국가공무원 9급 공개경쟁채용 필기시험

| 일반행정 |

제11일~제20일

응시번호	
성명	

문제책형 ㉮

[시 험 과 목]

제1과목 국어

국가공무원 9급 공개경쟁채용 필기시험 대비 모의고사

응시자 주의사항

1. **시험 시작 전 시험 문제를 열람하는 행위나 시험 종료 후 답안을 작성하는 행위를 한 사람**은 「공무원임용시험령」 제51조에 의거 **부정행위자**로 처리됩니다.
2. **답안지 책형 표기는 시험 시작 전** 감독관의 지시에 따라 **문제책 앞면에 인쇄된 문제책형을 확인**한 후, **답안지 책형란에 해당 책형(1개)**을 '**●**'로 **표기**하여야 합니다.
3. **답안은 문제책 표지의 과목 순서에 따라 답안지에 인쇄된 순서(제1·2·3·4·5과목)에 맞추어 표기**해야 하며, 과목 순서를 바꾸어 표기한 경우에도 **문제책 표지의 과목 순서대로 채점**되므로 유의하시기 바랍니다.
4. 시험이 시작되면 문제를 주의 깊게 읽은 후, **문항의 취지에 가장 적합한 하나의 정답만을 고르며**, 문제 내용에 관한 질문은 할 수 없습니다.
5. 답안지의 모든 기재 및 표기 사항은 **컴퓨터용 검은색 사인펜을 사용하며**, 반드시 〈보기〉의 **올바른 표기 방식**으로 답안을 작성해야 합니다.

   〈보기〉 올바른 표기: ● 잘못된 표기: ⊘ ⊗ ◑ ◉ ◍ ◔ ⊙ ◙ ③

6. **답안을 잘못 표기하였을 경우에는 답안지를 교체하여 작성**하거나 **수정할 수 있으며**, 표기한 답안을 수정할 때는 **응시자 본인이 가져온 수정 테이프만을 사용**하여 해당 부분을 완전히 지우고 부착된 수정 테이프가 떨어지지 않도록 눌러 주어야 합니다. (**수정액 또는 수정 스티커 등은 사용 불가**)
   - **불량한 수정 테이프의 사용과 불안전한 수정 처리**로 발생하는 **모든 문제는 응시자 본인에게 책임이 있습니다.**
7. 법령, 고시, 판례 등에 관한 문제는 **2026년 2월 28일 현재 유효한 법령, 고시, 판례 등을 기준**으로 정답을 구해야 합니다. 다만, 개별 과목 또는 문항에서 별도의 기준을 적용하도록 명시한 경우에는 그 기준을 적용하여 정답을 구해야 합니다.
8. **시험 시간 관리의 책임은 응시자 본인에게 있습니다.**
   ※ 문제책은 시험 종료 후 가지고 갈 수 있습니다.

※ 본 안내문은 과년도 실제 시험지를 참조한 예시로서, 금년도 실제 안내문과는 다를 수 있습니다.

임지혜국어

01 밑줄 친 ㉠과 ㉡의 예로 적절하지 않은 것은?

> 단어의 중의성은 ㉠ 동음어에 의한 중의성과 ㉡ 다의어에 의한 중의성으로 나눌 수 있다. 전자는 교통수단인 '배', 사람의 '배'와 같이 전혀 관련이 없는 두 단어가 우연히 동음일 때 나타나는 중의성이고, 후자는 사람의 팔목 끝에 달린 '손', 일손을 뜻하는 '손'과 같이 한 단어의 다의성에 의해 생길 수 있는 중의성이다.

① '밤을 좋아해요'에서 '밤'은 ㉠이다.
② '말이 빨라요'에서 '말'은 ㉠이다.
③ '차가 비싸요'에서 '차'는 ㉡이다.
④ '머리가 좋아요'에서 '머리'는 ㉡이다.

※ 다음 글을 읽고 질문에 답하시오. [02-03]

> 일탈이란 인간의 행동이 정상적인 궤도를 벗어난 상태를 의미한다. 곧 사회의 질서 유지에 필요한 도덕적 규범 및 그 밖의 사회적 가치들에 반하는 상태를 일탈이라고 하고 그러한 행동을 일탈 행동이라고 한다. 사회적 규범은 인간의 정상적인 행위를 기준으로 하고 있기 때문에 이 사회적 규범을 어기는 일탈은 대부분 사회에 부정적 영향을 준다. 그래서 일탈에는 선구자나 혁신자의 경우처럼 긍정적인 방향으로의 일탈도 포함되지만, 일반적으로 범죄, 비행 등의 부정적인 평가가 함축되어 있다.
>
> 일탈 행동의 원인으로 학자들은 개인적인 요인보다 사회 배경적인 요인에 주목한다. 사회 구조적 측면에서 일탈 행동의 원인을 규명하는 이론들 중 차별 교제 이론과 낙인 이론은 일탈의 발생 과정에 초점을 둔다. 우선 차별 교제 이론은 한 개인이 일탈 행동과 지속적으로 접하게 되면 자신도 그 일탈 행동의 영향을 받아 자신의 행동이 사회 규범에 동조하는 행위 유형과 멀어지게 되어 결국 일탈 행동을 일으킨다고 보는 이론이다. 곧 일탈 행동은 선천적이거나 생물학적인 것이 아니라 사회적으로 학습되어 발생한다는 것이다. 특히 범죄 행동과 비행을 중심으로 한 일탈 행동은 그러한 행동 유형이 두드러진 부분 문화나 하위문화와 강하게 접촉할 때의 사회화 과정에서 습득된다는 것이다.
>
> 차별 교제 이론에 따르면 자신의 일상적인 삶의 중심이 되는 집단의 지배적인 가치와 행동 유형이 일탈적인 경우 일탈자가 되기 쉽다. 일탈적인 행동과 문화에 자주 접촉하게 됨으로써 개인은 일탈 행동의 동기와 그 행동을 정당화하는 태도, 일탈 행동의 기법 등을 배운다. 이러한 ㉠ 사회적 학습 이론은 일탈이 명백히 성공적인 사회화 결과라고 주장한다. 일탈이 잘못된 사회화라고 할지 모르지만 집단의 가치를 내면화하여 행동의 동기를 형성하고 지식과 기법을 습득하는 것은 사회화의 한 양식임에 틀림없다고 보기 때문이다.
>
> 다음으로 낙인 이론은 일탈자의 행동에 대한 타인들의 반응에 초점을 두는 것으로 일탈자가 되는 과정을 중요시한다. 상호 작용론에 의하면 인간의 행동은 독자적으로 출현하는 것이 아니라 두 사람 내지 그 이상의 사람들이 의사소통하고 교섭하는 데에서 나타나기 때문에 일탈 행동 또한 그 행동자와 그를 바라보고 판단하는 자들 간의 상호 작용 과정에서 파생한다고 본다. 개인이 일탈자가 되는 과정에서 남이 자신을 어떤 태도로 대하고 어떻게 생각하는지를 의식하고 자아 정체를 이루어 일탈 행동을 하게 되므로 낙인찍힌 사람은 자신을 대하는 일반적인 태도와 기대에 맞추어 나름대로 자신의 역할을 학습한다는 것이다.

02 제시된 글을 이해한 내용으로 가장 적절한 것을 고르면?

① 일탈자는 자신에 대한 타인의 기대를 의식하여 일탈 행위를 자제한다.
② 일탈자는 일탈 행동의 기법을 배우기 위해 일탈 문화에서 자주 접촉한다.
③ 사회적 규범을 어기는 행위라도 사회에 긍정적인 방향으로 작용할 수 있다.
④ 선구자나 혁신자는 기성 규범과 그에 기초한 사회 통제를 부정적으로 평가한다.

03 제시된 글의 ㉠에 대해 추론한 내용으로 가장 적절한 것을 고르면?

① 인간은 타인과 의사소통하고 교섭하는 데에서 자신의 본질적인 행동을 드러낸다.
② 일탈자는 성공적인 사회화를 이루기 위해 의도적으로 일탈 행동의 지식과 기법을 배운다.
③ 일탈자는 성공적인 사회화를 이루기 위해 의도적으로 도덕적 규범 및 사회적 가치를 배운다.
④ 인간은 자신이 속한 집단의 가치를 내면화하여 행동의 동기를 형성하고 그 행동을 정당화한다.

04 다음 보도자료를 이해한 내용으로 적절하지 <u>않은</u> 것을 고르면?

정부의 탄소중립 계획 발표에 기업들의 불만이 쏟아지고 있다. 그간 경제단체를 중심으로 지속적으로 정부에 요구한 사안이 전혀 반영되지 않았기 때문이다. 탄소중립위원회(이하 탄중위)는 이날 2030년 국가 온실가스 감축목표를 기존 26.3%(2018년 대비)에서 40%로 상향 조정하는 내용을 담은 '2030년 국가 온실가스 감축목표(NDC)'와 '2050 탄소중립 시나리오'를 심의 · 의결했다. 이에 따라 제조업 부담이 눈덩이처럼 불어나게 됐다. 반도체 · 디스플레이 등의 업종도 2018년 대비 2050년까지 배출량 대부분을 줄여야 한다.

산업계는 현장의 상황이 제대로 반영되지 않았다며 반발했다. 특히 탄소 배출량이 많은 철강 · 석유화학 · 시멘트업계는 "정부의 목표가 비현실적"이라고 비판했다. 전국경제인연합회는 "경제계와 산업계는 우리 산업의 에너지 효율이 세계 최고 수준이며 획기적인 탄소 감축 기술 도입이 어려운 점 등을 제시하며 목표치 조정을 요청해 왔지만, 전혀 반영되지 않았다"며 반발했다.

[그래프] 산업별 온실가스 배출 비중(2019년 기준)

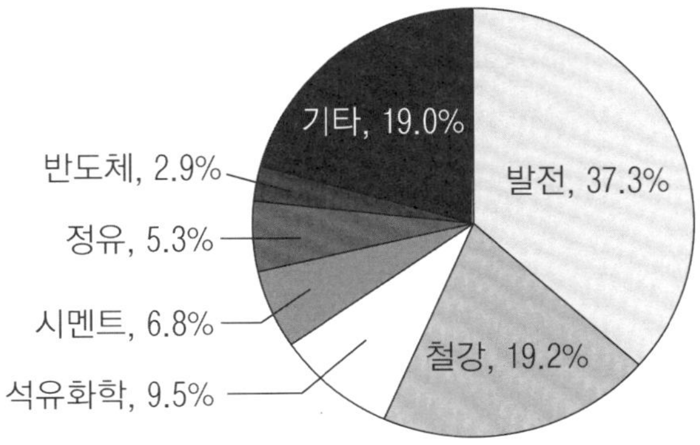

※자료: 환경부

기업의 우려는 온실가스 감축 기술이 사용화하지도 않은 상황에서 정부가 원대한 목표만 세우고 있다는 데 모아진다. 특히 발전부문을 제외하고 국내에서 가장 많은 온실가스를 배출하는 철강업계의 고민이 크다. 철강협회 관계자는 "이미 에너지 효율을 세계 최고 수준으로 높인 상황이라 탄소 배출량을 더 줄일 수 있는 수단이 거의 없다"며 온실가스 저감 기술이 개발되지 않으면 연간 생산량을 대폭 줄여야 한다고 밝혔다. 석유화학업계와 시멘트업계 역시 온실가스 배출량을 줄이기 위한 기술 개발 계획을 내놨지만 상용화 시점은 불투명하다. 두 업계 관계자들은 기술 발전 속도가 아직 더디기 때문에 정부가 수립한 목표치 달성이 쉽지 않다고 말했다.

비용 부담도 문제다. 수소환원제철의 경우 이론상 설비에만 30~40조 원 이상을 투자해야 한다. 전국경제인연합회는 "2030년 온실가스 감축 목표안 달성에 들 천문학적인 비용에 대한 추계가 공개되지 않았다"며 "국민과 기업은 온실가스 감축 당사자이면서도 얼마나 경제적 부담을 지게 될지 알 길이 없다"고 말했다. 특히 중소기업의 우려가 크다. 대한상공회의소 관계자는 "온실가스 감축목표를 급격히 높이면 제조업 중심인 산업 구조상 큰 비용이 수반된다"며 "신재생에너지 발전의 경우 전기요금이 높아 원자재 가격과 제조원가 상승이 불가피해 결국 기업 경쟁력 약화로 이어질 것"이라고 말했다.

① 경제단체들은 정부의 탄소중립 계획에 현장의 상황이 제대로 반영되지 않았다는 점에서 반발하고 있다.
② 반도체업계는 온실가스 배출 비중이 낮은 산업 부문이지만 2050년까지 배출량의 대부분을 줄여야 한다.
③ 석유화합업계는 온실가스를 줄이기 위한 기술 개발이 아직 상용화가 되지 않아 생산량을 줄여야 하는 상황이다.
④ 철강업계는 에너지 효율이 높지만 온실가스 배출이 가장 많은 부문이기 때문에 감축에 대한 부담을 크게 느낀다.

※ 다음 글을 읽고 물음에 답하시오. [05-06]

저는 당신이 바다를 좋아한다는 것을 알고 있습니다. 늘 바다를 동경하고 있다는 것도 알고 있습니다. 하지만 어쩌다 찾아가도 회를 사 먹고 바닷가 조금 걷다가 돌아오고 말지 않나요? 그렇다면 당신에게 바다란 늘 그곳에 있는 파랗고 거대한 덩어리일 뿐입니다.

좋아하는 것과 잘 아는 것은 다릅니다. 제가 이 ㉠ <u>책</u>을 쓴 이유이죠. 깊숙이 친해지게 되는 것, 어린아이처럼 깔깔대게 하는 것, 이윽고 뒤엉킨 매듭을 하나하나 매만지게 되는 것, 머물다 보면 스스로 그러하게 되는 것 말입니다. 산은 풀어진 것을 맺게 하지만 바다는 맺힌 것을 풀어내게 하거든요. ㉡ <u>책</u>에는 30종의 해산물이 등장합니다. 낚시와 채취, 요리법, 그리고 그것을 둘러싼 사람살이가 나오죠. 섬사람 생활이 그렇듯이, 소박하면서 구체적이고 보편적이면서도 각자 뚜렷한 것들입니다.

《자산어보》는 1814년 손암 정약전 선생이 쓰신 어류학서입니다. 흑산도 바다 동식물에 대한 사전과 같은 것이죠. 가치가 매우 높은 ㉢ <u>책</u>이지만 사람들이 재미없어 합니다. 그래서 저는 200년 전 흑산도 바다와 지금의 바다를 연결해 보았습니다. 그러자 그 긴 시간이 무화되면서 귀양살이의 고독을 탐구와 기록으로 바꾸었던 선생의 실천과 바다를 배경으로 한 사람들의 사연 사연이 함께 뒤엉키며 휘돌았습니다. 그것을 ㉣ <u>책</u>으로 엮어놓으니 바다에서 실컷 뛰놀고 난 기분입니다.

05 윗글에 대한 설명으로 옳지 <u>않은</u> 것은?

① 여정을 시간의 흐름에 따라 서술하고 있다.
② 비유적 표현을 사용하여 독자의 상상을 유도하고 있다.
③ 말을 건네는 방식으로 독자에게 친근감 있게 다가가고 있다.
④ 자신이 책을 쓴 이유가 문맥 속에 자연스럽게 드러나 있다.

06 ㉠~㉣ 중 지시하는 것이 <u>다른</u> 것은?

① ㉠ ② ㉡
③ ㉢ ④ ㉣

07 다음 글에서 언급하지 않은 것은?

> 현대 사회에서 지식의 중요성이 커지면서 기업에서도 지식 경영을 강조하는 목소리가 높다. 지식 경영은 기업 경쟁력의 원천이 조직적인 학습과 혁신 능력, 즉 기업의 지적 역량에 있다고 보아 지식의 활용과 창조를 강조하는 경영 전략이다.
>
> 지식 경영론 중에는 마이클 폴라니의 '암묵지' 개념을 활용하는 경우가 많다. 폴라니는 명확하게 표현되지 않고 주체에게 체화된 암묵지 개념을 통해 모든 지식이 지적 활동의 주체인 인간과 분리될 수 없다는 것을 강조했다. 그에 따르면 우리의 일상적 지각뿐만 아니라 고도의 과학적 지식도 지적 활동의 주체가 몸담고 있는 구체적인 현실로부터 유리된 것이 아니다. 어떤 지각 활동이나 관찰, 추론 활동에도 우리의 몸이나 관찰 도구, 지적 수단이 항상 수반되고 그에 의해 이러한 활동이 암묵적으로 영향을 받기 때문이다. 요컨대 모든 지식에는 암묵적 요소들과 이들을 하나로 통합하는 '인간적 행위'가 전제되어 있다는 것이다. "우리는 우리가 말할 수 있는 것보다 훨씬 더 많이 알고 있다"라는 폴라니의 말은 모든 지식이 암묵지에 기초하고 있음을 강조한다.
>
> 노나카 이쿠지로는 지식에 대한 폴라니의 탐구를 실용적으로 응용하여 지식 경영론을 펼쳤다. 그는 폴라니의 '암묵지'를 신체 감각, 상상 속 이미지, 지적 관심 등과 같이 객관적으로 표현하기 어려운 주관적 지식으로 파악했다. 또한 '명시지'를 문서나 데이터베이스 등에 담긴 지식과 같이 객관적이고 논리적으로 형식화된 지식으로 파악하고, 이것이 암묵지에 비해 상대적으로 지식의 공유 가능성이 높다고 보았다.
>
> 암묵지와 명시지의 분류에 기초하여, 노나카는 개인 집단 조직 수준에서 이루어지는 지식 변환 과정을 네 가지로 유형화하였다. 암묵지가 전달되어 타자의 암묵지로 변환되는 것은 대면 접촉을 통한 모방과 개인의 숙련 노력에 의해 이루어지는 것으로서 '공동화'라 한다. 암묵지에서 명시지로의 변환은 암묵적 요소 중 일부가 형식화되어 객관화되는 것으로서 '표출화'라 한다. 또 명시지들을 결합하여 새로운 명시지를 형성하는 것은 '연결화'라 하고, 명시지가 숙련 노력에 의해 암묵지로 전환되는 것은 '내면화'라 한다. 노나카는 이러한 변환 과정이 원활하게 일어나 기업의 지적 역량이 강화되도록 기업의 조직 구조도 혁신되어야 한다고 주장하였다.

① 지식 경영의 개념
② 지식의 변환 과정
③ 지식 경영의 장단점
④ 암묵지와 명시지의 개념

08 다음 글에서 말한 독서의 이유가 아닌 것은?

> 인생은 짧고 저세상에 갔을 때 책을 몇 권이나 읽고 왔느냐고 묻지도 않을 것이다. 그러니 무가치한 독서로 시간을 허비한다면 미련하고 안타까운 일이 아니겠는가? 내가 여기서 말하고 싶은 것은 책의 수준이 아니라 독서의 질이다. 삶의 모든 발걸음이나 호흡에서 그러하듯, 우리는 독서에서 무언가 기대하는 바가 있어야 마땅하다. 그리고 더 풍성한 힘을 얻고자 온 힘을 기울이고 의식적으로 자신을 재발견하기 위해 스스로를 버리고 몰두할 줄 알아야 한다. 한 권 한 권 책을 읽어 나가면서 기쁨이나 위로 혹은 마음의 평안이나 힘을 얻지 못한다면, 문학사를 줄줄 꿰고 있다 한들 그것이 무슨 소용인가? 아무 생각 없이 산만한 정신으로 책을 읽는 건 눈을 감은 채 아름다운 풍경속을 거니는 것과 다를 바 없다. 또한 우리는 자신과 자신의 일상을 잊고 자책을 읽어서도 안 된다. 이와는 반대로 더 의식적으로 더 성숙하게 우리의 삶을 단단히 부여잡기 위해 책을 읽어야 한다.

① 자신을 재발견하기 위해서
② 기쁨과 위로를 얻기 위해서
③ 마음의 평안을 얻기 위해서
④ 일상의 잡다함을 잊기 위해서

09 ㉠~㉢에 들어갈 말을 알맞게 묶은 것은?

> 최근 보안에 대한 인식이 높아지면서 인간의 생체 정보를 활용한 '생체 인식 기술'이 주목되고 있다. 생체 인식 기술이란 개인의 독특한 생체 정보를 추출하여 암호화하는 인증 방식을 말한다. 생체 정보가 보안 기술에 활용되기 위해서는 몇 가지 요건을 충족해야 한다. 첫째, 보편성이다. 특정한 개인만이 아닌 누구나 보유하고 있는 생체 정보여야 한다. 둘째, (㉠)이다. 개인마다 달라 개인을 식별할 수 있는 정보여야 한다. 셋째, 영속성이다. 특정 개인에게 변하지 않고 일정한 정보여야 한다. 넷째, (㉡)이다. 추출하기 용이한 정보여야 한다. 다섯째, 친화성이다. 추출하는데 거부감이 적은 정보여야 한다. 마지막으로 (㉢)이다. 위조가 어려운 정보여야 한다.

	㉠	㉡	㉢
①	유일성	획득성	보안성
②	획득성	유일성	보안성
③	유일성	보안성	획득성
④	획득성	보안성	유일성

10 역사를 바라보는 콜링우드의 견해로 알맞은 것은?

> 역사를 대화로 설명하고자 하는 학자들이 있다. 그들은 역사가 현재와 과거의 대화라고 한다. 19세기의 역사가 랑케는 역사를 과거(사실)가 말하고 있는 현재(역사가)가 듣는 것이라고 상정했다. 그는 역사가 과학과 같은 객관적인 학문이어야 한다고 생각했다. 그러기 위해서는 역사가의 주관성이 전적으로 배제되어야 한다. 역사가는 사료가 말해주는 과거의 사실을 잘 듣고 옮겨야 한다는 것이다. 이렇게 해서 랑케는 역사를 과거에 '실제로 벌어진 그대로' 재구성하는 것이 역사가의 의무라고 보았다. 예컨대 우리나라, 중국, 일본의 역사가가 청일전쟁을 연구한다고 했을 때 각 역사가의 국적에 따라, 즉 각국의 이해관계에 따라 역사를 써서는 안 되며, 모두 똑같이 실제 벌어진 대로만 써야 한다는 것이다.
>
> 이에 반해 20세기 전반기에 콜링우드는 역사란 현재가 과거에게 말하는 것이라 보았다. 과거는 스스로 말하지 못하고 현재의 역사가가 대신 말해 줄 수 있을 뿐이며, 역사는 사실이 아니라 사유라는 것이다. 과거의 사건은 '자신이 누구인지(어떤 일이 벌어졌는지)' 스스로 말할 수 없다. 이후의 기록과 역사가들의 연구가 '너는 누구야'라고 말해 줄 수 있다. 과거의 모습은 '현재'에 의해 그려지는 것이다. 청일 전쟁은 이미 당시 조선 내에서도 수구파와 개화파에 따라 달리 평가되었고, 오늘날 각 나라의 입장에 따라 다르게 해석된다. 이와 같이 과거가 현재에게 말하는 것이 아니라 현재가 과거에게 말하는 것이다.

① 역사가는 사유로 역사를 기술해서는 안 된다.
② 동일한 사건도 평가자에 따라 다르게 해석될 수 있다.
③ 역사가는 과거의 일을 그대로 보여주기 위해 노력해야 한다.
④ 역사는 사료에 기반을 두고 있으므로 과학과 같은 객관적인 학문이다.

11 다음 글에서 주장하는 바를 약화시키는 논거는?

> 언어와 사고의 관계를 연구한 사피어(Sapir)에 의하면 우리는 객관적인 세계에 살고 있는 것이 아니다. 우리는 언어를 매개로 하여 살고 있으며, 언어가 노출시키고 분절시켜 놓은 세계를 보고 듣고 경험한다. 워프(Whorf) 역시 사피어와 같은 관점에서 언어가 우리의 행동과 사고의 양식을 주조(鑄造)한다고 주장한다. 예를 들어 어떤 언어에 색깔을 나타내는 용어가 다섯 가지밖에 없다면, 그 언어를 사용하는 사람들은 수많은 색깔을 결국 다섯 가지 색 중의 하나로 인식하게 된다는 것이다. 이는 결국 "언어가 우리의 사고를 결정한다."는 주장과 일맥상통한다.

① '화이트 와인', '레드 와인'이라고 할 때 사실상 그 와인은 흰색이나 빨간색이 아님을 대부분의 사람들은 인식하고 있다.
② 차에서 내리는 것을 '하차'라고 하지만, 차에 오르는 것을 '상차'라고 하지 않는 이유에 대해 대부분의 사람들은 관심이 없다.
③ 우리는 경험을 다양한 언어적 표현으로 나타낼 수 있는 가능성은 무궁무진하다고 할 수 있다.
④ 군복을 '푸른 제복'이라고 할 때 많은 사람들은 군복이 하늘처럼 파란색을 띠면서 동시에 초록빛 삼림의 색을 띤다고 믿는다.

12 〈보기〉의 글을 고치기 위한 의견으로 타당하지 <u>않은</u> 것은?

> 보기
>
> 생활이 바쁘게 돌아가면서 우리 전통 상차림의 명맥을 유지하기 어렵게 되었다. ㉠ <u>우리의 전통 음식은 곡물과 산채류, 해조류, 육류 등을 망라한 종합 건강식품이다</u>. 전통 상차림이 ㉡ <u>물러나는</u> 것과 더불어 밥상머리에서 이루어지는 교육이 사라지는 것은 심각한 문제다. 예전에는 온 식구가 밥상에 둘러앉아 오순도순 밥을 먹으면서 자연스럽게 ㉢ <u>익혀왔다</u>. 어른보다 먼저 수저를 들어서는 안 되고 식사를 먼저 끝내도 안 된다. ㉣ <u>한편</u> 반찬을 이것저것 집어 들고 털어 대면 복이 달아난다고 꾸중을 듣는 등 밥상머리 교육에는 일상생활에서 지켜야 할 품격과 예절이 담겨 있다.
>
> 바쁘다는 이유로 부모 따로 자녀 따로 식구마다 빵조각과 우유 한 잔으로 끼니를 때우는 일은 바람직하지 않다. 어머니의 정성이 깃든 밥상에 둘러앉아 가족 간의 정을 나누며, 예절도 배우는 전통을 되살려야겠다.

① ㉠은 글의 자연스러운 연결을 위해서 삭제하여야 한다.
② ㉡은 문맥에 맞지 않으므로 '사라지는'으로 고치는 것이 좋다.
③ ㉢의 목적어가 빠져 있으므로 '예절을'을 넣어야 한다.
④ ㉣은 연결이 적절하지 않으므로 '도리어'로 고치는 것이 좋다.

※ 다음 글을 읽고 물음에 답하시오. [13-14]

고온에서 기체 상태인 수증기의 온도를 섭씨 100도 이하로 낮추면 액체인 물이 되고, 이 물의 온도를 더 낮춰 섭씨 0도 이하로 ㉠ 내리면 고체인 얼음이 된다. 얼음 속을 확대하면 일정한 간격으로 ㉡ 규칙적으로 배열되어 서로를 붙들고 있는 물 분자들을 확인할 수 있다. 이처럼 물질을 ㉢ 구성하는 원자나 분자가 일정한 주기를 가지고 3차원 상에서 규칙적으로 결합되고 배열되어 만드는 물질을 고체, 특히 결정이라 부른다.

그런데 어떤 액체는 냉각시키면 어는점에서 결정으로 변하지 않고 유리가 된다. 상당히 많은 물질은 액체 상태에서 냉각 속도를 충분히 높이면 어는점에서 결정화를 회피할 수 있고 액체의 구조적 무질서도가 그대로 동결되어 쉽게 유리를 만들 수 있다. 이렇게 고온에서 용융된 물질을 급랭해서 유리를 만드는 방법을 고온용융법이라 부른다. 급랭에 의해 액체가 유리가 되는 과정은 액체 속 원자나 분자들의 불규칙한 운동을 슬로우 모션으로 보다가 결국 정지 사진으로 그 자리에 ㉣ 박제시켜 버리는 과정처럼 묘사할 수 있다. 그렇지만 금속이나 대칭적인 모습의 원자/분자들은 결정으로 변하는 경향성이 매우 높아 냉각 속도를 극단적으로 높이지 않으면 유리를 만들기 힘들다. 일부 금속은 초당 백만 ~ 십억도 정도의 엄청난 냉각률을 확보해야 간신히 유리가 되기도 한다.

13 윗글을 이해한 내용으로 적절하지 않은 것은?

① 물질의 원자나 분자가 규칙적으로 배열되면 고체, 특히 결정을 이룬다.
② 급랭에 의해 액체가 유리가 될 때, 원자나 분자의 불규칙한 배열이 그대로 고정된다.
③ 모든 금속은 대칭적인 원자들과 달리 급랭시키면 쉽게 유리로 변할 수 있다.
④ 일부 금속은 초당 백만도 이상의 극단적인 냉각률을 확보해야 간신히 유리 상태가 될 수 있다.

14 ㉠~㉣과 바꿔 쓸 수 있는 유사 표현으로 적절하지 않은 것은?

① ㉠: 떨어뜨리면
② ㉡: 일정한 질서로
③ ㉢: 함의하는
④ ㉣: 고정시켜

15 다음 글의 밑줄 친 ㉠과 ㉡의 의미 관계와 같은 의미 관계를 나타내는 단어의 조합을 고르면?

디지털세(Digital Tax)는 디지털 경제 체제에서 다국적 IT기업의 조세회피 문제가 부각되며 그 대응책 중 하나로 등장한 개념이다. 법인의 고정사업장 소재지에 부과하는 전통적 법인세 과세방식에서는 고정사업장 없이 영업활동이 가능한 디지털서비스 사업에 대해 과세가 불가능해 다국적 IT기업의 막대한 이익에 대한 조세징수 문제가 발생하였다. 반면 디지털세는 고정사업장 소재지와 상관없이 디지털 기업의 이익이 발생한 국가에서 그 이익에 대한 세금을 ㉠ 징수한다.

디지털세는 2012년 OECD가 제안한 다국적 기업의 세원잠식 및 소득이전을 방지하기 위한 프로젝트의 내용을 바탕으로, 2015년에 이에 대한 15개의 구체적인 실행계획 중 첫 번째 계획으로 발표되었다. 이후 EU에서 디지털서비스세 입법을 제안하였으나 일부 국가들의 반대로 국제적 합의에 실패하고, 이에 대한 합의가 진전되지 않자 2019년 프랑스를 시작으로 이탈리아, 영국 등 유럽 주요국에서 개별국가 차원의 디지털세를 도입하기 시작하였다.

한편 2020년 OECD/G20 포괄적 이행체계(IF)는 두 가지의 접근법으로 구성된 글로벌 디지털세 기본합의안을 발표하며 구체적인 가이드라인을 제시하였다. 첫 번째 접근법은 통합접근법으로서, 고정사업장과 같은 물리적 실체가 없더라도 다국적 기업의 매출이 일정금액을 초과하는 경우 시장소재지국에 ㉡ 납세할 수 있도록 하기 위한 논의를 말한다. 그리고 두 번째 접근법은 다국적 기업의 저세율국으로의 소득이전으로 인한 세원잠식을 방지하기 위해 12.5%의 글로벌 최저세율 도입 제안을 의미한다.

① 비호(庇護) : 두둔(斗頓)
② 협잡(挾雜) : 사기(詐欺)
③ 전망(展望) : 회고(回顧)
④ 노년(老年) : 만년(晩年)

16 다음 글의 전개 순서로 가장 자연스러운 것은?

(가) 상품 생산자, 즉 판매자는 화폐를 얻기 위해 자신의 상품을 시장에 내놓는다. 하지만 생산자가 만들어 낸 상품이 시장에 들어서서 다른 상품이나 화폐와 관계를 맺게 되면, 이제 그 상품은 주인에게 복종하기를 멈추고 자립적인 삶을 살아가게 된다.
(나) 이처럼 상품이나 시장 법칙은 인간에 의해 산출된 것이지만, 이제 거꾸로 상품이나 시장 법칙이 인간을 지배하게 된다. 이때 인간 및 인간들 간의 관계가 소외되는 현상이 나타난다.
(다) 상품은 그것을 만들어 낸 생산자의 분신이지만, 시장 안에서는 상품이 곧 독자적인 인격체가 된다. 사람이 주체가 아니라 상품이 주체가 된다.
(라) 또한 사람들이 상품들을 생산하여 교환하는 과정에서 시장의 경제 법칙을 만들어 냈지만, 이제 거꾸로 상품들은 인간의 손을 떠나 시장 법칙에 따라 교환된다. 이런 시장 법칙의 지배 아래에서는 사람과 사람 간의 관계가 상품과 상품, 상품과 화폐 등 사물과 사물 간의 관계에 가려 보이지 않게 된다.

① (가)－(다)－(나)－(라)
② (가)－(다)－(라)－(나)
③ (다)－(라)－(가)－(나)
④ (다)－(라)－(나)－(가)

17 다음 글의 논증 구조를 옳게 파악한 것은?

㉠ 동물들의 행동을 잘 살펴보면 동물들도 우리가 사용하는 말 못지않은 의사소통 수단을 가지고 있는 듯이 보인다. ㉡ 즉, 동물들도 여러 가지 소리를 내거나 몸짓을 함으로써 자신들의 감정과 기분을 나타낼 뿐 아니라 경우에 따라서는 인간과 다를 바 없이 의사를 교환하고 있는 듯하다. ㉢ 그러나 그것은 단지 겉모습의 유사성에 지나지 않을 뿐이고 사람의 말과 동물의 소리에는 아주 근본적인 차이가 존재한다는 점을 잊어서는 안 된다. ㉣ 동물들이 사용하는 소리는 단지 배고픔이나 고통 같은 생물학적인 조건에 대한 반응이거나, 두려움이나 분노 같은 본능적인 감정들을 표현하기 위한 것에 지나지 않는다. ㉤ 따라서, 동물들이 내는 소리가 때때로 의사소통의 수단으로 이용된다고 해서 그것을 대화나 토론이나 회의와 같은 언어활동이라고 할 수는 없다.

① ㉠은 논증의 결론으로 주제문이다.
② ㉡은 ㉠의 논리적 결함을 지적한 것이다.
③ ㉢은 ㉠, ㉡을 부정하고 새로운 논점을 제시한 것이다.
④ ㉤은 ㉢, ㉣에 대한 근거이다.

18 다음의 말이 참일 때 항상 참인 것은?

• 민기는 지선이보다 점수가 높다.
• 지선이는 상훈이와 점수가 같다.
• 상훈이는 미정이보다 점수가 적다.

① 미정이는 지선이보다 점수가 높다.
② 민기는 미정이보다 점수가 높다.
③ 점수가 가장 높은 사람은 민기이다.
④ 점수가 가장 높은 사람은 미정이다.

19 다음 글의 주된 논지는?

당신이 미국 중앙정보국의 직원인데, 어느 날 테러 용의자를 체포했다고 가정하자. 이 사람은 뉴욕 맨해튼 중심가에 대규모 시한폭탄을 설치한 혐의를 받고 있다. 시한폭탄이 터질 시각은 다가오는데 용의자는 입을 열지 않고 있다. 당신을 고문을 해서라도 폭탄이 설치된 곳을 알아내겠는가, 아니면 고문은 원칙적으로 옳지 않으므로 고문을 하지 않겠는가? 공리주의자들은 고문을 해서라도 폭탄이 설치된 곳을 알아내어, 무고한 다수 시민의 생명을 구해야 한다고 주장할 것이다. 공리주의는 최대 다수의 최대 행복을 추구하기 때문이다. 이 경우에는 이 주장이 일리가 있을 수 있다. 그러나 공리주의가 모든 경우에 항상 올바른 해답을 줄 수 있는 것은 아니다. 구명보트를 타고 바다를 표류하던 4명의 선원이 그들 중 한 사람을 죽여서 그 사람의 고기를 먹으면 나머지 세 사람이 살 수 있다. 실제로 이런 일이 일어났고, 살아남은 세 사람은 재판을 받았다. 당신은 이 경우에도 다수의 생명을 구하기 위해 한 사람의 목숨을 희생한 행위가 정당했다고 주장하겠는가? 뉴욕의 시한폭탄 문제도 그리 간단치만은 않다. 폭탄이 설치된 곳이 한적한 곳이라 희생자가 몇 명 안 될 것으로 예상되는 경우에도 당신은 고문을 찬성하겠는가? 체포된 사람이 테러리스트 자신이 아니라 그의 어린 딸이라도, 그 딸이 폭탄이 위치를 알고 있다면 당신은 고문에 찬성하겠는가?

① 다수의 행복을 위해서 소수의 희생이 필요할 때가 있다.
② 인간의 생명은 어떤 경우에도 존중되어야 한다.
③ 고문이 정당화되는 경우도 있을 수 있다.
④ 공리주의가 절대선일 수 없는 것은 소수의 이익이라 하더라도 무시할 수 없는 것도 있기 때문이다.

20 다음 글에 나타난 인간의 행동 양식과 가장 거리가 먼 것은?

> 우리는 무엇이 옳은가를 결정하기 위해 다른 사람들이 옳다고 생각하는 것이 무엇인지를 알아보기도 한다. 이것을 '사회적 증거의 법칙'이라고 한다. 이 법칙에 따르면 주어진 상황에서 어떤 행동이 옳고 그른가는 얼마나 많은 사람들이 같은 행동을 하느냐에 의해 결정된다고 한다.
>
> 다른 사람들이 하는 대로 행동하는 경향은 여러모로 매우 유용하다. 일반적으로 다른 사람들이 하는 대로 행동하게 되면, 즉 사회적 증거에 따라 행동하면, 실수할 확률이 그만큼 줄어든다. 왜냐하면 다수의 행동이 올바르다고 인정되는 경우가 많기 때문이다. 그러나 이러한 사회적 증거의 특성은 장점인 동시에 약점이 될 수도 있다. 이런 태도는 우리가 주어진 상황에서 어떻게 행동해야 할 것인가를 결정하는 지름길로 사용될 수 있지만, 맹목적으로 이를 따르게 되면 그 지름길에 숨어서 기다리고 있는 불로소득자들에 의해 이용당할 수도 있기 때문이다.

① 영이는 고속도로에서 주변의 차들과 같은 속도로 달리다가 속도위반으로 범칙금을 냈다.
② 철수는 검색 우선순위에 따라 인터넷 뉴스를 본다.
③ 순이는 발품을 팔아 값이 가장 싼 곳에서 물건을 산다.
④ 명이는 여행을 가서 밥을 먹을 때 구석진 곳이라도 주차장에 차가 가장 많은 식당에서 밥을 먹는다.

제 12 일 적중의 지혜

01 다음 글을 내용상 두 부분으로 나눌 때 어느 지점부터 나누는 것이 가장 적절한가?

> 우리나라는 전통적으로 농경 생활을 해 왔다. 이런 이유로 우리나라에서 소는 경작을 위한 중요한 필수품이지 식용 동물로 생각할 수가 없었으며, 단백질 섭취 수단으로 동네에 돌아다니는 개가 선택되었다. ㉠ 프랑스 등 유럽의 여러 나라에서도 우리처럼 농경 생활을 했음에 틀림없지만 그들은 오랜 기간 수렵을 했기 때문에 개가 우리의 소처럼 중요한 동물이 되었고 당연히 수렵한 결과인 소 등을 통해 단백질을 섭취했다. ㉡ 일반적으로 개고기를 먹는 데 혐오감을 나타내는 민족들은 서유럽의 나라이다. 그들은 쇠고기와 돼지고기를 즐겨 먹는다. ㉢ 그러나 식생활 문화를 달리하는 힌두교도들은 쇠고기를 먹는 서유럽 사람들에게 혐오감을 느낄 것이다. ㉣ 또 이슬람교도나 유대교도들도 서유럽에서 돼지고기를 먹는 식생활에 대해 거부감을 느낄 것이다.

① ㉠ ② ㉡
③ ㉢ ④ ㉣

02 다음 제시된 글의 다음에 올 문장의 배열이 차례로 나열된 것은?

> 조사, 문서 작성이야말로 교양교육에서 가장 중요한 포인트라고 생각했고 지금도 그렇게 생각한다. 이 '다치바나 세미나'의 과정에서 완성된 것이 '20세 무렵'의 머리말에서 왜 '조사, 문서 작성'을 선택했는지, 그 이유에 대해 다음과 같이 설명했다.

㉠ 조사하고 글을 쓴다는 것은 그렇게 중요한 기술이지만, 그것을 대학교육 안에서 조직적으로 가르치는 장면은 보기 힘들다. 이것은 대학교육의 거대한 결함이라고 말하지 않을 수 없다. 단 조사하고 글을 쓴다는 것은 그렇게 쉽게 다른 사람에게 가르칠 수 있는 부분이 아니다. 추상적으로 강의하는 것만으로는 가르칠 수 없으며 OJT(현장교육)가 필요하다.

㉡ '조사, 문서 작성'을 타이틀로 삼은 이유는 대부분의 학생에게 조사하는 것과 글을 쓰는 것이 앞으로의 생활에서 가장 중요하다고 여겨질 지적 능력이기 때문이다. 조사하고 글을 쓰는 것은 이제 나 같은 저널리스트에게만 필요한 능력이 아니다. 현대 사회의 거의 모든 지적 작업에서 일생 동안 필요한 능력이다. 저널리스트든 관료든 비즈니스맨이든 연구직, 법률직, 교육직 등의 지적 노동자든, 대학을 나온 이후에 활동하게 되는 대부분의 직업 생활에서 상당한 부분이 조사하는 것과 글을 쓰는 데 할애될 것이다. 근대 사회는 모든 측면에서 기본적으로 문서화시키는 것으로 조직되어 있기 때문이다.

㉢ 무엇인가를 전달하는 문장은 우선 이론적이어야 한다. 그러나 이론에는 내용(콘텐츠)이 수반되어야 한다. 이론보다 증거가 더 중요한 것이다. 이론을 세우는 쪽은 머리 속의 작업으로 끝낼 수 있지만, 콘텐츠 쪽은 어디에선가 자료를 조사하여 가져와야 한다. 좋은 콘텐츠에 필요한 것은 자료가 되는 정보이다. 따라서 조사를 하는 작업이 반드시 필요하다.

㉣ 인재가 동원하고 조직을 활용하고 사회를 움직일 생각이라면 좋은 문장을 쓸 줄 알아야 한다. 좋은 문장이지만 명문만을 가리키는 것이 아니다. 멋진 글이 아니라도 상관없지만, 전달하는 사람의 뜻을 분명하게 이해시킬 수 있는 문장이어야 한다. 문장을 쓴다는 것은 무엇인가를 전달한다는 것이다. 따라서 자신이 전달하려는 내용이 그 문장을 읽는 사람에게 분명하게 전달되어야 한다.

① ㉠－㉡－㉢－㉣
② ㉡－㉣－㉢－㉠
③ ㉢－㉡－㉠－㉣
④ ㉢－㉠－㉡－㉣

03 (가)와 (나)를 전제로 할 때 빈칸에 들어갈 결론으로 가장 적절한 것은?

> (가) 문학에 관심이 있는 사람 중 일부는 체육에 관심이 없다.
> (나) 육아에 관심이 있는 사람 중 체육에 무관심한 사람은 없다.
>
> 따라서 [　　　　　　　　]

① 문학에 관심이 있는 사람 중 일부는 육아에 관심이 없다.
② 체육에 관심이 있는 사람은 모두 육아에 무관심하지 않다.
③ 육아에 관심이 있는 사람은 모두 문학에 관심이 있는 사람이 아니다.
④ 체육에 관심이 있지만 문학에 관심이 없는 사람은 모두 육아에 관심이 있는 사람이 아니다.

04 다음 글의 중심 내용은?

> 헤르만 헤세는 어느 책이 유명하다거나 그것을 모르는 수치스럽다는 이유만으로 그 책을 무리하게 읽으려는 것은 참으로 그릇된 일이라 했다. 그는 이어서, "그렇게 하기보다는 모든 사람은 자기에게 자연스러운 면에서 읽고, 알고, 사랑해야 할 것이다. 어느 사람은 학생 시절의 초기에 벌써 아름다운 시구의 사랑을 자기 안에서 발견할 수 있으며, 혹은 어느 사람은 역사나 자기 고향의 전설에 마음이 끌리게 되고 또는 민요에 대한 기쁨이나 우리의 감정이 정밀하게 연구되고 뛰어난 지성으로써 해석된 것에 독서의 매력 있는 행복감을 가질 수 있을 것이다."라고 말한 바 있다.

① 문학 작품을 많이 읽으면 정서 함양에 도움이 된다.
② 학생 시절에 고전과 명작을 많이 읽어 교양을 쌓아야 한다.
③ 남들이 읽어야 한다고 말하는 책보다 자신이 읽고 싶은 책을 읽는 것이 좋다.
④ 자신이 속한 사회의 역사나 전설에 관한 책을 읽으면 애향심을 기를 수 있다.

05 다음 빈칸에 들어갈 말로 가장 적절한 것은?

> 세균과 바이러스는 질병을 일으키는 대표적인 병원체이다. 그런데 이 둘은 병을 유발한다는 공통점을 제외하고 너무나도 많은 차이점을 가지고 있다. 바이러스와 세균은 크기도 다르고 증식 방법도 다르다. 세균은 공기 중이나 사람의 몸속 등 먹이가 있는 곳에서 증식할 수 있지만, 바이러스는 반드시 살아있는 생물의 세포를 숙주로 삼아야만 번식이 가능하다. 이런 병원체에 감염되었을 때의 대처법도 다르다. 바이러스는 백신(바이러스를 약하게 만들어 몸속에 주입하는 방법)을 통해 우리의 몸이 바이러스 정보를 기억하도록 하여 병원체에 대항할 수 있도록 한다. 이와 반대로 세균은 항생체를 통해
> [　　　　　　　　]

① 감염된 세포를 약하게 만들어 죽인다.
② 몸에 침입한 세균에 대항할 수 있도록 한다.
③ 우리 몸에서 증식할 수 있도록 한다.
④ 몸에 세균 정보를 저장시켜 감염되면 기억을 통해 방어한다.

06 다음 대화에 대한 설명으로 적절하지 <u>않은</u> 것은?

> 은채: (빨간색 원피스를 입고 나오며, 만족스러운 표정으로) ㉠ <u>얘들아, 이 옷 어때? 예쁘지 않니?</u>
> 민서: (당황한 표정을 애써 감추며) 빨간색은 아무나 소화하기 어려운데, 네가 입으니까 그래도 괜찮네. ㉡ <u>근데 너한테는 검정색이 더 잘 어울릴 것 같은데……. 저 검정색 옷도 한번 입어 보지 그래?</u>
> 은채: (미소 지으며) ㉢ <u>그럴까?</u>
> 서우: ㉣ <u>검정색이 훨씬 나아. 빨간색은 너한테 어울리지 않아.</u>
> 은채: (언짢은 표정으로) 그렇게 이상해? 한번 갈아입어 볼게. (입고 나오며 거울을 보고) 음……. 글쎄? 난 둘 다 괜찮아 보이는데, 확실히 아까 것보다 이게 나을까?
> 민서: 내 생각엔 이 색깔이 네 하얀 피부를 더 부각시켜 주는 것 같아. 소재가 도톰해서 아직 쌀쌀한 요즘 날씨에 입기도 적당하고, 박음질 상태도 이 옷이 더 나은 거 같은데?

① ㉠: 상대의 공감을 얻기 위한 의도가 담겨 있다.
② ㉡: 상대의 기분을 배려하며 조심스럽게 말하고 있다.
③ ㉢: 상대의 권유를 받아들이겠다는 의미가 담겨 있다.
④ ㉣: 우회적 표현으로 자신의 생각을 완곡하게 전달하고 있다.

07 ㉠~㉣을 고쳐 쓰기 위한 방안으로 적절하지 않은 것은?

> 2014년 3월 9일, 한국대학교 한의학과에 재학 중인 최형주 씨를 만나 한의학과 학생들의 의료 봉사에 대해 이야기를 들어 보았다.
>
> 한의대생들은 이 활동을 통해서, 아픈 사람을 돌보기도 하고 의료인의 ㉠ 성격을 기르기도 한다고 한다. 봉사 현장에서는 하루에도 수백 명에 달하는 환자를 돌보게 된다. ㉡ 그러나 한의대생들은 이처럼 ㉢ 다수의 많은 환자들을 돌보기 위해 학년별로 역할을 분담한다. 최형주 씨는 비록 몸은 힘들지만 봉사의 즐거움과 뿌듯함을 느낄 수 있는 게 의료 봉사의 ㉣ 매력이라고 하였다.
>
> 봉사의 참뜻을 실천하려는 예비 의료인들의 열정이 식지 않는 한, 의료 봉사는 앞으로도 지속될 것이다.

① ㉠: 단어의 쓰임이 적절하지 않으므로 '자질'로 교체한다.
② ㉡: 접속어의 쓰임이 적절하지 않으므로 '그래서'로 고친다.
③ ㉢: 의미의 중복을 피하기 위해 '다수의'를 삭제한다.
④ ㉣: 주어와 서술어의 호응을 고려하여 '매력이다'로 고친다.

08 다음 글의 ㉠~㉢에 해당하는 예로 적절한 것은?

> 동일한 정보를 전달하는 문장이라도 어떤 종결 어미를 사용하느냐에 따라 문장이 전달하는 느낌은 천차만별이다. 말하는 이는 자신의 심리적 상태, 태도에 따라 다양한 어미를 선택하여 사용한다. 또, 같은 의문형 종결 어미라도 말하는 이가 듣는 이에게 ㉠ 단순히 새로운 정보를 얻고자 할 때 사용할 수도 있고, ㉡ 어떤 사실을 주어진 것으로 치고 그에 대한 의문을 나타낼 때 사용할 수도 있으며, ㉢ 이미 주어진 정보에 대해 확인하고자 할 때 사용할 수도 있다. 또한 놀라거나 못마땅하게 여기는 뜻을 담을 수도 있고, 듣는 이의 행위가 뜻밖이라는 암시를 담을 수도 있다.

	㉠	㉡	㉢
①	올해 수능 시험이 11월 16일이야?	수능 시험은 왜 11월에 보는 거야?	올해 수능 시험이 며칠이야?
②	수능 시험은 왜 11월에 보는 거야?	올해 수능 시험이 며칠이야?	올해 수능 시험이 11월 16일이야?
③	올해 수능 시험이 며칠이야?	올해 수능 시험이 11월 16일이야?	수능 시험은 왜 11월에 보는 거야?
④	올해 수능 시험이 며칠이야?	수능 시험은 왜 11월에 보는 거야?	올해 수능 시험이 11월 16일이야?

09 다음 글의 내용과 일치하지 않는 것을 고르면?

> 자본 구조가 기업의 가치와 무관하다는 명제로 표현되는 '모딜리아니－밀러 이론'은 완전 자본 시장 가정, 곧 자본 시장에 불완전성을 가져올 수 있는 모든 마찰 요인이 전혀 없다는 가정에 기초한 자본 구조 이론이다. 이 이론에 따르면, 기업의 영업이익에 대한 법인세 등의 세금이 없고 거래 비용이 없으며 모든 기업이 완전히 동일한 정도로 위험에 처해 있다면, 기업의 가치는 기업 내부 여유 자금이나 주식 같은 자기 자본을 활용하든지 부채 같은 타인 자본을 활용하든지 간에 어떤 영향도 받지 않는다. 모딜리아니－밀러 이론은 현실적으로 타당한 이론을 제시했다기보다는 현대 자본 구조 이론의 출발점을 제시하였다는 데 중요한 의미가 있다.
>
> 모딜리아니－밀러 이론이 제시된 이후, 완전 자본 시장 가정의 비현실성에 주안점을 두어 파산 비용, 정보의 비대칭 등을 감안하는 자본 구조 이론들이 발전해 왔다. 불완전 자본 시장을 가정하는 이러한 이론들 중에는 '상충 이론'과 '자본 조달 순서 이론'이 있다.
>
> '상충 이론'이란 부채의 사용에 따른 편익과 비용을 비교하여 기업 최적의 자본 구조를 결정하는 이론이다. 이러한 편익과 비용을 구성하는 요인들에는 여러 가지가 있지만, 그중 편익으로는 법인세 감세 효과만을, 비용으로는 파산 비용만 있는 경우를 가정하여 이 이론을 설명해 볼 수 있다. 여기서 법인세 감세 효과란 부채에 대한 이자가 비용으로 처리됨으로써 얻게 되는 세금 이득을 가리킨다. 이렇게 가정할 경우 상충 이론은 부채의 사용이 증가함에 따라 법인세 감세 효과에 의해 기업의 가치가 증가하는 반면, 기대 파산 비용도 증가함으로써 기업의 가치가 감소하는 효과도 나타난다고 본다. 이 상반된 효과를 계산하여 기업의 가치를 가장 크게 하는 부채 비율, 곧 최적 부채 비율이 결정되는 것이다.
>
> 이와는 달리 '자본 조달 순서 이론'은 정보 비대칭의 정도가 작은 순서에 따라 자본 조달이 순차적으로 이루어진다고 설명한다. 이 이론에 따르면 기업들은 투자가 필요할 경우 내부 여유 자금을 우선적으로 쓰며, 그 자금이 투자액에 미달될 경우에 외부 자금을 조달하게 되고, 외부 자금을 조달해야 할 때도 정보 비대칭의 문제로 주식의 발행보다 부채의 사용을 선호한다는 것이다.

① 모딜리아니－밀러 이론은 현실적으로 사용될 수 없다.
② 기업의 최적 부채 비율을 결정하는 것은 상충 이론을 기반으로 하고 있다.
③ 상충 이론에서 부채의 사용은 기업의 가치를 증가시키는 데 기여하기도 한다.
④ 자본 조달 순서 이론에서 기업은 투자가 필요할 경우 우선적으로 부채를 사용한다.

10 다음 글의 빈칸에 들어갈 내용으로 가장 적절한 것을 고르면?

앱을 개발하려는 사람들은 아이디어가 넘친다. 사람들이 여행 준비를 위해 많은 시간을 허비하는 것을 보면 한번에 여행 코스를 짜 주는 앱을 만들어보고 싶어 한다. 그러나 막상 앱을 개발하려 할 때 부딪치는 여러 난관이 있다. 여행지나 주차장에 대한 정보를 모으는 것도 문제이고, 정보를 지속적으로 갱신하는 것도 문제이다. 이런 문제 때문에 결국 아이디어를 포기하는 경우가 많다.

그러나 이제는 아이디어를 포기하지 않아도 된다. 바로 공공 데이터가 있기 때문이다. 공공 데이터는 공공 기관에서 생성, 취득하여 관리하고 있는 정보 중 전자적 방식으로 처리되어 누구나 이용할 수 있도록 국민들에게 제공된 것을 말한다. 현재 정부에서는 공공 데이터 포털 사이트를 개설하여 국민들이 쉽게 이용할 수 있도록 하고 있다. 공공 데이터 포털 사이트에서는 800여 개 공공 기관에서 생성한 15,000여 건의 공공 데이터를 제공하고 있으며, 제공하는 공공 데이터의 양을 꾸준히 늘리고 있다.

공공 데이터가 가진 앱 개발 분야에서의 장점은 크게 두 가지를 들 수 있다. 먼저 공공 데이터는 공공 기관이 국민들에게 편의를 제공하기 위해 시행한 정책의 산출물이기 때문에 실생활과 밀접하게 관련된 정보가 많다는 점이다. 앱 개발자들의 아이디어는 대개 앞에서 언급한 것처럼 사람들의 실생활에 편의를 제공하기 위한 것들이다. 그래서 만약 여행 앱을 만들고자 한다면 한국관광공사의 여행 정보에서, 주차장 앱을 만들고자 한다면 지방 자치 단체의 주차장 정보에서 필요한 정보를 얻을 수 있다. 두 번째로 공공 데이터를 이용함에 있어서 비용이 거의 들지 않기 때문에, 정보를 수집하고 갱신할 때 소용되는 비용을 줄일 수 있다는 점이다. 그래서 개인들도 비용에 대한 부담 없이 쉽게 앱을 만들 수 있다. (　　　　　　)

① 공공 데이터는 국민 생활에 편의를 제공하고 국민들의 생활을 개선하기 위해 만든 자료이다. 앞으로 공공 데이터의 이용이 활성화되면 국민들의 삶의 질이 향상될 것이다.
② 공공 데이터는 자본과 아이디어가 부족해 앱을 개발하지 못하는 사람들이 유용하게 이용할 수 있다. 앱 개발을 통한 창업이 활성화되면 우리 경제에도 큰 도움이 될 것이다.
③ 공공 데이터를 이용하여 앱 개발을 하는 사람들은 시간과 비용의 문제를 극복하고 경제적 가치를 창출하는 사람들이다. 앞으로 공공 데이터의 양이 증가하면 그들이 만들어 내는 앱도 더 다양해질 것이다.
④ 공공 데이터는 앱 개발에 필요한 실생활 관련 정보를 담고 있으며 앱 개발 비용의 부담을 줄여 준다. 그러므로 앱 개발 시 공공 데이터 이용이 활성화되면 실생활에 편의를 제공하는 다양한 앱이 개발될 것이다.

11 다음 글의 밑줄 친 ㉠에 대한 반박 견해로 옳지 <u>않은</u> 것을 고르면?

2001년 인간 유전체 프로젝트가 완료된 후, 영국의 일요신문 〈옵저버〉는 “드디어 밝혀진 인간 행동의 비밀, 열쇠는 유전자가 아니라 바로 환경”이라는 제목의 기사를 실었다. 유전체 연구 결과, 인간의 유전자 수는 애당초 추정치인 10만 개에 크게 못 미치는 3만 개로 드러났다. 해당 기사는 인간 유전체 프로젝트의 핵심 연구자였던 크레이그 벤터 박사의 ㉠ <u>주장</u>을 다음과 같이 인용하였다. “유전자 결정론이 옳다고 보기에는 유전자의 수가 턱없이 부족합니다. 인간 행동과 형질의 놀라운 다양성은 우리의 유전자 속에 들어있지 않다는 것이죠. 환경에 그 열쇠가 있습니다. 우리의 행동 양식은 유전자가 환경과 상호작용함으로써 비로소 결정되죠. 인간은 유전자의 지배를 받는 존재가 아닌 것이죠. 우리는 자유의지를 발휘할 수 있는 존재인 것입니다.” 여러 신문들이 같은 기사를 실었다. 이를 계기로 본성 대 양육이라는 해묵은 논쟁은 인간의 행동을 결정하는 것이 유전인지 아니면 환경인지 하는 논쟁의 형태로 재점화되었다. 인간이란 결국 신체를 구성하는 물질에 의해 구속받는 존재인지 아니면 인간에게 자유의지가 허락되는지를 놓고도 열띤 토론이 벌어졌다.

① 인종 간의 차이들은 변화가 불가능하다.
② IQ 검사는 본질적인 능력을 측정하는 수단으로, 지능의 차이는 개인이 가진 본질적 차이의 결과라 할 수 있다.
③ 인간의 행동을 대상으로 다룰 수 있다. 즉, 특수한 개인들의 뇌 속에 위치한 성질들로부터 구체화할 수 있다.
④ 인간은 태어날 때 아무것도 적혀 있지 않은 '빈 서판(Blank Slate)'을 가지고 태어나, 다양한 영향을 받아 자기만의 이야기를 서판 위에 그려 나간다.

12 다음 글에서 추론한 내용으로 적절하지 <u>않은</u> 것은?

> 문장성분은 주성분, 부속성분, 독립성분으로 구성된다. 주성분은 문장 형성에 필수적으로 필요한 성분으로, 주어, 서술어, 목적어, 보어가 있다. 부속성분은 주성분의 내용을 꾸며주는 성분으로, 관형어, 부사어가 있다. 독립성분은 주성분이나 부속성분과 직접적인 관련을 맺지 않고 따로 떨어져 있는 성분으로, 독립어가 있다.
>
> 주성분은 문장 구성에 필수적이다. 하지만 부속성분도 문장에 따라 필수적인 성분이 되는 경우가 있다. 예를 들어 '그는 그녀에게 선물을 주었다.'의 '주다', '그는 땅에 나무를 심었다.'의 '심다'와 같이, 서술어 중 반드시 부사어를 필요로 하는 세 자리 서술어들이 존재한다. 이러한 경우 '그녀에게'와 '땅에'와 같이 문장에 필요한 부사어를 '필수적 부사어'라고 부른다. 한편 부사어뿐만 아니라 관형어도 반드시 필요로 하는 문장들이 있다.

① '작은 것이 아름답다.'에서 관형어는 생략될 수 없다.
② '지은이는 강현이를 부모님께 소개해드렸다.'에서 부사어는 생략될 수 있다.
③ '그녀의 동생은 예쁘게 생겼다.'에서 부사어는 생략될 수 없다.
④ '그 강아지는 예쁘게 잔다.'에서 부사어는 생략될 수 있다.

13 <보기>의 ㉠과 ㉡에 해당하는 예로 적절하지 <u>않은</u> 것은?

> 보기
>
> 학 생: 선생님, 다음 두 문장을 보면 모두 '머리'가 쓰였는데, 의미가 좀 다른 것 같아요.
> (1) 하루 종일 집에 있었더니, <u>머리</u>가 아프네.
> (2) 그 사람은 우리 모임의 <u>머리</u> 노릇을 하고 있어.
> 선생님: (1)의 '머리'는 '사람이나 동물의 신체 부위에서 목 위의 부분'을 뜻하고, (2)의 '머리'는 '단체의 우두머리'를 뜻한단다. 이는 본래 ㉠ <u>신체의 일부를 나타내는 중심적 의미로 쓰이던 것</u>이 ㉡ <u>문맥적 쓰임으로 인해 새로운 주변적 의미를 지니게 된 것</u>이라고 할 수 있어.
> 학 생: 아, 그렇군요. 그러면 '머리'는 여러 의미를 지니고 있는 단어라고 할 수 있겠군요.
> 선생님: 그렇지. 그래서 '머리'는 다의어라고 볼 수 있단다.

	㉠	㉡
①	영희는 어머니의 큰 <u>눈</u>을 닮았다.	아버지께서는 사람을 보는 <u>눈</u>이 정확하시다.
②	누군가 뒤에서 내 <u>어깨</u>를 툭 쳤다.	추운 날씨에 절로 <u>어깨</u>가 움츠러들었다.
③	나는 <u>목</u>을 빼고 창밖을 바라보았다.	그 가게는 <u>목</u>이 좋아서 항상 손님이 많다.
④	그녀는 <u>손</u>을 흔들며 인사를 했다.	왕은 모든 권력을 자신의 <u>손</u>에 넣었다.

14 다음 글의 ㉠~㉢에 들어갈 말을 적절하게 나열한 것은?

> 〈새의 선물〉은 삼십대 중반을 넘긴 주인공 '나'가 자신의 초등학교 5학년 무렵 어린 시절을 회상하는 방식으로 쓰여진 [㉠] 구성이다. 남도 지방이 어느 소읍, 우물을 중심으로 하여 두 채의 살림집과 가게채로 이루어진 '감나무 집'에서 외할머니에 의해 길러지는 '나'는 감나무 집에서 함께 살아가는 사람들의 일상 속에 펼쳐지는 삶의 숨겨진 애증의 실체를 엿보거나 사람 사이의 허위를 들추어낸다.
>
> 남의 속내를 예리하게 간파해내는 날카로운 '나'의 시선은 [㉡]에게까지 적용된다. 자신을 '보여지는 나'와 '바라보는 나'로 분리해 자기 자신에 대해서도 냉철한 시선을 거두지 않는 주인공의 열두 살 때부터의 버릇은, 자살한 엄마와 사라져버린 아빠의 공백 속에서 너무 일찍 철이 든 주인공의 방어기제로 기능하며, '나'의 [㉢]를 짐작케 한다. 이 작품은 날카로운 서술자의 시선에 포착된 '군상'의 모습을 드러내고 있어 주목할 만하다. '나'의 내면에 숨겨진 깊은 상처의 실체는 바로 어머니와 아버지의 부재 혹은 공백 속에서 스스로의 존재를 키워 나아가야 했던 유년기의 체험에서 비롯된 '부재의 욕망'이다.

	㉠	㉡	㉢
①	옴니버스식	스스로	사춘기
②	액자식	스스로	상처
③	액자식	가족	상처
④	옴니버스식	가족	사춘기

15 다음의 글을 이해한 내용으로 적절하지 않은 것은?

> 이산화탄소에 의한 지구온난화로 기상 이변이 빈번해지면서 최근 이산화탄소 포집 및 저장 기술인 CCS(Carbon Capture & Storage) 기술이 주목을 받고 있다. CCS 기술은 화석 연료를 사용하는 화력발전소, 제철소, 시멘트 공장 등에서 발생할 수 있는 대량의 이산화탄소를 고농도로 포집한 후 안전한 땅속에 저장하는 기술이다.
>
> 화력발전소에서 배출되는 배기가스에는 물, 질소 그리고 10~15% 농도의 이산화탄소가 포함되어 있다. 이 배기가스는 먼저 흡수탑 하단으로 들어가게 되고, ㉠ 흡수탑 상단에서 주입되는 흡수제와 접촉하게 된다. 흡수제에는 미세 구멍, 즉 기공이 무수히 많이 뚫려 있는데 이 기공에 이산화탄소가 유입되면 화학반응을 일으키면서 달라붙게 된다. 흡수제가 배기가스에서 이산화탄소만을 선택적으로 포집하면 물과 질소는 그대로 ㉡ 굴뚝을 통해 대기 중으로 배출된다. 흡수제가 이산화탄소를 포집할 수 있는 한계, 즉 흡수 포화점에 다다르면 흡수제는 ㉢ 연결관을 통해 ㉣ 재생탑 상단으로 이동하게 되고, 여기에서 고온의 열처리 과정을 거치게 된다. 열처리를 하는 이유는 흡수제에 달라붙어 있는 이산화탄소를 분리하기 위해서이다. 흡수제에 달라붙어 있던 이산화탄소는 130℃ 이상의 열에너지를 받으면 기공 밖으로 빠져나오게 되고, 이산화탄소와 분리된 흡수제는 다시 이산화탄소를 포집할 수 있는 원래의 상태로 재생된 후, 흡수탑 상단으로 보내져 재사용된다. 이처럼 흡수제가 이산화탄소를 포집하고 흡수제가 다시 재생되는 흡수와 재생 공정을 반복하면 90% 이상 고농도의 이산화탄소를 모을 수 있게 되는데, 이렇게 모아진 이산화탄소는 이송에 편리하도록 압축기에서 압축 공정을 거치게 된다. 압축된 이산화탄소는 파이프라인이나 철도, 선박 등의 수송 시설을 통해 땅속의 저장소로 이송되고, 저장소로 이송된 이산화탄소는 800m 이상의 깊이에 있는 폐유전이나 가스전 등에 주입되어 반영구적으로 저장된다.

① ㉠에서는 화학반응을 통해 이산화탄소가 흡수제에 달라붙는다.
② ㉡로 배출되는 배기가스에는 물과 질소가 포함되어 있다.
③ ㉢는 흡수 포화점에 다다른 흡수제가 이동하는 통로이다.
④ ㉣에서는 흡수제가 이산화탄소의 열을 흡수하면서 재생된다.

16 ㉠을 활용하는 이유로 가장 적절한 것은?

> 단청이라 하면 일반적으로 목조 건물에 여러 가지 색으로 무늬를 그려 아름답게 장식하는 것을 말한다. 단청의 가장 대표적인 기법으로는 '빛넣기', '보색대비', '구획선 긋기' 등이 있다.
>
> 그중 보색대비는 ㉠ 더운 색 계열과 차가운 색 계열을 서로 엇바꾸면서 색의 층을 조성함으로써 색의 조화를 이끌어내는 것을 말한다. 예를 들어 오색구름 문양을 단청할 때 더운 색과 차가운 색을 엇바꾸면서 대비시키는 방법이 그것인데, 이것을 통해 색의 조화를 이끌어낼 수 있으며 문양의 시각적 장식 효과를 더욱 높일 수 있다.

① 시각적 장식 효과를 얻기 위해
② 여러 가지 빛을 만들어내기 위해
③ 명도의 차이를 분명히 드러내기 위해
④ 단청 작업 시 빛 넣기를 쉽게 하기 위해

17 다음 글에 대한 설명으로 가장 적절한 것은?

> 유추란 어떤 사물이나 현상의 성질을 그와 비슷한 다른 사물이나 현상에 기초하여 미루어 짐작하는 것을 말한다. 이는 학문 또는 예술 활동에서뿐만 아니라 일상생활에서도 흔히 행하고 있는 사고법이다.
>
> 유추는 '알고자 하는 특성의 확정 – 알고 있는 대상과의 비교 – 결론 내리기'의 과정을 통해 이루어진다.
>
> 동물원에 가서 '백조'를 처음 본 어린아이가 그것이 날 수 있는가의 여부를 판단하는 과정을 생각해 보자. 이 경우 '알고자 하는 대상'과 그 '알고자 하는 특성'을 확정하면 '백조가 날 수 있는가?'가 된다. 그런데 그 아이가 자신이 이미 알고 있는 '비둘기'를 떠올리고는 백조와 비둘기 사이에 '깃털이 있다', '다리가 둘이다', '날개가 있다' 등의 공통점을 발견하였다. 이렇게 공통점을 발견하는 것이 바로 비교이다. 그다음에 '비둘기는 난다'는 특성을 다시 확인한 후 '백조가 날 것이다'고 결론을 내리면 유추가 끝난다.
>
> 많은 논리학자들은 유추가 판단을 그르치게 한다고 폄하한다. 유추를 통해 알아낸 것이 옳다는 보장이 없기 때문이다. 위의 경우 '백조가 난다'는 것은 옳다. 그런데 똑같은 방법으로 '타조'에 대해 '타조가 난다'라는 결론을 내렸다면, 이는 사실에 어긋난다. 이는 공통점이 가장 많은 대상을 비교 대상으로 선택하지 못했기 때문이다. 이렇게 유추를 통해 알아낸 것은 옳을 가능성이 있다고는 할 수 있어도 틀림없다고는 할 수 없다.
>
> 결국 유추를 통해 옳은 결론을 내릴 가능성을 높이는 것이 중요한데, '범위 좁히기'의 과정을 통해 비교할 대상을 선정함으로써 그 가능성을 높일 수 있다. 만약 어린아이가 수많은 새 중에서 비둘기 말고, 타조와 더 많은 공통점을 갖고 있는 것, 예를 들면 '몸통에 비해 날개 크기가 작다'는 공통점을 하나 더 갖고 있는 '닭'을 가지고 유추를 했다면 '타조는 날지 못할 것이다'는 결론을 내렸을 것이다.
>
> 옳지 않은 결론을 내릴 가능성을 항상 안고 있음에도 불구하고 유추는 필요하다. 우리 인간은 모든 것을 알고 태어나지 않을 뿐만 아니라 어느 한 순간에 모든 것을 알아내지는 못한다. 그런데도 인간이 많은 지식을 갖게 된 것은 유추와 같은 사고법을 가지고 있기 때문이다.

① 유추의 활용 사례들을 분석하면서 그 유형을 소개하고 있다.
② 유추의 방법과 효용을 알려주면서 그 유용성을 강조하고 있다.
③ 유추에 대한 학문적 논의의 과정을 시간 순서대로 소개하고 있다.
④ 유추의 문제점을 지적하면서 새로운 사고 방법의 필요성을 역설하고 있다.

18 다음 글을 참고할 때, 루소가 말한 '사회 계약'의 의미와 가장 유사한 것은?

> 루소 이전의 지배층과 민중 사이의 '사회 계약'은 일종의 수직적인 계약으로 볼 수 있다. 그 계약은 단지 아랫사람이 윗사람에게 즉 모든 민중이 왕에게 철저히 복종하겠다는 맹세였을 뿐이다.
>
> 그러나 루소는 이와는 완전히 다르게 생각했다. 그는 힘으로 민중들을 억누르고 공포심을 일으켜서 질서를 유지하려는 사상가들의 생각을 거부했다. 루소는 가난하고 배운 것 없는 사람들의 착한 마음을 믿었으며, 평범한 사람들이 서로 도와서 행복한 사회를 만들 수 있을 것이라고 생각했다. 즉 그는, 지배계급의 힘에 눌려서 아무 일 없이 조용하기만 한 사회가 아니라 사람들이 서로 도우며 소중한 가치를 추구하는 한 차원 높은 '질서'를 꿈꾸었던 것이다. 루소가 주장했던 사회 계약은 '자유롭게 행동하는 사람들'을 함께 묶는 수평적인 계약이었다. 그는 사람들이 스스로 뭉쳐서 창조한 공동체를 통해서 개인의 잠재력을 최대한 발휘할 수 있다고 생각했다. 이처럼 루소 이전의 사상가들이 오로지 '통제'만을 생각했던 것에 비해 루소는 '협동'을 떠올렸다.
>
> 개인은 왜 자기 마음대로 행동하지 않고 사회 질서를 지키며 사회 발전을 위해 노력해야 하는가? 그것은 누가 시켜서 강제로 따르는 것이 아니라 그렇게 하는 것이 개인과 사회 모두에게 이익이 되기 때문이다.

① 가족회의에서 결정한 여행을 어머니의 입원으로 아버지가 취소한 경우
② 주민 대표가 주민들의 합의 없이 어두운 골목에 가로등을 설치한 경우
③ 체육 대회에서 학급 반장의 주도로 우승하여 학급 반장이 공로상을 받는 경우
④ 마을 청년회에서 주민들의 동의를 얻어 운영한 도서관이 주민 모두에게 만족을 준 경우

19 다음에 나타난 언어 현상과 가장 유사한 것은?

> 어떤 명사에 '없다'를 붙여 만든 단어 가운데 형태상으로 보면 원래의 단어와 서로 정반대의 의미를 담은 모습이지만, 실제 언어 생활에서는 두 단어가 거의 비슷한 의미로 사용되기도 한다. 이러한 경우 그 단어가 원래 지니고 있는 의미에다가 다른 의미까지 함께 지니게 되어 단어 자체에 의미적 모순이 생기게 된다.
>
> "저 사람 참 밥맛없게 굴지?"
> "걔 정말 밥맛이야."
>
> "엉터리없는 수작 부리지 마."
> "그 사람 말은 엉터리야."

① "그것이 문제로군."
② "보통 안목이 아니군."
③ "이 어려운 형편에……."
④ "그래, 그 사람 주책이지."

20 다음 글과 관련하여 해석이 적절하지 않은 것은?

> 단어의 의미는 역사적 사회적 상황에 따라 변화한다. 단어의 의미 변화는 본래의 의미보다 그 뜻의 사용 범위가 넓어지는 '의미 확대', 사용 범위가 좁아지는 '의미 축소', 전혀 다른 의미 영역으로 바뀌는 '의미 이동' 등 다양한 양상으로 나타난다. 단어의 의미는 언중에 의해 만들어지는 것이므로 그 의미 변화를 막을 수는 없다.

보기

> ㉠ 그 운전기사는 참 점잖은 양반이야.
> ㉡ 수돗가에 가서 얼굴을 깨끗이 씻어라.
> ㉢ 이번 달 우리 학교의 저축왕은 누가 될까?
> ㉣ 나는 어린 시절의 대부분을 시골에서 보냈다.

① ㉠의 '양반'은 옛날에는 '높은 신분'을 뜻하였으므로 의미 축소로 볼 수 있겠군.
② ㉡의 '얼굴'은 옛날에는 '몸 전체'를 뜻하였으므로 의미 축소로 볼 수 있겠군.
③ ㉢의 '왕'은 옛날과 달리 '한 분야의 으뜸이 되는 사람'을 뜻하므로 의미 확대로 볼 수 있겠군.
④ ㉣에서 '어린'은 옛날에는 '어리석다'의 뜻으로 사용되었으므로 의미 이동으로 볼 수 있겠군.

제 13 일 적중의 지혜

01 다음 글의 중심 내용으로 가장 적절한 것은?

> 아돌프 아이히만은 히틀러의 고위급 장교로, 유대인들을 수용소로 이송하는 총책임자였다. 그는 유대인을 여러 수용소로 나누어 독가스실로 보내 대량 학살했다. 전 세계 사람들은 그를 악마나 괴물로 생각했지만, 놀랍게도 그는 우리와 같이 지극히 평범한 인물이었다. 전후 그의 범죄 행위를 두고 재판이 열렸고, 8개월의 긴 재판 과정은 전 세계로 생중계되었다.
>
> 법정에서 아이히만은 "나는 칸트의 규정대로 살았다. 잘못한 것이 있다면 단지 법을 따르고 지시와 명령에 충실히 복종한 것일 뿐, 나는 죄가 없다."라고 말했다. "그러면 당신들은 법의 명령을 따르지 않을 텐가."라고 되묻기까지 했다. 재판 과정을 취재한 정치철학자 아렌트는 아이히만이 유죄인 이유를 "다른 사람의 처지를 생각할 줄 모르는 생각의 무능 때문"이라고 말했다.
>
> 아이히만의 항변은 '법이 사람을 위해 존재하는 것인지 사람이 법을 위해 존재하는 것인지' 헷갈리게 한다. 히틀러는 "사람들이 깊이 생각하지 않는다는 것은 그들을 관리하는 정부에게 큰 행운이다."라고 말했다. 아무 생각 없이 상황에 따라 행동하고, 주어진 일에만 연연하며 사유하지 않을 때 우리 역시 아이히만과 같은 사람이 될 수 있다는 말이다.

① 아돌프 아이히만은 단순히 명령에 따랐을 뿐, 자신의 행위에 대한 법적 책임은 없다고 주장했다.
② 아이히만은 지극히 평범한 인물이었으나, 생각의 무능으로 큰 범죄를 저질렀다는 점에서 그를 악마나 괴물로 보는 시각은 지나치다.
③ 아이히만의 재판은 법과 도덕, 개인적 책임의 복잡성을 드러내며, 모든 사람은 법에 따라 무조건 복종해야 한다는 생각을 강조한다.
④ 아이히만의 사례는 개인이 사유 없이 명령에 맹목적으로 복종할 때 큰 비극이 발생할 수 있음을 경고하며, 사유의 중요성을 강조한다.

02 밑줄 친 부분이 〈보기〉의 ㉠에 해당하는 것은?

> 보기
>
> 국어의 시제는 기준이 되는 시점이 무엇인가에 따라 절대 시제와 상대 시제로 나뉜다. 절대 시제는 발화 시점을 기준으로 한 시제이고, 상대 시제는 발화 시점이 아닌 다른 시점을 기준으로 한 시제이다. 국어에서 '-(으)ㄴ, -는, -(으)ㄹ'이 결합한 관형절의 시제는 절대 시제로 해석될 수도 있고, 상대 시제로 해석될 수도 있다. 이때 상대 시제의 기준 시점은 대체로 안은문장이 나타내는 사건 및 상황의 시간적 위치이다. 예를 들어 "내가 그린 그림이 호평을 받았다."에서 관형절 '내가 그린'의 시제는 '호평을 받았다'는 ㉠ <u>안은문장의 시점을 기준으로 한 상대 시제로 과거이면서, 발화 시점을 기준으로 한 절대 시제로도 과거</u>이다.

① 그가 목장에서 <u>달리는</u> 말을 보았다.
② 제주도로 휴가를 <u>떠나는</u> 사람이 많다.
③ 그녀가 기분이 <u>좋은</u> 이유는 날씨가 좋아서이다.
④ 형이 동생 것으로 <u>구입한</u> 연습장을 가방에서 꺼냈다.

03 〈보기〉를 통해 국어의 종성 표기법에 대해 이해한 내용으로 적절하지 않은 것은?

보기

역사적으로 국어의 종성 표기법에는 크게 표음적 표기와 표의적 표기가 있었다. 표음적 표기는 단어의 기본 형태를 밝혀 적지 않고 소리 나는 대로 적는 표기 방법으로 중세 국어에서 일반적인 표기 원리로 사용되었다. 중세 국어에서는 'ㄱ, ㄴ, ㄷ, ㄹ, ㅁ, ㅂ, ㅅ, ㆁ'의 8개 자음만을 종성의 표기에 사용하였는데, 이를 '8종성법'이라고 한다. 근대 국어로 넘어가면서 음절 말에서 'ㄷ'과 'ㅅ'의 발음이 구별되지 않게 되자 8종성법은 7종성법으로 변하게 되었는데 7종성법에서는 이전에 'ㄷ'으로 표기되던 종성이 'ㅅ'으로 표기되었다. 한편 표의적 표기는 단어의 기본 형태를 밝혀 적는 표기로 중세 국어의 일부 문헌에서 사용되었으며, 1933년에 한글 맞춤법 통일안을 발표한 이후로 오늘날까지 현대 국어에서 사용되고 있다.

① 현대 국어 '꽃'의 중세 국어 기본 형태는 '곶'인데 이것이 '곶'으로 표기되었다면 이는 표의적 표기를 따른 것이다.
② 현대국어 '벗'이 중세 국어에서 '벋'으로 표기되다가 근대 국어부터 '벗'으로 표기 되었다면 이는 7종성법의 영향이다.
③ 현대 국어 '잎'의 중세 국어 기본 형태는 '닢'인데 이것이 '닙'으로 표기되었다면 이는 표음적 표기를 따른 것이다.
④ 근대 국어의 표기에 7종성이 쓰인 것을 통해 당시에 표음적 표기에서 표의적 표기로 넘어갔음을 추정할 수 있다.

04 다음의 ㉠~㉣에 나타난 문제점에 대한 설명으로 적절하지 않은 것은?

㉠ 그때 그는 작업복을 입고 있었다.
㉡ 찬호는 마음이 착한 영수의 여동생을 기다리고 있었다.
㉢ 학생들이 수학여행을 다 가지 않았다.
㉣ 나는 웃으면서 마주 오는 친구에게 인사했다.

① ㉠: 그가 '작업복'을 입는 중인지, 아니면 완전히 착용한 상태인지 정확히 알 수 없다.
② ㉡: '영수'와 '영수의 여동생' 중 누구를 기다리고 있는지 정확히 알 수 없다.
③ ㉢: '수학여행'을 가지 못한 학생이 일부인지, 전체인지 정확히 알 수 없다.
④ ㉣: '나'와 '친구' 중 누가 웃었는지 정확히 알 수 없다.

05 다음의 ㉠~㉣을 고쳐 써야 하는 이유와 그에 따라 고쳐 쓴 문장으로 적절하지 않은 것은?

㉠ 우리는 생각이 서로 틀린 것 같아.
㉡ 손님, 주문하신 음료수가 나오셨습니다.
㉢ 그에게 분위기에 걸맞는 옷을 골라 주었다.
㉣ 인간은 자연에 복종하기도 하지만 지배하기도 하는 존재이다.

		고쳐 써야 하는 이유		고쳐 쓴 문장
①	㉠	단어의 사용이 정확하지 않다.	→	우리는 생각이 서로 다른 것 같아.
②	㉡	높임법의 사용이 정확하지 않다.	→	손님, 주문하신 음료수가 나왔습니다.
③	㉢	어미의 사용이 잘못되었다.	→	그에게 분위기에 걸맞은 옷을 골라 주었다.
④	㉣	문장 성분들이 잘 갖추어지지 않았다.	→	인간은 자연에 복종하기도 하지만 반대로 지배하기도 하는 존재이다.

06 다음 글의 밑줄 친 결론을 이끌어내기 위해 추가해야 할 것은?

수학을 잘하는 사람은 모두 문제 해결 능력이 뛰어난 사람이다. 문제 해결 능력이 뛰어난 어떤 사람은 창의적인 사람이다. <u>따라서 창의적인 어떤 사람은 수학을 잘하는 사람이다.</u>

① 문제 해결 능력이 뛰어난 사람은 모두 수학을 잘하는 사람이다.
② 창의적인 사람은 모두 문제 해결 능력이 뛰어난 사람이다.
③ 문제 해결 능력이 뛰어난 어떤 사람은 창의적인 사람이다.
④ 수학을 잘하는 어떤 사람은 창의적인 사람이다.

07 (가)와 (나)를 전제로 할 때, 빈칸에 들어갈 결론으로 가장 적절한 것은?

(가) 책을 좋아하는 사람 중 일부는 영화에 관심이 없는 사람이다.
(나) 미술에 관심이 있는 사람은 모두 영화에 관심이 있는 사람이다.

따라서 [　　　　　　　　]

① 책을 좋아하는 사람 중 일부는 미술에 관심이 없다.
② 미술에 관심이 있는 사람 중 일부는 영화에 관심이 없다.
③ 영화에 관심이 없는 사람 중 일부는 책을 좋아하는 사람이다.
④ 영화에 관심이 없는 사람은 모두 책을 좋아하지 않는다.

08 다음 글의 내용에 대한 이해로 가장 적절한 것은?

역사란 무엇인가? 역사란, 인류 사회의 아(我, 나)와 비아(非我, 나의 대상으로 존재하는 모든 것)의 투쟁이 공간적, 시간적으로 확대 발전하는 심적 활동 상태의 기록이다. 세계사와 조선사는 각각 세계 인류와 조선 민족이 그렇게 되어 온 상태의 기록이다.

그렇다면 무엇을 '아'라고 하고 무엇을 '비아'라고 하는가? 깊이 파고 들어갈 것 없이 얕게 말하자면, 자기의 견해나 관점을 기초로 하는 위치에 선 자를 '아'라고 하고, 그 외에는 '비아'라고 한다. 이를테면, 조선인은 조선을 '아'라고 하고, 영국, 미국, 프랑스, 러시아를 '비아'라고 한다. 반대로 영국, 미국, 프랑스, 러시아는 자기 나라를 '아'라고 하고, 조선을 '비아'라고 한다. 무산 계급은 무산 계급을 '아'라고 하고, 지주나 자본가를 '비아'라고 하며, 지주나 자본가는 무산 계급을 '비아'라고 한다. '아'와 '비아'는 국가와 국가 사이에만 있는 것이 아니다. 의사라는 직업을 가진 사람들은 의사들을 가리켜 '아'라고 하고, 그렇지 않은 사람들은 모두 '비아'라고 한다. 이와 마찬가지로, 학문이나 기술, 의견, 그 밖의 어떤 부분에서든지 본위인 '아'가 있으면 '아'와 대치되는 '비아'가 있다. 심지어 '아'의 내부에도 '아'와 '비아'가 있다. 예를 들어, 같은 직업을 가졌지만 전공에 따라 외과와 내과 같이 여러 부문으로 나뉘는 의사들의 세계를 생각해 보면 쉽게 이해가 될 것이다. 이를 통해 우리는 '비아' 안에도 '아'와 '비아'가 있음을 알 수 있다. '아'에 대한 '비아'의 접촉이 몹시 번거롭고 바쁠수록 '비아'에 대하여 '아'도 더욱 맹렬하게 있는 힘을 다하여 싸운다. 그리하여 인류 사회의 활동은 그치는 때가 없고 역사의 미래도 완결될 날이 없다. 그러므로 역사는 '아'와 '비아'의 투쟁의 기록이다.

– 신채호, 〈조선상고사〉

① '아'는 자본가 계급에서 '비아'는 무산 계급에서 주로 나타난다.
② '아'의 움직임이 맹렬해지면 '비아'의 움직임은 저하된다.
③ '아'와 '비아'의 관계는 개인과 개인 사이에서만 발생한다.
④ '아'와 '비아' 사이에 투쟁이 일어나는 것은 자연스러운 현상이다.

09 다음 글의 빈칸에 들어갈 말로 가장 적절한 것을 고르면?

최근 우리나라와 중국은 국가 중심의 디지털 화폐 발행은 검토하되 암호 화폐에 대한 단속은 계속하겠다고 밝혔다. 그러나 이는 꽤 혼란스러운 이슈인데, 우선 국가가 발행하는 디지털 화폐는 자산으로서의 가치가 없기 때문이다. 즉 디지털 화폐는 지폐와 성격이 동일하다. 그러니 국가가 발행한 디지털 화폐 1만 원이 어느 날 암호 화폐처럼 2만 원이나 3만 원이 될 가능성은 없다. 투자 대상이 아니라 화폐로 사용하는 수단인 것이다.

그에 비해 암호 화폐는 정반대의 성격을 갖는다. 화폐로서의 기능은 하지 못한다. 그러나 자산으로서의 가치는 존재한다. 그래서 코인 1개가 5천 원에도 거래됐다가 4만 원에도 거래될 수 있다. 물론 그 코인이 왜 가치를 갖느냐에 대해서는 많은 논쟁이 남아있지만 가치가 있느냐 없느냐는 그것을 받아들이는 거래 당사자들이 결정한 일이다. 우리는 금이나 은을 가치가 있는 자산으로 받아들이지만 그게 왜 가치가 있는지를 우주인에게 설명하고 납득시킬 방법은 없다.

정부가 암호 화폐에 대해 부정적인 입장인 이유는 대체로 암호 화폐의 거래로 인한 가격의 급등락이 국민들의 삶에 부정적으로 작용한다고 판단하거나 그 거래를 중개하는 거래소의 신뢰도가 떨어진다고 생각하기 때문이다. 동일한 성격의 자산이지만 골동품 거래에 대해서는 별 단속을 하지 않는 이유는 골동품 거래는 별 부작용을 일으키지 않기 때문이다.

정부가 디지털 화폐를 발행할 가능성은 나라마다 다르지만 그것이 암호 화폐에 미치는 영향은 심리적 영향 이외에는 없다. 둘은 전혀 다른 성격이기 때문이다. 그러므로 논리적으로는 [　　　　　　　　]

① 한국은행이 블록체인을 활용해 디지털 화폐를 만들면 암호 화폐의 가격은 급락하게 되는 것이다.
② 한국은행이 블록체인을 활용해 디지털 화폐를 만들면 암호 화폐의 가격은 급등하게 되는 것이다.
③ 한국은행이 블록체인을 활용해 디지털 화폐를 만들든 말든 암호 화폐의 가격은 급락하게 되는 것이다.
④ 한국은행이 블록체인을 활용해 디지털 화폐를 만들든 말든 암호 화폐의 가격과는 아무 상관없는 일이다.

10 다음 글의 서술 방식에 대한 설명으로 가장 적절한 것을 고르면?

> 관세는 수출과 수입을 억제하므로 무역정책의 주요한 수단으로 이용되고 있다. 관세란 법정의 관세영역을 통과하는 수출입 화물에 부과되는 일종의 조세를 의미하는데, 관세영역을 통과하는 수출입화물에 대해 부과되고 법률 또는 조약에 따라 국가에 의해 강제적으로 징수된다. 그렇다면 관세가 부과되면 경제적으로 어떤 일이 일어나게 될까?
>
> 일반적으로 국내의 재화 시장에서는 수요곡선과 공급곡선이 만나는 지점에서 균형가격이 형성된다. 그런데 다른 나라와 자유무역을 하는 과정에서 국내의 균형가격과 다른 가격으로 재화를 수입하는 경우에는 생산과 수요가 달라지게 된다. 국내 가격보다 낮은 가격으로 수입이 되면 생산자들이 손실을 입게 되는 것이다.
>
> 그런데 재화에 관세가 부과되면 수입 가격이 더 상승하게 되고, 이는 생산자들의 이익으로 이어져 해당 재화의 공급량이 증가한다. 따라서 소비자의 이익은 줄어들고 생산자의 이익은 증가하는데, 그 폭이 같게 나타나지 않는다. 왜냐하면 줄어든 소비자 이익의 일부는 관세에 의한 정부의 수입 증가로 나타나기 때문이다.
>
> 따라서 관세는 국내 생산량과 고용, 그리고 정부의 재정 수입에도 영향을 미친다는 점에서 중요한 무역정책으로 활용된다. 하지만 관세를 부과하는 것은 재화의 자유로운 가격의 형성 작용에 대해 정부의 간섭으로 인해 왜곡을 초래한다는 점에서 비판을 받기도 한다.

① 특정 현상에 대한 장점들을 열거하고 있다.
② 특정 현상에 대한 다양한 관점들을 절충하고 있다.
③ 특정 개념을 다른 상황에 빗대어 이해하기 쉽게 설명하고 있다.
④ 특정 개념을 설명하고 이와 관련한 현상을 설명하고 있다.

※ 다음 글을 읽고 물음에 답하시오. [11-12]

> 〈추일서정〉은 가을날의 풍경을 회화적 구도로 제시하고 있지만 실상은 의도적으로 창조한 시인의 정신적 내면의 모습을 보여주고 있다. 독일의 폴란드 침공에 의한 제2차 세계대전의 발발이라는 역사적 비극과 우리 민족이 일제 식민지 치하에 억압받던 현실이 은연중에 오버랩되면서 황량한 공간적 배경이 가을의 쓸쓸함을 더해 준다. 파괴된 도시의 상상으로부터 시적 화자의 시점은 눈앞의 구체적 현실로 돌아온다. 멀리 햇빛 속에 비치는 길이 넥타이처럼 풀어져 사라지며 한낮의 적막 속에 모든 것이 사라지고 마는 상실과 소멸의 정서를 그려낸다. 잎이 ⓐ 떨어져 앙상하게 줄기를 드러낸 나무, 허옇게 흉한 모습을 보이는, 뜯겨나간 공장의 지붕, 망가져 구부러진 철책은 더욱 황폐하고 쓸쓸한 느낌을 준다.
>
> 이렇듯 가을 풍경 속에서 모든 것이 상실되는 가운데 한 덩이 구름마저 없어질까 아쉬워하는 시적 화자의 심정이 잘 표현되어 있다. 이제까지 관찰자의 입장에 있던 화자가 허전한 마음을 진정하지 못하고 허공에 돌을 던져본다. 그러나 그 돌팔매도 쓸쓸한 풍경 속에서 허전함을 더하며 제자리로 돌아올 뿐이다. 이 작품은 문명비판적인 지성과 현대적인 감성이 잘 조화되어, 세련된 이미지로 우리 내면에 새로운 심상 공간을 조형해 내고 있다.

11 다음 글을 이해한 내용으로 적절하지 않은 것은?

① 〈추일서정〉은 가을이라는 계절적 배경을 통해 시대적 배경뿐만 아니라 시인의 정서까지 복합적으로 드러내는 작품이다.
② 〈추일서정〉에는 자연의 아름다움보다는 황량함, 쓸쓸함이 더욱 강조되어 있다.
③ 〈추일서정〉의 시적 화자는 가을이 소멸적 정서를 지닌다는 주장에 대하여 동의할 것이다.
④ 〈추일서정〉에서 드러나는 가장 중심적인 정서는 아쉬움이다.

12 문맥상 ⓐ의 의미와 가장 가까운 것은?

① 그 아이는 어쩌다 타락의 길로 떨어지게 되었을까.
② 그 지역까지 적의 수중에 떨어진다면 패배가 거의 확실시된다.
③ 이미 정이란 정은 다 떨어져서 다시는 보고 싶지 않아.
④ 빗방울이 한두 방울씩 웅덩이에 떨어지기 시작했다.

※ 다음 글을 읽고 질문에 답하시오. [13-14]

디지털 시대로 들어서며 삶과 사회의 대부분이 인터넷에 기록되고 기억되는 세상이 됐다. 검색엔진은 문서뿐 아니라 이미지, 영상까지 검색 결과로 내놓으며 나날이 진화하고 있다. 이전에는 시간이 지나면 사람들의 기억 속에 사라졌던 정보가 인터넷에 계속 남아있게 됐고, 검색엔진을 통해 언제나 누구든 정보를 찾기도 쉬워졌다. 예를 들어 도서관에 가서 엄청난 양의 책 가운데 필요한 정보를 찾는 것과 모두 데이터베이스화되어 있어 키워드 검색 한 번이면 해당 정보를 찾는 것은 다르지 않은가. 이런 흐름 속에서 인터넷에 검색되는 자신의 정보를 지워달라는 '잊혀질 권리'(Right to be Forgotten)에 대한 목소리가 나왔다.

(가)

EU는 1995년에 정보보호법을 제정해 검색 사업자를 데이터 수집업체로 규정하고 규제 대상으로 삼아 왔다. 이어서 2012년에 유럽 일반정보보호규정(General Data Protection Regulation, GDPR)에서 공식 적으로 잊혀질 권리라는 개념이 처음 나왔다.

(나)

전통적으로 미국은 표현의 자유를 보장하고, 유럽은 사생활과 인간의 존엄성이란 가치를 더 중시해 왔다. 개인정보의 중요성에 대해서도 둘은 입장 차이를 꾸준히 보여 왔다. 미국은 수정헌법 제1조에 의거해 '표현의 자유'를 우선시하지만 유럽은 유럽인권협약 제8조를 토대로 '잊혀질 권리'를 강조한다.

(다)

이런 입장 차는 나중에 글로벌 IT 기업의 개인정보 활용에 대한 갈등을 크게 만들 수 있다. 게다가 유럽사 법재판소가 내놓은 잊혀질 권리에 대한 인정 판결의 영향을 가장 크게 받을 구글이나 페이스북과 같은 IT 기업들은 거의 모두 미국 회사이기도 하다.

(라)

잊혀질 권리가 표현의 자유를 침해한다는 의견도 있다. A 대학의 교수는 "일반인들의 소통의 자유 및 표현의 자유를 심각하게 제약한다"라고 말한다. 그는 "사람의 이름을 검색어로 한 검색결과에서 해당 정보를 담은 링크를 빼는 것은 정보 삭제와는 다르다고 주장할 수도 있겠지만, 인터넷과 같은 정보의 바다에서 과연 '검색 되지 않은 정보'가 '존재하지 않는 정보'와 어떤 차이가 있는지 의구심이 든다"라고 밝혔다.

B대학의 연구위원 역시 지난 6월 9일 오픈넷이 마련한 '인터넷의 자유와 개인정보보호' 토론회에서 "법 권력을 소유한 집단에 유리하다"라며 "이는 국가권력과 기업권력, 정치인의 불편한 진실에 대한 접근성을 제한할 가능성이 높아진다"라고 말했다. C 박사는 "이미 구글이 삭제 신청을 받기 시작한 후, 대형 음반사들이 P2P 사이트들을 지워달라고 대량의 신청서를 냈다"라며 "이미 돈이 있는 집단이 이용하고 있다"라고 말했다.

13 다음 글에서 〈보기〉의 내용이 들어갈 곳으로 가장 적절한 것을 고르면?

보기

잊혀질 권리는 자신이 수집을 동의한 개인정보를 삭제할 것을 요구하는 권한인 '개인정보 삭제 청구권'이다.

① (가) ② (나)
③ (다) ④ (라)

14 다음 중 글의 내용과 일치하지 <u>않는</u> 것을 고르면?

① 잊혀질 권리란 개념이 처음 나온 것은 유럽이다.
② 유럽은 정보보호법에 의거하여 데이터 수집업체를 규제 대상으로 삼아 왔다.
③ 디지털 시대에서 인터넷은 문서 외 다양한 형태로 정보가 저장된다.
④ 대중은 잊혀질 권리를 통해서 법 권력을 소유한 사람들을 견제할 수 있다.

15 다음 글의 내용이 참일 때, 참인지 거짓인지 알 수 있는 것만을 〈보기〉에서 모두 고르면?

머신러닝은 컴퓨터 공학에서 최근 주목 받고 있는 분야이다. 이 중 샤펠식 과정은 성공적인 적용 사례들로 인해 우리에게 많이 알려진 학습 방법이다. 머신러닝의 사례 가운데 샤펠식 과정에 해당하면서 의사결정트리 방식을 따르지 않는 경우는 없다.

머신러닝은 지도학습과 비지도학습이라는 두 배타적 유형으로 나눌 수 있고, 모든 머신러닝의 사례는 이 두 유형 중 어디엔가 속한다. 샤펠식 과정은 모두 전자에 속한다. 머신러닝에서 새로 떠오르는 방법은 강화학습인데, 강화학습을 활용하는 모든 경우는 후자에 속한다. 그리고 의사결정트리 방식을 적용한 사례들 가운데 강화학습을 활용하는 머신러닝의 사례도 있다.

보기

ㄱ. 의사결정트리 방식을 적용한 모든 사례는 지도학습의 사례이다.
ㄴ. 샤펠식 과정의 적용 사례가 아니면서 의사결정트리 방식을 적용한 경우가 존재한다.
ㄷ. 강화학습을 활용하는 머신러닝 사례들 가운데 의사결정트리 방식이 적용되지 않은 경우는 없다.

① ㄴ ② ㄷ
③ ㄱ, ㄴ ④ ㄱ, ㄷ

16 다음 〈보기〉의 명제가 모두 참일 때, 도출할 수 있는 결론으로 적절한 것을 고르면?

보기
㉠ 노트북 두께가 두꺼우면 무게가 무겁다.
㉡ 사람들에게 인기가 많지 않은 노트북은 화질이 좋지 않다.
㉢ 무게가 무거운 노트북은 사람들에게 인기가 많지 않다.

① 사람들에게 인기가 많지 않은 노트북은 두께가 두껍다.
② 무게가 무거운 노트북은 두께가 두껍다.
③ 화질이 좋은 노트북은 무게가 무겁지 않다.
④ 사람들에게 인기가 많은 노트북은 두께가 두껍다.

17 다음 글을 통해 알 수 있는 내용이 아닌 것은?

우리 몸의 유전자에서 돌연변이가 발생할 경우 암이 생긴다. 암세포는 세포의 성장 인자가 없어도 분열을 멈추지 않는다. 이들은 성장 인자를 스스로 만들어 내거나, 성장 인자가 없음에도 불구하고 신호 전달 경로의 이상으로 인해 성장 활성화 신호가 세포 내에서 생성되기 때문이다. 암세포는 영양분이 계속 공급되기만 하면 무한정 분열을 계속할 수 있다.

암세포의 비정상적인 특성이 신체 내에서 나타나는 것은 치명적일 수 있다. 이러한 문제는 조직 내의 한 세포에서, 정상 세포가 암세포로 변화하는 과정인 형질 전환이 진행될 때 시작된다. 형질 전환이 이루어진 세포는 대부분의 경우 신체의 면역 시스템에 의해 파괴된다. 그러나 이러한 파괴 과정을 피한 세포가 증식을 계속하면 비정상 세포의 덩어리인 종양을 형성한다. 종양에는 양성과 악성이 있는데, 양성 종양은 심각한 문제를 일으키지 않으며, 외과적 수술로 완전히 제거될 수 있다. 반면에 악성 종양은 유전자와 세포의 변이로 인해 세포가 다른조직으로 퍼져 나가고, 하나 혹은 여러 기관의 기능을 손상시킨다. 이때 악성 종양을 암이라고 부른다.

악성 종양 세포의 문제는 과다한 증식 이외에도 여러 가지가 있다. 이들은 비정상적인 숫자의 염색체를 가지고 있기도 하며, 물질 대사가 정상 세포와는 현저히 다르다. 또한 세포 표면의 비정상적인 변화 때문에 이웃한 세포에 결합하지 못하고, 주변 조직으로 퍼져 나갈 수 있다. 암세포는 또한 종양으로 혈관이 자라도록 유도하는 신호 물질을 분비한다. 몇 개의 암세포들이 원래의 종양으로부터 떨어져 나와 혈관과 림프관으로 들어가서 신체의 다른 부위로 이동할 수 있기 때문에 다른 부위에 증식하여 새로운 종양을 형성한다. 이렇게 암세포가 원래의 위치에서 멀리 떨어진 다른 곳으로 퍼져 가는 것을 전이라고 한다.

암을 유발하는 유전자의 변이는 몸을 만드는 체세포에서 우연히 발생하기 때문에 암은 예측이 어렵고 확실한 예방법도 없다. 또한 암세포의 전이는 더욱 치명적일 수 있다. 과학자들은 이러한 한계를 넘어서기 위해 암의 특징을 규명하기 위해 노력해 왔고, 최근의 암 치료는 환자의 종양 종류와 특성에 따라 개인에게 맞추어 이루어지고 있다.

① 암이 생기는 이유
② 암을 치료하기 위한 구체적인 방법
③ 정상 세포가 암세포로 전환되는 과정
④ 악성 종양을 구성하는 세포들의 문제점

18 다음 글에서 추론할 수 있는 것은?

인문지리학자들에 따르면 '중심지'는 배후지에 재화와 서비스를 제공하는 곳을 말하며, '배후지'는 중심지로부터 재화와 서비스를 제공받는 곳을 말한다. 중심지의 예는 식당, 슈퍼마켓 혹은 백화점, 동네 병원 혹은 대학 병원이다. 그리고 '최소요구치'는 중심지 기능이 유지되기 위한 최소한의 수요를 말한다. 가령 어떤 중국집이 하루에 자장면 50그릇을 팔아야 본전이 유지된다면 최소요구치는 50그릇이다. 그리고 이 50그릇에 대한 수요 인구가 분포하는 범위를 '최소요구치 범위'라고 부른다. 또 '재화 도달범위'는 중심지 기능이 미치는 최대의 공간 범위를 말한다. 위의 중국집의 경우 재화 도달 범위는 배달권으로 해석가능하다.

① 인구가 줄면 중심지 수가 배후지 수를 능가할 것이다.
② 인구밀도가 증가하면 최소요구치 범위는 확대될 것이다.
③ 수요자들의 소득 향상은 최소요구치 범위를 확대시킬 것이다.
④ 중심지가 성립하기 위해서는 최소요구치 범위가 재화도달 범위 안에 있어야 한다.

19 다음 글에서 ㉠을 올바르게 이해한 사람의 반응으로 적절한 것은?

우리나라 사람들은 부당하게 삶을 저해하는 요소가 침입하였을 때, '살(殺)이 끼었다'고 한다. 이러한 '살'은 풀어서 물리쳐야 살 수 있다. 이를 위해서는 우선 살이 끼게 된 요인을 정확하게 파악하는 것이 요구된다. 이를테면, 살아가는 데 해를 끼치는 것을 잘 알아 이와 대결하면서 악을 물리치는 살풀이는 생존의 방식이며 수단이 된다. 살의 정체가 드러나 그것에 대한 싸움의 정신이 투철할 때, 살풀이는 삶의 자리를 튼튼하게 보장해 준다.

이와 같이 '현실 인식, 현실 투쟁, 현실 해소'의 과정으로서의 살풀이는 곧 제대로 살아 있음을 위해 제각기 제 나름으로 삶을 사는 생명체의 자기 회복 과정인 것이다. 이러한 살풀이의 과정이 절정에 오를 때 ㉠ <u>신인융합, 성속일여와 같은 초인적 능력</u>이 보통 인간에게도 주어진다. 이때, 놀이 체험은 절정에 오르게 되며, 놀이와 춤이 베풀어진다. 살풀이 과정에서의 이러한 체험이 곧 '신명'이다. 말하자면, 신명이란 굴절되고 억압된 생명력을 한꺼번에 풀어헤쳐 활기를 돋우는 새로운 창조적 체험인 것이다.

① 신명을 받아서 춤을 추는 모습은 신의 명령을 인간이 수행하고 있다는 말이야.
② 살풀이를 이해한 사람이라면 누구나 신과 같은 능력을 발휘할 수 있다는 말이야.
③ 살풀이춤을 추는 마당에서는 신과 인간, 반상이 구별되지 않는다는 말이야.
④ 굿이 절정에 다다랐을 때 무당이 맨발로 작두날 위에 올라서는 모습을 예로 들 수 있어.

20 다음 글의 중심 내용을 이끌어 내기 위한 질문으로 가장 적절한 것은?

> 20세기 들어 서양미술은 대상의 사실적 묘사보다 회화의 조형적 특질을 강조하는 추상회화의 경향이 두드러졌다. 회화의 조형 요소는 어떤 면에서는 음악의 구성 요소인 가락이나 리듬, 박자 등과 비슷하다고 할 수 있다. 가사가 있는 노래도 있지만, 음악은 주로 추상적인 가락이나 리듬, 박자에 의해 구성되고, 그것만으로도 우리에게 큰 감동을 준다. 미술 역시 주제나 내용 없이 색이나 선만으로도 얼마든지 아름답게 구성할 수 있고, 그 구성으로 우리에게 큰 즐거움을 줄 수 있다. 추상회화는 노래에서 가사를 없애듯 그림 속에서 스토리나 사실적인 표현을 제거하고 순수하게 조형 요소에 의지해 제작한 작품이다. 그래서 비평가들은 추상회화 이전의 서양 미술을 문학적인 미술로, 추상회화 이후의 서양 미술을 음악적인 미술로 나누기도 한다. 이러한 추상회화의 출현은 서양 미술에서 미술의 새로운 가능성과 잠재력을 발견하게 되는 중요한 계기가 되었다.
>
> 추상회화는 결국 외부 세계를 묘사한 그림이 아니라 내면세계를 표현한 그림으로 요약할 수 있다. 추상회화에서는 외부의 형상을 제아무리 열심히 모방하고 잘 표현하더라도 별 의미가 없다. 화가의 내면에서 일어나는 느낌을 얼마나 잘 전달하느냐가 중요하다. 이러한 미술은 다른 대상을 반영하는 거울이 아니므로 자신의 존재 이유를 자기 안에서 찾는 미술이라고 할 수 있다. 유럽이 극단적인 모순과 갈등으로 엄청난 고통을 겪을 때 추상회화는 이렇듯 인간의 내면으로 눈을 돌려 인간 내면의 울림을 담아내려 했다.

① 추상회화의 특성은 무엇인가?
② 추상회화가 나아갈 길은 무엇인가?
③ 음악과 추상회화는 어떤 차이가 있는가?
④ 음악과 미술을 접목한 통합 예술은 가능한가?

제 14 일 적중의 지혜

01 다음 글의 ㉠~㉣ 중 어색한 곳을 찾아 가장 적절하게 수정한 것은?

> 이연법인세는 이월하여 연기한 법인세란 뜻으로, 기업회계로 산정한 과세금액과 세무회계로 계산한 과세금액이 서로 ㉠ 다를 때 그 차이를 처리하는 회계상의 항목을 말한다. 세무회계에서 과세소득을 산정하는 익금(益金)과 손금(損金)은 기업회계에서는 수익과 비용이라고 하는데, 이러한 차이는 익금과 수익 또는 손금과 비용을 결정하는 방법이 ㉡ 같아 발생한다.
>
> 이연법인세는 이연법인세차(借)와 이연법인세대(貸)의 두 가지로 표기된다. 이연법인세차는 기업회계로 계산한 법인세가 세무회계의 법인세보다 작을 때 향후 세무당국에 납부할 세금에서 공제받을 수 있으므로 자산으로 잡는 것을 의미하고, 이연법인세대는 그 반대로 ㉢ 더 납부해야 할 의무가 있는 부채로 기재함을 뜻한다.
>
> 이연법인세는 현금주의에 근거한 세법상의 법인세 비용을 발생주의적인 재무제표에 통합하기 위한 회계방법으로, 1998년부터 시행되었다. 그러나 정식 방법은 ㉣ 회계상 복잡한 것을 감안하여 비상장 중소기업이나 비등록 기업에는 적용하지 않고 법인세법상 기업이 부담해야 할 법인세액을 손익계산서에 나타내도 무방하도록 하고 있다.

① ㉠: 같을 때
② ㉡: 달라
③ ㉢: 공제받을 권리가 있는 자산으로 기재함
④ ㉣: 회계상 단순한 것을 감안하여

※ 다음을 읽고 물음에 답하시오. [02-03]

> Ⅰ. 디스플레이 시장의 전망
> – 대형 디스플레이의 성장 폭은 소형 디스플레이의 성장 폭보다 훨씬 더 클 것임
> Ⅱ. OLED(유기 발광다이오드)의 특성
> 1. OLED는 얇고 가볍다.
> 2. OLED는 휘거나 접을 수 있다.
> 3. OLED에서는 완전한 블랙을 표현할 수 있다.
> 4. 투명 디스플레이가 가능하다.
> 5. 부분 켜짐/꺼짐(On/Off)이 가능하다.
> Ⅲ. 대형 OLED가 가져올 삶의 변화
> 1. 대형 OLED 디스플레이를 응용한 제품 아이디어
> 2. 대형 디스플레이의 진화가 가져오는 삶의 변화
> Ⅳ. 맺음말

02 위 개요를 바탕으로 쓴 글의 제목으로 가장 적절한 것은?

① 뉴스로 본 스마트 시티의 전망
② 세상을 바꾸는 디스플레이의 진화
③ 인공지능이 가져온 삶의 방식 변화
④ OLED의 발전이 이룬 해상도와 색채 재현력

03 위 개요에서 다음 내용과 가장 밀접하게 연결되는 것은?

> 이러한 특성을 도로 신호나 표지판에 적용하면 전력 소모를 크게 줄일 수 있고 설치 미술에 적용하면 예술적, 감각적으로 새로운 경험을 선사할 수 있다. 평소에는 꺼져 있다가도 일부분만 켜서 필요한 만큼만 표현할 수 있는 특성을 건축에 적용하면 소재와 디스플레이의 경계를 넘나들 수도 있게 된다. 드나드는 문이나 창문에 대형 OLED를 적용하면 평소에는 문이나 창문 일부처럼 있다가 필요할 때만 안내 문구나 광고를 송출할 수도 있다. 전에는 건물 벽이나 문에 메시지를 전하려면 포스트잇과 같은 종이에 문구를 써서 붙여 놓거나 대자보 혹은 현수막을 이용해야 했으나 이젠 그럴 필요가 줄어들게 되었다.

① Ⅱ. 1.　② Ⅱ. 2.
③ Ⅱ. 3.　④ Ⅱ. 5.

04 다음 글의 빈칸에 들어갈 말로 가장 적절한 것은?

> 서구사회의 기독교적 전통 하에서 이 전통에 속하는 이들은 자신들을 정상적인 존재로, 이러한 전통에 속하지 않는 이들을 비정상적인 존재로 구별하려 했다. 후자에 해당하는 대표적인 것이 적그리스도, 이교도들, 그리고 나병과 흑사병에 걸린 환자들이었는데, 그들에게 부과한 비정상성을 구체적인 형상을 통해 재현함으로써 그들이 전통 바깥의 존재라는 사실을 명확히 했다.
>
> 당연하게도 기독교에서 가장 큰 적으로 꼽는 것은 사탄의 대리자인 적그리스도였다. 기독교 초기, 몽티에랑데르나 힐데가르트 등이 쓴 유명한 저서들뿐만 아니라 적그리스도의 얼굴이 묘사된 모든 종류의 텍스트들에서 그의 모습은 충격적일 정도로 외설스러울 뿐만 아니라 받아들이기 힘들 정도로 추악하게 나타난다.
>
> 두 번째는 이교도들이었는데, 서유럽과 동유럽의 기독교인들이 이교도들에 대해 사용했던 무기 중 하나가 그들을 추악한 얼굴의 악마로 묘사하는 것이었다. 또한 이교도들이 즐겨 입는 의복이나 진미로 여기는 음식을 끔찍하게 묘사하여 이교도들을 자신들과는 분명히 구분되는 존재로 만들었다.
>
> 마지막으로, 나병과 흑사병에 걸린 환자들을 꼽을 수 있다. 당시의 의학 수준으로 그런 병들은 치료가 불가능했으며, 전염성이 있다고 믿어졌다. 때문에 자신을 정상적 존재라고 생각하는 사람들은 해당 병에 걸린 불행한 사람들을 신에게서 버림받은 죄인이자 공동체에서 추방해야 할 공공의 적으로 여겼다. 그들의 외모나 신체 또한 실제 여부와 무관하게 항상 뒤틀어지고 지극히 흉측한 모습으로 형상화되었다.
>
> 정리하자면, [   ]

① 서구의 종교인과 예술가들은 이방인을 추악한 이미지로 각인시키는 데 있어 중심적인 역할을 하였다.
② 서구의 기독교인들은 자신들보다 강한 존재를 추악한 존재로 묘사함으로써 심리적인 우월감을 확보하였다.
③ 정상적 존재와 비정상적 존재의 명확한 구별을 위해 추악한 형상을 활용하는 것은 동서고금을 막론하고 지속되어 왔다.
④ 서구의 기독교적 전통 하에서 추악한 형상은 그 전통에 속하지 않는 이들을 전통에 속한 이들과 구분짓기 위해 활용되었다.

05 ㉠ : ㉡의 관계와 가장 유사한 것은?

> 사춘기의 절정에 닿은 두 ㉠ 소년, ㉡ 소녀가 시골 마을 건너편에서 무엇을 찾아낼지 궁금증을 불러 모으는 영화 〈악의 꽃〉은 오는 5월 12일 개봉한다.

① 쉽다 : 어렵다　② 오른쪽 : 왼쪽
③ 참 : 거짓　④ 크다 : 작다

06 다음 진술이 모두 참일 때 반드시 참인 것은?

> • 갑이 거짓말을 하면, 을이 화를 내지 않는다.
> • 먹을 것이 풍족하지 않으면, 을이 화를 낸다.
> • 회의가 개최되면, 갑이 거짓말을 한다.

① 을이 화를 내면, 회의가 개최된다.
② 갑이 거짓말을 한다.
③ 회의가 개최되면, 먹을 것이 풍족하다.
④ 먹을 것이 풍족하지 않다.

07 다음 글의 빈칸 ㉠~㉣에 들어갈 내용으로 적절하지 않은 것을 고르면?

> 동물의 행동을 선하다거나 악하다고 평가할 수 없는 이유는 동물이 단지 [㉠]에 따라 행동할 뿐이기 때문이다. 오직 인간만이 욕구와 감정에 맞서서 행동할 수 있다. 인간만이 이성을 가지고 있다. 그러나 인간이 전적으로 이성적인 존재는 아니다. 다른 동물과 마찬가지로 인간 또한 감정과 욕구를 가진 존재다. 그래서 인간은 이성과 감정의 갈등을 겪게 된다.
>
> 그러한 갈등에도 불구하고 인간이 도덕적 행위를 할 수 있는 까닭은 이성이 우리에게 도덕적인 명령을 내리기 때문이다. 도덕적 명령에 따를 때에야 비로소 우리는 [㉡]을(를) 한 것이다. 만약 어떤 행위가 이성의 명령에 따른 것이 아닐 경우 그것이 결과적으로 의무와 부합할지라도 의무에서 나온 행위는 아니다. 의무에서 나온 행위가 아니라면 심리적 성향에서 비롯한 행위가 되는데, 심리적 성향에서 비롯된 행위는 [㉢]. 불쌍한 사람을 보고 마음이 아파서 도움을 주었다면 이는 결국 심리적 성향에 따라 행동한 것이다. 그것은 감정과 욕구에 따른 것이기 때문에 도덕적 행위일 수가 없다.
>
> 이와 같은 심리적 성향에 따른 행위가 도덕적일 수 없는 또 다른 이유는, 그것이 상대적이기 때문이다. 감정이나 욕구는 주관적이어서 사람마다 다르며, 같은 사람이라도 상황에 따라 변하기 마련이다. 때문에 이는 시공간을 넘어 모든 인간에게 적용될 수 있는 보편적인 도덕의 원리가 될 수 없다. 감정이나 욕구가 어떠하든지 간에 이성의 명령에 따르는 것이 도덕이다. 이러한 입장이 사랑이나 연민과 같은 감정에서 나온 행위를 [㉣] 것은 아니다. 단지 사랑이나 연민은 도덕적 차원의 문제가 아닐 뿐이다.

① ㉠: 본능적 욕구
② ㉡: 의무에서 비롯된 행위
③ ㉢: 도덕성과 무관하다
④ ㉣: 인정하는

08 ㉠, ㉡에 대한 이해로 적절하지 않은 것은?

> ㉠ 시대적 차이가 크게 나는 글일수록 당대의 글쓰기 관습이나 독서 문화를 이해하고 그러한 부분들이 글에 어떻게 반영되어 나타나는지 살피면서 읽으면 독서에 대한 안목을 넓힐 수 있다. 고대에서 현대에 이르는 동안 과학 기술 문명의 발전에 따라 글쓰기나 독서의 문화도 크게 변화했기 때문이다.
>
> 예를 들어, ㉡ 인쇄 기술이 발전하지 못했던 시대에는 소수의 사람만이 지식을 독점하고 있었기 때문에 그들의 글은 매우 중요하게 여겨졌다. 이러한 글 가운데 인간에게 꾸준히 지혜를 전하는 책들은 "정전(正典)" 또는 "고전(古典)"으로 자리 잡게 되었다. 후대의 많은 사람들은 이 정전을 읽는 데 치중했고, 글을 쓸 때에도 그 권위를 빌려 글을 쓰고는 하였다. 우리가 옛글을 읽을 때에는 이와 같은 당대의 글쓰기 관습이나 독서 문화를 충분히 이해하고, 시대의 모습이 어떻게 반영되어 있는지 살피면서 읽는 것이 좋다.

① ㉠은 글쓴이가 살았던 시대의 관습과 문화는 글쓴이가 쓴 글에 영향을 미치기 때문에 중요한 의미를 지니고 있군.

② ㉠에 대한 이유는 독서를 통해 동시대의 사회 구성원들이 서로 지식과 정보를 공유하고 문화를 창출할 수 있기 때문이겠군.

③ ㉡의 시대에서는 한 권이라도 반복해 읽어 뜻을 완전히 헤아리고 암기하는 것이 중요한 독서 방법이겠군.

④ ㉡의 시대에서는 한 권의 책이 갖고 있는 희귀성과 소중함은 현재보다 더 컸겠군.

09 다음 글에서 '국가(권력)와 백성들의 관계'에 대해 전제하고 있는 것은?

> 심한 기근이 들어 풀 한 포기 찾아볼 수 없는 상황이 되면 한 마을 전체가 유민이 되어 다른 마을을 습격하고, 습격당한 마을은 또 유민이 되어 다른 마을을 습격하는 악순환이 일어난다. 이른바 영웅이란 그런 상황 속에서 태어난다. 어디 어디에 5천 명을 먹여 살릴 수 있는 사람이 있다는 소문이 퍼지면 모두 그 아래로 모여든다. 이윽고 그 수령이 5천 명의 생활을 보장할 수 없게 되면, 사방으로 눈을 돌려 5만 명을 먹여 살릴 수 있는 수령을 찾아 그 휘하에 들어간다. 마지막에는 100만 명의 생활을 보장하는 자가 가장 큰 세력을 거느리게 되는데, 이런 존재를 역사는 영웅이라 한다.
>
> 예로부터 정치의 일차적인 목적은 인민을 먹여 살리는 데에 있다. 왕조가 멸망할 때 유민이 대거 발생하고, 그 동란 속에서 유민을 먹여 살리는 수령이 나타나 옛 왕조를 무너뜨리고 새로운 왕조를 만든다. 다시 말해, 먹여 살릴 능력을 잃어버린 왕조에 대해서는 천명을 바꾸어 버린다. 혁명인 것이다. 그리고 다른 능력자에게 천명을 내린다. 이는 오늘날이라고 하여 무엇이 다르단 말인가?

① 백성은 굳건한 국가를 유지, 보수하는 일에 자부심을 느껴야 한다.

② 국가가 더욱 튼튼해지기 위해서는 대의명분에 따라 실리를 추구해야 한다.

③ 국가가 백성을 위해 존재하는 것이지, 백성이 국가를 위해 존재하는 것이 아니다.

④ 국가와 백성은 상호 보완적인 성격을 지니므로 협상하는 관계가 유지되어야 한다.

※ 다음 글을 읽고, 두 물음에 답하시오. [10~11]

대명사는 명사를 대신하는 말로, 사람이나 사물, 장소 등의 이름을 대신하여 가리키는 말로 사용하는 체언이다. 대명사는 그것이 무엇을 가리키느냐에 따라, 사람을 가리키는 인칭 대명사, 사물이나 장소를 가리키는 지시 대명사로 나눌 수 있다. 인칭 대명사는 화자 스스로를 가리키는 1인칭 대명사, 청자를 가리키는 2인칭 대명사, 화자와 청자 이외의 사람을 가리키는 3인칭 대명사로 나눌 수 있다.

대명사의 첫 번째 특징은 명사를 대신하는 기능을 갖고 있다는 점이다. 예를 들어 "철수가 책을 방에 두었다."라는 문장은, 명사인 '철수', '책', '방'을 대명사 '그', '그것', '거기' 따위로 대체하여 "그가 그것을 거기에 두었다."라는 문장으로 바꿔 쓸 수 있다.

대명사의 두 번째 특징은, 앞뒤 문맥이 파악되어야만 가리키는 것이 명확하게 밝혀진다는 점이다. "그가 그것을 거기에 두었다."라는 문장에서 '그', '그것', '거기'는 앞뒤 문맥이 주어져 있지 않으면 구체적으로 무엇을 가리키는지 알 수 없다. '그'는 '철수'가 아니라 '영수'일 수도 있고, '그것'은 '책'이 아니라 '연필'일 수도 있다. 이처럼 대명사는 문맥과 무관하게 동일한 의미로 파악되는 명사와는 달리 문맥에 따라 다른 의미로 해석될 수 있는데, 이러한 특성을 가리켜 '문맥 의존적'이라고 한다.

또한 대명사는 관형사의 수식은 받을 수 없고, 용언의 관형사형의 수식만 받을 수 있다는 문법적 특징을 가진다. '새 직원', '헌 옷'에서 알 수 있듯이 일반적인 명사는 관형사의 수식을 받을 수 있지만, '새 그', '헌 그것'과 같이 대명사는 관형사의 수식을 받을 수 없고, '새로운 그', '낡은 그것'처럼 용언의 관형사형에 의해서만 수식될 수 있다. 이처럼 대명사는 명사와는 다른 문법적 특성을 가지기 때문에 독립된 품사로 구분된다.

대명사에는 ⓐ <u>미지칭(未知稱) 대명사</u>와 ⓑ <u>부정칭(不定稱) 대명사</u>가 있는데, 가리키는 대상은 정해져 있으나 그 정체가 무엇인지 정확하게 모를 때, 혹은 알지만 굳이 그 정체를 밝혀 지칭하지 않을 때 사용되는 것이 미지칭 대명사이고, 가리키는 특정한 지시 대상이 없을 때 사용되는 것이 부정칭 대명사이다. 미지칭 대명사와 부정칭 대명사는 주로 의문문에서 쓰이지만 항상 그런 것은 아니다. 또한 미지칭이 '(이)나'나 '도'와 같은 보조사와 결합하게 되면 부정칭으로 쓰이기도 한다. 그 밖에도 앞에 이미 한번 나온 명사를 다시 가리킬 때 쓰이는 인칭 대명사인 재귀칭(再歸稱) 대명사도 있다.

10 윗글의 ⓐ, ⓑ에 해당하는 예를 바르게 짝지은 것은?

① ⓐ 밖에 <u>누가</u> 온 것 같습니다.
ⓑ 어디 사는 <u>누구</u>세요?
② ⓐ 사람은 <u>누구</u>나 죽기 마련이다.
ⓑ <u>누구</u>도 그에 대해서 잘 안다고 할 수 없어.
③ ⓐ 네가 주는 것이라면 <u>무엇</u>이든 감사히 받을게.
ⓑ 나간 김에 <u>뭐</u> 좀 사 올래?
④ ⓐ 윗동네 사는 <u>누구</u>는 벌써 추수를 끝냈다더라.
ⓑ 그 가게는 <u>언제</u> 가도 줄이 길더라.

11 윗글을 바탕으로 〈보기〉의 ㉠~㉣을 이해한 것으로 적절하지 <u>않은</u> 것은?

보기

지연: 현정아, 영희가 오늘 입은 ㉠ <u>그거</u> 정말 잘 어울리더라.
현정: 그렇지? 영희가 그 옷 주말에 ㉡ <u>자기</u>가 직접 골랐대.
(근처에서 둘의 대화를 듣고 '영희'가 다가와서)
영희: 아, ㉢ <u>이거</u>? 주말에 ㉣ <u>우리</u> 집 근처에 있는 옷 가게, <u>거기</u>에서 샀어.

① ㉠은 지시 대명사이므로 관형사의 수식을 받을 수 없다.
② ㉡은 바로 앞에 나온 '영희'를 다시 지칭하는 재귀칭 대명사이다.
③ ㉢은 앞뒤 문맥에 따라 가리키는 것이 달라지는 대명사이다.
④ ㉣은 자기와 듣는 이를 포함한 여러 사람을 가리키는 1인칭 대명사이다.

12 다음 글에 대한 설명으로 가장 적절한 것은?

> 경인년 2월에 큰누님께서 가락리 집에서 돌아가셨다. 누님 댁에는 한 쌍의 흰 거위를 기르고 있었는데, 누님이 돌아가시자 그 거위들이 안마당으로 들어와서는 안방을 바라보고 슬피 울었다. 이처럼 애처롭게 울기를 몇 달을 계속하니 온 집안 식구들이 그 때문에 더욱 가슴 아파하였다.
>
> 나는 그때 감사의 부관이 되어 멀리 있었으므로 그런 소문만 들었을 뿐 직접 보지는 못했다. 이듬해 봄에 무릉촌(武陵村) 집이 완성되었기에 그 한 쌍의 거위를 데려다 놓았다. 그런데 두 마리가 다 수컷이었다. 나는 그 당시 쓸쓸하고 심심하게 지내고 있던 참이라 그놈들을 데려오게 한 것이다.
>
> 눈처럼 깨끗한 깃털은 티끌 하나 묻지 않았고, 이놈이 울면 저놈이 따라서 우는 것이 마치 무슨 이야기를 나누는 듯하고, 물을 마셔도 함께 마시고 모이를 쪼아 먹어도 함께 먹었다. 또 그놈들이 마당을 빙빙 돌며 춤추듯 뛰어다니는 모양이 마치 서로를 위로해 주는 듯했다. 나는 정성으로 모이도 주고 물도 떨어지지 않도록 마음을 썼다. 날마다 그놈들과 노는 것이 하나의 재미가 되었는데 뜻밖에도 그 해 시월 열 나흗날 밤에 그 중 한 마리가 죽어 버렸다.
>
> 아침에 일어나서 거위 우리를 살펴보니 살아 있는 놈이 죽은 놈을 품고서 날개를 치며 슬피 울어 대고 있는 것이 아닌가. 그 울음소리가 하늘까지 사무치니 보는 사람마다 불쌍하고 안타까워 한숨을 지었다. 동네 아이들이 와서 죽은 놈을 가져가자, 산 놈은 바로 일어나 이리저리 배회하기 시작했다. 원망 어린 소리로 울어 대며 지난날 저희들이 놀고 모이를 쪼아 먹던 곳을 따라 사방으로 왔다 갔다 하는 것이 마치 죽은 놈을 찾는 것 같았다. 울음소리는 더욱 간절해지고 고통스러워지더니 열흘쯤 지나자 목이 쉬어 소리도 제대로 내지 못하게 되었다.
>
> 나는 이 거위를 보면서 생각했다. 저 거위는 하찮은 미물인데도 그 주인을 사모하는 정이 그처럼 충성스러웠고, 그 친구를 불쌍히 여기는 모습이 이처럼 의로우니 얼마나 아름다운가. 내가 보기에 세상에는 자신의 이익을 위해 친구를 팔기도 하고 자신까지도 팔아넘기는 사람들이 열에 다섯도 더 되는데, 하물며 나라에 충성하는 이는 몇 사람이나 될 것인가?
>
> 천지 사이의 많은 무리 가운데 오직 인간이 가장 귀한 존재이다. 그런데 저 꽉 막힌 미물인 거위는 군자의 지조를 지녔고, 신령스럽다는 인간은 도리어 미물만도 못하니, 그렇다면 사람의 옷을 입고도 말이나 소처럼 행동하는 그런 놈을 사람이라고 하는 것이 과연 옳은 일일까? 절대로 그렇지 않다. 반대로 깃털로 몸을 감쌌지만 어질고 의로운 마음을 가진 짐승을 그냥 미물이라고 하는 것이 과연 옳은 일일까? 절대로 그렇지 않다.

① 통념을 뒤집는 발상을 통해 분위기를 반전시키고 있다.
② 서두에 문답의 결과를 제시하여 독자의 호기심을 유도하고 있다.
③ 자연의 섭리로부터 인간사의 이치를 유추적으로 이끌어 내고 있다.
④ 대상을 예찬적 태도로 바라보며, 단정적 어조를 사용하여 교훈적인 의미를 전달하고 있다.

13 (가), (나)에 대한 설명으로 적절하지 <u>않은</u> 것은?

> (가) 클론(clone)은 원본 인간과의 사이에서뿐만 아니라 타인과의 관계에서도 혼란을 가져올 수 있다. 어머니를 복제하여 태어난 클론은 아버지와 족보상으로는 부녀 사이이지만, 유전적으로는 핏줄이 전혀 섞이지 않은 관계이다. 이때 딸에게 아버지는 유전적, 혹은 혈연적으로 아무 관계가 없는 남남이다. 이러한 상황에서 딸이 이 사실을 자연스럽게 받아들이지 못한다면, 클론인 딸은 가족 구성원으로서 정체성에 혼란을 겪는 등 여러 가지 문제에 부딪힐 수 있다. '나'와 유전적 관계를 맺은 사람은 누구이며, 혈연적 관계를 맺은 사람은 누구인지 등의 문제가 다른 사람과의 관계에 영향을 미칠 것이기 때문이다. 이러한 문제는 가족을 포함하여, 다른 사람과의 관계를 혼란스럽게 한다. 그러므로 복제를 통해 새롭게 형성되는 인간관계가 정체성의 혼란과 갈등을 불러일으키지 않으리라는 낙관은 믿기 어렵다.
>
> (나) 인간 복제가 화두가 되었을 때 사람들이 보인 반응은 '어떤 사람의 복사본을 만드는 것'에 대한 거부감이었다. 그러나 원본 인간과 클론의 공통점이라고는 DNA에 담겨 있는 유전 정보뿐이다. 같은 유전 정보를 가지고 시작하였으나 발생 과정도, 성장 과정도 다르기 때문에 클론은 원본 인간과는 전혀 다른 사람인 것이다. 유전적으로 동일한 구성을 가진 일란성 쌍둥이도 엄연히 다른 인격과 정체성을 지닌다. 하물며 원본 인간과 클론은 자라 온 시기도 다르고 영향을 받는 문화도 다르니, 오죽하겠는가. 이들은 일란성 쌍둥이들보다도 공통점이 적다. 그러므로 클론이 원본 인간의 복제판이라는 생각은 오해일 뿐이다.

① (가)에서는 '복제를 통해 새롭게 형성되는 인간관계가 정체성의 혼란과 갈등을 불러올 수 있다.'는 주장을 펼치고 있다.
② (가)의 주장에 대한 근거로 '클론은 원본 인간과의 사이에서뿐만 아니라 타인과의 관계에서도 혼란을 가져올 수 있다.'를 제시하고 있다.
③ (나)에서는 '클론이 원본 인간의 복제판이라는 생각은 오해일 뿐이다.'는 주장을 펼치고 있다.
④ (나)의 주장에 대한 근거로 '원본 인간과 클론은 자라 온 시기도 다르고 영향을 받는 문화도 다르다'를 제시하고 있다.

14 밑줄 친 단어의 문맥적 의미와 가장 가까운 것은?

> 그는 어느 순간 허전함을 느꼈다. 그녀가 없으면 계속 궁금하고 보고 싶어졌다. 드디어 그는 그녀와 사랑에 <u>빠진</u> 것을 알게 된 것이다.

① 무슨 생각에 <u>빠졌는지</u> 그녀는 한 시간째 창밖만 보고 있다.
② 삼촌은 사기꾼의 함정에 <u>빠져</u> 재산을 다 날렸다.
③ 그녀는 깊은 잠에 <u>빠져서</u> 간밤에 옆집에 불이 났던 것도 몰랐다.
④ 주인아저씨는 자신의 아들이 잠시 못된 녀석들의 꾐에 <u>빠졌을</u> 뿐이라고 믿었다.

15 다음의 '법으로 본 실종과 사망'에 대한 글의 일부에서 ㉠~㉣ 중 문맥상 적절하지 않은 문장은?

> 실종은 생사 여부가 확인되지 않은 상태를 말하는데, 법적으로는 사망이라고 볼 수 없다. 민법 제27조에서는 사망 시점을 '실종 선고'를 할 수 있는 '5년 기한(위난은 1년)'이 끝나는 시점으로 본다. 법원이 '실종 선고'를 하면 이때부터 사망 신고가 가능하다. 실종 선고 전에는 상속 등이 이루어질 수 없다. 하지만 '실종 선고' 후에는 법적으로 사망으로 간주하기 때문에 이때부터 법적 절차에 따라 상속 등이 가능하다. 그런데 5년이 지나 사망 신고를 했는데 실종자가 돌아오는 경우 실종 선고를 취소해야 하며 모든 상황이 '원점'으로 되돌아간다. 이때 상속 재산 취득과 관련한 문제가 일어날 수 있다. 그래서 상속 재산 취득은 '선의'와 '악의'로 구분해 놓고 있다.
>
> ㉠ 법적으로 선의와 악의는 도덕적 선악과 무관하게 '사실인지' 여부만 따진다. ㉡ 선의는 자신도 '모르고', 악의는 '알고서 일부러'로 이해하면 된다. ㉢ 일단 실종자가 돌아왔다면 상속 재산을 다시 돌려줘야 한다. 문제는 악의적인 실종 신고이다. 예를 들어 당사자가 살아있다는 사실을 알고 있었지만, 실종 신고를 하고 재산을 취득한 경우에는 상속받은 재산은 물론 여기에 이자까지 붙여 돌려줘야 한다. 실종자의 재산을 상속받아 제멋대로 운영해 손실을 봤다면 이 역시 배상해야 한다. 실제로 실종 사건 판례를 보면 상속이나 재산 소유권 다툼이 심심치 않게 벌어진다. ㉣ 형사사건에서도 실종 여부에 따라 법적 절차가 달라진다. 그 예로는 최근 양○○ 씨 성추행 혐의를 받다가 북한강에 투신한 스튜디오 실장 A 씨는 처음에는 실종으로 처리됐다가 사흘 후 시신이 발견되어 사망이 확인되었다. 그 결과 검찰이 기소하고 싶어도 할 수 없는 '공소권 없음'으로 A 씨와 연관된 사건은 종결되었다.

① ㉠　　② ㉡
③ ㉢　　④ ㉣

※ 다음 글을 읽고 물음에 답하시오. [16-17]

> 엔트로피는 열역학에서 온도에 따른 에너지 흐름의 비를 나타낸 것으로 물리량의 하나이다. 엔트로피는 어떤 작용이 일어날 때 작용 시스템과 주위의 엔트로피 변화 총합이 감소할 수 없다는 법칙을 갖는다. ㉠ 이것은 열이 고온에서 저온으로 흐르고 높은 곳의 물질이 낮은 데로 떨어지는 자연 현상을 명확히 해석한다. 리프킨은 ㉡ 이것을 물리 시스템 외에 다양한 분야에 적용시켰다. 그러나 이에 대한 반론도 끊이지 않는다.
>
> 먼저 모든 것이 '질서가 있고 가치가 높은 것'에서 '무질서하고 가치가 낮은 상태'로 떨어지려고 하는 특성이 항상 성립하는가의 문제다. 또 열역학에서 다루는 현상은 시간 개념이 없으며 엔트로피 법칙은 작용 시스템과 주위의 합으로 판단해야 하므로 작용 현상을 구체적으로 이해하기 어려운 경우가 많다. 오히려 ㉢ 이것을 명확히 관찰할 수 있는 열역학 함수는 자유 에너지다. 물론 작용계의 엔트로피 증가량이 많아지면 자유 에너지 감소량도 증가한다.
>
> 모든 현상은 자유 에너지가 감소하는 쪽으로 진행된다. ㉣ 이것을 역행하기 위해서는 외부에서 또 다른 에너지가 관여되어야 한다. 예를 들어서 수소를 태워 물로 변화시키는 것은 자연스럽게 진행되나, 물을 수소와 산소로 분해하기 위해서는 다른 에너지가 추가되어야 한다.
>
> 실생활 해석의 관점에서 엔트로피가 흥미로운 점은, 엔트로피가 증가하는 쪽으로 모든 현상이 진행된다는 것이다. 볼츠만은 이에 대해 경우의 수가 많은 상태, 즉 무질서도가 높은 상태일수록 엔트로피가 높다고 설명한다.

16 윗글에서 추론한 내용으로 적절한 것은?

① 모든 물질은 반드시 질서 있는 상태에서 무질서한 상태로 진행한다.
② 자유 에너지는 엔트로피와는 별개로 작용하며, 둘 사이에는 연관성이 없다.
③ 자연 현상에서 모든 과정은 자유 에너지가 감소하는 방향으로 진행되므로, 외부 에너지 없이도 역행하는 과정이 가능하다.
④ 엔트로피 법칙은 모든 물리 시스템뿐만 아니라 다양한 분야에도 작용될 수 있다.

17 문맥상 ㉠~㉣ 중 지시 대상이 같은 것만으로 묶인 것은?

① ㉠, ㉡　　② ㉠, ㉢
③ ㉡, ㉢　　④ ㉡, ㉣

18 다음 글의 내용과 일치하지 않는 것을 고르면?

> 신고전주의는 아담스미스 등이 주창한 고전학파 경제학 이론에 근원을 두고 있으며 1970년대 이후 미국 경제를 주름잡고 있는 시카고 학파의 이론에 근거한 경제적 입장이다. 이러한 고전학파와 시카고 학파에 대립하는 지점에 케인즈학파가 있다. 이 양대 경제학파는 같은 현상에 대해서도 아주 상이한 설명을 제시하는 것으로 유명하다. 정부의 경기조절정책과 관련하여 케인즈학파는 적극적인 시장개입을 주장하는 반면, 시카고 학파는 정부의 시장개입을 최소화시켜야 한다고 주장한다.
>
> 케인즈의 전성시대는 1970년대 석유파동을 맞이하면서 끝을 맞이하게 된다. 이때 케인즈학파 정책 처방의 핵심은 정부가 경제정책을 통해 물가상승(인플레이션)을 희생하면 얼마든지 경기적 실업을 줄일 수 있고 실업을 희생하면 인플레이션을 줄일 수 있다는 것이었다. 그러나 1970년대 석유파동에 의해 생산비용이 올라가 생산이 줄고 실업이 늘어나면서 동시에 물가가 올라가는 스태그플레이션이 발생하게 되었다. 케인즈학파가 주장하던 인플레이션과 실업 사이의 음의 관계가 사라지는 위기 상황이 발생한 이때 프리드먼을 중심으로 한 '통화론자'들의 이론이 주목을 받게 된다.
>
> 프리드먼이 주창한 이론은 자유시장경제와 통화주의로 요약된다. 재정정책 등 정부의 시장개입을 줄이고 모든 경제활동을 시장에 맡겨야 한다는 것이다. 기존 케인즈 경제학자들에 따르면 불황의 원인은 투자의 부족이며, 이를 위해서는 정부지출의 확대 재정정책이 필요하다고 했다. 하지만, 프리드먼은 격심한 인플레이션이나 대공황과 같은 심각한 경제교란은 대부분 통화교란 때문에 발생한다고 했다.
>
> 프리드먼은 정부의 팽창정책을 통해 통화량을 늘리거나 정부지출을 늘리는 정책이 단기적으로는 민간 경제 주체들이 그 결과를 미리 알지 못하므로 경기를 진작시켜 실업을 다소 줄이는 효과가 있으나 장기적으로는 전혀 효과가 없다고 주장했다. 즉, 정부의 팽창정책은 장기적으로는 민간 경제주체들의 기대물가상승률을 올려 임금인상률을 높이게 되며, 그 결과 비용 상승으로 인해 기업들이 생산을 줄이게 됨으로써 다시 실업률이 늘어나 원래의 자연실업률 상태로 돌아가게 된다는 '자연실업률가설'을 주장하게 된다.
>
> 또한 프리드먼을 중심으로 한 신고전학파는 복지국가 실현을 위한 정부기능의 확대에 대해서도 비판적인 견해를 가지고 있다. 이들은 자원의 효율적인 배분을 시장의 자유경쟁 하에서 실현하는 것이 가장 바람직하다는 입장에서 규제완화나 민영화를 통한 구조개혁을 추진해야 한다고 주장한다.
>
> 케인즈학파와 신고전학파의 논쟁은 단순한 이론논쟁이 아니라 어떻게 하면 그들이 속한 경제를 보다 바람직한 상황으로 바꿀 수 있을까 하는 고민의 결과라는 것을 알 수 있다. 경제 상황이 바뀌게 되면 기존에 각광 받던 이론이 적합하지 않은 이론이 되기도 하고 외면받던 이론이 다시 부각되기도 한다. 빈부격차가 심해지고 민간 경제가 너무 활성화되었을 경우에는 정부의 역할이 중요시되었고, 저성장이 지속되고 기업이 불황일 때는 시장의 역할이 중요시되어 왔다. 이론의 절대성이라는 함정에 빠지지 않고 현실에 맞는 이론을 사용해야 할 것이다.

① 케인즈학파에 따르면 물가상승률과 실업률은 서로 반비례 관계이다.
② 케인즈학파는 석유파동을 통해 이론의 적절성을 인정받았다.
③ 통화주의자들은 심각한 경제문제의 원인을 통화량의 격한 변동 때문이라고 주장한다.
④ 프리드먼은 정부가 통화량을 늘리는 것이 장기적으로 유의미한 결과로 나타나지 않는다고 주장하였다.

19 다음 글에 대한 설명으로 적절하지 않은 것은?

> "우리 것은 좋은 것이여." 모든 사람들이 다 그렇게 말을 한다. 감히 공개적으로 우리 것이 좋지 않다고 말하는 사람은 없다. 그러나 과연 그런가?
>
> 대부분의 사람들이 갖고 있다고 말하는 우리 것에 대한 사랑은 결코 '눈높이 사랑'이 아니다. 그건 위에서 측은하게 내려다보는 동정에 가깝다. 그 동정이 겸연쩍어 더욱더 과장된 사랑의 언어를 쏟아 내겠지만, 돌아서면 그만큼 허전함만 더 커질 뿐이다.
>
> 너무 비뚤어진 생각일까? 그럴 수도 있겠다. 그러나 생각해 보자. 우리 것이라는 게 뭐 그리 대단한 것이란 말인가? 별것도 아닌데 단지 우리 것이라는 이유 때문에 우리 것을 사랑해야 한단 말인가? 몸은 딴 데 가 있으면서 입으로만 떠드는 그런 사랑이 무슨 소용이 있을까? 우리 것이기 때문에 무조건 떠받들어야 한다는 그런 강요된 '우리 것 사랑'이 오히려 우리 것을 실질적 삶에서 멀어지게 만든 건 아닐까?

① 사회적 통념을 끌어들여 통념에 대한 문제를 제시하고 있다.
② 글쓴이의 창의적인 발상을 통해 통념에 대한 본질을 분석하고 있다.
③ 사회적 통념에 대한 사회적 문제가 발생하게 된 이유를 순차적 과정에 따라 설명하고 있다.
④ 글쓴이는 '무조건적으로 떠받드는 것은 오히려 멀어지게 한다.'는 통념에 대한 비판을 통해 글을 마무리하고 있다.

20 다음 글의 내용과 일치하는 것은?

초콜릿에는 알려진 화합물만 350종 이상이 함유되어 있고, 그중 몇 종들은 교감 신경을 자극하여 쾌감을 느끼게 하는 여러 가지 뇌 체계를 활성화시킨다. 이러한 초콜릿의 성분은 많은 사람들이 좋아하는 요인이 되기도 한다. 하지만 그 성분들 중 사람들에게 인정받지 못하고 있는 것이 당이다. 탄수화물이 들어간 음식을 싫어하는 현대인들과 여러 인구 집단에서 발견되는 높은 당뇨병 발병률을 고려할 때, 자신의 건강을 염려하는 사람들이 왜 당을 기피 대상으로 보는지 쉽게 이해할 수 있다. 그러나 적당한 당은 우리의 생리 작용에 깊고 긍정적인 영향을 미치며, 특히 뛰어난 진정 효과를 발휘한다. 일례로 우는 신생아의 혀에 포도당이나 자당이 들어간 액체를 조금이라도 묻히면 바로 진정 효과가 나타나고 그 효과는 몇 분 동안 지속된다. 다양한 화학 구조를 가진 당은 신체 스트레스 반응 조절에 두드러진 역할을 하는 뇌 회로를 활성화한다.

그러나 초콜릿은 우리에게 단순한 진정 효과 이상의 것을 선사한다. 대부분의 사람들은 초콜릿을 다 먹은 후에도 오랫동안 사라지지 않는 도취감을 간절히 원한다. 최근에는 초콜릿 중독자들이 익히 알고 있는 이 행복감의 핵심으로 보이는 화학 물질 세 가지가 초콜릿에 들어 있다는 것을 확인했다. 아난다마이드, 그리고 이것과 비슷한 두 물질이 그것이다. 아난다마이드는 뇌 속의 신경 전달 물질로 스트레스가 존재하는 동안 소량이 분비되어 진정 및 진통 효과를 발휘한다. 하지만 자연적으로 생성되는 효소들에 의해 곧 파괴되므로 정상적인 상태에서는 적은 양만 존재한다.

초콜릿에도 소량의 아난다마이드가 들어 있지만, 뇌의 회로를 정상 이상으로 활성화할 만큼 많은 양은 아니다. 이 신비를 푸는 열쇠는, 아난다마이드와 비슷한 두 물질이 초콜릿에 들어 있고 그것도 상당히 많은 양이 있다는 사실과 함께 발견되었다. 이 물질들은 아난다마이드의 파괴 효소들을 차단해 자연적으로 생성하는 아난다마이드의 효과를 증가시킨다. 이 때문에 자연적으로 생성되는 아난다마이드보다 초콜릿을 통해 섭취되는 아난다마이드가 비록 소량이라도 보통 때처럼 빨리 대사되지 않아 오랫동안 뇌에 머문다. 그 결과 우리는 초콜릿 음료 한 잔을 마신 후나 초콜릿 조각을 먹은 후에 더없이 행복한 안정감을 경험한다.

① 아난다마이드는 스트레스를 조절해주는 데는 역부족이다.
② 아난다마이드와 비슷한 두 물질은 아난다마이드의 효과를 감소시킨다.
③ 적당한 당의 섭취는 인간에게 진정 효과를 줄 수도 있는 긍정적인 것이다.
④ 초콜릿의 아난다마이드는 뇌의 회로를 정상 이상으로 활성화시킬 수 있다.

제 15 일 적중의 지혜

01 〈보기〉의 ㉮~㉰를 중심으로 음운 변동을 이해한 내용으로 적절하지 않은 것은?

보기

음운이 환경에 따라 다르게 바뀌는 현상을 음운 변동이라 한다. 국어의 음운 변동은 '교체, 탈락, 첨가, 축약'으로 구분되는데, 이 중 한 음운이 다른 음운으로 바뀌는 현상을 '교체'라고 한다.

'교체'의 한 예로는 ㉮ 음절의 종성에 'ㄱ, ㄴ, ㄷ, ㄹ, ㅁ, ㅂ, ㅇ' 이외의 자음이 오면 이 일곱 개의 자음 중 하나로 교체되어 발음되는 것을 들 수 있다. 다른 예로는 ㉯ 비음 앞에서 파열음이 비음으로 교체되는 현상과, ㉰ 예사소리가 된소리로 교체되는 현상이 있다.

① '닳지[달치]'에는 ㉮에 해당하는 음운 변동이 있다.
② '밥만[밤만]'에는 ㉯에 해당하는 음운 변동이 있다.
③ '감고[감꼬]'에는 ㉰에 해당하는 음운 변동이 있다.
④ '깎는[깡는]'에는 ㉮, ㉯에 해당하는 음운 변동이 모두 있다.

02 다음 〈보기〉의 명제가 모두 참일 때, 도출할 수 있는 결론으로 적절한 것을 고르면?

보기

㉠ 뉴스를 좋아하는 사람은 아무도 드라마를 좋아하지 않는다.
㉡ 영화를 좋아하는 사람은 아무도 뉴스를 좋아하지 않는다.
㉢ 뉴스를 좋아하는 사람은 모두 음악 듣기보다는 그림 그리기를 더 좋아한다.
㉣ 드라마를 좋아하는 사람은 모두 그림 그리기보다는 음악 듣기를 더 좋아한다.
㉤ 철수는 그림 그리기보다는 음악 듣기를, 영이는 음악 듣기보다는 그림 그리기를 더 좋아한다.

① 영이는 영화와 뉴스를 모두 좋아한다.
② 영이는 뉴스를 좋아하지만, 드라마를 좋아하지 않는다.
③ 철수는 드라마를 좋아하지만, 뉴스는 좋아하지 않는다.
④ 철수는 뉴스를 좋아하지 않고, 영이는 드라마를 좋아하지 않는다.

03 마라톤 대회를 홍보할 포스터를 만든다고 할 때, 포스터에 들어갈 문구를 〈조건〉에 따라 작성한 것으로 가장 적절한 것은?

조건

- 청유형 문장을 활용하여 마라톤 대회 참여를 권유할 것.
- 마라톤이 건강에 도움이 된다는 내용을 비유의 방법을 활용하여 표현할 것.

① ㅇㅇ시 시민 마라톤 대회, 달리면 건강해집니다.
② 마라톤은 건강한 삶의 첫걸음. ㅇㅇ시 시민 마라톤 대회, 함께 달립시다.
③ 건강한 신체에 건강한 정신이 깃듭니다. 삶에 활력을 제공하는 유익한 마라톤, 이제 시작입니다.
④ 달리는 것은 그 자체로 의미가 있습니다. ㅇㅇ시 시민 마라톤 대회의 문은 활짝 열려 있습니다.

04 밑줄 친 ㉠의 원리를 따르지 않은 것은?

의사소통이 원활하게 진행되기 위해서 지켜야 할 대화의 원리가 있다. 대화의 원리 중 ㉠ 공손성의 원리는 상대방을 자극할 수 있는 표현을 최소화하고 정중한 표현을 최대화하라는 것이다. 구체적인 전략으로 상대방에게 부담이 되는 표현은 줄이고 이익이 되는 표현을 최대화하는 것, 상대방에 대한 비난은 최소화하고 칭찬을 최대화하는 것 등이 있다.

① 학생: 선생님, 제가 잘 알아듣지 못했는데 다시 설명해 주실 수 있나요?
② 선생님: 내가 충분하게 설명하지 못한 것 같구나. 다시 설명해 줄게.
③ 학생: 부주의해서 죄송해요, 선생님. 다시 들으니 이해가 돼요.
④ 선생님: 그래, 네가 수업에 집중을 안 하니 이해하기 어렵지.

05 다음 전제를 읽고 반드시 참인 결론은 무엇인가?

- 기획팀에 근무하는 사람은 안경을 쓴다.
- 책을 좋아하지 않는 사람은 균형 감각이 좋다.
- 안경을 쓰는 사람은 균형 감각이 좋지 않다.

① 책을 좋아하는 사람은 기획팀에 근무한다.
② 안경을 쓰는 사람은 책을 좋아하지 않는 사람이다.
③ 기획팀에 근무하지 않는 사람은 균형 감각이 좋다.
④ 안경을 쓰는 사람은 책을 좋아하는 사람이다.

06 다음 글의 (가)와 (나)에 대한 판단으로 적절한 것만을 〈보기〉에서 모두 고르면?

확률적으로 가능성이 희박한 사건이 우리 주변에서 생각보다 자주 일어나는 것처럼 보인다. 왜 이러한 현상이 발생하는지를 설명하는 다음과 같은 두 입장이 있다.

(가) 만일 당신이 가능한 모든 결과들의 목록을 완전하게 작성한다면, 그 결과들 중 하나는 반드시 나타난다. 표준적인 정육면체 주사위를 던지면 1에서 6까지의 수 중 하나가 나오거나 어떤 다른 결과, 이를테면 주사위가 탁자 아래로 떨어져 찾을 수 없게 되는 일 등이 벌어질 수 있다. 동전을 던지면 앞면 또는 뒷면이 나오거나, 동전이 똑바로 서는 등의 일이 일어날 수 있다. 아무튼 가능한 결과 중 하나가 일어나리라는 것만큼은 확실하다.

(나) 한 사람에게 특정한 사건이 발생할 확률이 매우 낮더라도, 충분히 많은 사람에게는 그 사건이 일어날 확률이 매우 높을 수 있다. 예컨대 어떤 불행한 사건이 당신에게 일어날 확률은 낮을지 몰라도, 지구에 현재 약 70억 명이 살고 있으므로, 이들 중 한두 사람이 그 불행한 일을 겪고 있다는 것은 이상한 일이 아니다.

보기

ㄱ. 로또 복권 1장을 살 경우 1등에 당첨될 확률은 낮지만, 모든 가능한 숫자의 조합을 모조리 샀을 때 추첨이 이루어진다면 무조건 당첨된다는 사례는 (가)로 설명할 수 있다.

ㄴ. 어떤 사람이 교통사고를 당할 확률은 매우 낮지만, 대한민국에서 교통사고는 거의 매일 발생한다는 사례는 (나)로 설명할 수 있다.

ㄷ. 주사위를 수십 번 던졌을 때 1이 연속으로 여섯 번 나올 확률은 매우 낮지만, 수십만 번 던졌을 때는 이런 사건을 종종 볼 수 있다는 사례는 (가)로 설명할 수 있으나 (나)로는 설명할 수 없다.

① ㄱ　　② ㄷ
③ ㄱ, ㄴ　　④ ㄴ, ㄷ

07 〈보기〉를 이해한 것으로 가장 적절한 것은?

보기

치다[2] 「동사」[…을]
(1) 손이나 손에 든 물건으로 세게 부딪게 하다.
(2) 일정한 장치를 손으로 눌러 글자를 찍거나 신호를 보내다.
(3) 상대편에게 피해를 주기 위하여 공격을 하다.
(4) 속이는 짓이나 짓궂은 짓, 또는 좋지 못한 행동을 하다.

치다[7] 「동사」[…을]
(1) 가축이나 가금 따위를 기르다.
(2) 식물의 가지나 뿌리를 밖으로 돋아 나오게 하다.
(3) 동물이 새끼를 낳거나 까다.

㉠ 어젯밤에 우리 안의 소가 새끼를 쳤다.
㉡ 우리 팀은 전반 종료 직전 상대 팀의 심장부를 쳤다.
㉢ 선생님은 키보드를 치는 속도가 느리다.
㉣ 그 회사는 투자자들에게 허위 정보로 사기를 쳤다.

① ㉠은 치다[7](3)의 예로, ㉡의 '치다'와는 다의 관계이다.
② ㉡은 치다[2](3)의 예로, ㉢의 '치다'와는 동음이의 관계이다.
③ ㉢은 치다[2](2)의 예로, ㉣의 '치다'와는 다의 관계이다.
④ ㉣은 치다[2](1)의 예로, ㉠의 '치다'와는 동음이의 관계이다.

08 다음 글을 읽고 추론할 수 있는 내용으로 적절하지 않은 것을 고르면?

5만 원권 지폐가 시중에서 잠자고 있다는 의혹이 제기되고 있다. 잊을 만하면 가끔씩 등장하는 뉴스는 시중에 5만 원권이 잠자고 있고, 그 원인은 지하경제나 탈세와 연결된 게 아닌가 하는 것이다. 5만 원권이 시중에 잠자고 시장에서 돌지 않고 있다는 의혹은 한국은행이 매월 발표하는 5만 원권 지폐 환수율 통계 때문에 나온다. 환수율이란 같은 기간 동안 한국은행에서 시중으로 흘러나간 5만 원권의 양을 분모로 하고 같은 기간 동안 시중 은행에서 한국은행으로 되돌아온 5만 원권의 양을 분자로 하여 계산한 비율이다. 이 비율은 요즘 꽤 줄었는데, 올해 1~2월 5만 원권 발행액은 약 5조 945억 원이었는데 한국은행으로 돌아온 5만 원권은 3,286억 원에 그쳐 환수율은 7.02% 수준이다. 1월의 환수율은 4.1%, 2월의 환수율은 9.2%로 계산되는데, 작년 1월과 2월에는 환수율이 44%, 55%였다.

그런데 정말 5만 원권이 잠들어 있을까? 앞서 설명한 대로 지폐의 환수율이라는 통계는 중앙은행이 시중에 공급한 화폐량에 비해 다시 돌아온 화폐량의 비율을 의미한다. 그러나 환수율이 높으면 화폐가 시중에서 활발하게 유통된다는 뜻이고, 환수율이 낮으면 유통이 둔화되고 있다는 의미는 아니다. 5만 원권 지폐가 시중 은행에서 한국은행으로 다시 돌아오는 이유는 시중 은행에서 5만 원권 지폐가 당장은 필요가 없다고 생각해서 한국은행에 예금을 하기 때문이다. 환수율이 높은 것은 오히려 시중에서 5만 원권 지폐의 수요가 별로 없다는 뜻이기도 하다. 5만 원권이 시중에서 자주 쓰이면 사람들은 지갑에 5만 원권을 넣어 두고 다니기 때문에 은행으로 되돌아오는 5만 원권은 줄어들고 환수율은 낮아진다. 물론 5만 원권 지폐가 지하경제에 잠들어 있어도 환수율을 낮아진다.

환수율은 분자가 낮은 것보다는 분모가 커지는 경우에 낮아진다. 환수율이 낮다는 것은 시중에 5만 원권을 많이 내보냈다는 뜻으로 해석될 수 있다. 최근 한국은행은 5만 원권 지폐의 환수율이 낮아진 것은 시중에 5만 원권 수요가 많아져서 더 많이 내보냈고, 2월의 설 명절 용도로 흘러나간 5만 원권이 되돌아오는 데 시간이 걸리고 있기 때문이라고 설명했다. 따라서 사실 더 궁금한 것은 왜 시중에 5만 원권 수요가 늘었느냐는 것이다. 이는 예금이자와 관련이 깊다. 일반적으로 사람들은 잘 사용하지 않는 지폐는 은행에 예금하고 은행은 그렇게 들어 온 지폐가 필요량보다 많으면 한국은행에 그 지폐를 다시 되돌려준다. 그런데 예금이자가 낮으면 잘 사용하지 않는 지폐도 그냥 서랍 속에 넣어 두는 경우가 많다. 예금을 해서 들어오는 이자의 유용성이 예금을 하러 은행에 찾아가는 수고로움을 이겨내기 어렵기 때문이다.

① 최근의 예금이자는 매우 낮은 상황일 수 있다.
② 최근 5만 원권 환수율이 5만 원권 발행 이래로 가장 낮다.
③ 환수율이 낮은 것은 5만 원권과 지폐가 매우 잘 사용되고 있다는 뜻일 수 있다.
④ 시중에서 5만 원권 지폐가 잘 돌고 있는지 잠자고 있는지는 환수율 통계로는 알 수 없다.

09 다음 글의 마지막 말에 이어질 내용으로 가장 적절한 것은?

일제 강점기 시대 대표적인 문학가인 이상은 우리에게 〈날개〉, 〈오감도〉 등으로 많이 알려져 있는 작가이다. 기존의 연구자들은 이상의 작품들에서 그려 내고 있는 삶의 세계를 작가 이상의 실제 삶과 자주 비교하곤 했다. 대부분의 연구자들은 소설에 등장하는 '나'라는 1인칭 주인공을 작가 '이상'으로 규정했으며, 상대역인 여성 주인공도 실제 인물인 '금홍'이나 '변동림'으로 바꿔버렸다.

이러한 연구 방법은 소설가가 꾸며낸 허구적 세계와 그의 실제 인생을 자세하게 연구하지 않고 그대로 일치시켜 버린 것이다. 그 결과 우리가 소설을 읽을 때 소설 속 이야기를 마치 작가의 실제 이야기처럼 읽는 오류를 초래하고 말았다. 예를 들면 이상은 〈날개〉를 통해 사회적으로 부여된 남성과 여성의 성 역할을 해체하려는 내면 의식을 보여 주려 했는데, 우리는 이를 그렇게 이해하지 않고 주인공을 이상과 동일시하여 이해하였던 것이다.

이런 이유로 이상의 여러 일화들은 당대 독자층에게 하나의 스캔들처럼 파문을 던졌다. 그래서 그의 문학적 상상력이나 내면 의식은 제대로 인정받지 못했고, 그의 작품들은 모두 그의 실제 삶과 똑같은 것처럼 여겨져 왔다. 그래서 그의 문학에 담긴 기호적 표현의 모호성, 의식의 흐름을 보여주는 산문적 진술 등은 그의 내면 세계와 관련해서 아직 제대로 이해되지 못하고 있다. 이 때문에 이상 문학에 대한 연구는 무엇보다도 [　　　　　　　　]

① 일제 강점기 상황과 연관하여 진행되어야 한다.
② 작품과 관련된 그의 내면 의식부터 먼저 규명해야 한다.
③ 당대 지식인의 삶의 모습이나 가치관과 연관지어야 한다.
④ 당대 문단에 미친 영향이나 문학사적 의의부터 밝혀야 한다.

10 〈공공언어 감수 기준〉에 따라 수정한 것으로 적절하지 않은 것은?

공공언어 감수 기준

㉠ 어휘를 적합하게 선택하였는가?
㉡ 수식어와 피수식어의 관계를 분명하게 표현하였는가?
㉢ 피동표현이 적절하게 사용되었는가?
㉣ 목적어와 서술어의 호응이 적절한가?

① "홈페이지에 탑재된 양식을 참조하시기 바랍니다."를 ㉠에 따라 "홈페이지에 올린 양식을 참조하시기 바랍니다."로 수정한다.
② "3톤 정도의 쌀 자루"를 ㉡에 따라 "쌀 3톤 정도의 자루"로 수정한다.
③ "잘 닦여진 도로는 교통 흐름을 개선한다."를 ㉢에 따라 "잘 닦어진 도로는 교통 흐름을 개선한다."로 수정한다.
④ "합격자 발표 및 등록을 다음과 같이 알립니다."를 ㉣에 따라 "합격자 및 등록 방법을 다음과 같이 알립니다."로 수정한다.

11 ㉠에 대한 설명으로 가장 적절한 것은?

> 1만 년 전 선사시대 양치기들은 주기적으로 양을 잃어버렸다. 그들은 불면증 환자들의 충고를 받아들여, 양의 마릿수를 잘 셀 수 있는 아이디어를 떠올렸다. 오늘날 노름꾼들이 얼마나 땄는지 기록하기 위해 포커 칩을 사용하듯이, 이 최초의 회계원들은 양을 가리키는 패로 돌멩이를 사용했다.
>
> 이 방식은 아주 잘 먹혔다. 4000년이 넘는 기간 동안, 사람들은 갈수록 많아지는 재산목록을 기록할 때 돌멩이에 무늬를 새기는 단순한 도구인 첨필(stylus)을 사용했다. 이 무늬들은 세고자 하는 서로 다른 유형의 사물들을 나타내는 데 사용됐다. 마침내 기원전 4000년경 누군가가 동전의 석기시대 조상인 여러 개의 작은 돌에 기록하는 일이 비효율적이라고 판단했다. 그보다 엄청 큰 돌 하나를 가져다가 바늘로 무늬들을 나란히 새겨 넣는 쪽이 더 쉬웠다. 이로써 쓰기(writing)가 탄생했다.
>
> 돌이켜 생각해보면 양의 수를 세려는 욕망처럼 일상적인 어떤 것이 문자언어 같은 본질적인 것의 발전을 위한 자극제였다는 점이 놀라워 보일지도 모른다. 그러나 기록을 향한 욕망은 항상 경제 활동을 동반했다. 거래란 누가 무엇을 소유하는지를 명확하게 기록하지 않으면 무의미하기 때문이다. 이와 같이 인류 초기의 쓰기는 내기에 건 진귀한 동물, 계산서, 계약서 등 갖고 싶은 것을 얻는 일과 관련된 내용이 지배적이었다. 선지자들의 글이 있기 훨씬 전에 이윤(profit)의 글이 먼저 있었던 셈이다. 사실 많은 문명이 우리가 종종 문화사와 관련지어 생각하는 위대한 저작물들을 기록하고 후세에 남기는 단계까지 가지 못했다. 고대 사회에서 살아남은 것은 대부분 영수증 더미다. 이런 기록들을 생산한 영리업체들이 아니었다면 우리는 그것들이 유래한 문화에 대해 아주 조금밖에 알지 못할 것이다.
>
> 이런 상황은 예전보다 오늘날 더하다. 선조들과 달리 ㉠ <u>오늘날의 기업들</u>은 사업을 하는 과정에서 생겨난 단순한 부산물로서 기록들을 남기는 것이 아니다. 구글이나 페이스북, 아마존 같은 회사들은 사용자들이 인터넷에서 자신을 드러내고 서로 교류할 수 있는 도구들을 만든다. 이런 도구들은 디지털화된 개인적 · 역사적 기록들이 쌓여야만 작동한다. 이런 회사들에게는 인류 문화를 기록하는 것이 핵심 사업이다.

① 기록들이 축적되어 작동하는 도구의 개발을 통해 이윤을 창출하고 있다.

② 개인과 사회의 기록을 디지털로 변환하는 데 부정적인 태도를 보이고 있다.

③ 기업들 간의 교류와 협력이 더 많은 이윤을 남기는 데 방해가 된다고 여기고 있다.

④ 개인과 사회에 대한 기록을, 사업을 하는 과정에서 자연스럽게 발생하는 부산물로 간주하고 있다.

12 다음에 대한 이해로 가장 적절한 것은?

> 글쓰기를 문제 해결의 과정으로 간주하는 입장은 글쓰기에 대한 접근 방식 또는 태도에 있어 완성된 글에 관심을 갖는 입장과는 사뭇 다르다. 문제를 해결해야 하는 필자의 최우선적 관심사는 글쓰기의 형식과 관습에 맞고 문법에 맞는 정확한 표현과 세련된 문체로 작성된 완성된 글이 아니다. 이들의 관심사는 글쓰기의 목적, 즉 글을 통해서 무엇을 이야기하고 무엇을 할 것인가에 있다. 완성된 글에 관심을 두는 필자가 형식적 특성에 대해 주로 생각하는 것과 달리, 이들은 필자로서 어떻게 자신의 목표를 이룰 수 있을 것인가를 주로 생각한다. 즉, 문제 해결이란 목표 지향적 사고의 틀이다.
>
> 목표에 집중해서 목표 지점에 도달하려는 것은 사람들에게 자신이 알지 못했던 놀라운 기술이나 지식이 필요할 것이라고 생각하게 만든다. 사실 누구나 새로운 글을 쓸 때 어느 정도는 막연하고 막막하게 느끼게 되는데 이것은 자연스러운 현상이다. 그렇지만 문제 해결자들은 이런 난관을 "그럼, 내가 구체적으로 무엇을 할 수 있을까를 생각해 보자."라는 매우 실제적인 태도로 자신의 기능과 전략을 활용하여 극복해 간다. 문제 해결적 접근 방식은 글쓰기를 하는 데 있어서 '더 나은 방법'이 있고, 사람들은 자신의 글쓰기 전략의 목록들을 확장해 나갈 수 있다고 가정한다. 물론 어떤 특정한 전략도 글쓰기의 성공을 전적으로 보장해 줄 수는 없다. 어떤 문제는 아주 어려울 수도 있기 때문이다. 그렇지만 글을 쓰는 과정에서 문제를 해결하기 위해 판단하고 여러 대안을 생각할 수 있다면, 필자는 스스로 적절한 방법을 선택할 수 있는 힘을 가지게 될 것이다.

① 문제 해결적 글쓰기에서는 세련된 표현보다 글쓰기의 목적이 더 중요하다.

② 글쓰기를 문제 해결의 과정으로 간주하는 입장일수록 글쓰기의 형식과 관습을 중요시한다.

③ 형식적 특성에 관심을 두는 글쓰기에서는 문제를 해결할 수 있는 '더 나은 방법'이 있다고 가정한다.

④ 세련된 문체나 정확한 표현을 추구하는 글쓰기는 새로운 해결책을 제시할 수 없다.

13 국어 순화에 대해 다음과 같은 입장을 가진 글쓴이의 견해를 반박하기 위한 근거로 가장 적절한 것은?

> 이미 한자어로 이루어진 공고한 학문 체계를 구축하고 있는 현실을 무시할 수는 없다. 한자어를 외국의 것이라고 배척하는 것은 우리 민족의 수천 년 동안 쌓아 온 문화 유산을 하루 아침에 버리자는 것이나 다름없는 어리석은 일이다. 우리는 우리 국어의 과거와 현재를 꿰뚫어 보는 혜안(慧眼)을 가지고 너그러운 마음으로 앞길을 바라보는 슬기를 길러야 할 것이다.

① 언어는 언중들의 합의에 의해서 바꿀 수 있는 규범이다.
② 언어는 다양한 언어 사용을 포괄적으로 담아내기 위해서는 언어 현실을 고려해야 한다.
③ '언어는 존재의 집'이라는 말처럼 서구의 언어나 한자어의 틀 속에서 우리 사상이 깃들 수 없다.
④ 영어도 일상어에서는 고유 단어들이, 학술 용어에서는 라틴어계의 단어들이 사용되는 이중 구조를 가지고 있다.

14 다음은 판결문의 일부이다. 이를 통해 추론할 수 있는 내용으로 가장 적절한 것은?

> 보행자가 신호등을 무시하고 횡단보도를 무단으로 건넜을 때, 단속하고 범칙금을 물리는 것은 교통사고 및 각종 안전사고로부터 국민의 생명과 신체에 대한 위험을 방지하고 사회적 부담을 줄여서 사회 공동의 이익을 보호하려는 입법 목적을 달성하기 위한 것이다.

① 사익과 공익이 충돌할 때 공익이 우선한다.
② 신체의 자유는 어떤 경우에도 제한될 수 없다.
③ 보행자는 불가피한 경우 신호등을 무시할 수 있다.
④ 기본권은 공익이 명백하게 침해될 때 일부 제한될 수 있다.

15 이 글을 바탕으로 추론한 것 중 옳지 <u>않은</u> 것은?

> 곶감은 달달한 건조 과일이다. 원래 떫은 감이 달콤해지는 이유는 떫은맛을 내던 타닌(Tannin) 성분이 오랜 시간이 경과하면서 감 자체의 산화효소에 의해 분해됐기 때문이다. 타닌 성분은 물에 잘 녹을 수 있는 일반적인 감의 상태에서는 침에도 잘 녹는다. 그리고 혓바닥의 맛을 느끼는 점막의 단백질을 응고시켜 오그라들게 만들어 떫은맛을 느끼게 한다. 다시 말하면 맛을 감지하는 수용체로 하여금 다른 맛을 못 느끼게 만드는 것이다. 그런데 곶감으로 건조되면 액체에 잘 녹지 않는 불용성 물질로 변하는 과정에서 타닌 성분은 분해되고 사라져 혀에서는 단맛만을 느낄 수 있게 된다. 즉, 타닌이 침에 녹기 때문에 감이 떫은 것이고 곶감이 달콤한 것은 타닌의 성질이 바뀌면서 우리 혀가 타닌 맛을 감지하지 못하고 단맛만 느끼게 되었기 때문이다.

① 불용성 물질은 떫은맛이 사라진다.
② 감의 타닌은 떫은맛과 단맛을 모두 갖는다.
③ 혀의 점막 단백질을 응고시키면 떫은맛을 느낀다.
④ 타닌의 떫은맛은 다른 맛을 느끼지 못하게 한다.

16 ㉠이 상징하는 것으로 가장 적절한 것은?

> 내 유년 시절 바람이 문풍지를 더듬던 동지의 밤이면 어머니는 내 머리를 당신 무릎에 뉘고 무딘 칼끝으로 시퍼런 무를 깎아 주시곤 하였다. 어머니 무서워요 저 울음소리, 어머니조차 무서워요. 얘야, 그것은 ㉠ <u>네 속에서 울리는 소리란다</u>. 네가 크면 너는 이 겨울을 그리워하기 위해 더 큰 소리로 울어야 한다. 자정 지나 앞마당에 은빛 금속처럼 서리가 깔릴 때까지 어머니는 마른 손으로 종잇장 같은 내 배를 쓸어내렸다. 처마 밑 시래기 한 줌 부스러짐으로 천천히 등을 돌리던 바람의 한숨, 사위어 가는 호롱불 주위로 방 안 가득 풀풀 수십 장 입김이 날리던 밤, 그 작은 소년과 어머니는 지금 어디서 무엇을 할까?

① 동지의 바람과 추위
② 동지의 어둠과 고요
③ 화자의 허기와 가난
④ 화자의 불안과 공포

17 다음 문단의 중심 내용을 정리한 것으로 가장 적절한 것은?

> 방글라데시는 가난한 나라다. 1인당 국민 소득이 세계에서 가장 낮은 수준의 농업국이다. 정치도 비민주적이고, 교육 수준도 낮다. 출생률과 사망률이 높고, 평균 수명도 낮다. 방글라데시에는 해마다 큰 태풍이 상륙하는데, 높은 파도를 동반한 엄청난 비바람으로 드넓은 해안 지대가 홍수 사태를 겪는다. 태풍에 대한 기록이 남아 있는 19세기 초 이래 1백만 명 이상이 태풍으로 목숨을 잃었다. 그런데 겉으로 보기에 이처럼 가난하고 힘들게 사는 방글라데시가 국민 행복도 1위라는 조사 결과가 나왔다. 런던 정치 경제 대학의 로버트 우스터 객원 교수가 최근 54개국 국민이 느끼는 행복도를 조사한 결과, 방글라데시가 1위를 차지한 것이다.

① 최근 국민 행복도 조사에서 방글라데시가 1위를 차지했다.
② 방글라데시의 경제적 여건은 열악하지만, 국민의 심리적 만족도는 높다.
③ 방글라데시의 자연적 여건은 열악하지만, 국민의 심리적 만족도는 높다.
④ 방글라데시의 자연적 · 사회적 · 경제적 여건은 열악하지만, 국민의 심리적 만족도는 높다.

18 글의 흐름상 가장 자연스럽게 연결한 것은?

> (가) 오늘날 대다수의 기업들은 인터넷을 통하여 고객과 소통하면서 상품을 판매하고 서비스를 제공하며, 기업을 운영하고 있다.
> (나) 서비스 거부 공격에는 서버를 셧다운하는 웹 서버 해킹, 서버 관리자 권한 탈취 및 시스템 파괴, 대규모 트래픽 유발 등이 있는데, 이 중 가장 대표적인 방법이 DDoS 공격으로 알려진 대규모 트래픽 유발 기법이다.
> (다) 기업의 인터넷 서비스의 연속성을 저해하는 대표적인 예가 '서비스 거부 공격'이다.
> (라) 그렇기 때문에 인터넷으로 제공되는 다양한 정보들이 단절되면, 기업은 타격을 입을 수밖에 없다.

① (가) – (나) – (다) – (라)
② (가) – (나) – (라) – (다)
③ (가) – (다) – (나) – (라)
④ (가) – (라) – (다) – (나)

19 다음을 통해 의미를 추리한 것으로 적절하지 <u>않은</u> 것은?

> 부(富)를 사적(私的) 시각에서 보면 돈은 수단 방법을 가리지 않고 벌면 되는 것이고, 번 돈은 남이야 어떻든 내 마음대로 쓰면 그만인 것이다. 만약 우리나라에서 부가 사회적으로 존경받지 못한다면, 그 이유 중 하나는 부를 가진 사람들이 자기가 소유한 부를 지나치게 사적(私的) 측면에서만 이해하려고 하기 때문이다.

① 우리나라에는 빈부의 격차가 있다.
② 부에는 사적(私的) 측면과 공적(公的) 측면이 있다.
③ 우리나라에서는 부가 사회적으로 존경받지 못한다.
④ 돈을 버는 방법뿐만 아니라 돈의 사용에도 지켜야 할 윤리가 있다.

20 다음 글에 사용된 주된 전개 방법은?

> 공정 여행은 여행지의 주민을 존중하고 환경을 보호하며 지역 경제를 활성화하자는 취지의 여행으로, '착한 여행', '녹색 관광', '에코 여행'으로 불리기도 한다. 그동안의 여행이 여행지의 환경을 파괴했으며 여행자의 즐거움만을 중시했다는 반성에서 출발한 공정 여행은 다소 느리고 불편하지만 지속 가능한 여행을 지향한다.

① 묘사　　② 분석
③ 분류　　④ 정의

제 16 일 적중의 지혜

01 〈보기〉를 바탕으로 사례들을 분석한 내용 중 적절하지 않은 것은?

보기

음운의 교체는 특정한 음운 환경에서 한 음운이 다른 음운으로 바뀌는 음운 변동 현상이다. 두 음절이 인접한 경우 ㉠ 앞말의 끝소리와 뒷말의 첫소리가 만나는 상황이나 ㉡ 앞말의 끝소리가 연음되어 뒷말의 가운뎃소리와 만나는 상황에서 음운이 교체될 때, 발음의 결과 ⓐ 앞의 음운만 변한 경우나 ⓑ 뒤의 음운만 변한 경우도 있지만 ⓒ 두 음운이 모두 변한 경우도 있다.

① '신라인[실라인]'은 ㉠이면서 ⓐ에 해당한다.
② '밥먹고[밥먹꼬]'는 ㉠이면서 ⓑ에 해당한다.
③ '밭이랑[바치랑]'은 ㉡이면서 ⓐ에 해당한다.
④ '땀받이[땀바지]'는 ㉡이면서 ⓒ에 해당한다.

02 다음 글에서 나타난 '위험'의 성격으로 적절하지 않은 것은?

현대 사회는 과학기술의 발전이 주는 물질적 풍요 속에서 살고 있지만, 동시에 이러한 과학기술의 발전을 통해 이전에는 존재하지 않았던 성격의 재앙을 대면하게 되었다. 또한 이러한 과학기술의 활용에 의해 체계적으로 생산되고 있는 위험은 전문가 관료집단에 의해 평가되고, 관리되므로 일반대중은 이러한 과학기술적 지식에 대해 소외되어 왔다고 할 수 있다. 그러나 인류 문명이 산출해낸 이러한 내재적 위험들은 산업화, 현대화 과정에서 산출된 위험으로, 풍요로운 삶을 위해 우리가 감수한 위험들이기 때문에 이러한 현상에 대한 전지구적인 성찰이 필요하다. 울리히 벡의 가장 유명한 명제 중 하나인 '빈곤은 위계적이지만 스모그는 민주적이다'는 표현을 잘 생각해 보자. 이 위험은 기존의 계급 및 국가의 경계를 허물어 버린다. 생태 재해와 원자 낙진이 국경을 무시하듯 근대적인 위험은 기존의 계급 경계도 무시한다. 지구상의 어느 누구도 안전한 장소에서 살기는 어렵다. 위험사회는 그런 의미에서 '전 지구적'이고 부메랑 효과를 지닌다.

① 위험은 누구에게나 미치게 된다.
② 위험은 개별 기업, 지역을 너머 전 지구적인 영향을 미치게 된다.
③ 위험에 대한 관리는 전문적 지식을 지닌 과학 기술자에게 맡겨두어야 한다.
④ 위험에 대한 관리는 시민사회 전체가 참여하는 의사소통을 통해 이루어져야 한다.

※ 다음 글을 읽고 물음에 답하시오. [03-04]

외국 영화를 보면 특공대들은 군복 위에 총알을 막는 방탄조끼를 입고 나온다. 어떻게 섬유로 된 방탄조끼가 철판, 두꺼운 나무도 뚫는 총알을 막을 수 있는 것일까? '그물'을 생각하면 이해하기 쉽다. 방탄조끼에 명중하면 총알은 앞으로 뚫고 나가려고 하지만, 방탄섬유는 강한 인장강도와 매우 질긴 탄성을 가지기 때문에 잘 끊어지지 않으며, 원상태로 복원되는 성질을 갖고 있어서 총알을 그물처럼 감싼 채 정지시키기 때문에 관통되지 않는 것이다. 임진왜란 때 조선에서는 두꺼운 솜옷으로 조총에서 발사되는 총알을 막기도 하였다.

현재의 방탄복은 경장갑과 중장갑으로 나뉘는데, 경장갑은 방탄섬유만을 사용하여 가볍고, 부드러워 착용감은 좋고, 권총탄, 산탄, 파편 등을 막을 수는 있지만, 그 이상의 위력을 가진 총탄에는 뚫리며, 섬유만으로 직조된 것이어서 칼 등 예리한 무기에는 약하다. 반면에 중장갑은 방탄섬유 외에 세라믹, 특수 금속판, 사슬 등을 추가하여 더 강한 무기를 막을 수 있도록 강화된 것으로, 칼이나, 화살에도 뚫리지 않는 반면, 그만큼 무겁고, 두꺼워져서 착용하고 활동하는데 불편이 따른다. 결국 방탄효과와 착용감의 관계는 [㉠] 하는 것이다.

03 위 글의 이해로 올바른 것은?

① 방탄섬유는 절대 끊어지지 않는 소재이다.
② 방탄섬유로 옷을 만들면 매우 단단해져서 총알이 부서진다.
③ 경장갑 방탄조끼가 더 비싸지만 더 우수한 효과를 낸다.
④ 방탄섬유의 성질만을 이용하여 총알을 막는 것에는 한계가 있다.

04 [㉠]에 들어갈 알맞은 말은?

① 정비례
② 반비례
③ 상승작용
④ 연쇄작용

05 〈보기〉의 (가)와 (나)에 해당하는 사례를 모두 바르게 찾아 제시한 것은?

보기

(가) 국어 단어 중에는 두 개의 형태소 또는 단어가 합쳐져서 합성어가 될 때, 앞 단어의 끝소리가 울림소리이고 뒤 단어의 첫소리가 예사소리이면 뒤의 예사소리가 된소리로 변하는 일이 있다. 이러한 현상을 사잇소리 현상이라고 한다. 이를 표시하기 위하여 합성어의 앞말이 모음으로 끝났을 때는 받침으로 사이시옷을 적어야 한다.

(나) 합성어를 이룰 때, 앞말이 모음으로 끝나고 뒷말이 'ㅁ, ㄴ'으로 시작되면 'ㄴ' 소리가 첨가되고, 앞말의 음운과 상관없이 뒷말이 모음 'ㅣ'나 반모음 '[j]'로 시작될 때에는 'ㄴ'이 하나 혹은 둘이 첨가되는 일이 있는데, 이러한 현상도 사잇소리 현상의 하나이다.

① (가) 초+불 (나) 물+약
② (가) 길+가 (나) 논+둑
③ (가) 등+불 (나) 돌+담
④ (가) 논+둑 (나) 배+사공

06 다음 글에서 추론한 내용으로 적절한 것은?

스티브 잡스가 창조적이라고는 하지만 그가 완전히 발명한 것은 하나도 없고 모두 누군가가 먼저 한 것을 가져다가 완벽하게 다듬어 상품화시킨 것이다. 그래서 그의 천재성은 발명이 아니라 '편집'에 있다고 말하는 사람도 있다. 1973년 출시된 초기의 개인 컴퓨터 매킨토시의 운영체제도 제록스의 알토 컴퓨터를 모방한 것이다. 이에 대해 그는 '훌륭한 예술가는 모방하고, 위대한 예술가는 훔쳐 온다'는 피카소의 말을 인용했다.

여기서 오해가 발생한다. 마치 훔치는 행위를 뻔뻔스럽게 정당화하기 위해 그가 피카소의 말을 인용한 것으로 많은 사람들은 이해한다. 그러나 이 인용문에 대해서는 좀 더 인문학적인 이해가 필요하다. 〈중략〉

과거의 대가들은 모두 자연을 모방하는 화가였다. 그러나 지금부터 위대한 화가는 더 이상 모방하지 않는다. 다만 창조할 뿐이다. 창조란 무엇인가? 그것은 신의 방식이 아닌가? 예술가는 그 신의 방식을 훔쳐 오는 사람이다. 즉 창조하는 사람이다. 이것이 스티브 잡스가 인용했던 피카소의 말이다. 물건을 훔치는 파렴치한 행위를 정당화하는 것이 아니라 '남들이 보기에 모방처럼 보이지만 이건 모방이 아니라 창조다'라는 이야기이다.

① 스티브 잡스는 피카소의 예술론에 동의하지 않았다.
② 매킨토시의 운영체제는 초창기 컴퓨터 업계의 혁신을 주도했다.
③ 스티브 잡스가 말하는 모방이란 타인의 아이디어를 훔치는 행위와는 구별된다.
④ 스티브 잡스는 기존에 있는 요소들의 장점을 합해 새로운 상품을 만드는 것은 파렴치한 행위라고 생각했다.

07 (가), (나)에 대한 설명으로 가장 적절한 것은?

(가) 17세기 독일의 저명한 수학자이자 철학자이며 법률가였던 고트프리트 빌헬름 라이프니츠는 "도서관의 가치는 도서관에 보관된 내용물이 무엇이냐, 그리고 그 내용물을 독자가 어떻게 활용하느냐에 따라 결정되는 것이지, 내용물의 양과 희귀성으로 결정되는 것이 아니다."라고 하였다. "한 편의 건축학 논문이나 한 질의 정기간행물은 100권의 고전 문학에 버금가는 가치를 갖는다."라고 주장한 라이프니츠는 큰 판형보다 작은 판형을 더 좋아했다. 공간이 절약되고 쓸데없는 장식이 없다는 이유였다. 그는 도서관의 역할이 학자들 간의 소통을 지원하는 데 있다고 주장하며, 학자들이 동료 학자들의 연구 성과를 언제든지 살펴볼 수 있도록 지원하는 국립 도서관을 꿈꾸었다.

(나) 지금 국가에서는 시속의 글솜씨로 인재를 뽑고 있다. 각종 이권(利權)과 녹봉(祿俸)이 이것에 달렸고, 성공과 명예가 이것으로부터 나온다. 이 세상에 태어나 이 길이 아니면 더불어 할 일이 없다고 생각한다. 그러나 뜻있는 학자들은 오히려 훌륭한 기상으로도 그들 속에 끼지 않으며, 비루하게 여겨서 말도 하지 않는다. 왜 그럴까? 이들의 마음속에는 이미 그것은 따라야 할 옛글이 아니며 옛 도(道)가 아니다. 차라리 궁핍하게 사는 것을 달게 여길지언정 차마 자신의 참다운 학문과 저 시속의 것을 바꾸지 못하는 것이다.

① (가) 라이프니츠는 공간이 절약되고 쓸데없는 장식이 없다는 이유로 작은 판형보다 큰 판형을 좋아했다.
② (가) 도서관의 가치는 학자들 간의 소통을 지원하는 것보다 소장된 서적의 양과 질, 희귀성에 의해 결정되는 것이다.
③ (나) 사람들의 마음속에는 따라야 할 옛글이며, 도(道)가 내재되어 있어 능력 있는 사람들을 선발할 수 있다.
④ (나) 시속의 글솜씨로 인재를 뽑는 현재의 과거 제도는 뜻있고 능력 있는 사람들이 선발되는 데 장애가 되고 있다.

08 다음 글로부터 추론할 수 있는 것으로 가장 적절한 것은?

> 그라노베터의 논문은 오늘날 역사상 가장 많은 영향을 끼친 사회학 논문 중 하나로 평가받는다. 이 논문에서 그는 상식적으로 이치에 맞지 않는 것처럼 보이는 주장을 편다. 새로운 소식을 접하거나, 새로 차린 식당을 홍보하거나, 최근의 유행이 전파될 때, 그 과정에서 우리의 약한 사회적 연결이 강한 친분 관계보다 더 중요한 역할을 한다는 것이다. 그에 따르면 사람들은 여러 명의 가까운 친구들을 갖고 있는데, 이들은 대부분 상호 간에 잘 알고 자주 접촉하는 긴밀한 사회적 단위를 이룬다. 그런데 이 사람들은 또한 각자 그저 알고 지내는 사람들을 더 많이 갖고 있는데, 이들은 상호 간에 잘 모르는 경우가 많다. 물론 이 그저 알고 지내는 사람들 하나하나도 역시 자신의 친한 친구들을 갖고 있어서 긴밀하게 짜인 사회적 단위를 이룬다.
>
> 사회는 여러 개의 단위로 구성되어 있는데, 각 단위 내부에서는 모두가 모두를 서로 잘 아는 긴밀한 친구들이 모임을 이루고 있다. 그리고 이 단위들은 약한 연결 고리를 통해 외부와 연결되어 있다. 우리의 가장 친한 친구들은 같은 모임에 있으므로 대개 동일한 인적 정보 출처를 갖고 있는 경우가 많다. 그러나 우리가 새로운 정보를 얻거나 외부 세계와 의사소통을 하려고 할 때는 오히려 이들보다는 약한 연결들이 결정적인 역할을 한다. 정보의 출처를 고려하면 가장 가까운 친구들로부터 얻은 정보 역시 약한 연결을 통해 획득된 것일 가능성이 높기 때문이다.

① 구직자가 새로운 일자리에 대해 얻은 정보의 원래 출처는 그가 잘 알던 사람보다는 그저 알고 지내던 사람일 경우가 더 많을 것이다.
② 아프리카 작은 부족에서 발생한 에이즈는 차츰 인근 지역으로 조금씩 전염 범위가 넓어지는 방식으로 퍼졌을 것이다.
③ 나의 가장 친한 친구 두 사람이 서로 알 확률은 서로 모를 확률과 비슷할 것이다.
④ 새로 개점한 식당에 관한 소문은 주로 처음 만난 사람을 통해서 퍼져갈 것이다.

09 다음 글의 주제로 가장 적절한 것은?

> 우리나라 고유의 과학적인 온방법
>
> 원래 온돌은 방 전체를 데우는 온방법이 아니라 부분만 데우는 '쪽구들식 온방법'이었습니다. 이런 식의 구들은 고구려 고분 벽화에서도 보이지요. 그러다 고려 중기가 되어서야 방 전체를 데우는 방식이 나옵니다. 이 온방법이 한반도 전역에 퍼지게 된 것은 조선 초기, 그러니까 15세기 이후의 일이라고 합니다. 온돌은 이와 같이 오랜 세월을 거쳐 발달해 왔기 때문에 지금과 같은 과학적이고 복잡한 구조를 갖게 됩니다.
>
> 온돌의 구조에서 가장 중요한 것은 뜨거운 연기가 지나는 (구들) 고래입니다. 구들은 이 고래 위에 놓는 것이지요. 불과 뜨거운 연기는 아궁이에서 '부넹기'라는 구멍을 통해 고래 쪽으로 빨려 들어갑니다. 부넹기는 '부넘기' 혹은 '불목'이라고도 하는데, 불이 넘어가는 고개 혹은 목이라는 뜻입니다. 보통 이 구멍은 작기 때문에 열기가 바깥으로 새지 않고 고래로 잘 빨려 들어가게 해 줍니다. 열기가 그다음에 도달하는 곳은 '구들 개자리'입니다. 이곳에서 열기는 속도가 늦추어지고 고래로 균등하게 공급됩니다. 이 고래에서 구들이 데워지는데, 이때 가장 중요한 것은 열이 고래 전체에 골고루 가게 하는 일입니다. 그래서 고래와 구들장을 제대로 놓아야 하는데 온돌을 만들 때에는 이 기술이 제일 중요하다고 할 수 있습니다. 보통 아랫목에는 두꺼운 돌을 놓고 윗목에는 그보다 얇은 돌을 놓습니다. 윗목은 아무래도 열이 덜 가기 때문에 빨리 달구려면 돌이 얇아야 합니다.

① 쪽구들식 온방법의 유래
② 구들식 온돌이 데워지는 과정
③ 우리나라 고유의 온방법인 온돌의 과학성과 효율성
④ 고려와 조선을 이어온 고유의 온방법인 온돌의 역사

10 다음의 자료를 바탕으로 글을 쓸 때에 제목으로 가장 적합한 것은?

> 1. 근로자가 업무 수행 과정에서 유해 요인을 취급하거나 이에 노출된 경력이 있을 것
> 2. 유해 요인을 취급하거나 이에 노출된 우려가 있는 업무를 수행함에 있어서 작업 시간 · 근무 시간 · 노출량 및 작업 환경 등에 의하여 유해 인자의 노출 정도가 근로자의 질병 또는 건강 장해를 유발할 수 있다고 인정될 것
> 3. 유해 요인에 노출되거나 취급 방법에 따라 악영향을 미칠 수 있는 신체 부위에 그 유해 인자로 인하여 특이한 임상 증상이 나타났다고 의학적으로 인정될 것
> 4. 질병에 걸려 의학적 요양의 필요성이나 보험 급여 지급 사유가 있다고 인정될 것

① 업무상 질병의 방지 대책
② 업무상 질병의 판단 요건
③ 업무상 질병의 범위와 종류
④ 업무상 질병에 대한 보상 절차

11 다음 토의에 대한 이해로 가장 적절한 것은?

사원 1: 최근 3년간 정기 공연을 관람한 주민들의 수가 연속해서 줄었는데, 이번에도 그럴까 봐 걱정입니다.
사원 2: 기존 공연에서는 주민들에게 너무 익숙한 작품을 공연했지만, 이번에는 주민들이 관심을 가질 만한 새로운 내용의 작품을 공연하니까 결과가 다를 것으로 예상됩니다.
사원 3: 네. 그렇습니다. 주민들에게 낯설면서도 주민들의 일상과 맞닿아 있는 내용의 작품을 공연하자고 기획한 것은 관람객 수를 늘리기 위해서였습니다. 기획한 대로 준비를 잘했으니까 많은 주민들이 관람할 것입니다.
사원 1: 저도 그럴 것이라고는 생각합니다. 하지만 공연 준비를 잘 마무리하지 못하면 결과가 예년과 같을 수 있습니다. 특히 홍보를 잘해야 할 것 같은데요. 지역 신문에 우리 공연을 소개하는 글을 싣는 것이 어떨까요?
사원 2: 그거 좋은 생각이군요. 그럼 어떤 내용으로 글을 쓰는 것이 좋을까요?
사원 3: 작품 제목, 공연 일시와 장소 등의 단편적인 정보만을 알리지 말고, 우리 시에서 공연하는 작품이 의미 있는 작품임을 알려 많은 주민들이 관심을 갖고 공연을 관람할 수 있도록 글을 쓰는 것이 좋을 것 같습니다.

① '사원 1'이 관람객 감소를 염려한 것은 공연 계획을 잘 준비하지 못하면 결과가 나쁠 수 있다는 판단에 따른 것이군.
② '사원 1'이 지역 신문에 공연을 알리는 글을 싣자고 제안한 것은 공연에 대한 평가를 받기 위해 반드시 필요한 과정이라는 판단에 따른 것이군.
③ '사원 2'가 이번 공연의 결과가 기존 공연과 다를 것이라고 말한 것은 공연 작품의 표현 및 홍보상의 특징을 고려한 것이군.
④ '사원 3'이 공연 작품이 의미 있는 것임을 알리자고 제안한 것은 공연을 예년과 다르게 기획한 의도를 고려한 것이군.

12 ㉠과 ㉡에 대한 이해로 적절하지 <u>않은</u> 것은?

풍경이 그림보다 더 아름답다는 선입관은 ㉠ <u>플라톤</u>에서 유래한다. 플라톤에 따르면 현실 세계는 이데아의 모방이며, 그림은 그런 현실 세계의 모방이다. 아무리 뛰어난 화가라도 현실, 즉 자연을 그대로 모방할 수는 없으므로 그림은 언제나 불완전한 상태이다. 그래서 플라톤은 예술이 진리 인식에 기여하지 못한다고 보았다.

반면 예술의 우월성을 강조하는 입장은 ㉡ <u>헤겔</u>로부터 시작한다. 헤겔은 플라톤과 반대로 자연을 불완전한 것으로 여겼다. 인위적 노력으로 자연을 가공할 때 자연은 발전하고 더욱 아름다워진다. 따라서 인위적 행위가 개입된 그림은 그림의 소재인 자연보다 아름다운 것이다. 또한 표현 수단의 한계로 자연 현상을 그대로 모사(模寫)하는 것도 불가능하다고 보았다.

예술에 대한 두 사람의 차이는 세계관의 차이에서 기인한다. 플라톤은 이데아 세계의 모방일 뿐만 인간 세계의 진보를 인정하지 않고 불변하는 절대적 진리를 추구하였다. 이와 달리 헤겔은 현실 세계의 발전을 긍정하고 추구해야 한다고 보았다. 인위적 행위, 즉 노동을 통해 인간의 역사가 이루어졌고, 점진적인 운명의 진보가 가능하다고 본 것이다.

① ㉡은 ㉠과 달리 예술 작품의 창작 과정에 필요한 인위적 행위에 주목하였다.
② ㉡은 ㉠과 달리 인간이 만든 예술 작품이 그 자체로 완성된 것이라고 여겼다.
③ ㉠과 ㉡은 모두 그림이 자연을 완전하게 모방하는 것은 불가능하다고 보았다.
④ ㉠은 ㉡과 달리 그림은 인간이 추구해야 할 방향에서 멀어진 것으로 보았다.

13 다음 글의 논지 전개 방식으로 가장 적절한 것은?

> 1994년 초, 미국의 슈퍼마켓 선반에 새로운 판 모양의 초콜릿이 등장했다. 이 초콜릿의 포장에는 '공정 거래 재단'의 추천사가 들어 있었다. 이것은 영국의 빈민 구호 단체와 기타 단체들이 협력해 만든 조직으로서 원자재를 생산하는 제3세계의 생산자들이 보다 공정한 교역을 할 수 있도록 도와주기 위해 설립되었다.
>
> 이 과자 이름에 들어 있는 단어가 고대 마야 족의 오랜 역사에서 아주 후기에 등장한다는 점은 중요하지 않다. 또 현란한 포장지에 인쇄된 중앙아메리카풍의 그림들에 마야의 것이 하나도 없다는 사실도 무시하고 넘어가자. 이 초콜릿의 뒷맛이 어떤지도 그리 중요한 것은 아니다. 그리고 이것에서 오렌지 맛이 난다는 점도 개의치 말자. 중요한 것은 M 초콜릿을 마야 족이 재배하는 카카오 콩으로 만드는 것과 그리고 이 제품을 판매함으로써 얻는 이익의 일정 부분이 원료 생산자인 마야 인들의 손에 쥐어진다는 점이다.
>
> M 초콜릿은 오랫동안 '그린 운동'을 지원해 오고 있는 조세핀 페얼리가 제안해서 나온 제품이었다. 이것은 1980년대 중반, 벨리즈 남부에서 개발되기 시작하였다. 당시 미국의 한 회사가 그 지역의 켁치 마야족에게 그들이 이전부터 조그마한 밭에서 재배하고 있던 반야생의 나무 대신에 훨씬 수확이 많은 다른 종류의 카카오 나무를 재배하도록 설득했다. 마야 족은 새로 들어온 카카오 나무의 종이 병충해에 약해서 어마어마한 양의 제초제나 농약이 필요하다는 것을 알았다. 하지만 많은 농민들은 카카오 콩 1파운드(약 450그램)당 1달러에 구입하겠다는 약속에 현혹되어 이 사업에 기꺼이 참여했다. 그리고 그들은 경비를 조달하기 위해서 은행에서 많은 돈을 빌렸다.
>
> 그런데 몇 년 뒤 이 새로 심은 카카오 나무의 수확을 앞두고 국제 시장에서 카카오 가격이 폭락했다. 카카오 콩을 사러 온 미국인들은 1파운드당 27센트를 주겠다고 했다. 이 가격은 수확이나 출하 비용에도 미치지 못하는 형편없는 가격이었다. 카카오 꼬투리는 땅에 떨어져 그대로 썩어 갔다. 2천 년이 넘은 세월 동안 이루어진 마야의 카카오 교역은 이제 한낱 옛 이야기에 지나지 않았다.

① 초콜릿과 관련한 통시적 변천 양상을 중심으로 내용을 전개하였다.
② 초콜릿의 기능에 대한 기존의 관점을 보완하여 자신의 주장을 강화하고 있다.
③ 초콜릿의 수익 창출 효과를 도출하여 공정 거래 무역의 중요성을 중심으로 논의하였다.
④ 공정한 무역과 관련한 초콜릿의 사례를 중심으로 주장의 타당성을 검증하였다.

14 다음은 '학교 체육 교육의 문제점과 해결 방안'이라는 주제로 글을 쓰기 위한 개요이다. 수정 · 보완하기 위한 방안으로 적절하지 않은 것은?

> Ⅰ. 서론: 한국 체육 교육의 현황 ········ ㉠
> Ⅱ. 본론
> 1. 학교 체육 교육의 문제점
> 가. 학교 차원에서의 재정난과 체육에 관한 무관심 ········ ㉡
> 나. 체육 교사들의 무관심과 아이들의 소극적인 태도
> 다. 다양한 체육 교육 콘텐츠 미흡
> 2. 학교 체육 교육의 문제점 해결을 위한 방안
> 가. 체육관 신설과 체육 수업 재정 확대
> 나. [ ] ········ ㉢
> 다. 아동의 흥미를 끌 수 있는 다양한 체육 수업 콘텐츠 개발
> 라. 게임과 협동 플레이를 통한 흥미로운 콘텐츠 활용 ········ ㉣
> Ⅲ. 결론: 학교 체육 교육의 증진을 위한 노력 촉구

① ㉠은 현재 학교의 체육 교육 상황과 체육 교육의 문제점 관련 사례를 제시해 구체화할 수 있다.
② ㉡은 'Ⅱ-2-가'와의 관련성을 고려하여 '학교의 체육 교육 관련 재정적 지원 및 교실의 부족'으로 수정한다.
③ ㉢은 'Ⅱ-1-나'와 관련성이 높은 내용인 '개인 체육 지도사의 고용 확대'로 수정한다.
④ ㉣은 'Ⅱ-2-다'의 다양한 체육 수업 콘텐츠 개발에 포함되는 내용이므로, 'Ⅱ-2-다'의 하위 항목으로 변경한다.

15 중의적인 의미를 지닌 문장이 아닌 것은?

① 이것은 어머니의 그림이다.
② 나는 형과 아우를 찾아다녔다.
③ 내 동생은 나보다 잠을 더 좋아한다.
④ 부장님을 보고 싶어 하는 직원들이 많다.

16 〈보기〉의 담화에 대한 설명으로 적절하지 않은 것은?

보기

영진: 어제 본 영화는 재미있었어?
혜정: ㉠ 그거 말이야, 정말 지루했어.
영진: 그래도 어제 영화 시작 전에 출연 배우들 사인회가 있었다던데? 사인 안 받았어?
혜정: ㉡ 이거 말이지? 그런데 그 영화관은 최근에 지어서 그런지 깔끔하고 괜찮더라.
영진: 나도 ㉢ 거기에서 언니하고 영화 보고 싶은데.
혜정: 어, ㉣ 저기 버스 온다. 네 말대로 나중에 같이 보자. 안녕!

① ㉠은 혜정이 어제 본 영화를 가리키는 지시 표현이다.
② ㉡은 영진보다는 혜정에게 가까운 쪽에 위치해 있다.
③ ㉢은 혜정보다는 영진에게 가까운 쪽에 위치해 있다.
④ ㉣은 버스가 오고 있는 쪽을 가리키며 영진과 혜정 모두에게서 멀리 떨어져 위치해 있다.

17 다음 글의 내용과 일치하지 않는 것은?

부르디외는 개인이 어떤 물건을 소비할 때 선택의 기준으로 삼는 '기호(嗜好)'를 '아비투스'라고 명명(命名)했다. 아비투스는 개인의 문화적인 취향과 소비의 근간이 되는 어떤 성향을 의미하는데, 계층마다 다르게 나타나는 특성이 있다. 상위 계층일수록 실용성, 편리성 등의 측면에 대한 욕망은 감소하고 미적 특성에 대한 욕망이 강화된다. 또 동일한 지배 계층이라고 하더라도 경제 자본이 풍부한 경우와 상대적으로 문화 자본이 풍부한 경우에도 아비투스가 발현되는 양식에 차이가 있다. 부르디외가 보기에 이러한 취향의 차이는 가정적 · 사회적 교육을 통해 세대 간에 전수됨으로써 한 문화 집단을 결속시키고, 그 집단을 다른 문화 집단과 구분하여 사회적 경계를 만들어내는 '구분 짓기'의 역할을 한다. 즉 지배 계급은 자신의 아비투스를 발현함으로써 자신의 계급적 이해관계를 실현하며, 민중 계급은 바로 자신에게 익숙한 아비투스로 인해 지배 논리를 벗어나지 못한다. 따라서 부르디외에게 중요한 것은 재화의 소유 여부가 아니라 문화 자본이다. 특히 교육과 같은 문화 자본은 사람들을 어떤 사회 집단에 참여시키거나 구분 짓는 중요한 역할을 한다.

① 부르디외는 소비가 사회적 차이를 완화하는 사회적 기능을 수행한다고 보았다.
② 부르디외는 소비 유형의 차이에는 경제력뿐만 아니라 문화도 영향을 미친다고 보았다.
③ 부르디외는 사회적 계층이 올라갈수록 상품의 기능적 측면에 대한 욕망은 감소한다고 보았다.
④ 부르디외는 상류층 자녀 교육이 상류층의 아비투스를 재생산하는 문화 자본이 된다고 보았다.

18 (가)와 (나)를 전제로 결론을 이끌어 낼 때, 빈칸에 들어갈 말로 가장 적절한 것은?

(가) 말재주가 좋은 사람은 모두 말이 많다.
(나) 말재주가 좋은 어떤 사람은 입이 크다.

따라서 [　　　　　　　　]

① 입이 큰 사람은 모두 말이 많다.
② 입이 큰 어떤 사람은 말이 많다.
③ 말이 많은 사람은 모두 말재주가 좋다.
④ 말이 많은 어떤 사람은 입이 크지 않다.

19 다음 발표에 반영된 발표 계획으로 적절하지 <u>않은</u> 것은?

> 화석 에너지 고갈과 환경 오염에 대한 우려가 커지면서 에너지 절약과 신재생 에너지에 대한 관심이 높아지고 있습니다. 그래서 저는 이와 관련하여 최근 관심을 끌고 있는 '제로 에너지 주택'에 대해 조사해 보았습니다. '제로 에너지 주택'은 에너지를 자체 생산하고 관리하여 에너지 자립도를 높인 주택입니다. 국토교통부와 ㅇㅇ 건축학회 홈페이지에 있는 자료들을 활용해서 제로 에너지 주택이 어떠한 방법으로 에너지 자립도를 높이고 있는지 말씀드리겠습니다. 주택에서 소비되고 있는 에너지가 전 세계 에너지 소비량의 36%로 매우 큰 비중을 차지하고 있는 만큼 많은 관심을 갖고 경청해 주시기 바랍니다.
>
> 지금 보시는 화면 속에 있는 집이 제로 에너지 주택인데요, 보시는 것처럼 건물 옥상에 설치된 패널을 이용해 태양광 에너지를 생산합니다. 그리고 이 화면에는 보이지 않지만 땅속 160m에도 수십 개의 관을 박아 지열을 끌어 올려 에너지를 만듭니다. 이렇게 생산된 에너지는 필요한 만큼 사용하고, 남은 에너지는 전력 회사에 보내 수익을 얻기도 합니다.
>
> 한편 제로 에너지 주택은 에너지를 생산하는 데 그치는 것이 아니라 첨단 공법을 이용해 에너지를 잘 지킬 수 있게 만들어집니다. 이른바 패시브 공법을 이용하는 것이지요. 다음 영상을 보시죠. 지금 보시는 실험은 제로 에너지 주택에서 창문을 닫고 실내 온도의 변화를 측정하는 실험입니다. 여기에 보이는 창문은 아르곤 가스를 채운 3중창으로 단열 효과가 아주 뛰어납니다. 그래서 실내 온도가 거의 그대로 유지되는 것을 확인할 수 있습니다. 또한 창문이 설치된 외벽이 무척 두껍다는 생각이 드실 텐데요, 일반 주택보다 다섯 배나 두껍게 설계된다고 합니다. (다음 화면을 보며) 이뿐만 아니라 이 화면에서 알 수 있듯이 집 안의 중앙 천장에는 폐열 회수 순환 장치를 설치하여 열 손실을 줄였습니다. 창문을 열지 않아도 공기 순환이 가능하도록 한 것입니다.
>
> (시간을 확인하고) 더 준비한 내용이 있었는데, 벌써 정해진 시간이 다 되어서 마무리를 해야겠네요. 지금까지 설명한 이러한 장치들을 통해 에너지 자립도가 높은 주택이 만들어지는 것입니다. 에너지 자립형 주택이 우리나라에서도 성공적으로 뿌리내려 주변에서 많이 볼 수 있는 날이 오기를 바랍니다. 그럼, 이상으로 발표를 마치겠습니다.

① 구체적인 수치를 제시하여 화제에 대한 관심을 이끌어 내야겠어.
② 중심 화제에 대한 개념에 대해 설명함으로써 청중의 이해를 높여야겠어.
③ 중심 화제에 대한 시각 자료를 활용하여 발표에 대한 흥미를 높여야겠어.
④ 발표 내용과 관련된 기대감을 드러내며, 청자들이 행동하기를 촉구하는 당부의 말로 발표를 마무리해야겠어.

20 다음 진술이 모두 참일 때 반드시 참인 것은?

> • 독서를 좋아하는 사람은 쇼핑을 싫어한다.
> • 가족 여행을 좋아하는 사람은 독서를 좋아한다.
> • 쇼핑을 좋아하는 사람은 그림 그리기를 좋아한다.
> • 테니스를 좋아하는 사람은 가족 여행을 싫어한다.
> • 그림 그리기를 좋아하는 사람은 테니스를 좋아한다.

① 테니스를 좋아하는 사람은 독서를 좋아한다.
② 쇼핑을 좋아하는 사람은 가족 여행을 싫어한다.
③ 쇼핑을 싫어하는 사람은 그림 그리기를 좋아한다.
④ 그림 그리기를 좋아하는 사람은 가족 여행을 좋아한다.

적중의 지혜

01 다음 글의 논지 전개 방식으로 가장 적절한 것은?

> 언젠가부터 우리 바다 속에 해파리나 불가사리와 같이 특정한 종들만이 크게 번창하고 있다는 우려의 말이 들린다. 한마디로 다양성이 크게 줄었다는 이야기다. 척박한 환경에서는 몇몇 특별한 종들만이 득세한다는 점에서 자연 생태계와 우리 사회는 닮은 것 같다. 어떤 특정 집단이나 개인들에게 앞으로 어려워질 경제 상황은 새로운 기회가 될지도 모른다. 하지만 이는 사회 전체로 볼 때 그다지 바람직한 현상이 아니다. 왜냐하면 자원과 에너지 측면에서 보더라도 이들 몇몇 집단들만 존재하는 세계에서는 이들이 쓰다 남은 물자와 이용하지 못한 에너지는 고스란히 버려질 수밖에 없고 따라서 효율성이 극히 낮기 때문이다.
>
> 다양성 확보는 사회 집단의 생존과도 무관하지 않다. 조류독감이 발생할 때마다 해당 양계장은 물론 그 주변 양계장의 닭까지 모조리 폐사시켜야 하는 참혹한 현실을 본다. 단 한 마리 닭이 걸려도 그렇게 많은 닭들을 죽여야 하는 이유는 인공적인 교배로 인해 이들 모두가 똑같은 유전자를 가졌기 때문이다. 따라서 다양한 유전 형질을 확보하는 길만이 재앙의 확산을 막고 피해를 줄이는 길이다.
>
> 이처럼 다양성의 확보는 자원의 효율적 사용과 사회 안정에 중요하지만 많은 비용이 들기도 한다. 예를 들어 출산 휴가를 주고, 노약자를 배려하고, 장애인에게 보조 공학 기기와 접근성을 제공하는 것을 비롯해 다문화 가정, 외국인 노동자를 위한 행정 제도 개선 등은 결코 공짜가 아니다. 그럼에도 불구하고 다양성 확보가 중요한 이유는 우리가 미처 깨닫고 있지 못하는 넓은 이해와 사랑에 대한 기회를 사회 구성원 모두에게 제공하기 때문이다.

① 다양성 확보의 중요성에 대해 관점이 다른 두 주장을 대비하고 있다.
② 다양성 확보의 중요성에 대해 유추를 통해 설명하고 있다.
③ 다양성이 사라진 사회를 여러 기준에 따라 분류하고 있다.
④ 다양성이 사라진 사회의 사례들을 나열하고 있다.

02 논리적 전제에 관한 설명으로 옳지 <u>않은</u> 것은?

> ㄱ. 그는 이야기를 멈추었다. – 동사 '멈추다'에 의해 이제까지 이야기를 했다는 전제가 유발된다.
> ㄴ. 친구가 또 거짓말을 했다. – 부사 '또'에 의해 이전에 거짓말을 한 적이 있다는 전제가 유발된다.
> ㄷ. 내 여자 친구는 진짜 예쁘다. – 형용사 '예쁘다'에 의해 여자 친구가 있다는 전제가 유발된다.
> ㄹ. 독도는 한반도의 동쪽에 있는 섬이다. – 고유명사 '독도'에 의해 독도가 존재한다는 전제가 유발된다.

① ㄱ ② ㄴ
③ ㄷ ④ ㄹ

03 다음 발언에 나타난 말하기의 특징은?

> 배심원 여러분, 드레퓌스는 정의롭지 못한 힘에 의해 자유를 빼앗긴 한 평범한 시민입니다. 나의 이웃이자 바로 여러분의 사촌입니다. 나 에밀 졸라는 그의 무죄를 주장했다는 이유로, 이렇게 피고가 되어 법정에까지 서게 되었습니다. 그러나 나는 내 외침을 멈추지 않을 것입니다. 드레퓌스는 무죄입니다. 나는 그것을 맹세합니다. 거기에 내 생명을 걸고, 내 명예를 겁니다. 이 엄숙한 시간에, 인간의 정의를 대변하는 이 법정에 서서, 이 나라의 수호자인 바로 배심원 여러분들 앞에서, 전 프랑스 앞에서 나는 드레퓌스가 무죄라고 맹세합니다. 나 에밀 졸라의 40년간의 역작을 걸고, 그 역작으로 얻은 권위를 걸고 나는 맹세합니다. 드레퓌스는 무죄라고. 드레퓌스가 무죄가 아니라면 이 모든 것이 사라져도 좋고, 내 전 작품이 소멸돼도 좋습니다. 그는 무죄입니다.

① 청자의 감정에 호소하고 있다.
② 논리적 근거를 들어 설득하고 있다.
③ 상대방의 주장을 조목조목 반박하고 있다.
④ 객관적 자료를 활용하여 신뢰성을 높이고 있다.

04 (가)와 (나)를 전제로 결론을 이끌어 낼 때, 빈칸에 들어갈 말로 가장 적절한 것은?

> (가) 영어 수업을 듣는 모든 학생들은 국어 수업을 듣는다.
> (나) 영어 수업을 듣는 모든 학생들은 체육 수업을 듣는다.
>
> 따라서 [   ]

① 국어 수업을 듣는 어떤 학생은 체육 수업을 듣는다.
② 국어 수업을 듣는 모든 학생은 영어 수업을 듣는다.
③ 체육 수업을 듣는 어떤 학생은 영어 수업을 듣지 않는다.
④ 영어 수업과 국어 수업, 체육 수업을 모두 듣는 학생은 없다.

05 ㉠과 같이 말할 수 있는 이유로 가장 적절한 것은?

> 산업의 발전과 더불어 화석연료가 고갈되고 여기에 지구온난화의 문제가 불거지면서 수소가 새로운 에너지로 주목받게 된 것이다. 그 이유는 우선 그 자원이 무궁무진하다는 점이다. 수소는 물과 화석연료, 생물체 등 지구 어디에든 존재할 뿐만 아니라 지구의 3분의 2를 뒤덮고 있는 물로부터 무한정 공급받을 수 있다. 또한 에너지로 사용 후엔 물로 되돌아간다는 매력도 지닌다. 여기에 전자를 방출했다가 흡수하는 반응을 반복하면서 전기를 무한대에 가깝게 생산할 수 있다는 점도 주목할 만하다.
>
> 수소를 생산하는 방법은 다양하다. 그중 가장 오래된 방식은 1백년 전에 개발되어 지금까지 쓰이는 전기분해법이다. 하지만 이 방식은 투입된 에너지에 비해 산출되는 수소량이 너무 적어 비효율적이다. 그 중에서도 ㉠ 특히 화석연료로 생산한 수소는 차세대에너지로서는 낙제점일 수밖에 없다. 이를 극복한 것이 풍력이나 지열 등을 이용하여 수소를 만드는 방법이다. 그러나 이 방식도 어려움이 많다. 현재의 기술로는 생산비용이 지나치게 높아 비경제적이라는 것이다.

① 화석연료를 직접 사용하는 것이 더 경제적이기 때문에
② 화석연료를 써서 생산한 수소는 산출량이 적기 때문에
③ 화석연료에서 수소를 생산하는 방식은 위험하기 때문에
④ 화석연료를 쓰지 않고 수소를 생산하는 것이 목적이기 때문에

06 밑줄 친 단어가 다음의 ㉠에 해당하는 것은?

> '-음', '-ㅁ', '-기' 등은 동일한 형태로 접미사 혹은 어미로 쓰일 수 있다. 접미사는 어근과 결합하여 새로운 품사의 단어를 만들 수 있는 반면, 어미는 새로운 품사의 단어를 만들 수 없다. ㉠ 접미사가 결합한 명사는 서술격 조사가 결합하는 경우를 제외하고는 서술어로 쓰일 수 없고 관형어의 수식을 받는 반면, 어미가 활용된 형태의 단어는 서술어로 쓰이고 부사어의 수식을 받는다.

① 화가는 그림을 그림으로써 의미를 찾는다.
② 빨리 달리기는 걷기보다 운동효과가 적다고 한다.
③ 의사들에 따르면 일부러 웃음으로써 스트레스를 풀 수 있다고 한다.
④ 어렸을 때는 빨리 잠에 들려고 숫자를 세기도 했다.

07 〈보기〉의 ㉠~㉢을 참고하여 구개음화 현상에 대해 이해한 내용으로 적절하지 않은 것은?

> 보기
>
> 구개음화는 ㉠ 자음 'ㄷ, ㅌ'이 ㉡ 'ㅣ'나 반모음 'j'로 시작하는 형식 형태소와 만날 때 각각 'ㅈ, ㅊ'으로 바뀌는 현상을 말한다. 그리고 ㉢ 자음 'ㄷ' 뒤에 형식 형태소 '히'가 올 때 'ㄷ'과 'ㅎ'이 결합하여 이루어진 'ㅌ'이 'ㅊ'이 되는 현상도 구개음화 현상으로 본다.

① '솥이'의 'ㅌ'은 ㉠에 해당되고 '솥이'의 '이'는 ㉡에 해당되어 구개음화가 일어난다.
② '끝을'의 'ㅌ'이 ㉠에 해당되고 '끝을'의 '을'은 ㉡에 해당되지 않기 때문에 구개음화가 일어나지 않는다.
③ '굳히다'는 ㉢에 해당되어 구개음화가 일어난다.
④ '홑이불'의 'ㅌ'은 ㉠에 해당되고 '홑이불'의 '이'는 ㉡에 해당되어 구개음화가 일어난다.

08 다음 ㉠의 의미로 가장 적절한 것은?

> 우리가 살아가면서 어떤 판단을 할 때마다 필요한 모든 정보를 수집하여 이용하려 하면, 정보를 수집하는 것도 힘들뿐더러 그 정보를 처리하는 것도 부담이 된다. 그래서 과거 경험을 바탕으로 어림짐작을 하는 경우가 많은데, 이를 휴리스틱이라고 한다. 그런데 휴리스틱은 신속한 결정을 내리는 데는 도움을 주지만 종종 잘못된 판단을 낳기도 한다. 이처럼 일상생활에서 우리의 판단과 추론이 항상 합리적인 사고 과정을 거쳐 일어나는 것은 아니다. 인간은 결정을 내릴 시간이 많지 않다는 가정을 본능적으로 한다. 이 때문에 휴리스틱은 우리가 의식하지 않아도 어떤 판단을 내려야할 때 거의 무의식적으로 작용한다. 그리고 순식간에 수많은 대안 중에서 단 한 가지 혹은 몇 가지의 대안만을 남겨 판단을 용이하게 해준다. 이런 점에서 인간은 ㉠ '인지적 구두쇠'라고 할 수 있다.

① 사람은 경험이 쌓임에 따라 합리적 판단을 내리는 속도가 점차 빨라진다.
② 사람은 어떤 판단을 내려야 할 때 드는 수고를 최소화하려는 본능이 있다.
③ 사람은 의도적으로 휴리스틱을 사용함으로써 시간이 부족한 것을 보완한다.
④ 사람은 심리적으로 조급함을 느끼면 비합리적인 추론을 하는 경향이 강하다.

09 다음의 여러 조건에 가장 잘 맞는 토론 주제는?

> • 긍정 평서문으로 제시되어야 한다.
> • 찬성과 반대의 대립이 분명하게 나타나야 한다.
> • 쟁점이 하나여야 한다.
> • 찬성이나 반대 어느 한 편에 유리하게 작용하는 정서적 표현을 사용해서는 안 된다.

① 존엄사를 허용해야 하는가?
② 연대 보증 제도를 폐지해야 한다.
③ 무분별한 외래어 사용을 지양해야 한다.
④ 출퇴근 제도와 사내 복지 규정을 개선해야 한다.

10 다음 글에 나타난 글쓴이의 견해에 부합하지 않는 것은?

> 좀 더 나은 사회를 건설하기 위해서는 어느 정도 개인의 자유를 제한하는 것이 불가피하다는 인식이 지배 계층에 만연해 있다. 이는 사회를 규율하는 질서와 원리가 의도적 설계의 산물이라고 보는 사고방식의 결과이다. 이것은 명백한 오류이자 위험천만한 발상으로서 20세기 문명을 전체주의로 빠져들게 한 주범이다.
>
> 사회의 질서는 누군가 의도적으로 설계한 것이 아니라 복잡하고 불확실한 상황에 개인들이 적응하는 과정에서 자생적으로 형성되어 온 것이다. 오늘날 우리가 지키고 있는 관습이나 도덕은 모두 이것을 지키는 것이 좋다는 반복적 경험과 학습을 통해서 나온 것이지 의도적으로 만들어낸 것이 아니다. 사회가 진보의 방향으로 나아가는 것도 이러한 자율적 성격에 힘입어서이다. 개인들은 각자의 목표를 달성하기 위해 저마다의 지식을 활용해 합리적이고 자유롭게 자신의 행동을 결정하며, 이 과정을 통해 사회는 점차 진보해 간다.
>
> 간섭은 사회 구성원 사이의 자율적 조정에 대비되는 의도적 개입이다. 간섭은 명령권자가 의도한 특정 결과를 달성하기 위한 행위로서, 그대로 두었더라면 성취되지 않았을 방향이나 속도를 강제하는 것이다. 의도적 개입은 단기적으로는 목적한 효과를 거두는 것처럼 보일지 모르지만 예상치 못한 부작용을 유발함으로써 결국에는 더 큰 문제를 초래하게 된다. 오랜 시간 시행착오를 거쳐 형성된 자생적 질서만이 보편적이고 일관된 원칙들의 체계를 점진적으로 만들어 갈 수 있는 것이다. 예외적으로 정부의 개입이 정당화되는 것은 개인의 사적 영역을 타인의 침해로부터 지키기 위해서 필요한 경우에 한한다.

① 간섭은 사회 구성원들의 판단에 따를 때와는 다른 특정 결과를 산출하려는 목적을 지닌다.
② 개인의 자율성을 최대화하기 위한 목적을 지니는 경우에 한해 정부의 개입이 정당화된다.
③ 개인들이 공동선을 목표로 자유롭게 판단하고 실행하는 과정을 거치면서 사회가 진보한다.
④ 사회는 개인들의 자율적 조정 과정을 거친 자생적 질서에 의해 운영되는 것이 바람직하다.

11 다음 결론이 반드시 참이기 위해 들어가야 할 전제로 가장 적절한 것은?

> • 이과생 중에 수학을 싫어하는 사람이 있다.
> • [   ]
>
> 결론: 과학을 좋아하는 어떤 사람이 수학을 싫어한다.

① 과학을 좋아하는 사람만 이과생이다.
② 이과생은 과학을 좋아하지 않는다.
③ 이과생이 아니면 과학을 좋아하지 않는다.
④ 어떤 이과생은 과학을 좋아하지 않는다.

12 다음 글을 읽고 ㉠을 통해 알 수 있는 내용이 아닌 것은?

자연에 대응해야 할 필요성은 자연스럽게 시간에 대한 깊은 우려를 초래했지만, 이런 불안은 인간의 힘에 의해 곧 극복되었다. 즉 인간은 시간을 영속시킬 수 있으며, 자연의 무질서는 더 이상 들이닥치지 않을 것이라고 확신할 수 있었던 것이다. 1946년 남부 멕시코의 밀림 속에서 발견된 보남팍 벽화는 의식(儀式)의 세계가 가진 힘의 광경을 다채로운 색깔을 통해서 표현하고 있다. 미래 세대의 지배자로서 살아남을 한 어린 왕자의 자태가 압도적인 이 벽화는 고대 아메리카 세계가 지녔던 공포스러운 권력에 대한 인상적인 파노라마이다. 사제들과 시종들의 행렬, 그리고 지배자들과 피지배자들의 행렬은, 마치 영화 필름처럼, 대두하고 있는 왕족과 신관(神官)계급이 전권을 쥐고 지배하는 인간의 노동 위계 조직을 분명히 보여 준다. 농경사회가 도시나 국가들로 바뀌고 도시가 전쟁과 정복을 통해서 공물－수확물과 여자－을 강요하고 영토를 확장함에 따라서 관료 제도나 신관, 그리고 군대를 위해서 전체적으로 기구를 정비하면서 문명은 시작되었다. 보남팍의 벽화는 잔인하고 무자비한 전쟁의 비전, 즉 전쟁과 죽음, 그리고 예속의 장면에서 끝난다. 그러나 이 그림은 다시 미래의 왕이 될 왕자가 살아남아 성화된 처음의 벽화로 되돌아간다. 벽화에 묘사된 대로 어린아이가 이 세계를 지배할 것이다. 또 벽화에 나타난 그대로 그는 인간의 삶을 계속 유지하기 위해서 전쟁과 희생 제의에서 뿌려진 피의 패러독스를 통해서 군림할 것이다.

마야의 천문학자들은 365일의 정확한 태양력을 만들어냈는데, 그것은 치첸이트사에 있는 커다란 피라미드의 구조에 의해서 상징되어 나타났다. 9층과 4개의 계단들은 9개의 하늘과 4개의 기본 방위점을 나타낸다. 계단의 수는 각각 91개로서 전부 364개가 되는데, 이것은 1년의 날수의 숫자이며, 여기에다 정상의 제단을 더하면 365개의 계단 수, 즉 태양년의 날수가 되는 것이다. 메소아메리카 최대의 피라미드인 테오티우아칸의 '태양의 신전'은 하짓날 태양이 정확히 바로 정면을 향해서 지도록, 즉 자연과 문명이 서로를 비추어 그날을 축복하도록 건설되었다.

테오티우아칸을 건설한 톨텍 족은 이런 전체적인 우려－시간과 자연, 힘과 생존에 관한－를 하나의 도덕적인 원리에 융해시켜 다시 한 번 깃털 달린 뱀인 켓살코아틀의 모습에서 그 기원을 발견했다. 다양하고 모순적인 전설들에 등장하는 ㉠ <u>켓살코아틀</u>은 인간 세계의 창조자로, 그 세계는 무질서와 공포 안에서 천천히, 그리고 고통스럽게 태어났다. 켓살코아틀은 인간에게 도구와 공예 기술을 주었고 비취를 연마하는 법, 깃털을 엮는 법, 그리고 옥수수를 경작하는 법을 가르쳐 주었다. 신화를 보면 그는 또한 농업, 건축, 노래와 조각, 채광과 금은 세공의 발명자로 나타나 있다. 그의 가르침의 핵심은 톨텍 족의 이름인 톨테카요틀, 즉 '창조의 총체'와 동일시되었다.

이 켓살코아틀은 프로메테우스가 고대 지중해 세계의 영웅이었던 것처럼 그 자신의 자유를 희생해 가면서 인간을 해방함으로써 메소아메리카 사회의 도덕적인 영웅이 되었다. 켓살코아틀의 경우, 그가 이 세계에 가지고 온 자유는 교육의 빛이었다. 이 강력한 빛은 톨텍의 문화적인 유산을 계승하고, 톨텍의 뒤를 잇고자 갈망했던 모든 왕국을 정당화시키는 기반이 되었다.

① 희생 제의에서 뿌려진 피의 의미
② 날개 달린 뱀의 형상
③ 사람이 살아가는 데 필요한 기술
④ 교육을 통한 문화유산의 계승

13 다음 글에 대한 이해로 가장 적절한 것은?

극의 구조적 측면에서 볼 때 극 중 현실에 해당하는 극을 '틀 극(frame play)', 그 안에 포함된 극을 '극중극(play within play)'이라고 한다. 즉, 연극 안에 또 하나의 연극이 있을 때 이를 '극중극'이라고 한다. 예를 들어 어떤 연극에서 주인공의 역할이 연극배우이고, 그가 극 중에서 다시 연극 공연을 할 때, 극 중의 연극 공연이 '극중극'이 된다. 이것을 액자식 구조라고 표현하기도 한다.

극중극이 틀 극에 삽입되는 유형은 일반적으로 완전 삽입 구조, 병렬식 구조, 해체된 삽입 구조로 나눌 수 있다. 완전 삽입 구조는 틀 극의 인물이 극중극의 배우와 관객으로 양분되고 극중극의 관객이 줄곧 무대 위에 남아 있으면서 극중극이 진행되는 도중에 논평을 하는 유형이다.

병렬식 구조는 틀 극과 극중극이 교차하며 병렬식으로 전개되는 유형이다. 병렬식 구조는 주로 극중극이 여러 개의 독립된 상황으로 구성된 복수 삽입의 방식으로 나타난다.

해체된 삽입 구조는 삽입된 극중극의 극 행동이 중간에 여러 번 중단되는 유형으로, 병렬식 구조와 달리 해설자나 무대 위 관객의 개입으로 인해 극중극이 중단되는 경우가 많다. 빈번한 극 행동의 중단은 작가가 무대 위 관객의 감상과 논평을 유도하기 위해 인위적으로 극의 단절을 이용하기 때문에 생기게 된다. 해체된 삽입 구조는 틀 극의 등장인물이 연극배우이며, 배우들의 리허설을 극중극으로 할 때 흔하게 나타난다.

극중극은 고대 그리스 시대로부터 현대에 이르기까지 다양한 유형으로 존재해왔다. 극중극은 틀 극의 진행 과정에서 흥겨운 볼거리를 제공할 수 있고, 틀 극의 상황을 다양하게 전개하는 도구로 쓸 수 있다. 그리고 극중극이 인위적이고 연극적이라는 느낌이 강하게 들수록 관객이 틀 극을 사실처럼 받아들이는 효과도 얻을 수 있다. 현대 연극의 극중극은 연극 자체에 대한 성찰과 성숙한 인식을 시도하는 메타 연극의 특성을 잘 보여준다. 일반적으로 메타 연극은 작가나 배우들이 자신들이 하는 작업에 대해 문제 제기를 하는 방식으로 나타난다. 극중극에서 연극과 삶에 대해 토론하며 자신들의 역할과 소명에 대해 고민하는 등장인물의 모습은 연극 예술의 창작에 대한 반성과 관련이 있으며, '연극은 곧 인생이다'는 말을 가슴에 새길 때 궁극적으로 삶 자체에 대한 성찰로 이어질 수 있다.

① 극을 내용적 측면에서 볼 때 틀 극과 극중극으로 나눌 수 있다.
② 극중극은 무대 위 관객의 개입을 배제한다.
③ 극중극이 인위적일수록 틀 극의 연극적 성격이 부각된다.
④ 극중극은 틀 극의 상황을 다양하게 펼치는 데 사용된다.

※ 다음 글을 읽고 물음에 답하시오. [14-15]

> 음악은 마음에 담아 두거나 기호로 적는 방법으로 전해진다. 대개 동양 음악은 마음과 입으로, 서양 음악은 기호로 전해져 왔다.
>
> 마음에 담아 둔 음악은 청중의 반응에 따라 예정에 없던 가락을 더 넣기도 하는 즉흥 음악이다. 이런 음악을 '자루 음악'이라고 하는데 넣는 물건에 따라 모양이 달라지는 자루처럼, 청중의 반응이나 연주자의 능력에 따라 늘 새로운 음악이 되기 때문이다. 예를 들어, 판소리는 주어진 시간에 따라 짧거나 길게 부를 수 있고, 청중이 어린아이인지 노인인지에 따라 다르게 부를 수 있다. 판소리에서 중요한 것은 청중과의 교감이므로 창자(노래나 창을 하는 사람)는 청중의 반응을 보며 노래한다.
>
> 악보가 없는 판소리나 사물놀이 같은 자루 음악은 선생과 제자가 입에서 입으로, 마음에서 마음으로 전하고 받는다. 더러 판소리를 채보(곡조를 듣고 그것을 악보로 만듦)하는 일도 있지만, 이것은 연구를 위한 것이지 가르치기 위한 것이 아니다. 따라서 [㉠]
>
> 반면에 기호로 적혀 있는 서양 음악은 일단 연주를 시작하면 일부를 생략할 수 없다. 청중이 협주곡의 느린 파트를 지루해한다고 그 부분을 연주하지 않을 수 없으며, 빠르고 경쾌하여 청중의 흥미를 끄는 파트라고 두 번 연주할 수도 없다. 한 번 시작한 이상 정해진 대로 끝까지 연주해야 하고, 연주를 마치고 나서야 박수 소리를 통해 청중의 반응을 알 수 있다.
>
> 우리 음악이 자루 음악이라면, 악보대로 연주하는 서양 음악은 '상자 음악'이다. 상자는 미리 용도를 생각하고 치수를 측정하여 만든다. 서양 음악은 치밀하게 계산된 형식 속에 갇힌 냉정한 이성의 음악인 것이다.
>
> 음악을 기호로 적는 방법, 즉 악보로 보관하는 방법은 잊어버릴 염려가 없고 누구나 악보만 있으면 아무리 오래된 선율이라도 지금 당장 재현할 수 있으니 음악 보존, 계승 면에서는 유리하다.

14 윗글의 주된 내용 조직 방법에 대한 설명으로 가장 적절한 것은?

① 서로 대등한 관계에 있는 정보를 늘어놓는 방식으로 내용을 조직하고 있다.
② 설명 대상의 과정이나 순서에 따라 내용을 조직하는 방식으로 내용을 조직하고 있다.
③ 설명하려는 두 대상 간의 차이점을 제시하는 방식으로 내용을 조직하고 있다.
④ 현상의 원인과 결과를 중심으로 그 추이와 과정을 제시하는 방식으로 내용을 조직하고 있다.

15 [㉠]에 들어갈 내용으로 가장 적절한 것은?

① 자루 음악은 음악의 교육 면에서는 불리하다.
② 자루 음악은 음악의 채보 면에서는 불리하다.
③ 자루 음악은 청중과 교감하는 면에서는 불리하다.
④ 자루 음악은 음악의 보존, 계승 면에서는 불리하다.

16 다음 글을 읽은 독자의 반응으로 적절하지 않은 것은?

> 인간의 변화는 단지 성숙의 산물만은 아니다. 성숙에 의한 변화는 대체로 신체적, 성적 발달에 국한되는 경우가 많다. 인간은 자기가 속한 환경 속에서 여러 가지를 경험하고 배우며 살아간다. 이러한 경험과 배움을 학습이라고 하는데, 인간의 지적, 정의적 특성은 특히 그와 같은 후천적 학습의 영향이 크다 할 수 있다.
>
> 그런데 학습이라 할 때는 경험한 것 모두를 다 지칭하지는 않는다. 학습이란 경험의 결과 상당히 지속적으로 변화가 일어나는 경우를 두고 말한다. 약을 복용한 후나 우리 몸이 피로할 때 일어나는 일시적 변화는 학습이라 하지 않는다. 학습을 개념화하는 데는 어떤 측면을 강조하여 보느냐에 따라 약간 차이가 있을 수 있다. 행동에 초점을 맞추어 행동의 변화를 학습이라 하기도 하고, 지식에 초점을 두어 지식의 획득을 학습으로 보기도 하며, 정의적 측면을 강조하여 유의미한 인간적 경험, 예를 들면 무엇을 배운 결과 삶의 보람을 느낀 것을 학습이라 보기도 한다.
>
> 따라서 좀 더 넓은 뜻으로 학습을 정의하자면, 학습은 경험에 의한 비교적 지속적인 지적, 정서적, 행동적 변화를 의미한다고 볼 수 있다.

① 인간의 변화에는 성숙만이 아니라 학습도 있다.
② 아이가 자라서 키가 커지는 것은 성숙에 의한 변화이다.
③ 학습의 개념이 성립되려면 비교적 지속적인 변화라는 성격을 지녀야 한다.
④ 과학을 배워서 보람을 느꼈다면, 이는 지적 변화에 초점을 둔 학습 개념이다.

17 甲과 乙의 주장을 도출할 수 있는 질문으로 가장 적절한 것은?

> 甲: 유권자들의 투표율이 낮아 기존의 단순 다수제를 통해 선출된 회장의 대표성에 대해 논란이 제기되고 있다. 결선 투표제는 과반의 득표자가 없을 때, 다수표를 얻은 사람들을 후보자로 올려 과반의 득표로 선출하는 방식이다. 이를 도입하면 선거에 대한 관심이 고조되고 투표율이 높아져 대표성을 인정받는 회장이 선출될 것으로 기대된다. 또한, 1차 투표와 결선 투표를 거치면서 서로 다른 의사가 수렴되므로 후보자의 자질과 능력도 향상될 것이다.
>
> 乙: 단순 다수제는 후보자 중 최다 득표자가 당선되는 방식이다. 회장 선거의 투표율을 높여야 하는 것에는 공감하지만, 甲의 의견에 따른다고 해서 이 문제가 해결된다고 생각하지 않는다. 단순 다수제는 투표권을 한 번만 행사할 수 있기 때문에 후보자를 더 신중하게 결정하게 되는 민주적 절차이다. 무엇보다 甲의 의견에 따를 경우 유권자들은 시간을 따로 내야 하고, 투표소도 다시 설치해야 하는 등 시간과 비용의 측면에서 비효율적이다.

① 회장 선거의 투표율을 높이기 위한 방법은 무엇인가?
② 회장 선거에 결선 투표제를 도입해야 하는가?
③ 이번 선거를 통해 선출된 회장이 모두를 대표할 수 있는가?
④ 결선 투표제를 통한 대표 선출이 과연 민주적인가?

18 다음 중 밑줄 친 것에 해당하는 것으로 적절한 것은?

> 대명사에는 대상의 이름이나 신분을 모를 때 묻는 미지칭(未知稱), 특정 대상을 가리키지 않는 <u>부정칭(不定稱)</u>, 한 번 나온 명사를 다시 가리킬 때 쓰이는 재귀칭(再歸稱) 등이 있다. '무엇, 누구, 어디'와 같은 대명사는 주로 의문문에서 미지칭으로 쓰이기도 하고, '무엇이든, 누구든, 어디든'에서와 같이 부정칭으로 쓰이기도 한다.

① 내일이면 내가 간다는 것을 <u>아무</u>도 몰랐다.
② 지혜가 영희에게 연필을 주었다. 영희는 <u>그것</u>으로 편지를 쓰고 있다.
③ 어머니, <u>당신</u>께서는 멀리 북간도에 계십니다.
④ <u>저기</u>까지 가려면 몇 시간이나 걸릴까?

19 다음 글에서 ㉠~㉢의 관계를 바르게 설명한 것은?

> 우리말을 사랑하고 발전시키는 문제와 관련하여 지금까지는 우리말을 살려 쓰는 문제를 주로 이야기했지만, 한자어 문제에 대해서도 생각해 보아야 한다. ㉠ <u>한자어를 무조건 외래어로 보아 이를 배척하는 것이 국어를 갈고 다듬는 지름길이라고 생각하는 사람들이 없지 않지만, 그런 일은 우선 현실적으로 실현이 불가능하다.</u> ㉡ <u>한자어 가운데는 오랜 세월 동안 사용되어 오면서 우리말의 어휘 체계 속에 깊숙이 들어와 있기 때문에 이미 외래어라고 보기가 어렵게 된 말들이 많다.</u> ㉢ <u>이를 하루아침에 사용하지 말자고 한다면 우리가 가진 어휘의 양은 갑자기 절반 이하로 줄어들게 될 것이다.</u>

① ㉡은 ㉠의 근거(根據)이다.
② ㉠은 ㉡의 전제(前提)이다.
③ ㉡은 ㉠의 예시(例示)이다.
④ ㉢은 ㉠의 반론(反論)이다.

20 다음에서 설명한 의사소통 방법으로 가장 적절한 것은?

> '나－전달법'은 갈등 상황에서 타인에 대한 부정적인 생각을 드러내는 대신, 자신이 느끼는 감정에 집중하는 의사소통 방법이다. '나－전달법'의 메시지는 크게 '사건, 감정, 기대'로 구성할 수 있는데, 상대방을 비난하거나 비판하지 않고 자신의 감정을 상대방이 이해할 수 있도록 돕는 것이 목적이다.

① A: 그거 못 보던 옷인데, 혹시 내 옷이니? 너 진짜 생각이 없다.
B: 미안해, 너무 급해서 그냥 입고 나와 버렸어.
② A: 그거 나도 아직 한 번도 안 입은 새 옷인데, 빌려 가면 어떡해? 나 좀 속상하다.
B: 아, 그래? 새 옷인 줄은 몰랐어. 미안해.
③ A: 내 옷을 입고 싶었으면 말을 하고 빌려 가야지. 이렇게 말도 없이 가져가는 게 어디 있어?
B: 언니도 평소에 내 옷 많이 입잖아. 피차일반이야.
④ A: 네가 나한테 말도 안 하고 내 옷을 빌려 입어서 화가 났어. 앞으로는 입고 싶은 옷이 있으면 나한테 먼저 얘기해 줄래?
B: 미안해, 언니. 내가 생각이 짧았어.

01 다음 명제들로 추론한 내용으로 적절하지 않은 것은?

- 정리정돈을 잘하는 사람은 집중력이 좋다.
- 주변이 조용할수록 집중력이 좋다.
- 깔끔한 사람은 정리정돈을 잘한다.
- 집중력이 좋으면 성과 효율이 높다.

① 깔끔한 사람은 집중력이 좋다.
② 깔끔한 사람은 주변이 조용하다.
③ 주변이 조용할수록 성과 효율이 높다.
④ 성과 효율이 높지 않은 사람은 주변이 조용하지 않다.

02 다음 글에 대한 이해로 적절하지 않은 것은?

우리나라 학생들이 독일 학생들에 비해 훨씬 더 많이 공부한다. 정리하고 외우는 양을 따지면, 카드로 공부하는 독일 학생들의 학습량은 노트로 공부하는 우리나라 학생들에게 상대도 안 된다. 독일 역사, 유럽 문화 전반에 관해서도 한국 학생들이 훨씬 더 많이 안다. 그러나 한국 학생들이 따라갈 수 없는 결정적 차이가 있었다.

자기 생각이다. 독일 학생들은 모은 카드를 자기의 생각에 따라 다시 편집한다. 편집할 수 있기 때문에 카드를 쓰는 것이다. 예를 들어, '발달'이라는 개념과 관련된 프로이트, 피아제, 비고츠키, 융의 이론을 자기 기준에 따라 다시 정리한다. 이때 정리는 그저 알파벳순으로 하는 것이 아니다. 자신이 설정한 '내적 일관성'을 가지고 카드를 편집하는 것이다. 이렇게 편집된 카드가 바로 자신의 이론이 된다.

우리나라 학생들은 엄청난 양의 노트를 보며 달달 외운다. 그러나 자신의 목록을 별도로 만들 방법이 없다. 일일이 뜯어내지 않는 한, 노트를 재구성할 방법이 없기 때문이다. 그저 남의 이론을 익히고 외울 뿐이다. 그러나 독일 학생들은 카드 목록을 재구성하며 자신의 이론을 만들어간다.

① 독일 학생들은 스스로 설정한 일관된 기준으로 학습 카드를 구성한다.
② 우리나라 학생들의 주된 공부 방법은 학습 내용을 있는 그대로 암기하는 것이다.
③ 우리나라 학생들은 발달에 대한 이해가 제대로 선행되지 않은 채로 공부를 한다.
④ 독일과 우리나라 학생들 간의 차이는 학습 시 주관을 가지고 있느냐의 여부로 나타난다.

03 다음 대담에 대한 설명으로 적절하지 않은 것은?

사회자: 자율주행차가 머지않아 상용화될 것이라고 합니다. 오늘은 전문가를 모시고 이에 대하여 들어 보겠습니다. 교수님, 먼저 자율주행차란 무엇인가요?
교　수: 자율주행차란 인공지능을 탑재하여 운전자가 핸들과 가속 페달, 브레이크 등을 조작하지 않아도 스스로 목적지까지 찾아가는 차를 말합니다.
사회자: 사람이 개입하지 않아도 차 스스로 운전을 한다면, 편하기는 해도 위험하지 않을까요?
교　수: 그렇지 않습니다. 기계는 사람과 달리 오차가 없지요. 때문에 자율주행차는 차선을 정확히 지킬 뿐 아니라 횡단보도 앞에 정확하게 멈추고, 차 간격을 일정하게 유지하여 목적지까지 안전하게 주행할 수 있습니다.
사회자: 편리성과 안전성을 겸비한 기술이라니, 정말 멋지네요. 하지만 자율주행차가 장점만을 갖고 있지는 않을 것 같습니다.
교　수: 네. 자율주행차는 기계이므로 이에 따르는 한계도 분명 있습니다. 예를 들어 사이버 테러가 발생하여 테러리스트들이 자율주행차들에 급발진과 같은 지시를 내린다면, 도시는 금방 아비규환의 상태에 빠질 것입니다. 뿐만 아니라 사회적으로 운전과 관련된 직업이 모두 사라지면서 운전을 직업으로 삼던 사람들의 생계가 위협을 받게 되는 단점이 있습니다.
사회자: 그렇다면 자율주행차의 상용화가 야기할 현상 및 사고를 예측한 후 대비책을 마련하는 것이 반드시 필요하겠군요.

① 교수는 사회자의 질문에 대해 답변하고 있다.
② 교수는 자율주행차에 대하여 장단점을 이야기 하고 있다.
③ 사회자는 교수에게 특정한 내용에 대하여 설명할 것을 유도하고 있다.
④ 사회자는 주제에 대한 찬반의 입장을 정리하며 대담을 마무리하고 있다.

04 다음 글을 고쳐 쓰기 위한 의견으로 적절하지 않은 것은?

> 생각만으로도 우리를 ㉠ 설레이게 하는 여행! 그런데 우리가 이제껏 해 온 편안하고 즐거운 여행에 과연 문제는 없을까? 대형 호텔이나 콘도에 묵으며 유명 관광지를 둘러보는 여행을 하면 여행의 수익 대부분이 여행 업체에 돌아갈 뿐 여행지의 주민에게는 거의 돌아가지 않는다. ㉡ 우리가 여행하며 배출한 쓰레기와 탄소는 자연을 ㉢ 손상하고 지구 온난화에 영향을 미친다. ㉣ 또 남는 건 사진뿐이라며 사진만 찍는 한심한 사람들이 많다. 이러한 문제의식에서 나온 새로운 방식의 여행이 바로 공정 여행이다.

① ㉠은 어법에 맞지 않는 표현이므로 '설레게'로 고쳐야 한다.
② ㉡에는 문장의 연결 관계를 고려하여 '결국'을 넣어야 한다.
③ ㉢은 문맥에 어울리지 않는 단어이므로 '훼손하고'로 바꿔야 한다.
④ ㉣은 글의 자연스러운 흐름을 해치므로 삭제해야 한다.

05 〈공공언어 바로 쓰기 원칙〉에 따라 ㉠~㉣을 수정한 것으로 적절하지 않은 것은?

> 공공언어 바로 쓰기 원칙
> • 명확한 주어 사용
> – ㉠ 문장의 주어를 생략하지 않고 명확히 제시함
> • 의미가 모호한 표현 삼가기
> – ㉡ 중의적 문장을 사용하지 않음
> • 능동형 문장 사용
> – ㉢ 불필요한 피동형보다 능동형 문장을 사용할 것
> • 외래어 및 외국어 자제
> – ㉣ 외래어나 외국어는 가능한 한 우리말로 바꿔 사용할 것

① "집에 갔다가 바로 돌아왔어."를 ㉠에 따라 "나는 집에 갔다가 바로 돌아왔어."로 수정한다.
② "철수는 어제 민수가 만난 사람을 보았다."를 ㉡에 따라 "철수는 민수가 어제 만난 사람을 보았다."로 수정한다.
③ "이 문서는 최민수 번역가에 의해 번역되었다."를 ㉢에 따라 "이 문서는 최민수 번역가가 번역했다."로 수정한다.
④ "우리 회사는 이번에 새로운 패키지를 론칭합니다."를 ㉣에 따라 "우리 회사는 이번에 새로운 묶음상품을 론칭합니다."라고 수정한다.

06 다음 〈보기〉에서 밑줄 친 '빠지다'와 같은 의미로 사용된 것은?

> 보기
> "경기가 얼마나 어려운지 세 달 연속으로 본전도 빠지지 않을 것 같아 걱정이 크다."

① 구두 밑창이 닳다 못해 빠질 정도이니 돈 아끼려 하지 말고 새것 하나 장만하렴.
② 약속한 금액보다 조금 빠지는 정도 모은 상태이니 한 달만 더 지급 유예 기간을 주시면 안 될까요?
③ 주식 시장의 호황이 이어진 덕분에 이번 주식 투자에서는 내년에 갈 여행 경비 정도는 빠질 것 같다.
④ 중간에 오류에 빠지지 않도록 논리를 치밀하게 구성하여 토론에 임하였더니 토론 대회에서 좋은 성과를 거뒀다.

07 다음 글의 고쳐쓰기 방안으로 적절하지 않은 것은?

> 색채는 직관적인 의미나 느낌을 전달하는 아주 강렬한 메시지이며 사람의 감정 체계에 상당한 영향을 미친다는 사실은 이미 ㉠ 과학적으로 입증됐다. ㉡ 집을 단장할 때도 이를 활용하면 좋다.
> 노란색은 집중력을 높이고 에너지가 솟아나도록 도와주므로 공부방에 활용하면 좋다. 학교 교실에도 적절히 사용하면 좋고 파랑과 함께 사용하면 곤두선 신경을 가라앉히는 효과도 있다. ㉢ 휴식 공간인 침실에는 남색을 사용하는 것이 좋은데 남색은 불면증, 편두통 등에 효과가 있다고 알려져 있다. 같은 계열의 라일락색, 제비꽃색 등을 첨가하면 더 좋다. ㉣ 그 외에 스트레스 해소에 도움이 되는 보라색은 치료실이나 서재에, 마음을 진정시키는 효과가 있는 초록색은 거실 등에 사용된다.

① ㉠ 과학적으로 입증된 사실에 대한 출저를 밝혀 신뢰성을 높인다.
② ㉡ 집을 단장하기 위한 구체적인 사례를 들어 독자의 이해를 높인다.
③ ㉢ 색채어를 주어로 삼아 서술하는 흐름에 따라 '남색'을 주어로 문장을 고쳐쓴다.
④ ㉣ 글의 전체적인 흐름을 고려했을 때, 글의 통일성에 어긋나는 문장이므로 삭제한다.

08 다음 글의 주장에 대한 근거로 가장 적절한 것은?

오늘날 인터넷의 발달로 사이버 세계는 우리 삶에 보편적인 현상이 되었다. 인터넷에는 사이버 세계로 불리는 또 다른 현실 세계가 펼쳐지고 있는 셈이다. 인터넷으로 은행 일을 볼 수 있고, 인터넷으로 공부를 할 수 있다. '인강'이라는 신조어가 생겨난 데서 보듯, 교육도 사이버 세계로 들어갔다. 우리나라에는 이미 여러 개의 사이버 대학이 있으며, 국경을 초월하는 국제 학교도 등장하였다. 뿐만 아니라 병원 진료, 쇼핑, 게임, 민원 업무 등 우리 삶의 거의 모든 활동이 인터넷을 통한 사이버 세계에서 점차 가능해지고 있다.

이런 배경에서 사이버 세계도 현실 세계처럼 국가가 규제를 해야 하는지가 쟁점이 되고 있다. 정부의 역할 중 하나는 현실 세계에서 치안을 유지하고 구성원 사이에 공정한 거래가 일어나도록 필요한 규제를 하는 것이다. 예를 들어 경찰은 우리 사회에 치안을 유지하기 위해 순찰을 돈다. 그리고 중소기업이 주로 담당하는 사업에 대기업이 참여하는 것을 막고 있다. 이는 중소기업을 보호해 줌으로써 모든 기업이 함께 성장하는 것이 더 좋다는 가치에 기초를 두고 있기 때문이다.

사이버 세계의 규제에 대해 반대하는 주장도 있다. 그 이유로 인터넷은 그 구성 방식과 작동 방식 자체가 집중형보다는 분산형에 가깝고, 사이버 세계에서의 행위 역시 탈집중적인 방식으로 이루어지기 때문에 사이버 세계는 현실 세계의 제도적 제약에서 자유로워야 한다는 것을 들고 있다. 이들은 사이버 세계를 규제하는 것은 바람직하지도 않고 가능하지도 않다고 주장한다. 예를 들어 인터넷상에서 이루어지는 전자 상거래에는 국가가 나서서 상거래를 규제한다는 전통적인 발상이 거의 통하지 않는다. 기존에는 일정한 장소에서 판매자와 구매자 사이의 상행위가 이루어져서 이를 규제하거나 세금을 매기는 데 큰 어려움이 없었다. 그러나 인터넷상에서 전자적으로 상행위가 이루어질 경우 판매자와 구매자가 어떠한 물리적 공간에 위치하는지 알아내기가 쉽지 않다. 즉, 인터넷과 사이버 공간은 그 기술 자체뿐 아니라 그것을 바탕으로 이루어지는 경제적, 사회적 행위, 그리고 거기에 관여하는 사람들의 정체성에 이르기까지 탈집중적 특성을 보이고 있기 때문에 규제가 필요 없다고 주장한다. 그렇다면 사이버 공간에서의 규제는 정말 필요 없는가? 필자는 사이버 세계에서도 규제가 필요하다고 본다.

① 개인 정보와 소비자의 인권을 보호해야 하기 때문이다.
② 사이버 세계는 현실 세계와 구별되는 별도의 공간이기 때문이다.
③ 인터넷상의 보안 문제, 특히 사이버 테러와 관련하여 필요하기 때문이다.
④ 사이버 세계를 규제하는 것은 바람직하지도 않고 가능하지도 않기 때문이다.

09 〈보기〉에서 의미가 같거나 유사한 말이 중복되어 수정이 필요한 문장을 바르게 묶은 것은?

보기

㉠ 2020년 한 해 함께해 주셔서 감사합니다.
㉡ 설 연휴 기간 동안에 여행을 가는 사람이 많다.
㉢ 순찰을 돌다가 낯선 사람이 머뭇거리는 것을 발견했다.
㉣ 의병들은 왜병들이 잠들 때를 기다렸다가 진지를 불시에 급습했다.
㉤ 자유 게시판에서는 회원님들 간에 자유롭게 의견을 교환하실 수 있습니다.

① ㉠, ㉡, ㉢　② ㉡, ㉢, ㉣
③ ㉡, ㉣, ㉤　④ ㉢, ㉣, ㉤

10 다음 글의 내용과 일치하는 것은?

인간에게는 얼룩말의 무늬가 눈에 잘 띄기 때문에 이들의 줄무늬가 위장이라고 생각하기 힘들다. 동물학자들은 줄무늬가 몇 가지 다른 방법으로 육식동물로부터 얼룩말을 보호해 준다고 믿고 있다. 가장 분명한 효과는 군대가 훈련복 디자인에 사용하는 것과 비슷한, 간단한 패턴의 위장 무늬가 되어 준다는 것이다. 얼룩말의 물결 모양의 줄무늬는 얼룩말 주변의 키가 큰 풀들이 이루는 물결 모양의 선과 뒤섞인다. 얼룩말의 줄무늬가 검정색과 흰색이라는 것, 그리고 풀줄기의 색이 노란색이나, 갈색 또는 초록색을 띠고 있다는 사실은 중요하지 않은데 얼룩말의 천적인 사자는 색맹이기 때문이다.

① 동물의 위장무늬에서 중요한 것은 무늬가 아닌 색깔이다.
② 선천적으로 얼룩말은 색맹이다.
③ 얼룩말의 무늬는 군복의 디자인과 비슷한 원리로 위장 역할을 한다.
④ 사자는 얼룩말이 대지에 서 있어도 보기 힘들다.

11 '반려동물 입양'을 소재로 글을 작성하려고 한다. 〈자료〉에서 제시된 자료의 활용 방안으로 적절하지 않은 것은?

자료

㉠ 정부 기관의 통계 자료를 통해 반려동물 입양 방식 중 반려동물 판매점과 인터넷 거래 등을 통한 매매 입양의 비중을 확인할 수 있다.

㉡ 반려동물 판매점 등을 통한 매매의 경우 반려동물을 하나의 상품으로 판매하고 있기 때문에 생명 경시 풍조를 조장할 수 있다.

㉢ 반려동물 판매점 등에서 매매되는 반려동물의 경우 무허가 사육 시설에서 비윤리적인 방법으로 대량 생산되는 경우가 많다.

㉣ 최근 우리나라의 지자체들에서도 매매 방식이 아닌 입양을 권장하기 위해 반려동물 입양 센터를 설치하고 있다.

① ㉠을 활용하여 반려동물 입양에는 다양한 방식이 존재함을 밝히고 매매를 통한 입양이 차지하는 비중을 제시한다.
② ㉡을 활용하여 동물을 상품처럼 판매하는 것이 동물에 대한 사람들의 인식에 악영향을 끼친다는 점을 드러낸다.
③ ㉢을 활용하여 반려동물 무허가 사육 시설에 대한 실효성 있는 법적 규제가 적용되지 않고 있는 문제점을 드러낸다.
④ ㉢과 ㉣을 활용하여 무허가 사육 시설을 합법적 사육 시설로 전환하여 수익성을 늘이기 위한 제도적 지원이 시급함을 드러낸다.

12 다음 글을 통해 글쓴이가 궁극적으로 말하고자 하는 것으로 적절한 것은?

감정은 비이성적이고 비효율적이지만 인간됨을 규정하는 본능으로, 감정에 따라 판단하고 의지적으로 행동하는 인간에게 감정은 강점이면서 동시에 결함이 된다. 논리적으로 설명할 수 없는 인간의 행동은 대부분 감정과 의지에서 비롯한 것이다. 인류는 진화의 세월을 거쳐 공감과 두려움, 만족 등 다양한 감정을 발달시켜 왔다. 인간의 감정과 의지는 수백만 년의 진화 과정에서 인류가 살아남으려고 선택한 전략의 결과이다.

인공지능과 자동화는 우리에게 기계가 인간을 능가할 수 없는, 기계가 도저히 흉내 낼 수 없는 인간의 능력이 무엇이냐고 묻는다. 이것은 단지 기계와의 경주에서 살아남기 위해 경쟁력 있는 직업을 유지할 수 있는 인간만의 고유한 기능이 무엇인지를 묻는 게 아니다. 인공지능이 점점 더 똑똑해지고, 인간이 해 오던 많은 일을 기계가 대신하게 되는 상황에서 인간이 인간다워지는 것의 의미를 묻는 것이다.

인공지능 시대에 인간을 인간답게 만드는 것은 무엇보다 결핍과 그에 따른 고통이다. 인류의 역사와 문명은 이러한 결핍과 고통에서 느낀 감정을 동력으로 발달해 온 고유의 생존 시스템이다. 처음 마주하는 위험과 결핍은 두렵고 고통스러웠지만, 인류는 놀라운 유연성과 창의성으로 대응해 왔다. 결핍과 고통을 벗어나는 과정에서 인류가 체득한 생존의 방법이 유연성과 창의성이다. 이것은 기계에 가르칠 수 없는 속성이다. 그래서 인간의 약점은 인간과 기계를 구별하는 최후의 요소라고 할 수 있다. 우리는 기계를 설계할 때 부정확한 인식과 판단, 감정에서 비롯한 변덕스럽고 비합리적인 행동, 망각과 고통 같은 인간의 약점을 기계에 부여하지 않는다. 인간은 우리가 기계에 부여하지 않을, 이러한 부족함과 결핍을 지닌 존재이다. 하지만 거기에 인공지능 시대 우리가 가야 할 사람의 길이 있다.

결국, 앞에서 이야기한 두 가지 과제의 궁극적인 방향은 기계와의 경쟁이 아닌 공존과 공생이다. 인간 고유의 속성인 유연성과 창의성은 인공지능 시대라는 새로운 변화에서도 인간이 생존할 방법을 찾아낼 것이다.

① 인공지능 시대를 맞이하여 나태했던 과거의 삶을 반성해야 한다.
② 인공지능과 로봇이 인간의 영역을 침범하지 않도록 준비해야 한다.
③ 인공지능 시대에 인간은 로봇과 경쟁하는 것이 아닌 공존과 공생의 길을 걸어가야 한다.
④ 인간보다 합리적이고 논리적인 판단을 하는 인공지능을 효과적으로 활용하고, 의존할 필요가 있다.

13 다음 결론이 반드시 참이기 위한 비어있는 명제로 가장 적절한 것은?

> • 적극적이지 않으면 사랑고백을 할 수 없다.
> • 모임에 나가는 사람은 스스로 부족하다 생각하지 않는다.
> • [   ]
>
> 결론: 자기 자신이 부족하다 생각하면 사랑고백을 하지 못한다.

① 자기 자신이 부족하지 않다고 생각한다면 사랑고백을 할 수 있다는 것이다.
② 사랑고백을 하는 사람이라 해도 적극적이지 못하다.
③ 자기 자신이 부족하다 생각한다면 모임에 많이 나가지 않은 것이다.
④ 적극적인 사람은 모임에 나간다.

※ 다음 글을 읽고, 물음에 답하시오. [14-15]

> 우리는 빈말이라도 호감과 호의를 표현하고 싶어 하며 체면을 중시한다. 음식점이나 상점 같은 곳에서 고객을 '사장님, 사모님'으로 부르는 것은 이런 심리를 이용한 것이다. 또한 상대의 감정이 상할까 염려하여 자신의 생각을 에둘러 표현할 때도 많다. 이처럼 우회적이고 부드러운 화법을 ㉠ <u>완곡어법</u>이라 한다. 완곡어법을 쓰면 편안한 분위기가 되어 인간관계에서 긴장감이 줄어들고, 서로 간에 곤란한 상황을 피하게 된다. 그러나 일상생활에서 완곡어법은 오해를 불러일으키기도 하고, 불필요한 겉치레의 말로 여겨지기도 한다.
>
> 말의 신중함을 강조하는 담화 관습이다. 우리의 언어 전통에서는 말을 항상 삼가야 할 대상으로 여겼다. 말에는 말하는 이의 인간됨이 모두 드러나기 때문에 꼭 필요한 말만 신중하게 가려서 해야 한다고 생각했다. [㉡]처럼 말을 함부로 하지 말라거나 상황과 관련하여 적절하게 표현해야 한다는 속담이 많다. 이러한 담화 관습은 말을 신중하게 한다는 면에서 실수를 적게 할 수 있다는 장점을 지니고 있다. 하지만 자신의 의견을 제대로 밝히지 못한다는 문제를 지니고 있기도 하다.

14 다음 중 ㉠의 예로 적절하지 <u>않은</u> 것은?

① (집에 놀러 온 친구를 보내려고 할 때) 오늘은 그만 가 줘.
② (부탁을 거절할 때) 부장님, 지난번에 부탁하신 일은 어렵습니다.
③ (물건을 구입할 의사가 없을 때) 사장님, 매장을 좀 더 둘러볼게요.
④ (시험에서 떨어졌을 때) 어머니, 오늘 운전면허 시험 미역국 먹었어요.

15 ㉡에 들어갈 속담으로 거리가 <u>먼</u> 것은?

① 발 없는 말이 천 리 간다.
② 가는 말이 고와야 오는 말이 곱다.
③ 말이란 '아' 해 다르고 '어' 해 다르다.
④ 말은 해야 맛이고 고기는 씹어야 맛이다.

16 (가)와 (나)의 관계를 설명한 것으로 가장 적절한 것은?

> (가) 사회 복지 정책이 사람들의 자유를 침해한다는 논리 가운데 가장 중요한 것은, 사회 복지 정책 추진에 필요한 세금을 많이 낸 사람들이 적은 이득을 보게 될 경우, 그 차이만큼 불필요하게 개인의 자유를 제한하는 것이 아니냐는 것이다. 일반적으로 사회 복지 정책이 제공하는 재화 서비스는 공공재적 성격을 갖고 있어, 이를 이용하는 데 차별을 두지 않는다. 따라서, 강제적으로 낸 세금의 액수와 그 재화의 이용을 통한 이득 사이에는 차이가 존재할 수 있고, 세금을 많이 낸 사람들이 적은 이득을 보게 경우 그 차이만큼 불필요하게 그 사람의 자유를 제한하였다고 볼 수 있다. 예컨대, 사회 보험은 각출 원리를 적용해야만 가능한데, 저소득 계층은 보험금을 부담할 능력이 없으므로 사회 보험에서 배제될 가능성이 높다. 이와 같이 사회 보험에서 배제될 가능성이 높은 사람들을 위하여 마련된 공적 부조를 위해 보험금을 부담할 능력이 많은 사람들에게서 많은 세금을 거둠으로써 개인의 자유를 침해하는 것이다.
>
> (나) 그러나 사회 복지 정책을 통해 제공되는 재화는 보편성을 가지고 있기 때문에, 사회 전체를 위해 강제적으로 제공하는 것이 개인들의 자발적인 선택의 자유에 맡겨 둘 때보다 그 양과 질을 높일 수 있다. 예를 들어, 각 개인들에게 민간 부문의 의료 서비스를 사용하는 자유가 주어질 때보다 모든 사람들이 보편적인 공공 의료 서비스만을 받을 수 있을 때, 의료 서비스의 양과 질은 전체적으로 높아진다. 왜냐하면, 모든 사람을 대상으로 하는 의료 서비스의 양과 질이 높아져야만 개인에게 돌아올 수 있는 서비스의 양과 질도 높아질 수 있기 때문이다. 이러한 경우 세금을 많이 낸 사람이 누릴 수 있는 소극적 자유는 줄어들지만, 사회 구성원들이 누릴 수 있는 적극적 자유의 수준은 전체적으로 높아지는 것이다.

① (가)에 대해 (나)에서 반론과 그 근거를 마련하고 있다.
② (가)의 내용을 바탕으로 (나)에서 결론을 도출하고 있다.
③ (나)에 대한 구체적인 예시로 (가)의 내용을 차용하고 있다.
④ (가)를 근거로 하여 (나)에서 구체적인 주장을 이끌어내고 있다.

17 ㉠~㉣의 말하기 방식으로 가장 적절한 것은?

사회자: 안녕하세요? 학생 발명가이신 선배님께 궁금한 게 많습니다. 먼저 발명이 무엇인지부터 말씀해 주세요.
발명가: 네. 발명은 전에 없던 기술이나 물건을 새롭게 생각하여 만들어 내는 것이라고 할 수 있지요.
사회자: ㉠ 새롭게 생각하여 전에 없던 기술이나 물건을 만든다는 게 쉽지 않은데요, 선배님의 발명품이 궁금해요.
발명가: (발명품을 꺼내며) 네, 이걸 보여 드리죠. 설탕, 소금과 같은 양념을 담는 통들이 어디 있는지 찾지 못해 곤란한 때가 많았어요. ㉡ 그래서 통의 뚜껑과 본체를 여러 개로 나눈다는 아이디어를 생각해 냈습니다. 통 하나에 여러 가지 양념을 담을 수 있게 말이죠.
사회자: 간단하면서도 유용하네요. 저도 발명을 하고 싶은데 아이디어가 잘 떠오르지 않아서 힘들어요. 도움이 될 만한 게 있다면 알려 주세요.
발명가: 아이디어 창출 중심 모형이 도움이 될 것 같네요. 이것은 세 단계로 구성됩니다. 체험 단계에서는 발명의 주제가 되는 물건을 탐색하며 발명에 대한 호기심을 가져 보고, 인지 단계에서는 그 물건에 담긴 과학적 원리를 학습합니다. 이 두 단계를 통해 주제가 되는 물건에 대한 이해를 높입니다. 발명 단계에서는 그러한 이해를 바탕으로 물건을 개선할 아이디어를 창출합니다. 이때 도움을 얻기 위해 기존의 다른 발명품들을 참고할 수 있습니다.
사회자: 아직 이해가 잘 안 되는데요. ㉢ 예를 들어 설명해 주실 수 있을까요?
발명가: 좋습니다. (가방에서 필통을 꺼내며) 필기구로 말씀드리죠. 여기 연필, 볼펜, 자가 있지요? 필기구를 발명 주제로 정했다면, 체험 단계에서는 필기구만 골라 만지고 분해하며 호기심을 가져 봅니다.
사회자: ㉣ 그럼 다음 단계에선 과학적 원리를 공부하겠군요?
발명가: 네, 인지 단계에서는 필기구에 담긴 과학적 원리를 공부하지요. 다음으로 발명 단계에서는 필기구를 개선할 아이디어를 창출합니다. 아까 기존의 다른 발명품을 참고한다고 했는데요, 이를테면 자가 발전 기능이 있는 손전등에 전자기 유도 법칙이 이용됐다는 것을 참고할 수 있습니다. 참고한 내용을 통해 빛을 내는 볼펜이라는 아이디어를 생성할 수 있지요.

① ㉠: 상대방의 말을 재진술하여 자신이 이해한 바가 맞는지 확인하고 있다.
② ㉡: 설명 대상에 대한 과학적 지식을 제시하여 설명하고 있다.
③ ㉢: 물음의 형식을 활용하여 상대방의 말을 보충하고 있다.
④ ㉣: 상대방이 언급한 정보를 이용하여 다음 내용을 예측하고 있다.

18 다음 글에서 설득력을 높이기 위해 선택한 전략으로 가장 적절한 것은?

역사학은 객관성을 추구하는 학문이다. 그러나 역사 인식에는 주관의 개입이 불가피하고, 이에 따라 객관성이 위협받는다는 데에 역사학의 고민이 있다. 이와 관련하여 월쉬는 역사학자들 간의 견해 차이를 야기하는 주요한 주관적 요인으로 개인적 편견과 집단적 편견, 역사적 해석에 관한 이론과 세계관을 들고 있다. 이 네 가지 주관적 요인은 편견과 개념적 체계로 단순화할 수 있다.

편견과 개념적 체계는 모두 역사 인식의 과정에 영향을 미친다. 하지만 그 영향력이 같은 차원에서 작용하는 것일까? 그렇지는 않다. 편견은 어떤 합리적 근거를 가지지 못한 견해이기 때문에 객관적인 진리 획득을 방해하는 심각한 장애물이 된다. 그것은 사실의 인식을 왜곡시킨다. 따라서, 역사학이 객관성을 추구하는 한 편견은 배제해야 할 대상인 것이다. 그러나 합리적 근거를 가지고 있는 개념적 체계는 사실의 특정한 측면이 우리에게 드러나도록 한다. 이는 인식의 왜곡이라기보다는 인식의 제한이라고 보는 것이 옳다. 그러므로 편견은 배제되어야 할 것이지만, 개념적 체계는 유지되어야 할 주관적 요인이다.

그러면 개념적 체계는 왜 유지되어야 하는가? 그것은 우리가 전지(全知)한 신(神)의 눈으로 사물을 보는 것이 아니라 특정한 관점에서 사물을 볼 수밖에 없기 때문이다. 그렇다면, 우리가 순수한 백지 상태에서 출발하지 않고 어떤 개념적 체계에서 출발한다 할지라도 인식의 객관성을 확보할 수 있는 근거는 어디에 있는가? 근거 중의 하나는 개념적 체계의 기능을 손전등의 기능과 같이 우리의 관찰을 인도해 줄 뿐 왜곡시키지는 않는 것으로 받아들일 수 있다는 점이고, 다른 하나는 우리가 관찰의 출발점이 되는 개념적 체계에 대해서도 반성과 비판을 가할 수 있다는 점을 꼽을 수 있다.

캄캄한 밤에 어떤 물건을 확인하기 위해 손전등을 비춘다고 가정해 보자. 손전등의 강도나 각도에 따라 같은 사물이라도 우리에게 다르게 보일 것이다. 그렇다고 그것이 사물 그 자체를 왜곡시켰다거나 우리의 인식을 방해했다고 말할 수 있겠는가? 그런 것은 아니다. 손전등의 밝기나 각도에 따라 사물이 다르게 보이는 것은 다만 사물의 다른 측면이나 국면이 드러났다고 할 수밖에 없을 것이다. 우리가 손전등을 끈다면 사물을 더욱 전체적이고 객관적으로 보기는커녕 아무것도 보지 못하게 될 것이다. 개념적 체계를 우리는 바로 이런 손전등에 비유할 수 있는 것이다.

이뿐만 아니라 우리는 인식의 출발점이 되는 개념적 체계에 대해서도 반성과 비판을 가할 수 있다. 이성이란 바로 이런 능력을 가리키는 말이다. 이것은 우리가 개념적 체계에 갇힌 죄수만은 아니라는 것을 의미한다. 물론 우리가 개념적 체계에 의존하지 않고서는 아무 일도 할 수 없다는 의미에서 우리는 죄수일 수 있다. 그렇지만 우리는 특수한 의미에서의 죄수라고 할 수 있다. 왜냐하면 우리가 하려고만 든다면 언제든지 틀을 깨고 나올 수 있을 것이기 때문이다.

① 자문자답의 방법을 써서 자연스럽게 논지를 전개한다.
② 독자들이 경험해봤을 만한 사례들을 제시하여 핵심개념을 설명한다.
③ 중심 화제와 관련된 내용을 요약 정리하며 독자들의 주의를 환기시키고 있다.
④ 주장이 다른 두 가지 이론을 비교 및 대조하여 독자가 스스로 판단할 수 있도록 유도한다.

※ 다음 글을 읽고 물음에 답하시오. [19-20]

지능의 추정치인 지능지수라는 개념은 20세기 초반에 이미 널리 적용되고 있었다. 모든 사람은 태어날 때부터 혹은 교육의 결과로서 일정한 지능을 가진다고 여겨졌고, 간단한 언어 문제와 수치 문제로 구성된 IQ 검사는 지능을 나타내기에 충분하다고 간주되었다. 이에 많은 지능검사가 고안되었고, 대개는 유사한 문제를 채택한 까닭에 여러 지능검사들의 상관성이 매우 높았다.

1950년대에 심리학자 조이 길포드는 창조성은 지능과 똑같은 것이 아니라면서 어떤 사람의 창조적인 잠재력을 측정하는 도구 개발이 필요하다고 주장하였다. 길포드가 생각한 창조성의 핵심 개념은 발산적 사고(divergent thinking)였다. 표준적인 지능검사에 의해 똑똑하다고 인정된 사람들은 주어진 자료나 문제에 대해 올바른 대응법을 생각해낸다. 반면, 창조적인 사람들은 어떤 자극을 받거나 문제를 보면 아주 다양한 연상을 하는 경향이 있으며, 그중 일부는 매우 유별나고 엉뚱하기까지 한 반응을 보이기도 한다. 창조성 검사의 전형적인 문제들은 벽돌의 용도를 얼마나 많이 생각할 수 있는지, 그림을 얼마나 다양하게 해석할 수 있는지를 묻곤 한다.

길포드의 도전적인 시도 이후 수십 년 동안 심리학자들은 많은 논쟁과 실험을 거쳐서 다음과 같은 세 가지 결론에 도달했다. 첫째, 창조성은 지능과 다르다는 점이다. 양자는 관련되어 있지만, 지능이 우수하지 않아도 창조성이 풍부한 사람이 있으며 그 반대의 경우도 가능하다. 나아가 재능이 풍부한 사람들을 검사할 경우에는 일단 IQ가 120이 넘으면 창조성과 지능은 아무 관계가 없다는 것이 분명해졌다.

두 번째 결론은 창조성 검사는 신뢰할 수 있다는 점이었다. 즉, 한 사람이 창조성 검사를 여러 번 받아도 비슷한 점수를 얻을 가능성이 높다는 것이다. 게다가 한 사람이 여러 유형의 창조성 검사를 받을 때도 획득한 점수 사이에는 확고한 상관관계가 나타났다.

마지막 결론은 전통적인 종이 시험으로 창조성을 검사하는 방법이 매우 부정확하다는 점이었다. 창조성 검사에서 높은 점수를 받는다고 해서 전문 직업이나 예술에서 반드시 창조력을 발휘할 것이라 기대하기 힘든 것이다. 뿐만 아니라 사회 활동에서 이미 창조적이라 평가받는 사람들이 창조성 검사에서 우수함을 입증하는 표지로 여겨지는 발산적 사고를 반드시 하는 것도 아니다. 이에 창조성 검사가 도입된 의의는 충분하나 그 유효성이 전반적으로 인정되는 여건은 아니다.

19 윗글의 표제로 가장 적절한 것은?

① 지능과 창조성의 관계
② 발산적 사고의 주요 특성
③ 창조성 검사의 구체적 방안
④ 창조성 검사의 등장 의의와 문제점

20 윗글에 대한 이해로 가장 적절한 것은?

① 지능검사는 주로 선천적인 지능을 반영한다.
② 창조적 능력은 우수한 지능에 대개 비례한다.
③ 다양한 유형의 지능검사가 개발되면서 지능검사의 신뢰도가 저하되었다.
④ 지능과 창조성은 분명 다르지만 종이 시험으로 이루어지는 창조성 검사는 창조적 역량을 충분히 드러내지 못한다.

제 19 일 적중의 지혜

01 다음 명제가 모두 참일 때, 항상 참인 결론은?

- 갑이 출근하는 날은 병도 출근한다.
- 을이 출근하지 않는 날은 정도 출근하지 않는다.
- 을이 출근하는 날은 병도 출근한다.

① 병이 출근하는 날은 갑도 출근한다.
② 을이 출근하는 날은 갑도 출근한다.
③ 정이 출근하는 날은 병은 출근하지 않는다.
④ 병이 출근하지 않는 날은 정도 출근하지 않는다.

02 (가)~(다)를 맥락에 맞추어 가장 적절하게 나열한 것은?

(가) 워크아웃의 목적을 달성하기 위해서는 우선 해당 기업이 금융기관의 빚을 갚는 노력을 하여야 한다. 그러나 대부분의 경우 기업 자력만으로는 이것이 불가능하기 때문에 부채 상환의 유예나 빚 탕감, 신규 자금 지원 등 금융기관의 손실 분담이 필요하다.

(나) 따라서 워크아웃은 채권 상환 유예를 통한 부도의 유예 조치와 협조 융자, 출자 전환까지 포괄한다. 그러나 금융기관의 손실 분담이 채무 기업의 기존 경영진 · 주주 · 종업원의 손실 분담을 전제로 이루어지기 때문에 감자 · 출자 전환 등의 과정이 선행된 연후에 금융권의 자금 지원이 이루어진다.

(다) 워크아웃이란 본래 계약 불이행이 발생하였을 때의 도산 등을 피하기 위해 채무자와 채권자가 해결 방법을 모색하는 행위를 말한다. 한국에서는 1997년 말부터 시작된 국제통화기금(IMF) 관리체제의 경제 위기 속에서 언론에 자주 오르내리는 용어의 하나로 등장하였고, 고합(高合) 등 7개 그룹이 워크아웃 대상으로 선정되어 은행을 통한 대기업 구조조정 프로그램의 시동이 걸리게 되었다.

① (가) – (다) – (나)
② (나) – (가) – (다)
③ (다) – (가) – (나)
④ (다) – (나) – (가)

03 〈보기〉를 참고한 내용으로 적절하지 않은 것은?

보기

하나의 형태소이지만 다른 형태를 가진 형태소들을 '이형태(異形態)'라고 한다. 이형태는 크게 '음운론적 이형태'와 '형태론적 이형태'로 나눌 수 있다. 먼저 음운론적 이형태는 하나의 형태소가 다른 음운 환경에서 형태가 달라지는 것을 말한다. 예를 들어 주격 조사 '–이/–가'는 모두 앞말이 주어임을 나타내는 역할을 하지만 '–이'는 앞 음운이 자음일 경우에 나타나고, '–가'는 앞 음운이 모음일 때 나타난다. 형태론적 이형태는 하나의 형태소가 다른 환경에서 다른 모습을 띠는 이형태를 말하는 것으로, 음운론적 환경의 지배를 받아 변한 형태가 아니기 때문에 변한 이유를 설명할 수 없다. 예를 들어 과거 시제를 나타내는 선어말 어미 '–었–/–였–'은 '–었–'이 기본적으로 쓰이지만 '하–' 어간 뒤에는 '–였–'이 쓰인다.

① '잡아라, 먹어라'는 모두 앞말이 자음으로 끝나는데도 '–아라/–어라'처럼 형태가 다르니까 형태론적 이형태로 분류할 수 있다.
② '막았다, 먹었다'를 보면 앞 모음이 양성 모음이면 '–았–'을 쓰고 음성 모음이면 '–었–'을 쓰니까 음운론적 이형태에 해당한다고 할 수 있다.
③ 방향 부사격 조사 '–로/–으로'도 '학교로, 집으로'처럼 앞에 있는 음운이 모음인지, 자음인지에 따라 다르게 나타나니까 음운론적 이형태로 본다.
④ '하늘을, 아기를'을 보면 '–을'은 자음 뒤에 나타나고 '–를'은 모음 뒤에 나타나니까 목적격 조사 '–을/–를'은 음운론적 이형태에 해당한다.

04 다음 그래프에 대한 설명으로 가장 적절한 것은?

〈여성정책 추진에 따른 성평등 수준 향상에 대한 설문조사〉

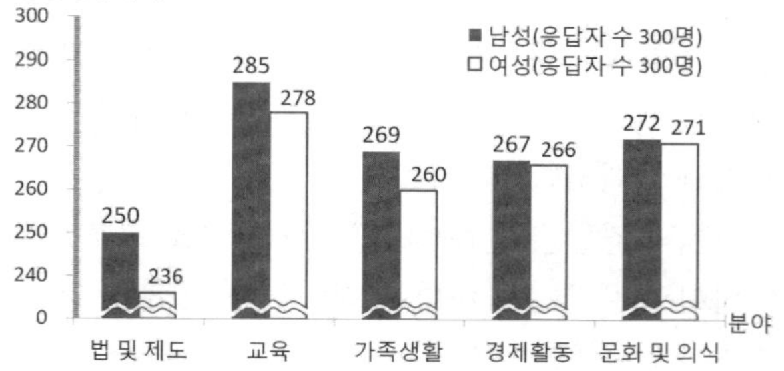

① 긍정 응답자 수는 남성보다 여성이 더 많다.
② 모든 분야에서 남녀 모두 긍정 응답자 수가 절반을 넘었다.
③ 남성은 법 및 제도분야에서 긍정 응답자 수가 가장 많았다.
④ 남녀 모두 교육, 가족생활, 경제활동의 순으로 긍정 응답자 수가 많았다.

05 〈보기〉에 나타난 글쓴이의 주장으로 가장 적절한 것은?

보기

조력발전이란 조석간만의 차이가 큰 해안지역에 물막이 댐을 건설하고, 그곳에 수차발전기를 설치해 밀물이나 썰물의 흐름을 이용해 전기를 생산하는 발전 방식이다. 따라서 조력발전에는 댐 건설이 필수 요소다. 반면 댐을 건설하지 않고 자연적인 조류의 흐름을 이용해 발전하는 방식은 '조류발전'이라 불러 따로 구분한다.

조력발전이 환경에 미치는 부담 가운데 가장 큰 것이 물막이 댐의 건설이다. 물론 그동안 산업을 지탱해 온 화석연료의 고갈과 공해 문제를 생각할 때 이를 대체 할 에너지원의 개발은 매우 절실하고 시급한 문제다. 그렇다 하더라도 자연환경에 엄청난 부담을 초래하는 조력발전을 친환경적이라 포장하고, 심지어 댐 건설을 부추기는 현재의 정책은 결코 용인될 수 없다.

① 댐을 건설하는 데 많은 비용이 들어가는 조력발전은 폐기되어야 한다.
② 친환경적인 조류발전을 적극 도입하여 재생에너지 비율을 높여야 한다.
③ 친환경적인 에너지 정책을 수립하기 위해 조류발전에 대해 더 잘 알아야 한다.
④ 조력발전이 친환경적이라는 시각에 바탕을 둔 현재의 에너지 정책은 재고되어야 한다.

06 다음 글을 이해한 내용으로 적절하지 <u>않은</u> 것을 고르면?

2021년 상반기 거주자우선주차 신청안내

• 신청기간: 2020년 11월 2일(월)~2020년 11월 20일(금)
• 상반기 거주자우선주차 사용일시: 2021년 01월 01일~2021년 06월 30일
• 접수방법
 – 방문: ㅇㅇ구시설관리공단 1층 안내데스크(ㅇㅇ동로 26길 54)
 – 인터넷: ㅇㅇ구 거주자우선주차 홈페이지
 – FAX: 02-839-4873
• 구비서류

구분	공통	해당자(차주가 장애인 및 국가유공자)
거주자	자동차등록증, 주민등록초본(주소변동내역 포함)	• 장애인 복지카드, 장애인 표시판 • 국가 유공자증
상근자	자동차등록증, 재직증명서	
사업자	자동차등록증, 사업자등록증	

* 2020년 하반기 사용자분들은 사용 중인 구간 신청해드립니다. (단, 차량변경, 구획변경, 사용기간변경, 사용취소 등 변경사유가 있을시 별도 신청)

• 배정방법: 배정점수표에 의거하여 높은 점수부터 배정함

거주자우선주차 배정점수표 안내(2020년 7월 9일부터~)

분류	항목	점수	분류	항목	점수
우선 배정	국가유공자	150점	차량 용도	법인명의	−10점
	장애의 정도가 심한 장애	150점		타인명의	−10점
	장애의 정도가 심하지 않은 장애	50점	배기량	1,000cc 이하	20점
전입 점수	20년 이상	130점		1,500cc 이하	10점
	15년 이상 20년 미만	110점		2,000cc 이하	5점
	10년 이상 15년 미만	90점	기타	관내등록차량	5점
	5년 이상 10년 미만	70점		전일제 신청	10점
	2년 이상 5년 미만	50점		친환경 1등급 차량	10점
	2년 미만	30점		공유 실적 점수(200시간당 5점)	최대 10점
배정 불가 대상 차량	① 자동차 관련 법규상 차고지 확보 의무차량 – 16인승 이상 승합차량, 1.5톤 초과 화물차 ② 총장 6m 이상의 개조차량 ③ 특수차량(무동력 카라반차량 포함) ④ 신청자와 관계증명서 어려운 타인명의 차량				

• 신청제외대상자: 관련 법규에 따라 차고지 확보 의무차량 중기, 건설, 기계 1.5톤 초과 화물차량 및 16인 이하의 승합차량
• 문의: ㅇㅇ구시설관리공단 주차문화공유팀

① 거주자우선주차를 신청하기 위해서는 방문하는 방법 외에도 다른 방법들을 활용할 수 있다.
② 2020년 하반기에 사용한 사람들이 차량을 변경한 경우에는 거주자우선주차를 별도로 신청해야 한다.
③ 상근자가 신청하기 위해서 구비해야 할 서류는 거주자가 구비해야 할 서류에 일부가 추가된다.
④ 배정점수표에 의거해 가장 높은 점수를 받은 경우라도 16인승 이상의 승합차량은 신청이 제외된다.

07 다음 글에서 지적한 정보화 사회의 문제점에 대해 반대 입장이 아닌 것은?

> 정보화 사회에서 지식과 정보는 부가가치의 원천이다. 지식과 정보에 접근할 수 없는 사람들은 소득을 얻는 데 불리할 수밖에 없다. 고급 정보에 대한 접근이 용이한 사람들은 부를 쉽게 축적하고, 그 부를 바탕으로 고급 정보 획득에 많은 비용을 투입할 수 있다. 이렇게 벌어진 정보 격차는 심화될 가능성이 높아지고 있다. 정보나 지식이 독점되거나 진입 장벽을 통해 이용이 배제되는 경우도 문제이다. 특히 정보가 상품화됨에 따라 정보를 둘러싼 불평등은 더욱 심화될 것이다.

① 인터넷이나 컴퓨터 유지 비용 측면에서의 격차 발생
② 정보의 확산으로 기존의 자본주의에 의한 격차 완화 가능성
③ 정보 기기의 보편화로 인한 정보 격차 완화
④ 인터넷의 발달에 따라 전 계층의 고급 정보 접근 용이

※ 다음 글을 읽고 두 물음에 답하시오. [08-09]

> 선생님: 여러분, 접미사가 어근의 뒤에 결합해서 새로운 단어 형성에 참여하는 요소라는 것은 잘 알고 있죠? 그런데 접미사는 어미와 구별이 어려운 경우가 있어요. 오늘은 접미사와 어미의 차이점에 대해서 알아보려고 해요. 여러분, 접미사와 어미는 어떤 차이가 있을까요?
>
> 학생1: 접미사는 새로운 단어를 만들어 내지만 어미는 새로운 단어를 만들어 내지 못한다는 점이 다른 것 같아요.
>
> 선생님: 맞아요. 그래서 어근에 접미사가 결합하여 만들어진 단어는 새로운 단어로서 사전에 표제어로 오르지만, 어간에 어미가 결합한 것은 용언의 활용형일 뿐이므로 사전에 표제어로 오르지 못해요. 예를 들어 '지우다'의 어근 '지우-'에 접미사 '-개'가 결합한 '지우개'는 '지우다'와는 다른 새로운 단어로서 사전에 표제어로 오르지만, 어간 '지우-'에 '-고', '-니' 등의 어미가 결합한 '지우고, 지우니'는 사전에 표제어로 오르지 못합니다.
>
> 학생2: 그렇군요. 그러고 보니 접미사가 어근에 결합할 때와 어미가 어간에 결합할 때의 양상에도 차이가 있는 것 같아요.
>
> 선생님: 네, 그런 경우가 많지요. 접미사가 어근과 결합할 때에는 제약이 많이 있지만 어미가 어간과 결합할 때는 그런 제약이 없어요. 예를 들어 접미사 '-이'는 '길-, 높-'과는 결합할 수 있지만, '짧-, 낮-'과는 결합할 수 없는 제약이 있는데, 어미 '-게'에는 그러한 제약이 없어요. 한편 접미사는 어근의 품사를 바꾸기도 하지만, 어미는 어간의 품사를 바꾸는 경우가 없습니다.
>
> 학생3: 아, 그렇다면 '-꾸러기', '-질'과 같은 접미사는 어근의 품사를 바꾸지 않는 접미사이고, '-음', '-롭-'과 같은 접미사는 어근의 품사를 바꾸는 접미사이겠네요.
>
> 선생님: 그래요. 거기에 더해서 접미사는 의미가 일정하지 않고 불규칙적이지만, 어미는 상대적으로 의미가 일정하여 규칙적으로 예측할 수 있다는 차이점이 있어요. 예를 들어 동사에 결합하여 명사를 만드는 접미사 '- 이'의 경우 '~하는 일 또는 행위'의 의미를 나타내기도 하고, ㉠ <u>'~에 쓰는 도구'의 의미</u>를 나타내기도 하고, '~하는 사람'의 의미를 나타내기도 해요. 이에 비해 '-고, -지만' 등과 같은 어미는 그 의미가 일정한 성격을 가지고 있어요.
>
> 학생4: 선생님, 이 외에도 차이점이 더 있나요?
>
> 선생님: 네, 국어에서 접미사는 대체로 단어 이하의 단위에 결합하고, 어미는 단어보다 더 큰 단위인 구나 절에 결합하는 것으로 볼 수 있어요. 예를 들어 '그 사람은 달리기를 잘한다.'의 '-기'는 '달리-'에 결합한 접미사이지만, '농부들은 비가 오기를 기다렸다.'에서 '-기'는 절에 해당하는 '비가 오-'에 결합한 어미에 해당하는 것으로 볼 수 있어요.

08 밑줄 친 부분이 ㉠에 해당하는 것은?

① 젊어서 그는 구두닦<u>이</u>였다.
② 우리 집 강아지가 털갈<u>이</u>를 시작했다
③ 벚꽃이 활짝 피어서 꽃놀<u>이</u>를 하기에 좋다.
④ 집에 오자마자 옷을 벗어서 옷걸<u>이</u>에 걸었다.

09 윗글을 바탕으로 〈보기〉에서 적절한 내용을 모두 고른 것은?

> 보기
>
> ㄱ. '엄마는 웃음을 지었다.'에서 '웃음'은 사전에 표제어로 올라 있다.
> ㄴ. '높다랗다'의 '-다랗-'은 어근의 품사를 바꾸지 않으므로 어미에 해당한다.
> ㄷ. '약속 시간에 늦지 않도록 서둘러 출발했다.'에서 '-도록'은 그 의미가 일정하므로 어미에 해당한다.
> ㄹ. '밝기, 굵기, 크기'의 '-기'에는 '길이, 높이'의 '-이'와 같은 결합상의 제약이 있다.
> ㅁ. '영어 단어를 외우기가 어렵다.'에서 '-기'는 단어에 결합한 것으로 '외우기'가 사전에 등재되었다.

① ㄱ, ㄴ, ㄹ　　② ㄱ, ㄷ, ㄹ
③ ㄴ, ㄹ, ㅁ　　④ ㄴ, ㄷ, ㅁ

10 **다음 중 「인구감소지역 지원 특별법 제정안」에 대한 설명으로 옳은 것을 고르면?**

> **인구감소지역,**
> **중 · 장기 계획을 마련하여 인구감소에 대응한다**
>
> ▸ 행정안전부가 「인구감소지역 지원 특별법」 제정의 후속조치로 동법 시행령 제정안을 마련하여 40일간 입법 예고를 실시한다.
>
> ▸ 시행령 제정안의 주요 내용은 인구감소지역대응기본계획 및 시행계획 수립 · 시행, 인구감소지역 지원을 위한 각종 특례, 생활인구 등으로 세부 내용은 다음과 같다.
>
> • 우선, 국가와 지자체가 인구감소지역대응기본계획 및 시행계획의 수립 시에 필요한 수립 절차, 제출 시기 등을 정한다.
> – 지자체는 기본계획 및 시행계획을 수립하거나 변경하려면 그 주요 내용을 14일 이상 관할 지역의 주민이 열람할 수 있도록 인터넷 누리집 등에 공고하고, 주민의 의견서가 제출되면 이에 대한 검토의견을 30일 이내에 통보하는 등 주민의 의견을 청취하여야 한다.
> – 국가와 지자체는 상향식 방식으로 매년 시행계획을 수립하여야 하며, 시 · 군 · 구는 1월 말까지 시 · 도에, 시 · 도는 2월 말까지 행안부에 제출한다. 다만, 2023년도는 준비 기간 등을 감안하여 시 · 군 · 구는 5월 말까지 시 · 도에, 시 · 도는 6월 말까지 행안부에 제출하도록 하였다.
>
> • 다음으로, 인구감소지역 지원을 위한 각종 특례 중에서 법률에서 위임한 사항을 구체적으로 정한다.
> – 행안부 · 교육부장관은 지방교부세 및 지방교육재정교부금의 교부 시에 인구감소지역의 재정수요를 반영한다.
> – 지자체장이 수도권에서 인구감소지역으로 이전하는 사람에게 공유지를 우선 매각할 수 있다. 이를 위해 조례에 따라 공유지 매각 계획을 수립하고, 공유재산심의회의 심의를 거쳐 매각 대상 공유지를 지정하여야 한다.
> – 교육감은 인구감소지역의 교육 기반 확충을 위해 시 · 도 조례에 따라 학교 설립 기준을 완화할 수 있도록 하며, 학생 · 학부모의 의견수렴 등을 거쳐 유치원 및 학교를 통합 운영할 수 있도록 한다.
>
> • 또한, 법률에서 생활인구란 주민, 체류하는 자, 외국인으로 정의하며, 「주민등록법」에 따라 주민으로 등록한 사람 외에는 대통령령으로 정하도록 하였기에 법률에서 위임된 사항을 규정한다.
> – 체류하는 자는 거주지가 아닌 지역에 소재한 직장에 근무하거나, 학교를 다니는 경우, 관광 · 휴양지를 방문하여 체류하는 경우의 사람으로 하되, 빠르게 변화하는 거주 · 근무 형태(5도2촌, 워케이션 등)를 시의적절하게 생활인구로 반영하기 위하여 세부 요건은 행안부장관이 정하도록 한다.
>
> • 마지막으로, 인구감소지역대응센터는 한국지방행정연구원에 설치할 수 있도록 하여, 지역 인구감소 대응을 위한 정책 조사 · 분석 · 연구, 지역 인구활력을 높이기 위한 교육 · 컨설팅 등을 수행하게 된다.

① 지방교육재정교부금에 대한 인구감소지역의 재정수요 반영은 교육감의 재량으로 한다.
② 관광을 목적으로 거주지가 아닌 지역에 머물고 있는 사람은 생활인구에 포함되지 않는다.
③ 인구감소지역대응센터는 각 지자체에서 설치하여 관련 정책 업무를 수행한다.
④ 인구감소지역대응기본계획의 주요 내용은 해당 지자체의 주민이 열람할 수 있다.

11 **사무실에서 도난 사건이 발생하였는데 정황상 단독 범행이 확실한 상태이다. 다음 〈조건〉에서 5명의 용의자 A~E 중 3명만 참을 말하고, 나머지 2명은 모두 거짓을 말할 때, 범인을 고르면?**

> 조건
> • A: D가 범인입니다.
> • B: 저는 범인이 아닙니다.
> • C: E는 범인이 아닙니다.
> • D: A는 거짓을 말하고 있습니다.
> • E: B는 참을 말하고 있습니다.

① A ② C
③ D ④ E

12 다음 진술이 모두 참일 때 반드시 참인 것은?

- 1반 학생들은 국어 성적이 좋다.
- 1반이 아닌 학생들은 영어 성적이 안 좋다.
- 국어 성적이 안 좋은 학생들은 수학 성적이 안 좋다.

① 1반 학생들은 영어 성적이 좋다.
② 수학 성적이 좋은 학생들은 1반 학생들이다.
③ 영어 성적이 좋은 학생들은 국어 성적이 좋다.
④ 영어 성적이 좋지 않으면 수학 성적도 좋지 않다.

13 다음 글의 빈칸에 들어갈 말로 가장 적절한 것을 고르면?

지식에 대한 상대주의자들은 한 문화에서 유래한 어떤 사고방식이 있을 때, 다른 문화가 그 사고방식을 수용하게 만들 만큼 논리적으로 위력적인 증거나 논증은 있을 수 없다고 주장한다. 왜냐하면 문화마다 사고방식의 수용 가능성에 대한 서로 다른 기준을 가지고 있기 때문이다. 이를 바탕으로 그들은 서로 다른 문화권의 과학자들이 이론적 합의에 합리적으로 이를 수 없다고 주장한다. 이러한 주장은 한 문화의 기준과 그 문화에서 수용되는 사고방식이 함께 진화하여 분리 불가능한 하나의 덩어리를 형성한다고 믿기 때문에 나타난다.

예를 들어 문화적 차이가 큰 A와 B의 두 과학자 그룹이 있다고 하자. 그리고 A그룹은 수학적으로 엄밀하고 놀라운 예측에 성공하는 이론만은 수용하고, B그룹은 실제적 문제에 즉시 응용 가능한 이론만을 수용한다고 하자. 그렇다면 각 그룹은 어떤 이론을 만들 때, 자신들의 기준을 만족할 수 있는 이론만을 만들 것이다. 그 결과 A그룹에서 만든 이론은 엄밀하고 놀라운 예측을 제공하겠지만, 응용 가능성의 기준에서 보면 B그룹에서 만든 이론보다 못한 것이다. 즉 A그룹이 만든 이론은 A그룹만이 수용할 것이고, B그룹이 만든 이론은 B그룹만이 수용할 것이다. 이처럼 문화마다 다른 기준은 자신의 문화에서 만들어진 이론만 수용하도록 만들 것이다. 이것이 상대주의자의 주장이다.

그러나 한 사람이 특정 문화나 세계관의 기준을 채택한다고 해서 그 사람이 [　　　　　　　　] 다음과 같은 상상을 해 보자. A그룹이 어떤 이론을 만들었는데, 그 이론이 고도로 엄밀하고 놀라운 예측에 성공함과 동시에 즉각적으로 응용할 수 있는 것이라 하자. 그렇다면 A그룹뿐 아니라 B그룹도 그 이론을 받아들일 것이다. 실제로 데카르트주의자들은 뉴턴 물리학이 데카르트 물리학보다 데카르트적인 기준을 잘 만족했기 때문에 결국 뉴턴 물리학을 받아들였다.

① 반드시 그 문화나 세계관의 특정 사상이나 이론을 고집하는 것은 아니다.
② 문화마다 다른 기준을 자신의 문화에 맞는 논리적인 논증으로 수용하는 것은 아니다.
③ 사고방식의 수용 가능성에 대해 이론적 합의에 이를 수 있다고 생각하는 것은 아니다.
④ 반드시 특정 문화의 세계관이 달라질 것을 기대하는 마음으로 기준을 세우는 것은 아니다.

※ 다음 글을 읽고, 두 물음에 답하시오. [14-15]

문장은 동작이나 행위를 누가 하느냐에 따라 능동문과 피동문으로 나뉜다. 주어가 자기 힘으로 동작을 하는 문장을 능동문이라 하고, 주어가 다른 주체에 의해서 동작을 당하거나 영향을 받는 문장을 피동문이라 한다. 국어의 피동문은 피동의 의미를 드러내는 방식에 따라 파생적 피동문과 통사적 피동문으로 나눌 수 있다.

파생적 피동문은 다음과 같은 과정을 통해 만들어진다.

(가) <u>사냥꾼이</u> <u>호랑이를</u> <u>잡았다</u>.
(주어) (목적어) (서술어)
(나) <u>호랑이가</u> <u>사냥꾼에게</u> <u>잡혔다</u>.
(주어) (부사어) (서술어)

(가)는 능동문이고, (나)는 (가)에 대응하는 파생적 피동문이다. 능동문이 피동문으로 바뀔 때는, 위에서 보듯이 능동문의 목적어가 피동문의 주어가 되고, 능동문의 주어는 '에게', '한테' 등을 더하여 피동문의 부사어가 된다. 그리고 피동문에는 능동문의 타동사 어간에 피동 접미사 '-이-, -히-, -리-, -기-'가 결합한 피동사가 쓰인다.

국어의 모든 타동사에 피동 접미사가 결합한 피동사가 대응하여 존재하는 것은 아니다. 예를 들어 '주다, 느끼다, 참다' 등과 같은 타동사에 대응하는 피동사는 존재하지 않는다. 이와 같은 타동사가 쓰인 문장이 피동의 의미를 나타내기 위해서는 통사적 피동문의 형태를 취한다.

통사적 피동문의 대표적인 유형은 타동사에 '-어지다'가 결합하여 나타나는 것이다. 예를 들어 능동문 '그가 진실을 밝혔다.'의 서술어 '밝히다'에는 피동 접미사가 결합할 수 없다. 따라서 '그가 진실을 밝혔다.'의 피동문은 타동사에 '-어지다'가 결합하여 '진실이 그에 의해 밝혀졌다.'와 같은 통사적 피동문의 형식으로 나타난다.

대응하는 피동사가 존재하는 타동사에 '-어지다'가 결합하는 경우도 있다. 예를 들어 타동사 '끊다'는 '끊기다'처럼 대응하는 피동사가 존재하지만, '-어지다'가 결합한 '끊어지다'에 의해 피동의 의미가 드러날 수도 있다. 또한 '따뜻하다'에 '-어지다'가 결합하여 '따뜻해지다'가 되는 것처럼 '-어지다'는 동사가 아니라 형용사에 결합하여 결합하기도 한다. 하지만 이 경우 '따뜻해지다'는 상태 변화의 의미를 나타내어 피동의 기능을 하는 것으로는 볼 수 없다.

한편 피동문 중에는 ㉠ <u>피동의 의미를 나타내기는 하지만 대응하는 능동문을 상정하기 어려운 문장</u>이 있다. 가령 '그는 노년에 초야에 묻혀 살았다.'와 같은 문장에서는 피동사 '묻히다'가 쓰여 피동의 의미가 드러난다. 그러나 이 문장에서는 서술어의 행위인 '묻다'의 주체를 설정하기가 어려워, 대응하는 능동문은 상정할 수 없다. 이와 같은 문장은 항상 피동문으로만 쓰이는 국어의 특이한 예로 볼 수 있다.

14 윗글을 바탕으로 〈보기〉의 ⓐ~ⓓ를 이해한 내용으로 적절하지 않은 것은?

보기
ⓐ 개구리가 뱀에게 먹혔다.
ⓑ 종소리가 그에게 들렸다.
ⓒ 얼굴에 잡티가 없어졌다.
ⓓ 그 사실이 믿어지지 않는다.

① ⓐ를 능동문으로 바꾸면 '뱀'은 주어로 나타난다.
② ⓑ는 피동 접미사에 의한 파생적 피동문에 해당한다.
③ ⓒ는 서술어에 '-어지다'가 결합되어 있지만, 피동문으로 볼 수 없다.
④ ⓓ는 '믿다'에 피동 접미사가 결합한 파생어가 쓰일 수 없기 때문에, '-어지다'를 이용한 피동문으로 쓰인 것이다.

15 ㉠에 해당하는 예로 볼 수 없는 것은?

① 날씨가 많이 풀렸다.
② 더위가 한풀 꺾였다.
③ 형이 눈병에 걸렸다.
④ 그가 범인으로 몰렸다.

16 〈보기〉를 바탕으로 할 때, 밑줄 친 부분이 ㉠과 ㉡의 사례로 적절하지 않은 것은?

보기
대명사에는 인칭 대명사나 지시 대명사 외에 ㉠ 미지칭 대명사와 ㉡ 부정칭 대명사가 있다. 미지칭 대명사는 모르는 사람이나 사물, 장소를 가리키는 대명사이고, 부정칭 대명사는 특정한 대상을 가리키지 않는 대명사이다. 예를 들어, '이것이 무엇이에요?'에서 '무엇'은 이것이 가리키는 대상을 몰라서 묻는 것이므로 미지칭 대명사이고, '무엇이든 물어 보세요.'에서 '무엇'은 정해지지 않은 아무것을 의미하므로 부정칭 대명사이다.

① ㉠: 죄를 지으면 누구나 벌을 받는다.
② ㉠: 누가 너한테 이걸 전해 주라고 하더라.
③ ㉡: 그 일은 너무 쉬워서 아무라도 할 수 있다.
④ ㉡: 어디나 정이 들면 마음의 고향이 될 수 있다.

17 다음 글에서 문맥상 빈칸 ㉠에 들어갈 문장으로 가장 적절한 것은?

과거를 이런 식으로 재현하고 기억하는 것은 참된 의미의 역사적 기술 양식이 아니다. 변화의 과정이 묘사되고 해석되기는 하지만, 오직 회상의 주제로서만 중요하며 근본적으로 불변하는 것을 잠식하고 타락시키는 환경으로서 묘사되고 해석되기 때문이다. 실로 전통은 기억과 유사하게 보이기는 하다. 그 둘의 절차와 기능은 유사하다. 하지만 기억과는 다르게 전통은 끊임없는 선택, 수정, 그리고 노골적 창작을 통해 사실상 만들어진 것이며, 그 기능은 다양성, 불연속성, 그리고 모순의 위협에 대항해 정체성을 지키는 것이다.

[㉠]

따라서 필연적으로 배제하는 것이다. 전통을 연속성이 당연시되는 일종의 관습으로 보기 쉽지만, 실제 그 과정은 불안으로 가득하다.

① 전통의 목적은 묶어 내는 것이다.
② 전통의 기능은 이처럼 다양하다.
③ 전통은 만들어지는 것이다.
④ 전통은 기억과 유사하다.

18 밑줄 친 부분에서 설명한 유형의 잘못을 범한 문장은?

올바른 문장이 되려면 문장 성분 간의 호응 관계가 적절히 성립되어야 한다. 만약 문맥을 고려하지 않고 성분을 지나치게 생략하면, 호응 관계가 깨어져 비문법적인 문장이 되어버린다.

① 이 문은 잘 열려지지 않는다.
② 다음은 회장님의 말씀이 계시겠습니다.
③ 어머니께서는 사과와 귤 두 개를 주셨다.
④ 이 과일은 저 과일에 비해 맛도 영양도 훨씬 많다.

※ 다음을 읽고 물음에 답하시오. [19-20]

베블런에 의하면 사치품 사용 금기는 전근대적 계급에 기원을 두고 있다. 즉, 사치품 소비는 상류층의 지위를 드러내는 과시소비이기 때문에 피지배계층이 사치품을 소비하는 것은 상류층의 안락감이나 쾌감을 손상한다는 것이다. 따라서 상류층은 사치품을 사회적 지위 및 위계질서를 나타내는 기호(記號)로 간주하여 피지배계층의 사치품 소비를 금지했다. 또한 베블런은 사치품의 가격 상승에도 그 수요가 줄지 않고 오히려 증가하는 이유가 사치품의 소비를 통하여 사회적 지위를 과시하려는 상류층의 소비행태 때문이라고 보았다.

___㉠___ 소득 수준이 높아지고 대량 생산에 의해 물자가 넘쳐흐르는 풍요로운 현대 대중사회에서 서민들은 과거 왕족들이 쓰던 물건들을 일상생활 속에서 쓰고 있고 유명한 배우가 쓰는 사치품도 쓸 수 있다. 모든 사람들이 명품을 살 수 있는 돈을 갖고 있을 때 명품의 사용은 더 이상 상류층을 표시하는 기호가 될 수 없다. 따라서 새로운 사회의 도래는 베블런의 과시소비이론으로 설명하기 어려운 소비행태를 가져왔다. 이때 상류층이 서민들과 구별될 수 있는 방법은 오히려 아래로 내려가는 것이다. 현대의 상류층에게는 차이가 중요한 것이지 사물 그 자체가 중요한 것이 아니기 때문이다. 월급쟁이 직원이 고급 외제차를 타면 사장은 소형 국산차를 타는 것이 그 예이다.

___㉡___ 현대의 상류층은 고급, 화려함, 낭비를 과시하기보다 서민들처럼 소박한 생활을 한다는 것을 과시한다. 이것은 두 가지 효과가 있다. 사치품을 소비하는 서민들과 구별된다는 점이 하나이고, 돈 많은 사람이 소박하고 겸손하기까지 하여 서민들에게 친근감을 준다는 점이 다른 하나이다.

___㉢___ 그것은 극단적인 위세의 형태일 뿐이다. 뽐냄이 아니라 남의 눈에 띄지 않는 겸손한 태도와 검소함으로 자신을 한층 더 드러내는 것이다. 이런 행동들은 결국 한층 더 심한 과시이다. 소비하기를 거부하는 것이 소비 중에서도 최고의 소비가 된다. 다만 그들이 언제나 소형차를 타는 것은 아니다. 차별화해야 할 아래 계층이 없거나 경쟁 상대인 다른 상류층 사이에 있을 때 그들은 마음 놓고 경쟁적으로 고가품을 소비하며 자신을 마음껏 과시한다. 현대사회에서 소비하지 않기는 고도의 교묘한 소비이며, 그것은 상류층의 표시가 되었다. 그런 점에서 상류층을 따라 사치품을 소비하는 서민층은 순진하다고 하지 않을 수 없다.

19 다음 글의 논지로 가장 적절한 것을 고르면?

① 현대의 상류층은 낭비를 지양하고 소박한 생활을 지향함으로써 서민들에게 친근감을 준다.

② 현대의 서민들은 상류층을 따라 겸손한 태도로 자신을 한층 더 드러내는 소비행태를 보인다.

③ 현대의 상류층은 그들이 접하는 계층과는 무관하게 절제를 통해 자신의 사회적 지위를 과시한다.

④ 현대의 상류층은 사치품을 소비하는 것뿐만 아니라 소비하지 않기를 통해서도 자신의 사회적 지위를 과시한다.

20 ㉠~㉢에 들어갈 말이 순서대로 적절한 것은?

	㉠	㉡	㉢
①	그러나	이와 같이	그러나
②	하지만	그래서	한편
③	그러므로	즉	특히
④	요컨대	이와 같이	그러나

제 20 일 적중의 지혜

※ 다음 글을 읽고 두 물음에 답하시오. [01-02]

국어의 인칭 대명사는 가리키는 대상이 화자인지, 청자인지, 그 외의 인물인지에 따라 1인칭, 2인칭, 3인칭 대명사로 나뉜다. 명사는 집단을 가리킬 때 반드시 복수의 의미를 가지는 접미사를 붙일 필요는 없지만, 인칭 대명사에서는 단수와 복수가 엄격히 구별되는 경향이 있다.

대명사 중에서 1인칭 대명사는 화자나 화자가 속한 집단을 가리키는 대명사인데, '나', '저'는 화자 한 사람을 가리키고 '우리', '저희'는 화자가 속한 집단을 가리킨다. 화자가 속한 집단을 가리키는 1인칭 대명사의 경우, 그 집단에는 청자가 포함될 수도 있고 포함되지 않을 수도 있다. 예를 들어 "우리가 만나기로 한 날은 내일이다."라는 문장에서 '우리'는 화자와 청자가 포함된 집단일 수도 있고 화자만 포함되고 청자는 배제된 집단일 수도 있는 것이다. 그러나 '우리'와 달리 '저희'는 일반적으로 청자가 배제된 집단만을 가리킨다. 이는 높임법과 관련이 있다. '저희'는 '우리'의 낮춤말인데, 일반적인 대화에서 청자와 화자를 함께 낮추는 것이 자연스럽지 않기 때문이다.

2인칭 대명사는 청자나 청자가 속한 집단을 가리키는 대명사로, '너', '자네', '그대', '당신' 등은 청자 한 사람을 가리키고 '너희', '여러분'은 청자가 속한 집단을 가리킨다. 이 중 '자네', '그대', '당신'은 '너'에 비하여 청자를 더 높이는 말인데, 현대 국어에서는 그 쓰임이 크게 축소되어, 한정된 문맥에서만 쓰이는 대명사로 변화하고 있다. 일상에서 '너'보다 높은 2인칭 표현이 필요할 때는 직책명 등의 다른 명사가 선호되는 경향을 보인다.

3인칭 대명사는 화자와 청자를 제외한 한 명의 인물 또는 집단을 가리키는 대명사로, '그', '이분', '그분', '저분' 등은 한 사람을 가리키고 '그들', '이분들', '그분들', '저분들'은 사람들의 집단을 가리킨다. 한편 '이 사람', '그 사람', '저 사람'이라고 할 때의 '이', '그', '저'는 인칭 대명사가 아니라 관형사이다.

(가) 인칭 대명사 가운데에는 여러 쓰임을 가진 단어도 있으므로 사용에 주의가 필요하다. 예를 들어 '저', '저희'는 1인칭 대명사로도 쓰이고 선행 체언을 다시 받는 재귀 대명사로도 쓰인다. 그리고 '자기'는 2인칭 대명사로도 쓰이고 재귀 대명사로도 쓰인다.

01 윗글을 바탕으로 국어의 인칭 대명사에 대해 탐구한 내용으로 적절하지 않은 것은?

① "그는 장작에 불을 붙였다."의 '그'는 단수의 3인칭 대명사로 쓰인 것이다.

② "우리 모두 힘을 합칩시다."의 '우리'를 '저희'로 바꾸면 문장이 부자연스러워진다.

③ "자네가 먼저 들어가게."의 '자네'는 현대 국어의 관점에서 2인칭 대명사로 볼 수 없다.

④ "이분들은 모두 고등학교 교사입니다."의 '이분들'에서 '-들'을 탈락시키면 문장이 어색해진다.

02 (가)와 같이 하나의 인칭 대명사가 서로 다른 인칭으로 사용된 예로 적절한 것은?

① ㉠: 그이는 아직도 안 왔나 보네요?
㉡: 나는 비 오는 날이면 그이를 떠올리곤 했다.

② ㉠: 저는 오늘 저녁 식사를 일찍 하고 싶습니다.
㉡: 그들은 아무것도 모르는 저를 비난하였습니다.

③ ㉠: 그대가 보내 준 편지는 감사히 잘 읽었습니다.
㉡: 그 문제는 아무쪼록 그대 뜻대로 하기 바랍니다.

④ ㉠: 이번에는 당신의 의견을 들을 테니 말씀해 보세요.
㉡: 할아버지는 당신께서 겪은 전쟁 이야기를 자주 하셨다.

03 갑~병의 주장을 분석한 내용으로 적절한 것만을 〈보기〉에서 모두 고르면?

> 갑: 예술은 단순한 취미 활동이 아니라, 사람의 정서적 안정과 창의력을 키워주는 중요한 요소야. 경제적 이유로 예술교육을 받지 못하는 것은 개인의 성장 가능성을 제한하는 일이라고 볼 수 있어. 국가가 예술교육을 지원함으로써 사회 전체의 문화적 수준을 높일 수 있고, 장기적으로는 빈곤층이 사회적으로 상승할 기회를 제공하는 중요한 수단이 될 거야.
>
> 을: 물론 예술은 중요한 역할을 해. 하지만 국가 자원의 효율적 분배를 생각해야 해. 현재 많은 교육과 복지 프로그램이 이미 부족한 상황에서, 예술은 다른 필수적인 교육이나 복지보다 우선순위가 낮다고 생각해. 예술교육보다 직업교육이나 실질적인 생계 지원에 집중하는 것이 빈곤층에게 더 실질적인 도움을 줄 수 있어.
>
> 병: 예술교육이 빈곤층의 삶의 질을 향상시킬 수 있는 점은 분명하지만, 국가 자원의 한계도 고려해야 해. 그래서 나는 무조건적인 지원보다는 일정한 기준을 설정해 실질적인 필요가 있는 학생들에게 맞춤형으로 예술교육을 제공하는 것이 바람직하다고 생각해.

보기

ㄱ. 갑의 주장과 을의 주장은 대립하지 않는다.
ㄴ. 을의 주장과 병의 주장은 대립하지 않는다.
ㄷ. 갑의 주장과 병의 주장은 상호 보완적이다.

① ㄱ　② ㄴ
③ ㄱ, ㄷ　④ ㄴ, ㄷ

04 다음 글의 ㉠에 대한 평가로 적절하지 않은 것은?

> 《자본론》에 담긴 ㉠ 마르크스 경제이론의 핵심은 잉여가치론과 공황이론이다. 마르크스는 상품 가치는 투하된 노동량의 크기에 의해 결정되며, 가격은 가치를 화폐로 표현한 것일 뿐이라고 했다. 그런데 자본가가 노동자를 고용하면 노동자는 노동력의 가치, 즉 생존하고 자녀를 양육하는 데 필요한 생활물자의 가치 이상을 생산한다. 이것이 바로 잉여가치이다. 마르크스는 이윤, 이자, 지대 등은 모두 이 잉여가치에서 나온다고 주장했다.
>
> 자본가들은 이윤을 늘리기 위해 경쟁한다. 더 좋은 성능의 기계를 도입하여 생산비용을 절감하면 다른 자본가보다 많은 이윤을 얻을 수 있다. 그 결과 생산력이 급격하게 발전하고 생활수준은 이전 시대에 비해 크게 향상된다. 그러나 경쟁적 투자는 결국 투하자본을 크게 키우게 되고 그만큼 이윤을 증가시키지는 못해 결국 이윤율이 하락한다. 이윤율이 하락하여 투자가 위축되면 공황이 온다. 공황으로 실업이 증가하고 많은 기업이 도산되면 과잉생산이 처리되어 경기는 다시 살아난다는 것이다.

① 노동자들이 생산하는 가치가 실제로 그들의 임금보다 현저히 높다면 ㉠은 강화된다.
② 경쟁으로 인해 장기적으로 이윤율이 하락하고 공황이 반복적으로 발생한다면 ㉠은 강화된다.
③ 자본주의 경제에서 기술 발전이 생산력 증가와 동시에 실업을 늘린다면 ㉠은 약화된다.
④ 경쟁적인 투자와 기술 발전이 이윤율을 지속적으로 증가시킨다면 ㉠은 약화된다.

05 제시된 글이 참일 때, 틀린 것은?

- 재밌는 사람은 인기가 많다.
- 친구가 많은 사람은 재미있는 사람이다.
- 인기가 많은 사람은 연애를 잘한다.
- 연애를 잘하는 사람이 일도 잘한다.

① 친구가 많은 사람은 인기가 많다.
② 일 잘하는 사람은 연애도 잘한다.
③ 친구가 많은 사람은 연애도 잘한다.
④ 재밌는 사람이 일도 잘한다.

06 다음 글을 읽고 추론한 내용으로 적절하지 않은 것을 고르면?

A효과란 기업이 시장에 최초로 진입하여 무형 및 유형의 이익을 얻는 것을 의미한다. 반면 뒤늦게 뛰어든 기업이 앞서 진출한 기업의 투자를 징검다리로 이용하여 성공적으로 시장에 안착하는 것을 B효과라고 한다. 물론 B효과는 후발진입기업이 최초진입기업과 동등한 수준의 기술 및 제품을 보다 낮은 비용으로 개발할 수 있을 때만 가능하다.

생산량이 증가할수록 평균생산비용이 감소하는 규모의 경제 효과 측면에서, 후발진입기업에 비해 최초진입기업이 유리하다. 즉, 대량 생산, 인프라 구축 등에서 우위를 조기에 확보하여 효율성 증대와 생산성 향상을 꾀할 수 있다. 반면 후발진입기업 역시 연구개발 투자 측면에서 최초진입기업에 비해 상대적으로 유리한 면이 있다. 후발진입기업의 모방 비용은 최초진입기업이 신제품 개발에 투자한 비용 대비 65% 수준이기 때문이다. 최초진입기업의 경우, 규모의 경제 효과를 얼마나 단기간에 이룰 수 있는가가 성공의 필수 요건이 된다. 후발진입기업의 경우, 절감된 비용을 마케팅 등에 효과적으로 투자하여 최초진입기업의 시장 점유율을 단기간에 빼앗아 오는 것이 성공의 핵심 조건이다.

규모의 경제 달성으로 인한 비용상의 이점 이외에도 최초진입기업이 누릴 수 있는 강점은 강력한 진입 장벽을 구축할 수 있다는 것이다. 최초진입기업은 시장에 최초로 진입했기에 소비자에게 우선적으로 인식된다. 그로 인해 후발진입기업에 비해 적어도 인지도 측면에서는 월등한 우위를 확보한다. 또한 기술적 우위를 확보하여 라이선스, 특허 전략 등을 통해 후발진입기업의 시장 진입을 방해하기도 한다. 이뿐만 아니라 소비자들이 후발진입기업의 브랜드로 전환하려고 할 때 발생하는 노력, 비용, 심리적 위험 등을 마케팅에 활용하여 후발진입기업이 시장에 진입하기 어렵게 할 수도 있다. 결국 A효과를 극대화할 수 있는지는 규모의 경제 달성 이 외에도 얼마나 오랫동안 후발주자가 진입하지 못하도록 할 수 있는가에 달려 있다.

① 후발진입기업의 모방 비용은 최초진입기업의 개발 비용보다 적다.
② 후발진입기업이 최초진입기업과 동일 제품을 50%의 비용으로 개발하였다면 B효과를 얻을 수 있다.
③ 최초진입기업이 규모의 경제 달성으로 비용상의 이점을 얻는 것은 A효과에 해당한다.
④ A효과를 극대화하기 위해서는 시장의 진입장벽을 낮춰 후발기업들의 참여를 높여야 한다.

07 다음 글에서 알 수 있는 것을 고르면?

오스만 제국은 정복 지역민의 개종을 통한 통치보다 정복되기 이전의 사회, 경제적 지배 체제를 이용한 통치를 선호하였다. 정복 지역의 기존 세력이 경제적 기반을 유지할 수 있도록 허용하였고, 종교 자치구도 인정하였던 한편, 정복 지역의 인재를 제국의 엘리트로 영입하기 위한 교육 제도 또한 운영하였다. 이와 같은 정책의 실행이 정복 지역에 대한 제국의 안정적 지배에 크게 기여하였다.

제국의 경작지와 목축용 토지는 사원에 대한 기부 토지인 와크프의 경우를 제외하고는 전적으로 술탄의 개인 재산이었다. 그러나 제국의 영토가 정복에 의해 확장되면서 이와 같은 토지 정책은 유지될 수 없었다. 티마르는 술탄이 정복지 토착 귀족이나 토후에게 하사했던 토지이다. 이는 중세 유럽의 봉건 영지와 유사한 것으로 잘못 비교되기도 한다. 티마르 영지를 분배받은 이들은 그로부터 세금을 거둘 권리를 갖기는 했지만 유럽의 중세 영주와는 달리 사법권을 갖지는 못했다.

밀레트는 종교, 문화적 자유가 인정된 종교 자치구인데, 해당 자치구 내에서는 전통적인 공동체의 유지와 그에 입각한 교육도 허용되었다. 콘스탄티노플의 대주교를 총대주교로 하는 정교회 교구가 그중 하나였다. 총대주교는 정교회의 행동에 대한 모든 책임까지 져야 하는 행정 관리이기도 하였다. 한편, 오스만 제국은 기독교 신자 등 비이슬람 교도 관리를 위해 종교 자치구를 인정했지만, 개별 민족을 위한 자치구까지 허용하지는 않았다. 오스만 제국의 정복 지역에서는 여러 민족들이 서로를 차별하는 현상이 빈번했다. 그러나 이러한 현상이 제국의 종교 자치구 정책 시행 때문에 생겨난 것인가의 여부는 판단하기 어렵다.

데브쉬르메는 지역의 인재를 제국의 엘리트로 양성하여 그들이 차출된 지역으로 다시 파견하거나 또는 그들을 제국의 중앙관리로 영입하는 인사 제도였다. 그러나 이 제도는 실상 남자 어린이 징용제도와도 같았다. 각 가정의 장남을 6, 7세 때 개종과 제국 중심의 교육을 위해 콘스탄티노플이나 아나톨리아 등의 중심도시로 끌고 갔다. 제국은 이 제도로 매년 1천~3천 명의 새로운 전사나 충성스런 관리를 충원해 나갈 수 있었다. 데브쉬르메 제도에서 교육받은 이들은 자신이 제국의 엘리트라는 의식이 강했고 종교적으로는 이슬람으로 무장되어 있었다.

① 콘스탄티노플의 대주교는 종교 자치구의 행정 관리로서 역할을 하였다.
② 밀레트는 종교 자치구로 민족끼리의 상호 차별을 예방하기 위한 것이었다.
③ 데브쉬르메 제도는 징용된 어린이를 볼모로 삼아 정복 지역의 반란을 예방하기 위한 수단이 되었다.
④ 티마르 영지를 분배받은 이들의 영지에 대한 권리는 중세 봉건 영지에 대한 영주의 권리와 동일하였다.

08 다음의 밑줄 친 부분을 유의하여 수정해야 하는 문장으로 가장 적절한 것은?

> 글을 쓸 때는 문장의 짜임에 따라 달라지는 효과를 생각하여 적절히 활용할 수 있어야 한다. <u>문장이 지나치게 길면 글쓴이가 전달하고자 하는 의미를 파악하기 어렵다</u>. 여러 문장이 연결되면, 문장의 주어가 일치하지 않기도 하고 내용이 자연스럽게 이어지지 않기도 한다. 그러므로 <u>적절한 어미와 접속부사를 이용해서 문장의 길이를 적당히 조절할 필요가 있다</u>.

① 진단이 확정된 경우 및 질병으로 인한 입원 또는 수술한 경우에는 책임을 지지 아니합니다.
② 부정한 목적으로 허위로 기재한 경우에는 당해 시험이 무효 처리되거나 부정 행위자로 처리됩니다.
③ ㅇㅇ시 관계자는 "이번 일을 계기로 항공 우주 분야에 대한 국민의 관심이 증폭되기를 바란다."라고 말했다.
④ 설명회 참석 시에는 대중교통 수단을 이용해 주시기 바라며, 교육은 공단 실무 책임자가 직접 진행할 예정입니다.

09 (가)와 (나)를 전제로 할 때 빈칸에 들어갈 결론으로 가장 적절한 것은?

> (가) 드라마를 좋아하면 빙수를 좋아한다.
> (나) 떡볶이를 즐겨 먹지 않으면 빙수를 좋아하지 않는다.
>
> 그러므로 [ ]

① 빙수를 좋아하면 드라마를 좋아한다.
② 떡볶이를 즐겨 먹으면 빙수를 좋아한다.
③ 드라마를 좋아하면 떡볶이를 즐겨 먹는다.
④ 드라마를 좋아하면 떡볶이를 즐겨 먹지 않는다.

10 다음 글을 읽고 이해한 내용으로 적절하지 <u>않은</u> 것을 고르면?

> 갑: 2022년에 A 보조금이 B 보조금으로 개편되었다고 들었습니다. 2021년에 A 보조금을 수령한 민원인이 B 보조금의 신청과 관련하여 문의하였습니다. 민원인이 중앙부처로 바로 연락하였다는데 B 보조금 신청 자격을 알 수 있을까요?
>
> 을: B 보조금 신청 자격은 A 보조금과 같습니다. 해당 지자체에 농업경영정보를 등록한 농업인이어야 하고 지급 대상 토지도 해당 지자체에 등록된 농지 또는 초지여야 합니다.
>
> 갑: 네. 민원인의 자격 요건에 변동 사항은 없다는 것을 확인했습니다. 그 외에 다른 제한 사항은 없을까요?
>
> 을: 대상자 및 토지 요건을 모두 충족하더라도 전년도에 A 보조금을 부정한 방법으로 수령했다고 판정된 경우에는 B 보조금을 신청할 수가 없어요. 다만 부정한 방법으로 수령했다고 해당 지자체에서 판정하더라도 수령인은 일정 기간 동안 중앙부처에 이의를 제기할 수 있습니다. 이의 제기 심의 기간에는 수령인이 부정한 방법으로 수령하지 않은 것으로 봅니다.
>
> 갑: 우리 중앙부처의 2021년 A 보조금 부정 수령 판정 현황이 어떻게 되죠?
>
> 을: 2021년 A 보조금 부정 수령 판정 이의 제기 신청 기간은 만료되었습니다. 부정 수령 판정이 총 15건이 있었는데, 그중 11건에 대한 이의 제기 신청이 들어왔고 1건은 심의 후 이의 제기가 받아들여져 인용되었습니다. 9건은 이의 제기가 받아들여지지 않아 기각되었고 나머지 1건은 아직 이의 제기 심의 절차가 진행 중입니다.
>
> 갑: 그렇다면 제가 추가로 민원인의 부정 수령 판정 여부, 민원인의 이의 제기 여부, 이의 제기 기각 건에 민원인이 제기한 건이 포함되었는지 여부만 확인하고 나면 다른 사유를 확인하지 않고서도 민원인이 현재 B 보조금 신청 자격이 되는지를 바로 알 수 있겠네요.

① 민원인이 부정한 방법으로 A 보조금을 수령한 것이 아니라면 B 보조금 신청 자격에 해당된다.
② 민원인이 중앙부처에 이의 제기한 심의 결과 부정한 수령으로 판정되면 B 보조금을 신청할 수 없다.
③ 부정 수령 판정에 대한 이의 제기가 받아들여지더라도 이의 제기 신청 기간이 만료되어 B 보조금을 신청할 수 없다.
④ A 보조금을 부정한 방법으로 수령했다고 판정받은 민원인이 이의 제기를 하지 않았다면 B 보조금을 신청할 수 없다.

11 〈보기〉의 ㉠에 해당하는 예로 적절한 것은?

보기

문장은 동작이나 행위를 주어가 직접 하느냐 아니면 다른 사람에게 하도록 하느냐에 따라 주동문과 사동문으로 나뉜다. 주동문과 사동문은 개념적으로 짝을 이루기 때문에 사동문은 대부분 그에 대응하는 주동문을 상정할 수 있다. 그러나 국어에는 '나는 그 일을 끝내고 나서야 겨울 숨을 돌릴 수 있었다.'와 같은 문장의 '숨을 돌리다.'처럼 ㉠ 그에 대응하는 주동문을 상정하기 어려운 사동문도 있다.

① 어머니가 아이의 머리를 감겼다.
② 사장님이 직원에게 일을 맡겼다.
③ 동생이 학교에서 친구를 울렸다.
④ 그는 그녀에게 끝까지 진실을 숨겼다.

12 다음 글에서 추론할 수 <u>없는</u> 것을 고르면?

조직 구성원의 발언은 조직과 구성원 양측에 긍정적 효과를 가져올 수 있다. 구성원들은 발언을 함으로써 스스로 통제할 수 있다는 느낌을 가지게 되어 직무 스트레스가 줄고 조직에 대해 긍정적 태도를 가질 수 있다. 동시에 발언은 발언자의 조직 내 이미지를 실추시키거나 다양한 보복을 불러올 우려가 없지 않다. 한편 침묵은 조직의 발전 기회를 놓치게 하거나 조직을 위기에 처하게 할 수 있을 뿐만 아니라, 구성원 자신들에게도 부정적 영향을 미칠 수 있다. 침묵은 구성원들로 하여금 스스로를 가치 없는 존재로 느끼게 만들고, 관련 상황을 통제하지 못한다는 인식을 갖게 함으로써, 구성원들의 정신건강과 신체에 악영향을 미칠 수 있다. 구성원들은 조직에서 우려되는 이슈들을 인지하였을 때, 이를 발언으로 표출할지 아니면 침묵으로 표출하지 않을지 선택할 수 있는데, 해당 조직의 문화 아래에서 보복과 관련한 안전도와 변화 가능성에 대한 실효성 등을 고려하여 판단한다.

침묵의 유형들은 다음과 같다. 먼저, 묵종적 침묵은 조직의 부정적 이슈 등과 관련된 정보나 의견 등을 가지고 있지만 이를 알리거나 표출할 행동 유인이 없어 표출하지 않는 행위를 가리킨다. 이러한 침묵은 문제 있는 현실을 바꾸려는 의지를 상실한 체념의 의미를 내포하고 있어, 방관과 유사하다. 묵종적 침묵은 발언을 해도 소용이 없을 것이라는 조직에 대한 불신으로부터 나오는 행위이다.

방어적 침묵은 외부 위협으로부터 자신을 보호하거나 자신을 향한 보복을 당하지 않기 위해 조직과 관련된 부정적인 정보나 의견을 억누르는 적극적인 성격의 행위를 가리킨다. 기존에 가진 것을 지키기 위한 것뿐만 아니라, 침묵함으로써 추가적인 이익을 보고자 하는 것도 방어적 침묵의 행동 유인으로 포함하여 보기 때문에 자기보신적 행위라고 할 수 있다.

친사회적 침묵은 조직이나 다른 구성원의 이익을 보호하려는 목적에서 조직과 관련된 부정적 정보나 의견 등을 표출하지 않고 억제하는 행위로서, 다른 사람을 배려한 이타주의적인 침묵을 가리킨다. 이는 본인의 사회적 관계를 위한 경우에는 해당되지 않고, 철저하게 '나'를 배제한 판단 아래에서 이뤄지는 행위이다.

① 구성원들의 발언이 조직의 의사결정에 반영되는 정도가 커질수록, 조직의 묵종적 침묵은 감소할 것이다.
② 발언의 영향으로 자신의 안전이 걱정되어 침묵하는 경우는 방어적 침묵에 해당한다.
③ 발언의 실효성이 낮을 것으로 판단하여 침묵하는 경우는 묵종적 침묵에 해당한다.
④ 발언자에 대한 익명성을 보장하는 경우, 조직의 친사회적 침묵은 감소할 것이다.

※ 다음 글을 읽고 물음에 답하시오. [13-14]

㉠ 영웅 사관이란 역사를 소수의 탁월한 능력을 가진 인물이 만들어 간다고 보는 시각이다. ㉡ 이 관점에서는 영웅이 역사의 주체로 인식되며, 그들의 업적이 곧 역사가 된다. 예를 들어, 신라의 삼국 통일은 김유신의 공로로, 임진왜란에서 조선 수군이 왜군을 물리친 것은 이순신의 공적으로 해석된다. 이에 반해 구조 사관은 역사가 개인의 능력에만 의존하는 것이 아니라, 사회적 · 경제적 · 정치적 구조와 집단적 움직임에 의해 형성된다고 본다.

(가) 영웅 사관을 지지하는 입장에서는 역사적 사건에서 개인의 리더십과 역할을 무엇보다 중요하게 여긴다. ㉢ 이 관점에서는 역사적 인물들이 이끌어 낸 변화를 조명하고, 그들의 업적을 통해 역사를 이해할 수 있다고 강조한다.

반면, (나) 구조 사관을 지지하는 입장에서는 영웅 사관이 역사를 지나치게 개인의 능력에만 의존해 해석한다고 지적한다. ㉣ 이는 영웅의 업적 뒤에는 수많은 관계자들의 노력과 사회적 · 경제적 · 정치적 구조가 존재하는데, 이를 간과하는 경향이 있다는 것이다. 한 인물에게 공적을 집중시키면 그 시대를 살아갔던 다른 사람들의 역할이나 사회적 배경을 무시할 수 있다. 즉 영웅 사관이 역사를 객관적으로 분석하는 데 방해가 될 수 있다는 비판을 제기한다.

13 윗글의 (가)과 (나)에 대한 평가로 적절하지 않은 것은?

① 나폴레옹의 리더십이 유럽의 정치 지형을 변화시켰다는 연구는 (가)를 강화한다.
② 신라의 삼국 통일은 당시의 국제 관계, 군사적 · 경제적 힘이 복합적으로 작용한 결과라는 역사학자의 주장은 (나)를 강화한다.
③ 이순신의 승리가 당시 조선 수군의 집단적 협력과 준비된 시스템 덕분이었다는 분석은 (나)를 강화한다.
④ 태조 왕건의 뛰어난 리더십보다 다른 인물들의 노력과 역할이 고려 건국의 성공 요소라는 의견은 (가)를 강화한다.

14 문맥상 ㉠~㉣ 중 지시 대상이 나머지와 다른 하나는?

① ㉠ ② ㉡
③ ㉢ ④ ㉣

15 다음 글에 대한 주장으로 가장 적절한 것은?

인간은 성장 과정에서 자기 문화에 익숙해지기 때문에 어떤 제도나 관념을 아주 오래 전부터 지속되어 온 것으로 여긴다. 나아가 그것을 전통이라는 이름 아래 자기 문화의 본질적인 특성으로 믿기도 한다. 그러나 이런 생각은 전통의 시대적 배경 및 사회 문화적 의미를 제대로 파악하지 못하게 하는 결과를 초래한다. 여기에서 과거의 문화를 오늘날과는 또 다른 문화로 보아야 할 필요성이 생긴다.

홉스봄과 레인저는 오래된 것이라고 믿고 있는 전통의 대부분이 그리 멀지 않은 과거에 '발명'되었다고 주장한다. 예컨대 스코틀랜드 사람들은 킬트(kilt)를 입고 전통 의식을 치르며, 이를 대표적인 전통문화라고 믿는다. 그러나 킬트는 1707년에 스코틀랜드가 잉글랜드에 합병된 후, 이곳에 온 한 잉글랜드 사업가에 의해 불편한 기존의 의상을 대신하여 작업복으로 만들어진 것이다. 이후 킬트는 하층민을 중심으로 유행하였지만, 1745년의 반란 전까지만 해도 전통 의상으로 여겨지지 않았다. 반란 후, 영국 정부는 킬트를 입지 못하도록 했다. 그런데 일부가 몰래 집에서 킬트를 입기 시작했고, 킬트는 점차 전통 의상으로 여겨지게 되었다. 킬트의 독특한 체크무늬가 각 씨족의 상징으로 자리 잡은 것은, 1822년에 영국 왕이 방문했을 때 성대한 환영 행사를 마련하면서 각 씨족장들에게 다른 무늬의 킬트를 입도록 종용하면서부터이다. 이때 채택된 독특한 체크무늬가 각 씨족을 대표하는 의상으로 자리를 잡게 되었다.

킬트의 사례는 전통이 특정 시기에 정치 · 사회적 목적을 달성하기 위해 만들어지기도 한다는 것을 보여 준다. 특히 근대 국가의 출현 이후 국가에 의한 '전통의 발명'은 체제를 확립하는 데 큰 역할을 담당하기도 하였다. 이 과정에서 전통은 그 전통이 생성되었던 시기를 넘어 아주 오래 전부터 지속되어 온 것이라는 신화가 형성되었다. 그러나 전통은 특정한 시공간에 위치하는 사람들에 의해 생성되어 공유되는 것으로, 정치 · 사회 · 경제 등과 밀접한 관련을 맺으면서 시대마다 다양한 의미를 지니게 된다. 그러므로 전통을 특정한 사회 문화적 맥락으로부터 분리하여 신화화(神話化)하면 당시의 사회 · 문화를 총체적으로 이해할 수 없게 된다.

① 독특한 체크무늬가 각 씨족을 대표하는 의상으로 자리를 잡게 되었다.
② 오래된 것이라고 믿고 있는 전통의 대부분이 그리 멀지 않은 과거에 발명되었다.
③ 전통이 특정 시기에 정치 · 사회적 목적을 달성하기 위해 만들어지기도 한다는 것을 보여 준다.
④ 전통의 의미를 제대로 파악하려면 과거의 문화를 오늘날과는 또 다른 문화로 볼 필요가 있다.

16 다음은 공무원 임용 조건에 관한 내용이다. 이를 바탕으로 옳은 설명을 고르면?

> 제33조(결격사유) ① 다음 각 호의 어느 하나에 해당하는 자는 공무원으로 임용될 수 없다.
> 1. 파산선고를 받고 복권되지 아니한 자
> 2. 금고 이상의 실형을 선고받고 그 집행이 종료되거나 집행을 받지 아니하기로 확정된 후 5년이 지나지 아니한 자
> 3. 금고 이상의 형을 선고받고 그 집행유예 기간이 끝난 날부터 2년이 지나지 아니한 자
> 4. 금고 이상의 형의 선고유예를 받은 경우에 그 선고유예 기간 중에 있는 자
>
> ② 제1항 각 호의 어느 하나에 해당하는 자가 국가의 과실로 인해 공무원으로 임용된 경우 공무원 신분은 발생하지 않는다.
>
> ③ 공무원이 제1항 각 호의 어느 하나에 해당할 경우에는 당연히 퇴직된다.
>
> 제74조(정년) ① 공무원의 정년은 60세로 한다.
>
> ② 공무원은 그 정년에 이른 날이 1월부터 6월 사이에 있으면 6월 30일에, 7월부터 12월 사이에 있으면 12월 31일에 각각 당연히 퇴직된다.
>
> 제80조(징계의 효력) ①~② 생략
>
> ③ 정직은 1개월 이상 3개월 이하의 기간으로 하고, 정직처분을 받은 자는 그 기간 중 공무원의 신분은 보유하나 직무에 종사하지 못하며 보수는 전액을 감한다.

① 금고형의 실형을 선고받고 집행을 받지 않기로 확정된 후 4년이 지난 자는 공무원으로 임용될 수 있다.
② 공무원 중 결격 사유 없이 2021년 3월 14일 기준 60세가 된 사람은 2021년 9월 27일에도 공무원 신분을 유지한다.
③ 금고형을 선고받고 집행유예 기간이 끝나는 해에 공무원으로 임용될 수 있다.
④ 파산선고를 받고 복권된 후 공무원으로 임용되었으나 정직처분을 받아 다음 달까지 정직 중에 있는 자는 공무원 신분으로 간주된다.

17 (가)와 (나)를 전제로 결론을 이끌어낼 때, 빈칸에 들어갈 말로 가장 적절한 것은?

> (가) 모든 고양이는 독립적이다.
> (나) 어떤 고양이는 털이 짧다.
>
> 따라서 [   ]

① 털이 짧은 고양이는 모두 독립적이다.
② 독립적인 고양이 중에는 털이 긴 고양이도 있다.
③ 털이 짧은 고양이는 모두 털이 긴 고양이보다 독립적이다.
④ 털이 짧은 고양이 중에는 독립적인 고양이가 있다.

18 '유통 전략'에 대한 설명으로 옳지 <u>않은</u> 것은?

> 제품의 생명 주기에 따라 다른 마케팅 전략이 필요하다. 우선 도입기의 기업은 제품을 처음 소개하며 제품을 알리기 위해 돈을 많이 쓴다. 이 시기에는 홍보에 집중하면서 소비자들이 제품을 직접 사용하도록 유도한다. 두 번째 단계인 성장기에는 인지도가 커져 마케팅 비용이 상대적으로 감소하지만 판매량을 확대하기 위한 비용은 여전히 크다. 다음으로 성숙기에는 판매량이 최고조에 이르며 마케팅 비용은 이전보다 줄어든다. 대부분의 고객들이 구매 경험이 있어 잠재 고객이 줄고 이윤 증가가 더디다. 마지막 단계인 쇠퇴기는 시장의 크기가 대폭 감소하여 판매가 어려워져 마케팅 비용을 크게 줄이고 재고 처리를 위한 방안들이 실행된다.
>
> '유통에 대한 전략'은 어떤 경로를 통해 제품을 판매할 것인가와 관련된다. 훌륭한 제품도 제품을 전달하는 통로가 부족하면 판매가 정상적으로 안된다. 집중적 유통 전략은 소비자가 어디에서든 제품을 쉽게 구매할 수 있도록 최대한 많은 소매점을 통해 제품을 유통시키는 전략으로 주로 구매 빈도가 높고 광범위하게 소비되는 제품이 적합하다. 선택적 유통 전략은 여러 제품을 진열하여 다양한 제품을 비교해 보기를 원하는 소비자의 심리를 반영하는 전략으로 구매 빈도가 높지는 않지만 제품의 특성이나 가격이 구매에 큰 영향을 미치는 제품에 사용된다. 배타적 유통 전략은 집중적 유통 전략과 반대로 소수의 특정 판매점을 통해 제품을 판매함으로써 제품에 대한 고급 이미지를 전달하려는 전략으로 주로 보석류, 고가 화장품, 고급 의류 제품 등을 판매할 때 사용된다.
>
> '촉진 방법에 대한 전략'은 제품 판매를 위해 구매자들과의 커뮤니케이션을 어떻게 할 것인가와 관련된 전략이다. 풀(pull) 전략은 제품에 대한 소비자 수요를 자극해 소매상이 중간 도매상에게 제품을 구비하도록 압력을 넣게 하고 중간 도매상은 제조업자에게 제품을 요구하게 하는 방법이다. 소비자 수요를 촉발시키기 위해 광고나 홍보 혹은 판촉이 뒤따른다. 푸시(push) 전략은 제조업자가 중간 도매상에게 제품을 판매하도록 독려하는 방법이다. 중간 도매상이 다시 소매상에 제품을 권유하고 소매상은 다시 소비자들에게 제품을 구매하도록 설득한다. 공격적 물량 공급을 통해 고객들에게 브랜드를 각인시키기 위해 모든 판매처에 제품을 진열해 놓고 그 제품을 선택할 수밖에 없게 만드는 전략을 흔히 취한다. 푸시 전략은 중간 도매상에 대한 판촉에 초점을 두기 때문에 광고나 홍보에 비해 대인 판매의 비중이 높다는 특징이 있다. 그에 따라 실질적인 수요를 반영하지 못한 채 일방적인 물량 밀어내기로 인한 피해도 예상된다.

① 집중적 유통 전략은 최대한 많은 소매점을 통해 제품을 유통시키는 전략이다.
② 선택적 유통 전략은 제품의 특성이나 가격이 구매에 큰 영향을 미치는 제품에 사용된다.
③ 훌륭한 제품은 제품 전달 통로가 부족해도 판매가 정상적으로 된다는 전제에서 출발한다.
④ 배타적 유통 전략은 소수의 특정 판매점을 통해 제품을 판매함으로써 제품에 대한 고급 이미지를 전달하려는 전략이다.

19 다음 글을 통해 출력을 결정하는 방법이 다른 하나는?

디지털 회로는 출력을 결정하는 방법에 따라 조합 논리 회로와 순차 논리 회로로 나눌 수 있다. 조합 논리 회로는 현재의 입력값들만 이용하여 출력 값을 결정한다. 즉 회로를 구성하는 논리 게이트들이 입력 신호들을 받는 즉시 그것들을 조합하여 출력 신호를 발생시킨다. 반면 순차 논리 회로는 과거의 출력값이 현재의 출력에 영향을 미친다. 출력값이 그 시점의 입력값뿐만 아니라 이전 상태의 출력값에 의해서도 결정되는 것이다. 가령 디지털 장치에서 수를 셀 때, 이전 상태의 출력값과 현재의 값을 논리 연산하여 출력하므로 다음 상태로 변화할 때까지 현 상태를 기억하는 기능이 필요하다. 이러한 특성 때문에 순차 논리 회로는 조합 논리 회로와 달리 기억 기능을 가지고 있다. 이전 상태의 출력값은 다음 단계의 순차 논리 회로 동작을 위해 피드백 경로를 통해 다시 순차 논리 회로의 입력으로 들어가게 된다.

① 자동차의 문이 열리면 경고음이 울리는 경우
② 현관에 사람이 들어왔을 때 전등이 켜지는 경우
③ 이용객이 안전띠를 착용하지 않아 운행되지 않는 놀이 기구의 경우
④ 은행에서 지폐를 세는 기계가 만 원권의 개수를 세어 총액을 나타내는 경우

20 다음 글에서 사용된 글쓴이의 쓰기 전략에 대해 적절하지 않은 것은?

"미네르바의 부엉이는 황혼 무렵에야 비로소 날개를 펴기 시작한다."

이 멋있는 말은 독일의 철학자 헤겔(Georg. W. Hegel)이 〈법철학〉이란 책의 서문에서 한 말이다. 잘 알다시피 부엉이는 해 질 무렵에야 비로소 활동을 시작하는 야행성 동물이다. 그러니 미네르바의 부엉이가 아니더라도, 모든 부엉이는 당연히 황혼 무렵에야 날개를 펼 것이다. 그런데 헤겔 같은 '대철학자'가 그런 당연한 말을 당연한 의미로 남겼을리 만무하다. 그렇다면 대체 어떤 뜻이 있는 걸까?

'미네르바'는 로마의 신화에 나오는 지혜의 여신이다. 그러니까 그리스 신화에서는 아테나 여신에 해당한다. 이 여신이 아끼는 부엉이가 한 마리 있었는데, 지혜의 여신이 아꼈던 만큼, 미네르바의 부엉이는 흔히 '지혜'를 뜻한다.

그럼 헤겔이 한 말은 무슨 뜻일까 생각해 보자. 지혜는 밤이 되어야 살아나기 시작한다는 것으로 해석한다면, 당신은 매우 우직한 성격을 갖고 있음에 틀림없다. 헤겔은 도둑들처럼 밤에 활동하는 사람들의 지혜를 찬양하는 '저속한' 철학자가 아니며, 밤늦게까지 활동하고 아침에 늦게까지 자는 지식인의 습관을 비아냥댈 '고고한' 사람도 아니다.

헤겔이 한 말의 뜻은 차라리 평범하다. 사람은 대개 어떤 일이 한참 진행되어 거의 다 끝날 무렵에야 무슨 일이 진행되고 있는 건지, 그게 어떻게 되고 있는 건지를 알게 된다는 뜻이다. 즉, 지혜는 일이 다 끝날 무렵에야 비로소 얻어진다는 얘기다. 특히 철학이 사회나 역사의 비밀에 대한 지혜를 획득하는 것은 그것이 무르익어 모습이 두드러지게 드러날 때라는 것이다. 나쁘게 말하면 지혜는, 특히 철학은 언제나 '뒷북친다'는 말이다.

그러나 헤겔이 이 말을 썼던 것은 이처럼 나쁜 뜻에서가 아니다. 헤겔은 역사를 절대 정신이 실현되는 과정으로 보고, 그 절대 정신이 완성되는 것이 바로 자기가 살던 프로이센에서였다고 말했다. 그리고 절대 정신이 실현되는 것을 증언하는 자신의 철학이야말로 절대 지식이라고 생각했다. 그리고 이전에 천재적인 철학자가 숱하게 있었으나 절대 지식에 이르지 못한 것은 아직 '때가 아니어서'였다고 보았다. 절대 정신이 거의 다 실현된, 즉 황혼 무렵인 자신의 시대에 이르러서야 비로소 철학은 절대 지식에 도달할 수 있었다니, 이 철학자의 자만심 또한 '절대적'이었음에 틀림없다.

여러분 역시 헤겔처럼은 아니어도, 이 말을 유용하게 사용할 수 있다. 혹시 누가 여러분이 하는 일이나 말에 대해 "이제야 그걸……."이라고 말하면 점잖게 응수하라.

"미네르바의 부엉이는 황혼 무렵에야 비로소 날개를 펴는 법일세."

① 어원 고찰을 통해 그 말의 의미에 대한 단서를 제공한다.
② 유명한 철학자의 말을 소개하여 독자의 주의를 환기시킨다.
③ 독자들이 그 말을 사용할 수 있는 경우를 제시하며 글을 마무리한다.
④ 그 말의 의미를 해석하는 상반된 관점을 제시하고 그에 대한 독자의 판단을 유도한다.

2026

적중의 지혜

2026

적중의 지혜

2026

적중의 지혜

2026년 4월 4일 시행

국가공무원 9급 공개경쟁채용 필기시험

| 일반행정 |

제21일~제25일

응시번호	
성명	

문제책형

㉮

[시 험 과 목]

제1과목 국어

국가공무원 9급 공개경쟁채용 필기시험 대비 모의고사

응시자 주의사항

1. **시험 시작 전 시험 문제를 열람하는 행위나 시험 종료 후 답안을 작성하는 행위를 한 사람**은 「공무원임용시험령」 제51조에 의거 **부정행위자**로 처리됩니다.
2. **답안지 책형 표기는 시험 시작 전** 감독관의 지시에 따라 **문제책 앞면에 인쇄된 문제책형을 확인**한 후, **답안지 책형란에 해당 책형(1개)**을 **'●'**로 **표기**하여야 합니다.
3. **답안은 문제책 표지의 과목 순서에 따라 답안지에 인쇄된 순서(제1·2·3·4·5과목)에 맞추어 표기**해야 하며, 과목 순서를 바꾸어 표기한 경우에도 **문제책 표지의 과목 순서대로 채점**되므로 유의하시기 바랍니다.
4. 시험이 시작되면 문제를 주의 깊게 읽은 후, **문항의 취지에 가장 적합한 하나의 정답만을 고르며,** 문제 내용에 관한 질문은 할 수 없습니다.
5. 답안지의 모든 기재 및 표기 사항은 **컴퓨터용 검은색 사인펜을 사용하며,** 반드시 〈보기〉의 **올바른 표기 방식**으로 답안을 작성해야 합니다.

   〈보기〉 올바른 표기: ● 잘못된 표기: ✓ ⊗ ◑ ◉ ◍ ◔ ⊙ ⦿ ③

6. **답안을 잘못 표기하였을 경우에는 답안지를 교체하여 작성**하거나 **수정할 수 있으며,** 표기한 답안을 수정할 때는 **응시자 본인이 가져온 수정 테이프만을 사용**하여 해당 부분을 완전히 지우고 부착된 수정 테이프가 떨어지지 않도록 눌러 주어야 합니다. **(수정액 또는 수정 스티커 등은 사용 불가)**
   - **불량한 수정 테이프의 사용과 불안전한 수정 처리**로 발생하는 **모든 문제는 응시자 본인에게 책임이 있습니다.**
7. 법령, 고시, 판례 등에 관한 문제는 **2026년 2월 28일 현재 유효한 법령, 고시, 판례 등을 기준**으로 정답을 구해야 합니다. 다만, 개별 과목 또는 문항에서 별도의 기준을 적용하도록 명시한 경우에는 그 기준을 적용하여 정답을 구해야 합니다.
8. **시험 시간 관리의 책임은 응시자 본인에게 있습니다.**
   ※ 문제책은 시험 종료 후 가지고 갈 수 있습니다.

※ 본 안내문은 과년도 실제 시험지를 참조한 예시로서, 금년도 실제 안내문과는 다를 수 있습니다.

임지혜국어

적중의 지혜

01 '도서관이 없는 대학에는 책방이 없다.'라는 명제가 참일 때, 다음 중 항상 참인 결론은 무엇인가?

① 도서관이 있는 대학에는 책방이 있다.
② 도서관이 없는 대학에는 책방이 있다.
③ 책방이 없는 대학에는 도서관이 없다.
④ 책방이 있는 대학에는 도서관이 있다.

02 다음 전제를 읽고 반드시 참인 결론은 무엇인가?

> • 어떤 책상은 염소이다.
> • 모든 염소는 하늘이다.

① 모든 책상은 하늘이 아니다.
② 어떤 책상은 하늘이 아니다.
③ 모든 책상은 하늘이다.
④ 어떤 책상은 하늘이다.

03 다음 제시문을 근거로 판단할 때 甲의 행위가 '뇌물에 관한 죄'에 해당하지 않는 것은?

> 뇌물에 관한 죄는 공무원 또는 중재인이 그 직무에 관하여 뇌물을 수수(收受)·요구 또는 약속하는 수뢰죄와 공무원 또는 중재인*에게 뇌물을 약속·공여(자진하여 제공하는 것)하거나 공여의 의사표시를 하는 증뢰죄를 포함한다. 뇌물에 관한 죄가 성립하기 위해서는 직무에 관하여 뇌물을 수수·요구 또는 약속한다는 사실에 대한 고의(故意)가 있어야 한다. 즉 직무의 대가에 대한 인식이 있어야 한다. 또한 뇌물로 인정되기 위해서는 그것이 직무에 관한 것이어야 하며, 뇌물은 불법한 보수이어야 한다. 여기서 '직무'란 공무원 또는 중재인의 권한에 속하는 직무 행위 그 자체뿐만 아니라 직무와 밀접한 관계가 있는 행위도 포함되는 개념이다. 그리고 '불법한 보수'란 정당하지 않은 보수이므로, 법령이나 사회 윤리적 관점에서 인정될 수 있는 정당한 대가는 뇌물이 될 수 없다. 그밖에 '수수'란 뇌물을 취득하는 것을 의미하며, 수수라고 하기 위해서는 자기나 제3자의 소유로 할 목적으로 남의 재물을 취득할 의사가 있어야 한다. 한편 보수는 직무 행위와 대가관계에 있는 것임을 요하고, 그 종류, 성질, 액수나 유형, 무형을 불문한다.
>
> * 중재인이란 법령에 의하여 중재의 직무를 담당하는 자를 말한다. 예컨대 노동조합 및 노동관계조정법에 의한 중재위원, 중재법에 의한 중재인 등이 이에 해당함.

① 甲은 대통령 경제수석비서관으로 재직하면서 X 은행장인 乙로부터 X 은행이 추진 중이던 업무 전반에 관하여 선처해 달라는 취지의 부탁을 받고 금전을 받았다.
② 甲은 각종 인허가로 잘 알게 된 담당 공무원 乙에게 건축 허가를 해 달라고 부탁하면서 술을 접대했을 뿐만 아니라 乙이 윤락여성과 성관계를 맺을 수 있도록 했다.
③ 경찰청 형사과 소속 경찰관 甲은 乙 회사가 외국인 산업연수생에 대한 국내관리업체로 선정되도록 중소기업협동조합중앙회 회장 丙에게 잘 이야기해 달라는 부탁을 받고 乙로부터 향응을 제공받았다.
④ 자치단체장 甲은 해당 지방자치단체의 공사 도급을 받으려는 건설업자 乙로부터 청탁과 함께 금품을 받아 이를 개인적인 용도가 아닌 부하직원의 식대, 휴가비와 자치단체의 홍보비 등으로 소비했다.

04 다음 제시문의 내용과 부합하지 않는 것은?

> 영조 14년 안동에 거주하는 몇몇이 주동이 되어 노론이 내세우는 상징적 인물인 김상헌을 제향(祭享)하는 서원을 창건하려 하자, 다수의 남인파 사림이 이에 반대하여 커다란 분쟁이 일었다.
>
> 그후 노론의 유척기는 영남감사로 부임하자 남인의 반발에도 불구하고 서원건립을 추진하여 건물이 준공되기에 이르렀다. 이에 안동좌수를 비롯한 안동 내 남인 출신들이 관령(官令)의 제지를 무릅쓰고 서원을 훼파(毁破)했다.
>
> 이에 대해 노론의 온건파를 대표하는 박사수는 김상헌 서원의 건립 필요성에서부터 훼원(毁院)에 이르기까지의 전말을 소상하게 보고하면서, 선정(先正)을 욕보이고 관장(官長)을 능멸하여 관령에 항거한 난민(亂民)으로 훼원유생을 규정하고 이러한 난민의 무리를 엄벌해야 한다고 했다.
>
> 반면, 소론인 박문수는 서원창건 문제가 유림의 의론(議論)에 따라 좌우되는 일반적 경향에 비추어 볼 때 대다수 안동사림의 반대를 무릅쓴 김상헌 서원의 건립이 잘못된 것이라 했다. 서원을 근거로 해서 전통적인 명문을 압박하고 남인당론을 강제로 바꾸게 하려는 목적으로 서원건립을 추진했기에 안동 유생과의 사이에 분쟁이 일어나지 않을 수 없었으므로, 훼원이 방자한 행위이기는 하나 온건한 처벌에 그쳐야 하며, 영남인의 불만이 이를 계기로 변란으로 확대되지 않도록 해야 한다고 주장했다.
>
> 박사수와 박문수의 이러한 의견대립이 일어나자 평소 노소론 간의 당쟁에 중도적 자세를 견지하고 있던 탕평파의 안인명은 안동서원의 분쟁이 향전(鄕戰)에 불과할 따름이므로 조정에서 간여할 문제가 아닌데도 감사가 이를 잘 처리하지 못하여 조정까지 시끄럽게 하고 체통마저 손상했으므로 이들을 파직시키고, 명색이 선비라고 하면서 선정을 제향하는 서원을 허물었으니 이 또한 처벌해야 하며, 안동에 김상헌의 서원이 없을 수 없으므로 서원을 개건(改建)할 것을 청했다.
>
> 이에 대해 영조는 멋대로 서원건립을 허가하고, 향촌을 제대로 다스리지 못했다는 이유로 감사를 파직하고, 훼원유생을 엄벌하되, 주동자에 국한했으며, 서원개건의 문제에 대해서는 언급하지 않음으로써 이를 묵살했다.

① 박문수는 훼원의 사태가 일어나게 된 원인이 서원 창건 자체가 지닌 문제에 중점을 두고 의견을 펼쳤다.

② 박사수는 훼원의 원인보다 유생들의 훼원 행위 자체에 초점을 두어 남인 출신 훼원유생에 대한 처벌을 주장했다.

③ 노소론의 주장을 절충하면서도 왕권의 안정을 염두에 둔 영조의 처분은 당시 정치를 주도하던 노론의 주장을 더 받아들인 것이다.

④ 조선 후기에 향권을 둘러싼 향촌 내부의 분쟁인 향전(鄕戰)이 사족(士族) 간에 벌어지고 여기에 당색이 작하고 있다는 사실을 알 수 있다.

05 다음 글을 통해 알 수 있는 것은?

> 향수는 원액의 농도에 따라 퍼퓸, 오드 퍼퓸, 오드 뚜왈렛, 오드 콜로뉴 등으로 나뉜다. 퍼퓸은 알코올 85%에 향 원액이 30% 정도 함유되어 있고, 향은 약 12시간 정도 지속된다. 퍼퓸 다음으로 농도가 짙은 오드 퍼퓸은 알코올 92%에 향 원액이 15% 정도 함유되어 있으며 향의 지속시간은 7시간 정도이다. 오드 뚜왈렛은 알코올 80%, 향료 8%에 3~4시간 정도 향이 지속되고, 오드 콜로뉴는 알코올 95%, 향료 5%에 1~2시간 정도 향이 지속된다. 향취는 톱 노트, 미들 노트, 라스트 노트의 3단계로 변하는데 먼저 톱 노트는 알코올과 함께 섞인 향으로 향수 뚜껑을 열자마자 처음 맡게 되는 냄새이다. 미들 노트는 알코올 냄새가 조금 느껴지면서 원래 향수의 주된 향기가 맡아지는 단계이고, 라스트 노트는 맨 마지막에 남는 냄새로 향수 본래의 향취가 나는 단계이다. 향수는 라스트 노트가 6시간 정도 지속되는 것이 가장 좋으므로 알코올이 어느 정도 날아가고 난 상태에서 향을 맡아보고 고르는 것이 좋다. 또한 향취는 밑에서 위로 올라오는 성질이 있기 때문에 잘 움직이는 신체 부분에 발라야 하며 귀 뒤나, 손목, 팔꿈치 안쪽 등 맥박이 뛰는 부분에 뿌리면 향력이 더 좋아진다.

① 향수의 원액 농도가 높을수록 가격이 비싸다.

② 톱 노트가 오래 지속되는 향수를 골라야 한다.

③ 향수를 목에 뿌리면 향이 오래 가지 않는다.

④ 아침에 뿌리고 밤까지 향이 지속되게 하려면 퍼퓸을 구입한다.

06 다음 밑줄 친 단어와 문맥적으로 바꾸어 쓸 수 없는 단어는?

> 부장 검사는 사건을 신임 검사에게 맡겼다.

① 일임하다　　② 내맡기다

③ 기탁하다　　④ 주선하다

07 ㉠~㉣의 예로 적절하지 않은 것은?

> 문장에서 청유형 어미가 쓰이면 화자와 청자가 어떤 행동을 함께 수행한다는 의미가 나타나는 것이 보통이지만 경우에 따라 화자나 청자 단독으로 행동을 수행한다는 의미가 나타나기도 한다.

행동 수행 주체 / 청유형 어미	화자, 청자	화자 단독	청자 단독
-자	㉠		
-ㅂ시다		㉡	㉢
-세		㉣	

① ㉠: (회의를 끝내며) 이 문제는 내일 다시 논의하자.

② ㉡: (도서관에서 떠드는 사람에게) 거, 조용히 좀 합시다.

③ ㉢: (길을 막고 있는 사람에게) 길 좀 비킵시다.

④ ㉣: (책을 읽고 있는 사람에게) 나, 그 책 좀 보세.

08 ㉠이 적용된 사례로 적절하지 않은 것은?

> 국어에서 ㉠ 동일 모음 탈락은 '가-+-아 → 가', '만나-+-아 → 만나', '건너-+-어 → 건너'와 같이 어간의 모음과 어미의 모음이 동일할 때 나타난다.

① 많이 자도 졸리다.
② 집에 가다가 친구를 만났다.
③ 이제는 정말로 떠나야 한다.
④ 여기 서서 잠시 기다리고 있으렴.

09 〈보기〉의 설명을 참조할 때, 밑줄 친 부분이 관형어 성분으로만 묶인 것은?

보기

> 문장 성분은 문장 안에서 일정한 문법적 기능을 하는 단위를 말한다. 관형어는 체언을 꾸며주는 문장 성분이다. 관형사가 그대로 관형어가 되기도 하고, 체언이 그대로 관형어로 쓰이기도 한다. 용언의 관형사형은 시제 표현을 포함하여 쓰인다.

> (가) 할머니는 오래된 물건을 꺼내 보였다.
> (나) 나는 어머니의 옷을 자주 입고 다닌다.
> (다) 모두가 영희의 승리를 축하하는 것은 아니다.
> (라) 요즈음 가을 풍경을 보고 기분이 살짝 우울할 때가 많다.
> (마) 친구가 족발 먹으러 가자고 전화가 왔다.

① (가), (나), (다)　② (가), (나), (라)
③ (가), (나), (마)　④ (가), (라), (마)

※ 다음 글을 읽고 이어지는 질문에 답하시오. [10-11]

> ㉠ 상품은 그것을 만들어 낸 생산자의 분신이지만, 시장 안에서는 상품이 곧 독자적인 인격체가 된다. 사람이 주체가 아니라 상품이 주체가 되는 것이다. 상품 생산자, 즉 판매자는 ㉡ 화폐를 얻기 위해 자신의 상품을 시장에 내놓는다. 이렇게 내놓아진 상품이 시장에서 다른 상품이나 화폐와 관계를 맺게 되면 그 상품은 주인에게 복종하기를 멈추고 자립적인 삶을 살아가게 된다.
>
> 또한, 사람들이 상품을 생산하여 교환하는 과정에서 시장의 경제 법칙을 만들어 냈지만 이제 거꾸로 상품들은 인간의 손을 떠나 시장 법칙에 따라 교환된다. 이런 시장 법칙의 지배 아래에서는 사람과 사람 간의 관계가 상품과 상품, 상품과 화폐 등 사물과 사물 간의 관계에 가려 보이지 않게 된다.
>
> 이처럼 상품이나 시장 법칙은 인간에 의해 산출된 것이지만, 거꾸로 상품이나 시장 법칙이 인간을 지배하게 된다. 이때 인간 및 인간들 간의 관계가 소외되는 현상이 나타난다.

10 윗글의 중심내용으로 적절한 것은?

① 시장 경제는 사람이 관여하지 않을 때 가장 이상적이다.
② 상품과 시장 법칙 중심의 경제가 사람을 소외시킨다.
③ 시장 경제 법칙이 실제 시장에 잘 적용되지 않고 있다.
④ 사람 간 관계 중심의 시장 정책 마련이 필요하다.

11 다음 중 윗글의 ㉠과 ㉡의 관계와 같은 것은?

① 잡채 : 당면　② 남자 : 여자
③ 축구 : 공　④ 운동 : 건강

12 다음 글의 내용과 일치하지 <u>않는</u> 것은?

> 구매력 평가를 기준으로 우리나라 1인당 국내총생산(GDP)은 3만 달러를 넘었다. 이는 소비자가 여가와 건강, 취미 및 자기 계발에 소비를 늘리는 생활 방식으로 진입했음을 의미한다. 이와 더불어 미국 중심으로 떠오른 '욜로(YOLO) 라이프'가 우리나라에서도 굵직한 소비 경향으로 자리 잡고 있다. 2016년 초, 당시 오바마 미국 대통령이 오바마케어 홍보 영상에서 언급해 알려지기 시작한 욜로는 'You only live once'를 줄인 말이다. 욜로는 한 번뿐인 인생을 후회 없이 즐기며 사랑하자는 의미가 담겨 있으며, 현재의 삶이 행복해야 미래의 삶도 행복하다는 철학을 바탕으로 오늘의 일상을 즐겁게 만들자는 움직임이다. 따라서 욜로 라이프는 단순히 내일은 준비하지 않고 현재의 충동적 욕망에만 충실하자는 의미와는 거리가 있다.
>
> 이러한 욜로 라이프는 즉흥적이며 일회성의 일상이 아닌 '지금 현재의 삶'을 아름답게 즐기자는 경향이 반영돼 있다. 예컨대 자기 소유의 집이 아닌 전세나 월세로 산다 할지라도 벽지나 조명, 가구나 인테리어 소품 등을 자신의 취향에 따라 아름답게 꾸미려는 소비 현상이 증가한 것을 대표적인 욜로 현상의 예로 들 수 있다.
>
> 욜로 라이프 현상은 여행업계에서 한층 뚜렷하게 나타난다. 여행사를 통해 널리 알려진 곳 위주로 관광하는 단순한 여행 패턴을 넘어, 남들이 가 보지 않은 지역을 찾아 즐거움과 환희를 느끼는 관광객이 계속 늘고 있다. 한 소셜커머스에서 2016년에 판매한 여행상품 자료에 따르면, 세계 최대 산호 군락지인 호주의 그레이트 배리어 리프 여행객과 겨울철 극지방 도깨비불로 불리는 오로라 여행객이 예년보다 많이 증가한 것으로 나타났다.
>
> 과거 우리 부모 세대는 미래를 위해 한 푼이라도 아껴 저축하기를 강조하였지만, 욜로 라이프를 추구하는 욜로족은 지금 현재의 나에게 초점을 맞춘다. 이는 지속적인 경기 불황 및 청년 구직난의 어두운 그늘에서 벗어나려는 젊은 층의 심리가 반영된 것이라는 분석도 있다. 한편 타인이 아닌 나 자신을 위한 투자가 과소비나 과시형 소비를 부를 수 있다는 지적도 있다. 그러나 현재 여러 산업 분야에서 소비 시장이 계속 위축되고 있으므로, 이러한 소비 트렌드와 심리를 반영하여 삶의 다양한 가치를 채울 수 있는 상품의 개발은 소비를 유도할 수 있으며 이렇게 차별화된 서비스 개발도 점차 늘어날 것으로 전망된다.

① 욜로 라이프는 2016년 초 미국에서 소개된 후 우리나라 소비에도 영향을 미친다.

② 욜로족은 현재의 즐거움을 추구하는 동시에 미래를 위한 투자에도 중점을 둔다.

③ 유명 관광지 중심인 패키지여행보다 개성을 살린 개별 여행이 증가한 것도 욜로족의 영향이라 볼 수 있다.

④ 한 번뿐인 인생을 즐겁게 살자는 경향이 반영된 서비스 상품 개발이 앞으로 계속 늘어날 것이다.

13 다음 제시되는 글을 읽고 알 수 <u>없는</u> 것은?

> 17, 18세기에 걸쳐 각 지역 양반들에 의해 서원이나 사당 건립이 활발하게 진행되었다. 서원이나 사당 대부분은 일정 지역의 유력 가문이 주도하여 자신들의 지위를 유지하고 지역 사회에서 영향력을 행사하는 구심점으로 전립 · 운영되었다.
>
> 이러한 경향은 향리층에게도 파급되어 18세기 후반에 들어서면 안동, 충주, 원주 등에서 향리들이 사당을 신설하거나 중창 또는 확장하였다. 향리들이 건립한 사당은 양반들이 건립한 것에 비하면 얼마 되지 않는다. 하지만 향리들에 의한 사당 건립은 향촌사회에서 향리들의 위세를 짐작할 수 있는 좋은 지표이다.
>
> 향리들이 건립한 사당은 그 지역 향리 집단의 공동노력으로 건립한 경우도 있지만, 대부분은 향리 일족 내의 특정 한 가계(家系)가 중심이 되어 독자적으로 건립한 것이었다. 이러한 사당은 건립과 운영에 있어서 향리 일족 내의 특정 가계의 이해를 반영하고 있는데, 대표적인 것으로 경상도 거창에 건립된 창충사(彰忠祠)를 들 수 있다.
>
> 창충사는 거창의 여러 향리 가운데 신씨가 중심이 되어 세운 사당이다. 영조 4년(1728) 무신란(戊申亂)을 진압하다가 신씨 가문의 다섯 향리가 죽는데, 이들을 추모하기 위해 무신란이 일어난 지 50년이 되는 정조 2년(1778)에 건립되었다. 처음에는 죽은 향리의 자손들이 힘을 모아 사적으로 세웠으나, 10년 후인 정조 12년에 국가에서 제수(祭需)를 지급하는 사당으로 승격하였다.
>
> 원래 무신란에서 죽은 향리 중 신씨는 일곱 명이며, 이들의 공로는 모두 비슷하였다. 하지만 두 명의 신씨는 사당에 모셔지지 않았고, 관직이 추증되지도 않았다. 창충사에 모셔진 다섯 명의 향리는 모두 그 직계 자손의 노력에 의한 것이었고, 국가로부터의 포상도 이들의 노력에 의한 것이었다. 반면 두 명의 자손들은 같은 신씨임에도 불구하고 가세가 빈약하여 향촌사회에서 조상을 모실 만큼 힘을 쓸 수 없었다. 향리사회를 주도해 가는 가계는 독점적인 위치를 확고하게 구축하려고 노력하였으며, 사당의 건립은 그러한 노력의 산물이었다.

① 양반이 세운 사당의 경우 일정 지역의 유력 가문이 주도하여 건립하였다.

② 향리보다 양반이 세운 사당이 더 많다.

③ 향리들이 건립한 사당은 대부분 그 지역 향리 집단의 공동노력으로 건립하였다.

④ 창충사는 거창의 여러 향리 중 신씨 가문이 세운 사당이다.

14 다음 글에 대한 이해로 가장 적절한 것은?

> 19세기 독일의 역사가 랑케의 실증주의 역사학은 '자료 그 자체를 말한다'는 인식을 바탕으로 원래의 역사적 자료에 충실하면서 어떠한 편견이나 선입견에 사로잡히지 않고 끝까지 객관적인 입장에서 역사를 서술해야 한다는 입장을 취하였다. 하지만 이러한 관점은 자료의 정확성에 집착하여 객관적인 주장만을 지나치게 강조함으로써, 역사학의 폭과 깊이를 축소시키는 부정적 측면을 드러내었으며 인문학 및 사회과학의 연구에서 역사학이 자료 제공자의 위치로 전락하게 만드는 원인을 제공하였다. 이후 1970년대 구조 기능주의적 방법론을 주창한 프랑스의 아날학파가 서양 역사학계를 주도하게 되었는데, 이들은 정치보다는 사회, 개인보다는 집단을 역사 서술의 기본 골격으로 삼아야 한다고 하면서, 집단적 행동 양식과 가치관 같은 문화적 대상까지도 계량적 방법을 통해서 삶에 대한 서술이 가능하다는 입장을 나타내었다.
>
> 이러한 배경에서 등장하게 된 '미시사(microstoria)'는 1970년대 중반 이탈리아 역사가들 사이에서 처음으로 주창된 개념으로, 역사학을 '실제의 삶에 관한 학문'으로 규정하고, 계량화된 숫자 안에서 희미하게 드러나는 민중이 아니라 실제 살아 숨 쉬는 생생한 인간으로서의 민중을 기록하고자 하였다. 미시사는 이탈리어로 작다는 뜻의 'micro'와 역사라는 뜻의 'storia'가 합성된 단어로, 우리말로 직역하면 '작은 역사'가 되는데 이는 역사적 대상을 작은 규모와 척도에서 관찰한다는 의미로, 예컨대 한 지역의 사건, 또는 어떤 한 인물의 행적을 집중적으로 세세히 추적하는 것을 말한다.

① 미시사 연구는 살아 숨 쉬는 생생한 인간을 역사 서술의 초점으로 잡는다는 점을 프랑스 아날학파와 공유한다.
② 실증주의 역사학과 프랑스의 아날학파 모두가 계량적 접근을 중시한다는 점에서 양자는 사실상 유사한 경향을 보인다.
③ 아날학파의 역사학은 계량적 접근을 통한 삶에 대한 서술을 시도하기에 미시사 연구와 다르지 않다.
④ 실증주의 역사학의 주요 결함은 역사 자료의 정확성에 대한 집착에서 비롯된다.

15 밑줄 친 ㉠에 대한 이해로 적절하지 <u>않은</u> 것은?

> 오랜 시간 동안 서양의 예술 무용 형식은 '발레'가 유일했다. 하지만 19세기 말 미국의 무용가 이사도라 덩컨은 발레가 지나치게 인위적이고 형식적이며 피상적인 성격을 가졌다고 비판하고는 현대 무용이라는 새로운 장르를 만들었다. 덩컨은 19세기 말 러시아에서 발레가 여성의 아름다움과 테크닉을 과시하는 데 쓰이는 하나의 도구로 전락하고만 사실을 매우 안타까워하면서, 여성 무용수는 단지 구경거리가 아니며, 뜨거운 가슴을 가진 인간임을 강조했다.
>
> 그래서 그녀는 살아 숨 쉬는 인간으로서 자신이 보고, 듣고, 느끼고 생각한 것을 무용을 통해 표현하려고 했다. 그리고 자신이 느낀 강렬한 감정들을, 이성적으로 조화와 질서를 추구하며 외적인 형태를 고려하는 발레의 방식으로는 만들 수 없음을 느끼고, 외적인 형식 대신에 내적인 에너지의 흐름을 강조하고 신체 전체를 유기적으로 사용한 자연스러운 움직임을 만들었다.
>
> 덩컨은 동작의 근원지를 가슴이라고 생각하여, 에너지가 신체의 중심에서 말단으로 이동하면서 동작들을 만들게 된다고 보았다. 발레가 척추가 끝나는 부분을 움직임의 중심이라고 생각하여 하체를 주로 사용한 데 반해서 덩컨은 움직임의 중심을 가슴으로 올림으로써 하체 대신 상체의 움직임을 강조하게 됐다. 그래서 덩컨 무용의 특징은 지속적인 에너지의 흐름을 가진 자연스럽고 유기적인 동작이라고 할 수 있다. 이때 에너지의 흐름은 긴장과 이완의 적절한 조화를 이루어야 하는데, 이를 현대 무용에서는 움직임의 밀물과 썰물, 혹은 호흡의 밀물과 썰물이라고 하여 매우 중요시했다.
>
> 그녀는 사지를 늘 긴장시키고 판에 박힌 동작들을 하여 숨도 제대로 쉬기 어려운 꽉 끼는 의상을 입는 것과 같은 발레의 모든 억압적인 요소를 싫어했다. 그래서 그녀는 느슨한 의상인 튜닉을 입고 맨발로 춤추었으며 동작들도 걷기, 뜀뛰기, 달리기 등과 같은 자연스러운 동작을 주로 사용했다. 그녀는 자연이나 음악으로부터 영감을 받아 자연스럽게 움직일 때, 아름다운 동작이 나온다고 생각했다. 이러한 덩컨의 무용에 대한 이념은 ㉠ <u>현대 무용 정신의 기본</u>을 이루게 된다. 현대 무용의 역사를 보면 현대 무용은 발레처럼 공통되고 체계적인 시스템이 있는 것이 아니라, 안무가 개개인이 새로운 동작 어휘를 만들어서 자신의 개성과 개인적인 감정을 표현했는데, 이는 현대 무용의 근본 사상이 개인의 자유와 개인의 감정을 존중하는 것이기 때문에 어찌 보면 필연적인 것이라고 할 수 있다.

① 발레가 보이는 인위적이고 형식적인 성격을 비판한다.
② 무용수 개인의 유기적이며 자연스러운 움직임을 중시한다.
③ 현대 무용은 발레와 마찬가지로 이성적으로 조화와 질서를 추구하며 외적인 형태를 중시하는 데서 시작한다.
④ 발레에서 강조되는 공통된 체계성이 아니라 무용수 개인의 인간적 모습을 드러내고자 한다.

16 다음은 용서와 관련한 어느 책의 서문이다. 이 글에서 확인할 수 없는 내용은?

21세기 들어 세상 곳곳에서 개인적 차원이나 정치적 차원의 다양한 폭력과 잘못된 일들이 벌어진다. 지구촌 여기저기에서 전쟁이 끊이지 않으며, 유럽의 시리아 난민들은 기본적인 일상적 삶마저 박탈당한 채 살아간다. 세계적인 정황에서 국가 간의 관계뿐 아니라, 개인들의 관계 속에서도 다양한 얼굴을 한 폭력과 상호 증오가 난무한다. 이 잔혹한 시대에 어떻게 살아가고 반응해야 하는가. 어쩌면 용서와 화해는 잔혹한 폭력의 시대를 살아가는 인간이 생존하기 위해 필수적인 것일지도 모른다. 용서에 대한 이 책은 유한하고 불완전한 인간 삶에서 불완전한 인간이 만들어 내는 갖가지 양태의 잘못된 일들을 넘어서서 모두가 살아갈 만한 세계를 추구하고 모색하기 위한 것이다. 용서와 화해가 얼마만큼 가능하고 어떤 방식으로 전개되는가는 개인적이고 사회정치적인 구체적 상황에 따라 매우 다르다. 따라서 용서에 대해 수치로 제시할 수 있는 측정 기준이나 가이드를 만들어 내는 것은 불가능하다. 우선적으로 가해자와 피해자, 이 두 사람 간의 사건이 용서의 전형적 예로 생각할 수 있다. 그러나 용서에는 두 사람 간 혹은 두 그룹 간의 용서뿐 아니라 자기용서, 형이상학적 용서, 정치적 용서, 종교적 용서 등 다양한 형태의 용서가 있다.

크게 보면 용서에는 두 가지가 있다. 최선의 바람직한 용서인 '완전한 용서' 그리고 '불완전한 용서'이다. 완전한 용서는 용서하는 자와 용서받은 자 사이에 기대할 수 있는 모든 일이 가능한 상황에서의 용서이다. 즉, 가해자는 자신의 잘못을 고백하면서 앞으로는 잘못을 되풀이하지 않겠다고 약속을 하며 용서를 구하고, 용서하는 사람은 이를 받아들이고 가해자를 용서하는 것이다. 반면 불완전한 용서는 완전한 용서가 지닌 여러 가지 요소 중에서 부분적으로만 이루어지는 용서를 말한다. 물론 이렇게 최선의 바람직한 용서인 완전한 용서와 불완전한 용서 두 가지로 용서를 나누는 데는 한계가 있어서 용서를 완벽하게 구분할 수는 없다. 인간의 행위는 수학 공식같이 기계적 측정과 수치로 드러나 구분할 수 없기 때문이다. 인간은 이 완전한 용서와 불완전한 용서라는 두 측면 사이에서 갈등하고 좌절하며, 다시 힘을 내어 완전하고 이상적인 최선의 용서를 이루려는 의지와 마음을 가져야 한다. 그러한 필요성 때문에 전략적으로 이러한 구분이 필요하기도 하다.

① 21세기에 인간이 겪는 잔혹한 폭력과 일상적 삶의 박탈은 인간으로 태어난 이상 숙명적으로 받아들여야 하는 일이다.
② 용서와 화해는 폭력의 시대를 살아가는 인간이 살아남기 위해 다른 인간들과 함께 살아갈 수 있는 세계를 위한 것이다.
③ 용서에는 가해자와 피해자 간에 이루어지는 일반적인 것들만이 아니라 그룹 간 용서, 스스로에 의한 용서, 정치 · 종교적 용서 등 다양한 형태의 것이 있다.
④ 가해자가 잘못을 고백하면서 앞으로 그 잘못을 되풀이하지 않을 것임을 약속하며 피해자에게 용서를 구하고, 피해자가 이를 받아들이는 것이 가장 바람직한 용서이다.

17 다음 글의 (가)~(라) 중 〈보기〉의 문장이 들어가기 알맞은 곳은?

언어결정론자들은 우리의 생각과 판단이 언어를 반영하고 있고 실제로 언어에 의해 결정된다고 주장한다. 언어결정론자들의 주장에 따르면 에스키모인들은 눈에 관한 다양한 언어 표현들을 갖고 있어서 눈이 올 때 우리가 미처 파악하지 못한 미묘한 차이점들을 찾아낼 수 있다. (가) 또, 언어결정론자들은 '노랗다', '샛노랗다', '누르스름하다' 등 노랑에 대한 다양한 우리말 표현들이 있어서 노란색들의 미묘한 차이가 구분되고 그 덕분에 색에 관한 우리의 인지 능력이 다른 언어 사용자들보다 뛰어나다고 본다. (나) 이렇듯 언어결정론자들은 사용하는 언어에 의해서 우리의 사고 능력이 결정된다고 말한다. 정말 그럴까? 모든 색은 명도와 채도에 따라 구성된 스펙트럼 속에 놓이고, 각각의 색은 여러 언어로 표현될 수 있다. (다) 이러한 사실에 비추어보면 우리말이 다른 언어에 비해 더 풍부한 색 표현을 갖고 있다고 볼 수 없다. (라) 따라서 우리의 생각과 판단은 언어가 아닌 경험에 의해 결정된다고 보는 것이 옳다. 언어결정론자들의 주장과 달리, 언어적 표현은 다양한 경험에서 비롯되는 것이다.

보기

나아가, 더 풍부한 표현을 가진 언어를 사용함에도 불구하고 인지 능력이 뛰어나지 못한 경우도 발견할 수 있다.

① (가)　② (나)
③ (다)　④ (라)

18 다음 명제가 모두 참일 때 옳지 않은 것은?

- A 거래처에 발주했다면, B 거래처에는 발주하지 않았다.
- C 거래처에 발주하지 않았다면, D 거래처에 발주했다.
- D 거래처에 발주했다면, B 거래처에도 발주했다.

① A 거래처에 발주했다면, C 거래처에도 발주했다.
② B 거래처에 발주하지 않았다면, C 거래처에도 발주하지 않았다.
③ C 거래처에 발주하지 않았다면, A 거래처에도 발주하지 않았다.
④ D 거래처에 발주했다면, A 거래처에는 발주하지 않았다.

※ 다음 글을 읽고 물음에 답하시오. [19-20]

에피쿠로스 철학의 주된 목적은 정신적 고통이나 불안이 ㉠ 배제된 행복을 얻는 것이다. 에피쿠로스는 이러한 목적을 위해, 마음을 포함한 신체적 감각이 확실한 기준점이라고 여기는 경험주의적 인식론을 주장한다. 나아가 그는 우리 마음 속 ㉡ 원초적 불안을 제거하기 위해, 원자론적 유물론을 기반으로 자연을 묘사 · 분석하며, 세계의 형성과 인간 사회의 출현을 자연주의적으로 해석한다.

에피쿠로스는 우선 마음의 평온을 위해서 자연학의 탐구와 명료한 철학적 사유를 강조한다. 우주와 자연을 이해함으로써 철학적 지혜라는 덕을 얻게 되면 종교, 신, 죽음, 운명에 대한 두려움에서 벗어나 마음의 ㉢ 동요가 없는 평정의 쾌락(아타락시아)을 얻게 된다는 것이 그의 핵심 주장이다.

다음으로 에피쿠로스는 쾌락이 넘치는 행복한 삶을 위하여 절제, 정의, 우정 등의 윤리적 덕이 필요함을 강조한다. 에피쿠로스는 육체적 쾌락보다는 정신적 쾌락을 우선시하고, 쾌락의 적극적 추구보다는 고통과 불안의 부재를 중시한다. 합리적으로 욕구를 조절하며, 생존에 필요한 최소한의 욕구를 충족하는 소박한 삶에 ㉣ 자족하는 것, 그는 이것을 우리가 도달할 수 있는 최고의 육체적 쾌락, 즉 고통 없는 육체적 쾌락이라고 보았다.

19 윗글을 이해한 내용으로 적절한 것은?

① 에피쿠로스 철학에 따르면, 종교적 신념으로 마음의 평온을 얻는 것이 가능하다.
② 에피쿠로스는 모든 형태의 쾌락을 동등하게 중시하며, 특히 육체적 쾌락을 최우선으로 본다.
③ 에피쿠로스 철학에서는 고통과 불안의 부재를 통해 정신적 평온을 추구하며, 이를 통해 궁극적으로 행복에 도달할 수 있다고 본다.
④ 에피쿠로스는 인간 사회의 출현을 자연주의적으로 설명하며, 사회적 발전과 물질적 풍요를 중요한 요소로 삼았다.

20 ㉠~㉣과 바꾸어 쓸 수 있는 표현으로 적절하지 않은 것은?

① ㉠: 제거
② ㉡: 근원적
③ ㉢: 흔들림
④ ㉣: 갈구하는

제 22 일 적중의 지혜

01 〈공공언어 바로 쓰기 원칙〉에 따라 〈공문서〉의 ㉠~㉣을 수정한 것으로 적절하지 않은 것은?

공공언어 바로 쓰기 원칙

- 생소한 외래어나 외국어는 우리말로 다듬을 것.
- 주어와 서술어의 관계를 명확하게 표현할 것.
- 문맥에 맞는 정확한 어휘를 사용할 것.
- 지나친 명사 나열을 피하고 적절한 조사와 어미를 활용하여 문장을 구성할 것.

공문서

○○교육청

수신 관내 초 · 중 · 고등학교장
제목 학생 안전 ㉠ 매뉴얼 배포

귀 교의 무궁한 발전을 기원합니다.
본청은 학교 안전사고 예방을 위한 ㉡ 가이드라인을 마련하여 배포합니다.
각 학교에서는 본 매뉴얼을 ㉢ 숙지하고, ㉣ 학생 안전 교육 내실화를 도모하여 주시기 바랍니다.

① ㉠: 안내서
② ㉡: 지침을
③ ㉢: 파악하고
④ ㉣: 학생 안전 교육을 내실화하도록

02 다음 〈보기〉의 명제들을 참고할 때, 밑줄 친 부분에 들어갈 문장으로 알맞은 것은? (단, 날씨는 제시된 경우만 고려한다)

보기

- 비가 오면 다음 날은 흐리거나 맑다.
- 흐린 다음 날은 비가 온다.
- 맑으면 다음 날은 흐리다.
- 그러므로 ______________________

① 비가 오지 않은 다음 날에는 비가 온다.
② 오늘은 날이 흐리므로 어제는 날씨가 맑았다.
③ 날이 맑지 않은 다음 날은 반드시 맑다.
④ 흐리지 않은 다음 날에는 비가 오지 않는다.

03 다음 전제를 읽고 반드시 참인 결론을 고르면?

- 설탕을 좋아하는 사람은 소금을 좋아한다.
- 소금을 좋아하는 사람 중에 후추를 좋아하는 사람이 있다.
- 따라서 ______________________

① 설탕과 후추를 모두 좋아하지만 소금을 좋아하지 않는 사람이 있을 수 있다.
② 소금과 설탕을 모두 좋아하지만 후추를 좋아하지 않는 사람이 있다.
③ 설탕을 좋아하지 않지만 소금과 후추를 모두 좋아하는 사람이 있다.
④ 설탕, 소금, 후추를 모두 좋아하는 사람이 있을 수 있다.

04 다음에 제시된 상황에서 임 사원이 취할 행동으로 바람직한 것은?

이름	임지혜	부서/직급	홍보기획부/신입사원
성별/나이	여/27세	담당 업무	시장 조사 및 콘텐츠 개발
임 사원은 과장의 지시로 한 달 동안 신입사원들끼리 진행해야 하는 프로젝트에 참여하게 되었다. 부여받은 업무 내용은 홍보 콘텐츠를 기획하고 제작하는 것으로, 목적은 신입사원들의 업무 능력 및 실무 능력을 향상시키는 데 있다. 또한, 해당 업무의 결과는 신입사원 평가 항목에도 포함될 예정이다. 그러나 임 사원은 부여받은 과제를 잘 해낼 수 있을지 의심스러웠다. 입사한 지 얼마 안 된 신입사원끼리만 해결하기에는 어려운 프로젝트였기 때문이다.			

① 다른 회사 마케팅팀에 재직 중인 경험 많은 친구에게 도와줄 것을 요청한다.
② 과장에게 해당 업무는 신입사원끼리 해결하기에는 역량이 부족하다고 감정적으로 호소한다.
③ 업무 능력이 좋은 선배들에게 찾아가 선배들이 신입사원일 때 진행했던 자료를 얻어 해당 내용을 반영한다.
④ 평가 항목이므로 신입사원들끼리 협력해 진행한 후 과장에게 진행 상황과 결과물을 자세히 설명하여 피드백 받는다.

05 다음은 어느 아파트의 관리 규약의 일부이다. 이를 읽고 조항의 합리성을 따져보는 질문으로 적절한 것은?

> 제12조 가축 등을 사육하는 행위
> ⑤ 동물을 기를 때에는 그 동물이 공동생활에 피해를 끼치지 않도록 관리할 의무를 지닌다.
> • 엘리베이터나 계단 등의 공용 시설에서 사육하는 동물의 배설물을 방치한 경우, 벌금 10만 원을 부과한다.
> • 의무를 다하지 않아 공동생활에 피해가 발생한 경우, 입주자 등은 서면 동의를 철회하고 해당 동물의 사육을 금지할 수 있다.

① 아파트의 자치 기구가 개인에게 벌금을 부과할 수 있는가?
② 가축을 사육하지 않는 이들이 지켜야 할 의무는 없는가?
③ 동물의 배설물이 공동생활자들에게 해로운 일인가?
④ 가축이 주인의 말을 듣지 않을 때도 있는데 관리가 가능한가?

06 다음 글의 특징에 대해 설명한 것으로 가장 적절한 것은?

> 미국 코넬 대학교 심리학과 연구 팀은 하계 올림픽 메달 수상자들이 경기 종료 순간에 어떤 표정을 짓는지 분석하였다. 연구 팀은 실험 관찰자들에게 분석이 가능했던 23명의 은메달 수상자와 18명의 동메달 수상자의 얼굴 표정을 보고 이들의 감정이 '비통'에 가까운지 '환희'에 가까운지 10점 만점으로 평정하게 했다. 또한 시상식에서의 감정을 평정하기 위해 은메달 수상자 20명과 동메달 수상자 15명의 시상식 장면을 분석하게 했다.
> 분석 결과, 경기가 종료되고 메달 색깔이 결정되는 순간 동메달 수상자의 행복 점수는 10점 만점에 7.1점으로 나타났다. 비통보다는 환희에 더 가까운 점수였다. 그러나 은메달 수상자의 행복 점수는 고작 4.8점으로 나타났다. 환희와는 거리가 먼 감정 표현이었다. 시상식에서도 이들의 감정 표현은 역전되지 않았다. 동메달 수상자의 행복 점수가 5.7점이었지만 은메달 수상자는 4.3점에 그쳤다.
> 이 연구 팀은 여기서 한 걸음 더 나아가 은메달 수상자와 동메달 수상자의 인터뷰 내용도 분석했다. 분석 결과를 보면 동메달 수상자의 인터뷰에서는 만족감이 더 많이 표출되었고, 은메달 수상자의 경우에는 아쉽다는 표현이 압도적으로 많았다. 왜 은메달 수상자가 3위인 동메달 수상자보다 더 만족스럽게 느끼지 못할까? 선수들이 자신이 거둔 객관적인 성취를 가상의 성취와 비교함으로써 객관적인 성취를 주관적으로 재해석했기 때문이다. 은메달 수상자들에게 그 가상의 성취는 당연히 금메달이었다. 반면 동메달 수상자들이 비교한 가상의 성취는 '노메달'이었기 때문에, 동메달의 주관적 성취는 은메달의 행복 점수를 뛰어넘을 수밖에 없다.

① 논설문의 전형적인 글의 구조를 활용하여 설득력을 높이고 있다.
② 구체적인 사례를 바탕으로 전통적 심리학의 한계를 지적하고 있다.
③ 실험을 바탕으로 결과의 원인을 분석해 내는 연역적 구조를 취하고 있다.
④ 심리학적 주제를 일상에서 접할 수 있는 사례에 적용하여 알기 쉽고 흥미 있게 내용을 전달하고 있다.

07 다음 글에 근거할 때, 옳게 추론한 것을 〈보기〉에서 모두 고르면?

> 수원 화성(華城)은 조선의 22대 임금 정조가 강력한 왕도정치를 실현하고 수도 남쪽을 국방 요새로 활용하기 위하여 축성한 것이었다. 규장각 문신 정약용은 동서양의 기술서를 참고하여 《성화주략》(1793년)을 만들었고, 이것은 화성 축성의 지침서가 되었다. 화성은 재상을 지낸 영중추부사 채제공의 총괄 하에 조심태의 지휘로 1794년 1월에 착공에 들어가 1796년 9월에 완공되었다. 축성과정에서 거중기, 녹로 등 새로운 장비를 특수하게 고안하여 장대한 석재 등을 옮기며 쌓는 데 이용하였다. 축성 후 1801년에 발간된 《화성성역의궤》에는 축성계획, 제도, 법식뿐 아니라 동원된 인력의 인적사항, 재료의 출처 및 용도, 예산 및 임금 계산, 시공기계, 재료가공법, 공사일지 등이 상세히 기록되어 있어 건축 기록으로서 역사적 가치가 큰 것으로 평가되고 있다.
> 화성은 서쪽으로는 팔달산을 끼고 동쪽으로는 낮은 구릉의 평지를 따라 쌓은 평산성인데, 종래의 중화문명권에서는 찾아볼 수 없는 형태였다. 성벽은 서쪽의 팔달산 정상에서 길게 이어져 내려와 산세를 살려가며 쌓았는데 크게 타원을 그리면서 도시 중심부를 감싸는 형태를 띠고 있다. 화성의 둘레는 5,744m, 면적은 130㏊로 동쪽 지형은 평지를 이루고 서쪽은 팔달산에 걸쳐 있다. 화성의 성곽은 문루 4개, 수문 2개, 공심돈 3개, 장대 2개, 노대 2개, 포(鋪)루 5개, 포(砲)루 5개, 각루 4개, 암문 5개, 봉돈 1개, 적대 4개, 치성 9개, 은구 2개의 시설물로 이루어져 있었으나, 이 중 수해와 전쟁으로 7개 시설물(수문 1개, 공심돈 1개, 암문 1개, 적대 2개, 은구 2개)이 소멸되었다. 화성은 축성 당시의 성곽이 거의 원형대로 보존되어 있다. 북수문을 통해 흐르던 수원천이 현재에도 그대로 흐르고 있고, 팔달문과 장안문, 화성행궁과 창룡문을 잇는 가로망이 현재에도 성안 도시의 주요 골격을 유지하고 있다. 창룡문 · 장안문 · 화서문 · 팔달문 등 4대문을 비롯한 각종 방어시설들을 돌과 벽돌을 섞어서 쌓은 점은 화성만의 특징이라 하였다.

보기

ㄱ. 화성은 축성 당시 중국에서 찾아보기 힘든 평산성의 형태로서 군사적 방어기능을 보유하고 있다.
ㄴ. 화성의 성곽 시설물 중 은구는 모두 소멸되었다.
ㄷ. 조선의 다른 성곽들의 방어시설은 돌과 벽돌을 섞어서 쌓지 않았을 것이다.
ㄹ. 화성의 축조와 관련된 기술적인 세부 사항들은 《성화주략》보다는 화성 축성의 지침이 된 《화성성역의궤》에 보다 잘 기술되어 있을 것이다.

① ㄱ, ㄴ　　② ㄴ, ㄹ
③ ㄷ, ㄹ　　④ ㄱ, ㄴ, ㄷ

08 다음 (가)~(라)를 문맥에 따라 순서대로 배열한 것은?

(가) 인터넷은 세계 각지의 뉴스가 시시각각 올라오고 새로운 문화가 탄생하는 변화의 장이며, 사람들은 이에 적응하기 위해 의미전달이 되면서 가능한 짧은 말과 기호를 고안해서 사용하게 된 것이다.

(나) 통신언어의 사용은 한글파괴를 초래하는 문제가 발생하고 있어, 대부분의 언론에서는 한글 파괴에 대한 심각성을 역설하며 젊은 세대들이 사용하는 통신언어인 '이모티콘'이나 '외계어' 사용을 질타하고 있다.

(다) 이번 설문조사에서 '인터넷 소설'의 맞춤법 사용에 대해 질문한 결과 55%가 '맞춤법을 지켜야 한다'고 답한 반면, 45%는 '맞춤법은 중요하지 않다'고 응답해 젊은 네티즌들이 '통신용어'에 대해 비교적 관대한 것으로 나타났다.

(라) 인터넷에서 언어의 사용은 직접 마주보고 대화를 할 때와 비교했을 때 대화의 진행 속도가 느리고 절차가 번잡스럽다보니 사람들은 긴 단어를 가능한 짧게 줄여 쓰거나 맞춤법을 무시하고 구어체에 근거하여 소리 나는 그대로 글자를 침으로써 입력을 빠르고 쉽게 하려고 노력한다.

① (가) – (나) – (라) – (다)
② (가) – (다) – (나) – (라)
③ (다) – (가) – (라) – (나)
④ (다) – (나) – (가) – (라)

09 다음 글에 '글의 조직 계획'이 반영되지 않은 것은?

최근 신문의 경제면에 자주 등장하는 용어 중 하나인 '공유경제'란 개인이나 단체 소유의 다양한 자원을 다른 사람들이 함께 사용할 수 있도록 개방하는 것을 말한다. 경제 침체가 오래 지속되면서, 지나친 과잉 생산과 과소비를 자제하고 물건을 여럿이 공유해서 사용하려는 움직임이 생겨났다. 이는 스마트폰의 발달 및 사회관계망서비스(SNS)의 확산과 같은, 언제 어디서나 정보와 지식을 교환할 수 있게 해 주는 기술의 발달과 맞물려 널리 확산되었다.

이러한 공유경제의 목적은 공유와 협력을 통해 물건에 대한 접근권을 확보함으로써 공동의 이익을 창출하는 데 있다. 공유경제의 출현 이전에는 어떤 물건을 사용하려면 그에 대한 독점적 소유권이 필요했고, 이를 위해 많은 비용을 지불해야 했다. 하지만 공유경제의 출현으로 사람들은 더 적은 비용을 들이고도 필요한 만큼만 그 물건을 사용할 수 있게 되었다.

그렇다면 공유경제에서 공유는 어떤 과정으로 이루어질까? 우선 공유할 물건이 있어야 한다. 자주 쓰지 않는 악기, 매일 사용하지는 않는 사무실 등이 공유의 대상으로 활용되는데, 공유할 수 있는 물건의 범위가 점차 늘어나는 추세이다. 다음은 이를 필요로 하는 사람들과의 연결로, 이 연결은 주로 SNS나 공유경제 업체를 통해 이루어진다. 이렇게 SNS나 업체에 의해 서로 연결한 사람들끼리 비용이 합의되면 공유가 이루어진다.

공유경제는 공동의 이익 추구를 가능하게 한다. 가까운 미래에 공유경제는 주도적인 경제 체제로 사람들의 삶에 큰 영향을 끼칠 것으로 보인다.

글의 조직 계획

〈글의 조직 계획〉

▸ 처음
- 공유경제의 개념
- 공유경제의 출현과 확산 배경 ··········· ①

▸ 중간
- 공유경제의 목적 ··········· ②
- 공유경제 출현 이전과 이후의 차이점
- 공유경제에서 공유가 이루어지는 과정 ··········· ③
- 공유경제의 통시적 흐름과 그 의의 ··········· ④

▸ 끝
- 공유경제의 장점과 긍정적 전망

10 다음 글의 ㉠~㉣ 중 어색한 곳을 수정한 것으로 적절한 것은?

> 초국가 시대에 많은 사람은 자신이 태어난 지역이나 국가를 넘어 새로운 지역으로 이주하여 살아가고 있다. 이주는 단순히 물리적인 공간 이동이 아니라, ㉠ 사람들의 정체성과 의식에 변화를 가져오는 연쇄적인 경험이다. 특히 이주자들이 경험하는 삶의 다양성은 그들이 겪는 불편함, 부당함, 문화적 갈등, 고향에 대한 그리움 등과 밀접하게 연결되어 있다.
>
> 이러한 이민자의 복잡한 삶을 문학적으로 풀어내기 위해서는 전통적인 국가나 민족의 경계를 넘어서는 새로운 해석이 필요하다. 트랜스내셔널 인문학은 ㉡ 이러한 변화된 시대를 도외시하는 새로운 학문적 접근으로, 역사, 철학, 문학, 사회, 정치 등을 특정 국민국가의 틀 안에서만 바라보는 패러다임을 넘어서고자 한다.
>
> 이주자의 불편함과 부당함은 때때로 그들에게 문학적 자산이 될 수 있다. ㉢ 이민자들은 이러한 과정을 극복하고 새로운 환경을 수용하며, 이를 통해 문학적 상상력을 발휘하게 된다. 그동안 해외한인 문학은 주로 디아스포라의 관점에서 ㉣ 과거에 대한 원망을 담아왔지만, 이제는 자신을 타자화하는 것이 아닌 새로운 삶에 적응하고 주체적으로 나아가는 모습을 담고 있다.

① ㉠:사람들의 정체성과 의식에 변화를 가져오는 필수적인 경험이다
② ㉡: 이러한 변화된 시대를 숭상하는 새로운 학문적 접근으로
③ ㉢: 이민자들은 이러한 과정을 극복하고 새로운 환경에 적응하며
④ ㉣: 과거에 대한 성찰을 담아왔지만

11 다음과 같은 상황에서 상사에게 반대 의견을 제시하는 방법으로 적절하지 않은 것은?

> 기획팀은 다음 달 월간회의 일정을 정하고자 한다. 모든 팀원의 의견을 반영하여 가장 적합한 날을 정하기로 하였으나, 팀장은 팀원 다수가 동의한 의견에 개인적인 사정 때문에 반대하며 팀장으로서의 권위를 은근히 내세우고 있다. 팀원들은 누군가 나서서 팀장에게 다수의 의견을 존중해 줄 것을 강력히 요구하려고 한다.

① 의견을 제시할 시간과 장소를 적절하게 선택한다.
② 완곡한 질문을 통해 의견을 제시한다.
③ 나이와 세대 간의 인식 차이를 명확히 짚으며 설득한다.
④ 반대 의견을 제시하기 전에 긍정적인 말로 대화를 시작한다.

※ 다음 글을 읽고 이어지는 질문에 답하시오. [12-13]

> 세계 표준시가 정해지기 전 사람들은 태양이 가장 높게 뜬 시간을 정오로 정하고, 이를 해당 지역의 기준 시간으로 삼았다. 그러다 보니 수많은 태양 정오 시간(자오시간)이 생겨 시간의 통일성을 가질 수 없었고, 다른 지역과 시간을 통일해야 한다는 필요성도 느끼지 못했다. 그러나 이 세계관은 철도의 출현으로 인해 무너졌다.
>
> 1969년 미국 최초의 대륙 횡단 철도가 개통되었다. 당시 미 대륙 철도역에서 누군가 현재 시각을 물으면 대답하는 사람은 한참 망설여야 했다. 각기 다른 여러 시간이 공존했기 때문이다. 시간의 혼란은 철도망이 확장될수록 점점 더 심각해졌다. 이에 따라 캐나다 태평양 철도 건설을 진두지휘한 샌퍼드 플레밍은 자신의 고국인 영국에서도 철도 시간 때문에 겪었던 불합리한 경험을 토대로 세계 표준시를 정하는 데 온 힘을 쏟았다. 지구를 경도에 따라 15도씩 나눠 15도마다 1시간씩 시간 간격을 두고, 이를 24개 시차 구역으로 구별한 플레밍의 제안은 1884년 미국 전역에 도입되었다. 이는 다시 1884년 10월 워싱턴에서 열린 '국제자오선 회의'로 이어졌고, 각국이 영국 그리니치 천문대를 통과하는 자오선을 본초자오선으로 지정하는 데 동의했다. 워싱턴에서 열린 회의의 주제는 본초자오선, 즉 전 세계 정오의 기준선이 되는 자오선을 어디로 설정해야 하는가에 대한 것이다. 3주간의 일정으로 시작된 본초자오선 회의는 영국과 프랑스의 대결이었다. 어떻게든 그리니치가 세계 표준시의 기준으로 채택되는 것을 관철하려는 영국, 그리고 이를 막고 파리 본초자오선을 세계기준으로 삼으려는 프랑스의 외교 전쟁이 불꽃을 튀겼다. 마침내 지루한 회의와 협상 끝에 1884년 10월 13일 그리니치가 세계 표준시로 채택됐다. 지구상의 경도마다 창궐했던 각각의 지역 표준시들이 사라지고, 하나의 시간 틀에 인류가 속하게 된 것이다.
>
> 우리나라는 대한제국 때인 1908년 세계 표준시를 도입했다. 한반도 중심인 동경 127.5도 기준으로, 세계 표준시의 기준인 영국보다 8시간 30분 빨랐다. 하지만 일제강점기인 1912년, 일본의 총독부는 우리의 표준시를 동경 135도를 기준으로 하는 일본 표준시로 변경하였다. 광복 후 1954년에는 주권 회복 차원에서 127.5도로 환원했다가 1961년 박정희 정부 때 다시 국제 교역 문제로 인해 135도로 변경되었다.

12 다음 중 윗글의 서술상 특징으로 가장 적절한 것은?

① 구체적인 사례를 들어 세계 표준시에 대한 이해를 돕고 있다.
② 세계 표준시에 대한 여러 가지 견해를 소개하고 이를 비교, 평가하고 있다.
③ 세계 표준시가 등장하게 된 배경을 구체적으로 소개하고 있다.
④ 세계 표준시의 변화 과정과 그것의 문제점을 언급하고 있다.

13 다음 중 윗글의 내용으로 적절하지 않은 것은?

① 표준시가 정해지기 전에는 수많은 시간이 존재하였다.
② 철도의 발달이 세계 표준시 정립에 결정적인 역할을 하였다.
③ 영국과 프랑스는 본초자오선 설정을 두고 치열하게 대립하였다.
④ 현재 우리나라의 시간은 대한제국 때 지정한 시각보다 30분 느리다.

14 다음 강연에 대한 설명으로 가장 적절하지 않은 것은?

안녕하세요. 야생조류보호협회의 ○○○입니다. 여러분, 혹시 걷다가 유리문에 부딪친 적 있나요? (대답을 듣고) 네, 몇몇 학생들이 경험했군요. 꽤 아팠죠? 그런데 사람보다 훨씬 빠른 야생 조류가 유리창에 부딪치면 어떻게 될까요? ㅁㅁ연구소에서 발간한 안내서에 따르면 유리창 충돌이 야생 조류가 사고로 죽는 원인 중 2위에 해당한다고 합니다.

야생 조류는 왜 유리창에 잘 부딪치는 걸까요? (자료 제시) 보시는 것처럼 사람은 양쪽 눈의 시야가 겹치는 범위가 넓어서 전방에 있는 사물을 잘 인식하지만, 대부분의 야생 조류는 눈이 머리 측면에 있어서 양쪽 눈의 시야가 겹치는 범위가 좁습니다. 이 때문에 전방 인지 능력이 떨어지므로 유리창을 인식하지 못해서 부딪치는 경우가 많은 거죠.

그렇다면, 야생 조류가 유리창에 부딪치지 않도록 도울 방법이 없을까요? ㅁㅁ연구소의 안내서에는 그물망 설치나 줄 늘어뜨리기 등의 방법이 소개돼 있습니다. 그중 자외선 반사 테이프를 붙이는 것은 건물의 미관을 해치지 않으면서도 효과를 볼 수 있는 방법입니다. 사람은 자외선을 볼 수 없다는 것 알고 계신가요? (대답을 듣고) 다들 잘 알고 계시군요. (자료 제시) 보시는 것처럼 대부분의 야생 조류는 사람과 달리 우리가 보는 색뿐만 아니라 자외선도 볼 수 있습니다. 이를 이용한 것이 바로 자외선 반사 테이프입니다. 이 테이프를 유리창에 붙이면 야생 조류가 테이프에서 반사된 자외선을 보고 그곳에 장애물이 있다고 인식할 수 있지요. 그러면 얼마나 효과가 있을까요? 테이프 부착 전후를 비교한 결과, (자료 제시) 보시는 것처럼 부착 후 야생 조류의 유리창 충돌이 크게 줄었습니다.

야생 조류의 유리창 충돌 사고는 우리 주변에서 계속 일어나고 있습니다. 여러분의 작은 관심이 야생 조류의 유리창 충돌을 줄이는 데 큰 힘이 됩니다. 제가 안내한 방법 중에는 여러분이 집에서 활용할 수 있는 것도 있으니 가능한 방법을 찾아 실천해 보세요. 이상으로 강연을 마치겠습니다.

① 강연의 주된 내용에 대한 이해를 돕기 위해 다양한 용어를 사용하고 있다.
② 청중의 응답을 이끌어 내고 반응을 확인하여 청중과 상호 작용하고 있다.
③ 강연을 마무리하며 강연 내용에 대한 이해 정도를 확인 후 일상에서의 실천을 당부하고 있다.
④ 강연의 앞부분에서 강연자 소개, 강연 화제에 관한 청중의 경험을 환기하여 강연에 집중하도록 유도하고 있다.

15 다음 글의 입장에 대한 평가로 가장 적절한 것은?

고대사회를 정의하는 기준 중의 하나로 '생계경제'가 사용되곤 한다. 생계경제 사회란 구성원들이 겨우 먹고 살 수 있는 정도의 식량만을 확보하고 있어서 식량자원이 줄어들게 되면 자동적으로 구성원 전부를 먹여 살릴 수 없게 되고, 심하지 않은 가뭄이나 홍수 등의 자연재해에 의해서도 유지가 어렵게 될 수 있는 사회를 의미한다. 그러므로 고대사회에서의 삶은 근근이 버텨가는 것이고, 그 생활은 기아와의 끊임없는 투쟁이다. 왜냐하면 그 사회에서는 기술적인 결함과 그 이상의 문화적인 결함으로 인해 잉여 식량을 생산할 수 없기 때문이다.

고대사회에 대한 이러한 견해보다 더 뿌리 깊은 오해도 없다. 소위 생계경제의 성격을 지닌 것으로 간주되는 많은 고대사회들, 예를 들어 남아메리카에서는 종종 공동체의 연간 필요 소비량에 맞먹는 잉여 식량을 생산했다는 점에 주의를 기울일 필요가 있다. 기아와의 끊임없는 투쟁을 의미하는 생계경제가 고대사회를 특징짓는 개념이라면 오히려 프롤레탈리아가 기아에 허덕이던 19세기 유럽사회야말로 고대사회라고 할 수 있을 것이다. 사실상 생계경제라는 개념은 서구의 근대적인 이데올로기의 영역에 속하는 것으로 결코 과학적 개념도구가 아니다. 민족학을 위시한 근대과학이 이토록 터무니없는 기만에 희생되어 왔다는 것은 역설적이며, 더군다나 산업국가들이 이른바 저발전 세계에 대한 전략의 방향을 잡는 데 기여했다는 사실은 두렵기까지 하다.

보기

ㄱ. 산업사회로 이행하면서 경제적 잉여가 발생하였고 계급이 형성되었다는 사실은 논지를 강화한다.
ㄴ. 자연재해나 전쟁으로 인해 고대사회는 항상 불안정한 상황에 처해 있었다는 사실은 논지를 약화한다.
ㄷ. 고대사회에서 존재하였던 축제는 경제적인 잉여를 해소하는 기제로 작용했다는 사실은 논지를 강화한다.

① ㄱ　　② ㄷ
③ ㄱ, ㄷ　　④ ㄴ, ㄷ

16 다음 ㉠~㉢에 들어갈 어휘로 적절한 것끼리 연결된 것은?

> ㅁㅁ기업이 수립한 내년도 사업안이 내부 구성원들의 반발에 부딪혔다. 이에 ㅁㅁ기업은 실무진을 고려한 구체적인 방안을 확대하는 등 부족한 부분을 즉각 [㉠]하겠다고 의견을 표명했다.
> 그러나 이러한 반발은 쉽게 사그라들지 않을 것으로 보인다. 구성원들은 사업안 [㉡] 시 충분한 논의과정을 거치지 않았으며, 적법한 의견수렴 과정의 부재 등 절차상의 여러 가지 문제점이 있었다고 주장하며 철저한 [㉢]를 요구하고 있다.

	㉠	㉡	㉢
①	보완	진행	재고
②	보완	계획	재고
③	복원	계획	제고
④	복원	진행	제고

17 <보기>를 바탕으로 주어진 예문을 분석한 것으로 적절하지 않은 것은?

> 보기
> 문장 성분 간의 호응이 이루어지지 않으면 비문법적인 문장이 된다. 따라서 문장을 쓸 때에는 문장 성분 간의 호응이 잘 되어 있는지 주의하여야 한다. 주어와 서술어가 잘 호응하는지, 목적어와 서술어가 잘 호응하는지, 부사어와 서술어가 잘 호응하는지 살펴보아야 한다.

	예문	분석
①	그 일은 여간 어려워서 시간 내에 다 끝낼 수가 없었다.	부사어 '여간'과 서술어 '어려워서'가 호응하지 않으므로 비문법적이다.
②	내가 이 글에서 강조하고 싶은 점은 우리 교육이 창의성을 강조해야 한다.	주어 '내가 … 점은'과 서술어 '강조해야 한다'가 호응하므로 문법적이다.
③	지원서 서식은 저희 회사 누리집에서 내려받으세요.	목적어 '지원서 서식은'과 서술어 '내려받으세요'가 호응하므로 문법적이다.
④	사람은 모름지기 부끄러움을 알아야 한다.	부사어 '모름지기'와 서술어 '알아야 한다'가 호응하므로 문법적이다.

18 다음 밑줄 친 부분을 잘못 수정한 것은?

① 수지는 시간이 나면 <u>음악과 책을 듣는다</u>. → 음악을 듣고, 책을 읽는다.
② 이번 일은 결코 <u>성공해야 한다</u>. → 실패서는 안 된다.
③ 이런 일이 진짜로 발생하다니 <u>믿겨지지</u> 않는다. → 믿기지
④ 다들 시험 치느라 여간 <u>힘든 게 아니다</u>. → 여간 힘들다.

19 다음 글을 쓴 필자가 작품을 감상할 때 주목한 점으로 가장 적절한 것은?

> 동서양을 막론하고 사람의 가장 큰 욕망은 남에게 자신의 존재를 드러내는 일이다. 생존 경쟁에서 우위를 차지하기 위해 자신의 존재를 부각할 수밖에 없는데 자신을 가장 잘 나타내는 것이 얼굴이다. 얼굴은 자신도 모르는 사이에 삶의 궤적을 남기고 있어서다.
> 윤두서가 초상화를 통해 자신의 정신세계를 보여 주었다면, 사람들에게 자신의 성공한 모습을 보여 주고 싶어 했던 화가는 알브레히트 뒤러(1471~1528)다. 뒤러는 서양화 역사상 최초로 자신의 사회적 지위를 선전하는 도구로 자화상을 제작했다. 뒤러가 자화상을 통해 자신을 홍보한 작품이 〈모피 코트를 입은 자화상〉이다.
> 모피 코트를 입은 뒤러가 정면을 바라보고 있다. 그는 그리스도 초상화법을 이용해 자신의 얼굴을 정면으로 배치하면서 좌우 대칭으로 얼굴을 그렸다.
> 뒤러가 이 같은 방식으로 자신을 표현한 것은 신을 닮은 인간은 화가밖에 없다고 생각했기 때문이다. 하느님이 인간을 자신의 형상대로 창조하신 최초의 창시자라면 화가는 제2의 창조자, 신의 모방자라는 것이다. 뒤러의 이러한 생각은 이탈리아에서 경험한 새로운 인문주의적 자의식이 바탕이 됐다.
> 이 작품에서 뒤러는 모피를 통해 자신의 부유함을 나타냈으며 잘 다듬어진 머리 모양과 수염으로 귀족의 모습을 표현했다. 뒤러는 북유럽 미술과 르네상스의 혁신적인 요소를 결합시킨 화가다. 그는 오른쪽 배경에는 라틴어로 자신에 관해 설명하는 글을 남겼는데, 자의식이 강했던 그는 그림과 동시에 글을 써 놓음으로써 자신의 모습이 영원히 남아 있을 것임을 나타내고자 했다. 그는 자신의 존재를 다시 한번 강조하기 위해 그림 왼쪽 어두운 배경에 1,500년이라는 제작 연도와 알브레히트 뒤러의 이니셜인 에이디(AD)를 써 놓았다.
> 평범한 사람들이 거울을 통해 자신의 외모를 들여다본다면 동서양 화가들은 자화상으로 자신의 인생을 표현하고자 했다.

① 작품을 감상할 때 작가의 삶과 긴밀하게 연관 지어 감상하고 있다.
② 작품을 감상하기 전 작품에 대한 배경지식을 충분히 공부한 뒤 감상하고 있다.
③ 작품을 감상할 때 작가의 의도를 정확하게 파악하기 위해 작가의 일생을 파악한 뒤 감상하고 있다.
④ 작품을 감상할 때 통시적 관점을 고려하여 작품이 생산된 당시의 예술관을 중점으로 감상하고 있다.

20 다음 글의 내용에서 확인할 수 있는 최한기의 주장에 가장 가까운 것은?

19세기 실학자 최한기는 인식 대상에 대한 내용이 선험적으로 구비됨을 인정하지 않음으로써 인식의 출발은 오직 경험에 의존함을 주장했다. 그는 "사람이 하늘로부터 받은 것이란 바로 한 덩어리의 신기(神氣)*와 기의 통로가 되는 눈, 코, 입 등과 사지(四肢)이니, 갖추어 사용하는 것은 이것들뿐이요, 다시 별도로 다른 것에서 얻어 온 것이라고는 아무것도 없다." 라고 말하며 몸 바깥의 사물을 인식 대상으로 설정하지 않은 공부 태도에 대해 비판했다. 이는 하늘로부터 부여받은 본성이 태어날 때부터 마음속에 갖추어져 있다는 전통 성리학의 본유관념(本有觀念)을 비판한 것이다. 이러한 인식론은 전통 성리학에서는 물론 중국 유학에서도 찾아볼 수 없었던 매우 독특한 발상이라 할 수 있다.

종래의 성리학의 이기론과 심성론을 바탕으로 한 인간 이해는 인간의 도덕적 근거에 대해 형이상학적으로 정의를 내림으로서 인간 내면의 심(心)을 탐구하는 데 집중되어 있었다. 이러한 이학(理學)과 심학(心學)에 대한 최한기의 근본적인 문제의식과 비판의 초점은 만물내재(萬物內在)관념의 부정에 맞추어져 있다. 최한기는 경험 이전의 대상 세계의 이치가 본성에 내재해 있다는 선험론을 부정한다. 최한기는 인간의 본성이 선험적 본성으로 물들어 있지 않은 텅 빈 거울과도 같다고 보았으며, 경험을 통하지 않은 어떠한 인식도 인정하지 않았다. 따라서 인식의 목적을 본성의 자각과 인성의 도야에 두고 있는 기존의 심성론에 반대했을 뿐 아니라 도가나 불가와 같이 경험을 벗어난 일체의 세계를 숭앙하는 모든 사상과 종교를 비판했다. 그는 인간 내면에 모아졌던 관심의 시선을 인간 외부로 돌려 세상의 모든 이치를 낱낱이 알고자 했다.

최한기의 인식론을 살펴보면 우선 인식을 주관하는 '신기'와 인식 자료라 할 수 있는 인식 대상으로서의 자연, 그리고 신기와 인식 대상을 이어 주는 매개 역할로서 '제규제촉(諸竅諸觸)'이 인식의 세 요소를 구성하고 있다. 신기란 모든 존재의 근원인 기(氣)로서 만물에 부여되어 소통을 가능하게 하는 것이다. 제규제촉은 눈, 코, 입, 귀 등 인체의 아홉 구멍과 온몸의 촉각을 포함한 모든 감각 기관을 가리킨다. 신기에 의한 인식 작용은 크게 세 단계로 나누어 볼 수 있는데, 첫 번째로 감각 기관을 통해 인식 대상으로부터 경험적 자료들을 수용하여 신기에 습염(習染)* 되는 과정, 두 번째로 신기에 습염된 자료들을 미루어 헤아려 새로운 지식을 형성하는 과정, 마지막으로 두 과정을 거쳐 형성된 지식을 다시 외부 세계에 적용해 증험(證驗)하는 과정으로 분류할 수 있다.

* 신기: 정신과 기운
* 습염: 물들이는, 기억하는

① 선천적인 마음의 이치가 중요하다.
② 감각적 경험을 통한 인식이 중요하다.
③ 경험보다는 깨달은 바를 실천하려는 태도가 중요하다.
④ 본성을 자각하고 인성을 도야하는 것이 중요하다.

제 23 일 적중의 지혜

01 다음 전제를 읽고 반드시 참인 결론을 고르면?

- 유쾌한 사람 중에는 강인한 사람도 있다.
- 고단하면서 유쾌한 사람은 없다.
- 따라서 ______________________

① 강인하면서 고단한 사람이 있다.
② 고단하지 않은 어떤 사람은 강인한 사람이다.
③ 강인한 사람은 모두 고단하다.
④ 유쾌하지 않으면서 강인한 사람이 있다.

02 ㉠~㉤ 중 〈보기〉의 ⓐ~ⓒ에 해당하는 것을 바르게 짝지은 것은?

다음과 같은 용언들은 어미가 바뀔 경우, 그 어간이나 어미가 원칙에서 벗어나면 벗어나는 대로 적는다.

	용언 어간	-고	-아/-어
㉠	덥-	덥고	더워
㉡	싣-	싣고	실어
㉢	푸르-	푸르고	푸르러
㉣	빨갛-	빨갛고	빨개
㉤	긋-	긋고	그어

보기

용언이 활용할 때, 어간의 모양은 바뀌지 않고 어미만 교체되며 어미는 모든 어간에 공통되는 형식으로 결합한다는 원칙이 있다. 그런데 이 원칙에서 벗어나는 경우가 있는데 그 벗어나는 양상은 크게 세 가지 유형으로 나눌 수 있다. ⓐ 어간과 어미의 모양이 모두 바뀌는 유형, ⓑ 어간의 모양만 바뀌는 유형, ⓒ 어미의 모양만 바뀌는 유형이 그것이다.

	ⓐ	ⓑ	ⓒ
①	㉠, ㉣	㉡, ㉤	㉢
②	㉢	㉠, ㉣, ㉤	㉡
③	㉣	㉠, ㉡, ㉤	㉢
④	㉠	㉣, ㉤	㉡, ㉢

03 다음 전제를 읽고 반드시 참인 결론을 고르면?

- 월요일에 근무하면 화요일에도 근무하고 수요일에도 근무한다.
- 목요일에 근무할 때에만 화요일에 근무한다.
- 화요일에 근무하거나 수요일에 근무하면 금요일에 근무한다.

① 월요일에 근무하지 않으면 금요일에 근무한다.
② 목요일에 근무하지 않으면 금요일에 근무하지 않는다.
③ 수요일에 근무하면 월요일에 근무한다.
④ 목요일에 근무하지 않으면 월요일에 근무하지 않는다.

04 갑~병의 주장을 분석한 내용으로 적절한 것만을 〈보기〉에서 모두 고르면?

갑: 드론 택시는 미래 교통의 혁신이라고 생각한다. 상공을 이용하니까 교통 체증을 해결할 수 있고, 빠르고 효율적으로 이동할 수 있다.
을: 아직 드론 택시 기술은 완벽히 검증되지 않았고, 공중에서 사고가 나면 치명적일 수 있다. 게다가 드론이 많아지면 교통 혼잡이 도로에서 하늘로 옮겨가는 것일 뿐 사라지는 것이 아니다.
병: 드론 택시는 초기 설치와 유지 비용이 많이 들기 때문에 이용 요금도 비쌀 것이다. 드론 이착륙 과정에서 소음 문제도 심각할 수 있다. 비용, 안전, 인프라 문제가 모두 해결되어야 한다.

보기

ㄱ. 갑의 주장과 을의 주장은 상호 보완적이다.
ㄴ. 을의 주장과 병의 주장은 대립적이다.
ㄷ. 갑의 주장과 병의 주장은 대립적이다.

① ㄱ ② ㄴ
③ ㄷ ④ ㄱ, ㄴ

05 다음 글을 근거로 판단할 때 옳은 것은?

> 헌법은 국민의 기본권을 보장하고 국가의 통치조직과 통치 작용의 원리를 정하는 최고법이다. '헌법'이라는 용어는 영어의 'Constitution', 'Constitutional law'를 번역한 것이다. 근대 초기에 우리나라와 중국은 이 단어를 국제(國制), 헌장(憲章), 국헌(國憲) 등으로 다양하게 번역했는데, 오늘날에는 공동체의 최고법규범을 지칭하는 용어로 사용하고 있다. 그런데 엄격히 보면 Constitution은 일정한 구성체(공동체)를 의미하고, Constitutional law는 그 구성체를 규율하는 최고의 법규범을 일컫는다. 따라서 헌법학에서 헌법이라는 용어는 문맥에 따라 이 둘 가운데 어느 하나를 지칭하기도 하고, 둘을 같이 지칭하기도 한다.
>
> 역사적으로 헌법이라는 단어의 어원은 중국 전국시대 문헌인 《국어》 진어편(篇)의 '상선벌간 국지헌법야(賞善罰姦 國之憲法也)'라는 문장에서 찾아볼 수 있다. 또한 《후한서》, 《서경》, 《예기》 등 중국의 옛 문헌에도 헌법이라는 단어가 나타나는데, 여기에서 헌법은 모든 종류의 법을 통틀어 지칭하는 법의 통칭어이다. 우리나라에서는 법령을 통칭하는 '국제(國制)'라는 용어가 조선 시대에 편찬된 《고려사》에 보이고, 헌법이라는 말은 1884년 1월 30일 한성순보에 실린 '구미입헌정체(歐美立憲政體)'라는 글에서 오늘날 의미로 사용되었다. 헌법이라는 단어가 실정법에서 처음 사용된 것은 1919년 9월 11일 공포된 대한민국 임시헌법이다. 한편 헌법은 시대 흐름에 따라 고유한 의미의 헌법, 근대 입헌주의 헌법 등으로 나눌 수 있다. 고유한 의미의 헌법은 국가의 최고기관을 조직·구성하고, 이들 기관의 권한 행사 방법, 국가기관의 상호관계 및 활동 범위를 정한 기본법이다. 이러한 의미의 헌법은 국가가 존재하는 한 어떠한 형태로든 존재한다. 근대 입헌주의 헌법이란 개인의 자유와 권리를 보장하고, 권력분립에 의하여 국가권력의 남용을 억제하는 것을 내용으로 하는 헌법을 말한다.

① 개인의 자유를 보장하지 않은 헌법도 근대 입헌주의 헌법이라 할 수 있다.
② 고려사에 기록된 국제(國制)라는 용어는 오늘날 통용되는 헌법의 의미로 사용되었다.
③ 헌법학에서 사용하는 헌법이라는 용어는 최고의 법규범이 아닌 일정한 구성체를 지칭하기도 한다.
④ 근대 입헌주의 헌법과 비교할 때, 고유한 의미의 헌법은 국가권력의 조직·구성보다는 국가권력의 제한에 그 초점을 둔다고 할 수 있다.

06 다음 결론이 반드시 참이기 위한 비어있는 명제를 고르면?

> • 피자를 좋아하는 모든 사람이 콜라를 좋아하는 것은 아니다.
> • [ ]
>
> 결론: 피자를 좋아하는 어떤 사람은 햄버거를 좋아하지 않는다.

① 햄버거를 좋아하는 모든 사람은 콜라를 좋아한다.
② 햄버거를 좋아하는 모든 사람은 콜라를 좋아하지 않는다.
③ 햄버거를 좋아하는 어떤 사람은 콜라를 좋아하지 않는다.
④ 콜라를 좋아하는 모든 사람은 햄버거를 좋아한다.

※ 다음 글을 읽고, 물음에 답하시오. [07-08]

> 고구려는 자국을 천하의 중심으로 인식하고, 주변 국가를 신하의 나라로 ㉠ <u>간주하였다</u>. 이러한 인식은 광개토대왕릉비의 기록에서 확인할 수 있다. 기록에 의하면 신라의 왕은 고구려를 방문하여 신하의 예(禮)를 치렀다. 또, 조공국인 신라와 동부여는 고구려에 각각 금과 옥(玉) 등의 특산물을 진상하였고, 고구려는 이에 상응하는 물자를 답례품으로 주었다. 경우에 따라서는 고구려가 조공국에 군사적 지원을 하기도 했는데, 이는 군사적으로 그 나라의 안전을 보장해 주는 대신, 그 나라에 일정한 정치적 영향력을 행사하여 고구려를 중심으로 한 국제 질서를 유지하기 위한 것이었다.
>
> 이러한 고구려의 천하관은 중국의 그것과는 분명히 차이가 있었다. 고구려가 생각하는 천하는 중국이 생각하는 천하와 달라 고구려 왕의 지배력이 실질적으로 미치고 있거나 미쳐야 한다고 판단하는 범위의 지역이었다. 고구려는 천하를 몇 개의 지역권으로 형성된 것으로 생각하고, 이렇게 몇 개로 나뉘어진 지역권 중 한 곳의 중심이 고구려라는 천하관을 갖고 있었다.
>
> 고구려의 대외 정책도 이런 천하관에 기초하고 있었다. 5~6세기 동아시아 국제 정세는 마치 맹수가 각자의 세력권을 인정하며 안정을 유지하듯이 중국의 남·북조, 북아시아의 유연, 동북아시아의 고구려, 티베트 고원의 토욕혼 등 주요 국가들이 세력 균형을 유지하고 있었다. 북조가 강대국이긴 하였으나 어느 나라도 국제 정세를 일방적으로 주도하지는 못했다. 당시 고구려는 강대하고 팽창적인 북조와 국경을 맞대고 있었다. 이런 상황에서 고구려는 북조와 외교 관계를 맺어 평화를 유지하는 한편, 주변 국가들과 연결하여 북조를 견제하는 외교술을 구사하였다.

07 윗글을 이해한 내용으로 적절하지 <u>않은</u> 것은?

① 고구려는 스스로를 천하의 중심으로 여겼으며, 이는 광개토대왕릉비 기록에서 확인된다.
② 고구려는 조공국에 군사적 지원을 하는 방식으로 그 나라에 정치적 영향력을 행사했다.
③ 고구려가 생각하는 천하는 고구려 왕의 지배력이 미치는 지역으로 한정되는 특징이 있었다.
④ 5~6세기 동아시아 국제 정세는 북조가 일방적으로 세력권을 주도하는 상황이었다.

08 윗글의 ㉠과 문맥적 의미가 가장 유사한 것은?

① 그는 자신의 노력을 아무도 인정하지 않는다고 <u>생각했다</u>.
② 상대방의 뜻을 <u>헤아려</u> 그에 맞춰 행동하기로 했다.
③ 이번 일에 대한 그의 책임은 없었던 것으로 <u>치부되었다</u>.
④ 회의에서는 그의 의견을 중요한 안건으로 <u>여겼다</u>.

09 다음 글을 통해 추론할 수 있는 내용이 아닌 것은?

모든 이미지는 기호이다. 무언가가 다른 무언가를 의미적으로 가리키게 되면 기호가 된다. 이런 의미에서 모든 그림은 기호이다. 그것이 무엇인가를 상징하든 아니든 화면 속 이미지는 반드시 다른 무언가를 '지시'하기 때문이다. 그런데 그림이 지나치게 추상적이면 기호로서의 기능이 굉장히 약해진다. 그림 속 이미지가 특정 의미나 대상과 정확히 매칭이 되면 명료해지는 것은 사실이지만, 한정적인 문맥에서 해석되어질 수밖에 없다는 한계를 지닌다. 마찬가지로 그려진 대상이 표현적으로나 의미적으로 열려 있게 되면 해석의 확장가능성은 확보가 되지만, 반작용으로 해석의 모호함이 수반되기 마련이다.

피카소와 브라크는 그림 속 대상을 면으로 분할하고 시점을 파괴함으로써 전혀 새로운 방식의 추상적인 이미지를 얻었다. 그런데 다중적인 시점이 공간의 새로운 질서를 만들어 버리고 나니 그림 속 이미지의 기호적 기능이 현저히 떨어져 버렸다. 그래서 고안해 낸 것이 글자를 집어넣어 그려진 대상을 명시하거나 혹은 실제 사물의 이미지를 화면에 오려 붙이는 방법이다. 이렇게 생겨난 기법이 바로 '풀칠한다는 의미'를 가진 '콜라주(collage)'이다.

공간과 형태를 반자연주의적 방식으로 '재단'하여 추상에 이르렀던 것을 '분석적 단계'라고 한다. 분석적 단계를 거쳐 이미지가 추상화되자 브라크와 피카소가 선택한 방식은 화면에다 다시금 대상을 재현하고 있는 이미지를 오려 붙이는 방식이다. 입체주의의 이 단계를 '종합적 단계'라고 한다. 재현에서 추상으로, 추상에서 다시 재현으로 돌아오는 것이다.

피카소와 브라크는 모두 콜라주 기법을 사용했지만, 방법적으로는 차이를 보인다. 나무 문양의 종이를 오려 만돌린과 기타를 표현하는 방식을 보면 두 사람의 차이가 현저히 드러난다. 브라크는 몸통이 나무로 이루어진 만돌린을 나타내기 위해 나무 문양의 벽지를 오려 붙이면서, 재현된 대상의 재료적 특징을 강조한다. 반면 피카소의 기타에서 나무 문양의 벽지는 악기의 몸통이기도 하면서 배경으로 나타나기도 한다. 두 악기의 형태적 특징을 나타내기 위해 구멍을 낸 방식도 다르다. 브라크의 구멍은 그냥 구멍일 뿐이지만, 피카소의 구멍은 배경보다 한 층 위에 붙여져 있으면서 깊이감을 나타낸다. 피카소의 콜라주에는 공간의 자연적 질서가 뒤섞여 있다.

① 추상적 그림은 필연적으로 지시성이 떨어질 수밖에 없다.
② 피카소와 브라크는 모두 새로운 질서의 공간을 창조한 화가들이다.
③ 피카소와 브라크는 추상성을 극복하기 위해서 콜라주 기법을 고안했다.
④ 피카소와 브라크의 콜라주 기법은 방법적 측면에서는 차이가 없지만, 공간을 창조하는 방식은 같다고 할 수 있다.

10 다음 글에 대한 내용으로 적절하지 않은 것은?

주변과의 갈등이나 폭력 같은 스트레스를 받을 때 툭툭 털어내기도 하지만, 때로는 심각한 우울증에 빠지기도 한다. 스트레스로 인한 우울증은 이처럼 개인차가 있는 것이다. 국내 연구팀이 우울증의 개인차를 부르는 유전자를 찾아냈다. 우울증 이해에 다가가면서 증상을 완화하는 새로운 치료제를 개발할 길을 열 것으로 보인다. 최근 한국뇌연구원 뇌질환 연구부 책임연구원과 선임연구원, 미국 마운트시나이대 공동 연구팀은 쥐 모델 연구를 통해 사회적인 스트레스를 받는 상황에서 우울증을 일으키는 유전자를 발견했다고 밝혔다.

우울증은 유전에 의한 문제보다는 후천적 요인에 의해 많이 발생한다. 개인 간의 갈등이나 폭력 같은 사회적 스트레스 현상이 주된 원인이다. 하지만 같은 스트레스를 받아도 누군가는 우울증에 빠지는 데 반해 누군가는 쉽게 떨쳐내기도 하는 이유는 밝혀지지 않았다. 연구팀은 과거 연구를 통해 뇌 속 뉴런의 성장에 관여하는 뇌성장유래인자(BDNF)가 우울 행동을 유발하는 것은 확인했으나 자세한 원리는 파악하지 못했었다.

연구팀은 쥐에게 스트레스를 준 후 스트레스를 잘 견디지 못하는 쥐를 조사했다. 쥐에게 10일 동안 자신보다 공격적인 쥐에게 공격당해 패배한 이후 하루 격리당하는 식의 장기 사회 패배 스트레스(CSDS)를 줬다. 이는 군대나 학교처럼 폐쇄적이고 수직적인 관계에 장기간 노출됐을 때 나타나는 스트레스로 우울증의 원인 중 하나다. 연구팀은 CSDS로 인해 다른 쥐들과의 상호작용 빈도가 정상 때의 3분의 1 수준으로 떨어지는 우울 증상이 나타난 쥐들을 스트레스 취약군으로 분류했다.

연구팀은 취약군 쥐의 유전자를 조사한 결과 'Gadd45b' 유전자가 우울증의 개인차를 부르는 요소임을 발견했다. 스트레스 취약군 쥐들은 이 유전자의 발현 빈도가 일반 쥐보다 약 30% 높은 것으로 나타났다. 또 이 유전자가 평소에는 억제된 유전자에서 활성을 억제하는 메틸(CH)기를 떼어내 스트레스에 따른 우울 행동을 증가시키는 것으로 나타났다. 연구진은 Gadd45b 발현을 억제했더니 우울 행동이 줄어드는 것도 발견했다. 연구팀은 스트레스 취약군 쥐들에게 바이러스를 통한 유전자 조절 기법을 활용해 유전자의 발현을 줄였다. 유전자 조절을 받은 쥐들은 다른 쥐들과 상호작용을 하는 빈도가 치료 전에 비해 2배가량 증가했다. 유전자 발현을 억제해 쥐들의 우울 증상을 어느 정도 해소한 것이다.

책임연구원은 "후속 연구를 통해 특정 개인이 사회적 스트레스와 우울증에 취약한 이유와 이 성향이 자식에게 유전되는지를 밝힐 것"이라며 "우울증 진단과 치료제를 개발하는 연구에 보탬이 되길 바란다."고 말했다.

① 한국뇌연구원 뇌질환연구부, 미국 마운트시나이대 공동 연구팀은 쥐 모델 연구를 통해 사회적인 스트레스를 받는 상황에서 우울증을 일으키는 유전자를 발견했다.
② 연구팀이 스트레스 취약군에 속하는 사람의 유전자를 조사한 결과 'Gadd45b' 유전자가 우울증의 개인차를 부르는 요소임을 발견했다.
③ 연구팀은 과거 연구를 통해 뇌 속 뉴런의 성장에 관여하는 뇌성장유래인자(BDNF)가 우울 행동을 유발하는 것은 확인했으나 자세한 원리는 파악하지 못했었다.
④ 유전자 조절을 받은 쥐들은 다른 쥐들과 상호작용을 하는 빈도가 치료 전에 비해 2배가량 증가했다.

11 다음 글의 내용과 일치하지 않는 것은?

조선 중기의 관료이자 시인인 김득신은 어렸을 때 천연두를 심하게 앓아 총기(聰氣)를 잃고 말았다. 그래서 김득신은 남들이 두어 번만 읽으면 아는 글을 수십 수백 번, 수천 수만 번씩 읽고 외웠다. 결국, 김득신은 과거에도 급제하고 시인이 되었다. 이 일화는 노력을 통해 목표를 성취한 사람의 감동적인 이야기일 뿐만 아니라, 조선시대의 독서 문화를 상징적으로 보여 주는 예이기도 하다. 고전이나 그에 버금가는 글을 수없이 읽고 암송하고 그것을 펼쳐 내는 일이 곧 지성을 갖추고 표현하는 일이었다.

이처럼 과거에는 반복해서 읽고 통째로 외는 방법과 더불어 글을 소리 내어 읽는 음독(音讀)이 더 흔한 독서법이었다. 그래서 낭독하는 내용을 많은 사람이 함께 듣는 공동체적인 독서도 활발했다. 조선 후기에 전기수(傳奇叟)나 강담사(講談師) 같은 사람들이 책을 낭송하거나 이야기를 구연했다는 기록이 많이 남아 있다. 1910년대에도 소설책을 파는 장사꾼이 서울 청계천 거리에서 가난하고 많이 배우지 못한 사람들을 모아 놓고 목청을 높여 소설책을 읽어 주었다는 기록이 있다.

그런데 근대로 들어서면서 독서 문화는 전면적으로 달라졌다. 책 제작 기술이 발달하고 금속 활자가 널리 쓰이면서 대량 인쇄가 가능해졌다. 책은 이전보다 훨씬 싼 값에 생산되었고 대량으로 유통되었다. 민주주의 의식이 퍼지면서 독서에 대한 태도 자체도 바뀌었다. 수십만, 수백만 명이 읽는 신문과 잡지 같은 매체가 생겨나고, 수많은 독자에게 읽히는 소설책이나 교과서가 나왔다. 그리하여 소수의 특권층만 누리던 문자 문화에 다수의 사회 구성원이 참여하게 되었다. 누구나 글을 읽고 써서 의사소통하는, 역사상 유례없는 시대가 열린 것이다.

우리나라에서는 20세기에 들어 이 같은 변화가 본격화되었다. 조선 시대 말부터 목판(木版)으로 만든 방각본(坊刻本)이 나타나더니, 20세기 초에는 납 활자로 찍은 구활자본이 보급되면서 책이 흔해졌고 책값도 싸졌다. 남녀노소 할 것 없이 누구나 배워야 한다는 생각도 퍼지면서 1900년대에는 많은 신식 학교들이 설립되었고 신문이나 잡지 따위의 읽을거리도 인기를 얻었다. 그와 함께 점차 한문 대신 한글로 된 문자 생활이 보편화되기 시작했다. 조선 시대와 비교할 수 없이 달라진 독서 문화의 상황이 펼쳐진 것이다.

그리하여 백 번 읽으면 저절로 뜻이 통한다는 '독서백편의자현(讀書百遍義自見)'과 같은 전통적인 방식의 반복적인 독서법 대신 점차 빠르고 가볍게 읽는 소비적인 독서법이 퍼졌다. 책과 읽을거리가 엄청나게 많아졌기 때문이다.

독서는 이제 개인적인 일로 인식되었다. 근대 이전의 시대에는 낭독에 바탕을 둔 공동체적인 독서가 활발했다면, 근대 이후로는 주변 사람들로부터 차단된 상황에서 홀로 고독하게 읽는 개인적인 독서가 일반화되었다. 이와 같은 독서 방법의 변화는 독자가 자신만의 내면세계, 즉 개인적인 의식이나 목소리, 개인적인 관점이나 태도 등을 수립하는 데 이바지하였다.

① 금속 활자로 인해 대량 인쇄가 가능해지자 책의 유통이 활발해졌다.
② 옛사람들에게는 음독(音讀)보다 묵독(默讀)이 흔한 독서 방법이었다.
③ 근대 이후의 독서 문화는 근대 이전에 비해 모든 부분에서 달라졌다.
④ 전기수, 강담사는 전통적인 독서의 공동체적인 성격을 보여준다.

※ 다음 글을 읽고 각 물음에 답하시오. [12-13]

미국 버지니아 대학 의과대학, 예일 대학, 캘리포니아 대학의 연구진은 토양과 퇴적물에 존재하는 박테리아가 전기를 어떻게 전도하는지에 대한 새로운 연구결과를 발표하였다. 이 박테리아는 자연에서 결코 찾아볼 수 없는 생물학적 구조를 가지고 있는데, 이 구조는 전자 장치를 최적화하고 매우 작은 배터리와 와이어 없는 심장 박동기를 제조하는 데 적용될 수 있다.

과학자들은 지오박터 설퍼레두신스(Geobacter sulfurre-ducens)가 선모(pili)라고 불리는 머리카락 같은 부속물을 통해서 전기를 전달한다고 알고 있었다. 그러나 이번 연구진은 선모가 아니라 완벽하게 정렬된 단백질 섬유를 통해서 전기를 전달한다는 것을 밝혀냈다. 이러한 단백질은 금속을 함유하는 분자 코어로 둘러싸여 있고 단백질 나노와이어는 사람의 머리카락 폭보다 10만 배 더 작다.

지오박터(Geobactor) 박테리아는 미네랄 회전율을 높이고 방사성 폐기물을 청소하는 것 등과 같이 토양에서 중요한 역할을 한다. 산소가 없는 환경에서 생존하고 과잉 전자를 제거하기 위해 나노와이어로 형성된다. 저온 전자 현미경의 해상도가 높아진 약 5년 전부터 나노와이어를 본격적으로 조사할 수 있게 되었고, 원자 수준에서 이러한 단백질 필라멘트 나노와이어의 구조를 실제로 이해할 수 있게 하였다.

이 연구는 매우 작은 크기의 생체 구조를 이해하게 함으로써 자연계 전체에 대한 새로운 통찰력과 유용한 아이디어를 얻을 수 있게 한다. 한 가지 예로 거미줄을 들 수 있다. 거미줄은 이번에 조사된 나노와이어와 같이 단백질로 만들어졌지만 강철보다 강하다. 이런 생체 물질과 유사한 물질을 만들 수 있다면 새로운 분야의 발전에 크게 기여할 수 있을 것이다.

이번 연구는 생물 에너지를 이용하는 것부터 오염 제거, 생물학적 센서 제조까지 다양한 분야에서 매우 유용하게 적용될 수 있을 것이다. 또한 박테리아로 전자 장치의 소형화를 이끌어낼 수 있을 것이다.

12 윗글의 주제로 가장 적절한 것을 고르면?

① 단백질 필라멘트 나노와이어 구조의 연구
② 작은 크기의 생체 구조에 대한 이해
③ 새로운 생체 물질과 발전 분야
④ 전기 전도성을 가진 박테리아의 새로운 발견

13 윗글을 읽고 유추할 수 있는 내용이 <u>아닌</u> 것은?

① 지오박터 박테리아는 과잉 전자 제거를 위해 나노와이어로 형성된다.
② 과학자들은 지오박터 설퍼레두신스가 선모라 불리는 부속물을 통해 전기를 전달한다고 알고 있었다.
③ 저온 전자 현미경 해상도가 높아진 때부터 나노와이어의 구조를 실제로 이해할 수 있게 되었다.
④ 이번 연구를 통해 토양과 퇴적물에 존재하는 박테리아가 선모를 통해 단백질 섬유로 전기를 전달한다는 사실을 밝혀냈다.

14 다음 글이 비판의 대상으로 삼는 주장으로 가장 적절한 것은?

경제 문제는 대개 해결이 가능하다. 대부분의 경제 문제에는 몇 개의 해결책이 있다. 그러나 모든 해결책은 누군가가 상당한 손실을 반드시 감수해야 한다는 특징을 갖고 있다. 하지만 누구도 이 손실을 자발적으로 감수하고자 하지 않으며, 우리의 정치제도는 누구에게도 이 짐을 짊어지라고 강요할 수 없다. 즉, 우리의 정치적 · 경제적 구조로는 실질적으로 제로섬(Zero-sum)적인 요소를 지니는 경제 문제에 전혀 대처할 수 없다.

대개의 경제적 해결책은 대규모의 제로섬적인 요소를 갖기 때문에 큰 손실을 수반한다. 모든 제로섬 게임에는 승자가 있다면 반드시 패자가 있으며, 패자가 존재해야만 승자가 존재할 수 있다. 경제적 이득이 경제적 손실을 초과할 수도 있지만, 손실의 주체에게 손실의 의미란 상당한 크기의 경제적 이득을 부정할 수 있을 만큼 매우 중요하다. 어떤 해결책으로 인해 평균적으로 사회는 더 잘 살게 될 수도 있지만, 이 평균이 훨씬 더 잘 살게 된 수많은 사람들과 훨씬 더 못살게 된 수많은 사람들을 감춘다. 만약 당신이 더 못살게 된 사람 중 하나라면 내 수입이 줄어든 것보다 다른 누군가의 수입이 더 많이 늘었다고 해서 위안을 얻지는 않을 것이다. 결국 우리는 우리 자신의 수입을 보호하기 위해 경제적 변화가 일어나는 것을 막거나 혹은 사회가 우리에게 손해를 입히는 공공정책을 강제로 시행하는 것을 막기 위해 싸울 것이다.

① 빈부격차를 해소하는 것만큼 중요한 정책은 없다.
② 사회의 총생산량이 많아지게 하는 정책이 좋은 정책이다.
③ 경제문제에서 모두가 만족하는 해결책은 존재하지 않는다.
④ 경제적 변화에 대응하는 정치제도의 기능에는 한계가 존재한다.

※ 다음 글을 읽고 물음에 답하시오. [15-16]

방언은 독자적인 역사와 체계를 지닌 언어의 하위 변종으로 정의된다. 방언에는 지역적 변이에 따른 지역 방언과 함께 사회적 성층에 따른 변이가 적용된 사회 방언도 존재한다. 한 언어는 ㉠ 이와 같이 지역적, 사회적 변종들의 총합이라고 할 수 있다.

방언사전은 이러한 방언의 체계를 연구하고 지역 방언에 존재하는 다양한 언어적 형식들을 조사하여 사전 형식으로 가공한 것이다. ㉡ 이와 달리 규범적인 국어사전은 주로 표준어를 대상으로 삼고, 표기와 발음 정보는 〈한글 맞춤법〉이나 〈표준어 규정〉을 따르며, 문어 말뭉치를 분석하여 편찬된다. ㉢ 방언사전은 현장 조사와 발화에서 나타나는 모든 언어 형식의 분석을 기반으로 한다는 점에서 국어사전과는 차이가 있다.

㉣ 방언은 국어의 역사적 연구뿐만 아니라 사회적 변인에 따른 언어 변화와 방언 분화, 그리고 어휘 확산의 메커니즘을 연구하는 데 유용하다. 또한 방언사전은 방언 간의 비교 연구, 방언 구획, 방언 접촉과 같은 언어지리학적인 연구에도 기여하며, 특정 지역의 전통적 생활 양식, 사회 관습, 제도 등의 연구에도 도움을 줄 수 있다. 나아가 문학 작품의 이해, 의사소통의 원활화, 어문 규범의 제정에도 기여할 수 있다.

15 윗글을 이해한 내용으로 적절하지 않은 것은?

① 방언사전은 국어학 연구에서 중요한 역할을 한다.
② 방언사전의 발음과 표기는 현장 조사를 통해 수집된다.
③ 방언사전은 현장 조사를 바탕으로 방언의 다양한 언어 형식을 분석하여 편찬된다.
④ 방언사전의 주요 기능은 문어 말뭉치의 분석을 통해 방언의 규범성을 확립하는 것이다.

16 문맥상 ㉠~㉣ 중 지시 대상이 같은 것만으로 묶인 것은?

① ㉠, ㉡　　② ㉡, ㉢
③ ㉡, ㉣　　④ ㉢, ㉣

17 다음 명제가 모두 참일 때, 언제나 참인 것은?

- 수영을 좋아하는 사람은 등산을 좋아한다.
- 달리기를 좋아하는 사람은 등산을 좋아한다.
- 줄넘기를 좋아하는 사람은 수영을 좋아한다.

① 수영을 좋아하는 사람은 달리기를 좋아한다.
② 줄넘기를 좋아하는 사람은 달리기를 좋아한다.
③ 줄넘기를 좋아하는 사람은 등산을 좋아한다.
④ 수영을 좋아하지 않는 사람은 등산도 좋아하지 않는다.

18 다음을 읽고 ㉠과 ㉡을 비교한 내용으로 가장 적절한 것은?

㉠ 열선 감지기는 동작 감지기라고도 하며, 주로 실내의 천장에 설치하여 침입을 감지하는 데 사용한다. 열선 감지기는 감시하고 있는 영역 내에 일정 시간 동안 열 또는 온도의 변화가 생기면 이를 감지하고 알람 신호를 내보낸다. 물체가 복사하는 적외선은 물체의 온도에 비례하여 그 양이 다르기 때문에 물체의 온도를 측정할 수 있고 낮과 밤에 관계없이 목표 물체를 관찰할 수 있어 가시광선을 이용하는 것보다 침입 감지에 적당하다. 열선 감지기의 집광 렌즈에 의해 모아진 적외선은 초전 소자의 표면에 입사된다. 초전 소자에 적외선이 입사되면 적외선의 열에 의해 초전 소자 내부의 전하 배열이 흐트러져 과잉 전하가 발생하고, 과잉 전하의 차이만큼 이 회로에 전류가 흐르게 된다. 이 전류가 증폭기에 의해 증폭되면 감시 기준 전압과 비교하여 침입 여부를 판단하게 된다.

열선 감지기가 대부분 실내에 설치되어 사용되는 반면, ㉡ 능동형 적외선 감지기는 창고 등의 외곽을 감시하고자 하는 목적으로 사용된다. 능동형 적외선 감지기는 투광기와 수광기로 구성된다. 투광기는 적외선 LED를 통해 적외선을 내보내고 투광기와 떨어져 설치되는 수광기에서는 투광기에서 나온 적외선을 수신한다. 침입자가 발생하면 적외선이 차단되어 수광기에 전달되지 않기 때문에 적외선이 차단되는 시간으로 침입 여부를 판단한다. 투광기의 LED에서 방출하는 적외선은 레이저와 같은 직선빔이 아니고 어느 정도 각도를 가지고 퍼져서 나오게 되므로, 경계 감시 거리를 늘리려면 렌즈로 적외선을 집중시켜 직선에 가까운 빔을 사용한다.

		㉠	㉡
①	설치 장소	실외	실내
②	적외선의 출처	침입자	투광기
③	초전소자 사용 여부	사용하지 않음	사용함
④	온도 변화 이용 여부	이용하지 않음	이용함

※ 다음 글을 읽고 물음에 답하시오. [19~20]

> **○○시 라돈관리계획(2021~2025)**
>
> ▸ 추진 개요
> 1. (계획 기간) 2021년~2025년(5개년)
> 2. (수립 배경) 지역 특성상 **화강 암반 옥천대에 위치**하여 **라돈 농도가 높아 실내 라돈 저감을 위한 관리 대책** 마련 필요
>
> * 라돈 평균 농도: (전국) 72.4Bq/㎥, (○○시) 110.1Bq/㎥, (권고 기준) 148Bq/㎥
> 3. (추진 근거) 〈실내 공기 질 관리법〉 제11조의4
> 4. (추진 방법) 우리 시－환경부 공동 계약 용역 추진 (국비 : 사비＝50 : 50)
>
> ▸ 주요 내용
> 1. (목표 지표) 실내 라돈 평균 농도 (현재) 110.1Bq/㎥ ⇒ (목표) 80.0Bq/㎥
> 2. (주요 계획)
>   ① (라돈 조사 관리 기반 강화) 취약 계층 실내 라돈 조사, 라돈 실태 조사 실시, 실내 라돈 관리 강화
>   ② (실내 라돈 저감 사업 추진) 취약 계층 라돈 저감 시설 지원, 라돈 free 하우스 인증*, 라돈 저감 사업 사후 관리 및 모니터링
>
> * (라돈 free 하우스) 라돈 측정 결과에 따라 라돈으로부터 안전한 건축물 인증
>   ③ (위해 소통 강화와 인식 증진) 라돈 간이 측정기 무료 대여, 우리 동네 라돈 측정, 교육 프로그램 운영
>   ④ (유관 기관과 협력 체계 구축) 실내 환경 관리 센터 유치**, 라돈 정보 통합 관리, 라돈 노출량 및 위해성 평가
>
> ** (실내 환경 관리 센터) 실내 오염 물질로 인한 건강 피해 예방 · 관리 등을 위한 조사 · 연구 및 기술 개발 등의 업무를 수행하기 위하여 환경부에서 지정하는 국 · 공립 연구 기관, 대학교, 환경 관련 비영리 법인 또는 단체 등을 말함.

19 윗글에 대한 설명으로 가장 적절한 것은?

① 해당 지역의 사업 성과를 정리하여 다른 지역으로 확산 및 보급하고자 하고 있다.
② 해당 지역의 라돈 농도가 권고 기준을 상회하고 있는 것을 문제 상황으로 설정하고 있다.
③ 해당 지역의 라돈 농도를 전국 평균 수준 이하로 획기적으로 줄이는 것을 목표로 설정하고 있다.
④ 해당 사업을 추진하는 법적인 근거를 가지고 중앙 정부와의 협조하에 사업을 추진하려 하고 있다.

20 윗글에 따라 진행될 사업들로 적절하지 <u>않은</u> 것은?

① 각 동의 행정 복지 센터를 실내 환경 관리 센터로 지정한다.
② 실내 라돈으로부터 안전한 건축물은 별도의 인증을 부여한다.
③ 취약 계층의 거주 시설에는 라돈 저감 시설을 설치할 수 있도록 지원한다.
④ 라돈에 노출된 양과 위해 정도를 조사하고 이와 관련된 교육을 실시한다.

제 24 일 적중의 지혜

01 〈보기 1〉의 두 조항이 모두 적용된 사례를 〈보기 2〉에서 찾아 바르게 묶은 것은?

보기 1

제18항 받침 'ㄱ(ㄲ, ㅋ, ㄳ, ㄺ), ㄷ(ㅅ, ㅆ, ㅈ, ㅊ, ㅌ, ㅎ), ㅂ(ㅍ, ㄼ, ㄿ, ㅄ)'은 'ㄴ, ㅁ' 앞에서 [ㅇ, ㄴ, ㅁ]으로 발음한다.

제29항 합성어 및 파생어에서, 앞 단어나 접두사의 끝이 자음이고 뒤 단어나 접미사의 첫음절이 '이, 야, 여, 요, 유'인 경우에는, 'ㄴ' 음을 첨가하여 [니, 냐, 녀, 뇨, 뉴]로 발음한다.

보기 2

㉠ 어느새 진달래 꽃잎[꼰닙]도 져 버렸구나.
㉡ 아기가 색연필[생년필]로 낙서를 마구 해 댔다.
㉢ 엄마는 고구마를 식용유[시굥뉴]에 튀기고 계셨다.
㉣ 그녀는 아무 말 없이 직행열차[지캥녈차]를 타고 떠났다.

① ㉠, ㉡ ② ㉠, ㉢
③ ㉡, ㉢ ④ ㉡, ㉣

02 다음 결론이 반드시 참이 되게 하는 전제를 고르면?

- 인사팀장은 도시락을 가지고 다닌다.
- ______________________________
- 따라서 인성이 좋은 사람은 인사팀장이 아니다.

① 인성이 좋으면서 도시락을 가지고 다니는 사람이 있다.
② 인성이 좋은 사람은 도시락을 가지고 다닌다.
③ 인성이 좋으면서 도시락을 가지고 다니는 사람은 없다.
④ 도시락을 가지고 다니는 사람은 인성이 좋다.

03 다음 전제를 읽고 반드시 참인 결론을 고르면?

- 지혜가 좋아하지 않는 것 중에 지영이가 좋아하는 것은 없다.
- 새봄이가 좋아하는 것 중에 지혜가 좋아하는 것은 없다.
- 따라서 ______________________________

① 지영이가 좋아하는 것 중에 새봄이가 좋아하는 것이 있다.
② 새봄이가 좋아하는 것은 지영이도 좋아한다.
③ 지영이와 새봄이는 좋아하지 않지만 지혜만 좋아하는 것이 있다.
④ 지혜와 지영이는 좋아하지만 새봄이는 좋아하지 않는 것이 있다.

04 다음 글을 통해 알 수 있는 사실이 아닌 것은?

아이디어 보험상품은 기존 권리보호제도에 의해 보호를 받지 못하는 단계의 아이디어를 보험의 목적으로 하기 때문에 사전 통계자료 혹은 유사통계가 존재하지 않을 가능성이 크다. 또한 손해의 유형 설정에 따라서는 통계학적 관리가 어려울 것으로 예상되며, 손해의 규모 역시 예측하기 곤란하여 대수의 법칙*과 수지상등의 원칙**을 유지하기 어려울 수도 있다. 따라서 손해보험의 원칙들을 충족하는 상품의 설계가 과연 가능한 것인가에 대한 여러 의견이 있다. 하지만 손해의 유형을 최대한 미리 특정해 두고 손해의 규모를 실손 형태가 아닌 정액형으로 구성한다면 보험상품으로 설계하는 것이 충분히 가능하리라 보고 있다.

* 대수의 법칙: 관찰 대상의 수를 늘려갈수록 개개의 단위가 가지고 있는 고유의 요인은 집단에 내재된 본질적인 경향성이 나타나게 되는 현상을 가리킨다. 이러한 경향성은 관찰의 기간을 늘릴수록 안전도가 높아지면서 하나의 법칙성에 도달하게 된다.

** 수지상등의 원칙: 보험계약에서 장래 수입될 순보험료 현가의 총액이 장래 지출해야 할 보험금 현가의 총액과 같게 되는 것을 말한다.

① 아이디어 보험상품은 아직 국내에서 출시되지 않았다면 해외에서는 유사한 보험상품이 판매되고 있다.
② 아이디어 보험상품은 아이디어의 시가 내지 무단 도용되었을 때의 손해액을 산정하기 어렵다는 문제가 있다.
③ 아이디어 보험상품은 국내의 기존 권리보호제도에 의해서는 보호를 받지 못하고 있는 단계의 아이디어를 보호하기 위한 보험이다.
④ 아이디어 보험상품은 보험사고를 어떠한 내용으로 정의할 것인지에 대한 구체적인 합의가 아직 이루어지지 않았다.

05 다음 글을 통해 알 수 있는 내용으로 적절한 것은?

1990년대 대부분의 선진국에서는 저숙련 서비스 일자리가 증가하였다. 기술혁신은 일자리를 대체하지만 새로운 상품을 창출한다. 기술혁신이 일반화되어 혁신상품이 흔해지고 가격이 하락함에 따라 보완재 관계에 있는 음식, 레저, 운송 등에서 서비스 수요와 일자리가 증가한다.

이러한 일자리 창출 메커니즘에서 핵심은 기술혁신의 성과가 재화가격 하락으로 연결되어야 한다는 점이다. 혁명적인 정보통신 발전이 있더라도 낮은 가격으로 일반화되지 않으면 서비스 일자리는 증가하지 않는다. 그러므로 서비스 일자리가 창출되려면 규제를 완화하고 경쟁을 촉진하여 가격 인하를 유도하는 것이 중요하다.

고졸임금 상승에 대한 최저임금의 영향을 검토하기 위하여 2010년과 2016년을 비교하면, 임금 상승은 최저임금 인상을 수반하였다. 그러나 최저임금이 임금 상승의 주요인이라고 볼 수는 없다. 왜냐하면 해외에서도 저숙련직 임금은 상승하였기 때문이다. 과거에는 생산직과 사무직이 주된 일자리이며 이 직업에서는 노동조합이 근로조건 보호의 기제였다. 반면 새로운 서비스 일자리에서는 노조가 없으며 정부 역할이 요구된다. 각국 정부가 최저임금을 인상하는 이유가 여기에 있다.

실업률은 4년 대졸에서 상승하였다. 직업 분포에서는 전문 · 준 전문직이 감소하였으며, 주로 기술직, 교육, 경영금융 분야의 준 전문직이 감소하였다. 또한 대졸 고용률은 계속 하락하고 있으며, 고등학교 졸업생의 상급학교 진학률 역시 2008년을 정점으로 최근에는 약 70%로 하락하였다. 이러한 변화들은 숙련인력에 대한 수요의 감소를 시사한다.

① 대부분의 선진국에서는 저숙련 서비스 일자리가 증가하는 추세이다.
② 서비스 일자리가 증가하기 위해서는 규제완화와 경쟁촉진이 필요하다.
③ 임금 상승은 최저임금 상승을 수반하여 최저임금이 고졸임금 상승의 주요인이다.
④ 서비스 중심 일자리 창출 시대에서 최저임금은 더 이상 필요한 제도적 장치가 될 수 없다.

06 다음 글에서 〈보기〉의 문장이 들어갈 위치로 가장 적절한 곳은?

무한한 자원, 물에서 얻는 혁신적인 친환경 에너지
– 세계 최초 '수열에너지 융 · 복합 클러스터' 조성 –

수열에너지는 말 그대로 물의 열(熱)에서 추출한 에너지를 말한다. [(A)] 겨울에는 대기보다 높고, 여름에는 낮은 물의 온도 차를 이용해 에너지를 추출하는 첨단 기술이다. 이 수열에너지를 잘 활용하면 기존 냉난방 시스템보다 최대 50%까지 에너지를 절약할 수 있다. [(B)] 특히, 지구의 70%를 차지하는 물을 이용해 만든 에너지이기 때문에 친환경적이며 보존량도 무궁무진한 것이 최대 장점이다. [(C)] 지난 2014년에는 경기도 하남의 팔당호 물을 활용해 L타워의 냉난방 비용을 연간 30%나 절감하는 성과를 거두기도 했다. 이에 한강권역본부는 소양감댐의 차가운 냉수가 지나는 수열에너지를 이용해 세계 최초의 수열에너지 기반 친환경 데이터센터 집적 단지를 조성하는 융 · 복합 클러스터 조성사업(K-Cloud Park)을 추진하고 있다. [(D)] 생활이 불편할 만큼 차가운 소양강의 물이 기술의 발달과 발상의 전환으로 4차 산업혁명 시대에 걸맞은 사업을 유치하며 새로운 가치를 발굴한 사례이다. 프로젝트가 마무리되면, 수열에너지 활용에 따른 에너지 절감효과는 물론, 5,517명의 일자리 창출 및 연간 220억 원 가량의 지방세 세수 증가가 이뤄질 것으로 기대된다.

보기

이를 통해 수열에너지 기반의 스마트팜 첨단농업단지, 물기업 특화 산업단지까지 구축하게 되면 새로운 부가가치를 창출하는 비즈니스 플랫폼은 물론, 아시아 · 태평양 지역의 클라우드 데이터센터의 허브로 자리 잡게 될 것으로 전망된다.

① (A)
② (B)
③ (C)
④ (D)

07 다음 대화를 참조할 때, ( )에 들어갈 말로 가장 적절한 것은?

아빠: (딸의 표정을 보며) 우리 공주님 학교에서 무슨 일 있었구나?
은희: 민지 때문에…….
아빠: 민지라면 너와 제일 친한 친구잖아.
은희: 네, 맞아요.
아빠: 근데 민지에게 무슨 일이 있었니?
은희: 도서부 부장인 민지가 다른 학교 학생들 앞에서 발표를 했어요. 그런데 발표를 완전히 망치고 말았어요.
아빠: 발표 준비를 제대로 안 했나 보구나.
은희: 아뇨. 그 학생들을 고려하여 발표 준비는 많이 했어요.
아빠: 그런데 왜 발표를 잘 못했어?
은희: 이유를 잘 모르겠어요. 평소 아는 친구들 앞에서는 얘기를 잘 하는데…….
아빠: 음, 민지가 다른 학교 학생들 앞에서 발표를 했다고 했지?
은희: 네, 맞아요.
아빠: 그렇다면 네가 민지에게 ( )라고 위로해 주면 되겠구나.

① 청중의 지적 수준을 고려해서 말한다면 자신 있게 발표할 수 있을 거야.
② 비언어적 표현을 활용한다면 청중의 능동적인 반응을 이끌어 낼 수 있을 거야.
③ 낯선 청중들의 호감을 이끌어 낼 수 있도록 표정 관리만 잘한다면 괜찮아질 거야.
④ 낯선 말하기 환경에 적응할 수 있도록 연습한다면 자신감을 회복할 수 있을 거야.

08 ㉠에 대한 설명으로 적절한 것은?

인문학과 자연과학이 어떻게 만날 수 있을까? 윌슨의 통섭을 지탱해 주는 것은 바로 ㉠ <u>환원주의</u>이다. 이는 복잡한 대상을 구성하는 근본적 요소를 밝히려는 노력으로, 윌슨은 모든 존재의 근본적 요소는 관찰과 실험을 통한 자연과학적 법칙으로 설명이 가능하다고 주장한다. 그에 의하면 인간 역시 자연과학으로 환원이 가능하기 때문에 인문학은 자연과학으로 완벽히 포섭될 수 있다. 예를 들어 물체의 운동을 물체와 땅 사이의 마찰력으로 설명하는 것과 같이 인간의 고유한 특성인 사랑이나 사회조직의 작동을 호르몬이나 유전자와 같은 자연과학적 법칙에 의한 결과로 설명할 수 있다는 것이다.

① 인문학과 자연과학의 공통점을 밝혀 내려는 이론이다.
② 존재하는 모든 것의 본질은 쉽게 변화한다는 인식이다.
③ 대상을 추상적이고 관념적인 존재로 인식하는 경향이다.
④ 모든 대상을 자연과학의 입장에서 이해하려는 태도이다.

09 다음 글을 읽고 이해한 내용으로 적절하지 <u>않은</u> 것은?

인간의 사유는 특정한 기준을 바탕으로 다른 것과의 차이를 인식하는 것이라 할 수 있다. 이때의 기준을 이루는 근간(根幹)은 당연히 현실 세계의 경험과 인식이다. 하지만 인간은 현실적 경험으로 인식되지 않는 대상을 사유하기도 하는데, 그 중 하나가 신화적 사유이며, 이는 상상력의 산물이다.

상상력은 통념(通念)상 현실과 대립하는 위치에 속한다. 또한, 현대 문명에서 상상력은 과학적 · 합리적 사고와 반대되는 사유 체계로 간주하기도 한다. 그러나 신화적 사유를 떠받치고 있는 상상력은 '현실적 – 비현실적', '논리적 – 비논리적', '합리적 – 비합리적' 등과 같은 단순한 양항 체계 속으로 환원될 수 없다.

초기 인류학에서는 근대 문명과 대비시켜 신화적 사유를 미개한 존재들의 미숙한 단계의 사고로 간주(看做)했었다. 이러한 입장을 대표하는 레비브륄에 따르면 미개인은 논리 이전의 사고방식과 비현실적 감각을 가진 존재이다. 그러나 신화 연구에 적지 않은 영향을 끼쳤고 오늘날에도 여전히 유효한 레비스트로스의 논의에 따르면 미개인과 문명인의 사고방식은 사물을 분류하는 방식과 주된 관심 영역 등이 다를 뿐, 어느 것이 더 합리적이거나 논리적이라고 할 수는 없다. 또한, 그것은 세계를 이해하는 두 가지의 서로 다른 방식 혹은 태도일 뿐이다. 신화적 사유를 비롯한 이른바 미개인의 사고방식을 가리키는 레비스트로스가 말하는 '야생의 사고'는 이러한 사고방식이 근대인 혹은 문명인 못지않게 질서와 체계에 민감하고 그 나름의 현실적, 논리적, 합리적 기반을 갖추고 있음을 함축하고 있는 개념이다.

레비스트로스의 '야생의 사고'는 신화시대와 신화적 사유를 근대적 문명에 입각한 발전론적 시각이 아닌 상대주의적 시각으로 바라보았다는 점에서 의미가 크다. 그러나 그가 신화 자체의 사유 방식이나 특성을 특정 시대의 것으로 한정(限定)하는 오류를 범하고 있다는 점에 유의해야 한다. 과거 신화시대에 생겨난 신화적 사유는 신화가 재현되고 재생되는 한 여전히 시간과 공간을 뛰어넘어 현재화되고 있기 때문이다.

이상에서 보듯이 신화적 사유는 현실적 · 경험적 차원의 '진실'이나 '비진실'로 구분될 수 없다. 신화는 허구적이거나 진실한 것 모두를 '재료'로 사용할 수 있으며, 이러한 재료들은 신화적 사유의 고유 규칙과 체계에 따라 배열된다. 그러므로 신화 텍스트에서 이러한 재료들의 구성 원리를 밝히는 것은 그 신화에 반영된 신화적 사유 체계를 밝히는 것이라 할 수 있다. 또한, 이는 신화를 공유하고 전승(傳承)해 왔던 집단의 원형적 사유 체계에 접근하는 작업이라고도 할 수 있다.

① 신화는 그 고유의 규칙과 체계를 갖고 있다.
② 신화적 사유는 상상력의 산물이라 할 수 있다.
③ 신화적 사유는 특정 시대의 사유 특성에 한정된다.
④ 신화적 상상력은 상상력에 대한 통념적 인식과 차이가 있다.

10 다음의 경우 반드시 참인 것은?

> 어느 대학교의 학생을 대상으로 교양 과목 수강 내역을 조사하였더니, 심리학을 수강한 학생 중 몇 명은 한국사를 수강하였고, 경제학을 수강한 학생은 모두 정치학을 수강하였다. 그리고 경제학을 수강하지 않은 학생은 아무도 한국사를 수강하지 않은 것으로 나타났다.

① 경제학을 수강한 모든 학생은 심리학을 수강하였다.
② 한국사를 수강한 모든 학생은 심리학을 수강하였다.
③ 심리학을 수강한 학생 중 몇 명은 정치학을 수강하였다.
④ 한국사를 수강한 학생은 아무도 정치학을 수강하지 않았다.

11 다음 밑줄과 유사한 원리를 보이는 사례로 적절한 것은?

> 우주의 팽창에 영향을 주는 힘은 중력이다. 중력이란 물질 사이에 서로 끌어당기는 힘이기 때문에 우주의 팽창을 방해한다. 만약 우주에 존재하는 물질의 질량이 우주의 팽창에 영향을 줄 정도로 충분히 크다면 어떻게 될까? 큰 중력에 의해 팽창 속도는 급격히 <u>줄어들고 언젠가는 멈추었다가 다시 수축할 것이다</u>.

① 달리는 차가 갑자기 멈추면 서 있는 사람의 몸이 앞으로 쏠린다.
② 부메랑을 던지면 멀어졌던 부메랑이 던진 사람에게로 다시 돌아온다.
③ 고여 있는 물 위에서 종이배를 밀면 처음에는 움직이다가 어느 순간 멈추게 된다.
④ 공을 공중으로 던져 올리면 올라가는 속도가 점점 감소하다가 다시 땅으로 떨어진다.

12 다음 글의 '근대 계몽주의'의 관점에 부합하지 <u>않는</u> 것은?

> 인간의 무지로부터 비롯된 자연에 대한 공포가 종교적 세계관을 낳았지만, 근대 계몽주의는 이성과 합리성을 통해 이를 극복했다. 르네상스와 종교개혁을 거치면서 성립된 근대 계몽주의는 중세를 지배했던 신(神) 중심의 사고에서 벗어나 합리적 사유에 근거한 인간 해방을 추구하였다. 계몽주의의 합리적 사고는 자연과학의 성립으로 이어졌으며, 우주와 자연에서 신비로운 요소를 걷어낸 과학 기술의 발전은 인류에게 그 어느 때보다 풍요로운 물질적 부를 가져왔다. 하지만 이 같은 문명의 이면에는 환경 파괴와 물질만능주의, 인간소외와 같은 근대화의 병폐가 숨어 있었다.

① 합리적 사유를 통해 인간 해방은 가능하다.
② 목적을 이루기 위한 수단의 효율성은 중요하다.
③ 이성에 대한 지나친 믿음이 근대화의 병폐를 야기한다.
④ 자연은 더 이상 공포의 대상이 아니라 이용의 대상이다.

13 다음 글을 읽고 독서에 도움을 얻고자 하는 학생의 반응으로 적절하지 <u>않은</u> 것은?

> 책을 읽는 법은 일과(日課)를 정하는 것보다 좋은 것이 없고, 질질 끄는 것보다 더 나쁜 것이 없다. 많이 읽으려고 욕심내지 말고, 속히 읽으려고도 하지 말라. 몇 줄을 읽을지 정하고 횟수를 정하여 날마다 읽어 가면 글의 의미에 정통하게 되고, 글자의 음과 뜻이 익숙해져서 저절로 외우게 된다. 그러면 그다음으로 넘어가라.
>
> 책을 읽을 때에는 엄숙하고 공경스런 마음으로 책상을 마주한다. 이어 새로 읽을 글을 정하고 묵묵히 읽어 가되 몇 줄씩 단락을 끊어서 읽는다. 그런 다음 서산(書算)*은 덮어 밀쳐놓고, 가만히 훈고(訓詁)*를 따져 보며 세밀히 주석과 풀이를 훑어보아 그 차이를 분별하고, 그 음과 뜻을 깨우친다. 차분하고 너그러운 마음으로 대하며 제멋대로 이치에 닿지 않는 주장을 펼치지 말고 억지로 의심하지 말 것이며, 모르는 부분이 있다면 반복해서 생각해야지 그냥 지나쳐서는 안 된다.
>
> * 서산(書算): 책을 읽은 횟수를 세던 물건
> * 훈고(訓詁): 자구(字句)의 해석

① 책을 읽을 때에는 계획을 세워서 날마다 읽어야겠어.
② 책을 읽다가 글의 의미를 잘 모를 때는 반복해서 생각하며 읽어야겠어.
③ 책의 목차를 통해 전체적인 내용을 대강 살핀 후에 세부적인 내용을 읽어야겠어.
④ 책의 내용을 정확하게 이해하기 위해서는 해석이나 풀이를 참고하며 읽어야겠어.

14 다음 글의 논지를 따를 때, 빈칸에 들어갈 말로 적절한 의견은?

> 형식적 법치주의는 법이 형식적인 요건을 충족하기만 하면 그 법의 내용에는 그다지 관심을 두지 않는다. 어떤 내용의 법을 담을지에 대해서는 개방적이기 때문에 이런 법치관은 의도적으로 인권을 짓밟는 비민주적 · 권위적 정권도 표방할 수 있다.
> 이 법치관에서는 법의 내용적 요소를 도외시하기 때문에, 적법 절차를 거쳤다고 해서 모두 정당한 법인가 하는 문제가 대두된다. 예를 들어 외국 여행을 금지하는 법이 형식적 절차를 통해 합법적으로 제정되었으며 엄격히 집행된다면 이러한 상태는 일반적이고 공평하게 적용되는 법에 의한 지배임에는 틀림없다. 그런데 법치주의를 이처럼 형식적으로만 파악하는 태도는 다음과 같은 의문을 낳는다. 외국 여행을 금지하는 법을 모든 국민에게 적용해서 모든 국민들을 공평하게 대우한 셈이므로 정의로운 것인가? 그렇지 않다. 왜냐하면 그 법을 사회 구성원들이 정의롭다고 받아들이기 어렵기 때문이다. 결국 적법한 절차에 따라 법을 공평하게 집행하는 것만으로는 완전한 법치주의에 도달하기 어렵다. 흔히 법의 절차적 정당성만을 강조한, 법의 공평한 집행이 이처럼 명백하게 부정의를 낳는 경우를 '형식적 법치의 역설'이라고 한다.
> 그래서 오늘날 법치주의는 형식적 법치주의에 그치는 것이 아니라, 법의 목적과 내용 또한 인간 존엄과 정의를 지향해야 하는 것으로 인식되고 있다.
> 그렇다면 '형식적 법치의 역설'에서 벗어나기 위한 방안으로는 [   ]

① 법의 범위를 넘어선 권리는 인정되지 않으므로 적법한 절차를 통한 법은 지켜야 한다.
② 법이 정의로운 목적과 그에 부합하는 내용을 지닐 수 있도록 제정해야 한다.
③ 법이 사회의 전통과 관습에 부합하는 내용을 지닐 수 있도록 해야 한다.
④ 법이 모든 사람들에게 일반적이고 공평하게 적용되도록 노력해야 한다.

15 ㉠의 구체적 사례로 가장 적절한 것은?

> 처음 ㉠ 정부의 마중물 효과는 경제 불황의 극복을 위해 일시적으로 재정 지출을 확대하거나 재정 수입을 감소하는 등의 자극을 주어 경제 활동을 활성화시켜 침체된 경기가 회복되도록 하는 것이었다. 이런 마중물 효과는 정부의 경제 활성화 정책을 넘어 장학 사업 같은 사회사업 분야 및 기업의 마케팅 활동 등 우리 생활 전반에까지 그 영역이 확대되었다. 특히 기업은 마중물 효과를 마케팅 전략으로 활발히 사용하게 되었다.

① 담뱃값을 인상하여 국민의 건강 증진을 도모함.
② 신차 구매 시 등록세를 감면해 주어 침체된 자동차 시장을 활성화시킴.
③ 부동산을 매매할 때 내는 취득세를 올려 과열된 부동산 경기를 안정시킴.
④ 각종 선심성 정책에 소요되는 예산을 삭감하여 세금이 낭비되는 것을 막음.

16 다음 글의 관점과 가장 가까운 것은?

> 사실주의는 19세기 후반 과학의 발달과 실증주의 사상에 영향을 받아 가식적이지 않은 평범한 세속의 삶을 예술 전반의 본격적인 소재로 나타내며 등장했다. 사실주의 작가들은 낭만주의가 역사적인 사건을 개인의 주관과 상상력을 바탕으로 표현하여 현실을 그대로 다루지 못한다는 것을 비판하였다. 사실주의 대표 화가인 쿠르베는 "나는 천사를 본 적이 없으므로 천사를 그릴 수 없다."라는 말로 이상이나 환상이 그림이 되는 것에 반대했고 시대를 살아가는 평범한 사람들의 삶을 묘사하는 것이 진정한 예술이라고 주장했다. 사실주의는 사회 현실에서 상처받은 사람들의 모습을 왜곡하거나 과장하지 않고 사진으로 기록하듯 묘사하였다.

① 유치진의 희곡 '토막'은 음습한 토막에서 암울한 현실을 살아가는 서민의 모습을 있는 그대로 보여주었다.
② 안견의 '몽유도원도'는 안평대군의 꿈을 소재로 꿈속에서 여행한 복사꽃 마을을 비단에 채색하여 묘사하였다.
③ 마그리트의 그림 '레슬러의 무덤'은 평범하고 구체적인 형상을 낯설고 모순되게 결합하여 환상의 세계를 표현했다.
④ 이근삼의 '원고지'는 인과 관계에 의한 플롯을 거부하고 과장된 소도구와 무대 장치 등을 보여 준 실험적인 극이다.

17 다음 글의 서술상 특징으로 가장 적절한 것은?

미국의 언어생태학자 '드와잇 볼링거'는 물과 공기 그리고 빛과 소리처럼 흐르는 것은 하나같이 오염 물질을 지니고 있으며 그것은 언어도 예외가 아니라고 밝힌다. 실제로 환경 위기나 생태계 위기 시대에 언어 오염은 환경 오염 못지않게 아주 심각하다. 환경 오염이 자연을 죽음으로 몰고 가듯이 언어 오염도 인간의 정신을 황폐하게 만든다.

그동안 말하고 글을 쓰는 방법에서 그야말로 엄청난 변화가 일어났다. 얼마 전까지만 하더라도 사람들은 말을 하거나 글을 쓸 때는 어느 정도 격식과 형식을 갖추었다. 그러나 구어든 문어든 지금 사람들이 사용하는 말이나 글은 불과 수십 년 전 사람들이 사용하던 그것과는 달라서 마치 전보문이나 쇼핑 목록을 적어 놓은 쪽지와 같다. 전통적인 의사소통에서는 '무엇'을 말하느냐와 마찬가지로 '어떻게' 말하느냐가 중요했다. 그러나 지금은 '어떻게' 말하느냐는 뒷전으로 밀려나고 오직 '무엇'을 말하느냐가 앞쪽에 나선다. 그러다 보니 말이나 글이 엑스레이로 찍은 사진처럼 살은 없고 뼈만 앙상하게 드러나 있다.

전자 기술의 눈부신 발달에 힘입어 영상 매체가 활자 매체를 밀어내고 그 자리에 이미지의 왕국을 세우면서 언어 오염은 날이 갈수록 더욱 심해져만 간다. 문명이 발달하면서 어쩔 수 없이 환경 오염이 생겨나듯이 언어 오염도 문명의 발달에 따른 자연스러운 언어 현상이므로 그렇게 우려할 필요가 없다고 주장하는 학자도 없지 않다. 그러나 컴퓨터를 통한 통신어에 따른 언어 오염은 이제 위험 수준을 훨씬 넘어 아주 심각한 지경에 이르렀다. 환경 오염을 그대로 내버려 두면 환경 재앙을 맞게 될 것이 불을 보듯 뻔한 것처럼 언어 오염도 인간의 영혼과 정신을 멍들게 할 뿐만 아니라 궁극적으로는 아예 의사소통 자체를 불가능하게 만들지도 모른다. '언어 재앙'이 이제 눈앞의 현실로 바짝 다가왔다.

① 구체적인 근거를 제시하여 자신의 주장을 뒷받침하고 있다.
② 기존의 견해를 비판하면서 새로운 견해를 제시하고 있다.
③ 비유를 사용하여 상대방의 논리를 지지하고 있다.
④ 권위 있는 학자의 주장을 인용하여 내용을 전개하고 있다.

18 ㉠~㉣의 예를 추가할 때 가장 적절한 것은?

논리학에서 비형식적 오류 유형에는 우연의 오류, 애매어의 오류, 결합의 오류, 분해의 오류 등이 있다.

우선 ㉠ <u>우연의 오류</u>란 거의 대부분의 경우에 적용되는 일반적인 원리나 규칙을 우연적인 상황으로 인해 생긴 예외적인 특수한 경우에까지도 무차별적으로 적용할 때 생기는 오류이다. 그 예로 "인간은 이성적인 동물이다. 중증 정신 질환자는 인간이다. 그러므로 중증 정신 질환자는 이성적인 동물이다."를 들 수 있다. ㉡ <u>애매어의 오류</u>는 동일한 한 단어가 한 논증에서 맥락마다 서로 다른 의미를 지니는 것으로 사용될 때 생기는 오류를 말한다. "김 씨는 성격이 직선적이다. 직선적인 모든 것들은 길이를 지닌다. 고로 김 씨의 성격은 길이를 지닌다."가 그 예이다. 한편 각각의 원소들이 개별적으로 어떤 성질을 지니고 있다는 내용의 전제로부터 그 원소들을 결합한 집합 전체도 역시 그 성질을 지니고 있다는 결론을 도출하는 경우가 ㉢ <u>결합의 오류</u>이고, 반대로 집합이 어떤 성질을 지니고 있다는 내용의 전제로부터 그 집합의 각각의 원소들 역시 개별적으로 그 성질을 지니고 있다는 결론을 도출하는 경우가 ㉣ <u>분해의 오류</u>이다. 전자의 예로는 "그 연극단 단원들 하나하나가 다 훌륭하다. 고로 그 연극단은 훌륭하다."를, 후자의 예로는 "그 연극단은 일류급이다. 박 씨는 그 연극단 일원이다. 그러므로 박 씨는 일류급이다."를 들 수 있다.

① ㉠: 모든 사람은 죽는다. 소크라테스는 사람이다. 그러므로 소크라테스는 죽는다.
② ㉡: 부패하기 쉬운 것들은 냉동 보관해야 한다. 세상은 부패하기 쉽다. 고로 세상은 냉동 보관해야 한다.
③ ㉢: 미국 아이스하키 선수단이 이번 올림픽에서 금메달을 차지했다. 그러므로 미국 선수 각자는 세계 최고 기량을 갖고 있다.
④ ㉣: 그 학생의 논술 시험 답안은 탁월하다. 그의 답안에 있는 문장 하나하나가 탁월하기 때문이다.

19 〈보기〉는 글에 대한 평가이다. ㉠~㉢에 들어갈 말이 바르게 짝지어진 것은?

> 김 과장은 아들 철수가 최근 출시된 '디아별로' 게임에 몰두한 나머지 학업을 소홀히 하고 있다는 것을 알았다. 그러던 중 컴퓨터 게임과 학업 성적에 대한 다음과 같은 연구 결과를 접하게 되었다. 그 연구 결과에 의하면, 하루 1시간 이내로 게임을 하는 아이들은 1시간 이상 게임을 하는 아이들보다 성적이 높았고 상위권에 속했으나, 하루 1시간 이상 게임을 하는 아이들의 경우 게임을 더 오래 하는 아이들이 성적이 더 낮은 것으로 나타났다. 연구 보고서는 아이들이 게임을 하는 시간을 부모가 1시간 이내로 통제한다면, 아이들의 학교 성적이 상위권에서 유지될 것이라고 결론을 내리고 있다.

보기

㉠ 아이들이 게임 시간을 하루 1시간 이상으로 늘려도 성적에 변화가 없었다면, 이는 윗글의 결론을 [ ]

㉡ 평균 이하의 성적을 보이는 아이들이 대부분 하루에 3시간 이상씩 게임을 하였다면, 이는 윗글의 결론을 [ ]

㉢ 게임을 하는 시간보다 책 읽는 시간이 더 많은 아이들이 그렇지 않은 아이들보다 성적이 더 높았다면, 이는 윗글의 결론을 [ ]

	㉠	㉡	㉢
①	강화한다.	강화한다.	강화한다.
②	강화한다.	강화한다.	약화한다.
③	약화한다.	강화한다.	둘 다 하지 않는다.
④	약화한다.	둘 다 하지 않는다.	둘 다 하지 않는다.

20 다음 중 제시된 문단을 논리적 순서대로 바르게 나열한 것은?

(가) 고창 갯벌은 서해안에 발달한 갯벌로서 다양한 해양 생물의 산란 · 서식지이며, 어업인들의 삶의 터전으로 많은 혜택을 주었다. 그러나 최근 축제식 양식과 육상에서부터 오염원 유입 등으로 인한 환경 변화로 체계적인 이용 · 관리 방안이 지속적으로 요구됐다.

(나) 정부는 전라북도 고창 갯벌 약 11.8㎢를 '습지보전법'에 의한 '습지보호지역'으로 지정하며 고시한다고 밝혔다. 우리나라에서 일곱 번째로 지정되는 고창 갯벌은 칠면초 · 나문재와 같은 다양한 식물이 자생하고, 천연기념물인 황조롱이와 멸종 위기종을 포함한 46종의 바닷새가 서식하는, 생물 다양성이 풍부하며 보호 가치가 큰 지역으로 나타났다.

(다) 정부는 이번 습지보호지역으로 지정된 고창 갯벌을 람사르 습지로 등록할 계획이며, 제2차 연안습지 기초 조사를 실시하여 보전 가치가 높은 갯벌뿐만 아니라 훼손된 갯벌에 대한 관리도 강화해 나갈 계획이다.

(라) 습지보호지역으로 지정되면 이 지역에서 공유수면 매립, 골재 채취 등의 갯벌 훼손 행위는 금지되나, 지역 주민이 해 오던 어업 활동이나 갯벌 이용 행위에는 특별한 제한이 없다.

① (가) – (나) – (다) – (라)
② (가) – (라) – (나) – (다)
③ (나) – (가) – (라) – (다)
④ (다) – (가) – (나) – (라)

제 25 일 적중의 지혜

01 다음을 근거로 판단할 때 옳은 것은?

> ‘국민참여예산제도’는 국가 예산사업의 제안, 심사, 우선순위 결정과정에 국민을 참여케 함으로써 예산에 대한 국민의 관심도를 높이고 정부 재정운영의 투명성을 제고하기 위한 제도이다. 이 제도는 정부의 예산편성권과 국회의 예산심의 · 의결권 틀 내에서 운영된다.
>
> 국민참여예산제도는 기존 제도인 국민제안제도나 주민참여예산제도와 차이점을 지닌다. 먼저 ‘국민제안제도’가 국민들이 제안한 사항에 대해 관계부처가 채택 여부를 결정하는 방식이라면, 국민참여예산제도는 국민의 제안 이후 사업심사와 우선순위 결정과정에도 국민의 참여를 가능하게 함으로써 국민의 역할을 확대하는 방식이다. 또한 ‘주민참여예산제도’가 지방자치단체의 사무를 대상으로 하는 반면, 국민참여예산제도는 중앙정부가 재정을 지원하는 예산사업을 대상으로 한다.
>
> 국민참여예산제도에서는 3~4월에 국민사업제안과 제안사업 적격성 검사를 실시하고, 이후 5월까지 각 부처에 예산안을 요구한다. 6월에는 예산국민참여단을 발족하여 참여예산 후보사업을 압축한다. 7월에는 일반국민 설문조사와 더불어 예산국민참여단 투표를 통해 사업선호도 조사를 한다. 이러한 과정을 통해 선호순위가 높은 후보사업은 국민참여예산사업으로 결정되며, 8월에 재정정책자문회의의 논의를 거쳐 국무회의에서 정부예산안에 반영된다. 정부예산안은 국회에 제출되며, 국회는 심의 · 의결을 거쳐 12월까지 예산안을 확정한다.
>
> 예산국민참여단은 일반국민을 대상으로 전화를 통해 참여의사를 타진하여 구성한다. 무작위로 표본을 추출하되 성 · 연령 · 지역별 대표성을 확보하는 통계적 구성방법이 사용된다. 예산국민참여단원은 예산학교를 통해 국가 재정에 대한 교육을 이수한 후, 참여예산 후보사업을 압축하는 역할을 맡는다. 예산국민참여단이 압축한 후보사업에 대한 일반국민의 선호도는 통계적 대표성이 확보된 표본을 대상으로 한 설문을 통해, 예산국민참여단의 사업선호도는 오프라인 투표를 통해 조사한다.
>
> 정부는 2017년에 2018년도 예산을 편성하면서 국민참여예산제도를 시범 도입하였는데, 그 결과 6개의 국민참여예산사업이 선정되었다. 2019년도 예산에는 총 89개 국민참여예산사업에 대해 800억 원이 반영되었다.

① 국민제안제도에서는 중앙정부가 재정을 지원하는 예산사업의 우선순위를 국민이 정할 수 있다.
② 국민참여예산사업은 국회 심의 · 의결 전에 국무회의에서 정부예산안에 반영된다.
③ 국민참여예산제도는 정부의 예산편성권 범위 밖에서 운영된다.
④ 참여예산 후보사업은 재정정책자문회의의 논의를 거쳐 제안된다.

02 〈공공언어 감수 기준〉에 따라 수정한 것으로 적절하지 <u>않은</u> 것은?

공공언어 감수 기준

표기의 규범성	㉠ 한글 맞춤법 및 표준어 규정을 지켰는가?
	㉡ 외국어 사용을 지양하였는가?
표현의 정확성	㉢ 주어와 서술어의 호응이 적절한가?
	㉣ 목적어와 서술어의 호응이 적절한가?

① “신축아파트는 널따란 교류 공간을 갖추었다.”를 ㉠에 따라 “신축 아파트는 넓다란 교류 공간을 갖추었다.”로 수정한다.
② “정책 추진 시 프로젝트 타임라인을 반드시 준수하기를 바랍니다.”를 ㉡에 따라 “정책 추진 시 업무 일정 계획을 반드시 준수하기를 바랍니다.”로 수정한다.
③ “오늘날 우리의 자유는 독립을 위해 헌신한 영웅들 덕분이다.”를 ㉢에 따라 “오늘날 우리가 자유를 누릴 수 있는 것은 독립을 위해 헌신한 영웅들 덕분이다.”로 수정한다.
④ “육아를 돌볼 사람이 없는 경우”를 ㉣에 따라 “육아를 맡아 줄 사람이 없는 경우”로 수정한다.

03 다음 글에서 설명된 광고 전략과 가장 거리가 <u>먼</u> 것은?

> 광고에서는 보편적인 사실이라는 권위에 의존하여 청자를 설득하는 전략이 자주 사용된다. 예를 들어 ‘한국 사람들은 노래를 좋아한다.’, ‘여자는 추위를 잘 탄다.’에서와 같이 어떤 개체가 지니는 특성을 마치 그 개체가 속한 집단 전체가 지닌 특성처럼 규정하는 것이다.

① 핀란드에서는 자기 전에 자일리톨 껌을 씹습니다. ㅇㅇ껌
② 남보다 큰 아이, 모든 부모의 바람이지요. 성장기엔 long~키. ㅇㅇ제약
③ 선진국에서는 어린이들의 올바른 식사 예절을 위해 본 차이나 식기를 사용합니다. ㅇㅇ도자기
④ 이 세상에서 가장 향기로운 커피는 당신과 마시는 커피입니다. ㅇㅇ커피

04 다음 중 빈칸에 들어갈 내용으로 가장 적절한 것은?

> 멋이라는 것도 일상생활의 단조로움이나 생활의 압박에서 해방되려는 노력의 하나일 것이다. 끊임없이 일상의 복장, 그 복장이 주는 압박감에서 벗어나기 위해 옷을 잘 차려입는 사람은 그래도 멋쟁이다. 삶을 공리적 계산으로서가 아니라 즐김의 대상으로 볼 수 있게 해 주는 활동, 가령 서도(書道)라든가 다도(茶道)라든가 꽃꽂이라든가 하는 일을 즐길 줄 아는 사람을 우리는 생활의 멋을 아는 사람이라고 말한다. 그러나 그렇다고 해서 값비싸고 화려한 복장, 어떠한 종류의 스타일과 수련을 전제하는 활동만이 멋을 나타내는 것은 아니다. 때에 따라서는 털털한 옷차림, 아무런 세련도 거죽에 내세울 것이 없는 북북한 생활 태도가 멋있게 생각될 수도 있다. 기준적인 것에 변화를 더하는 것이 중요한 것이다. 그러나 기준으로부터 편차가 너무 커서는 안 된다. 혐오감을 불러일으킬 정도의 몸가짐, 몸짓 또는 생활 태도는 멋이 있는 것으로 생각되지 않는다. 편차는 어디까지나 기준에 의해서만 존재하는 것이다. 따라서 [　　　　　　　　　　]

① 멋은 어떤 의도가 결부되지 않았을 때 자연스럽게 창조되는 것이다.
② 멋은 다른 사람의 관점을 존중하며 사회적 관습에 맞게 창조해야 한다.
③ 멋은 일상적인 것을 뛰어넘는 비범성을 가장 본질적인 특징으로 삼는 것이다.
④ 멋은 나와 남의 눈이 부딪치는 사회적 공간에서 형성되는 것이라고 할 수 있다.

05 〈보기〉의 (가)와 (나)의 차이를 가장 바르게 설명한 것은?

보기

(가)	(나)
• 잡다: 잡으니, 잡아서 • 벗다: 벗으니, 벗어서	• 곱다: 고우니, 고와서 • 짓다: 지으니, 지어서

① (가)는 소리대로 적었고, (나)는 어법에 맞도록 적었다.
② (가)는 본말을 줄여서 적었고, (나)는 본말을 그대로 적었다.
③ (가)는 원형을 밝혀 적었고, (나)는 원형을 밝히지 않고 적었다.
④ (가)는 연음을 반영하여 적었고, (나)는 연음을 반영하지 않고 적었다.

06 김 과장은 동료들의 위생 관리를 위해 관련 기사를 매주 월요일마다 제공하고 있다. 다음 중 관련 기사를 본 직원들의 반응으로 옳지 않은 것은?

> **올해 첫 비브리오패혈증 환자 발생…예방수칙 지키세요!**
> **어패류 충분히 가열해 먹어야…피부 상처 있으면 바닷물 접촉 금지**
>
> 올해 첫 비브리오패혈증 환자가 발생했다. 질병관리본부는 만성 간 질환자와 당뇨병 환자, 알코올 중독자 등 비브리오패혈증 고위험군은 감염 예방을 위해 각별한 주의를 당부했다.
>
> 질병관리본부에 따르면 올해 첫 비브리오패혈증 환자는 이달 발생해 항생제 치료를 받고 현재는 회복한 상태이다. 이 환자는 B형간염을 동반한 간경화를 기저질환으로 앓고 있는 상태이며, 질병관리본부는 역학조사를 통해 위험요인 등을 확인하고 있다.
>
> 비브리오패혈증은 어패류를 날로 또는 덜 익혀 먹었을 때, 상처 난 피부가 오염된 바닷물에 접촉했을 때 감염될 수 있으며 급성 발열과 오한, 복통, 구토, 설사 등의 증세가 나타난다. 이후 24시간 이내에 발진, 부종 등 피부 병변이 생기기 시작해 수포가 형성되고 점차 범위가 커지며 괴사성 병변으로 진행된다. 특히 간 질환이나 당뇨병 등 만성질환자, 알코올 중독자, 백혈병 환자, 면역결핍 환자 등 고위험군은 치사율이 50%까지 높아지므로 더욱 주의해야 한다.
>
> 비브리오패혈증은 6월부터 10월 사이에 주로 발생하고, 환자는 9월에 가장 많이 나오며, 비브리오패혈증균은 지난 3월 전라남도 여수시 해수에서 올해 처음으로 검출된 이후 전남과 경남, 인천, 울산의 바다에서 계속 확인되고 있다.
>
> 비브리오패혈증 예방을 위해서는 어패류를 충분히 가열해 먹고 피부에 상처가 있는 사람은 오염된 바닷물과 접촉을 금지해야 한다. 또 어패류는 가급적 5℃ 이하로 저온 저장하고 어패류를 요리한 도마, 칼 등은 소독 후 사용해야 한다.

① 강 주무관: 건강검진에서 간 수치가 높게 나왔는데 어패류를 날로 먹지 않는 것이 좋겠어요.
② 박 주무관: 어패류 조리 시 해수로 깨끗이 씻어야겠어요.
③ 홍 주무관: 어패류를 먹고 발열이나 복통증세가 나타나면 비브리오패혈증을 의심할 수 있겠어요.
④ 윤 주무관: 어패류를 요리한 도마, 칼 등은 항상 소독 후 사용하는 습관을 들여야겠어요.

※ 다음 글을 읽고 물음에 답하시오. [07-08]

에드워드 윌슨에 따르면 유전자는 우리 행동을 제어하는 '규제 장치'를 제공한다. 하지만 그 규제는 탄력적이며 유연하다. 우리가 부모에게서 물려받은 유전자는 우리 행동에 특정한 제약을 가하지만 동시에 상당한 자유도 허용한다. 부모는 자녀가 음악이나 운동 또는 수학에 소질이 있다고 자랑할 때나 혹은 너무 장난이 심하다고 걱정할 때 유전자와 주변 환경 중 어느 것이 더 중요한지 궁금해한다. 이와 관련하여 캐나다의 심리학자 도널드 헵은 "유전자와 환경 중 어느 것이 성격 형성에 더 많이 기여하는가?"라는 질문을 "직사각형에서 가로와 세로 길이 중 어느 것이 전체 면적에 더 많이 기여하느냐?"라는 질문에 견주었다. [㉠]

그렇다면 개인의 '외로움'에 미치는 유전자의 영향이란 무엇을 말할까? 특정 개인이 부모에게서 물려받은 유전자 때문에 다른 사람보다 사회적 유대감을 더 많이 필요로 하거나 그런 유대감이 없는 상황에 더 민감하게 반응한다는 의미일 뿐이다. 실제로 한 사람이 한순간이든 평생이든 외로움을 느끼느냐 그렇지 않느냐의 문제는 그 개인이 처한 사회적 환경에 좌우된다. 또 역으로 그 환경은 그 사람의 생각과 행동을 포함해 수많은 요인의 영향을 받는다.

친밀한 인간관계의 욕구가 강한지 약한지는 개인의 성격 특성에 속한다. 이러한 개성을 형성하는 데 영향을 주는 환경적 요소와 유전적 요소를 구분하는 가장 좋은 방법은 쌍둥이를 장기간에 걸쳐 연구하는 것이다. 도레트 붐스마라는 학자는 일란성 쌍생아 수천 명을 선정해 몇 가지 제시문을 주고 그 문장이 자신들의 삶을 얼마나 정확하게 묘사하고 있는지를 조사했다. 이 제시문 중 두 가지가 직접적으로 외로움과 관련이 있었다. '아무도 나를 사랑하지 않아.'와 '나는 외롭다.'라는 제시문이었다. 우리는 이런 제시문에 대한 쌍둥이의 반응이 12년 동안 어떻게 달라졌는지 조사했다. 그 결과 연구 초기에 외로움을 느낀다고 말한 사람은 2년, 6년, 심지어 10년 뒤에도 똑같이 대답한 경우가 많았다. 연구 초기에 대인 관계에서 만족하는 사람들도 거의 비슷한 수준으로 만족도를 유지했다. 그런데 일란성 쌍생아 중 한쪽이 외롭다고 말할 때 다른 쪽도 외로울 것이라는 우리의 예측이 옳은 경우는 48퍼센트 정도였다.

에드워드 윌슨이 말한 '규제 장치'가 의미하는 바는 인간 행동에서 유전자가 중요한 역할을 하지만 그게 전부 다는 아니라는 것이다. 눈동자 색 같은 순전히 신체적인 특징의 경우 유전자의 영향은 일반적으로 100퍼센트다. 특정한 유전적 질병도 마찬가지다. 그러나 유대감의 욕구가 유전적으로 강하게 설정되어 있는 사람의 경우라도 실제로 유대감의 욕구를 느끼는 것은 유전자의 기여도가 48퍼센트 정도에 불과하기 때문에 나머지 52퍼센트는 우리가 만나는 주변 환경에 의해 영향을 받는다.

07 윗글을 이해한 내용으로 적절한 것은?

① 유전자는 행동의 제약을 가하지만 환경은 행동의 자유를 허용한다.
② 후천적 영향인 환경은 선천적 영향인 유전자의 규제 장치로 작용한다.
③ 개인이 외로움을 느끼는지 여부는 유전자의 영향이 절대적으로 작용한다.
④ 유전자는 외로움을 느낄 수 있는 상황에 대한 개인의 민감도에 영향을 미친다.

08 ㉠에 들어갈 내용이 〈보기〉와 같을 때, 적절하지 않은 것은?

보기

ⓐ 정답은 '둘 중 어느 하나'가 아니다. ⓑ 또한 '둘의 기계적인 합'도 아니다. ⓒ 두 요소가 작용하는 순서가 다르기 때문이다. ⓓ 직사각형의 넓이에 해당하는 개인의 행동에는 유전자와 환경이 모두 영향을 미친다. 결국 개인의 성격을 결정하는 것은 단순히 환경에 추가된 유전자가 아니라 환경과 상호 작용하는 유전자다.

① ⓐ
② ⓑ
③ ⓒ
④ ⓓ

※ 다음 글을 읽고 물음에 답하시오. [09-10]

윌리엄 제럴드 골딩(William Gerald Golding)은 제2차 세계대전 중 해군에 입대하여 전쟁의 참혹함을 직접 목격했다. 이 경험은 그에게 인간 본성에 대한 깊은 ㉠ 회의감을 남겼고, 이를 바탕으로 1954년 첫소설 〈파리 대왕〉을 발표했다. 이 작품은 어린 소년들이 무인도에 표류한 후 문명과 규칙을 상실하고 점차 ㉡ 야만적으로 변해가는 과정을 통해, 인간 본성에 내재된 악을 탐구한 작품이다.

골딩은 〈파리 대왕〉을 통해 "인간 본성 속에 잠재된 악은 문명이라는 얇은 껍질 아래 숨겨져 있으며, 특정한 상황에서 그 악이 드러난다."는 철학적 메시지를 ㉢ 전달한다. 작품 속 소년들이 규칙과 질서를 무시하고 점차 폭력적이고 야만적으로 변해가는 과정은, 인간이 본질적으로 이기적이고 폭력적인 본성을 지니고 있음을 보여 준다. 문명과 규칙은 단지 인간의 본성을 억제하는 일시적인 장치일 뿐이며, 그 억제력이 사라질 때 인간은 본능적인 악으로 ㉣ 회귀하게 된다는 골딩의 철학이 작품 전반에 깔려 있다.

골딩은 이처럼 인간 본성에 대한 깊은 탐구를 통해, 문명과 윤리가 붕괴될 때 발생하는 혼란과 파괴를 경고했다. 이로 인해 〈파리 대왕〉은 단순한 생존 소설을 넘어, 인간 내면의 어두운 본질을 철학적으로 조명한 작품으로 평가받고 있다.

09 윗글에서 추론한 내용으로 적절한 것은?

① 골딩은 인간 본성에 대한 회의감을 바탕으로, 문명과 윤리가 붕괴될 때 나타나는 사회적 혼란을 경고하고 있다.
② 〈파리 대왕〉에서 소년들이 문명과 규칙을 잃게 된 것은 개인의 선택에 의한 결과이다.
③ 골딩은 문명과 규칙이 인간의 본성을 변화시킨다는 점을 강조하고 있다.
④ 〈파리 대왕〉은 인간이 극한 상황에서도 규칙을 지키고 문명을 유지하려는 본능을 보여 주는 작품이다.

10 ㉠~㉣과 바꿔 쓸 수 있는 유사한 표현으로 적절하지 않은 것은?

① ㉠: 의구심
② ㉡: 미개하게
③ ㉢: 전파
④ ㉣: 복구

11 다음 글을 읽고 비효율적인 일중독자의 사례로 적절하지 않은 것은?

일중독자란 일을 하지 않으면 초조해하거나 불안해하는 증상이 있는 사람을 지칭한다. 이는 1980년대 초부터 사용하기 시작한 용어로, 미국의 경제학자 W. 오츠의 저서《워커홀릭》에서도 확인할 수 있다. 일중독은 여러 원인이 있지만 보통 경제력에 대해 강박관념을 가지고 있는 사람, 완벽을 추구하거나 성취지향적인 사람, 자신의 능력을 과장되게 생각하는 사람, 배우자와 가정으로부터 도피하려는 성향이 강한 사람, 외적인 억압으로 인하여 일을 해야만 한다고 정신이 변한 사람 등에게 나타나는 경향이 있다.

일중독 증상을 가진 사람들의 특징은 일을 하지 않으면 불안해하고 외로움을 느끼며, 자신의 가치가 떨어진다고 생각한다는 것이다. 따라서 일에 지나치게 집착하는 모습을 보이며, 이로 인해 사랑하는 연인 또는 가족과 소원해지며 인간관계에 문제를 겪는 모습을 볼 수 있다. 하지만 모든 일중독이 이렇듯 부정적인 측면만 있는 것은 아니다. 노는 것보다 일하는 것이 더욱 즐겁다고 여기는 경우도 있다. 예를 들어, 자신의 관심사를 직업으로 삼은 사람들이 이에 해당한다. 이 경우 일 자체에 흥미를 느끼게 된다.

일중독에도 유형이 다양하다. 그중 계획적이고 합리적인 관점에서 업무를 수행하는 일중독자가 있는 반면, 일명 '비효율적인 일중독자'라 일컬어지는 일중독자도 있다. 비효율적인 일중독자는 크게 '지속적인 일중독자', '주의결핍형 일중독자', '폭식적 일중독자', '배려적 일중독자' 네 가지로 나누어 설명할 수 있다. 첫 번째로 '지속적인 일중독자'는 매일 야근도 불사하고, 휴일이나 주말에도 일을 놓지 못하는 유형이다. 이러한 유형은 완벽에 대해 기준을 높게 잡고 있기 때문에 본인은 물론이고 주변 동료에게도 완벽을 강요한다. 두 번째로 '주의결핍형 일중독자'는 모두가 안 될 것 같다고 만류하는 일이나 한 번에 소화할 수 없을 만큼 많은 업무를 담당하는 유형이다. 이러한 유형은 완벽하게 일을 해내고 싶다는 부담감 등으로 인해 결국 업무를 제대로 마무리하지 못하는 경우가 대부분이다. 세 번째로 '폭식적 일중독자'는 음식을 과다 섭취하는 폭식처럼 일을 한 번에 몰아서 하는 유형이다. 간단히 보면 이러한 유형은 일중독과는 거리가 멀다고 생각할 수 있지만, 일을 완벽하게 해내고 싶다는 사고에 사로잡혀 있으나 두려움에 선뜻 일을 시작하지 못한다는 점에서 일중독 중 하나로 간주한다. 마지막으로 '배려적 일중독자'는 다른 사람의 업무 등에 지나칠 정도로 책임감을 느끼는 유형이다.

이렇듯 일중독자란 일에 지나치게 집착하는 사람으로 생각할 수도 있지만, 일중독인 사람들은 일로 인해 자신의 자존감이 올라가고 가치가 매겨진다 생각하기도 한다. 그러나 이러한 일중독자가 단순히 업무에 많은 시간을 소요하는 사람이라는 인식은 재고할 필요가 있다.

① 장기적인 계획을 세워 업무를 수행하는 A사원
② K사원의 업무에 책임감을 느끼며 괴로워하는 B대리
③ 마감 3일 전에 한꺼번에 일을 몰아서 하는 C주임
④ 휴일이나 주말에도 집에서 업무를 수행하는 D사원

12 다음 글의 논지 전개상 빈칸에 들어갈 말로 가장 적절한 것은?

> 전통문화는 근대화의 과정에서 해체되는 것인가, 아니면 급격한 사회 변동의 과정에서도 유지될 수 있는 것인가? 전통문화의 연속성과 재창조는 왜 필요하며, 어떻게 이루어지는가? 외래문화의 토착화(土着化), 한국화(韓國化)는 사회 변동과 문화 변화의 과정에서 무엇을 의미하는가? 이상과 같은 의문들은 오늘날 한국 사회에서 논란의 대상이 되고 있으며, 입장에 따라 상당한 견해 차이도 드러내고 있다.
>
> 전통의 유지와 변화에 대한 견해 차이는 오늘날 한국 사회에서 단순하게 보수주의와 진보주의의 차이로 이해될 성질의 것이 아니다. 한국 사회의 근대화는 이미 한 세기의 역사를 가지고 있으며, 앞으로도 계속되어야 할 광범하고 심대(深大)한 사회 구조적 변동이다. 그렇기 때문에, 보수주의적 성향을 가진 사람들도 전통문화의 변질을 어느 정도 수긍하지 않을 수 없는가 하면, 사회 변동의 강력한 추진 세력 또한 문화적 전통의 확립을 주장하지 않을 수 없다.
>
> 또 한국 사회에서 전통문화의 변화에 관한 논의는 단순히 외래문화이냐 전통문화이냐의 양자택일적인 문제가 될 수 없다는 것도 명백하다. 근대화는 전통문화의 연속성과 변화를 다 같이 필요로 하며, 외래문화의 수용과 그 토착화 등을 함께 요구하는 것이기 때문이다. 그러므로 전통을 계승하고 외래문화를 수용할 때에 무엇을 취하고 무엇을 버릴 것이냐 하는 문제도 단순히 문화의 보편성(普遍性)과 특수성(特殊性)이라고 하는 기준에서만 다룰 수는 없다. 근대화라고 하는 사회 구조적 변동이 문화 변화를 결정지을 것이기 때문에, 전통문화의 변화 문제를 [ ]에서 다루어 보는 분석이 매우 중요하리라고 생각한다.

① 보수주의의 시각
② 진보주의의 시각
③ 사회 변동의 시각
④ 외래와 전통의 시각

13 다음 제시된 명제가 참일 때 추론할 수 <u>없는</u> 것은?

> • 요리를 잘하거나 운전을 잘하는 사람은 달리기를 잘한다.
> • 청소를 잘하는 사람은 정리도 잘한다.
> • 청소를 잘하지 못하는 사람은 달리기도 잘하지 못한다.
> • 운전을 잘하는 사람만 요리를 잘한다.

① 정리를 잘하지 못하면 달리기도 잘하지 못한다.
② 운전을 잘하면 청소도 잘한다.
③ 달리기를 잘하지 못하면 요리를 잘하지 못한다.
④ 달리기를 잘하면 청소를 잘하고 요리를 잘한다.

14 다음 결론이 반드시 참이 되게 하는 전제를 고르면?

> • 용기 있는 사람 중에는 행동하는 사람이 있다.
> • ______________________________
> • 따라서 모든 행동하는 사람이 외향적인 것은 아니다.

① 외향적이면서 용기 있는 사람은 없다.
② 외향적인 사람 중에 용기 있는 사람이 있다.
③ 외향적이지 않지만 용기 있는 사람이 있다.
④ 용기 있는 사람은 모두 외향적이다.

15 다음 글의 내용에 부합하지 <u>않는</u> 것은?

> 책은 인간이 가진 그 독특한 네 가지 능력의 유지, 심화, 계발에 도움을 주는 유효한 매체이다. 하지만 문자를 고안하고 책을 만들고 책을 읽는 일은 결코 '자연스러운' 행위가 아니다. 인간의 뇌는 애초부터 책을 읽으라고 설계된 것이 아니기 때문이다. 문자가 등장한 역사는 6천 년, 지금과 같은 형태의 책이 등장한 역사 또한 6백여 년에 불과하다. 책을 쓰고 읽는 기능은 생존에 필요한 다른 기능들을 수행하도록 설계된 뇌 건축물의 부수적 파생 효과 가운데 하나이다. 말하자면 그 능력은 덤으로 얻어진 것이다.
>
> 그런데 이 '덤'이 참으로 중요하다. 책이 없이도 인간은 기억하고 생각하고 상상하고 표현할 수 있기는 하나 책과 책 읽기는 인간이 이 능력을 키우고 발전시키는 데 중대한 차이를 낳기 때문이다. 또한 책을 읽는 문화와 책을 읽지 않는 문화는 기억, 사유, 상상, 표현의 층위에서 상당한 질적 차이를 가진 사회적 주체들을 생산한다. 그렇기는 해도 모든 사람이 맹목적인 책 예찬자가 될 필요는 없다. 그러나 중요한 것은, 인간을 더욱 인간적이게 하는 소중한 능력들을 지키고 발전시키기 위해서 책은 결코 희생할 수 없는 매체라는 사실이다. 그 능력을 지속적으로 발전시키는 데 드는 비용은 적지 않다. 무엇보다 책 읽기는 결코 손쉬운 일이 아니기 때문이다. 책 읽기에는 상당량의 정신 에너지와 훈련이 요구되며, 독서의 즐거움을 경험하는 습관 또한 요구된다.

① 책 읽기는 별다른 훈련이나 노력 없이도 마음만 먹으면 가능한 일이다.
② 책을 쓰고 읽는 기능은 인간 뇌의 본래적 기능은 아니다.
③ 책과 책 읽기는 인간의 기억, 사유, 상상 등과 관련된 능력을 키우는 데 상당히 중요한 변수로 작용한다.
④ 독서 문화는 특정 층위에서 사회적 주체들의 질적 차이를 유발한다.

16 ㉠의 주장을 뒷받침하는 정황으로 제시할 수 없는 것은?

> 현대 사회에서도 ㉠ 연민은 생길 수 있으며 연민의 가치 또한 커질 수 있다. 그 이유를 세 가지로 제시할 수 있다. 첫째, 현대 사회는 과거보다 안전한 것처럼 보이지만 실은 도처에 위험이 도사리고 있다. 둘째, 행복과 불행이 과거보다 사람들의 관계에 더욱 의존하고 있다. 친밀성은 줄었지만 사회, 경제적 관계가 훨씬 촘촘해졌기 때문이다. 셋째, 교통과 통신이 발달하면서 현대인은 이전에 몰랐던 사람들의 불행까지도 의식할 수 있게 되었다. 물론 간접 경험에서 연민을 갖기가 어렵다고 치더라도 고통을 대면하는 경우가 많아진 만큼 연민의 필요성이 커져 가고 있다. 이런 정황에서 볼 때 연민은 그 어느 때보다 절실히 요구되며 그만큼 가치도 높다.

① 지진 해일로 인해 후쿠시마 원전이 파괴되었다.
② 경제의 발전으로 핵가족화가 가속화되고 있다.
③ 인터넷을 통해 난민들의 어려운 상황을 알게 되었다.
④ 주식의 폭락으로 가장이 자살한 사건이 발생했다.

17 〈보기 1〉을 바탕으로 〈보기 2〉의 밑줄 친 단어들을 분류한 것으로 가장 적절한 것은?

보기 1

> 합성어는 어근과 어근이 결합하여 만들어진 단어를 말한다. 합성어가 만들어질 때 결합하는 어근은 그 형태가 바뀌기도 하고, 그 의미가 원래의 의미와는 다른 새로운 의미로 바뀌기도 한다. 아래 표는 형태 변화와 의미 변화에 따라 합성어가 만들어지는 양상의 일부를 도식화한 것이다.

	형태 변화 있음(+)	형태 변화 없음(−)
의미 변화 있음(+)	㉠ 형태 변화: + 의미 변화: +	㉡ 형태 변화: − 의미 변화: +
의미 변화 없음(−)	㉢ 형태 변화: + 의미 변화: −	㉣ 형태 변화: − 의미 변화: −

보기 2

ⓐ 그는 팔다리를 이리저리 휘저으며 돌아다닌다.
ⓑ 친구와 나는 스무고개 놀이를 하며 시간을 보냈다.
ⓒ 아버지는 아침 일찍 일어나 마소에 여물을 먹이셨다.
ⓓ 회장님과의 저녁 식사 자리는 나에게 바늘방석이었다.

① ⓐ의 '팔다리'는 형태 변화는 일어나지 않았고 의미 변화만 일어났으므로 ㉡에 해당한다.
② ⓑ의 '스무고개'는 형태 변화는 일어나지 않았고 의미 변화만 일어났으므로 ㉡에 해당한다.
③ ⓒ의 '마소'는 형태 변화만 일어났고 의미 변화는 일어나지 않았으므로 ㉢에 해당한다.
④ ⓓ의 '바늘방석'은 형태 변화와 의미 변화가 모두 일어나지 않았으므로 ㉣에 해당한다.

18 다음 논증에 대한 평가로 적절한 것만을 〈보기〉에서 모두 고르면?

> 집단 내지 국가의 청렴도를 평가하는 잣대로 종종 공공 물품을 사적으로 사용하는 정도가 활용된다. 이와 관련하여 M시의 경우 회사원들이 사내용 물품을 개인적인 용도로 사용하는 정도가 꽤 높은 것으로 밝혀졌다. 이는 M시의 대표적 회사 A에서 직원 200명을 대상으로 회사물품을 사적인 용도로 사용한 적이 있는지를 설문조사해 본 결과에 따른 것이다. 조사 결과 '늘 그랬다'는 직원은 5%, '종종 그랬다'는 직원은 15%, '가끔 그랬다'는 직원은 35%, '어쩌다 한두 번 그랬다'는 직원은 25%, '전혀 그런 적이 없다'는 직원은 10%, 응답을 거부한 직원은 10%였다. 설문조사에 응한 직원들 중에서 가끔이라도 사용한 적이 있다고 답한 직원의 비율이 절반을 넘었다. 따라서 M시의 회사원들은 낮은 청렴도를 가졌다고 평가할 수 있다.

보기

ㄱ. 설문조사에 응한 회사 A의 직원들 중 회사물품에 대한 사적 사용 정도를 실제보다 축소하여 답한 직원들이 많다는 사실은 위 논증의 결론을 강화한다.
ㄴ. M시에 있는 또 다른 대표적 회사 B에서 동일한 설문조사를 했는데 회사 A에서와 거의 비슷한 결과가 나왔다는 사실은 위 논증의 결론을 강화한다.
ㄷ. M시에 있는 대부분의 화사들에 비해 회사 A의 직원들이 회사물품을 사적으로 사용한 정도가 심했던 것으로 밝혀졌다는 사실은 위 논증의 결론을 약화한다.

① ㄱ　　② ㄱ, ㄴ
③ ㄴ, ㄷ　　④ ㄱ, ㄴ, ㄷ

19 다음 논증에 대한 평가로 적절한 것을 〈보기〉에서 모두 고르면?

원두커피 한 잔에는 인스턴트커피의 세 배인 150mg의 카페인이 들어있다. 원두커피 판매의 요체인 커피전문점 수는 2012년 현재 9천 4백여 개로 최근 5년 새 여섯 배나 급증했다. 그런데 같은 기간 동안 우울증과 같은 정신질환과 수면장애로 병원을 찾은 사람 또한 크게 늘었다.

몸속에 들어온 커피가 완전히 대사되기까지는 여덟 시간 정도가 걸린다. 많은 사람들이 아침, 점심뿐만 아니라 저녁 식사 후 6시나 7시 전후에도 커피를 마신다. 그런데 카페인은 뇌를 각성시켜 집중력을 높인다. 따라서 많은 사람들이 잠자리에 드는 시간인 오후 10시 이후까지도 뇌는 각성 상태에 있다.

카페인은 우울증이나 공황장애와도 관련이 있다. 우울증을 앓고 있는 청소년은 건강한 청소년보다 커피, 콜라 등 카페인이 많은 음료를 네 배 정도 더 섭취했다. 공황장애 환자에게 원두커피 세 잔에 해당하는 450mg의 카페인을 주사했더니 약 60%의 환자로부터 발작 현상이 나타났다. 공황장애 환자는 심장이 빨리 뛰면 극도의 공포감을 느끼기 쉬운데, 이로 인해 발작 현상이 나타난다. 카페인은 심장을 자극하여 심박수를 증가시킨다.

이러한 사실에 비추어 볼 때, 커피에 들어있는 카페인은 수면장애를 일으키고, 특히 정신질환자의 우울증이나 공황장애를 악화시킨다고 볼 수 있다.

보기

ㄱ. 수면장애로 병원을 찾은 사람들이 커피를 마시지 않는다는 사실이 밝혀질 경우, 위 논증의 결론은 강화되지 않는다.
ㄴ. 건강한 청소년은 섭취하지 않는 무카페인 음료를 우울증을 앓고 있는 청소년이 많이 섭취하는 것으로 밝혀질 경우, 위 논증의 결론은 강화된다.
ㄷ. 발작 현상이 공포감과 무관하다는 사실이 밝혀질 경우, 위 논증의 결론은 강화된다.

① ㄱ ② ㄷ
③ ㄱ, ㄴ ④ ㄱ, ㄴ, ㄷ

20 다음 글의 모든 문장이 참일 때, 밑줄 친 결론을 이끌어내기 위해 추가해야 할 것은?

노란색을 좋아하는 모든 사람은 파란색을 좋아한다. 따라서 <u>빨간색을 좋아하지 않는 모든 사람은 파란색을 좋아한다</u>.

① 노란색을 좋아하는 사람들 중 일부는 파란색을 좋아한다.
② 파란색을 좋아하지 않는 사람들 중 일부는 노란색을 좋아하지 않는다.
③ 노란색을 좋아하지 않는 사람들 모두 빨간색을 좋아하지 않는다.
④ 빨간색을 좋아하지 않는 사람은 모두 노란색을 좋아한다.

2026

적중의 지혜

2026

적중의 지혜

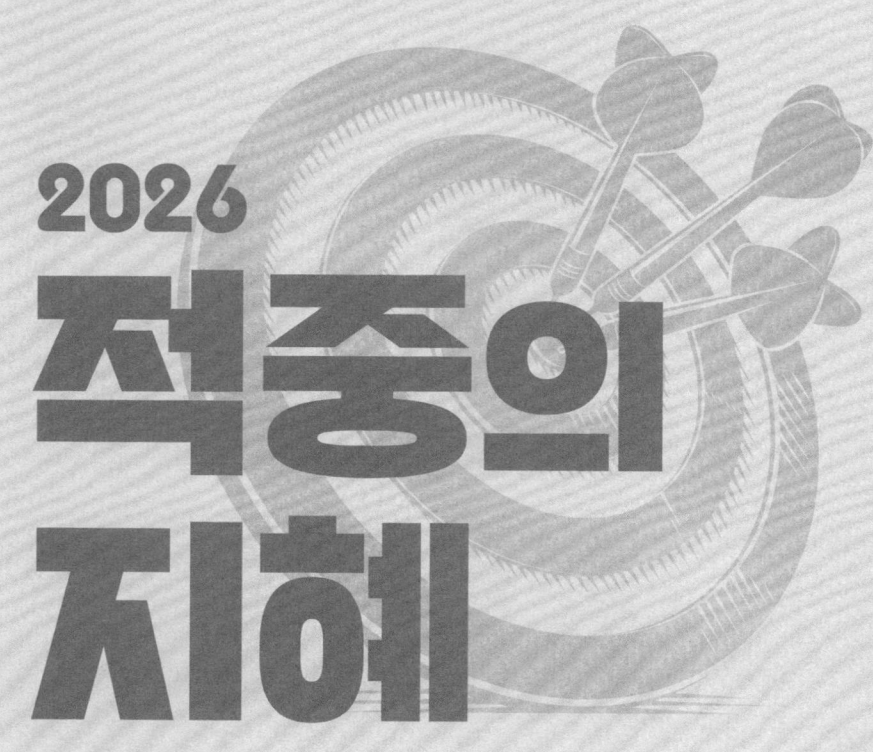

2026
적중의 지혜